曾国藩全集

书札

上卷

[清] 曾国藩 著

河北人民出版社

图书在版编目（CIP）数据

曾国藩全集．书札 /（清）曾国藩著．-- 石家庄：
河北人民出版社，2016.9（2021.4 重印）

ISBN 978-7-202-11188-8

Ⅰ．①曾… Ⅱ．①曾… Ⅲ．①曾国藩（1811 ~ 1872）
—全集②曾国藩（1811 ~ 1872）—书信集 Ⅳ．
① Z425.2 ② K827=52

中国版本图书馆 CIP 数据核字 (2016) 第 074323 号

书　　名	曾国藩全集　书札 ZENGGUOFAN QUANJI SHUZHA
著　　者	[清]曾国藩
责任编辑	马　丽　张静中
美术编辑	李　欣
责任校对	付敬华
版式设计	俊书装
封面设计	Dh2o
出版发行	河北人民出版社　（石家庄市友谊北大街 330 号）
印　　刷	三河市三佳印刷装订有限公司
开　　本	787 毫米 ×1092 毫米　1/16
印　　张	53.25
字　　数	686 000
版　　次	2016 年 9 月第 1 版　　2021 年 4 月第 4 次印刷
印　　数	11 001–14 000
书　　号	ISBN 978-7-202-11188-8
定　　价	106.00 元

目录

书札

左宗棠

左宗棠（1812～1885）字季高，又字朴存，号老亮。湖南湘阴人。道光十二年与其兄宗植同时中举，三次会试报罢。在家种茶养蚕，自称湘上农人。咸丰二年四十岁，始结束清闲生涯，经胡林翼推荐，入张亮基幕，继入骆秉章幕，均被倚为左右手。咸丰十年入曾幕，帮办军务。经曾氏荐举，十一年授浙江巡抚。同治三年升闽浙总督。五年改为陕甘总督，镇压捻军与回民起义。消灭阿古柏势力，收复新疆，迫使俄国归还伊犁（曾纪泽为谈判大臣）。光绪七年入值军机处，任总理衙门大臣。旋出任两江总督，并督办福建军务，以对付法国侵略者。有《左文襄公全集》传世。《清史稿》有传。

1 与左宗棠

咸丰三年正月十四日

季高尊兄左右：

昨示具悉一切。今日见一单，知岳公已升北藩，陶太尊擢南臬。北省各官，强半自南移擢，南省益缺员使用矣。张石翁既未闻即真，意者遂可还辕，是吾轸垣之福也。

闻下游逃兵逃勇，纷纷南来，省中当严兵以待，不使其入城乃善。其尤桀悍者，当斩一二人以威众。不审能如吾说否？宝庆魁守已来省，果今世能者。得渠镇彼当无虑！郴州一带，细问武举陈茂廷等，尚无巨盗。平江亦无伙贼。华容大令袁西台青绶，循吏也。又博学，熟于潘靳以来各治水家言，著有《河工编年纪要》。其人尤朴诚，告石翁幸一存之。练兵束伍。鸟枪终不宜在伍内，周金城阵法，亦不使其乱伍。

练兵束伍，鸟枪终不宜在伍内。

马朝龙已见，甚明干，可役使。石帅果不即真，仍南旆者，岷弟幸同归，无遽为他人用！仕此则难尽展足，从征则不足成队，故不宜也！

2 与左宗棠

咸丰三年八月初四日

季高仁兄阁下：

顷奉手书，具审一切。

团风之战，大快人意！贼之分股窜逸，到处裹胁，本乞儿乌合耳。官兵所在恇怯，从未能歼其一枝，创其半股，遂令鼠子放胆，无复忌惮。得北省此番大创，庶逆贼不敢多分小股，漫然四窜。今年以来，惟岷老率千馀之楚勇，墨守绝大之城，阁下起倾国之鄂兵，要截必趋之路，二者差强人意。此外，则凡与贼围旋者，盖无一不可为愤恨流涕，长太息也！

团风之战，大快人意。

江幼陶之援江，弟派一候补千总张登科，带领楚勇二十人，专办放哨事件。与之以一札，给之以十六金，集幼陶与张登科二十人者，当面申戒而训儆之，谆谆于哨探不谨者之仓卒遇贼，恐致误事。不料天下之祸患，恰出于所备之中，幼陶失事之后，传言纷纷，殊多失实。邹叔绩在义宁州亲迎幼陶入城，补缀军械，收召惊魂，一一代谋。兹将叔绩来书，抄一道呈览。亦以间执无稽之口。

不料天下之祸患，恰出于所备之中。

岷樵书来，言长江上下，任贼舟游弋往来，或单舸只艘，轻帆独行，我兵无敢过而问者。欲备炮船，先击水上之贼，而寄谕亦恰谆谆于此。湖广小舨、钓钩之类，实不足以为战船。且水手望风惊溃，一闻炮声，委之而去，则千辛万苦，敛怨而封雇之民船，又适以资贼而助其焰，其无谓也。惟闻广东琼州有红单船，大炮、火箭、火球之类，皆其所素备。道光二十三年、二十八年，屡击洋盗有功。有狼山镇总兵吴元猷，龙门营都司吴全美，南澳游击黄开广三人者，皆发迹于红单船，最利水战。若将此船放出大洋，由崇明入口，当能破此贼数千号之民船。又有快蟹船，拖罟船，皆行广东内河，亦有军火惯于击贼，但不能放洋，只可由梧州而溯府江，由漓水而过斗门，自吾湘达大江耳。此虽迂远无近效，然犹胜于雇两湖民船之一无可恃。弟劝中丞，即以此复奏，不知制军复奏若何？便中尚望示悉！

贵州兵二千到南，顷已催令全数援江。初三日头起四百成行，初四日二起六百成行，初六日末起一千成行。镇军布克慎，谨厚有余，但近怯弱。参游将备，竟无可者。中有富谦，王臻祜，较明白耳。广西之事，壕界、锦田一带，前有两周守备在彼，粗为可恃。近张润农又带兵驻彼，一搜馀孽而犁巢穴。南路与恭城富川为邻者，宜可少靖；惟北路东安一县，结兴、全二属未净之匪与蒋、唐两家不逞之徒，借报仇为名，而阴行抢劫之实。潜煽叛逆之谋，良所不免。现札润农急往剿办，意欲痛与狝薙。若东安平靖，则永郡暂可无虑。粤东土匪，顷又有窜入桂阳之案。彼中有王璞山带湘勇三百六十人驻防，尚称劲旅，或可及时扑灭。然衡、永、郴、桂终非宁宇。易置长吏，亦难遽编。制军举劾一折，可谓大开大合，雷雨解作。然极敝之后，人心骤难齐一，故知移易风俗之难也。

3 与左宗棠

咸丰三年十月二十一日

季高尊兄坐左右：

前奉九月十二惠函，具审一切。比闻旌从还山，动止多绥，至以为慰！

田镇失守，石帅去鄂，楚事亦不可问。

岷老超擢皖抚，是近日耳中一大快事。惟庐州新立之省无兵无饷。江南、江北各郡，皆逆舟往来必经之地。此防彼窜，疲于奔命。且素日贯用之楚勇，又溃去十分之七。而骨肉至交，如阁下与筠仙者，又皆远莫之助。以单独之身，处积疲之区，吾不知岷老从何下手也。弟欲练二三千人，远致皖中，为岷老一臂之助。默数平生之交旧，环顾天下之贤豪，惟此君尚有讨贼之志。又勋名日著，亦渐为人所信仰。若代为练一劲旅，添其羽翼，则澄清之望，庶几可期。惟弟智虑短浅，独立难措，欲乞左右，野服黄冠，翩然过我，专讲练勇一事。此外，概不关白于先生之前。先生欲聋两耳，任先生自聋焉，吾不得而治之也！先生欲盲两目，任先生自盲焉，吾不得而凿之也。所怀千端，纸不能悉！冀或者枉驾，痛切面陈，乃能倾泻耳。顺问台安。

4 致左宗棠

咸丰八年五月三十日

季高仁兄大人阁下：

浔阳、抚、建次第克复，吉安孤城，想亦不久可下。舍九弟性不能耐，已屡缄勖之。衢州久无确音，饶镇健者，必可坚守。衢全则杭自无虞。惟闽中极穷，不知何以筹维？粤中团勇报捷，盖意中事。逆夷所长者，船也，炮也，所短者路远也，人少也。自古称：国富者以地大为富，兵强者以人众为强耳。英夷土固不广，其来中国者，人数无几，欲恃虚声以慑我上国。粤民习知其人之寡，技之浅，故官畏鬼，而民不甚畏鬼，与之狎也。此次与之确斗，彼必不能坚守，此后官兵之气日强矣。往时徐松龛中丞著书，颇张大英夷。筠仙归自上海，亦震诧之！鄙意彼蹈骄兵、贪兵之二忌，恐不能久。

逆夷所长者船也，炮也，所短者路远也，人少也。

得尊缄开示，益知吾圉之无虞耳。惟来示英、咪、法、俄四国合而图我，昔闻英夷与俄罗斯世为仇敌，不知何时媾合？夷狄以利交，利尽则交疏。连鸡不栖，或非深患。又俄夷王庭虽在泰西，然大段山国也，如欲与我为难，恐当从西北阑入，未必迂由海道，兹亦可疑者，便中尚祈详示。

夷狄以利交，利尽则交疏。

敝邑大水为灾，县城永丰最甚，敝处托庇平顺。贱目日益蒙花，山中虽僻左，亦间有亲友酬接。医者谓宜屏绝人事，独居深室，闭目静摄。敝处求幽静禅室，当在南岳，去家远者百里，近者数十里，违离礼次，亦非所安。附告以慰廑注！即请台安，诸惟心照。

5 致左宗棠

咸丰八年七月十三日

季高仁兄大人阁下：

浙中衢州解围，处州及江山、常山、永康等县，皆已收复。

闻龙泉贼亦不少，闽之浦城亦有大股屯聚。河口去浦、龙二县均近，我军仍应于河口取齐。弟奉命赴浙，俟浙省肃清，乃敢议及闽事。大约石逆麾下能战者少，但伺兵少之处奔窜，全数入闽亦意中事。闽民强劲，若为所煽诱，亦恐其凶焰复张，回窜江西、浙中。若探得石逆确踪，擒贼擒王，余党当尚易办。特乏极好侦探耳！弟于初九自兰溪开行，十二夜至湖口。厚庵军门自芜湖归来，患腰气痛，气色少逊。雪琴则神采奕奕。湖口、石钟山新立水师昭忠祠，厚、雪嘱为一奏，弟拟会厚、迪衔奏之，以迪独修塔公祠于九江，亦欲一奏也。复请台安，不具。

6 加左宗棠片

咸丰八年九月十二日

再，尊意欲弟于江西设一枢纽，以速文报。弟拟即以胡心痒蔚之管理此事。蔚之曾在敝处办过书启，系郑莲舟之甥，生长湖南，现在江西候补知县，省局派管敝处支应，尚觉相宜。

次青于初二日自港口告别，至玉山清厘各件，即回平江省亲，订十一月初间来营，即由章门归楚，计十月可抵家矣。润公已到家否？渠再造江、汉，糜烂之区，变为富强，意量之远，魄力之大，中枢似尚知之未尽。守制不出，自是正理，然以时势物望揆之，又似非得终请者。弟处之事，自润公出位，全局皆呆，恒自哂也！不尽。

守制不出，自是正理。

7 加左宗棠片

咸丰八年十月初九日

夷务果有翻局，不愿听其所要，是极好机会。然国家之强，以得人为强，所谓无竞维人也。若不得其人，则毛羽未满，亦似难以高飞。昔在宣宗皇帝，亦尝切齿发愤，屡悔和议，而主战守，卒以无良将帅，大获大雪国耻。今欲罢和主战，亦必得三数引重致远、折冲御侮之人以拟之。若仅恃区区楚材，目下知名之数人，则干将莫邪，恐亦未必终不刓折。且取数太少，亦不足以分布海隅。阁下以为何如？

官帅之意，以唐义渠率三千人赴临淮助袁午帅，以普镇、宝勇刘牧湘后营，循大江南岸，以下达芜湖，实则普、刘难以独当一路，而唐公亦尚不办此。鄂兵日增，而饷源日减，非润帅强起，恐终不济也，住署与否，接篆与否，均不甚关紧要，所争在另简新抚否耳。然以润公之威望才气，羽翼既成，亦非他人所能牵掣，造宝塔者合其尖，或者少从权宜，终济巨川乎？再颂近安。不一。

羽翼既成，亦非他人所能牵掣。

8 加左宗棠片

咸丰八年十一月初一日

再，二十九夜接官帅信，欲弟拨兵回援湖北，或亲督全军赴鄂，已飞章入告矣。弟思分兵赴鄂，则恐不足以资剿办；欲率全军以往，则闽贼必回窜江西，殊难为计。且弟前此因分军而无以自主，又目击罗、李分军之失，实不敢轻于言分。忧灼之余，规画恐失，祈祥告为荷。

实不敢轻于言分。

9 复左宗棠

咸丰八年十一月二十九夜

季高仁兄大人阁下：

润公十三起行赴鄂，楚皖人心得以镇抚，宜少安矣。浚川一军尚在石城。其弟启淮病故，其子积春回湘。渠八营内，又须另添两营官。营官之任，本难其选。萧军尤乏能者。而士卒久病新瘥，亦未果为得力，不特不宜分支，即全军以行，犹难深恃。印渠部下有江忠义、李明惠、刘坤一诸贤，必可大振。不审尊意以之保湘省南路欤？以之助鄂省欤？湖口，系弟饮憾之所，亦即胡、杨、彭及塔、罗、李苦心经营之所。敝军之势，将来恐终当与鄂中合而为一，目前则须先图南岸。如能打开景镇，保全彭湖，屏蔽九江，则于北岸亦可遥为声援。比闻邓臣若军门阵亡，宣州危急，大江以南尤为吃紧。惟凯军人数过少，翔冈不乐归其统辖。吉左营亦殊散漫！恐老湘营野战则有余，攻坚或不足也。闽贼果窜粤中，吾乡南路边患方殷，如何？顺问近安。

10 复左宗棠

咸丰八年十二月初七日

季高仁兄大人阁下：

惠缄敬悉一切！迪庵之死何疑。即舍弟温甫，及筱石、篁村、龙臣、怀轩诸人之死，亦又何疑？鄂中两奏，皆作不了语，亦阅事不多之故。战败而主将尚存，不过半日，即喧传兵众，蚁附之矣。李续焘扎大营后面，归路必经之地，不告而先退。赵克彰不救三河之难，杨得武败回，不一诣希庵营次！此皆可恶！阁下谓我痛弟与迪为不达，此次歼我湘人殆逾六千，焉得不痛？又焉不恶彼背负者也？国藩定于正月初旬，移营饶州，于彭泽、湖口等处择地驻扎，意在保全湖口，为浔江两岸声援。如润帅，希庵之意，欲弟移驻北岸，亦甚易耳。徐州、归德、曹县失守确否？捻匪气焰日壮，论者以为祸烈于洪、杨。山东、河南两省大府不讲吏治，从乱之民日多。来示欲弟讲求马队，诚为要指。此事弟夙来究心，楚人柔脆，不耐劳，恐终不济。南马亦弱小，远不及河北、口北，论人马耐苦，终以内外扎萨克为优。东三省则以吉林、黑龙江为优。陪京人材，近稍浮滑好利，习俗易矣。吾楚水陆诸军士卒，多不耐苦，大是短处。将帅亦皆煦煦爱人，少英断肃杀之气。来书谓罗、李晚节皆失之宽正，不独罗、李为然也。乾镇、河溪等处，如有好兵，吾欲调千人练之，不须统将，只须千把数员分带之。抬枪、鸟枪，操得快而有准，无论或南或北，或山或野，终是可靠。吴翔冈在金瓶岭所操枪手，现在存者无几，皆已分投各军。若操练千兵，则无分散之虑！陈德园一起，系胜帅所调，终当索去，未便竭吾力操练此起耳。

诚为要指。

11 加左宗棠片

咸丰八年十二月二十六夜

再，翔冈在建昌时，已不愿随凯章至景德镇，强而后行。吾意其雪万年之耻，报隐霞之仇，必且慎重好谋，以求一当。不料甫到，尚未安营，轻于一决，又致挫失。来禀归咎凯章，仍是客气用事。钤峰亦与凯章断断不合，凯仅二千余人，景镇贼尚坚悍，未知能得手否？南安失后，吾乡桂东一带防兵，不审何人统领？印渠一军，味根不愿来江西，此时江事一日不靖，即吾楚一日不安。祈兄婉告刘、江，或来抚、建，或援南赣，总须楚勇一军东来，江西乃不重遭蹂躏，国藩乃不过嫌单寡也。鄂省事非马队不济，诚如尊见。若能保得春夏，则七月以后，新马队或可练成。南岸普、刘两军，终难深恃。若凯章不能克复景镇，则下游之贼，尚虞其窥伺湖口。不特江、鄂同震，亦水师切肤之患也。诸祈硕画通筹，见示为荷。

必且慎重好谋，以求一当。

12 致左宗棠

咸丰九年正月十二日

再，弟驻建昌，若使闽贼回窜广昌、石城等处，而不能拨兵御之，则气象亦觉穷窭。现在护卫之朱、唐两营及吉中营，似尚可以一战，留在身边，闲煞劲旅，亦殊可惜。现令喻吉三、余星焕等新招千人，并彭山屺之六百兵，为护卫之用。抽出朱、唐两营、吉中营，缓急出外防剿，或归并凯章部下，以厚兵力。是否有当？专以奉商，祈速示。喻吉三才不如刘培元，而无他嗜好，志亦跃跃欲试。余星焕颇聪明，才足以长五百人。到长沙时，尚乞诱掖而裁成之。润帅近日汲汲求统领之才，就弟询访，愧无以应。王枚村足统领五千人否？如其可也，则或令朱、唐、喻、余及副湘、吉左等，概归枚村为一部，则不似散钱无贯。印渠部下江、刘、李三贤将，润帅寤寐思之，意欲阁下以印军隶鄂垣。目

气象穷窭。

下吾乡南路吃紧，印军可北行否？楚勇束伍之法，须略改变。鄙人前制八队为一哨，内刀矛四队，鸟枪二队，每队合队长火勇为十二人。抬枪二队，合队长火勇为四人。似亦可操。厥后阁下制劈山炮，为陆军利器，似不能不另立劈山炮哨官，而以小枪刀矛护之。比来叔孙生所定楚勇营制何如？便中开单见示为荷。顷附片调筠仙回南，盖因科场巨案，恐其分校礼闱，或婴世网也。

13 致左宗棠

咸丰九年正月十七夜

季高仁兄大人阁下：

打仗不怕挫败，只怕伤亡太多。

凯章腊月二十七之捷，得其续禀，亦损百人。打仗不怕挫败，只怕伤亡太多。自去腊以来，我军伤损不少，士气稍沮。此间老营太单，势不能拨往济师。萧军甫至赣南，不可遽调。望阁下速催王枚村来江，或酌带数百人维持凯、钤一军。并请催彭山屺之兵，佘星焕之勇，星速前来护卫老营。抽出朱、唐两营，归并凯章麾下，则生力渐多，而气势仍壮矣。

14 复左宗棠

咸丰九年二月初四日

季高仁兄大人阁下：

——凯章一军，自正月十一日后，并未开仗。所谓广丰之平江两营千三百余人，业于十六日到防。凯、钤待之甚厚，平江营亦乐隶麾下也。续调之玉山、平江营、弋阳、祥字营共千三百人，亦正月可以到防，但愿江北之贼不更南渡，凯军应可保全。

——浚川因信丰事松，进赴南康。正月十八，在新城墟大获胜仗，夺伪印至四十二颗，旗至五百零四面，可谓大捷。惟闻贼数实有五、六万，石达开尚在南安一带，弟去年奏石逆不在此股，将来不免矛盾。浚川似未禀骆帅，即饬承据禀速咨。南安一带，处处与湖南相通，不能不一一咨明，俾尊处得以料理。凯章各仗，亦一一咨明，以凭查核。翔冈请撤各禀，亦一一咨明。

——翔冈禀请撤归各情，前缄曾略及之。翔之倔强，似足有为。如十九日败后，禀撤情词迫切。除夕移营三十里，不顾掣动大队，又似全无道理。近日交卸之际，亦似不晓事者。此间自意城、人树归后，于各营情意，不能通知。舍弟沅甫于凯章极相得，本可来此，以达难显之情。因家严改葬之事，不可不急图。温甫归葬，亦须沅甫料理，故不克遽来，望阁下催人树、意城速来，谋所以维持凯、钤一军者，于弟大有裨益，即于江西、湖北亦关系不小也。

——荫渠部下三杰，岘庄吾未得见，味根、孚吾，则非湘军诸营官所及。不特弟恩致之，即润帅亦求之若渴。石逆既有窥楚之说，吾乡南路，自非刘培元所可了。计印渠此时必已成军，再出恐草草编伍，不暇训练。即须往防郴、桂一路。楚勇若能约束训练一番，其耐劳远胜湘勇。岷樵之余韵，当更长于罗、李诸公也。若复草草而出，虽不甚满人意，正自足当一路，求阁下先置郴、桂、吉安等处，将来归并浔湖。但在大江两岸，则隶敝处、隶润处一而二，二而一耳。去年江西保印渠考语平淡。若须早为之所，则请由籲帅主稿，挈列贱衔，多一次奏保，于印渠非有所加，或放一实缺，亦为时得一好官。

即润帅亦求之若渴。

耐劳远胜湘勇。

——新年屡接鄂信，却未提及七罪魁事。欲湘勇之再振，诚不可无以威之，然屡胜之余，极盛之后，恐亦如古人所称“再实之木，其根必伤”。比来湘人应募者少，即营官帮办亦多倦游，不知尚能支撑几年否？

诚不可无以威之。

——胜克斋未闻其病，见其近日一疏，极陈皖北事不可为，大约两淮群盗，中原之祸未已。阁下去年嘱弟留心马队，弟以调察哈尔之马，练淮南之勇入奏。顷得润公信，言牧厂官马，决不可用，前奏又无当矣。办马尚易，骑将难得，阁下所赏之田兴恕，可改一骑将否？此外无闻也。

15 致左宗棠

咸丰九年二月初十日

季高仁兄大人阁下：

——浚川在南宁二十日小挫之后，未接嗣音。印渠一军西来夹击，似不可缓。浚川军势太单，如有疏失，所关非小。印渠不愿归江西调遣，即请由湖南发饷调度。若上游得手，将来印渠由吉安、袁州、瑞州以达于浔、湖，与弟会合后，诸事易商，决不令印渠拂其本志。置之于江西而不之省顾也。千万请其速出。

——调兵四百，亦不为少。兵之不甚中用，弟久薄之，非至今而变易前说也。特以近日各处募勇者甚多，应募者渐少，卒之择将，甚至将之择卒。朝秦夕楚，轻去其主。辛苦教练，甫觉可用，转瞬已失其所在矣。或在此营当散勇，则贪易一营以充什长。甫得什长，又思易一营以充哨长。若兵则一列尺籍，终身不改。鄙意欲借兵呆板之风，稍变勇浮动之习。故发此议，亦劝润帅参用兵也。至行装决不可少，南山可移，此例难变。彭山屺起行之时，已嘱其向湖南省库借发，在敝处饷项下划扣矣。望速行之。

——婺源已克复，败贼归并景德镇，必猛扑一二次，凯章不知足御之否？二十八日之役，老湘营死者二百余人。凯章屡挫，而坚稳之气不为少挠，诚不可及。惟驻镇已久，而又为贼截去归路，是其短处。现嘱其坚壁弗出，致贼而无为贼所致。半月以后，我之战舟可入，贼之粮食渐缺，或可得手。未知其能坚持否？

——筠仙召对，圣意殷勤垂询，阁下将来自不免一出。特世变相寻而日多，人材分布而日绌，终恐趋于不支。粤捻内扰，英、俄外伺，非得忍辱负重之器数十人，恐难挽回时局也。

人材分布而日绌。

16 复左宗棠

咸丰九年二月二十四日

季高仁兄大人阁下：

——顷接人树信，言桂阳失守后，兴宁、宜章又继陷矣，不知确否？请饬院署承书，将南路紧要军情，随时咨明敝处。战船截湘江，贼难西渡之说，恐不可恃。昔年江西之贼，不能西渡赣江者，以上下游皆有陆兵联络也。若上下数百里无陆兵，则处处可渡，水师纵能梭巡一二百里，得数百贼牵制之，则不能兼顾他处矣。此层尚须熟筹。

——湖南有事，王人树新招之七百人，朱惟堂新招之五百人，可由尊处截留，以剿湘中之贼。计玉班在茶陵，可与浚川之师联为一气。印渠、岘庄在安仁、衡州等处，亦与萧、赵易通消息。人树则或在楚勇营，或在湘勇营，均甚相宜。

——调营马以练马队，最为要著。此时勇兴稍阑，气亦渐减，不得不参用有缺之武官、参用有籍之营兵，以资维系。若借此以整顿营伍，使有起色，则百年之利也。

练马队最为要著。

17 复左宗棠

咸丰九年三月初七日

季高仁兄大人阁下：

贼不直趋衡州，而犹徘徊郴、桂、新、嘉、兰山之间，似亦非蓄大志，未必有窥伺长沙之意。去年在新城，为印渠所破，在洋口为周天受所破，贼数甚多，而能战者实少。今虽添裹南赣、郴、桂土匪，计能战者仍自无多。以我之新整，乘彼之骄慢，一战可破贼数万。

鲍超去岁十一月初七之捷，外间皆言陈玉成挟贼二十万众来也。此间度敌情者，约有三说：一说贼由茶、攸、醴、浏北行，伺隙则轻窥省门，有备则进可以由崇、通而扰鄂垣，退可以道浏、宁而犯瑞、袁。一说贼系游氛余气，初无远略，蔓延于江西、湖南之南边，究不敢远离两粤。一说西路千里空虚，恐贼由衡、邵、湘、安以犯益阳、鼎、澧。由第一说策之，则阁下所筹龙海塘之师与浚川回援吉安之师，宜可得利。由第二说策之，则湘、楚及浚川三军皆进可追剿，退可固守。至第三说，则北有湖，东有湘，西有沅，中间并无膏腴可欲之区，贼计当不出此。所虑各股散漫，初无统宗，窜南窜北，並无定向，蹂躏地方，饷源日竭耳。

宜可得利。退可固守。

吴翔冈计将抵湘，锐气未复，意绪少佳，不可令其独当大股，譬新病之后，若调养得法，可倍壮于前也。即候台安。不一。

18 复左宗棠

咸丰九年三月十二日

季翁仁兄大人阁下：

惠缄敬悉一切。贼取远势，我亦当取远势，良为至论，然观贼在闽、浙，专伺虚隙，略无道理。似其中并无能结硬寨、打死仗者。去春抚、建大股窜浙，众十余万，人所共知。厥后由闽回窜广丰、玉山，据次青称有六、七万。又由闽回窜泸金、安仁，据凯章称有万余。今之屯踞景德镇、婺源、建德者，即此两起也。其由连城窜大埔、嘉应者，据称亦近万人，又一起也。三起而外，又有刘印渠在新城所歼，周涵斋在洋口所歼，计亦不下万人。今窜湖南者，纵多不过六、七万人。外间禀报言二十万、六十万者，似不可信。尚祈阁下察夺。贼在衡州数月，而进不敢逼严、杭，东不敢窥宁、绍，在洋口数月，而下不敢犯延平。其时制军虽在延平，而兵不满万，气极散漫，以此卜之，贼之悍志，无远略。今在湖南，似亦不必求之太深。此间景镇相持如故，文参将瑞之二千余人已到防，而无钱无米，无帐房、军火，恐难得力。刘杰人新败，彭、湖岌岌，止要普军能堵彭、湖，刘军能固西路，镇贼终必拔耳。

似亦不必求之太深。

19 复左宗棠

咸丰九年四月初二日

季高仁兄大人阁下：

惠书敬聆一切！永州大捷，衡、宝可保，吾乡应无大碍。所论贼势、兵谋，亦如读陆敬舆、杜牧之论事之文，使人豁然开朗，东方先生可以起而自赞矣。敝县人心恇扰，盖由三河覆没过甚，景镇伤损亦多，几于处处招魂，家家怨别。弟屡戒凯章且与休养，慎勿浪战，实职是故。不知审如是否？萧军气亦少散，祈留心焉。顺请台安。

慎勿浪战，实职是故。

20 复左宗棠

咸丰九年六月三十日

季高仁兄大人阁下：

得惠书，敬悉一切。景镇之贼欲与湖南石逆股合，此间亦早有所闻。盖石氏与金陵洪贼不可复合，其于景镇、建德二杨固一气也。目下二杨意见参差，又浮梁城外之战杀断后，悍贼颇多，或不遽谋回窜，为吾湘东界之患。将来二杨终当归并石逆部下，江西、湖南均难安枕。尚祈阁下预有以拟之。弟派凯、钤回援桑梓，一则三月间渠有禀请援湘，业经批准。二则此军之锐进稳扎，皆胜他军，目下尽可一战。将来湘事少纾，凯、钤不能复合，似当分为两支。且令凯章添募生力，稍变规模，乞阁下细加察酌。

此军锐进稳扎，目下尽可一战。

21 复左宗棠

咸丰九年七月二十五日

季高仁兄大人阁下：

顷得十一夜赐函，敬审一切。希庵一战而解宝郡之围，勋绩甚伟，日内当廓请东路矣。凯章计已抵境，雄帅云集，当易得手，未知饷项能支几时耳？

弟于初七日自抚起程，至省城住五日，十七至吴城，十九抵湖口县，朱、唐等营自景德镇来浔，酷暑感病，死亡相望，只得奏明，少与休息。计出月朔乃成行耳。湘后营亦挈之以行，以人数太单，而此军又与江西积不相能，故尔携以自随，然江西腹地，益以空虚，而敝处饷项，益以短绌。江西协款三万，除以二万四千济萧、张二军外，此间仅余六千，不敷尚巨，当概就官、胡两帅，请益而取盈耳。贼既不能阑入常、澧，自不能遽犯蜀中。此间行至黄州，当有后命。若能合楚人之力，并谋皖北、皖南，兵聚而气易固，将聚而兴稍浓，或犹少有所成乎！肃复。顺请台安，诸维心鉴。

兵聚而气易固，将聚而兴稍浓。

22 复左宗棠

咸丰九年八月十九日早

季高仁兄大人阁下：

黄州接惠书，敬知一切战事、贼踪。中丞一疏，尚未得见，想咨未发耶？贼悉南窜，蜀中无事，莫大之幸。来未谓救已残之皖，不如完未破之蜀，良有深意。惟整军教民，处处与察吏相关，非地方官行之稍久，难以收效。作客本难，作客于无贼之省则尤难。目下敝部无一统将，散钱委地，若界入川，贼至亦不能御。官帅既以会剿皖中入奏，且俟谕旨再定进止。萧、张两军请与籲帅商酌，遣一军来敝处，凯章有坚忍之操，而非将多之才，请令其募齐四千人来鄂，钤峰则不必来，待尊处定夺。有复信，弟再行咨札耳。即请勋安。

凯章有坚忍之操，而非将多之才。

23 复左宗棠

咸丰九年九月十七日

季高仁兄大人阁下：

连诵手书，谨聆一是。石逆由黔窥蜀，老谋深识，盖决于数月之前，今果全趋义、宁、永、福一带，将啮黔疆，弟亦何尝不以为忧。而中旨重在图皖，且令与揆帅商酌，住鄂十日，秀老力持皖议，解铃系铃，国藩未便立异。初五日回驻下巴河，而揆帅即于初七复奏。自问所部单薄，又乏将材，精力渐颓，已成拥肿。蜀事甚大，惧非所任。知己应鉴此苦衷耳。彭山屺到营，已令试操马队，仍须鄂省采买口马拨来，再由满营挑数十健者作教师。萧、张两军均不即来，敝部更为减色。昨与咏公筹进兵，大略当分四路：依山而进，一由英山，一由六安，以规复舒、庐，傍江而进，一由太湖，一由石牌，以图潜桐、安庆。敝军当往石牌一路，与水师为声援，硕画以为何如？成功者退，中丞与阁下皆有履霜之戒，吾湘后患方长，可危者又不独在蜀矣。率复，即颂大安。

成功者退。

24 加左宗棠片

咸丰九年九月十八日

再，蜀中之行，思之甚熟。凡治事公则权势，私则情谊，二者必须居一于此。前见蜀帅复陈一疏，末有云："必不专俟曾某来此，致误事机，而鄂中自润帅外，皆不以西行为然。"且云："师至荆、宜以上，则商旅疑阻，盐厘减色。"蜀既不肯为百两八鸾之迎，鄂又不愿为路车乘黄之送。权势如此，情谊如彼，虽欲独办一事，难矣。弟老境侵寻，精力日绌，所部又无一统将之才，假令贼果入蜀，亦决非敝处见兵所能御。是以依润帅，聊相呴濡，润帅近亦不甚适意，苦心孤诣，未果见亮于人人，而军事、吏事二者亦殊丛杂。弟若与共图皖中军事，可少商酌也。日

凡治事公则权势，私则情谊，二者必居一。

内初操马队，湘人不耐辛苦，难期练成，然东三省扰民积习，但借此以风止之。

25 复左宗棠

咸丰九年九月二十五日

季高仁兄大人阁下：

石逆不得逞于吾乡，其势自是衰弱，若广西、贵州另得生力劲军要之，竟有可灭之理。若入蜀，则从乱者多，仍恐有燎原之祸。弟则精力日耗，作客日久，部下人才日乏，难于更游生地。前缄已详言之，而朝廷宜择蜀帅为戡定西南张本，则深以来教为不易之论也。此间四路图皖之说，大抵国藩任第一路，由石牌规安庆。多、鲍任第二路，由太、潜取桐城。润帅任第三路，由英、霍取舒城。希庵任第四路，由商、六规庐州。第二、第四两路，最为吃重。希力自可独任，多、鲍七千人则尚恐不支。敬求商之龥帅，速饬浚川前来，即派归第二路，与多、鲍同行。此路为贼所必争。桐城，大关，陶冲等处，势必苦战不休，而多、鲍内不甚和，鲍军亦渐成弩末。此路若有差失，三路皆为之失势，急盼浚川来此。公则助多、鲍以裨益全局，私则助鄙人，以支撑门面。至恳！至恳！切盼！切盼！樊案本出意外，润帅焦灼急切，然窃闻外议，实无锄兰焚芝之意，似可夷然处之，以为何如？即请台安，诸维心照。

26 复左宗棠

咸丰九年九月三十日

季高仁兄大人阁下：

在雪堂时，得闻樊案又生波折，深恐台端愤悒自伤，适丁果臣一信，道所以处之之法甚精当，想润帅已抄送左右矣。弟前复奏会剿皖北一疏，奉寄谕，防贼北窜，饬筹一军，绕出怀、蒙以北。现议以希庵任商城、固始以规庐州者，恐陈玉成由极北大围包抄，绕出我后，故以希军当之。实则力量尚不能及庐，但作远势而先并力于安庆耳。庐州且不能及，又安能遽谋怀、蒙？湘人柔脆，不耐面食，恐不能过淮北，拟于复奏内陈明。应否如斯？便中尚乞示及！

27 复左宗棠

咸丰九年十月十三日

季高仁兄大人阁下：

日内见闻，益乏佳耗。四川叙州帼匪，连陷四县，郡城闻亦不守，重庆迁徙一空，荆州盐厘立见歇绝。罗澹村中丞赴浙，至清江，为贼所阻，严渭清廉访赴京，至确山，为贼所阻，自盱眙、五河失守后，胜帅不知左次何处？中原鼎沸，两湖万无幸全之理。池州贼目韦志浚，向厚庵处投诚，鄙意该逆东与芜湖洪党，西与建德杨党，北与安庆陈党，皆不解之血仇。地瘠人众，无所得食，穷蹙归命，理有固然。惟孑身来投、或酌带数百人编入营伍，挟与征伐，则吾力足以制之。若听其拥众数万，占踞数城，仿张瀣，李兆寿之例，则后患方长，事未可行。不知厚庵以鄙说为然否？四路图皖之议，久已定局，而润帅以吏事、饷事难于出境。希庵又以母病不遽东来。一交春令，雨多而气浮，难于进兵。饷绌于西，贼逼于东，鄂人自治不暇，焉能及皖？润公日来拂郁多端，正坐此耳。缕悉奉闻，顺问台安。

后患方长，事未可行。

28 复左宗棠

咸丰九年十一月初四日

季高仁兄大人阁下：

韦志浚为贼中著名巨目，咸丰五、六两年重陷武汉，楚军几为所敝，其罪浮于李兆寿、张瀣等，鄙意不欲招抚，厚庵犹欲卒抚之，恐终不足恃。方学凯则本系裹胁，无大权势，自可设法招抚。已专缄请厚庵妥办此事矣。四路分兵之说，始于湖北委员伍继勋，绘图贴说，以英、霍、商、固合为一路，润公将其图分绘送敝处，弟乃参末议。道北一路，宜判为两也。多、鲍围攻太湖，将近一年，功在垂成，势难遽撤而北行。其谓我师由西南进，四眼狗必由北路大围包抄，待变症既现，然后以希庵起而应之者，润帅议也。润与希名为两路，实则同出英、霍。弟抵黄梅，稍察地势，再定进止。

功在垂成。

29 复左宗棠

咸丰九年十一月二十七日

季高仁兄大人阁下：

韦志浚投诚，并无两端之见。雪琴及邓翼升、李成谋、李朝斌等皆与相见，所难者，渠带有万八千人，马匹千余，器械甚精，洋枪甚多，聚而不散，终恐为李兆寿之续。且目下由渠发米，人一斤四两，开春以后，即无以赡之。杨、彭欲咨请张筱浦发饷，未必即应。厚庵不敢出奏，职此之故。太湖多、鲍、唐、蒋四军，势均力敌，事权不一，润帅檄归多总统，多意欲全弛太湖之围。而与鲍、蒋御援贼于潜山，又恐太湖城贼逸出为患。欲敝处拨六、七千人代围太湖，弟以敝军坚驻宿松，深沟高垒，以公言之，万一前敌小有疏失，此军犹为后继，以私言之，敝处现无统领，不敢遽当巨寇。润帅于鄙说两存之，而多似不谓然。来示所谓三者竟难办到，良深焦灼。何如？何如？即问台安。

四军势均力敌，事权不一。

30 复左宗棠

咸丰九年十二月十一日

季高仁兄大人阁下：

邓守之未到敝处，即由水路直下安庆，守之见寄篆屏数幅，不愧家风。如得会晤，自当礼敬，以答雅属。弟自到宿松，日督诸营修垒浚壕，顷已就绪。润帅欲抽拨七千人围攻太湖，以军无统领，未敢拨出。幸四眼狗现未上援，太湖多、鲍诸军，力尚有余，如萧浚川果来皖境，则再拨四千人，并交浚川统之，以围太湖，符润帅之本指，而于尊缄所谓“无示之以形”者，犹未能也。顺候台安。

31 致左宗棠

咸丰九年十二月十七日

季高仁兄大人阁下：

此间近日气机，殊不甚好。太湖合围，余际昌驻天堂，拊潜山之背，润帅与弟俱入皖境，此数者声势颇大，皆所以怠我而怒寇，致四眼狗以全力来援。今冬明春，必有大恶战，而我师能战之将仅多、鲍二人。此外唐、蒋、余、吴、金诸公，皆恐难当大敌，润帅办事，悉惬人意，此次推多公为总统，人心有不甚贴服者。敝军无一统将，如散钱委地，尤可深虑。兹特专札飞调浚川前来，专函请希庵来皖，请阁下阅后，加封飞递。前润帅饬多公统领诸军公牍内，希庵亦有名在所统之内，不过借以陪衬，使鲍唐、诸人无异议耳。官秀帅公牍中，希名亦隶多统，系因润帅之牍而照例转行者。希庵性最刚烈，倘见此牍，而心有不豫，祈阁下婉言调护，劝之速来。若希未见此牍，则千万不可提及。此次前敌如有疏虞，则后患甚大，故弟请希庵来预为补救之地，务希鼎言怂恿为荷。书不百一，顺候台安。

近日气机，殊不甚好。

32 致左宗棠

咸丰十年三月二十四日

季高仁兄大人阁下：

闻辟地东来，想已安抵英山。今春雨雪风寒，目所罕见。惟兴居安适，调卫无愆，为颂。此间本拟二月进兵，旋以浙江之变，纷纷易计。今浙事大定，究应如何分枝前进，望鸿裁与润帅酌定。怀、桐之贼，储积百物甚富，亮系久顿坚城之局。然亦不能不进围也。台旆在英山约住几时？此间即派专役奉迓。敝处与江湖空阔，足遣壮怀耳。

希庵处均可小住，杨、彭处尤可勾留。江湖空阔，足遣壮怀耳。

33 致左宗棠

咸丰十年五月初八日

季高仁兄大人阁下：

昨具咨奉达冰案，亮蒙鉴照。台从以何日抵湘？至以为念。本日接浙江王中丞信，江长贵败溃于平望，萧翰庆阵亡于湖州。浙省守兵三千，多不可恃。溃兵自苏入杭，恐为内变，危如累卵等语。东南大局，诚不意决裂至此。杭城若有不测，则江西之患近在肘腋。鄙意御之于广、饶，则有城可守，有险可扼，为力稍易。若阑入腹地，则江西糜烂，而湖南亦防不胜防矣。敬求阁下商之籋帅，迅遣凯章一军前来江西。其凯军与春霆、云崖三人，应如何分布之法，仍求指示。郴桂防粤东之贼，纵使仓卒阑入，以湖南之力，阁下之谋，必可制之。未若苏、浙大股窜犯江西，为害之烈之切也。无论湖南何等警急，总求大力先派凯军东来。仍查照昨日鄙咨事理，次第举行。其第一条，请阁下自统五千人，或霞仙统之，不知其说可行否？如仓卒不能成军，或请另拨一军东来相助，而以新立之军保护桑梓。伏乞卓裁施行。弟以十五日拨营至安庆，一会杨、彭，即由东流进入祁门，以待春霆凯、章二人。至八月间，企望台旆远来，不胜至祷。即问台安。

必可制之。

34 复左宗棠

咸丰十年六月初三日

季高仁兄大人阁下：

连接赐书，至忻至慰。此间办理规模，具详两次奏报中各折片，皆已咨哒冰案，亮蒙荃鉴。将来各军到齐时，拟以鲍春霆趋北路，沿江滨而下，攻池州，次青由衢严而趋广德州。俊臣若来，亦由此路，所谓南路者也。凯章、枚村及敝处之现兵，阁下之新军，皆萃于中路徽州一带。弟与阁下会晤后，各军或分或合，或南或北，临时再行商拨。目下所深疑不决者，谕旨有饬阁下督办四川军务之意。恐须旌从一行，或蜀或吴，敬请阁下自定至计，润公主稿而敝处缮发。江西兵事、饷事，当遵照来示一一整饬。吾乡尚有综核之才，深稳之度，可任烦剧者几人？得一焉，与筱泉共治江西牙厘，庶事易集，而民不害。求物色见告。

事易集，而民不害。

35 致左宗棠

咸丰十年七月初六日

季高仁兄大人阁下：

皖南四府一州，实大有为之地。止要军事吏事两者，切实讲求，每年可得银百三、四十万。若东坝克复，则尚不止于此。惟须得极廉极勤之州县一、二人，来此树之风声，与民更始，庶几渐有转机。不知阁下能物色循良，携以俱来否？敝处并无才辨之士，专望台端早至，安危得失之局，均系乎此。至恳至恳。顺问台安。

无才辨之士。

36 复左宗棠

咸丰十年七月初九日

季高仁兄大人阁下：

贵军日内募练何如？务求早日起程，以八月赶至皖南为荷。台驾至后，拟请驻扎宁国，右广德而左池州，指挥皆为便近，并可监造水师，为规复芜湖、东坝之用。次青一军，拟令与鲍军同攻池州。凯章一军，拟令驻扎广德。弟可暂驻徽州。江长贵一军，拟令与凯章同驻一处。周天受一军，或令与阁下同驻宁国，或与弟同驻微州，少与休息。待阁下到后、再行商酌。八、九两月，事端繁难，饷项缺乏。务求阁下早来擘画一切。至十月后，当渐即坦途矣。昨奉谕旨，补授实缺，兼握钦符，位望愈隆，责备愈重。前乎此者，覆轨相寻，惟望同志不弃，兢兢挟持。企望旌麾，愈速愈妙。顺请台安。诸维心鉴。

位望愈隆，责备愈重。

37 复左宗棠

咸丰十年七月十九日

季高仁兄大人阁下：

御众之道，愈简愈妙。

惠缄敬悉。营制极精，所改俱有深意。惟亲兵刀矛队内间以小枪，似尚不适，后幅条约，微嫌其多。御众之道，愈简愈妙。

此间调度，总难妥善，有复次青一信稿，行徽州府一札，并抄呈尊览。如有不妥，即乞迅速详示。恐见面时，大局已定，难于更换也。鄙意广德一路，最为吃重，请阁下当之，凯章辅之。池州一路次重，春霆当之。宁国不失，则坐守尚易，次青当之。宁国若失，则全局大变，又当另议。请分别二层，迅赐裁示。贵部东来，亦不宜全走陆路，或由袁州等处雇船至饶，两头陆行，中段水行，亦足少纾士卒之力。一月之食，即札台预备，能否按月如数，尚未可知，然筱泉于阁下事，必尽力也。捐事现未兴办。厘事用人，拟仿润帅之法，多用小者，少用大者。以二李一沈为主，余皆用府、厅以下。俊臣既赴粤不归，即改用吴退庵。次青三日之内五次来信，以百口保之，南屏亦力保之。究系坚卓之士，或可发愤一洒前耻。望助其支领口粮、军装等项为感。即请台安。

38 致左宗棠

咸丰十年七月二十六日

季高仁兄大人阁下：

前函言请阁下驻广德州一路，连日细思，无以易此。盖由皖南以保浙规苏，惟广德一路最为吃重，必得阁下之智勇，新军之精锐，益以凯章之历练，乃可万全无患。又广德与浙江极近，瑞、王二公皆不知兵，且今日奏调，明日请援。次青、凯章之力，皆不足以拒之，必阁下雄镇其间，乃能坚守便宜，不畏强御。商之友朋，皆以为然。凯章到祁门，亦深以依倚台旌，尺寸

能坚守便宜，不畏强御。

不离，为得其所愿。用再飞函，奉商可否即如此定局。祈速示。次青由信州绕来，入徽尚需时日。兹札凯章由旌德援宁国，霆营由泾县援宁国，八月初皆可拔营。春霆计亦二、三日可到也。广德收复。王中丞严劾江长贵，词旨深至，恐有不测之天威。皖南军务散漫，敬求台旌速来经理一切。自袁州至景德镇，舟行为便，已札各属备船迎候矣。

39 复左宗棠

咸丰十年八月初三日

季高仁兄大人阁下：

凯章于七月二十八日由祁门起行赴旌德，春霆尚未到。宋国永先率全军，由太平赴泾县，皆所以援宁国。皖事甫有端绪，乃嘉兴一军全数溃败。张玉良退守石门，又为贼所破。杭州万分危急，请援迫切。务求贵部星速前来，共维大局。顷已奏请骆帅暂缓入蜀，湖南防兵暂不抽动。而老兄迅速东来，另行抄咨冰案。弟素性谨慎，近甫当大任，更为惴惴。接兄所示，尚尔踌躇未决。无如浙事大坏，皖南、江西，皆属可危，不得不竭我湘中之力，尽救吴越，非敢恃权而妄干。区区微忱，想同心人能亮之也。

区区微忱，想同心人能亮之也。

40 复左宗棠

咸丰十年九月十二日

季高仁兄大人阁下：

次青以未练之军，轻于搦战，遂至败挫。贵军虽多，老手虽众，而究系新立之营，须偕老营合打几仗，乃为可靠。凯章现驻黟县，势难调回，与阁下合为一路。日内拟令鲍、张进兵，规复休宁。休宁若克，则贵军由婺源来与凯章会师，万无一失。休宁若不克，则贵军至婺源后，且须停顿，或请凯章间道往迎，谋所以合战之法。乐平至祁门，尚有二百六十七十里，阁下若弃本军而来，与弟相会，恐不妥叶。婺源至祁不满二百里，或阁下由婺来祁，凯章亦来祁相会，此说较稳。二者请阁下定择其一。总之，阁下与凯章一见而后接仗，则彼此皆放心矣。弟初六日北援奏稿，想已接到。所以必邀阁下同行者，弟于乐事本无所解，又近来心血日亏，思不能入。此等大举，尤不可无贤智者与共艰危。北援议一则，录呈台览，大约皖南能防守，贼不入江西境内，皖北能不撤动。目前之局，俾江西、两湖少得安枕。则北上者乃能放心，否则于北无毫末之益，于南有邱山之损，亦非弟之本志也。诸希裁示，即问台安。

于北无毫末之益，于南有邱山之损。

41 复左宗棠

咸丰十年九月十六日夜

季高仁兄大人阁下：

贼已破淳安，则已不由婺源窜饶，亦恐不由严州窜浙，或当由开化以窜德兴。一入德兴，则贵溪、戈阳、广信、抚建，处处可虑。现令屈道、钟守守广信，养素守抚州，而腹地空虚，应请阁下驻扎乐平，深沟高垒，以观贼之变态，而徐应之。万一贼果窜江境，入德兴，弟当飞饬凯章回援，与阁下会合，始能痛剿巨股也。即问台安。

观贼之变态，而徐应之。

42 致左宗棠

咸丰十年九月十七日未刻

季高仁兄大人阁下：

安庆寄到伪文，附呈尊览。此间调度，另用公牍，咨达冰案。南北两岸，同时吃紧，鄙意南岸处处主守，仅留贵军驻乐平，为游击拨应之师，犹北岸之有希阉一军也。但须以凯章合为一路，庶可纵横如意。否则麾下新军，未知果能使兵不负将否？观此伪文二件，贼之全局已经了然共白。弟所布置，是否有当？乞迅赐详示为荷。顺请台安。

庶可纵横如意。

43 复左宗棠

咸丰十年九月二十一日

季高仁兄大人阁下：

接惠书，知尊意与弟相同。此间官绅及张、鲍各将士之意，皆欲进攻休宁、徽州二城，不肯遽然退兵。回援江境，盖缘徽贼分起下窜，浙江二城存贼无多，有云仅数千人者。张、鲍之意，欲俟天晴进克两城。绅民之意，因避地无所，欲俟克复速返故居。幕府及地方官之意，以为克复休、歙，则自绩溪以至祁门，五县之北，共一大岭，扼岭而守，不过四千人，可守五县六百里之广。较以防婺源、防祁门、防乐平、德兴等县，二万人尚嫌不足，守岭则四千人已觉有余。弟亦深知守岭之妙，特克复休宁、歙县，尚无十分把握。且待天晴进攻，从众人之公议。其应否如是，尚注卓裁酌夺。顺问台安。

44 复左宗棠

咸丰十年九月二十九日

季高仁兄大人阁下：

——六安州并未失守，寿州被围，旋即退去。霍山现有贼似非大股，余会亭当足以御之。北岸狗逆尚无上犯之信，希庵带来之四营，分起遣回北岸矣。

——杨七麻子现带二万人驻旌德县，盖为徽州、休宁二城之援。守徽州者为赖裕新，守休者不知何贼，当是古隆贤之类。张、鲍今日出队攻城，恐难得手。杨七麻子既入岭内，则建德一路已松，将来以休宁之坚城拒我，而杨逆从开化之华埠入江西境，是可虑也。休若不克，终须抽出凯章一军为游击之师，乃不滞于机，请阁下派二人一察鄱阳至建德之路，中间所谓石门者，究竟险要何如？一察开化至歙县之路，所谓华埠者，究竟应驻若干人？若凯章与贵军能从华埠绕至歙县之东，方为得势，弟用兵

弟用兵病在太呆，求兄于灵活处匡我。

病在太呆，求兄于灵活处匡我。

——北援专以明臣子之义，不问事之济否，润去则留希以保湖北；弟去则留公以保江西，弟与润两人之意，皆已决矣。厚庵之才，无所不可，而水陆实难兼顾，多公则难洽众志，故须留兄与希庵也。

——来示谓弟有讨贼之责，兵不可太少，极是。惟凯章甚不愿多将，芗泉恐不宜多将，二人只能各统五千。春霆除自带六千外，已拨二千人益之。兄宜统万人，平原可大战，山间可分枝为妙。弟拟带五千人，而恐训练不勤，虚糜饷项，盖本非临阵之才，而所办者皆粮台之事，故不敢多。合之徽防各营，已四万有奇矣。是否，乞示。即问台安。

45 复左宗棠

咸丰十年十月初八日

季高仁兄大人阁下：

惠书敬承一切。弟自知用兵失之太呆，故请教于阁下及润帅。今来示详及得机得势之说，益觉豁然开悟，所应复者，详列于左：

——徽州失守之后，飞札鲍、张由岭外收回，一则顾祁门老营，一则岭外无米可买，鲍、张饷道已断，救败之着也。厥后鲍由渔亭进攻休宁，张由黟县进攻休宁。系因已成之局，因绅民之请，遂为呆着。

——目下若取远势，能以劲兵从开化华、埠绕出歙之东路，则其势最远。然此一路山太多，径太仄，米太少，民情太坏，阁下不肯从此路进兵，极有识，其次略取远势，则请阁下从婺源进扎屯溪，屯溪在休宁之东，歙县之西，徽属水陆最盛之区也。贵军若到屯溪，则与鲍、张两军可收夹攻之效。而徽军如尚溪口之杨副将，江湾之王副将，皆可与贵军联为一路。另有一图，粘签说，奉呈。

——祁西榉根岭之贼，去而复来，似是池州打先锋之贼，当不致内犯景德镇也。弟在老营派千人去防，带锅而不带帐，借居民房，十日换房一次。阁下若由婺源赴屯溪，宜全军皆往，不必留防景德镇，虽后路过于空虚，然有不能兼顾之势，此层仍请兄细酌。

虽后路过于空虚，然有不能兼顾之势。

46 复左宗棠

咸丰十年十月十六日

季高仁兄大人阁下：

接惠复缄知屯溪之请，恰与尊意相合。即备咨请大军前进。顷得来咨，因建昌之贼，窜近安仁邓家埠一带，贵军须暂留截剿，与弟之咨相符。闻此股实非悍贼，在仁化、乐昌屡被粤兵及康勇击败。建昌仅升字营六百人，居然守城二日三夜。得以保全，且出击获胜，则贼之无能可知。应请阁下派三、四营前往雕剿。一面仍料简全军，进驻屯溪，如狮子搏兔，必用全力。则多派数营截击亦可。至大赤、榉根、大洪诸岭，设防尚密，可不必上烦廑虑。厚庵带韦部六成队，由水路赴南陵，破贼垒四十座，拔出陈大富一军，此今年第一快心事。厚庵真名将也！桐城狗逆，尚未开仗，芗泉一军，谕旨未准调来，即日再当陈请。

设防尚密。

47 致左宗棠

咸丰十年十一月初七日灯下

季高仁兄大人阁下：

初七日戌刻接禀报建德已失守，查建德入江西有三条路：一由彭泽上湖口，一由石门至饶郡，一由桃树店至景德镇。其湖口一路，弟已札竹庄二营前往守城，不知赶得及否？其石门一路，应请阁下派千余人，在彼防守。其桃树店一路为祁门与景德镇二处所必争，应请阁下派劲旅迎头击剿，而弟处派人追击其尾。若贼据建德不动，即请贵军进击。其米粮、子药半由祁门送桃树店，半由景镇送去可也。阁下卓裁行之！即请台安。

48 复左宗棠

咸丰十年十一月十三日巳刻

季高仁兄大人阁下：

接十二早惠缄，知老湘、桂勇尚未回镇，实深悬系。昨夜专人至尊处。尊处请不必分支。贼锋甚锐，请阁下坚驻以待其来，如迪庵在武昌，待石逆之法，以主制客，以弱伺强。竟不移营进剿，或有把握。饶州、婺源、景德镇三处，请不必兼顾耳。即问安台。

以主制客，以弱伺强。

49 复左宗棠

咸丰十年十一月十九日辰刻

季高仁兄大人阁下：

接十七日惠书敬悉一切。鲍军当赴景镇，本无疑义。因接阁下阻止之信，是以暂停未发。江湾之贼，若由婺源窜镇，计必先鲍军三日而到，敬求阁下静守数日，坚壁不出，待鲍军到浮梁时，霆营剿西路建贼，贵军剿东路婺贼，各有专向，仍可互相援应。如婺贼径至乐平，抄贵军之后路，亦求阁下先顾景镇老营。待鲍军到镇，贵军再行赴乐。闻江湾之贼，即是德兴、河口两处败匪。以贵军当之。应有必胜之理。但鲍军未到之先，未可亲出迎剿，必须固住老营，自全其军。千万！千万！至弟移营之说，此间众口一词。弟思之至熟：此时率鲍赴婺，计已落贼之后。且军心摇动之际，弟若轻动，则军民纷乱，米盐无买，各军皆不方便。不若弟与凯章主守，公与春霆主战，以待事机之转。尊意以为何如？即请台安。

50 复左宗棠

咸丰十年十一月二十日巳刻

季高仁兄大人阁下：

两次惠缄敬悉。枧田之贼，退而不退，其为待婺源之贼两路合扑景镇，已无疑义。公之部下，以打两路之贼则不足，以守则尚有余。凡打仗，一鼓再鼓，而人不动者，则气必衰减。凡攻垒，一扑再扑，而人不动者，则气必衰减。阁下结营得地，依山凭河，敬求坚守数日，待两路贼匪猛扑一、二次，巍然不动，然后贼情毕露。形见势绌，然后鲍公以马步七千赴镇会剿，必可得手。阁下以为然否？乞示。

则气必衰减。

51 复左宗棠

咸丰十年十一月二十一日午刻

季高仁兄大人阁下：

接惠书，知将兼守浮梁县城，以鄙见筹之，似可不必。守城煞非易事，银米、子药、油盐有一不备，不可言守备矣。又须得一谋勇兼优者，为一城之主。凡备多则力分，心专则虑周，应请阁下专守景镇，坚垒为牢固不拔之基，免致心悬两地。至要！至要！闻贵营未挖深壕，请即赶紧修挖，夜以继日，挖至丈六、七尺深为妙。壕垒固矣，即可派六成队，出剿洗马桥等处之贼。胜固相机而进，挫亦有营可恃。若分守两处，则别无战兵矣。刍荛之见，是否有当？此间霆、凯各营进剿羊栈岭大股三万余，二十日大获胜仗，据禀，杀贼实有四千之多。若果不诬，则鲍军二日内赴镇，毫无后顾之忧矣。

凡备多则力分，必专则虑周。

52 复左宗棠

咸丰十年十一月二十三日

季高仁兄大人阁下：

接复缄敬悉一切。婺源之贼，果遂窜乐平、景镇否？此间自大捷羊栈后，贼中纷传岭外续有大股来此复仇，居民纷纷迁徙，求留鲍军在祁、黟镇定人心，弟亦殊不自主。惟念鲍军若不回剿景镇，则贵军转不能放胆办事，决计仍令春霆赴浮梁会剿。唐桂生自建德归来，即可护卫老营。鲍公准启行也。弟昨缄商贵军不必守浮梁城，系悬揣之词，应否兼守，仍以目击者为定，请无泥于刍言。婺源人心风俗皆纯厚，物产亦丰饶，团练亦大可护持。将来贵军入皖，请即办婺团，以为始基。婺茶岁入十余万金，或全用为团练之资，可得数千劲旅。又于各山隘建立碉堡，则进可战而退可守。鲍公用兵，宜于旷野，不宜于山径，应令其由鄱、彭以出东建，公则由景入婺，为镇驻徽州之地。贤者例为其难，公固不得而辞也！即请台安。

进可战退可守。

53 复左宗棠

咸丰十年十二月初四日午刻

季高仁兄大人阁下：

昨接惠缄，又接大咨。日内雨雪严寒，公军与鲍军分途追贼，士卒劳苦异常，可念也！此间岭防日日有警，江军门新管各岭防务，其人甚孚民望，且要体面，或者足资守御。尚溪口之贼，昨日窜至乌门。乌门距祁门五十余里，距渔亭四十八里。日内祁、渔两处或尚有事。鲍军此刻只宜将鄱、都等处之贼逐出建德，一气扫清，断无分营回顾祁、渔之理！但求鲍公速了鄱、建一路，贵军稳扎景镇，敝处当坚守以待事机之转耳。日内追贼情形，乞示一二，以慰悬悬！

坚守以待事机之转耳。

54 复左宗棠

咸丰十年十二月初七日

季高仁兄大人阁下：

惠缄得悉！鲍军业已渡河，黄文金之队伍甚整，不知鲍公能慎以图之否？金陵逆首调各贼往怀、桐救援，日内闻徽、休宁之贼，纷纷应调赴下游渡江，以救安庆。渔亭、叶村等处，战事或可少息。羊栈、大洪各岭外之贼，亦少退祁门之北，聊可偷安。东一支为伪忠王所带，竟不分贼赴北岸救狗逆之急，玉山丰城，可虑，但愿阁下与鲍军将西支黄文金一股击退，驱出建德境外，然后能抽出一支游兵，回剿江西腹地耳。芗泉六千人之请，尚未接到。敝处续去一檄，令其募足五千人。大约芗泉之能来与否，全视乎荫渠中丞之坚留与否。阁下与荫渠为道义金石之交，如能屡函商定，然后以一片奏定，乃为妥善。否则，谕旨俞允，而荫公不许，仍属无益。去年奏调萧军，几成嫌隙，可为鉴也。

55 复左宗棠

咸丰十年十二月初八日午正

季高仁兄大人阁下：

接惠书藉悉一切。乌门之贼，不过打先锋者，或数十人、数百人不等，当不敢径犯祁门。如其来，亦足制之。唐桂生日内患病，俟其痊愈，当出队至乌门、李坑口雕剿一次。岭外之贼，尽退至石埭、殷家汇等处。祁门、渔亭各军，专御休宁、上溪口之贼，自足枝梧，请释廑虑！修碉之事，请速为之。正月上旬修成以后，责军四出征剿，有老家以为基址，亦行军一法也。择地有两法：有自固者，有扼贼者。自固者，择高山，择要隘。扼贼者，择平坦必经之路，择浅水津渡之处。嗣后每立一军，则修碉二十座，以为老营。环老营之四面，方三百里，皆可往来梭剿，庶几可战可守，可奇可正，得四军可靠者，则变化无穷。请阁下先于景镇作一榜样，而他军效法行之。王文瑞虽非上选，而高出江西诸军之上。弟意欲令王文瑞、陈品南、谭发律三人皆各招五百一营。或令专守赣州，归李筱泉统辖，饷说责成筱泉筹备。或令专守建昌，以老湘营为建人所钦服，谭发律有功德于南丰也。二者孰妥，祈兄卓裁示复！即请台安。

可战可守，可奇可正。

56 复左宗棠

咸丰十年十二月十七日

季高仁兄大人阁下：

接奉复书，贵军须走右路而兼顾中路，鲍军须走中路而兼顾左路，此一定之理势。贵军老营尚在景镇，即以留镇之两营为根本。鲍军稍向左、向前，又以贵军为根本。两军兵力均不甚厚，只能各打一路，不特贵军不可分支，即鲍军亦不可分支，即鲍军亦不可分支。贼之布势太宽，我军人数较少，不可作一网打尽之计。贼若来包抄，贼之凶悍者，当在右路石门一带。其桐子渡之贼，防我饶州进兵也。张家岭之贼，防我湖口进兵也。陈家衕之贼，该逆自保归路也。鄙见臆度如此，阁下如以为然，请与鲍公熟商，先尽右路，无遽深入。建德瘠苦非常，掳无可掳，贼之米粮运于二百里以外。我之米粮，去水次不过数十里，我可持久，贼难持久。此次慎以图之，新年则可放胆行之矣。此请台安。

不可作一网打尽之计。

我可持久，贼难持久。此次慎以图之。

57 复左宗棠

咸丰十年十二月二十三日

季高仁兄大人阁下：

复缄敬悉。贼若退至建德、张家滩一带，终非了局。应请贵军仍会同鲍军前进，总以追贼回池州、石埭，而我夺得建德、张家滩为妥。一交新年，杨逆必悉锐上犯，鲍、陈两军稳占张家滩，香口两处，利则由殷家汇以进池州。即不甚得利，亦当坚守，香口、建德、张家滩三处，以为羊栈等岭之外屏。庶祁、黟岭防得少纾也。景镇系贵军基业，务请速修碉房，至要！至要！马队本不可少，奈目下无马可购，敝处派五人携银至张家口买马，尚未归来。各营瘦马无可换者，焦灼之至！待与润帅商得购马之路，再请贵军添练马队也。复问台安。

58 致左宗棠

咸丰十一年正月初六日

季高仁兄大人阁下：

大洪、大赤二岭卡均被贼破。大洪岭在祁北六十里，江军门现已带队往堵，不知能御之否。大赤岭守卡者，系黄副将惠清。此外尚有守榉根岭之马复震一营，守闪上之杨芋庵一营，皆新营，未必可恃。贼或竟犯祁门，或犯景德镇，皆不可知。特此飞报，祈阁下与春霆妥为预备，总以保全贵军，保全鲍军，保全景德镇三者为要，不必计及救援祁门也。即问台安。

59 复左宗棠

咸丰十一年正月十七日巳刻

季高仁兄大人阁下：

——建德之贼，不知果退尽否？如果退尽，拟请鲍镇全军扎张家滩，陈镇一军分扎东流、建德二县。待扎定后，鲍公派队雕剿香口、丁香树、田家乐等处，祁门亦派队出岭会剿，须将各岭搜剿净尽。鲍公进围池州，弟亦出岭，驻扎香口、张家滩等处。但恐鲍公未进池州之先，而贼又率大队上犯耳。

——贵部追贼过张家滩后，自应调回景镇，略与休息。一面在景镇速修硐座，一面派千五百人进守婺源城。婺源虽在万山之中，名区也。城小而坚，地广而物众，每年茶税、正饷、盐厘可得二十万金。贵军以景镇、乐平为后路，以婺源为家私，必可立于不败之地。在贵军则根基甚固，在大局则屏蔽甚广。目下兵力不敷，至二、三月，则添募各营可到，贵部共得万余人，除以千人留景镇，千五百人守婺源外，尚有八、九千人进攻徽州，自可指麾如意。

根基甚固，屏蔽甚广。

——李秀成破江山、常山后，不敢进攻衢州，其胆其力，均可慨见。两次围玉山不能攻破，若往广信，屈、钟之力亦足御之。若破广丰、河口，而不破郡城、玉山，当亦未敢长驱深入。若广丰亦坚守不破，则断不深入矣。刻下贵部全军尚在景镇，修硐之际，且静观以俟其变。抚、建皆尚有备，贼即深入，或亦不遽逞乎？顺问台安。

60 复左宗棠

咸丰十一年正月十九日辰刻

季高仁兄大人阁下：

进德之猛，用心之苦，建功之大。

接惠书，战事稍顺，驿递亦速矣。胡宫保之病，此间连接数信，知其病源颇重，且语气亦过于慈祥。此公年来进德之猛，用心之苦，建功之大，不特为塔、罗所不及，亦远出于江、李之上。至其推贤扬善，惟恐失之，则古来名臣殆不是过，数十年所未见也。弟劝其请假两、三月，回武昌医调。北岸军事多、李犹可勉强支持。吏事、饷事润帅一日不理，则败坏将不可问。每思此事，寸心悬悬！但求天祚圣朝，佑此劳臣，速就康复耳！魏质斋添勇，弟批准添足二千。乃敷尊处调遣。景镇碉卡，务求速办。请公留千人守之，以为重镇也！即问台安。

每思此事，寸心悬悬。

61 复左宗棠

咸丰十一年正月二十六日申刻

季高仁兄大人阁下：

惠书敬悉！下隅阪之贼，既非黄、李大股，则鲍军应足了之。日内久不得渠信，不知建德、张家滩果不至被贼久踞否。上清宫一股，抚州府县禀称已窜旸田。旸田去金溪仅四十里，江西别无一枝劲旅足以御之。弟昨意欲请贵部回援抚、建，盖亦迫于无可如何，此间众议不以为然。凯章一军，独驻祁门，亦虑不足以当三面之贼。东不扎渔亭，西不扎历口，则祁门难以独全。不进婺源，则坐失自然大利，而将来亦无进兵之路。不援抚、建则腹地糜烂，饷源立竭。不保建德，则江滨之门户不固，北岸之声息不通。此四者，皆要紧之着，而力不能兼顾，何弃何取，孰先孰后，务乞阁下详示！兄近于大处调度，不甚置辞，似存一番客气，此断不可！一着之错，全局皆输。务乞将目下调遣，将来局势，一一示我。马队请公自练。尊处需费，弟断不惜，请放手为

一着之错，全局皆输。

之！即问台安。

62 复左宗棠

咸丰十一年二月初二日

季高仁兄大人阁下：

接惠书，知将为婺源之行，何其神也！正思请贵军赴婺，弟见事每迟，计尚未决，而阁下恰为此行，实为心折！汪村大股，闻将分两路来犯祁门，或由平鼻岭、清华街以犯婺源，亦意中事。台旆驻婺源，不特伐贼由婺窜江西之谋，并使汪村窜伺祁门之贼亦且狼顾，而恐贵军之议其后。此次阁下入婺，数美咸备！特虑贼或先到一步耳。建昌之贼围城五日，环攻未息，可危之至！尊虑由瑞、临窜浔，识微见远！弟当告润公由此着眼也。解散胁从，及鲍、陈饷项二事，决当尽力！复问台安。

环攻未息，可危之至。

63 复左宗棠

咸丰十一年二月初四日午刻

季高仁兄大人阁下：

前夜奉复一缄，极佩阁下赴婺源之善。顷接惠书，知尚未成行，殊盼切也！婺城在景镇之东北百五十里，清华又在婺城之北六十里，汪村又在清华之北八十里，中隔平鼻大岭，如果清华有贼，则尊处探卒断难直抵汪村矣。日内总求贵部速赴婺城，至要！至荷！徽州仅有三条河水可通米粮，婺、祁两河通江西之粮，严州河通浙江之粮。此三河皆被官兵占住，徽贼无米，断不能久踞，此一定之理也。徽州之地丁、盐茶、杂厘，每年可入五十余万金，而婺源岁课二十万，于军饷大有裨益！请阁下择贤者为婺令，自为经理，自济贵军之饷。现在江西厘金大减，抚、建有贼以后更绌，请阁下早自为计。若待三、四月，山穷水尽，乃咎弟之不善筹饷，则已迟矣！总求阁下取婺源以为贵军根本，顾景镇以保咽喉为祷！顺请台安。

取婺源以为贵军根本。

64 致左宗棠

咸丰十一年二月十三日巳初

季翁仁兄大人阁下：

大局略有转机。

休宁克复，屯溪、上溪口等贼巢皆已走尽。看来徽郡亦可克复，大局略有转机。惟念尊处贼多兵少，面面受敌，实深悬系！台旆驻乐平、景镇扼要之区，不知与毅卿一军隔绝否？如事急，并军可自全也。全军为上，保地方次之。陈余庵处已三次缄催矣，大约二日可到景镇。然非能助战者，恐不能有裨于左右耳。即请台安。

65 复左宗棠

咸丰十一年二月十九日酉刻

季翁仁兄大人阁下：

接惠函，知贵军自愿为章门、抚、建之行，此正弟所求之不得者！贵军能为此行，较之鲍军晋省，远胜数倍，惟景德镇赴省约有两路：走西路则仍须由湖口县渡湖，经南康、建昌以达省；走东路则由乐平、万年、余干以达省。若由饶州晋省，则只有水路，别无陆路。贵军勇夫八千余人，安得许多船只？且逆流渡湖，风信难定，转不如陆路可屈指计也。目下乐平贼踪麕集，其势正趋万年一路。贵军若由东路晋省，节节与贼相遇，不得手，则打不过去，即得手，则驱贼入腹地，而贵军行走断不能速，无以定省垣之人心，而救抚、建之危急。似须将辎重由饶州舟行晋省，而队伍仍由湖口、南康晋省，乃为妥善。大兵由鄱湖西岸行走，则九江、瑞、临一路皆有备无患矣，亦公防李秀成窥浔之始谋也。贵军若不分支，可保其百战百胜，分支则事未可知，弟见分兵而致败者多矣！故常以此谏人，伏冀采纳！华甲路之贼，鄙意或由华埠回援徽州。断不迂由德兴入江西。求阁下再将贼情细细审量一番，然后再定所向。贵军如能将乐平之贼一战破之，则

若不分支，可保其百战百胜。

由万年、余干、东乡以赴抚、建，更为顺便。特恐与侍逆相持不决，而忠逆已由抚、建逸出，直趋省城及樟树一带，则全局大震。此必须阁下之自度其力，而审兵出之路耳。

66 复左宗棠

咸丰十一年二月二十七日辰刻

季翁仁兄大人阁下：

接惠书，知袁家湾获一胜仗，至以为慰！弟寄鲍公各函，嘱其无论行抵何处，即行停驻，北不渡江，西不渡湖。又令其夹击鄱阳之贼矣。抚、建之贼闻窜宜、黄一带，恐其由新淦渡河，穿入瑞、临以窥九江，如公最初所料也。鲍公夹击一、二仗后，再由湖口赴浔，尚不迟否？上溪、休宁之贼，据探均回徽城及绩溪、旌德一带，无续入婺源者。徽城之贼来攻休宁之城，凯章坚守不出，去亦不追，贼之进队有序，收用连环，是深于战事者，未可轻视云云！尊处生擒贼供：徽郡无贼，其言不可信。大抵贼党不知贼情，更甚于我军长夫之不知军情也。历口之贼已经朱云岩击退，目下各岭外之贼合计亦不下四五万，幸不甚悍耳。即问台安。

深于战事者，未可轻视。

67 复左宗棠

咸丰十一年三月初五日辰正

季高仁兄大人阁下：

初四夜在休宁接到两缄，一报贵军廿九日之捷，一报三十日陈军之挫，景镇之失，具悉一切！弟至休宁，饬各军攻徽州，若能克徽郡，则浙江可通米粮、子药之路，当令各军坚守徽、休、祁各城，而国藩以轻骑自赴江滨。若不能克徽，则当以强兵回剿景镇之贼，而国藩率弱兵以赴江滨。二十九日贵军之捷，系去年广东之贼新附发逆者乎？抑系伪侍王部下乎？究竟伪侍所部强者若干？能得其要领否？去秋次青败后，盛言伪侍凶悍无敌，弟方不深信。涌山、桃林二役，阁下身在行间，究竟何如？务恳示以端倪。至要！至要！即问台安。

68 复左宗棠

咸丰十一年三月初七日午刻

季高仁兄大人阁下：

初五日奉复一缄，不知何时可到？是日各营进攻徽州，午刻薄城，忽值大雨，湘前、强中等营败挫，伤亡近二百人。老湘、霆字等营幸无损失，机势殊觉不顺。凯章之意，欲再举猛攻一次。盖各处皆死路，惟攻徽是一条生路也。若能攻开，拟请贵军进驻婺源，且坚守徽郡六县，以为吾辈根基。若不能克，再行熟计。然弃三县而出岭外，东、建亦非足以自立之地。若舍皖南而全置不顾，尽缩入江西境内，或如尊指挈师赴浔，则过于避难就易，亦未敢出此也。鲍军本应由浔赴瑞、临，目下此间围困若此，不能不请鲍公先剿景镇，弟与江西文报久隔，竟不知腹地作何糜烂之状。接来书，询弟自定大计，弟初奉江督之命，奏明从皖南进兵入吴，旋奉督办皖南之命，又奉江南大帅之命，是江南与皖南，弟之汛地也。除坚守祁、黟、休三县，力攻徽州外，惟东、建尚可移驻。阁下欲弟赴浔，李少荃欲弟赴省，以固根本，似俱不可。

若不能克，再行熟计。

至贵军不可舍我而去，公义、私情犹其次也，惟弟与兄二人，愈合愈近，或可两全；愈离愈远，则必两伤。鄙见敝处仍攻徽州，贵军从乐平北攻景镇，鲍军从鄱阳上攻景镇。徽州果克，则景镇非我之咽喉，置之不问可也。徽州不克，祁门另出一支，由臧家湾以攻景镇。方今鄂省糜烂，赣江以西又糜烂，断无完策，断无胜算，能打几好仗，便是胜算耳。祁、休米粮勉强可支两月，任星元水师，张太守粮台各船，须在角山前一带，远亦在康上为妙。若出湖至建德，则相去近九百里，呼应不灵矣。

愈合愈近，或可两全。

断无完策，断无胜算。

69 复左宗棠

咸丰十一年三月十二日辰初

季翁仁兄大人阁下：

十一日申刻，徐兆熊携到初六辰刻惠书，具悉。是日出队。徐弁言，初六日晚间遍传尊处获胜仗也。弟决计守黟、休、祁三县，一面进攻徽州，一面请尊处与鲍公夹击景镇，冀得解此重困，徽城贼多而狡，恐难得手。景镇乘阁下屡胜之威，益以鲍公夹击，或可驱逐出皖。弟惟坚守以待而已！即问台安。

70 复左宗棠

咸丰十一年三月二十三日巳初

季高仁兄大人阁下：

二十二日徐兆熊自乐平归，接惠书，得悉十四日贵军大捷，十五日侍逆鼠窜而去。至幸！至慰！黄文金、李世贤两大股悍贼，均赖大力驱除，岂特弟之私喜？江、皖全局当有转机。景德镇贼果于何日退净？所欲商之件，条列如左，即求卓裁！

——婺源日内正值茶市畅旺之时，申令收茶厘二千四百余金，全不解台，尽行冒销，现已撤参！应请贵部速进，以二千人守婺源，五千余人驻屯溪。一则阁下与休宁凯章军合势，徽城可以速下；二则婺源之茶，屯溪之厘大可济饷。其婺源县令，亦请由贵营委员中选择一人，弟即札委可也。

——四眼狗于十三日破黄梅，十四日破宿松，十八日至集贤关，必猛扑九舍弟营壕。如景镇、饶、乐果已一律肃清，当檄鲍公仍赴东流、建德一带。怀宁危，则鲍公渡江救援；怀宁安，则鲍公扎张家滩一带，以屏蔽饶、景而规复池州。

——官相奏请骆帅先援湖北，后援江西。骆帅奏自率黄子春军入蜀，而派刘荩臣四千六百人由鄂援江，计日内必在德安、云梦等处。弟函商润帅，拟以刘军安置九江、瑞、临一带，为两得此一着，应足御之。

湖、江西三省公同游击之师。北不渡大江，东不渡赣水。阁下最初所料，防李秀成由瑞、临趋浔者，得此一着，应足御之。莀臣于瑞、临本是多年熟游之地，而其兵力亦尽足制李秀成一股，阁下与鲍公皆可不必回顾江西腹地矣。

71 致左宗棠

咸丰十一年三月二十五日午刻

季高仁兄大人阁下：

昨有公牍请老兄进剿婺源，分兵守城，速进屯溪，不知阁下以为然否？如其不可，则请收复婺源后，以少半守婺，以多半仍驻景镇，更为稳实，求兄酌之。弟之调度，远不如兄，无所庸其谦也。弟赴东流，非其本意。若公能克复徽州，弟仍当入山驻扎休宁等处。若鲍公可不北渡进攻池州，弟在东流略有气势。否则专谋一己藏身之术，亦不为也。公营保举三月各大仗，准于五日内出奏。顺问台安。

专谋一己藏身之术，亦不为也。

72 复左宗棠

咸丰十一年三月二十六日酉刻

季翁仁兄大人阁下：

接到专差惠书，鄱、景、浮、乐一律肃清，敝处乃得确耗。遂定鲍军救援江北之计。公牍中，请阁下以二千人守婺源，五千余人进屯溪，又请阁下自行斟酌。或以五千人仍驻景镇。大约休宁为皖南必争之地，凯章辛苦得之，必不肯弃守。婺源与休、祁为犄角之势，故弟屡请阁下拨二千人守婺，其全军或扎景镇，以固根本；或赴屯溪，以图进取，则请卓裁主之！弟不敢妄决也。李秀成破吉安后仍下峡江，其为由瑞、临以窥九江，不出公最初所料一着，已无疑义。目下公与鲍军皆不能由浔内援，故弟函咨官相与润、希，求派刘莀臣一军赴瑞、临，更求阁下函咨催之。忠逆一股，江西、两湖之公患也。弟出江滨，聊壮北岸声援。事

以固根本，以图进取。

局少定，仍当入山，与公相依。经营皖南，不能不从山内着力。侍逆本与陈杨黄并称，而其多且悍，似过于杨、黄，而等于陈狗。公此次破贼，解休、祁之围困，振江皖之军威，有功大局甚伟！不独弟之私感也。惟新军初立，频奏奇捷，仍望慎之又慎，终始以分兵为戒！以持盈为怀！是所至恳！润帅病已痊可，请释廑念！复问台安，诸惟心鉴。

有功大局甚伟。望慎之又慎，终始以分兵为戒。

73 复左宗棠

咸丰十一年四月初二日

季高仁兄大人阁下：

惠书敬承一切。所应复者，条列如左：

——来示称："侍逆如东趋玉山、上饶、广丰，固将迎剿，即由华埠北趋，亦必追击！但不入浙耳。"极好！极好！贵部目下专办侍逆一股，与之周旋于饶、信、徽三郡之间，不独屏蔽江西之北境，即休、祁凯章等各军，亦得以保全粮路，不至围困于重山之中。弟请贵军以小支守婺源，以大支进屯溪。厥后又言以小支守婺源，以大支驻景镇。不知阁下于两说中果用何说？弟所以兢兢于休、祁、黟者，一则皖南系弟汛地，不敢轻弃尺寸之土；一则徽属六县，每年可获六十万金。即无歙、绩二邑，亦尚可得五十万。此时若忽视山内诸县，将来再打入山内，千难万难矣！贵军在饶、信、徽境内则可，至抚、建境内则不可。区区愚忱，尚祈鉴亮！

——伪忠一股现在瑞郡上游。吉安、吉水、永丰、新淦一带，已无贼踪。其为窥伺九江，不出阁下最初所料，已无疑义。弟现饬吴竹庄守湖口之千五百人，万泰之兵，丁义方之水师，协守浔城，似尚足支十日半月。省城有张运桂、刘胜祥二千人，亦可无虞。惟西路无兵痛剿，为江西、两湖之公患。魏质斋新值大捷之后，计湘中必令其防剿袁州一带，湖北亦必令刘荩臣防剿兴国、武宁一带。来示以其圆美，未敢深信。鄙意伪忠亦实非悍贼，刘、魏或足制之。至贵军赴赣水以西，则断断不可。盖东、建、都、湖、彭、鄱、浮、乐、德、婺、安、贵等属处处空虚，阁下摇足南行，则周围千余里皆为贼有。不特休、祁各军困于垓心，而江西之北边糜烂矣。弟所以必留贵军在饶、信、徽三府境内，一以保江西之北路；一以保休、祁之后路也。

——希庵在上游溉口，为德安等处之贼所牵，贼于黄州，蕲州、黄梅、宿松等属，处处有一股踞守城池。希庵纵能了清上游，势亦不能回顾安庆。现令鲍军于初二日自华阳镇渡江，会同多军进剿集贤关之贼。多公大破林绍璋、洪仁玕股匪，又败黄文金一股于高河铺。若再得一二胜仗，桐城各股可以肃清，多军可专心击集贤关矣。

用兵外间同声钦服。

——阁下用兵，外间同声钦服。惟议其墙不高，壕不深，亦众口所不满。以后请更于壕墙加意。

——润帅病已大愈，此近日第一可喜之事。兹将渠寄鲍信稿呈览。顺候台安。

74 复左宗棠

咸丰十一年四月初五日

季高仁兄大人阁下：

初五日专丁至，接惠书。知大旆现驻德兴，将侦明贼踪所向，横出截之，取远势以邀之。极好！极慰！贼若由广、玉以窜河口，则日内当已见仗，必入君之彀中矣。弟前此两缄，请贵军专剿李世贤一股，周旋于徽、饶、信三府之间，想蒙鉴纳。李秀成一股自破瑞州，尚无续报。临江未失，差慰人意耳。省城有张运桂、刘胜祥三营，或可保全。九江有吴竹庄千余人，加以万泰之兵，丁义方之水师，或亦尚足支持。惟虑其由新昌，通山以拊武昌之背。弟屡缄催刘荩臣来堵、兴、冶二通，虽未必果有济，然舍此别无可拨之军。安庆相持如故。春霆渡江至集贤关，多都护击败璋、玕二逆，杀贼近万。击黄文金股匪，亦获小胜。狗酋闻桐城贼两败，带大队往桐，留小支于集贤关守垒。如狗不能遽胜多军，而霆营又相逼而来，计日亦将他遁，然其递送米粮，接济城贼，已不少矣。金逸亭克孝感后，进围德安。希庵尚在漖口。靖臣奉希檄围攻随州。雪琴在沙口。黄州之贼屯踞如故，蕲州、黄梅、宿松，闻踞贼均不多，借无官兵过而问者耳。诸惟心鉴。

75 复左宗棠

咸丰十一年四月初七日辰刻

季翁仁兄大人阁下：

接惠书，知历口一缄，业尘台览。俯鉴刍言，申明伟抱，至为钦感。鲍军初四渡江，初五冒雨前进。狗逆初四带队出关，将至高河铺，与多公决战，中途为雨水所阻，折回冷水铺。计日内必与多、鲍开仗矣。安庆之守，业已坚定，贼亦知其难破，东路扑壕一二次，西路则并未猛扑。只待多、鲍会合，似可击破援贼。惟城贼新进接济，难期遽克耳。阁下不守婺源，而顾广信，极是！极是！弟后数函，亦请贵军专办侍逆一股，与之周旋于广、饶、徽三郡之间，想次第入览矣。罗近秋、跑聿舟，弟皆见之，陈明南则稔闻之，皆英器也，宜公之伤悼不已！然亦当节省保卫，为国自玉。顺问台安。

亦当节省保卫，为国自玉。

76 复左宗棠

咸丰十一年四月二十日

季高仁兄大人阁下：

惠缄敬悉。侍逆若不破衢州，必仍折回江境，或由云际关道闽境，以窜建昌，或由河口、港口等处以扰上清而达抚、建。贵部能于铅山、弋阳境内截之，则不致寻伪忠故辙。否则，渠奉伪诏，以扰江为救皖，必深入腹地，而后可免于咎责也。侍逆驱除之后，仍请大纛回至景镇。一则来示所云，华埠等处难办米粮，仍须取道乐、景，以赴婺源。一则建德新失，恐贼由石门以窥景镇。饶、信、徽三府二十一属，皖、江与浙交汇之区，贼所必屡事机尚顺。

争不一争之地也。贵军在此三郡，威德已著，事机尚顺。请即周旋于此二十一属之中，不必攻坚，而自足制贼之死命！不必辗转驰驱，寻贼开仗，而贼自不能不奔突，以投阁下之罗网。诚使陈狗、杨麻、刘逆官方、李逆秀成等凡有入二十一属者，皆受创而去，则江西之北境日安，皖南之军威大振；而贵军誓不攻坚之志，亦可遂矣！惟地段太广，兵力太单；能游击则无人驻守，能驻守则无人游击！不驻则师无根基，不游则师无远势！皆非可久之道。应请阁下募足步队万人，以二千守婺源，以二千守景镇，以六千为游击之师，益以马队数百，即可纵横如意。婺源城极易守，茶盐厘务所获颇饶，景镇为三府总汇之地。又系阁下苦守苦战而得之者。若坚筑石垒数座，不特厘务可图，且祁、休各军得所托命。弟自去冬以来，屡劝阁下驻守景、婺两处者，以兵势、饷源，皆不可不以此两处为重也。其添募一节，即日另备公牍，奉达冰案。安庆军事平稳，多公获一胜仗，狗逆意欲先攻多公挂车河营盘，然后再援安庆，庶无后路之虞；今反为多所败。又水大不能骤回，又鲍、成各军业已扎集贤关，狗回亦有以御之，皖城或终可图也。建德之贼，日内无他窜信息，李金旸被擒后，自安义逃回，已入省城矣。顺问台安。

皆非可久之道。

77 复左宗棠

咸丰十一年四月二十五日

季高仁兄大人阁下：

惠书敬审。侍逆一股，徘徊于江、常、玉、广之间，其志仍在内窜江西腹地。盖金陵逆首之大计，安庆一日不解围，则内犯江、鄂腹里之股一日不歇也。毓右坪兄欲阁下分兵往援西路瑞州一带，来示亦以章门根本为虑。鄙意章门三路皆水，仅进贤门一路，有刘、张二千人驻守，决可无虞！至分兵之说，则弟已屡次上陈其不可。以目下形势而论，贵部万不可离饶、广、徽三府，第一须将侍逆一股驱除，不令其旋退旋来。第二须回驻景德镇，防剿刘官方一股。刘贼陷建德已十日，有众万余，计必犯鄱、景等处。第三须驻守婺源，保休、祁诸军后路。若景、婺、鄱三处皆贼，则祁、休诸军坐困，弟无以对江张诸公，乞亮我愚忱也！右坪中丞不知贵军之不可分，又不知建德之再失。若知建德已失，必不愿台旆西行矣。尊处饷欠三月，容即告台速筹，保此劲旅。北岸事皆落贼计之后。狗逆现在桐城，不日又将内犯腹地。大约北岸安庆驰围，南岸弃休、祁三县皆下策，而不能不出此，言之内伤。复请台安。

78 复左宗棠

咸丰十一年五月十二日

季翁仁兄大人阁下：

接惠书，知台旆将抵景镇。惟时岭贼内犯，黟县失守，虽旋经克复，而祁、休大震，军无固志。雄师一至景镇，军民恃以不恐，又可转危为安，欣幸曷已！目下局势，仍请贵军分扎景镇、婺源两处，休息两三月。俟暑气将退，方议进取。一则贵军过于劳苦，冒雨多病，必须大加将养。二则景镇、婺源倏得倏失，必须雄师久镇其间，使百姓稍得安定，疆土稍得坚凝。三则景镇有兵，祁门不孤，婺源有兵，休宁不孤；庶徽州三县不至弃以资贼。来示谓由湖口赴浔，断断不可！贵军仅七千人，防剿徽、饶、信三府二十一县之地，愿公毋再以浔、湖为虑，以章门为虑！愿力虽广，兵力却薄。且姑敛兵歇暑，保江西之北境，固祁、休之后路，已属莫大之功！况此二十一县之中，断不能久无战事哉！至添募万人之说，亦不可缓。查询近年成案，屯溪之厘金、茶捐，景镇之货厘、磁厘，婺源之丁厘、盐茶，此三处者，每月实不止三万金。请公自行派员，自行收放，计万人之饷，已得大半。再由江西粮台协解少许，则事济矣。阁下若慨然允许！弟当一面咨请添足万人，一面咨明以景镇厘金由贵处派员经收。此事弟思之至熟！幸毋迟疑。贼已破兴国、通山二县，鄂垣岌岌，希庵自率六营晋省料理城守，根本当可无虞。润帅自太湖拔营，弟拟至华阳镇与之相会，并约鲍春霆来一会。霆营或赴江西

军民恃以不恐，又可转危为安。

剿瑞、奉、义、武之贼，或随润帅剿兴、冶、二通之贼；俟晤润帅，再行商酌。

79 复左宗棠

咸丰十一年五月二十一日

季高仁兄大人阁下：

惠书敬悉。谢恩一事，本应尊处专折具陈。《会典》载：京卿在外者，四品以下，列衔在督抚之后；三品以上，列衔在督抚之前。阁下以三品卿出办军务，又系谢赐物之恩，实无咨请代奏之理。此次业已咨来，不欲纷纷往返，只得照咨缮发，以彰阁下谦谨之德。徽郡竟得收复，喜出意外！揆度贼情，或伪侍王全股将窜扰浙东宁、绍一带，调徽贼守金华、兰溪乎？抑杨七麻将援江北，周徽贼守宁国乎？第收徽甚易，守徽甚难。凯章四千人现驻徽城，唐桂生二千人进驻休宁，渔亭并无一军，系徽、休粮米必经之路，极不放心。前咨请尊处拨两三营赴渔亭协防。现在徽郡地面太宽，非两三营所能为力。应请阁下拨四千，或三千人，即日驰赴渔亭、休、黟一带，以保要区。屡次缄商贵军，分驻景镇、婺源两处。兹大局已变，改请以三千人守渔、休，四千人守景德镇、浮梁。并请阁下至岭内，亲莅徽州等处察看一番，经略布置，俾各军有所遵循。弟俟安庆克复，亦当赴徽州筹商一切。建德之贼为贵部所破，贼甚惊慌。若能即日扫荡此股，则请梅村由桃树店径出祁门，免回景镇往返，亦可少息兵力。敝处拟于华阳镇借拨数千金。速济建德贵军，但不能多耳。即请台安。

80 复左宗棠

咸丰十一年五月二十九日

季高仁兄大人阁下：

惠书具悉。来示言老湘等九营即日可以到镇，阁下亲率八营前赴婺源。而此间有云老湘等营将开赴祁门，岂阁下另有后命耶？渔亭空虚，岭防告警，纷纷请兵。若梅村九营能开至祁门，则大慰祁、休军民之望矣。来示以贵军只可分为二支，此一定不移之理。景镇老营四千人，断不可少。其余二千五百人，或赴婺源，或赴渔亭，听阁下斟酌办理。添募万人之说，阁下不敢遽办，自是稳慎之著。此时天下大乱，吾辈行军必须亲自筹饷，不可仰食他人。筹饷以厘金为最便。如自设厘卡数处，则虽万人而尚可敷衍。若并无亲设厘卡，则虽七千五百人而终亦饥饿。钱武肃王征榷最重，而其兵甚强，其民亦不甚怨。可见征商胜于征农。阁下倘师其意，可乎？润帅神采尚好，而吐血太多，委顿殊甚！日来可虑有三端：一、润帅病；二、大水；三、彗星。未知天意竟复何如耳？即请台安。

81 复左宗棠

咸丰十一年六月初八日

季高仁兄大人阁下：

惠书敬悉。大旆进驻婺源，徽、休恃为泰山之靠。贵部留防景镇，祁门亦无粮阻之虞。极慰！极感！贵军仅七千人，而经略徽、广、饶三府廿一县之地，往来策应，其功极广！其事极劳！而欠饷过多，鄙人且忧且愧！古人谓：天下之患有土崩，有瓦解。鄙人窃谓军营缺饷，其拖欠者，亦土崩也；其顿断者，亦瓦解也。若贵军能自设厘卡几处，纵无补于土崩之患，犹可稍救瓦解之急。

往来策应，其功极广，其事极劳。

团练之不可用，鄙人持议颇坚，今感公意谆谆，当稍变前说，拟令李济元募勇五百人，随同楚军打仗，一切口粮、军械由粮台发给。团练本民捐民办之事，李济元之位望，不能令建德人出资供之，故仍由粮台给之也。

润帅有信见寄，字画尚有精采。安庆官军将菱湖两岸贼垒十八座一律踏平。破垒杀毙之贼，与投诚骈诛之贼，实数近八千人。较之剿赤冈岭贼垒尤为痛快！舍弟自攻破菱湖贼垒后，已将长壕缩入。汛地愈短，城贼愈衰。万一援贼再至集贤关，官军专

汛地愈短，城贼愈衰。

顾外壕，内壕防务稍松，或无他虞。彗星在太微垣、北斗之间，逐日南退，现已退出摇光、右枢之外，当不足为患矣。诸惟心鉴，即请台安。

82 复左宗棠

咸丰十一年六月十九日巳刻

季高仁兄大人阁下：

尊批驳饬婺源厘务，至为切当！批乐平绅董禀，尤为痛快。乐平刁抗之习，当以雷电发其聋聩，以猛剂起其沉锢。该处虽感公德，仍望以威慑之。米厘、盐厘、茶厘均可加重，不独婺源为然。即问台安。

83 复左宗棠

咸丰十一年六月二十五日巳刻

季高仁兄大人阁下：

亲兵回，接复示，知玉体小有不适，日来已大愈否？士卒病者次第就痊否？祁门疫气流行，婺源尚无此否？鄂之南岸八属已无一贼，安义、建昌失守，养素败挫，江西省城震动。鄂贼全回江境，势颇浩大。不知春霆能料理肃清否？金、铅、贵、弋一片逆氛，玉山又已被围，省城屡请贵军拨援。弟以贵军春夏太劳，欲且休息，至秋高鹰起，乃始作势一击。故咨批皆未允准。请阁下趁此无事之时，将新者募足万人，旧者加意将养，如天之福，事机顺利，鲍公能将忠逆一股驱至赣水以东，由抚、信归并皖、浙，则霆军当在信属休息，而贵军可由广德州东出。若义旗能先指苏境，则弟稍可对吴人，而公亦不辜海内之望。若忠逆一股不清，则贵军仍当回翔于廿一县之间耳。安庆贼仍无走意，不知有他变否。即问台安。

势颇浩大。

如天之福，事机顺利。

84 复左宗棠

咸丰十一年七月初四日未刻

季高仁兄大人阁下：

接惠书敬承一切。贵部病者未愈，而悍贼遽来，军无见粮，旁无援应，至以为虑！幸大才应变无穷，当无他虞。厘金告示及章程读悉，屯溪亦拟于日内兴办，由皖南姚道会同祁门粮台作主。秋浦正派而有血性，志欲补救时艰，于台端向慕尤殷。诸事有相交涉者，望阁下扶翊而玉成之。歙县有街口、深渡两卡，绩溪有临溪一卡，即由凯章委员抽厘，专济渠军。它营皆欠饷五、六个月，老湘营独欠八个月，因湖南该两月未补也。

幸大才应变无穷。

四眼狗挟杨、黄、璋、玕诸贼上窜，由蕲州境折而下行，日内必再至集贤关，或分扑挂车河。只望怀、桐两军坚守半月，城贼之粮，断难再支矣。润帅病日危殆，阁下前函恐交秋前后有变，自鄂来者，皆与尊说相类。斯人关系极大，联众同志而合为骨肉，设有不虞，吾党为之短气。阁下补太常寺卿，必须专折谢恩，或由尊处专差，或交敝处附驲，不可代奏也。即请台安。

85 复左宗棠

咸丰十一年七月十六日

季翁仁兄大人阁下：

接惠书敬悉。章门人心大震，贼踪去省二、三十里不等。闻鲍军折回，为之一定。贼亦窜回瑞州一带。春霆声威极好，弟特虑其非用众之才，又无可往相助之人，悬系无已。安庆城外石垒，又被官军破其四座，杀贼千余。多公亦在桐城获一大胜。若十日之内援贼不能与城贼通气，则克复可必矣。

润帅之病，尚有亲笔信来，吐血已停止六日。顷有人自汉口来，闻诸市人，道近日略好。黄子春殉节，蜀事必日棘手。但祝鄂事早好，则弟与阁下尚可支持。尊营勇夫病少愈否？今夏歇伏，不过劳苦，秋间应易调理。顺问台安。

86 复左宗棠

咸丰十一年七月二十六日

季高仁兄大人阁下：

顷接惠书，并谢恩折稿，即发人代缮，以二十八日专差拜发。狗、辅诸贼援安庆，猛扑后壕，均经击退。多公为桐贼所牵，不能援怀，金逸亭克德安后，会剿随州。成大吉等七千人剿黄州，掠野之贼，不克东下。四顾各路，终不能不调鲍军回援怀、桐。应俟忠逆远飏，抚、建无再犯之虞，瑞、临无回窜之患，然后调霆军回皖耳。论者皆欲借贵部一破狗、辅，弟以景、婺不可撤防，且妄思阁下伺隙入吴，故未徇众议。姚君二字之短，良确，然在时流中已极难得。祈阁下奖借成之。润帅病极可危，奈何！复请台安。

87 致左宗棠

咸丰十一年八月初二日申刻

季高仁兄大人阁下：

七月三十日申刻，闻鲍军丰城之捷，初一酉刻，闻安庆克复之信，大局似有转机。现檄催霆军至赣水以东，追剿忠逆。俟抚州解围，追至金溪，鲍公即可仍回浔、皖，少与休息。请贵部接办忠逆一股，并趁势将湖、坊踞贼一并驱除。虽留防景镇，尚嫌兵力单薄，然忠逆究非悍贼，得贵部五千人应了办也。前商请麾下由广德州直捣吴会，后查询岭外宁国县及泾、旌等处，粒米难购，不特贵军不能直攻广德，即凯章亦断难分守宁邑。皖南进兵，由池州则以长江为粮路。由广德，则以浙江为粮路，今浙江糜烂若此，广德一路应作罢论。目下仍请贵部援应徽、饶、广三郡，将来芗泉兵到，请雄师从池州下手，以捣宁郡。是否有当？惟乞裁示！即请台安。

88 复左宗棠

咸丰十一年八月初九日巳刻

季翁仁兄大人阁下：

日来欲请贵部接办忠逆一股，正无定计，幸阁下素有特识，不致摇惑莫决。此间自安庆克复，多军克复桐城，水师克复池州府，皆不战而自溃。大约北岸之庐江、无为州，南岸之青阳、铜陵，皆有瓦解之势。惜兵力不能遽及耳。至于南岸大局，池州既克，无论攻宁国，攻芜湖，皆有进兵之路。惟侍、忠二逆及闽、汀数股，皆在金、衢、信、饶一带，江西之后患方长。阁下与鲍军肃清信属，驱贼出境后，应令鲍军仍来江滨，而雄师屯驻广信附近，保河口之厘金，固江西之腹地。且俟饷源有着，积欠稍清，再图进取，尊意以为何如？即问台安。

皆有瓦解之势。

积欠稍清，再图进取。

89 复左宗棠

咸丰十一年八月二十一日

季高仁兄大人阁下：

弟以初七日来安庆，十一日惊闻鼎湖弓剑之痛，在安庆省城设次成礼，一面扫除帐殿，一面饬东流文武均来安庆，齐集哭临。乃北风大作，八日无一来者。而帷幕初就，弟甫于今日成服，拟在城内则用地方官礼制，一出城则用军营礼制。奉旨停止叩谒，梓宫拟专差进京，具折恭慰圣孝，并代兄办一折。前后所奉部文及新主寄谕，兹专人送上。八辅赞政，时事弥艰，而吾辈适当重任，深用惶惧。但祝如世、圣两庙，冲龄践祚，匕鬯无惊，则中外蒙福耳。

时事弥艰。

润帅病，闻有转机，黄梅、宿松、广济、二蕲次第克复，黄、随两城必可速下。此近日可欣之事！浙事日棘，力薄实难兼顾。广信、河口之间，必无宁日。恐须贵部留二千于景镇，而阁下亲率八千，开重镇于河口附近，乃能屏蔽江西。鲍军非不强劲，微嫌骚扰，于河口腹地不宜。拟令其由池州进规宁郡。而凯章分三营兼守婺源。是否稳妥？即祈详示！

正封缄间，又接中秋日复书，具承所示。敝处久不接鲍公信，屡次函牍令其追贼至河口、广信，肃清江西，不知照办否？来示“停顿蓄势，重与整理更换，然后制胜有本”至当之论！谨当遵循。“不援浙江，不能并力一向，终无了日”，亦至当之论！惟目下力量实做不到。南岸须两枝大兵：一镇驻广信、河口一带，专备忠、侍及闽逆三股，以保障江西之东北；一由池州进规宁国，专备杨、黄、刘三股，以作徽、休、景镇之声援，而合安庆、池州之局势。两路大兵决不可少，且不可薄。现拟以鲍赴池、宁，不知何日可到。请公镇驻广信、河口，甚虞单薄。若蒋、魏皆来，公力日厚，或可分兵援浙。目前实有未遑。承示明论，具仰公忠。鄙见有难遽从之处，请再反复商榷，务归至是！再问季翁仁兄大人台安。

90 复左宗棠

咸丰十一年九月初三日

季高仁兄大人阁下：

大丧典礼，军中仅大员素服三日，尚须于营外设次。其弁勇，则照常办事，不素服，不蓝印，不蓄发。弟因现住省城，与学使、府县等官相处，故参用地方官仪制。公则以九卿治军于外，宜全用军营仪制也。鲍军扫清湖坊、河口一带，解广信之围，江西腹地肃清。此后饷源当稍宽裕。浙贼太多，回窜江西，乃意中之事，必至之势。广信、河口一带，不得不烦阁下镇驻其间。霆军纪律不严，若久驻腹地，恐商贾不愿出其途，反于厘饷有损。故惟贵军最宜耳。弋阳距铅山、贵溪、兴安皆在数十里之内，距双港、河口、湖坊、港口亦不出数十里，与广信呼吸相通，似是适中之地。大纛是否应驻弋阳，乞裁示！

意中之事，必至之势。

芗泉到后，尊处即可分兵援浙矣。目下且保全江西善地，壹意与民休息，俾丁、漕、厘务三者皆大有起色，次第清偿欠饷，庶收士马饱腾，毛羽丰满之效。黄州克复，随州亦必速下。湖北肃清后，亦宜息民裕饷，以清积欠。润帅久无信来，不知迭闻捷音，病可少减否？

正封缄间，接湖北信，胡宫保于八月二十六日亥刻去世，痛心之至！赤心以忧国家，小心以事友生，苦心以护诸将，天下宁复有似斯人者哉！奉旨以李希庵暂置湖北巡抚，盖因润帅清开缺一折，荐之自代也。即问台安。

91 复左宗棠

咸丰十一年九月十九日

季高仁兄大人阁下：

复缄敬悉。援浙之兵不可少，弟虽至愚，亦自深知此义。惟敝处别无多军，公所知也。鲍军能战而方略实非所长，亦公所知也。春霆未赴江西之先，已与我订定只能救援南昌省城一带，即求仍调回江滨，弟与之约：极远不过打至河口而止。故渠至河口后，不待调檄之至，即径自引师回省。在春霆之意，盖虑一入浙境，则银钱、子药、米粮均无人应付也。冒暑奔驰，伤病太多，宜急回休息也。积欠太久，兵勇穷苦，宜急回索饷也。各营皆有船只在江，历年转运如意，且多有家眷，公私两便也。在国藩之意，即虑春霆一入浙境，面面皆贼，全无方略，四顾失措，不足救浙，适足害鲍也。故弟之调霆军由池州进宁国者，俯顺鲍意，水次转运者四分，保全江西、屏蔽饶、景者四分，进至宁国，掣分浙贼之势者亦二分也。鲍既不能由衢州入浙，则东隅仅有阁下一军，仅此七、八千人援浙保江，不可得兼，故弟为舍浙守江之陋策。请阁下开重镇于广信、河口之间，极知以浙委贼之非计，特无可如何耳！若大力能毅然援浙，而又不至逼贼回窜江西，则请台旆竟为浙中之行，仍求蔽护广信、抚、建一路，若江西再遭蹂躏，则弟与阁下之饷源断矣。敬乞卓夺施行！婺源不撤防，景镇不留兵，所见自胜于弟。万余两之商，日内当报命也！即问台安。

面面皆贼，全无方略，四顾失措，不足救浙，适足害鲍也。

92 复左宗棠

咸丰十一年九月二十二日

季高仁兄大人阁下：

接惠书敬悉一切。霆军之骚扰，弟久以为虑。方在盛名之际，虽再三诫饬，春霆即稍儆惕，弁勇皆骄矜不知儆也。该军之无方略，不宜远征者，其患犹浅，惟无纪律，不宜腹地，其患至深。台麾将移驻广、玉之交，兼顾婺源，自必准乎地势之至当。弟于他军尚不肯遥制，况阁下乎？拟即奏明，大纛开府于信州，凡江西之饶州、广信，皖南之徽州、广德各军，皆归阁下节制。即由尊处奏报，庶调度较捷，呼应较灵。自度力可援浙，即由阁下就近派将往援。利则愈打愈远，不利则收回信州，亦可伸缩自如。特此奉商，阁下如以为可，复信一到，敝处一面具奏，尊处一面调发。如昔年公居湖南之幕，剿江西之贼，公家之利，知无不为。免致与弟函商于千里以外，动失机宜也。贵军饷项，鄙人刻刻不忘。弟前与少荃、黼堂定《丁漕减价章程》漕米每石完三千文，地丁每两完二千四百文，兹将札稿、示稿咨达冰案。黼堂既竭力办减价一案，期于必行。又以贵部欠饷太多，思在广信设法清补。于是函商敝处，请于信漕新章三千之外，再照各县向来头折之数，以钱易银，加收若干。如上饶向来头折五两九钱，今年则收五千九百文，虽较之各府新章增多二千九百，似有向隅之叹，而较之广信旧例，已减四千余文，仍不失旷荡之恩。若果如此办理，于贵军饷项，良有裨益。第弟与中丞会衔告示，业将三千定为通例，遍贴各处，信州士民岂无闻见？独增二千九百，不知办得动否？阁下接黼堂信后，如何区画？望赐详示。此间舍弟一军，由庐江进攻无为州，闻已克复。多公尚未进兵，四眼狗现踞庐郡，分党防守三河。润帅灵柩闻于二十六日旋湘，此公忧国之诚，进德之猛，好贤之笃，驭将之仁，察吏之严，用兵之奇，理财之精；令人愈思愈恸。昨寄一联，不能道其万一也。即问台安。

利则愈打愈远。

动失机宜也。

用兵之奇，理财之精。

93 复左宗棠

咸丰十一年十月十九日

季高仁兄大人阁下：

前许分饷寄解尊处，展转迟误，昨日始起解二万金，已有公牍奉达冰案。广信钱漕归尊处经理，清顾、王等四军之饷，河口厘金清贵部之饷，亦有公牍奉达，想澈观览。浙事日棘。闻绍兴于九月廿九日失守，萧山失陷，纵使宁波或得倖完，而亦为绍兴、萧山之贼所隔，饷项决不能入杭城四面皆贼，省城殆难久保。阁下虽久持援浙之议，亦恐鞭长莫及。严州、金华、兰溪横亘贼氛，援师断难飞越。杭城若失，则湖州、上海将为其续，东南海滨联为一片，逆焰又日炽矣。上海连派数人来此请兵，情词哀恳。亦深虑杭州有变，唇亡齿寒。弟处无兵应之，愧不可状！丁漕减价，今年粗举纲要，明年如大局可支，更当润色而补救之。至广信不能由尊处独加，弟复黼堂信已决之矣。即请台安。

唇亡齿寒，愧不可状。

94 复左宗棠

咸丰十一年十月二十九日

季高仁兄大人阁下：

羊栈岭之贼，仍是刘、古、赖诸逆之党，一击即退，非大股悍徒也。张军驻婺之三营，既已回徽，贵部四营移驻华埠，似尚可兼保婺源。惟景德镇实系要区，屡为该逆盘踞，想至今垂涎不忘。现已会同咨奏，将饶、信防务概归麾下综理。若能少筹数营，久驻景镇，更为无隙可乘。乐平钱漕之案，已会同中丞咨请尊处，就近严办。其广信七属丁漕，概归尊处提清欠饷，中丞亦已咨复无异辞。浙事似日不支，宁、绍向出银米。为省城所资以生，今萧山西兴江为贼所占，粮路已断，杭城有坐困之势。雄师纵能星速往救，已为严州、兰溪等贼所隔，况又万不能速耶？庆制军奏请麾下入浙会剿，俟奉寄谕时，弟当代奏，陈明兵单饷

为无隙可乘。

绌，能往而不能速之故。阁下亦宜将入浙固江规吴之本计，自行奏明，进退迟速，皆须阁下自作主张，不可因人牵率，致挠大计。朝廷亦决不以进兵稍迟，而挠公以从闽也。《祭润帅文》愈读愈妙。哀婉之情，雄深之气，而达之以诙诡之趣。弟亦具一疏，略达年来敬爱润帅之忱，想邀鉴照。顺请台安。

不可因人牵率，致挠大计。

95 复左宗棠

咸丰十一年十一月十二日

季高仁兄大人阁下：

惠书敬悉。杭垣四面被困，米粮已无来路，似难幸全。而徽中探报则谓杭州官兵每战必胜。春霆进攻宁国，本是最要之区，然探称群贼聚于青阳、南陵、泾县等处，似不能直薄宁城。且春霆处四面受敌之地，弟终不甚放心。渠往年屡破狗酋，系与多公合谋；今年破虎酋系与阁下合谋，犹未尝独当一面。至追逐忠逆，系将逸之寇，本不复恋江西矣。欲图援浙，舍贵部无可恃者。然仅此人不满万之兵，内顾江西之门户，外隔数重之寇氛，仓卒焉能达杭？杭倘不守，湖州、上海岂能独存？东南海滨，该逆联为一片，思之忧悸！三河之贼无故遁去，不知与庐郡贼目不和耶，抑别有诡计耶？舍弟一军分守安庆、庐江、枞阳、无为、运漕、东关六处，本嫌其单，今又当拨守三河，殊恐疏失，多公久不进兵，似因克皖一案功高赏薄，不无迟疑。润帅若不病，则疏内必特表多公之劳矣。润帅之勋，不过半年，后人当愈知之，愈思之耳。张樨园一军既归阁下调度，请常申儆而稽核之。凯章不在营，诸将皆与等夷，虑日懈弛也。

功高赏薄，不无迟疑。

连接寄谕，似朝廷有绝大处分，尚未得见明文。鄂中已有十月中旬邸钞否！敬求示及。兹有要事数件，密函奉商如左：

——十月二十三日，寄谕问苗练应剿应抚，彭玉麟能否赴颍寿，曾国荃能否赴滁全自应即日覆奏。鄙意此时楚师之力但能防苗，不能剿苗。苗沛霖罪大恶极，必应剿灭，万无抚理。目下姑置之不议不论之列，俟李多二军将庐州克复，和州含山一律肃清，桐舒一路，鄂省无须设防，然后移兵剿苗，势顺而易。盖苗与诸捻为积仇，但患其与发匪勾结，不患其与捻匪联络也。应请阁下主稿，会弟与彭李四衔覆奏，备陈苗逆宜剿而不宜抚，楚师宜先庐州而后寿州，是否有当，敬候卓裁。

——雪琴，专差具奏辞皖抚一席，目下道途多梗，不知何日奉朱批。渠方以辞谢后，即可不问皖事，而朝廷已以皖中兵事责之矣！雪琴之辞皖抚，弟所以不再三阻止者，以私衷言之，渠久带水师，较有把握。若骤改陆路，招集新兵，恐致败挫，后功难图，前名易损。若不改陆路，断无长在船上为巡抚之理。以公事言之，长江上下数千里，水师船只近千号，非厚庵一人所能照料。万一贼匪再回窜江鄂，杨彭二公宜以一人驻湖北上游，以一人驻安庆下游。鄙意亦不欲雪琴去水而改陆，拟奏明听从雪琴辞去巡抚，仍带水师。以后但用巡抚体制，专折奏事，却不办陆路军务，庶责任稍轻，公私两益。

——接十月十八日谕旨，令弟兼办浙江军务，有节制四省字样，位太高，权太重，才太短，时太艰；皇悚之至！即日当具折辞谢，而荐左帅督办浙江军务，恐朝廷疑我畏难推诿，求阁下于便中附奏及之。言曾某不必有兼辖之名，自不敢存畛域之见。必当竭力谋浙等语，旁敲侧击，胜于弟之自陈矣。我楚军之所以尚足自立者，全在不争权势，不妒功名。若弟驻势太盛。泰然居之而不疑，则将来暗启人之争心妒心而不觉。弟拟再三辞谢，得请而后已。弟与阁下均居崇高之地，总以维持风气为先务。以后弟有大过，敬求俯赐箴规，兄有小失，弟亦必效献替。聊布区区，诸惟心鉴。敬请台安。

96 复左宗棠

咸丰十一年十一月十八日

季高仁兄大人阁下：

接惠缄敬悉！宁波无恙，杭州解围，为之少慰。忠逆党虽多而不善战，侍逆党虽悍而不耐久，杭城应无他虞。惟骄兵悍将，

虽多而不善战。

遍布两浙，雄师若久不赴援，恐再蹈苏州故辙，将有开门揖盗之日。应请即日建纛遄发，率六千精锐以行，留稍劣之营驻广、玉一带，以保后路，而藩江西。贼终年扰浙而不能破杭，亦少疲矣。以公之整，乘贼之疲，野战必可大捷。愿公无以人少为虑。河南为群捻所梗，驲路改由陕西。尊处专衔奏事一疏，恐须来年乃奉朱批。昨已咨请阁下即日自行具奏，朝廷命公节制浙江提镇，岂有管提镇而不专奏之理？钱漕减征一案，渗漏良多，今岁只可不论不议。明年润色补救，当就阁下熟商，自下而上之法。江、浙七郡民困久矣！润帅亦曾以此相期，如苏、常果有来复之日，行以兹事累左右耳。顺问台安。

乘贼之疲，野战必可大捷。

97 致左宗棠

咸丰十一年十二月初二日

季高仁兄大人阁下：

日来未接惠书，不知大纛已启行援浙否？此间接上海信，知宁波于初九日失守，并称“杭州被围四十余日，米粮、子药皆无接济。上海解送米银已至钱塘江，卒不能运入杭城。”等语。似此情形，杭省万无幸全之理。杭若不保，则东而湖州、上海，西而徽州、江西，危急即在目前。昨奉到叠次寄谕，即催阁下迅即启行援浙者，冀犹有万一之可保也。若万分曾无一冀，则阁下摇足前进，无益于浙而徒有损于江西，似又不如姑保江西完善之区。徽州张副将运桂来禀：另股贼有绕越徽州，径犯屯溪、婺源、景镇之信，若果窜入则祁门、徽、休之运道又断，贵军之饷源无出，而江西防不胜防。特此飞商，求阁下兼顾婺、景两处，或探明浙事万不可为，即请雄师无庸前去。如稍可为力，即由华埠、徽州援以严、兰，内顾较有把握。以目下机势而论。贼之窥伺江西，似在婺源，不在广、玉也。求阁下权衡轻重，迅速见示。如虑不克践前奏之言，弟当另行奏明，不敢以避难就易之讥，上累左右耳。专此飞商，即请台安。

权衡轻重，迅速见示。

98 致左宗棠

咸丰十一年十二月初七日

季高仁兄大人阁下：

接复缄敬承一切。应商之件条开如左：

——杭州有庶常范鸿谟来此请兵。十二月初一日自上海起程，面述杭州消息久断，只见王雪轩中丞十一月初七与薛中丞密书，言城中六十万人，米粮极少，饿死者已有万余人。虽满城尚敷三、四月之粮，然外城断难久支，请薛代为奏明，有米一日，坚守一日，米尽则死云云。是杭州危急之状，生灵之劫，莫斯为极！大纛万不可不速往一援，前因徽、婺一路过尔空虚，请台旆由徽入严。来示一意由常山、开化境以规严州，恰符鄙人之愿。极好！极好！请即星速启行，或可救出杭城六十万人。

有米一日，坚守一日。

——张运桂禀"犯徽之贼多而且悍"，老湘营在篁墩获一大胜，在南源口获一小胜等语。此股恐非张唐二军所能了，必须雄师经过，就便一击，驱出徽境。如系杨七麻子亲来，则请麾下认真剿办。不破此股，不能遽赴严州。

——朱云岩出岭之后，因徽州、屯溪之变，又须折回渔亭。石埭一路无兵，鲍春霆亦不能独进宁国。既无一旅直抵杭城，即欲进兵宁国以掣浙贼之势，亦不可得，忧愧良深！

——景镇厘金，月得二万，该处万不可无驻防之兵，务求阁下迅速谋之。河口厘金盛时，远胜景镇，然即十分畅旺，于贵军饷项不过三分之二，舍此则更无涓滴可恃矣！

——梅村遽尔不起，可惜！可惜！请恤请谥，或阁下自行陈奏，或咨敝处代奏，请酌。刘克庵近还营否？公处帮手亦太少耳。顺候台安。

99 复左宗棠

咸丰十一年十二月十二日

季高仁兄大人阁下：

浙江竟于十一月二十八日失守，六十万生灵同遭浩劫，天乎酷哉！弟于二十五日复奏统辖浙江军务，已附片密请简阁下为浙江巡抚，无论是否俞允，目下经营浙事，全仗大力，责无旁贷。浙东民情极坏，难遽图治。宜先经略浙西，欲复浙西，又须先固江西以为行军之根本。第一，须保全徽休、婺源，不使浙贼从徽、宁直犯江西，不使安、池各军与阁下隔为两截。第二，须力守衢州，不使浙贼窜江西、福建之路，毫无阻梗。且以留吾辈进兵之路。第一面令江军门稳守祁门，朱云岩回扎渔亭，救援徽州，一面令鲍春霆暂驻青阳，不必遽进宁国，免致被贼包裹。一面飞檄衢防文武坚守郡城，以后由敝处发饷，归尊处调度。一面奏请将蒋芗泉调擢浙江两司，带兵五千前来，为阁下指臂之助。其最急之务，则求大纛亲援徽州，将来阁下似宜于徽、衢、信三府之间，择地驻扎，庶保徽、保江、规浙，三者可并办也。顺问台安。

全仗大力，责无旁贷。

100 致左宗棠

咸丰十一年十二月十九日

季高仁兄大人阁下：

久未接惠书，不知大纛果拔动否？贵部进援徽州否？徽军获胜后，朱云岩由西路往援，贵部由东南往援，当可解围。惟浙江全为贼有，贼欲犯江西以掠米粮，中路必围攻歙、休、祁门，东路必冲突开、遂、常、玉，西路必觊觎东、建、鄱、景。今鲍攻青阳，韦守池州，东路较松，阁下兵不满万，专保东路，而兼顾中路，独为其难。日夜为公忧之，为江西危之。现飞调蒋芗泉东来，为阁下指臂之助，请简放浙江两司，不知果否俞允。目前，请贵部一意救徽，新年后必更没法助公防剿东路也。润帅少君胡子勋，蒙恩赏给举人，稍足以慰逝者，而劝劳臣。鲍军在青阳获一大胜，刘、古、赖皆猾贼，恐小城正不易破耳。并闻，即请台安。

独为其难。

101 复左宗棠

咸丰十一年十二月二十三日

季翁仁兄大人阁下：

惠书敬悉。所应报者，条列如左：

——围微之贼，分大股至西路截住运道。中而岩寺，南而屯溪，北而潜口，三处皆有。朱、唐至屯溪获一胜仗，贼已破走。闻刘克庵已至龙湾，计可与朱、唐会合。若三军共破岩寺一股，则粮路通而徽围可解矣。

——奉读大疏各片，如此枯窘题，而生发不穷，可喜，可慰！然所调各军，取齐总在四月以后。而皖南与江西之安危，所争乃在三月以前。此数月须稳慎图之，第一，保全贵部，为肃清全浙之本，第二，保全徽州，为进规严州之本。芗泉未到以前，请贵军以全力翼蔽徽、婺两处，芗泉、凯章到后，则可分三路以进矣。

须稳慎图之。

——此次徽围若解，贼必于开、遂、江、常等处，内窜江西。贵军人数太少，弟拟调朱军守徽城，腾出张军五千人为游击之师，供阁下之指麾，是否，乞酌裁？

——景镇、河口厘金，公断不可辞让。以贵军舍此别无的饷也。以目下而论，婺源一路，公当之，祁门一路，江守之，东、建一路，鲍蔽之：景镇当无他虑，将来须专筹一支人防守景镇耳。

——贵军以一枝扼守华埠，为固江之师，以一枝由徽入严，为进取之师，皆一定之势。其衢南一带，恐仍须另筹一支，弟当与公合谋之。

为进取之师，皆一定之势。

——春霆顿兵青阳，不能遽下，其石埭、南陵、泾县该逆处处坚守，万不能速至宁国。渠请增兵合围青阳，弟未之许，盖欲留鲍军作活兵也。万一江西腹地有事，仍可调鲍入援，目下鲍军应作何调度，乞酌示。诸维心鉴，顺请台安。

102 复左宗棠

咸丰十一年十二月二十六日

季高仁兄大人阁下：

惠缄敬悉。云岩血性过人，打仗亦稳猛可靠。特与唐桂生不和，日来构衅更深，可虑之至。云岩打屯溪，潜口均能挫贼凶锋，以寡敌众。唐部战事远不如朱，而守城亦尚有布置。大纛至龙湾、屯溪时，请邀朱军会剿，当可助一臂之力。徽城之米，足支月余，阁下督同朱军稳慎图之，或可保徽也。衢州为谋浙者所必争，人人知之。然阁下进兵之路，则不在衢而在严，贵军自全之道，则不重衢而重在徽、婺。请以贵军常常翼蔽徽、婺。至恳！至恳！顺请台安。

进兵之路，则不在衢而在严。

103 复左宗棠

同治元年正月初七日

季翁仁兄大人阁下：

惠书敬悉！克庵大捷，欣慰无已！所欲商者，覆陈如左：

——朱、唐、张三军，获一大胜，将岩寺街贼馆、贼垒全数扫清，运道已通，徽郡必可无虞，屯溪之贼，不知尚坚踞否？南无大鳙、济岭股匪之声援，北有潜口、岩寺分股之屡败，又大雪之后，无粮可掳，计屯溪贼亦将退。尊处且将岭南各路扫清，不必急急度岭救徽。

不知尚坚踞否。

——张运桂战守之才，似更胜于其兄凯章。弟现札朱守徽，唐守休，而换出张将老湘营移驻休宁城内，专作游兵。婺源、开化与徽、休隔一大岭，即回岭、新岭、浙岭，马金寺等岭也。岭以北如屯溪、尚溪、龙湾等处，由张氏游兵击之。岭以南如江湾、段莘、清华等处，由尊处派游兵击之。若有大股非常之警，两支游兵皆可越岭互相救应。第贵部人不满万，除派守婺源及白沙关外，可作游兵者不足六千人，更无余力分防华埠，与玉山联络不上，兹可虑耳。

——江西中丞新放沈幼丹，方伯新放李黼堂，诸事当稍顺手。除广、抚、建、吉、南、赣六府城池业经设守外，更当择人守瑞，临两城，腹地当不致如去年之败坏。惟河口、玉丰一带，当有一支大游兵，舍芗泉无可属者。弟已函求刘、蒋二公，更请阁下函催之。

——尊处所筹各务，与鄙人所见略同。徽州用兵，以办米为第一要务，总须占定婺源、景镇、两河，乃可下手。少荃定于二月杪带兵赴援上海，目下尚不能坐轮船先去也。复问台安。不一。

104 复左宗棠

同治元年正月十二日

季翁仁兄大人阁下：

接惠书敬承一切。大雪封山，士卒如何行走？公亦勤劳至矣！守衢攻严，谋浙不外此二着，弟与公意见相同。庆制军虽欲以不赴衢州，镌公只可付之不理，我岂有工夫与闲人拾鼻涕也？惟衢州防兵应由敝处接济银米、子药，应由公处设法护运。否则无以固其坚守之心。已札总粮台解银二万两，米三千石，并子药送玉山转运局递解。如道途有梗，求公设法疏通之。如银到太迟，求公先行垫付，二月初可归款也。弟现向多礼堂借一统将，拟添一小枝，专守东、建，腾出鲍军专为游击之师。蒋香泉到，亦为游击之师。合之贵军与樨园军，则南岸有四支活兵，当可纵横应敌。但须三四月后乃能集事，不知春间贼势何如耳？胡氏宗族，寿山已买田五千金济之，当无觖望。请公为墓铭，得暇为之否？文任吾属弟为表，竟不能从容构思，何其惫也？顺问台安。

否则无以固其坚守之心。

105 复左宗棠

同治元年正月十八日

季翁仁兄大人阁下：

避长围，防后路，是近日办贼最要之语。若不能由徽州攻严，则衢州终有长围之患。如天之福，二三月间无事，待芗泉军到，阁下所调各营，亦陆续到齐，则麾下本部得万余人，而蒋、张两军亦可纵横冲击于徽、信、衢、严之间，江、皖固得稳固，浙事亦必有端绪矣。顷奉谕旨，芗泉放浙藩，沅甫放浙臬，俊臣放苏臬，即日作缄催促，芗泉或于四月可到。由徽进严，米粮本极难办。仍当由景镇运至祁门，由祁门至渔亭，陆运仅六十余里。渔亭以下皆水路也。范太史述及阁下尊指，欲渠往上海劝捐，属敝处给予文书，果有是否？上海自腊月十一后，逆匪六道进攻，虽藉洋人之力，幸保孤城，然四面皆贼，岌岌不可终日，商贾不通，厘捐大减。尊处咨派吴方伯煦办捐。敝处至今尚未转札，须沪事稍定，乃可商办。弟遂叨协办之命，无功无能，忝窃至此。兹荣也，只以厚其辱欤！惭悚曷已。

四面皆贼，岌岌不可终日。

106 复左宗棠

同治元年正月二十三日

季翁仁兄大人阁下：

惠书敬悉。贵部三路并进，日内当与钟、袁诸贼决战于华埠等处。华埠为群贼必经之地，犹江北之运漕镇，饶属之景德镇也。若占住此处，则江西之藩篱渐固。惟尊处兵力太单，必有应接不暇之候。张樨园一军，本有咨交阁下调遣，请即调之雕剿遂安、开化，助公一臂之力，无存客气为荷！惟、朱、唐江诸君图近忽远，但知樨园一军之忽离徽、休，而不知助剿开、遂，之正所以保固徽、休，必将鳃鳃过虑，向敝处力陈樨军之不可远调。弟亦无辞，以遽为开解。请公于公牍缕晰说明，并言徽、休有事，星速回顾。樨园亦誓以回顾徽、休自任，则群疑释而众志通，而公之诚心亦开，公道亦布矣。少荃赴上海，系新募舒、庐一带之勇，另拨湘勇二三营与之。令淮勇一法湘勇之营制营规。目下未经战阵，安得号为劲旅？亦别无劲旅可拨。拟先驻镇江，徐图上海也。史士良观察系浙江道员，欲赴麾下听候差遣。弟与

兵力太单，必有应接不暇之候。

少荃议以玉山粮台一席处之。取其与江西藩署暨各局呼应极灵，公意以为可否？即问台安。

107 复左宗棠

同治元年二月初七日

季翁仁兄大人阁下：

惠书敬悉。所欲复者，开具如左：

——前此弟请尊处于义道粤饷五万中，分拨二万于衢防，系恐江西藩库拨解衢银太缓，故请尊处先行垫拨，以暖衢人之心耳。兹据江西报，委解衢饷二万，亦于正月下旬起程，则并不甚迟矣。或请阁下行文照弟前议，将江饷二万截留广信，换发贵部，或以四万均以优给衢军之处，所候卓裁。如其均给衢人，则江饷系敝处所协，粤饷系尊处所拨，请札饬衢台，分别办理。

——弟疏请张石帅抚鄂，因官帅资深位高，舍石帅外无人能匡求其失。顷接寄谕，已派石翁督办云南军务。滇中无厘银粒米，万难措手，且新简署滇督，亦非可共事者。弟拟疏荐石帅入闽。黜陟大端，弟本不敢妄陈，惟目击闽中之愦愦，不得不稍图补救。深恐贼支肆窜建、邵一带，为江西无穷之患，阁下别有良法维持否？

不得不稍图补救。

——张樨园一军，敝处正月二十三日一缄，请阁下调之助剿淳、遂。三十日一缄，又请阁下缓调，先清歙、绩。亮入鉴照。来示谓克绩溪、青石、旌德以后，张军宜驻宁国、严州两郡适中之地，鄙意两郡相距太远，张军断联络不上。即令拟拨千余人守遂安城，亦非所宜。此军尚算游击劲旅，不宜分也。至来示谓鲍军暂不攻宁国，尊军亦不攻严州，当粟拔兵，固守城垣，躬率八千人，往来寿昌、龙游、淳安一带，诱贼野战。此层鄙见深以为然。若进攻严州，两月不下，锐气顿减，贼反得抄我后路，截我饷道，形见势绌，再行退师，则索然矣。此间幕友有力阻攻严之说者，弟方拟缕晰奉商，而尊函适至，请即坚守此议。以后办贼，以多守几处城池，多办几支游兵为是。俟建德有人守城，鲍

形见势绌，再行退师，则索然矣。

军亦当作游兵，贵军则一意游击，不主故常。朝廷简公为疆吏，而不以寻常守土之律责公，此意最可深感，而亦可恪遵也。

——上海借助洋兵，似可无虞。若用官兵保守，非二万劲旅不可，只在开诚求助于西人。镇江虽久缺饷，然形胜尚属易守。少荃不能速行，已将初二日折抄咨冰案。上海正在危急之际。劝捐似非其时，吴方伯煦处，至今尚未札饬，将有待也。

108 复左宗棠

同治元年二月十五日

季高仁兄大人阁下：

吾辈凡有调度，当量其力之所能为。

且战且行。

惠书敬悉。衢州、江山事势稍松，贵军得一意专谋遂安，其势较顺。老湘暨朱、唐等军，于地势、贼情均不甚了了。吾辈凡有调度，当量其力之所能为，并度其智之所及知。凯章赴徽以后，尊处意指望详告，凯章必能体会也。少荃一军业已招成，并无洋船可搭，仍须由陆路穿过贼中，且战且行。应以舍弟一军，攻剿巢、和、含三城，如不能即破，亦须舍弟一面围住，少荃由城外冲过。舍弟之军，目下不能遽赴上海，亦难遽入浙境，当由此路致力。一则护送少荃直下瓜镇，一则屏蔽一面，俾多军围攻庐州。成肃清淮南之绩也。

109 复左宗棠

同治元年二月二十三日

季翁仁兄大人阁下：

惠书敬悉。马金、杨村两捷，杀贼极多，而官军伤亡极少，实惬人意，乃知战事以审机为第一义也。惟贵部人数太少，分防之处太多，仅提五千人与侍逆巨股战于衢州、江、常之间，殊用为虑。顷令凯章分一二营守婺源，腾出贵部留婺一营，随剿衢、江等处，或亦不无小补。凯章尽可随阁下驰驱于开、遂之间，因绩溪未净，又有贼犯羊栈之事，歙、黟官民，惟恐凯军他往，故不遽札调。即当函商凯章，望阁下亦函商之。凯若追随大纛，化其板滞之故态，有益于阁下，亦大益于凯也。次青实不能治军，八千人尤嫌太多。弟早年用违其才，渠亦始终不自知其短。顷附片奏明，或全行遣撤，或酌留二三千，请公就近审度办理，令其速行汰遣，以节縻费。将来芗泉军到，再将衢防各军沙汰一番，期以渐次精核，不使无用之兵，縻此极艰之饷。此间一切平安。多将军破庐州城外各垒后，贼党降者四千余人。鲍军久顿青阳，全失机势，何以药之？顺问台安。

渠亦始终不自知其短。

110 复左宗棠

同治元年三月初四日

季翁仁兄大人阁下：

李少荃一军，上海绅士雇轮船来接，费银至十八万之多，可骇也。而其望救之心，亦殊可怜。少荃新军纪律未娴，战阵未熟，恐不足惬吴人去霓之望，深以为忧。然洋舟能载楚兵航海，此风一开，将来阁下海道伐越之议，或肇其端矣。广东协浙之饷，弟当竭力为兄谋之。务期月过五万，不托空谈。浙事或稍可为。南中数省，目下惟广东最称富庶。他处无可设法。王副宪事，浙士议论异辞。大抵绍兴绅民之怨王中丞，自邵星使时已成水火。王君继之，特不能挽回众怒，又无保卫之方耳。复请台安。

其望救之心，亦殊可怜。

111 复左宗棠

同治元年三月初八日

季翁仁兄大人阁下：

遂安于两次获胜，城围必解。马金得崔将等先到，樨园亦可继至，婺源、白沙关一路，幸保无虞。赤岭之贼，亦已退出，历口一带无事。弟现募一新军三千人，将驻防东、建一带。万一江西腹地被扰，好抽出霆军作援兵也。大约自江滨以至衢州，分三大路，每路须有守兵二三支，活兵一二支。西路韦、王等为守兵，鲍为活兵。中路朱、唐、江为守兵，张为活兵。东路公所部可分为二支守兵，一支活兵。将来刘竺汀为守兵，蒋芗泉为活兵。规模既定，然后虚实变化，随时酌度。其饷项大绌，弟奏请仿江西之例，办广东全省之厘金，供江浙三省之兵饷。疏稿即日咨达冰案。尊处有筹饷之疏，亦祈将此事反覆申说，期于必成，庶不终穷困也。

虚实变化，随时酌度。

期于必成，庶不终穷困。

112 复左宗棠

同治元年三月十一日

季高仁兄大人阁下：

惠书敬悉。庐州虽获数次胜仗，踏尽城外贼垒，而狗酋死守如故。又闻伪侍王李世贤、伪对王洪春元，渡援江北，已复陷江浦、浦口二城，将进缓巢县、庐州。大约庐郡难遽得手。所幸颍州一城，经胜帅与成大吉、萧庆衍等两路驰救解围。苟得庐、和继下，则皖北四府、四州皆为我有，大致肃清。希庵可派大枝助剿皖南，可为尊处少分贼势矣。目下南岸贼氛正炽，陷顺安镇，烧荻港，踞旧县。赖鲍军潜师至铜陵，克复顺安，杀贼颇多。然青、石、铜、繁一带，日内必战争不休也。凯军如不须守婺，当令其出岭一击石埭，法阁下化板为活之意，亦恳尊处饬凯出岭一行，破渠瞻顾胶滞之见。王德榜军不宜归并顾将，似可归并段道，已商之幼丹兄矣。即请台安。

为尊处少分贼势矣。

113 复左宗棠

同治元年三月十六日

季翁仁兄大人阁下：

惠书敬悉。开、遂肃清，以两支剿新塘边，杜贼窜广、玉之路，而本军驻常山策应。各路兵不满万，而恢恢有余，至为佩慰！东路既已安稳，弟已照前次来示，饬徽州凯军出岭一行，先剿石埭之贼，与青阳鲍军相应，或可化板为活，不知凯老能照办否？幼丹中丞因广丰告警，派刘胜祥二千、王沐二千扼扎排山一带，而归段道统辖。恐无益于广丰，而徒空抚州之防，顷已函复熟商矣。顺问台安。

114 复左宗棠

同治元年三月二十一日

季翁仁兄大人阁下：

惠书敬悉。克庵先大胜而后小挫，伤人不多，或无大碍。大旆继进，实数能战者四千余人，当足制贼。狗逆屡挫之后，目下贼中惟忠逆党最多，侍逆党最悍。每念阁下分兵三处，独任其难，辄为忧悸！但苦无力佽助。春霆攻克青阳，本可扫荡泾、石，直攻宁国。奈青阳、东建等城，都无守兵，稍有疏失，则鄱阳、景镇立即沦陷。又恐江山之贼一面与贵军相持，一面另犯江西腹地，故鲍军进止不得不略一徘徊审慎，尚希裁示！即问台安。

先胜后挫，伤人不多，或无大碍。

115 复左宗棠

同治元年三月二十四日

季翁仁兄大人阁下：

惠书敬悉。贼之大队尽萃衢州东南暨江山南境，似是假道于闽，以窜江西之象。尊部兵力过单，深以为虑。幼丹中丞将有广信之行，勇往可敬。手无劲兵，恐无裨于事耳。江上各军，自克复青阳后，又克复铜城闸、雍家镇，克复巢县、含山两城，自此江北只有庐州、西梁山两处最坚，余皆易于得手。江北若一律肃清，当分一支助剿南岸。则鲍军一意进图宁国，凯军可赴淳、遂一带，于尊处微有裨补。特江北恐难遽了耳！若广东厘金果办得成，则弟与阁下皆有生机。广东官绅中有可奏派相助者否？乞示。即请台安。

兵力过单，深以为虑。

116 复左宗棠

同治元年三月二十六日

季翁仁兄大人阁下：

接惠书，敬悉两次获胜究竟，详细战状，想日内必有奏报，俟一读大稿为快也。能不令大股窜入江西，大局乃真有转机矣。舍沅弟克复巢县、含山，春霆克复石埭、太平，舍季弟克复繁昌。闻下游九洑洲之贼，四伪王猛扑江浦、浦口，围扑扬州。若彼处各城幸能保全，则贼股不敢长驱上援，庐郡亦可望得手。广东抽厘一案，俟奉到俞旨，敝处即奏派委员先行入粤，将韶州、肇庆、佛山各大卡料理经始。计八月必有收获。解至皖、浙，亦不过九月耳。韶卡每月实可八九万金，去赣州甚近，较之湖南宜章、会同等卡，抽办东厘，翻为便宜。惟耆中丞虽已入闽，而劳公仍不免掣肘，敝处与之久不通信，何术而得水乳也。复问台安。

而劳公仍不免掣肘。

117 复左宗棠

同治元年三月三十日

季高仁兄大人阁下：

侍逆屡为雄师所摧，当不复能久扰。江西边防得固，感惠无量！此间日内亦甚得手，北岸惟庐州，南岸惟宁国、芜湖三坚难攻耳。湖州赵竹生三月十三日有信出来，尚尔坚守无恙。现派韦志俊从宁国往援，李楚材从绩溪间道往援，凯章一军派出守石埭、太平，为保宁国鲍军之后路，即以为韦军援湖之计。不能再赴开、遂，尚希鉴亮！次青之事，弟亦何能无耿耿？其脱卸未清，遽尔赴浙，渠自不得无亏。而回首许与之情，患难之谊，乃由吾手三次参劾革职，吾亦安能无疚？目下卸任之缓急，将来乞恩之迟早，均听阁下卓裁酌夺！或请左右与幼丹中丞妥商办理。芗泉来浙，为斯尚早。雄狮击退巨股之后，似须少与停顿，不遽进取。何如？顺问台安。

118 复左宗棠

同治元年四月初七日

季高仁兄大人阁下：

惠书敬悉。侍逆两年之内，两为雄师所摧，皆在二三月间。浙贼虽多，要以侍逆为剧寇。从此当不敢再犯颜行，浙事必渐次旋转。沿江两岸连克九城五隘，弟不敢引以为喜。独阁下捍御强寇，不令江西东北再遭蹂躏，却是非常之喜。不独为吾辈饷源所在，民间亦不复能堪矣。此间近未进兵，应俟李成谋等将水师遍布于玉溪口、西梁山、和州、桥林一带，直下至乌江止扎定后，陆师再议进取。拟令舍沅弟由太平府南渡，扼驻金柱关，将水军驶入内河，直达黄池湾沚，由青弋江以达泾县，由水阳江以达宁国，冀通鲍军米粮之路。如其剿办得手，并可遍搜固城、南漪等湖，且可抬船过东坝而入太湖。第芜湖未破，先打太平，此着过险，不知办得到否。顺问台安。

119 致左宗棠

同治元年四月十九日

季高仁兄大人阁下：

久不接惠书，竟不知尊处近状。台旆已抵开化，侍逆去衢未远，各贼麇聚淳安、威坪、港口一带，遂安十分吃紧。前因惠书，以青阳未克，宜派凯章一军出岭。厥后鲍军连克青、石、太、泾，将急攻宁国，以救湖州。于是屡催凯军出守石、太。凯章出岭，未守石、太而先破旌德。以目下论之，赵竹生苦守湖州，鲍军攻宁国以救湖州，则凯军宜守旌、太以保鲍之粮路。贵军纵横转战，屏蔽数百里，而不能兼顾马金、白沙，下窜江西之路。则凯军宜回驻马金，以保江西之完善。二者皆最要之着。惟马金在歙南，旌、太在歙北，相距甚远。凯军不能两全，弟亦难以遥度。请阁下细审贼势，如由济岭、白沙关窥江，则飞调凯章回扼马金一带会剿，若贼之势力，不能窥窜江西，或尊处兵力足以制之，则仍留凯章在岭外旌、太一带，俾鲍军得一意围宁以救湖。诸祈卓裁复示。庐州于十五日克复，皖北发匪将次肃清。弟有覆希庵信，规画下游大局，不知当否？抄稿请并裁示。

120 复左宗棠

同治元年五月初三日

季翁仁兄大人阁下：

惠书敬悉，风眩搐掣，贵恙当已全愈。尊体在辈流中最为强实，此当为有余之症。鄙人则日形衰疲，未、申以后，苶然若不能语言者。医者以为脉象极弱，而鉴于润帅之多药，不敢常服补剂。希庵亦恒发吐血之病，均叹羡阁下铁石人也。鲍军拔赴宁国，抵防后尚无信来。赵竹生十四日尚有信出城，湖州岿然无恙。可敬可怜！芜湖、东梁山克后，尚未进兵。水师急欲攻九洑洲，而多公陆军不能遽至，沅甫徇畊者之请，将扎至秣陵关一带。弟嘱其待鲍军稳固，多军至九洑洲后，再行会进。狗逆被苗党缚送胜营，此近事之最可贺者。顺问台安。

均叹羡阁下铁石人也。

121 复左宗棠

同治元年五月十二日

季高仁兄大人阁下：

惠书敬悉。杨七麻既回宁国，忠逆方以全力在松、沪与洋人为难。又分余力守苏攻湖。衢、严一带，仅有侍逆一股，久已畏公如虎。又新得刘竺亭一军，兵力渐厚，当可控制如意。此间近状，雪琴率各水师扫平金陵城外之江心洲，蒲包洲各贼垒二十余座，长三十余里。九洑洲尚在北岸下游，必须陆兵会剿乃可下也。九舍弟亦破秣陵关等处贼垒，进逼雨花台，距城根仅四五里。贼寂处坚伏不动，大约又成持久之局。前约多公下攻九洑

贼寂处坚伏不动，大约又成持久之局。

洲，近闻陕西警急，官、严奏请多军援秦。此军若去，金陵地势太大，兵少贼多，其何能济！春霆攻宁之师，在城外四十里寒亭地方，获一胜仗，当可围逼城下。惟闻贼数实在十万以外，霆军以能稳扎稳打为幸，更无余力分援湖州。赵公忠贞盖世，竟无保全之法，疚憾曷极！上海三月间华、洋连获胜仗，气势颇壮。自四月二十日薛部之攻太仓者覆没六千人，于是贼焰日炽。洋兵守嘉定，亦不战而自退。少泉以新兵当此巨寇，心以为虑。敝处饷项太绌，各军窘迫异常，现拟将皖南茶厘、茶捐归并一处抽收，以济眉急。惟稍有损于尊处及雪琴，即日专咨奉商，伏乞鉴亮！

122 复左宗棠

同治元年五月二十二日

季高仁兄大人阁下：

宁波设守。敝处竟无人可派。坐轮舟由上海以去，可期迅速。然十八万两，可偶而不可常。宁波比沪更远，其索价当不止每人二十金已也。比又有宁波复陷之耗，以太仓薛部之覆没，嘉定洋兵之自退，湖州初三之失守，参伍观之，宁波殆难保守无失，且当置之度外。自芜湖、太平克复后。舍弟遽进金陵城下之雨花台，孤军深入，四面受敌。多将军因陕西事急，除留十劣营守庐州外，马步万余，全数西援关中。金陵围师太单，弟深以为虑。前拟多军南渡后，弟当拨凯军助阁下一臂之力，今自顾不暇，弥增愧恧。粤东厘务，必须办成，皖、江各军乃有生理。闻彼中豪强包管一卡，获利极多，归官极少。黄南翁好以财利饵人，或可搔着痒处。弟亦有致劳辛帅一书，抄稿呈览。尊论人才，惟好利、没干两种不可用，鄙意好利中尚有偏裨之才，惟没干者决当屏斥。余大胜在贵处否？已奏参革职，必须勒令回营，一肃纪纲。请派人押至敝处，俾弟法令得行。不过数月，仍可送还尊处。即请台安。

宁波殆难保守无失，且当置之度外。

获利极多，归官极少。尊论人才，惟好利、没干两种不可用。

123 复左宗棠

同治元年五月二十九日

季翁仁兄大人阁下：

公与侍逆一枝周旋日久，近日该逆技俩较之上年三月，进乎？退乎？如再添忠逆一枝，萃于尊处，自度尚足御之否？刘培元新兵尚整齐可用否？较之次青平江勇孰为优劣？宁波之克，则断不可恃。本日奉十七日寄谕，饬兄与少荃派兵往守宁波，昨见大咨，已派史士良为宁波道，弟函请士良来皖一商，大约舍带兵由沪航海前去，别无他法。既无雇轮船之巨款。又无实可用之劲兵，如何下手！魏质斋何日可到？能拨往宁波否？英、法调印度兵大举会剿，寄谕饬弟与阁下筹议覆奏。弟于夷务，向未谙究，如何布置？乃不致喧宾夺主，即乞详示。即请台安。

又无实可用之劲兵。

124 致左宗棠

同治元年六月初九日

季翁仁兄大人阁下：

前缄商以魏质斋兵守宁波，由安庆坐轮船前往，是否可行，想复书业已在途。士良尚未到皖，渠若不得楚军挈之同行，恐亦未肯航海而东也。上海自五月二十一日大捷后，人心大定，贼党亦退。伪忠王不得逞于沪，闻以全力来援金陵，舍九弟孤军深入重地，旁无援应，殊属可虑！希庵到六安后，办理苗事甚得窾卻。惟五月二十五、六、七等日每吐血四、五十口，虽医者言脉象不恶，然固可忧之症。厚庵抵皖后，即赴六安省视希病，将由舒城、三河、巢湖以赴金陵也。顺问台安。

人心大定，贼党亦退。

125 复左宗棠

同治元年六月十二日

季翁仁兄大人阁下：

接两函，敬聆一切。应复之件，条列如左：

——守宁波之兵，决计由温、台以往，则较之由沪航海，难易相去百倍，慰甚慰甚！且轮船近常有因火大炸裂，全舟被焚之事，亦断不宜每船装载数百千人冒暑东去。

——皖南茶改新章，是粤、徽商人来省所定者，不出徽官之意。祁门史令曾上禀力争，弟因甫定之法，不便反汗，一一批驳兹。请阁下将不是之处逐一拈出见示，以便明年再改还旧章。来示："用法不如用人，用人当先得其心，而后得其力。"精理名言，至当不易。

精理名言，至当不易。

——多将军援陕之议，始于严中丞。厥后官、多二公屡次具奏，朝廷谕旨亦适相吻合，遂成一定不易之局。顷陕贼回窜。

秦事已松，多公似可不必西行。严公之意已改，多军或可回戈东指。顺问勋安。

126 复左宗棠

同治元年六月十七日

季高仁兄大人阁下：

惠缄具悉！屡次苦战衢北，贼已全遁，计衢南亦易得手。惟进规龙游，盛暑鏖兵，最易生病，兹可念耳。所论洋人起印度兵助剿一节，卓识名言，见垣一方，无隐不烛，无坚不破，洵足益我神智。惟苏浙士人，语及岛夷，一心崇奉，万波齐靡，无术挽回。而封疆将帅中，亦乏志识坚定，确乎不拔之才。恐一二不靖之徒，自神其媚夷之术，必欲煽动西国大队东来，届时欲选文武智略足以应客者，则难其人耳。多将军赴秦，朝廷之意已决。实则粤匪马融和一股，与捻匪入关者，皆已先后窜回。现在陕乱，惟同州之叛回与，汉中之蜀匪回汉仇杀，宜以良有司治之，不宜临以多公重兵。且陕回联络甘肃以达哈密及南八城，呼吸相通，党与甚固。但宜设法抚绥，不宜更兴大难。川贼窜入汉中、兴安，又与三省教匪行径相类。以多公马步搜捕此股，犹以骐骥捕鼠，施之失地，必且自弊于山谷之间。鄙意多军终以会剿金陵为

确乎不拔之才。

宜以良有司治之，不宜临以多公重兵。

上策，顷奉密寄一件，抄呈台览，敬求规画全局，详悉见示。林、米、刘均到衢州，自可即由尊处了办，不必更劳冒暑远解。林、米难逭，恒刘末减，持论亦极平允。所有三犯，业经到衢，即由浙办。不再解皖之处。由敝处具奏，分别实缓，迅速结案。由尊处具奏。奉敕密办文件，弟即不另具咨，以此缄为据可也。顺候台安。

127 复左宗棠

同治元年六月二十五日

季翁仁兄大人阁下：

接惠书敬审一切。余大胜既到，承饬往春霆处，甚慰！弟于霆军诸将，均不过一面之识，无德无怨，并无痛惩一二，借以立威之意。不过因春霆公牍私函屡请惩办，不得不为之主持。又见郑、陈、余三人之去，随同飏去者至数十员，恐继之者大去不止，故严行奏禁，以截其流，非弟有所不快于三人者也。即春霆于郑阳和爱其骁悍，而惜其他之。其于陈由立，则深恶其掷部札于地，而径奔河内。至其于余大胜，则恶之迥不似陈，而爱之亦微不逮郑。盖牵连得书之类，阁下与余有旧，不为保之受之，而遣之归鲍，可谓力全大局。寄云中丞，始终留郑不遣，则似不达鲍之情，而亦少乖弟之志。春霆驭下，威多恩寡，弟曾有书戒之。宁国克复，广德州与宁邑、建平之肃清，均在意中。弟拟令春霆由东坝、溧阳、溧水、句容取远势，盘旋而来，以会剿金陵。惟地广兵单，不敷防守。若从远处设防，则守徽守宁之外，又当守广德、宁邑及胡乐司三处。若从近处设防，则守徽守宁之外，又当守旌德、三溪两处。敝处兵力，除凯章，守宁郡外，断不能再守广、宁、胡乐三处。只好移唐守徽郡，而移朱守旌德、三溪。杜贼由夹缝中横窜太、石、池州之路，是否有当，伏候卓裁，示复！至婺源、景镇两处。最关紧要，弟每不放心。景镇碉堡成后，不过千人，足敷守御。可否于江西屈、王诸营，拨令西来，固江西之北边，保徽军之粮路？至要！至恳！复请台安。

可谓力全大局。

惟地广兵单，不敷防守。

128 致左宗棠

同治元年七月十六日

季高仁兄大人阁下：

久未奉惠书，不知近状何若？玉体轻健，劳苦为民，想多佑助。金陵自六月两战后，贼未再出扑营，发探侦得将以雨夜猛扑一次，已备已矣。春霆办广德州招降之事，尚无确耗。霆、沅两军病者极多，金陵至日死三十余人，闻之心悸！希庵将回安庆，面定一切，再行奔丧旅里。苗事甫有头绪，生此波折，深恐其伺隙而动，重烦兵力。袁帅因病请退，两淮千里空虚，岂弟照料所能周？此敝处之大虑。苦雨作寒，有碍秋收，亦一虑也。芗泉自粤至长沙，可谓至速。尚未闻其自长沙起程。粤厘闻不可恃，此亦意中之事。惟蒋军指日抵浙，弟无力协济尊处，为深愧耳！顺问台安。

129 复左宗棠

同治元年八月初三日

季高仁兄大人阁下：

惠书敬悉。油埠大捷，得绸旗至四、五百面之多，则悍贼之大创可知。芗泉之头队，日内计已过南昌，待其到齐，可否以芗部打淳安、严州，而阁下率各军打龙游、金华？乞示知。若芗泉果打严州一路，则弟可饬朱云岩率勇助剿，唐桂生亦可助力。盖歙、旌去淳、严皆不远也。金陵疾疫未止，援贼已到数起，尚未开仗。春霆招抚伪保王童容海一股，似已办妥，留三千人，其五万人须遣散之，资尚未筹出。又，米贵难购，看来弟与阁下均患人多，力不能举其体矣。得京报，何根云改为斩监候，前新闻纸所刻误也。袁帅病甚，断难再留。希病亦未痊，迫欲回籍。两淮无人管理，如何！复请台安。

130 复左宗棠

同治元年八月十四日

季翁仁兄大人阁下：

伪保王一股，已定留用三千人，余俱遣散，每人给途费千文。顷春霆牍来，又请再留三营。弟昨奏此案，折尾声明，如降众另生枝节，随时具奏，断不回护云云，盖亦恐春霆之不能妥办此事也。次青既将全撤，可否免其一劾？弟既据公义以参之，而尚不能忘昔日之私好。希庵到省十日，病势渐好，惟思归甚迫。三奉谕旨，坚留不准回籍，恩眷过隆，进退两难。九舍弟处日内未开仗，金陵、宁国疾疫之多，似更甚于尊处。少荃在上海，又于八月初二日获一大胜，较之五月二十一日之役，斩擒更多。洋人坐观成败，少荃虽万分危急，从不求洋兵出队相助。其足以自立者在此，其足以招忌惹是非者，亦未尝不在此。沪中自方伯以逮从流，奉洋如神，积非胜是，竟不得一善处之法，奈何！顺问台安。

竟不得一善处之法。

131 复左宗棠

同治元年八月十九日

季翁仁兄大人阁下：

惠书敬悉。芗军行程迟滞，闻在长沙亦颇扰民。浙事甚大，蒋、刘二人不能为左右分忧，殊为焦虑。到衢后，似须令芗泉共扎一处，朝夕追从，以阁下之身教，苦口谆诫，或当少变故态。否则彼方矜功负能，专己自足，不复虚心以求所未逮，恐未足以当侍逆也。沪上司饷之人不能不谋更置，惟心地正大，而又娴于夷务，长于理财者，实不可得。不得已而思其次，则能理财而略通夷情者，即为上选。筠仙顷与鹤汀同来此间，即日赴沪，不知少荃如何位置。希庵于初九日具疏陈情，批旨如不蒙俞允，尚当再疏续陈，拜表即行。论圣恩则不能无负，论孝道与病势，则当

专己自足，不复虚心以求所未逮。

为仁人君子所共亮。何前督事，京师似分门户，谏官主决，祁、万诸公主缓，谕旨报从缓议。今岁停勾之年，明岁必可及宽政矣。即请台安。

132 复左宗棠

同治元年闰八月初五日

季翁仁兄大人阁下：

接惠缄具悉一切。疾役之多，霆军为最，金陵次之，贵军与徽、旌各军又次之。水师虽多病，而死亡较少。希军则病亦较少。江以北之劫数，固当轻于江南耶？小丹阳之贼，连日窜扰秣陵关，太平府一带。距金陵营不百里，距金柱关仅二三里。该处防兵仅千人，殊嫌单薄。芜湖守兵四千五百，而相隔百里以外，不能相救。现调巢县兵至金柱关协防，即朱南桂所带之千人也，不知赶得及否。杨辅清、黄文金、胡鼎文、古隆贤、赖文鸿等酋麇集于广德、建平之间，而伪忠王又有派众酋援救金陵之说，伪侍王亦有假道宁国，下救金陵之说。八面受敌，疾役不止，窃恐春霆不足了此。阁下何以策之？弟办江西厘金，有名无实，省局比赣局尤坏，不特不能如东征局之数，亦并不能如河口、景、乐三局月解之数。黼堂总办粮台，又管厘务，半年无书信来往，漠不关心，恐不能不一参劾。公为我设方略，应如何而厘金乃有起色？顺问台安。

133 复左宗棠

同治元年闰八月二十三日

季高仁兄大人阁下：

接两次惠书具悉。徽、宁各营疾疫如故，鲍、张实已不能成军。据少泉报，苏贼十余万前来抄鲍军之后路。顷附片备陈疾疫流行，犹未将苏贼西来一节入奏。慈溪又失，宁波可危，士良请拨质斋一军。慈溪去郡仅四十里，魏军远隔千里，何能拯救！华尔锐意赴宁剿贼，誓尽杀广勇之从贼者，亦在慈溪中枪而死。华众志一颓，贼焰愈炽。

尔在上海，宁波为中外所推服。既失此人，众志一颓，贼焰愈炽，恐宁波必无完理。质斋尚在马金、昏口一带否？皖南各军既不可恃，则魏营不可轻动。万一贼由歙南窜犯婺源、景镇，则江西腹地又将糜烂，而尊处之厘饷首受其害。除魏军外，更有何法可救宁波？伏候裁示。复问台安。

134 复左宗棠

同治元年闰八月二十五日

季高仁兄大人阁下：

连接惠缄，敬承一切。侍逆援金陵之耗，近日已得确报否？

既克寿昌，声威颇壮。

芗泉既克寿昌，声威颇壮。贼急欲自固严州门户，或者不暇窜吴，亦未可知。果尔，则阁下派芗军规复北路严、寿一带，正所以代贼之谋，乃大有造于皖、吴诸军也。如侍逆入吴之志，尚未遽死，则请饬芗泉于攻克淳、安后，径薄严州，贼欲保杭，断不能不顾严，而霆、沅等军得以将息士卒，戒备以待矣。春霆尚在芜胡养病，雪琴见之云："两人扶掖以行，神气尚完，或无他虑。"东坝之贼连日扰及水阳镇、金宝圩一带，宁国之师向由芜湖运粮，恐将中梗。弟饬宋国永派人三千，扎新河庄，以救金宝圩，不知霆营病卒，尚能成队否？江西厘务，业经严札申饬，其参劾之轻重，尚无成见。长江盐务，目下九洑洲未克，票商难行，轮舟拖带民船挽运上驶，强半不肯完厘，大利尽被洋人占夺。两江有为之地，惜不得如胡文忠者，料理一番。沪上名目太多，治丝而棼，且待筠仙、鹤汀至彼，助少荃清厘一番，裁革无实之名，再添有济之目也。顺问台安。

135 复左宗棠

同治元年闰八月二十八日

季高仁兄大人阁下：

近日危险万状。伪忠王率二十万众攻扑金陵舍弟营垒，据报凶悍实过于四眼狗，胡、黄、李等酋，由东坝犯水阳、金宝圩，宋国永派六营迎剿，在新河庄败挫一次，鲍春霆养病芜湖，将力疾还营。贼若直犯宁国，固虑霆军病卒不足御之，即由湾沚、南陵，断我饷道，宁国亦无可守之理。自皖南以至金陵一片糜烂，殆无一处可恃。欲仗阁下大力饬芗泉迅攻淳、安，就近保救徽州，抑或淳、安难破，即从马金岭绕援徽州。胡、黄、李逆股若破南陵，必由青阳、石埭直奔景德镇，亦求阁下早为之所。只要徽州、景镇二处守得住，大局尚堪挽回。弟自愧调度乖方，咎无可辞，惟恳极力挽救。至感至祷！书不千一，诸维心鉴。

大局尚堪挽回。

136 致左宗棠

同治元年九月初四日

季高仁兄大人阁下：

前奉上一缄，请饬芗军先攻淳安，为救援徽州之地，亮达荃鉴。以近日军情观之，竟不能不请芗军一援宁国。伪忠王在金陵舍弟营后，百道环攻，并有西人落地开花炮打入营中，惊心动魄。业已苦守八昼夜。该逆更迭换班，我军无人可换，且病者过多，有万难久支之势。又闻伪侍王于闰八月十四日，自龙游起行，续至金陵。舍弟之力，以支忠逆全股，犹形竭蹶万状，岂能再支侍逆一股？此时若得一支劲旅，从采石打下，金陵一军乃有解围之望，春霆自芜湖力疾回营，此时欲由采石以援金陵，不得不专靠鲍军，而鲍军为宁国之贼所牵制，万不能动，动则徽、宁全局糜烂矣。不得已，求阁下饬芗军由徽达宁，支持杨七、黄、胡诸贼，腾出鲍军由南陵、芜湖下援金陵，至祷！至感！由龙游、寿昌至徽，不过三百里。由徽至宁郡二百二十里。芗泉若能趱行，不过十日可到。鲍由芜湖、采石赴金陵，亦不过十余日可到。鲍公一至采石，忠逆或即可解围以去。全局所系，舍阁下无可吁救者。专此飞商，顺问台安。

137 致左宗棠

同治元年九月初七日

季高仁兄大人阁下：

昨奉达一缄，请芗军防剿宁国，腾出鲍军由采石下剿，冀解金陵之围，亮达荃鉴！顷得舍弟信，业已苦守九昼夜，幸得保全。惟地方太宽，病者太多，贼更番进攻，并未休息。且渠尚未知侍逆之将自浙继往金陵，殊难支持。春霆来信，渠病已大愈，惟勇丁病者尚多，难以出队。贼亦尚未猛扑郡城，惟一意阻我粮道，叠据逃出胁从人供称：杨、胡、黄、李诸逆，决计上犯江西，以为就食之计。金陵之围不解，江西之防不固，二者皆关系极大！务祈阁下迅拨芗军，驰至徽州、旌德一带，能径至宁国，与杨、黄、胡、李相持，抽出鲍军下解金陵之围，上也；即不然，能于石埭、太平一带截断上犯江西之贼，亦犹不失为次也。否则，贼踪一入饶、景，无论官军得手与否，而贼志断不回窜，必蔓延江西腹地矣。马融和一股今春救庐州不及，由河南窜入陕西，饱掠而东，比又由河南窜至黄陂、孝感，将由黄州、皖北回援金陵。皖北空虚已极！各城均恐不保，祈阁下为我力筹补救之法！文忠死，希庵归，此间竟罕共谋大局之人。每有大调度，常以缄咨敬商尊处。公每置之不论，岂其未足与语耶？盍亦箴砭而推挽之？顺问台安。

无论官军得手与否，而贼志断不回窜。

138 复左宗棠

同治元年九月初八日

季高仁兄大人阁下：

两次惠缄，敬悉一切。所论避贼大围包抄之法，历历堪记。舍弟不明此义，以二万扎雨花台，为伪忠王大围所困，弟亦自愧见之不确。不于六、七月间饬令早退，以避长围而取活势。舍弟现虽已坚守半月，幸托无恙，而为洋枪洋炮所苦，伤者太多，恐

以避长围而取活势。

难久支。又经旬北风，凡银米、子药、援兵均不能运载下行，尤为焦灼。承示极力共谋皖南，断不先越后吴，敬感无已。综计敝处局势，可虑者四端：金陵久困无援，一也；宁国纵能幸守，亦恐贼从南陵、青阳上犯祁、景，二也；东坝抬过贼舟甚多，厚庵未痊，恐其冲出大江，三也；马融和一股由湖北下窜，皖北各城空虚，四也。求阁下迅速饬芗泉一军由徽入宁，或仗大力挽回前二端之厄。至祷！至祷！顺问台安。

139 复左宗棠

同治元年九月十五日

季高仁兄大人阁下：

惠书敬悉。金陵官军自闰月二十至九月十二，已守住二十三日。顷又由芜湖拨去千五百人，都将军拨援千八百人，又在上海拨程学启千人，各营调齐，仰托福庇，或可转危为安。若能出壕与之力战，一折忠、侍对诸逆之凶焰，仿公上年三月乐平之捷，尤为大妙！特蓄势审机，不能如公之精！而弁勇，又不如贵部之劲耳！忠、侍对既悉萃金陵，杨、黄、胡、李诸贼又在宁国与鲍军相持。其破宁邑、窥徽、祁者，必赖、古、刘一股，穷饿无赖，势必拼命冲窥江西。朱、唐病卒过多，必不能截其内犯之路。务求阁下迅饬芗军驰赴徽州，先剿此股，保江西之饷源。徽事定后，仍乞芗军至宁郡一行，会同鲍军共剿杨、黄、胡、李等贼。宁国得手，则金陵之围不攻自解矣。顺问近好。

仰托福庇，或可转危为安。

特蓄势审机，不能如公之精。

140 复左宗棠

同治元年九月二十三日

季高仁兄大人阁下：

接两次惠缄！知贵军正竭力围攻龙游、汤溪两城，芗军一时不能拔动，敬聆一切。官军与贼相持之际，惟守兵或可偶一抽动，若围师与攻战之师，则只可日增，不可抽减也。苦攻城垒，

只可日增，不可抽减。

易损精锐，胡文忠屡以诫春霆，公亦尝以攻坚为下策。如城贼之气尚固，似宜斟酌，不必以血肉与子弹赌胜。金陵信来，已守二十八日，大致可期稳固。贼现开挖地道，仍未停工。忠、侍、对三伪王实皆在金陵，屡获伪文及投出之贼供指相符。在宁国与鲍军相持者，为杨、黄、胡、李之类。忠、侍在金陵，似有不得不休之势，竟不知如何而有解围之一日。金柱关获一胜仗，该处与芜湖均处要膂之地，从此中段较松，即下而金陵，上而宁国，亦无饷道被扰之患，差为一慰。春霆久屯高祖山，贼亦未敢寻之开仗，自是慑于夙昔威名。然霆军可出队者，实不过四千人，自治且有未遑，况能远援金陵？念此不无气馁。复问台安。不一。

141 致左宗棠

同治元年十月十一日

季翁仁兄大人阁下：

久不接惠书，未审九月二十二日以后，复猛攻如故否？所示思得一攻坚之法，拟试用者，果试之否？金陵舍弟一军，刻已稳固，初五日破贼垒甚多。闻忠逆实派六七万人，回救嘉定，盖因少荃九月二十二日之捷，杀贼极多，故分贼回顾苏、昆老巢。其伪侍王是否回浙，信中并未提及。湾沚之贼，窜入清弋江之西，霆营粮路已断，深可危虑。春霆毫无布置，鄙人久已忧之，而无术代为补救。将来黄文金等内窜江西，恐不能不烦芗军至景镇一行。景镇为弟与阁下暨沈帅三人所共守，亦为犯江之贼所必争。自碉堡筑成之后，较往年贵部凭河而守，难易何止霄壤！即靠城出击，亦尚易于见功。若芗泉力能办此，则台端溥惠徽、祁诸军，亦大有造于江西也。

毫无布置，久已忧之。

142 复左宗棠

同治元年十月十五日

季翁仁兄大人阁下：

接惠书敬悉一切。金陵自初五日出壕一战，毁贼多垒，贼已退窜一半。其余是否退净，已否解围，尚未接舍弟确信。而宁国军事，近日危险殊甚。春霆九月二十一日进攻高岭之贼，十月初八日进攻西河镇之贼，皆以攻坚无利，而收队时又为贼所乘，损折甚多。目下水路粮运已断，陆运又无夫可雇，观其主意之慌乱，布置之散漫，人心之离怨，殆难久支。鲍军若有挫失，则凯章之在郡城，与春间湖州之困无异。将来终不能不求芗军一为救援。盖宁郡若果不保，不特皖、浙之全局决裂，而凯军亦将全数覆没，尤可骇痛。目下环宁郡之旌德、泾县、南阳皆有防兵固守，救援尚易为力。尊处兵力并不甚厚，钤峰已援徽，芗军若再援宁，则浙境仅存阁下本部与刘、魏三部。是否足敷分布？弟虽吁援甚切，然未敢顾此而失彼，统俟荩筹酌核。来示日以怫郁，鄙人则情怀大恶！皖南十余州县，几无坚城可恃，兵愈多而愈不中用。沈幼丹中丞与敝处大为龃龉，将漕折全行截留，初不省其开罪之由，以中才而当末流之世，处权势之地，固宜丛尤悔而不自知乎！

以攻坚无利，收队时又为贼所乘，损折甚多。

兵愈多而愈不中用。

143 复左宗棠

同治元年十月二十四日

季翁仁兄大人阁下：

接奉惠书，论金陵兵不可退一节，曲中事理。目下舍弟后壕之外，贼虽全去，名为重围已解，而稍远如秣陵关、六郎山、板桥等处，尚复多筑坚垒，层层布置。若非大支劲旅，竟有不能遽退之势。舍弟之意，必俟新招勇夫到后，补足缺额，重加整顿。能出壕与之苦战，再议或退或留之策。今则除株守外，无能为也。鲍军粮路水运久断，弟派人去繁昌、南陵办理陆运。闻鲍营军米不足十日，弁勇有逃散者。实堪忧叹！若阁下能拨蒋军由徽救宁，或能保全郡城，保全凯军。

不可退一节，曲中事理。

至盼至幸！以尊处兵力之薄，又拨王钤峰早来援助，本不忍再行吁救。然宁国为皖、浙、苏三省共争之地，而附郡之泾、旌、南陵三县，现尚皆为我有，犹有可救之理。过是则不堪设想矣。金陵之贼，分股由九洑洲北窜，李世忠军甚不可恃。江北、和、含、无、庐，千里空虚，尤为莫大之患。弟数年在外，忧愤无如近时。文忠不作，希庵归去，孤怀郁郁，公将何以教我？

千里空虚，尤为莫大之患。

144 复左宗棠

同治元年十一月初一日

季翁仁兄大人阁下：

日内未接惠书，想平善也。霆营粮路至今未通，勉强陆运，亦未就绪。数万人之食，挑运于百五十里之外，本难宿饱。而又时有马贼要截、人夫骇散之事，何能久支。九洑洲北渡之贼甚多，猛扑李世忠九洑洲、浦口各营，一面攻扑李营，一面冲过营垒，悉众上犯和州、含山等处，自和、含、巢、庐上至武汉，除庐州、安庆徽有守兵外，余城并无一兵，千里空虚。此次贼犯皖北，其祸必烈！湖北亦无一支可恃之兵，已飞调毛、萧二军由三河尖、霍邱迅赴庐、巢防剿。诚恐落在贼后，难于收拾。希庵百日假期未满，本难遽出，又病势颇重，不忍促之速出。芗泉地道计已毕工，久征惯战之贼，恐非地道所能破。鄙意终欲戒其攻坚，设法撤退，以作活兵。皖南有事，尊处首受其累，不可不蓄锐以待也。

其祸必烈，湖北亦无一支可恃之兵。

145 复左宗棠

同治元年十一月初八日

季翁仁兄大人阁下：

前此猛扑金陵官营，弟亦疑伪侍王尚未在场，近日六郎桥、秣陵关一带贼机大动，又自东坝抬船西来，意者伪侍此时方来猛犯乎？抑分党北犯和、巢，掣动南岸兵力，乃更围扑金陵官营，如忠酋十年故事，掣官兵援浙后，乃折回大战和、张之故智乎？北岸自和、含、巢三城陷后，贼即踞巢县未动。弟得以数日之内，截义渠之二营，助石清吉防守庐郡，调芜湖张树声等五营守无为州，截少荃甫招未成之四营，守庐江县，调希庵部下萧军门庆衍、毛道有铭二军会集舒城，以为迎剿之师。又拟调江味根一军与达川、方伯合驻桐城、潜、太一路，如贼来少缓，或可不遽决裂。春霆陆运之粮米甚通畅，贼亦尚未猛扑，再待一月，则新勇将次补齐，或可一战。旌德之贼，分股陷绩溪者，经钤峰大捷克复。其正股于太平至黟县，去祁门仅六十里。弟前函告钤峰，嘱其以太平一路为重，恐闻信较迟，或落贼后也。近日事机不顺，一波未平，万波随动。而洋人要挟侵侮之端，日新月异。自维浅陋，谬任艰巨，日复一日，诒误方大。即当据实投劾，避贤者路，仍以散秩效力军中，与之终始。倘钤峰不能了祁门、景镇一路，又恐掣动尊处全局，滋足愧耳。

事机不顺，一波未平，万波随动。

146 复左宗棠

同治元年十一月十八日

季翁仁兄大人阁下：

芗泉军之不能援宁，弟亦深知之。前接重九日惠缄，即不复思芗泉来皖。及至鲍、张粮路梗绝之时，又不克自持，而书缄奉商，不仅此次然也。弟当军事危迫之际，明知事不能行，每每不自持而陈说及之。胡润帅昔年亦多不自持之时，独阁下向无此失，从未出决办不到之主意，未发强人以难之公牍。故知贤于弟等远矣。祁门失守，赖王钤峰进兵极速，古逆循去，殊堪欣慰。然古、赖、刘皆穷困无聊之贼，昔年古踞青阳，赖踞石埭，刘踞池州，今各失巢穴，又不肯依附忠、侍等酋门户，常思就食江西，梦寐不忘。现由祁饱掠三日而去，盘踞石埭、太平及乌泥关内外。弟前令守旌之朱品隆，守泾之易开俊会剿太平一次。若趁贼巢穴未稳，志趋未定，能痛剿太平，挫其凶锋，可得数月安静。若不能破贼于太平境内，则不久必由建德内犯，祸及饶州、景镇矣。弟俟闻得确耗，即当檄朱镇弃旌德而退守徽、休，令唐镇以数营守祁，以数营为活兵。腾出钤峰一军，好援景镇也。春

挫其凶锋，可得数月安静。

霆处新添何绍彩四营、王可升五营保护粮路，或者可以保全。然终非统率一路之才。其部将不愿相从者颇多，屡挫而自满如故，窃以为虑。北渡之贼，至今未息，闻已渡过十余万。此间虽派守庐郡、无为、庐江、西梁山、三河等处，不知果可恃否？

147 致左宗棠

同治元年十一月二十五日

季高仁兄大人阁下：

顷接大咨，已派克庵、廉访统带十营，来此援应，有益于徽、祁，有益于饶、景，实深感佩！实深敬服！朱云岩旌德一军，本防贼由徽、宁夹缝之中，窜入太平、石埭。今贼匪业踞太、石两城，则已破我藩篱，而朱军反隔在贼外。粮路四梗，亦终无能守之理。久思撤回朱军，弃旌德而不守，适因青阳为南陵、泾县后路，诸将求派人防守，遂调朱军出守青阳，已咨达冰案矣。金陵之贼日内蠢蠢欲动，盖侍逆至此始大举也。舍季弟物故，沅甫久劳之后，继以忧伤，又拨出五千人分守东、西梁山、玉溪口等处，不知能再禁此狂风恶浪否？春霆闻讣丁母忧，虽以缄牍慰留，而其军心涣散，逃亡相继，殊堪隐虑。弟秋冬以来，百忧震撼，下游军势便同弩末。徽州与江西之事，全仗大力维持，瞻企何已。

148 复左宗棠

同治元年十一月二十九日

季翁仁兄大人阁下：

勇丁之逃如故，将领之骄如故，宁郡终决裂。

接奉惠书，敬悉严州克复，龙、汤贼亦内乱，计日内可下。似此则侍逆无不回援金华之理，芜湖、金柱关一带必可大松，企慰无已。克庵不能来景、婺，徽南少此一枝劲兵，则旌德朱军未可遽撤，以增徽北之累，已批令照旧守旌矣。春霆新有母丧，黄麻渡之粮路又梗，勇丁之逃亡如故，将领之骄蹇如故。宁郡终虞决裂，宁败则徽亦难保，不能不为阁下与沈帅之患，愧愤曷已！克庵一军，仍望置诸活处，以备景、婺非常之警。至恳至荷！皖北之事，萧、毛二军已从舒城进屯无为、巢县、运漕之贼似亦不甚浩大，虽不能驱之遽东，或不至遍扰各城。弟以菲材，忝窃非据，朝廷不加罪，僚友不见弃，尚复何郁郁之有？投劾之说，实以久辱高位，卒无成效，自须引咎少退，避贤者路，仍以散秩，陈力军中，专办一路之贼，一息苟存，未敢稍懈，尊见以谓何如？

久辱高位，自须引咎少退，避贤者路。

149 复左宗棠

同治元年十二月十一日

季高仁兄大人阁下：

严州复后，尊处兵力弥形单薄，不敷防剿。承商留王沐一军驻扎五城、龙湾一带，即已大助徽、祁之力。近日皖南十分危急，盖匪特诸将战守之不力，亦由鄙人调度之多乖。水师在金柱关获一胜仗，夺贼舟百余号。侍逆由东坝抬过之船，又不得逞。春霆虽报杨柳铺之捷，杀贼八千，而粮道之梗如故。其报仗向多虚数，尤难深信。默计徽、宁各路，人谋殊为不臧，不知天意尚能佑助，不至全数倾败否？炸弹轮船虽利，然军中制胜，究在人而不在器。战船若用炸弹，似尤不宜。舟中子弹伤人，皆从横穿，而不从上落，炸弹须两坚相击，乃能炸裂，恐落水者多，中舟者少也。

人谋殊为不臧。

军中制胜，究在人不在器。

150 致左宗棠

同治二年正月十五日

季高仁兄大人阁下：

此间近状，巢县铜城闸一带，贼加修城垒，为稳踞之计。屡获伪文，忠逆欲率二十万众窜犯北岸，下扰扬防，上窜皖鄂。虽迭催希庵速出，共图防御，然未知希帅各军果能制之否？春霆获一胜仗，立解泾县之围，差为快慰！然湾沚、高岭、西河、油榨沟等十余处，仍为贼踞，我军犹须运米于二百里外，终未稳固。青阳收复，南陵、繁昌无后路之虞，较去冬略善耳。金华、宁波系伪侍王分地，杭、嘉、湖、绍皆伪忠王分地；若雄师能攻克金兰，进围绍兴，则敝处皖南、江北皆可大松。有自贼中逃出者言，忠逆秘计论浙省诸城，视绍兴为最重，湖州次之，杭州又次之也。然使阁下果克金兰而指绍兴，则与江西首尾不相应，与敝军声息不相通，亦非计之得者。又不如贵部直指湖州，敝军亦进广德，庶几两相凑拍，局紧机活。但祝天心悔祸，尊处则金兰速克，敝处则宁防速定，今岁军威，庶有冀乎？两湖、江西米价皆骤涨，安庆以下石米已买至五千。二三月后，岂堪设想！弟与希庵所部，合水师将十万人，无粟可移，思之心悸！尊处近三万人，取给江西一省，亦有不继之势，不知荩筹别有良策否？乞示。

首尾不应，声息不通，亦非计之得者。

151 复左宗棠

同治二年正月二十一日

季高仁兄大人阁下：

军士欠饷八月，往昔亦所时有。然去年疾疫之余，当浙中食物之贵，良可悯念。敝处去岁饷项，尚属应手。而鲍、张等军欠饷，皆不止八月。有欠十一二月者，盖辛酉年之欠款本多，非壬戌之新债也。最可虑者，米价昂贵，安庆上下近千里，几无商米可买。拟即夔州、宜荆、设局，采买蜀米。顷接严中丞复书，道蜀中亦米少而价昂，十万余人嗷嗷待哺，殊不知所以善其后。金陵、宁国两军，比尚安稳，少荃索截留之九营甚急，因令韦志浚由青阳移守无为，腾出树字五营回沪。九洑州近有贼舟续行北渡，将厚和含巢诸逆之力，而旁侵扬州、里下湖。都将军经营数年，守局已定。所忧者，正在桐城潜太以上耳！印渠移督畿辅，地望极崇，而西北多难，只身孤往，窃为虑之！

浙中食物之贵，良可悯念。

152 复左宗棠

同治二年正月二十八日

季翁仁兄大人阁下：

顷奉惠书，一府三县同时克复，抃慰何极！芗泉来牍，有进规杭、绍之议。规绍则可，规杭则断不可。敝处兵力本不甚单，自进逼金陵，遂觉处处不敷分布。当时舍弟所以冒昧骤进者，一则恃与多帅有约，可由九洑洲南渡会剿，一则芜湖梁山连夺重险，军势顺时，有不暇细审耳。贵部精劲远过敝处，而单薄殊甚。一逼杭州，则各路皆不敷分布，因知伟画决不出此。然阅历之言，不敢不以告也。金、兰等城败贼，闻多退浦江、诸暨，亦分支旁窜于潜昌化，信否？顷闻贼由绩溪窜近徽州，而春霆亦报宁国贼目伪王十人，特由繁昌、泾县两路窜扰池州。徽、宁两防同时并警。东坝以下，米粮极少，贼之冒死而思就食江西，情势然也。弟至金陵审察一番，如果围师可以撤退，则分剿东坝。高淳、二溧一带，兵力足敷分布，局势亦较紧凑。惟舍弟坚持不退，厚庵亦以退兵为耻。去冬，曾以奉兵阁下，亦谓不宜轻退。顿兵荡荡坚城之下，形见势拙，恐未得者茫如捕风，而已得者又复糜烂。展转图维，羌无定计！敬求荩筹，为我策之。次青事何时复奏？弟前疏着语过重，致言者以柔陷盾，尚祈大力转旋，为荷！

以退兵为耻。

为我策之。

153 复左宗棠

同治二年二月十四日

季高仁兄大人阁下：

金陵行次，接奉惠书，敬悉永康、武义、义乌、东阳收复，诸暨亦已攻克。蒋军进图绍兴，台旆已驻兰溪，军势百倍，至为忭慰！弟前商图湖州之说，亦颇知机势不甚便利，而不知瘠险一至于此。浙人自贼中逃出者，言忠酋全力守绍，以为有绍而后有杭，想我军抵绍，必有数次恶战。惟贼中文报最迟，忠逆方在苏州，一面图攻常熟，一面图窜江北，或未暇以悍贼预守绍郡。则蒋军省力多矣！弟自安庆起行，初六日抵金陵营次。北渡之贼，破九洑洲李世忠各营，破浦口一城，刻下围扑江浦。李世忠因捆盐与苗部寻仇，亲赴五河县私斗方殷。其子李显爵等频函至舍弟处求援。雨花台兵力单薄，本不能以大队北援，而李营又万难共事，只得坐视二浦、来六、之失。李部倾覆不足惜，而大局从此更难收拾矣。幸鲍军大破围扑老营之贼，乘胜将西河、小淮窑、高岭、梅岭、杨柳铺、湾沚等处贼巢一律扫除，而金柱关各营，亦频获胜仗。从此宁国、芜湖局势稳固。自去秋以来，奇险迭见，至是始庆更生，真天幸也！现檄春霆进攻新河庄、水阳镇、金宝圩，一气追至东坝，必克复该处，而后宁国之藩篱可固，金陵之后路无虞。此间饷事之绌，更甚尊处。每与僚友言，假令润帅而处鄙人之位，决不至此。希庵、味根同走皖北一路，诚不知能否契合。然北岸地广贼多，非此两军不足当之。弟所虑者，不在楚师之小隙，而在苗、李之大患也。复问台安。

154 复左宗棠

同治二年二月二十五日

季高仁兄大人阁下：

接惠书，得悉绍兴克复，浙东八郡一律肃清。阁下受事于糜烂之后，如大海巨飓，樯倾楫摧，一旦阴云解驳，稍睹畔岸，远近智愚，畴不忭慰？鄙人则犹在风涛颠波中也。九洑洲北渡之贼，尽破洲上各垒，及江浦、浦口各城，新河口、桥林各隘。而李世忠方逍遥五河，与苗党及各军盐船酣于私斗，流连不归。忠酋踪迹，少荃来信谓其调集群贼救杭。而该逆自留苏州。萧庆衍云实已渡江，进巢县城。舍弟处侦探亦言该逆因苏、浙多未耕种，无所得食，欲仍取南岸宜、太之米，北岸庐、和之米，复昔年之旧观。故忠酋大举北窜，侍逆苦攻金柱关，皆伪天王之令也。弟自金陵西旋，遍阅傍江各城隘，北岸则坚守西梁山、裕溪口、运漕、石涧埠、三河暨无、庐、舒、合四城，待希庵、味根到日，再以两支虚堵巢贼，而以全力实攻铜城闸。若忠酋果未渡江，北局当可支持。南岸则坚守金柱关、东梁山、芜湖、湾沚、西河及宣、泾、南、青等城。屡得伪文及擒获生口，均称伪侍酋誓攻金柱、芜湖，不得不休。弟本檄春霆由湾沚进攻水阳、金宝圩直趋东坝，抄侍逆之后路。不意黄、胡、李股合窜青阳，将由东、建以入江西。不得已调霆军暂回青阳要击此股。如天之福，春霆能将此股驱之东返，而徽州之花祈，谭星等股，亦由克庵等军击之回窜，则江西其少得安枕乎。徽、宁与江、浙交错，群贼往来纵横，实弟与阁下之公患。务求荩筹画一长策，俾三省合力遵守。不求速效，但求终足以弊之而已！幸赐教督无吝。即问台安。

不求速效，但求终足以弊之而已。

155 复左宗棠

同治二年三月初三日

季高仁兄大人阁下：

接奉惠书，围师难撤，诚如尊指。不特厚、沅诸人持之甚坚，即以局势论，苟能力扼芜湖、金柱、宁国、庐州、东西梁山、裕溪、无为，实足制金陵首逆之死命。而欲力保此数处，又必须于雨花台、大胜关置一支重兵，水陆依护，乃足为上游各军之归宿，又以断贼中水路之接济。尊示所谓大着差失，当思补救，而不必改换，诚至论也。惟兵单而地广，力薄而远图，恐贼以全力上犯江西、湖北，敝处更分棉力回顾两省。所谓芜、金、宁、庐数处，一有疏失，则金陵围师仍处虢虒之势，顷黄、胡、李及古、赖等股已分犯青阳、池州，先锋至东流以上。弟撤霆军回援，若不能于东建境内击退，则贼必直趋饶、景。但求景镇各军能坚扼昌江，师阁下昔年之所为，则春霆一军击其后，克庵一军要其旁，当不致深入江西之腹地。惟克庵方与花旂及谭星各股角逐，徽境未知能速了否？芗泉进规杭州，自是一定之理。弟前议无遽谋杭，系因绍兴未复言之，即舍弟沅甫初进金陵，亦为多

惟兵单而地广，力薄而远图。

帅已克庐州，约定即攻九洑洲言之。厥后多军西行援陕，非初意所及也。敝处近日饷项奇绌，二月入款仅赣局四万耳。江西省局竟至不名一钱，东征局月额三万，正月分因提饷哨船遭风沉溺，愆期不到。而敝台食饷者至七万余人之多，顷截留尊饷八千金，极知不恕，然逼迫为之，非本愿也。复问台安。

156 复左宗棠

同治二年三月二十日

季翁仁兄大人阁下：

惠书敬承。李秀成围扑石涧埠毛、刘各营，于环营二三里外，多筑坚垒，以困我军。春霆十六日可到无为州。舍弟亦自金陵派八营来援，或可解石涧之重围。然圩田水多，孤埂难进，未敢操必胜之权也。徽、祁四属，群盗如毛，浙东之贼，岭外之贼，东、建上窜之贼，横逸于祁门。幸阁下派两军，沈帅派一军，苦战苦守。保全三城，客兵力于原，主兵坐于国，既感且愧！而黟贼屯于祁北，黄、胡聚于祁西，实恐钤军不能独支。弟思勉筹一军，进大洪岭以援祁北，计非半月后不能赶到，即到亦未必有济。谬统七八万人，而所在竭蹶如此，阁下将何以教我也？捻股自豫至鄂者，迭陷蕲水、广济，又陷宿松，则必下趋归并伪忠王。巢、含等处群捻，江淮之间，乱无已时。希庵久不回营，且闻其病未愈，此外更乏引重致远之器。四顾茫茫，只增深慨！即颂大安。不具。

孤埂难进，未敢操必胜之权。

客兵力于原，主兵坐于国。

157 复左宗棠

同治二年四月十五日午刻

季翁仁兄大人阁下：

接惠书，敬承一切。唐镇株守徽、休两城，从不带队出剿，弟亦数批责之，今略抄数纸呈览。其中或有渠辈以片纸来禀呈兵事，弟辄就其纸尾亲笔批还。尚是昔在太湖、宿松偶行之章程。

朱、唐等呼之曰：小禀批词，与寻常印发者微有不同。敝处近年驭将失之宽厚，又与诸军相距过远，危险之际，弊端百出。然后知古人所云："作事威克厥爱，虽小必济。反是，乃败道也。"亦非仅唐镇为然，即鲍、朱亦殊出情理之外。兹亦抄批词奉览，以著其概。亦非仅鲍、朱为然，即希部亦非能打恶仗，蹈危险者。弟亦不敢概责之！诸将自去秋以来，调度多乖，布置尤疏。如徽、休、祁门以至旌德，始仅江、朱、唐三军，本不足以当巨寇。自江良臣回蜀，而将益少矣。自朱云岩由旌德移青阳，而兵益单矣。向非公与沈幼帅以刘、王三军来援，则徽、休早已困于长围之中，溃败决裂，岂复为我有哉？然弟所以未能拨兵一顾徽、休者，盖亦有故。二月初五以前，宁国四面皆贼，鲍军久困，自顾不遑，别无大支劲旅，可当一路。逮鲍军出险以后，议定回援江西，已至大通矣。因忠酋围石涧埠而改图。石涧埠解围后，鲍军复登舟西上矣。因忠酋由庐江、桐城犯鄂而又改图。弟非敢重北岸而轻南岸，亦见刘、王进兵神速，苦战力堵。以为可以幸全。而又迭闻刘、王韩军迭次捷音，皆足以寒贼胆，而却巨寇，遂尔倚仗客兵，始终置之不顾。不然，鲍军且不应回顾石涧埠之急，又焉敢进援舒、六，进规庐、巢，一意从事于北岸哉？至唐镇九营内，有两营系江良臣部卒，唐所鄙弃，不愿管辖者。又马复震皖勇一营，唐于二月禀请遣撤，业经批准。此外六营，分布徽、休二城，若派队出而会剿，则义不容辞。若分兵另扎岩寺，则力有未逮。此又当分别观之者也。克庵自肃清祁、黟后，即欲回援浮、景，因王心初率队先行，不得已而留镇渔、祁。处处独任其难，劳而不伐，尤堪钦敬。徽、祁若幸而保全，则克庵之勋劳与其心术，足以保之也！六安解围后，忠酋窜至定远，或苏或扬，或回救巢县，或进图临淮，未定所向。舍弟所派之彭、刘两军，与萧、毛会克东关及铜城闸，巢县本有可图，因弟调毛军援寿剿苗，其机又稍滞矣。顺问台安。

危险之际，弊端百出。

158 复左宗棠

同治二年五月初八日

季高仁兄大人阁下：

连接惠书，相距已远，书到动逾半月，军情无由互达。自东关、铜闸攻克后，巢县、含山、和州均即收复。舍弟与彭、杨之意，坚主鲍军下攻二浦，直达九洑洲。少荃闻忠酋回救苏城，函嘱舍弟猛攻金陵，无令忠部得全萃苏、沪。沅军遂破雨花台石垒及南门外各石垒。金陵城贼思欲夺回数垒，扑壕，鏖战不休。其分股犯仪、杨者，现尚围扑天长、六合。其忠酋果在江北，抑在金陵，抑回苏州，洎未得其详也。蒋、毛二军救援寿州，直逼城下，破苗二垒，我军伤亡至五百余人，官弁死者二十四人，士气顿沮。不特不能解围，且恐为苗逆所乘。闻四眼狗旧部四千，尚在苗处，故战守坚悍有法度，绝非苗练未经大敌者所能，未知信否？蒋君滑而轻敌，亦本非破贼之才耳。弟才力竭蹶，自去秋以来，深自知其不胜此任。兹又益以苗逆巨患，正未知决裂之所届。顷又具疏密申前说，请简大臣会办，抄呈台览。希庵痨病失音，尚住湘乡城内，轻重反覆，深为可虑。操孤舟而涉巨海，环顾篙师柁工，少可倚恃之人。来示谓鄙人喜综核而尚庸材，盖不尽然。近年所见诸将，惟程镇学启，谋勇俱优，去年拨赴上海时，舍沅弟坚不肯放。兄弟力争数日，强之东行。厥后程镇屡立奇功，舍弟虽深幸少荃振起一隅，有益全局，而亦未尝不私怨阿兄，坐令彼得一人而强，此失一人而弱。是知喜雄骏而恶阘茸，重干、莫而薄铅刀，乃人情之常态。今之碌碌隶敝部者，庸则有之，尚则未也，克庵有大功于徽，就徽境筹饷，以供其军，事属可行。惟茶捐一节，敝处先已加银四钱，曾经出示，并咨明冰案，实难再加以失信于商民。休、宁捐输一节，则民间穷饿者多，府县屡次禀请发赈，寄谕亦饬劝捐、赈济难民。司道诸君各凑数百金寄徽赈饥。休捐如有所得。只能赈济徽民，不能遽供刘军。屯溪铺捐，介唐拟概济刘军，刘军在徽一日，此项供给一

故战守坚悍有法度。

彼得一人而强，此失一人而弱。

日，却不必另立科则，号令纷岐。此数者，均求阁下婉告克庵。敝处事局稍顺，即谋所以酬克庵之功者，专款解济，不至过形菲薄也。顺请台安。

159 复左宗棠

同治二年五月二十九日

季高仁兄大人阁下：

二十三日接五月九日复示，敬承一切。弟与各镇公牍体例少乖，行之已久，今亦难以骤更。兵事不贵遥制，节节代为筹度，机反滞而不灵，则来缄屡经指导，敬佩无斁矣。自少荃攻克昆山，分道图苏，沅弟攻克雨花台各垒，忠逆调群贼南渡，远救苏州，近救金陵。于是下而天长、六合、仪征、来安，次第解围；上而桥林、江浦、浦口，亦皆不战而先溃。于是杨、彭乘机力攻，将九洑洲、草鞋夹、燕子矶贼垒贼舟，一律扫除。不特舟中垒中之贼，斩首无遗，即北岸之贼，甫抵中洲而未渡南岸者，诛踣亦实逾万，而我军亦伤亡至二千之多，盖水师近年恶战也。现调春霆南渡扎孝陵卫，作合围之势。忠逆本意援苏，洪逆强留共守金陵。现于东北城外赶修石垒，以御鲍军。一面飞调黄、胡、李、古、赖、刘诸逆回援金陵。黄、李现在鄱、都之交，刘、席、段、韩之力本足踣之。古、赖现在石、太、青、泾一带，穷饿不可终日。若皆有金陵之行，则饶、浔、徽、池四府之境，指日可望肃清。江、席可进规广德，克庵可进规湖州矣。东南其果有转机乎？惟米价日昂，饷项奇绌，百孔千疮，无可剜补。而唐、马在临淮，蒋、毛在寿州，尤为朝不保夕，万不能坐视其呻吟，而不一援手，不得已索回河、景、婺、乐四卡，以济眉急。虽相距稍远，而此间艰窘之状，必有道达尊听者，想邀鉴谅。弟所辖多膏腴之区，假若以胡文忠处此，必不至生事蹙蹙如我。今日鄂中近事，多不惬人意，亦令人苦思胡公无已也。复问台安。

机反滞而不灵。

尤为朝不保夕，万不能坐视而不一援手。

160 复左宗棠

同治二年六月二十六日

季高仁兄大人阁下：

军士多病，实用兵第一苦事。微闻杭、严各军，与江西、金陵诸军多寡相等，而霆营独甚。上年三次派人至湘募万余人，旋募旋逃，且病且死，今又不满七成。其不病者，则不满四成。外间多咎霆军不应围扎金陵，以活兵置之呆地，不知初渡江之际，系厚、雪、沅、霆等乘机定议，敝处甫接克复九洑洲之信，时霆军渡江已毕，后之不能遽进孝陵卫，速图合围，又不能抽至皖南，改为活兵者，则皆以酷暑多病之故也。克庵一军，闻亦为暑病所苦，难更纵横驰击。黄文金在湖口，气势尚自浩大，恐非江、李二军所能了，尚烦克军西行，乃能肃清江境。寿州陷后，已将成、周、蒋、毛诸军调防六安、颍州、三河尖等处。诸公旋具禀不保六安，各乡要隘，则新谷全为苗有。我军无所得食，而城亦难保。又批令各军分扼要隘。马谷山在蒙城，万无可救之理，义渠在临淮，本足自固其垒。敝处又添调何绍彩四营并杨、彭水师往援，乃义公老营仅留孱卒千余，而张得胜、普承尧等略可用者，皆在怀远，一为贼梗阻，则决裂堪虞。苗逆窥临淮，黄、李窥江西，日内极忧灼。惟此余尚平善，用以告慰。即问台安。

改为活兵者。

161 复左宗棠

同治二年七月二十五日

季高仁兄大人阁下：

日来未审近履何如？军士疾疫大愈否？相距过远，甘苦遂不相闻，至以为念！春霆南渡后，病疟就痊。其部卒病者，亦较他军独多。赴湘募勇，则旋募旋逃，终无足额之一日。金陵贼势实未甚衰，舍弟与之相持，竭蹶补苴，救过不暇。若果合围，恐尚

竭蹶补苴，救过不暇。

有他虞也。湖口贼退，江西一律肃清，江、李、席诸军本应乘胜进剿，而江军病多夫少，至今尚未拔动；李军拔至东流，亦以病卒，不敢独进。该逆遂以全股围攻青阳，朱云岩卧病甚重，七营营官病四人，其胞弟亦带一营，甫经病故。该军近日本不得力，惟青阳若失，则南陵、泾县、宁郡均为可虑。苗逆攻蒙城不得，乃悉力回攻怀远、蚌埠之师。该处为普承尧、张得胜诸将，素不可恃。而义渠倚重之，弟咨调杨、彭水师舢板八十号往援。仅破苗部划船，不能毁其陆路营卡。临淮亦恐难保全。袁帅于六月二十四日沦逝，希庵多病，僧邸不来，江淮诸艰，遂萃于鄙人一身。饷项以人多而愈绌，将领以恬熙而愈孱；中夜以思，怛然忧愧。江、席、李三军，前令其作为浔、饶、徽、池、宁五郡游击之师，就目前论，浔、饶暂可安枕；就大局论，下游若果得手。群盗固将假道五郡以奔命，以江西、湖南为逋逃之薮。即下游终不得手，亦不久仍思就食江西。克庵一军还徽后，尊指如何调派，江、李、席、段、韩、屈诸军果应如何布置，而后五郡不至靡烂。江西终保万全，尚祈荩筹、裁酌。徽、池两郡，处处与江西唇齿安危共之。宁国郡南路三县，则于江西无甚关系。江、席之力不能遽调谋广德、东坝，是否姑置宁郡北路，亦祈卓裁详示。顺问台安。

江西终保万全。

162 复左宗棠

同治二年八月初七日

季翁仁兄大人阁下：

接惠章谨悉。贵恙近想霍然，军士病少减否？敝军各防，亦苦多病。沅、霆二部今病不能战者尚有四成，余军亦略相等。惟青阳朱军独多，云岩病已二月，不省人事。营官死者一人，病者四人。黄、李大股围攻青邑，四面包裹，文报不通，已十七日矣。城中米粮不足，万难久支，现饬申夫往援。渠军仅三千人，病者什四，岂能解此重围？江、席 以士卒病困，不能继进；若青阳不保，则南陵、泾县、宁国、芜湖，处处吃紧，势且瓦解。弟现调鲍军仍由燕子矶渡回北岸，再由江北渡过南岸，以备上援宁、芜之急。上游无恙，则再进孝陵卫，扼截金陵粮路。是否有当，尚祈卓裁示及。临淮事，日岌岌，普、朱、张军由怀远撤回，军械委弃殆尽。日内由此搬运，不能遽到。临淮四战之地。唐部无一可恃之将，苗逆战事，未知何如。守则过于发逆，营垒一夕必成，一成则无能破者。中原之祸方殷，断非薄劣所能胜，即僧邸恐亦未足了此也。

中原之祸方殷，断非薄劣所能胜。

163 致左宗棠

同治二年八月十八日

季翁仁兄大人阁下：

日内未得惠书，不审尊体可否全愈？将卒次第痊复否？青阳被围已近一月，申夫败挫一次，东门一路已难再进。席军由西南进，味根换防池州，病者太多，亦不足以御黄、李。城中万难久支。青邑不保，则泾、南、宁、芜四城，湾沚、青弋江各隘，处处吃紧。现调鲍军上援宁、芜，而春霆抱病甚重，士卒病者缺者尚有四成，皖南之危，殆与去冬相等。敝处兵数九万，而无一支得力游击之师，诚恐一朝决裂，前功尽弃。幸赖阁下惠拨刘、王二军，久戍徽、祁，大局不至瓦解。然宁、池苟有他虞，则唇亡齿寒，亦终累及徽、祁。义渠一军，自普、张退后，苗逆再围蒙城，临淮老营暂可苟安。然陆师无一足恃，水师又以河窄水涸，爱莫能助。临淮倘不能支，则上游颍州、六安、固始、三河尖在在可危。筠仙履运司任月余，锐意为我谋兴盐利，甫有端绪，而又有岭南开府之行。敝处终日忧贫，而大处洎未能认真区画。尊处经营盐政，果大有裨益否？顺问台安。

诚恐一朝决裂，前功尽弃。

164 致左宗棠

同治二年八月二十五日

季翁仁兄大人阁下：

日内未得尊处缄牍，闻富阳克复，确否？果尔，则雄师必围杭州，而沪军亦攻苏日急，皖南诸贼当分股回救苏、浙，不能久扰青阳、宁、泾等城矣。春霆援皖之师，已由燕子矶渡过北岸，再从上游渡回南岸，重阳前乃可达三山、南陵等处。青阳粮绝，不能久持，克庵与二王约分道出岭，进攻石埭、太平。此举可行，青阳纵失，内外夹击，贼亦不能久踞也。蒙城四面围困，万难图存，临淮亦难久支。幸李世忠与苗结怨甚深，誓师进讨，或不至另添一波。新购轮船七号，月需各海关银七万五千，其条约利少害多，弟复恭邸一缄，亦抄寄尊览，尚祈密之。顺请台安。

万难图存。

165 致左宗棠

同治二年九月初五日

季翁仁兄大人阁下：

自富阳克后，尊处如何进兵？芗泉已逼会垣否？驰系无已！青阳解围，若乘胜长趋，从石、太、旌、宁以攻广德，鲍军由宣城以攻建平，本可直趋东坝，亦可与贵军渐渐合龙。无如江、席部卒多病，苦求休息弥月。朱、李则久困新挫，皆难遽振。入冬水涸，看来今岁又不能图东坝也。临淮局势已稳，蒙城则万难幸保。苗逆之技，筑垒必逾丈，掘壕必潴水，攻人专断粮道。此外实无足畏。只因滨淮上下无一善战之营，遂养成该逆气候。而群捻亦骎骎附之，未知何日了此一段耳。尊处兴办盐务，闻商情极为踊跃。弟顷亦改淮南新章，先行试办江西一岸。湖北则被川私占尽，骤难措手。弟于鹾务，初无所解，阁下当有特见，脱去臼科，尚祈惠示一二。顺问台安。

攻人专断粮道，此外实无足畏。

166 复左宗棠

同治二年九月二十五日

季翁仁兄大人阁下：

接惠复，敬悉一切。所示“度贼所必至，甫到急击，不宜过于迟回”，正中此间诸军之弊。即如青阳解围后，乘胜锐进石、太，古、赖诸逆实无固志。乃江席以病卒太多，苦求休息；朱以病重求假归；李、喻以孤军人少，不能独当一路。席又以与江龃龉，引疾谢事，坐是迁延，至今未进。石埭去青阳仅八十里，玩寇弥月，而六、颍、固、安诸军其情形略与此相类。军兴日久，诸将视贼如先世之夙债，得偿固佳，欠亦不恶。催之不动，责之不畏。敝部观之，殆无可以平贼之理。沪军较敝处锐气稍胜，然闻骄矜扰民，顷以一书规讽少荃，未知能否整顿。贵部刘、王两军，其气习远过敝处，不知蒋、魏诸队，又复何如？江、席、李、朱辈，自以由旌德进剿广德，为不易之理。近观其气象散漫，行止迟疑，恐缓急不能应手。已与味根商定，石太克复后，江军回扎石门、洋塘一带，以保江西藩篱。席军或驻建德，或驻枧田街，函商沈幼帅再定。非弟之姑置广德，不愿与浙师合龙也。深入而难期有功，则不如退守饶、景，保全江西之为愈也。尊处兵力本单，规取杭会，万难再顾江皖。然饶、广、徽州，处处关系贵军粮路，刘、王二军仍望在此三府附近周旋，所以惠江、皖，亦即所以保浙疆。敝部所调度者，可徽可饶，决不由池、宣一意进取也。闻京仓需米至急，弟顷议复户部崇厚筹备京米一折，抄咨冰案。如有不妥叶处，祈指示。浙江今年是否可办米若干石？若照上海商捐之案，则明春举办，尚不为迟。若浙力不能，则沪当竭力图之。顺问台安。

殆无可以平贼之理。

深入而难期有功，则不如退守。

167 复左宗棠

同治二年十月十六日

季高仁兄大人阁下：

奉惠复敬悉。此间近事，古隆贤投诚，收复石埭、太平、旌德三城，宁国县之贼，不击自遁，高淳、建平之贼亦投诚，东坝则半降半剿，夺此要隘。广德郑贼酋亦有献城之说。气机颇为顺适，惟群凶皆未就戳，遣散亦复无多，终非了义。现将各城分派守兵，广德及宁国县，皆应有重兵驻守，惜力量不足。广德仅以

气机颇为顺适。

洪容海拟之，宁邑则竟无防兵，尚不能与雄师合龙。舍弟锐意图合金陵之围，然闻城中米粮尚足，贼气尚固，似须苏、杭全克，各路云集，乃可徐图耳。蒙城又得解严，殊非意料所及。苗逆逼胁各圩，因诛求太酷，群起叛苗。李世忠亦发愤以剿苗为己任，僧邸亦统师南伐，淮事或不至决裂。淮南盐务，近亦稍稍整理，先办西岸，次及楚岸。淮鹾行楚，竟不能不听鄂人抽厘。盖如厚庵全军，希庵四部，皆食楚饷，而剿江贼，皆取给于厘于盐，今夺回淮南之引地，堵塔川、粤之私盐，彼骤失百余万之厘，起而力争，情也，势也。故议行淮盐而仍输鄂厘，加邻私而不禁侵淮，尚不知果有裨益否。景镇、河口之厘日旺，由公委任得人之故，自无疑义。顾二处之胆，谓他处之衰，为有所侵占，弟却无此疑团。即阁下自恐有侵占，弟亦了不记忆。幼丹接印复位，广东高州之贼闻已歼灭，东南其果有豸乎！顺问近安。

起而力争，情也，势也。

168 复左宗棠

同治二年十一月初七日

季翁仁兄大人阁下：

接惠书敬悉一切。近日各路消息俱好。苏、杭、金陵三处并紧。苏州先克，亦意中事，所谓引绳而绝之，其绝必有处也。惟淮事大转，殊为可喜。自十月后，各圩纷纷反苗从官。僧邸至蒙城，用炸炮连破数垒，得解重围。唐中丞亦攻破蚌埠，苗党张士端献怀远城以降。顷闻苗逆业已就擒，虽未知其确否，要之无能为耳。苏城克复，闻伪忠王之计，将赴金陵挈洪逆以上窜，除却皖南、江西，更无他路。弟令朱、喻、易、刘等分守七城，而以江、席扎驻石门、洋塘，较之去夏，布置稍密，然江皖之交尚少大枝游击之师。尊处克复杭州后，可否以克庵回顾景、婺？伏希卓裁，预为筹度。少荃与尊处意见不合，此间竟无所闻。云仙由海道入粤，并未过皖。弟派太湖水师十营助攻苏、沪，而调淮扬水师六营由沪赴淮，以援义渠之急。函牍十返，少荃竟不遣一营入淮，鄙衷不无介介，以苏州兵事方殷，未与深论也。顺问台

引绳而绝之，其绝必有处也。

安。诸希心照。

169 复左宗棠

同治二年十一月二十日

季翁仁兄大人阁下：

自苏州克复后，无锡亦于初二日收复。自苗逆就戮后，颍上、正阳下蔡寿州以次归诚。事机可谓极顺。惟苗党巨酋如张士端、朱万隆、李万春、苗景开等均未诛戮，后患仍不可测。而南岸如忠、侍、辅、堵诸伪王，其党尚众，其力未竭。江西之北境，有兵无将，味根长逝，无人堪统其众。段起亦因病请假，研香才识较优，而其部下无得力将领。若贼复从皖南窜江，景、饶两防俱难深恃。闻少荃分兵进剿嘉兴，想杭州、余杭之贼，亦难久抗。杭城一下，尊处当可分兵回顾婺、乐、景、饶一带，但恐忠、侍、辅、堵之窜逸，不待杭城既破之后耳。金陵洪逆死守弗去，其志甚坚。今冬忠、侍再往救援一次，如果猛扑，而官兵不动，则忠、侍必仿石达开之例，改图西窜。而洪逆之坚守，一年、二年均不可知。鄙意妄度如此，其幸而不出于此，则国家之福也。朱、唐勇丁缺额，此间亦有所闻。欲求一破除情面之人，前往点名，殊不可得。近日各营弊端甚多，不仅缺额一事。鄂中积习有更甚于此间者，若军务不速完竣，正不知迁流之何极耳！

事机可谓极顺。

其志甚坚。

170 复左宗棠

同治二年十二月二十五日

季高仁兄大人阁下：

接惠书敬悉一切。此间伪忠王至金陵两月有余，并未出城猛扑，不解何故。屡据探报，洪逆决计守金陵老巢，忠侍等酋则谋上犯江西。广德尚为贼踞，群酋上窜一过广德宁邑之后，西路则有防兵，东路则一片荒凉，均有难于飞越之势。然米粮则两路俱无可掳，防兵则西路较厚，东路较薄，故东路尤为可虑。弟咨沈

然米粮则两路俱无可掳。

幼帅。于江、席及韩将二军中，酌调一军，移顾东路。究竟东路以何处最为扼要？伏乞卓裁。来示欲派兵驻守广德，敝部诸将实无足当此者。粮路又极不易，新正金逸亭、毛竹丹两军赴皖南，或令进谋广德，不知不落后着否？希庵、味根先后徂谢。散营日多，统将日少，殊以为虑。尊恙想已痊愈，近人气体充实，无逾阁下者，来示乃谓远不如前，况弟蒲柳之质，其又足控抟耶！复问台安。

171 复左宗棠

同治三年正月十二日

季高仁兄大人阁下：

接惠书敬承一切。逼溜合龙之说，屡承指示，弟亦深解此义，奈此处有散营而无统将。春霆不肯分兵，由来已久。既令渠扼守东坝，即不能力攻广德。即攻克，亦非良将劲兵不能守也。自九月以来，弟私拟霆军而外，惟味根、逸亭可当广德一路。不意味根久病谢世，逸亭至今尚未抵皖。二者沮败人意，而又因米少运艰，力不能供宁邑、广德之师，故舍进剿而言远防，非弟之本意然也。毛羽不丰，不能高飞，是弟之大歉也。自味根不作，仅令江、席两军驻防石门，沈幼帅又调之移防婺源。自逸亭不来，仅令毛观察有铭驻扎休宁，游击歙、绩、淳、遂一带，亦尚不失为自全之策。乃三军皆未成行，而贼已由广德、宁邑上窜，绩溪失陷。该逆若于绩溪小作停顿，各军或可力图堵御，若冒死狂奔，昼夜不停，则江、席未至婺源，韩未至玉山，毛未至休宁，而贼已深入江境矣。连日大雪苦寒，军士冻僵，不能拔营，深用焦虑！少荃信来，听逆请以杭嘉五城归降，咨请尊处主持妥办。如果浙事速了，雄师以全力回顾江西，诚为如天之福。否则江西不支，两湖亦旰食矣。自苗逆伏诛，僧邸将其悍党头目擒斩略尽。李世忠亦见几而作，愿交出滁、全、天、六数城，请敝处派兵接防，呈缴炮械，请派员验收。或可渐就范围，别无波折。此近事之差堪喜者，复问台安。

尚不失为自全之策。

172 复左宗棠

同治三年二月十一日

季翁仁兄大人阁下：

接惠书谨悉一切。窜江之贼，迭为韩、席所败，大致无碍。惟一股绕至铅山之湖坊，该处由上清宫以达抚、建，是历年群贼之熟径。毛竹丹带五千余人，不特可驻守屯溪，亦可分布龙湾等处，扼马金之要隘。弟意欲腾出王沐继果一军驻防婺源，而精捷、精毅两军纵横驰击，兼顾江西腹地。乃咨札甫行，而闻精捷已抵马金防所，幼帅调继果扎驻屯溪，是中路兵力颇厚，而东路尚嫌其薄。又接夏弢甫禀，言精捷军队伍散漫，骚扰异常，味根没后，固蚤忧其有此。纪律全废，断无能御寇之理。是中路兵虽多，而仍未可深恃也。少荃中丞派戈登、郭松林克复宜兴溧阳，计必趁势进攻丹、句。其议发于尊疏，而舍弟金陵一军深受裨益。忠逆为洪逆所留，死守老巢，比已四面合围，仅剩后湖一段，隔水颇宽，计不能以大股冲出，贻患它方，所虑者，周遭九十余里，围困数十万贼，恐舍弟一人，照料难周，穷寇致死于我；或似黄河合龙洪溜走扫耳！侍、辅两酋新岁不知的在何处。堵酋狙伏湖州，其力未竭，将来图犯江西，仍以该酋为最悍。闻台端近日讲求吏治，孳孳常若不及，闽、浙两省循吏共得若干人，便中乞示及一二。即问台安，不一。

纪律全废，断无能御寇之理。

173 复左宗棠

同治三年二月二十六日

季翁仁兄大人阁下：

得惠书敬承一切。窜江之贼，赖贵部截住后股，又分布华埠等处，俾剿办内地诸军无复后顾之虞，为功最伟。惟前股由湖坊窜抚、建者，据席砚香禀，实有五、六万之众，不能不照咨邻封各省，恐变成流寇，疑吾辈之讳之也。洋船过此者，言常州克复至今半月，未见明文。常郡果复，则句容、丹阳、金坛，均无久踞之理。独洪逆与忠酋老巢坚守如故，并无恇惧之象，亦无粮尽确耗。彼必有所恃而后能固其众，未知此段竟待何日了耳。湖州贼数近传极多，侍逆既失溧阳，计亦归并湖州。广德股匪粮尽窜逃，闻亦混入湖州。群凶麕集，能不由安吉、孝丰扰及余杭否？金逸亭抵皖，即令其赴休宁，与毛竹丹合为一军，除派三四营扼防马金外，余概扎休城以为游击之师。以后尊处有大调度，望檄逸亭知照。复请台安。

174 复左宗棠

同治三年三月十七日

季翁仁兄大人阁下：

接惠复。旋得杭省克复捷报，伏承勋福并隆为颂！鲍春霆攻克句容，而东坝仅留洪容海三营守之，万不可恃。顷飞檄调其派宋国永带三四营防守东坝，不知来得及否。贵部既得杭城，计必以全力围攻湖州，湖贼不能抗踞，则上窜徽郡、江西，旁窜宁郡、东坝，皆意中之事。敝处各统领，除刘松山差强人意外，竟乏可恃之将。金逸亭虽未深知，亦恐言过于行。金陵搜获伪文，毫无恇惧之意，专望援贼一到，内外夹攻，以图解围。其气尚壮，克复竟无期矣。李世忠虽允遣撤所部，而意存观望，尚眷恋五河巢穴，其财货积聚该处，其勇丁之名散而实不散者，亦未必不思藏匿该处，将来恐非用兵不能了局。南丰、新城之贼磐踞如故，殆亦非江、席、韩、刘所能了。幼丹截留江西厘金，敝处抗疏争之，以此间需饷之迫，实有不能不争之势。然使皖浙贼股续行上窜，敝处不能拨兵援江，则又食江厘而滋愧也。湖州果克，尊处或可派兵援江，则既保后路，兼顾吾湘，而鄙人亦暗受其惠矣。复问台安。

实有不能不争之势。

175 复左宗棠

同治三年三月三十日

季翁宫保仁兄大人阁下：

连接惠书，敬悉一切。自杭窜徽之贼，初亦未必遽敢猖獗，毛军甫一交手，辄自败溃回郡。由是贼焰顿炽，于屯溪、尚溪、龙湾等处，恣意进退，如入无人之境。逮杨村之战，则侍、堵等酋实在焉，宜其大挫。贼本无意于徽、休诸城，并未猛攻，当可幸全。惟诒患江西其祸方长，计杭、湖、嘉、余、德、武之贼合之南丰前股，已不下三十余万，而宜、溧、坛、句、杨、舍、江阴之败贼，亦将陆续由徽入江，观其号令不一，心志不齐，较之九年石逆窜江之时，远不能逮，而人数之多，殆将过之。鄙意欲逐贼至广东，俾三江两湖之众不愿随往，庶粤匪终有穷时，计惟严防赣江以西，不令阑入瑞、临、袁、吉，姑委抚、建、宁都一路，除郡城外，都不置守，暂任蹂躏。俟春霆自饶而南，黄军门少春自广而南，克庵自袁而东，钤峰自吉而东，并力驱之向粤。得三数猛仗之后，则三江两湖之贼，散者必多，免致纷窜赣江以西，扰及湘、鄂，愈形棘手。顷已备咨奉商沈帅暨尊处，如以为可，则此后调度不至两岐，伏候卓裁示复。自汉中东下之贼，本四眼狗百战悍党，一从颍州窜出，未经小创，裹胁日多。又勾合群捻，号三十万，由襄、樊下窜，图援金陵，长江固难飞渡，而皖北节节空虚，可以直犯浦、六、滁、扬、里下河，江淮祸患，未知所届。以公择将之精，治军之整，而犹自谦曰强弩之末，然则敝处之虚枵浮脆，拥空号而乏实际者，能不废然悟而浩然叹乎！金陵城贼似有难于逸出之理，然无粮尽确耗，其精力尚沛然，未遂枯竭，可为长虑。邵位西懿辰之世兄，顺年归寻父骨，曾否进谒，敬求照拂。罗淡村之世兄忠祐境况甚窘，能否在浙中予一差遣？此间苦无位置，且绅士亦难为入官地也。并此奉恳。即请台安。

宜其大挫。

拥空号而乏实际者，能不废然悟而浩然叹乎。

176 复左宗棠

同治三年五月初四日

季翁仁兄大人阁下：

接赐缄，敬悉一切。金陵之贼，援绝而粮未尽，坚忍似更胜于九江之林启容、安庆之叶芸来，竟不知何日始是了义。东坝、句容、金坛苏军业已接防，鲍军各营先后拔至芜湖，定于五月六日自芜湖起行，本月必可到江。接读大疏。请简厚庵督江西、皖南军务，克庵帮办，业奉俞允。敝处所派援江三军，春霆本系厚帅旧部，必可联络一气，指麾如意。惟厚庵素不顾改统陆师，若先商后奏，未必允从。此则恩命先下，无可诿谢。黄翼升已将抵金陵，已飞缄催厚庵迅速西上矣。湖北之贼尚盘踞于汉、德、安陆之间，副都统舒保，在德安阵亡，亦马队多年名将，贼焰必且益炽。严中丞以道员降补，义渠暂署鄂抚，与官帅以水济水，诸将毫无忌惮。弟既虑发捻之长驱东下，亦未尝不忧鄂军之不振，鄂民之不堪命也。驱贼入粤，诚为非计。然入湘入鄂，为祸更烈，盖亦两害相形，姑取其轻之意。特恐贼不受驱，且孱将羸卒，反为群贼所驱耳。开岁以来，满拟甲子景运，扫除氛祲。不意苏、浙之逆萃于江西，秦、豫之贼盛于江北，世变相寻，乃未知所终极。而贱驱孱弱，陨然如八九十人，万无可肩此巨任之理。诸关廑注，顺报一二。复问台安。

此则恩命先下，无可诿谢。

177 复左宗棠

同治三年七月初二日

季翁仁兄大人阁下：

前得惠复，久未续报。金陵复后，弟以六月二十五日至江宁、将士积劳过久，人人思归。城内自伪宫逆府，以及民房悉付一炬。据伪忠王供，湖州、广德之贼，均可不击自退，江西伪侍王一股，渠与订有成约。三、四、五、六等月，皆在江西掳粮以饱侍王之党，一至八月即回皖南，掳宁国各属之粮，内外力战，运济金陵。今金陵既破，侍逆等如何定计，忠亦不能知。但力劝官兵，不宜专杀两广人，致粤贼心愈固结，军事仍无了日等语。俟各供取定，即当正法，仿陈玉成、石开达之例，传首各省。江西兵逾七万，以剿现有之贼，当不甚难。再加湖州、广德二股，则贼势浩大，剿办尚无把握。厚庵就弟索取希庵旧部，除成大吉久回鄂省外，如萧、蒋、金、毛等部，弟概举以畀之，无所惜。金观察之能否大有为，不敢知，此外则皆难当大敌。成军于鄂省为巨擘，近日屡为捻匪围困，岌岌难以自存。此外，则更无一旅可恃。弟精力日颓，说话逾二十句，辄蹇涩而气不能续。此间善后事宜，百绪繁兴，殊非孱躯所能胜任。如何！如何！即问台安。

各供取定，即当正法。

皆难当大敌。

书札

胡林翼

胡林翼（1812～1861）字贶生，号润之。陶澍女婿。湖南益阳人。道光十六年进士。任贵州贵东道时，率黔勇助曾氏攻九江。咸丰六年，回师收复武昌，授湖北巡抚。九年，与曾氏规划攻取安庆。安庆陷，曾氏疏陈林翼安庆之役首功。有《胡文忠公遗集》传世。委汪士铎、莫友芝等于咸丰九年至十一年编成《读史兵略》四十六卷。建书院于益阳，曾氏于咸丰十年六月二十六、七日为作《箴言书院记》。《清史稿》有传。

1 复胡林翼

咸丰三年正月

润之老前辈大人左右：

顷奉手示，辱承厚赙，所以存恤不孝，甚周且挚。国藩以七月二十五在安徽太湖县途次，闻先慈大故。自维平日亢心骄气，隐慝虚名，宜干神谴，乃不降灾我躬，而延祸吾母，尤用内疚，悔憾无穷。时以长沙被围，匍匐间行，于八月二十三抵家，即以九月中旬权厝先慈于居室后山，尚思另寻善地，稍竭微忱。腊月十三，忽奉帮办团练之命，又闻武昌沦陷之信，义不敢潜身顾私，以自伶于退缩畏死者之所为。遂于二十一日驰赴省垣，日与张石卿中丞、江岷樵、左季高三君子感慨深谈，思欲负山驰河，拯吾乡枯瘠于万一。盖无日不共以振刷相勖，亦无日不屡称台端鸿才伟抱，足以救今日之滔滔。而恨不得会合，以并纾桑梓兵后之余虑。

稍竭微忱。

正月四日，石翁忽有权督两湖之命，会垣局势为之小变。今日之急，廓清土匪，可收实效。三四十年来，一种风气：凡凶顽丑类，概优容而待以不死。自谓宽厚载福，而不知万事堕坏于冥昧之中。浸溃以酿今日之流寇，岂复可暗弱宽纵，又令鼠子锋起？闻台端划除强暴，不遗余力，鄙怀欲取为伐柯之则，倘肯授我方略，时示成法，实为厚幸。

划除强暴，不遗余力。

2 致胡林翼

咸丰八年五月二十五日

润老前辈大人阁下：

接手函，敬悉荣晋宫衔，殊勋懋赏，允惬人心，慰幸曷已！厚、迪优赏，亦其功实足以致之。厚庵闻已东下，不知率水师几千前往？雪琴果驻何处？亦颇东行否？安庆之贼，想已无多。从此略荡平矣。浙中贼数虽多，亦或强弩之末。饶廷选健者，衢州必可无虞。即有得失，杭城亦自可保。所虑渡浙而东，宁、台、绍等府，或被蹂躏耳。迪公留鄂极是。为天下计，为湖北计，均须先清皖、豫。如天年荒歉，尚恐变为流贼，西趋襄阳，北趋南阳，并可扰及关、洛。今丰熟如此，决当无虑。

敝处报销，似宜设于水次。若设局鄂垣，痕迹太重。耆中丞去岁请国藩赴江，其辞甚挚，又请霞仙代渠草奏，其意甚诚。因仆固守不出，始变而恼怒。余自有歉于彼。彼固无歉于余也。能设于武穴等处，痕迹较为浑融。总揽大纲之人，拟请伯符、莲舫、筱泉三人。筱泉精细圆适，其从国藩也极久，其为国藩谋也极忠。往年余拟专折保之，曾为罗忠节两次言之。忠节亦极力赞成。厥后因循不果行。国藩之保举稍吝，不过局度较隘。至于次青、筱泉之不得优保，毕金科之不成功名，则国藩实有蔽贤之咎。中夜以思，如何可赎？今毕金科则长已矣！次青、筱泉二人，万乞阁下大力设法优保，或留鄂补用。以私言之，则国藩内有补于歉衷，外有益于报销；以公言之，则二子存心爱民，必有裨于吏治，必有赞于高深。务乞留意承允。

敝处部费代为设法，豁如之度，感佩曷极！舍弟温甫尚在李营否？黄、麻克复，比移何处？温弟小试不售，乡试不中，蓄为深耻。比之北行，尚欲攘臂一入秋闱，特以时过，未肯昌言。舍九弟亦以不得一第为恨。比在营，公私尚顺，无复他念。然鸷鸟思秋，未能忘情。国藩褊衷，无以化之。阁下宏度，弟辈所钦，尚祈有以教诲。顺贺大喜。

鸷鸟思秋，未能忘情。

3 致胡林翼

咸丰八年七月十八日

润翁老前辈大孝礼席：

知人之明，用人之专。

十四日匆匆奉唁数行，亮登荃照。顷得次山、寿山信，知秀帅出奏时，附陈阁下一身关系安危甚重，不知出自何人手笔，想尚得体。年来新造江、汉，皆阁下心手曆注。知人之明，用人之专，所致恐中朝未尽周知。若从大处一为抒写，使众人知时流中有如此襟怀全局，不与仓卒成功名，权宜就事会者相等，庶与阁下力求淳朴平实之指相合。此次折稿，侍亟思一见也。伯母灵驭，定于何日起行？还湘经手事件，尚易清厘否？务处局绅不遽形涣散否？至为悬系。

朱品隆十五日至九江，已令其十九日开行，由陆路至吴城登舟，水路至贵溪。侍竟须晋省一行，带船三四号，余船不晋省，由鄱湖东渡，至贵溪等候。吴国佐无信，想改陆矣。侍拟十九日别湖口而上，在章门不过小住二日，此后相去日远，可胜怅结。谨具祭幛一悬，挽联一副，银二百两，少佐扶榇时赏需，伏希哂存。专杨名声赍上，代躬叩奠。伏惟节哀顺变，为天下自重。

4 与胡林翼

咸丰八年九月二十日

自八月八日得见次青、幼丹后，无刻不共颂阁下近事。幼丹近亦猛进，心地谦而手段辣，将来事业，当不减于其旧。惟刻思引退，亦是书生不耐事气习。次青告假两月，幼丹羡为登仙。次青则苦极甘回，兴复不浅，其营务亦略有起色，但规矩尚松耳。张凯章诚健者，其军亦特为江右官民所敬爱。萧浚川年五十余，英姿尚自飒爽。刘印渠在军七年，颇厌兵事，而其下得贤将领三人为他军所不及。比调成章鉴来营，其才似胜于朱品隆，不知打旱仗本领何如。胜帅总统皖事，不知于迪事无碍否？若有牵掣，恐不能不烦我公出而扶助之。再请礼安。

5 致胡林翼

咸丰八年九月二十九日

润之宫保老前辈大人礼次：

接岳阳舟次惠缄，敬悉扶奉灵榇八月杪安抵里门，至以为慰。日内酬接纷繁，悲喜交集，冗忙之状，抑可想见。犹闻茕怀，刻刻不忘天下至计。鄂中军民暨杨、彭、二李并敝处事件，时切萦虑。襟抱之宏，风谊之笃，金石可穿。岂仅吾党数人次骨而已！

犹闻茕怀，刻刻不忘天下至计。

张凯章一军于二十四日拔营，由杉关入闽，萧军二十七八拔营，由广昌、石城入闽中。洋口之匪为周天培所破，现已归并顺昌，数不满万，土匪居多。汀洲之贼，亦甚散漫无纪。闽境山多水寒，米贵异常，贼之死于无食，死于地气者，动以千计。沿途狼藉，无人掩瘗。现在州县次第收复，贼党无心恋闽，将告肃清，实不尽由官军之善战也。敝军自抵建昌，病者极多。张营三千七百，病者近八百人。吴营一千三百，病者逾四百人。不知入关以后，气候更复何如？日夜焦虑。

九舍弟以二十六日抵建，所部撤去其半，带千二百人来此。鄂中八、九、十月，饷尚未见到。日内枯涸特甚，已缄商骆帅。湘省请益万金，虽恃季公内应，未知果允否也？“讨贼则可，服官则不可”，义正辞严，何能更赞一语？惟今日受讨贼之任者，不若地方官之确有凭藉。晋、宋以后之都督三州、四州、六州、八州军事者，必求领一州刺史。唐末之招讨使、统军使、团练使、防御史、处置、应援等使，远不如节度使之得势，皆以得治土地、人民故也。叨在道义知交之末，万不敢以夺情服官，奉浼强起。然离土地、人民而以奉使自效，则介而离山，砀而失水，亦恐不足发抒伟抱，尚望熟思而审计之。尊体素非甚强，年来提振支撑，不无亏伤。及此庐居少暇，保啬珍护，慎惜天下之躬，以副中外之望。幸无多分忧虑，致违葆练。诸维心照，不尽百一。

尚望熟思而审计之。

6 复胡林翼

咸丰八年十月初十日

润之宫保老前辈大人礼席：

此间张凯章于二十四日拔营，初六日始入杉关。度关后，勇夫又病百余。前留病者八百余人，在建昌调养。拔营后，又病三百余。吴翔冈营，病亦极多。印渠楚勇病者至十之八，死者五百有奇，顷自新城拔回建、抚调养，不复成军。实无良法治之。湖北事势，日以浩大，非先生强起，终恐败坏。顷读慰留谕旨，似亦难于固谢。义渠带三千人赴助袁军，凋荆州兵赴皖，调普、刘全军至浔、彭，将令其直下芜湖。此皆耗糜巨饷，未必果有实济。前接迪庵信，嘱国藩请益于鄂。顷以书牍请益，而复缄未应，何也？当再浼之。顺请孝安。

实无良法治之。

7 加胡林翼片

咸丰八年十月二十九日

再，赵克彰寄侍之信，系十五夜所写。来勇系十七起行，去初十败仗之时已六日矣。迪庵与舍弟温甫殆无生理。迪庵激烈之性，必不肯幸逃，以图重振。舍弟与之至亲，同舟共命，必不肯舍之以去，皆一定之理。平日佩仰迪庵之德量，以为必就大功，而享厚福。通邑无贤愚老少，皆无异辞。今决裂至此，所谓天者诚难测耶！此时若非台端强起，恐希庵孤衷，无与为扶持而保抱之者。迪庵成名以去，万古不朽矣。大局何堪设想！舍弟温甫读史有识，而文不克尽抒所见，经世有志，而所如常多龃龉，亦不敢不略陈于大君子之前也。

以图重振。

8 加胡林翼片

咸丰八年十一月十一夜

国藩自闻三河之挫，即思分兵往助。二十九日，接官帅信，嘱侍亲率一军往援。十一日，又接骆中丞抄送折稿，亦有欲侍即赴江北之意。计可先后奉旨。如饬侍移营赴皖，则当挈凯章及朱、唐、吴等军以行；如谕旨留侍办闽事，则当拨二千余人往济希军，不待尊嘱也。希庵体弱，不甚耐劳，不知九舍弟过湖北时，能少留助之否？六舍弟从迪庵殉节，得附忠义之林，无甚悲憾。惟遗骨莫收，思之至恸。生无以对吾叔父与诸昆，更无以对吾亲于地下。念吾友江、塔、罗、李，暨吾之昆弟，皆堂堂以去，俎豆馨香，而吾独腼然人间，亦何益哉！

吾独腼然人间。

9 与胡林翼

咸丰八年十二月初九夜

再，和帅来咨，言陈玉成意图上窜。近有初七之捷，逆谋或当少缓。公与希庵趁此两月，简汰训练，明春当可御大敌也。湖北、勋阳镇标之兵，尚有可挑选操练者否？湘勇大者须咨部补实缺，小者亦可补鄂省千、把、外委缺。鄂兵之佳者，亦可令其与湘勇合为一气。在湘勇则多方维系，在鄂兵则暗地转移，或亦一道欤？

简汰训练。

10 复胡林翼

咸丰八年十二月十九夜

润之宫保前辈、希庵仁弟亲家大人阁下：

接奉惠书，敬悉迪公与筱石忠骸均已寻得，大快大快！温甫舍弟遗蜕，荷蒙希庵亲家多方购觅，不惜重资，感谢曷胜？惟无人认识，终恐难辨。兹派杨名声、杨镇南、张吟三人，并朱副将营内之自贼中来投者二人，前往寻觅，敬求希庵亲家，致书霍山王令，务祈购一妙线，带此五人中之一二，亲赴三河故垒寻认，以期必得。至感至感！闻都、鲍近有“三路进剿”之说，此时只可自守，难期进取，尚祈宫保前辈严缄止之。江北军务，非数千马队不为功。顷与李少荃议，可调察哈尔马三千匹，由上驷院派员押解来鄂。而亳州一带有善马之勇，可募名曰马勇。现在德、胜二帅亦系调口北之马，募淮南之勇。将来马队断非我湘人所能擅长，自不能不照此办理。吉林、黑龙江马队，闻已通饬止调矣。宫保似可商之揆帅，奏调察哈尔牧厂马三千区来鄂。国藩亦拟令少荃募马勇千人，试行操练也。顺候勋安。

再，调察哈尔马匹之事，似不可缓。正初入奏，三月底马可至鄂。分配教练，五月可以集事。若明年春间，陈玉成不上犯，鄂垣无警，得以其暇悉心讲求。国藩任教练之责，舒多任战阵之责。夏秋之间，马队成后，则气势日壮，不虞其上犯武汉矣。三千匹不可再少，以二千匹操新马队，与舒多旧队相辅，以千匹游牧于黄、德等处，以备填换之用。大抵北岸兵三万，南岸一万，水师一万，皆不可少也。是否仍求训示？

11 复胡林翼

咸丰八年十二月二十一日

润帅宫保老前辈大人阁下：

顷接黄州惠书，敬悉将有宿松之行，前得希庵书，将以正月送迪公灵柩回湘。如希庵不果遽行，公往宿松，信宿即返，尚无不可。若希果速行。则公似不宜离黄而入皖。盖石牌、潜、太之贼，眈眈上窥，未尝一日忘武汉。若公以数千劲卒守黄州，而水师守江守汉，则虽二十万贼上犯，而武、汉、黄三城尚有可以保全之理。若公赴宿松，往返兼旬之际，适值宿、太等贼邂逅有变，则我公进退两难，黄州防兵亦不免于摇动。特此飞商，大旆似宜稳据黄州，教练水陆，深固不摇。下游纵有疏虞，武、汉、黄三城自岳峙也。

进退两难。

12 复胡林翼

咸丰九年正月十二日

润之宫保老前辈大人阁下：

新正二日，展诵惠缄，知岁杪有二郎河之行，又承赐示，祭迪庵中丞文字，挟飞鸣之势，而笔含哀愤之声，读之令人增友朋之重。迪公真不死矣。不审他日鄙人能得此于先生否？此不可不预为要约也。初十日，又得元旦赐缄，并读迪公优恤谕旨，可歌可泣，尚复何憾！三函所论各事，谨一一详复如左：

——阁下不居署中，与希庵相处，寸步不离，公义私情，两为曲尽。然希庵将来不能不率师入皖，不能不一攻舒桐、三河，以雪湘人之耻，而抒迪公之愤。阁下似宜久驻黄州，可伸可缩；可外图皖省，可内保腹地；上游可筹饷，可察吏；下游可督潜、太进剿之师，可顾二蕲防守之兵，似觉面面俱到。若台旆一入皖境，则于筹饷、察吏等事，不甚灵通，鄙意春夏间，希庵与阁下似可坚驻黄州。如新马队能练成，希庵进剿皖中，阁下可一至下游视师。时往时返，仍开府黄州，长为老营，常常添练新兵新勇，接济前敌，更换淘汰，如萧相关中故事，则为益极大。刍荛之献，不审有当否？

公义私情，两为曲尽。

——都、鲍欲两路进剿，自是正办。我进则贼自守不暇；贼进则我亦自守不暇。一消一长，断无中立之理。惟目下毛羽不丰，两路俱须马队，现仅马千余匹，不敷分布。且一入皖境，即无歇手之时。希庵如须回湘一行，不如待其假旋，再行进兵，气更充足。

我进则贼自守不暇，贼进则我亦自守不暇。

——湖口、彭泽，总须一支精兵，乃可保全。此不特为侍郁悒之所，亦塔、罗、李三君九泉所必争。且杨、彭及诸将士亦不可再有此疏失也。守湖口之贼首黄文金，今尚在芜、太等处，必不能忘情于此。景德镇若能克复，拟以凯章当此一路，庶足御之。刘杰人、李宝贤、刘连捷、黄泽远，皆好营官，惜无好手统领之。宝营则风气日坏，难期得力矣。

——季公似不宜赴鄂。目下湘中亦多事，东防南安之贼，南防广西之贼，西防黔中之贼。必家乡平安无事，而后湘勇之在江在鄂者，无内顾之忧。来示谓全军而后能保楚，保楚而后能图吴。吾谓固湘而后能全军心也。印渠及其三将，除江西外，剿湘剿鄂皆其所愿；征皖北尤所甚愿。但目下须防宝、永一带，不知此军能远出否？侍已缄询季公矣。楚勇束伍太不讲，往曾与岷樵言之，去冬又为印渠言之。顷季公书来，已另立规模，为之编束。

——来示留意统将之才，此却极难。前此所得诸名将，皆邂独统领则必天生是才，非学所能几。

逅遇之，非求而得之也。近来长千人，长五百人者，容可物色。或无其才，而徐徐操习以几。独统领则必天生是才，非学所能几。王枚村不知能统一路否？希庵尝称之，顷亦缄询季高矣。李筱泉之弟少荃，名鸿章，丁未编修，其才与气似可统一军。拟令其招淮南之勇，操练马队。渠久客吕鹤翁处、福元翁处，阅事过多，不敢轻于任事，刻尚未相许也。意城内耿介而外圆和，论事观人俱有识，却是吾乡一把好手。幼丹与本省上下官多龃龉，深虞其忧闷致疾。建昌王太守明决有才，此三人合之次青，均济时之良器，然皆不宜于统军，名将难得，寤寐求之。

——西丹似可不调，调千人亦太少，无益大局也。鹿角御马，是古法，京营汉军专有一项异鹿角兵。然亦似鄙人初讲水师时，以鱼网牛皮挡炮子耳。真能战者，决不事此也。侍决计另练新马队，更不讲求他法。虽岳公之麻轧刀，亦幸而偶胜耳。

以上各条，谨就垂商处奉答，仍求详示。敬问近安。

13 与胡林翼

咸丰九年正月二十四日

见闻太陋。

再，敝处因凯章一军未甚得手，又添募兵勇三千余人。向江西索饷，不知谐否？添营甚易，得统领之才千难万难。此间日与酬对者，仅有护卫之三千人，及本府之官绅数人，见闻太陋，殊闷人也。庄子云："以天下为之笼，则雀无所逃。"阁下以一省为笼，又网罗邻封贤俊，尚有乏才之叹。鄙人仅以营盘为笼，则雀且远引高翔矣。吴翔冈与凯章意见不合，已批准撤营。此君志气高迈，而办事不甚平实。吾意拟令还湘助黄子春一军，将来或有成也。再颂台安。

14 复胡林翼

咸丰九年正月二十八日

润之宫保老前辈大人阁下：

专丁到，接奉惠书，得知舍弟温甫遗蜕，仰仗大力，业经寻获。合家世世，永感厚泽。舍温弟亦九原衔感；结草图报矣。先轸丧元，又幸事中之一大不幸；然少得归骨，慰情聊胜。所有棺敛之具，归舟之资，敬求阁下与希庵亲家妥为照料，仍求开单示悉，以便寄呈。此事与他事殊，未敢以累高谊。祈亮之也。杨名声、杨镇南、张吟三弁，祈即饬令妥送灵榇回至湘乡。霍山、王明府处、刘步瀛处，共用去银若干，并求查明示知，以便速寄。

合家世世，永感厚泽。

15 复胡林翼

咸丰九年二月初六日

润之宫保老前辈大人阁下：

——萧浚川于正月十八日在南康之新城墟打一胜仗，夺伪印四十二颗、旗帜五百馀件之多。二十日，打一败仗，阵亡二百六十四人。此股匪党，如张遂谋、傅忠信、赖裕新、黄玉发，向所共知者，皆在其内。闻翼逆亦实尚在。此人数多至七、八万，恐非萧军所能了。湖南防界者为刘培元、彭定太，亦不足以当之。而上犹、崇义土匪甚多，将来不犯吉、赣，则为吾省之害。刘印渠部下之三将，已缄商季公，令先防南路与萧军夹攻，暂不能来北路。将来或由吉安北下浔、湖，当令其过江，当皖北三呼之一耳。

——凯章又小挫一次，看来此军殆不可保完。侍拟移驻抚州，凯如站得住，则侍当添兵济之；如站不住，则侍驻守抚州，与南昌省城相犄角，俾南北之贼，不得联合一片，亦有小补。

——奏调西丹之事，请官揆帅与阁下主稿，挈列敝衔。上驷院等衙门习气之坏，在京时亦颇有所闻，今既由鄂省备价赴口买马，则诸事皆得实用。侍已令李少荃专人至淮上，招募马勇五百人，待其到时，试行操演。未必能为西丹高驾，要当差胜于江以南之人耳。

则诸事皆得实用。

16 复胡林翼

咸丰九年二月十五日

润之宫保老前辈大人阁下：

接两次惠缄，并说帖一件，敬聆一切。所欲复者，条列如左：

——水师操习陆战，冲出下游，亟肄以疲贼，多方以误贼，此自胜算。七年阁下曾上一疏，与此亦大同小异。四年，黄麓西上一说帖在侍处，亦大同小异。国藩浅见，窃以为：吏治有常者也，可先立法而后求人。兵事，无常者也，当先求人而后立法。求人以统领为最难，营官亦颇不易得。厚庵自三河大变后，怆怀同志，度其情态，且如中钩之鱼、失配之鸟，势难强其另辟门面，重立规模。雪琴久疲思息，非复有朝气可用。纵强之使为统领，亦必不讨好。若于杨、彭二公外，别求统领之才，不知陈金鳌、刘国斌、李成谋三人可统此席否？若水师营官中，不能挑出统陆兵之人。而另择一人纳入水营，诚如尊虑，必不惬洽。此陆军坐船以求统领为第一义之说也。至抽勇三分之一以习陆战，恐杨、彭及各营官、哨官皆不甚愿。自庐州再陷，巢湖水师，好船好炮，尽以资贼，计亦必出江与杨、彭决战。水师抽勇登岸，固亦不可不慎。鄙意抽拨水勇操习陆战，不过欲其熟舟楫，彼此联络耳。却须准其另募桨手，补足原额。其船只则须另行打造，如极大舢板、如渡船；如长龙之无平盘者，与贼舟相似，而不用前此之师船，或者人人乐从。此段议论，侍不写信告杨、彭，恐先淆乱水营之耳目也。

兵事，无常者也，当先求人而后立法。

怆怀同志，度其情态。

固亦不可不慎。

——官揆帅欲奏调察哈尔马千匹、大凌河千匹，采买千匹，自是欲与侍原奏合符起见。旋奉寄谕，令斟酌采买，不知又变议否？侍建策时，尚未悉官马若是之不可恃也。且待秀帅会尊处复奏后，再行酌定采买，何必定北口。陕甘去鄂稍近，亦有可买否？田兴恕似可为骑将，已缄商季高兄矣。

17 加胡林翼片

咸丰九年二月十七日

正封缄间，杨名声于回营，具述舍弟温甫灵榇过黄，荷蒙情文优渥，行路感泣，矧在骨肉，悲感曷极，临风百叩。以水师改充陆勇，而另募生手以补水营之额；不用师船，而另造渡船等式，殊增浩费，于尊意变法之中，微寓省费之道，已觉相背，然揆以水营近日之情态，恐须如此，乃克有济。若图省费，则可径行裁撤水军三、四营，全改陆军，亦犹可办得到。若必强其忽水忽陆、是一是二，则一舟之中有改陆有不改陆、有加饷有不加饷，势必窒碍难通。耳不两听而聪，目不两视而明；兵勇愚蠢，自须专习一途，以壹其心志。上岸杀贼，洗足上船之说，当筑濡须坞时，已知其不可行矣。聊贡刍荛，以备采择。手此，敬布谢悃。

自须专习一途，以壹其心志。

18 复胡林翼

咸丰九年二月二十二日

润之宫保老前辈大人阁下：

雪琴寄示尊书，知皖贼分道犯楚，此固意中之事。四眼狗果在何路？非希庵之静，不足制之。湖口一关，经杨彭、二李苦战而得，不可稍有疏失。普、刘二君若言进取则有未逮；若深沟高垒，以守湖口，或犹力所能支。普军助剿景镇，侍止调二、三营者，亦虞湖、彭空虚也。此处为鄂中门户，亦为楚军所必争，尚望荩虑，时时筹及。侍已缄告雪琴，嘱其悉心经理，其大处仍求鸿筹运度。侍前一折有未可即日北行之谕，自当暂驻抚州，待南赣之清耳。

19 复胡林翼

咸丰九年二月二十六日

润之宫保老前辈大人阁下：

杯水不足以救车薪。

吾乡南路近日鼎沸、桂阳、宜章、兴宁、永兴四县、桂阳一州，先后失守，郴州隔绝，不知信息，衡州亦岌岌矣。此间派萧浚川由吉安横出茶陵截击，不知来得及否？又王人树，朱惟堂新募勇来此者，亦截留湘中助剿。贼势浩大，诚恐杯水不足以救车薪。早知如此，侍去冬当令萧、张并力南路，不应令凯章图景镇也。盖一则见贼在闽、浙奄奄若无能为；一则寸心思与阁下及希庵、厚、雪之师合势，为二端者所误耳。若湖南果糜烂，则江西、湖北两省将领士卒，皆有反顾之志，军事益难措手。而湘中饷源骤竭，无论黔、粤无所资借，本省即已不支。大局变迁，迥出意表。大奏以黄州为老营，尚未咨到。正月所陈刍言，以此条为第一义，幸蒙垂采。羊瀛、黄三清，皆不能战，侍深知之。赵福元闻颇能战，在鄂不甚关轻重，在湘犹可助其兄也。午桥内召，直夫引疾，孤我气谊，不胜感喟。近来科场事株连太广，夷事办理太柔，均不甚惬人意。常思一阵鄙愚，而回顾在外数年，百无一成，言之滋愧。宁默默也。

20 复胡林翼

咸丰九年三月初二日

润之宫保老前辈大人阁下：

接惠书，读驻扎黄州大疏，敬悉一切。湖南五日无来信，不知其少安否？此股之可虑者，逆目甚多，如张遂谋、赖裕新、傅忠信、黄玉发等，皆久号狡悍。其不甚足虑者，贼数虽多，究系裹胁者多，久战者少。湖南之足恃者，统领虽少，能战之将尚众；其不足恃者，饷源日竭，无处协借。间景镇相持如故。贼来扑营，一击即退，亦未远追，从此或可稳驻，破贼则尚有待也。

筠仙欲推江湖水师于海口，事恐难行。庄生有言："法度者，应时而变者也。"厚庵麾下亦似乏独当一面之才。兹有寄筠仙二缄，敬求觅便速寄。

21 复胡林翼

咸丰九年三月十五日

润老前辈宫保大人阁下：

西丹得调千名，甚好。大凌河捐马，恐不可恃，将来仍须至北口采买，尚祈早去早来。鄙意犹思募淮南之勇，试口北之马，盖西丹有穷，练勇无尽，兵事未艾，早迟终须以南勇习北骑，不如早动手一日，多一日之阅历也。若鄂中采马，到时乞惠给敝处一、二百匹，并乞都将军惠拨官二、三员，兵一、二十人，先令此间弁勇稍为濡染，李朝斌曾充敝处戈什哈，有真性情。水师今年必有数次恶战。又多分好手还湘。此后水营得力之人，不可令其登陆矣。

刘杰人殉节，其为人可敬可悯，本非统领之才，是所谓"贼夫人之子也"。军事不可无悍鸷之气，而骄气即与之相连。不可无安详之气，而惰气即与之相连。有二气之利，而无其害，有道君子尚难养得恰好，况弁勇乎？

军事不可无悍鸷之气。

22 复胡林翼

咸丰九年四月十一日

润之宫保老前辈大人阁下：

湖南日内无信。印渠解永州之围后，王人树、刘岘庄获胜于祁阳，贼之前队已渡湘西，后队尚在东岸。王明山水师已到，两岸之贼为师船截断，首尾不能灵通，亦破贼之机也。石逆元从善战者却不甚多，所最虑者衡、永、郴、桂新裹之土匪，凶悍十倍于长郡所属之人，殊难收拾。

屈守蟠已到湖口防所，黄泽远尽可调回江北。罗近秋善战，驭而用之。不乐为用。

临阵能识贼之强弱真伪。张凯章深许之，亦不免于巧滑，若隶公麾下调驭而用之其才，可将千余人；隶普军则不乐为用矣。

贼党入蜀之梦，未必即践。近闻两淮贼氛尤恶，数百里无人烟。倘湘贼入蜀，政恐江淮仍不易了也。尊处宜讲求马队，较敝处尤为切要。闻田兴恕可为一骑将，鄂中可借才于湘否？李小泉兄弟派人赴霍邱招勇者，顷已哲回，彼中鼎沸，并马勇亦不能招矣。“水磨法”三字，道尽三十年来消磨人材丑态，读之慨然。即请台安。

23 复胡林翼

咸丰九年四月十五日

润翁宫保老前辈大人阁下：

接奉惠缄，并参茸丸二瓶，感何可言。希庵回家一行，上慰倚闾之望，甚好。国藩昨有一缄，劝其俟陈玉成犯楚击退后，再行请假回籍。彼时但知陈逆猛扑定远，尚未知其东趋浦口也。鄂中战争，当在七月后矣。耆中丞檄沈幼丹赴九江关道本任，广信绅民攀留，迥异寻常。走制府及敝处具呈者，前后十余起，士人罢考，河口罢市，修房者停工，赁屋者退租。中丞持前议颇坚，而商民汹汹如此，亦近来所未见者也。

其过人处在拙，故不可量。

来示以塔公期罗将“塔拙罗巧”，决非其伦。沈君极精明，而其过人处在拙，故不可量耳。浚川援湘亦不甚缓，左公责之甚峻，容当譬解之。

来示以服药后，神力必王，金丹之锡，自足箴膏肓而起废疾。抑人亦有言：“泽雉畜乎樊中，神虽王不善也”。然则同一神王，又有善不善之分，兹又何说？愿闻之。肃谢。敬请台安。

24 复胡林翼

咸丰九年五月十四日

润之宫保老前辈大人阁下：

得两次惠缄，敬承一切！祁阳已于十八日解围，新宁、武冈亦先后解围，群贼萃于宝郡。官军如田兴恕、周宽世、赵玉班、王人树亦会于宝郡，计不下二万余人，大局当可无碍。

来示虑及贼出沅、资，修造战船，据洞庭之上游，鄙见以为此不足为虑。国藩初在衡州造船百六十号，规模极狭小，器用极草率，然已费尽千气万力。阁下于五、六年间恢廓水师。以左右博大精至之才，又得湖南公私之助，然办炮之难、需子药之多、造船之委曲繁重，闻亦费尽千气万力，乃得集事。今贼欲于资、沅造船，何处得一清静之所，两月、三月无官兵去击者？何处购炮？何处得此大桩、子药？若自铸土炮，则亦不足畏；若仅造民船，则徒供杨、彭之一焚，尤不足畏矣。若果入蜀中，鄂省添出西边防务，却自费手。然亦在陆而不在水。刍荛之见，是否足供采择？此贼钝于浙，又钝于闽，入楚后又钝于永、钝于祁，或竟不能入蜀亦未可知。巢湖贼舟出江，下游必有几次恶战。黄石矶、湖口各营，应请不再调开。李申甫尚未来营，盖为雪琴留谈也。即请台安，不一。

闻亦费尽千气万力，乃得集事。

25 复胡林翼

咸丰九年六月初二日

润之宫保老前辈大人阁下：

连奉惠缄，敬悉一切。希庵会剿宝庆，兼顾安、益、鼎、澧，原是胜着。第黄州老营骤减去劲旅五千，设四眼狗率众上犯鄂疆，似嫌单薄。在宝之贼，不甚善战，不逮陈狗远甚。现在宝城内外官兵三万六、七千人尽敷剿办，如金国琛等尚未全数起行，应请更为斟酌。贼党窥蜀自意中事，然既钝于浙、钝于闽，入湘后又钝于永、祁，钝于宝庆，裹胁之人，愿从者渐少，且无老巢以为粮台，粮米须掳，子药须搬，行且自疲于山谷之间。所虑者，四川民气浮动，从乱如归，恐粤贼以将熸之烬，引川中燎原之焰。即无粤逆引之，而蜀民犹盻盻思乱，蜀若有事，却自不易收拾。

才智短浅，精力耗绌，自知甚明。

如龙得雨，如鱼得水。

侍之才智短浅，精力耗绌，不特自知甚明。往年志在讨贼，尚尔百无一成，近岁意存趋时，岂足更图千里？来示以“翩然翱翔”相戏，昔之“翩然”者，群雄蔚起，云合景从，如龙得雨，如鱼得水；今则英彦莫属，足音阒寂，将何所挟以“翩然”乎？恐翩然者载飞载下矣。午桥复出，仍是治军之局，与胜帅尚共事一方，亦所谓箕独有神者与？率请台安。

26 复胡林翼

咸丰九年七月十五日

润之宫保老前辈大人阁下：

必成此功，人所共料。

宝庆解围，同深抃慰。然贼在浙不能破衢州，在闽不能破建宁。断无在湘能破宝庆之理，希庵之必成此功，人所共料耳。看此局势，贼当回趋衡、永，不能北犯常、澧，鄂之西，蜀之东，其或可免于难乎？

推位让贤一折，忠、孝、仁、让四者皆备，信大智之所为。国藩初七日自抚州起行，初十至南昌，十六可出城，吴城、湖口小有耽搁，当于八月之初奉接清尘耳。因兵力太单，又调湘后营同行。散营多可用者，惜无良将统之。

27 复胡林翼

咸丰九年七月二十一日

润之宫保老前辈大人阁下：

当借大力，共图此事。

雨三殉节，其家恐益难支拄。淮南连年多丧善人，如吕鹤田、朱卧云丧于舒城，江岷樵、陈岱云、邹叔绩殉于庐州，迪庵及舍弟温甫陨于三河，戴存庄没于桐城，何丹畦戕于英山，今雨三又有定远之难。皆与国藩骨肉姻旧，北望神伤，莫雪此愤。而丹畦遇祸最惨，反使浅者得议其后，尤思一为雪之。当借大力，共图此事也。国藩于十七日抵吴城，十九日至湖口，湘后营报二十日自抚州起程，计二十四日可至南昌，八月初乃可至浔。侍在钟山少住数日，得湘后营出省确信，即可西行，不必定待其来浔也。身边约带八千余人，惜无人统之以战耳。余不尽宣，顺请勋安。

28 复胡林翼

咸丰九年八月二十六早

润之宫保老前辈大人阁下：

日内应酬颇劳，趋时之效，茫如捕风，而身已惫矣。得见汪梅村，洵积学之士；廉卿亦精进可畏。台端如高山大泽，鱼龙宝藏，荟萃其中，不觉令人生妒也。教舍沅弟于“恶巧”、“恶盈”之外，又曰“天道恶贰”。“贰”者，多猜忌也，不忠诚也，无恒心也。舍弟顷有书来，谓动辄触此“三恶”云。即颂日安。

鱼龙宝藏，荟萃其中。

29 复胡林翼

咸丰九年八月二十八日

润老前辈宫保大人阁下：

省中文武各官，于和煦熙熙之中，均有恪恭祗肃之象，亦足见宽而有制之效。凯章请假三月，浚川业出粤境，目下均不能来。敝部万人，将江西协款三万提到，所欠无多，惟目下九、十两月亏空较巨，求缄商揆帅及局中诸公，此两月酌添若干，自此以后，办理较易，或将粮台并入鄂中，或竟不复调萧、张前来，量入为出，则不至竭蹶矣。

量入为出。

30 复胡林翼

咸丰九年九月十六日

润之宫保老前辈大人阁下：

手示敬悉。安乐弃予，世态之常。侍去年过此，与今年情形迥异。所示莫危于渐，诚为笃论；然此时只当用老僧“不见不闻法，天下惟忘机可以消众机，憔懵懂可以祓不祥”也。“万事无成”四字，是鄙人一生考语，公安得攘而有之。一入鄂境，军事庶政，井井有法；官绅任委，多用正人，优劣得所，此岂无成者之所为？糜烂江汉，整成一个崭新日月、太和世界，是多大事，在公只算一笔外销帐？谦固美德，太谦则占却他人地位。特我辈指目者，多须保得此后不大错谬为佳耳。

31 致胡林翼

咸丰九年九月二十三日

润老前辈宫保大人阁下：

此公之盛德，而鄙人所最难安者。

前日因循未及赴黄州，昨夕定今日成行，而又风雨交作矣。自占英、霍山险之路，而以沿江平易一路让鄙人，此公之盛德，而鄙人所最难安者，面商之事，此为第一。惟抚标各营，与希庵各营，处处粘连一片，势难拆分。希庵既居商、六一路，则大纛不能不居英、霍一路。侍虽欲辞易而居险，而事理不甚切当；且细思贼所必争、苦战不休者乃在太湖、桐城、大关等处，此为第二路。今多、鲍所占者也。萧浚川来，亦拟调归此路，合多、鲍、萧、唐四人萃于第二路。则兵力极厚，可以更番少休。台端专辖三、四两路，侍专辖第一路，至第二路则两人公辖之。且不时拨生力兵协助之。此路正兵屹立不动，余三路皆当以奇兵论，不审荩筹以为然否？希庵应否于十月来黄，如以为可，侍当便缄催之。

32 致胡林翼

咸丰九年十月初八日

润之宫保老前辈大人阁下：

本日接厚庵信，兹专弁送呈，应如何裁复之处？伏候详示。韦逆于五、六年间踞守武昌，极为凶悍。七年窜扰抚州、吉安等处，亦甚可恶。韦家被洪、石杀害，事在三年以前。今之投诚，非果报家仇也，实以池州地小而瘠，人多无所得食，且东有芜湖之贼，西有建德杨党，北有安庆陈党，皆与韦逆为仇，万分穷蹙，故投诚而托词于家仇。鄙意第一须问明该逆麾下实数若干？第二须问明投诚后何处得食，或仍踞池州派索百姓，或向厚庵请领银米。第三须令独力专立一功，不必约会水师回往立功。第四须取亲丁为质。是否有当，务望详悉裁示。顺问台安，诸维心鉴。

独力专立一功，不必约会水师回往立功。

33 复胡林翼

咸丰九年十月初九夜

润老前辈大人阁下：

手示敬悉。韦之穷蹙，甚于他贼。其与洪、陈、二杨皆系血仇，不因投诚而始猜疑也。鄙意反正之后，而仍拥众数千，或数万，占跨一城，或二城，此风决不可效。能释众孑身归命、或仅带数百人，如张殿臣之例，则事属可行。否则难免后患。至大功之成，尤不系乎此。复请台安。

大功之成，尤不系乎此。

34 复胡林翼

咸丰九年十月十八日

润之宫保前辈大人阁下：

手示敬悉。多、鲍不甚惬洽，唐、蒋亦各立门户，无长壕以困城贼之出，断饷道以速援贼之至，内外受敌，军无统一，此皆太湖可虑之端也。国藩去岁初出，本奉谕旨指拨萧、张二军归此调度，今萧、张不来，各营皆杂凑，勉合成军，实难深恃。来教“分制援贼，包打胜仗”等语，无乃期许过奢。鄙人教练之才，非战阵之才也。守黄梅、守石牌，或可竭力任之，拒援贼，则敬谢不敏。人贵自知，不敢不确陈其短耳。

勉合成军，实难深恃。

35 复胡林翼

咸丰九年十月十九日申刻

润之宫保老前辈大人阁下：

两缄敬悉，檄鲍、唐归多节制，却大不可。鲍之战功颇伟，其高亢亦自有挟而然。即令出迪庵下，尚非所愿，况多公乎？强之使归，愈激之携贰也。只如昨日尊处婉劝之缄，便到恰好地位，不必再发公牍。国藩今日复鲍、唐各一缄，亦劝其“凡事推多都护主持，委蛇听从，同进同退”等语。侍与多，向不识面，又无书信往还，鲍、唐当无所疑耳。复请台安。

36 复胡林翼

咸丰九年十月二十日

润之宫保老前辈大人阁下：

来示谨悉。贼窜德安以分我之力，乃意中事。然三河尖尚在寿州地面，须由光州经过此路，我本属有备，特希庵未到以前，尚觉空虚耳。御之于商固之间，尚是山多，以希之步队，辅以舒之马队，必可得手。若出山以后，果是平原旷野，则舒公马队，嫌其少矣。德安、襄阳二府，似须讲求城守事宜。此次张逆纵未必遽来，将来群捻纵横，此二府最为可虞。

37 复胡林翼

咸丰九年十月二十一日

润老前辈大人阁下：

蒙惠良马，谢谢。此马系公所常乘，不欲受之，而贵纪执不可，割爱为愧耳。希庵尚未至家，其母病究竟轻重如何？应俟希庵抵家后，信来乃可定行期之迟早。希未到鄂以前，第三路切不可深入，请于蕲水境内择地驻扎，千求莫性急也。三、四两路本算一路，伍继勋原图，本系如此。以希庵居外一路，待贼从外抄来，而后以希军为应变之师。则我公之初议，而国藩以戚公枪法打第二下奉答者也。湘中未察，似皆以为出自鄙人之武断，吾何敢然。

38 复胡林翼

咸丰九年十月二十六夜

润之宫保老前辈大人阁下：

手示及南阳府探禀均悉。鄂其将有西患乎？陈金鳌禀请调赴下游，敬求批准。札调此人，将储为水师统领，自不必置之常德宽闲寂寞之地，侍不便调度也。近日颇于土马队上用些工夫，若尽用勇丁，恐辛苦教练甫成，一旦打毛栗子去矣。思调二、三百穷苦兵丁操练之。湖北兵尚有可调者否？公现部之郧西兵可操马队否？西丹有穷，而捻匪无尽，吾辈不能不以全力习土马队也。得左公二书，乃大平适贤者，良不可测，吾固不如矣。顺问台安。

自不必置之常德宽闲寂寞之地，侍不便调度也。

39 复胡林翼

咸丰九年十一月十四日

润之宫保老前辈大人阁下：

——四眼狗上援，不由新仓，即由英、霍二者，均须预防。由小池驿，至新仓则将我太湖、石牌之师分为二截。敝军于十三日驻宿松，去石牌百二十里，去新仓九十里，皆不能前往援应。但能保太湖后路，使贼不敢由荆桥横截二郎河耳。于太湖一军，不无小补。现拟即扎此间不动，万一太湖小有疏失，此间犹可保湖北门户。

——太湖御援贼之法，多公欲御之于小池驿；鲍公欲于营外十里迎击；鄙意欲仿六年八月鲁家港御石逆之法，直待贼来扑营，坚壁不出，待其惰归，而后出击，亦不远追。如是二日，彼

坚壁不出，待其惰归，而后出击，亦不远追。

之锐气少沮，我之识力稍定，然后设法击之，则真贼与裹者、雇者，情状分明矣。蒋之纯以鄙说为然，现去与多公熟商，商定后再当奉告。

——鲍公之母患病甚重，专足由蜀至太湖催鲍镇归家一省视。仅十四日即到，其急可知。鲍遣员来敝处请假，情词迫切，侍未允许，嘱其来敝营小住数日，侍亲为劝慰，如不愿，则必至尊处请假矣。闻此军近极精劲，规矩远胜在麻城时，断不可准假也。求以美言抚慰之。多公善战，而颇难相处，侍待以疏淡，不急急求与之亲，将来或可相安。侍在此纵不能调驭诸将，收“六辔如琴”之效，亦断不拂戾其性。

——余际昌驻天堂，虽险着，乃图皖之要着也，万无撤回之理。丁公三营扎上清，乃余之后路。曾、吴七营扎英山，乃丁之后路，皆不可动。惟公老营太单，侍深以为虑，可否将金公但店各营，进扎张家塝为公之护卫，亦壮余丁声援，祈酌之。

40 复胡林翼

咸丰九年十一月十六日

润之宫保前辈大人阁下：

所慎之又慎。

取利多而民怨、参劾多而官诽，有以此见告者，非不当自省，但不宜以郁蓄心中耳。吾辈所慎之又慎者，只在“用人”二字上，此处竟无可着力之处。古人云：“吾辈若从流俗毁誉上讨消息，必至站脚不牢。”侍平日短处，亦只是在毁誉上讨消息，近则思在用人当否上讨消息耳。揆帅欲以义渠一军绕赴淮北，似尚妥叶。侍已允诺，鲍超思归甚迫，已来此间，当面为慰劝也。

41 复胡林翼

咸丰九年十一月十六夜

润之宫保老前辈大人阁下：

惠缄敬悉一切。多公事已详于前两缄矣。细察舆论，近年鲍之战功比多更伟，而多好理坟山争斗等讼事，又凌辱绅士，颇为官民所憾。其才似宜将少，不宜过多。多、鲍二公正以彼此争胜、争强，故各自力战，不肯落人后。若鲍归多统，则多之意满而鲍之兴沮，彼此皆无争胜之心，似非利也。鲍日内归思极切，侍正苦心慰劝之际，尚祈无遽生波折为荷。至唐公一军，即日当为淮北之行。蒋公一军，即日当调归希庵，纵此时令归多统，亦属有名无实，仍祈鸿裁酌夺。多之精选在石牌，飞虎、开化营在太湖，渠欲调飞虎、开化营至新仓，正系御援贼之来路。且马队不宜于城根，似非欲敝军赴石牌也。至天堂实系要著，不必后悔。近日见公调度，处处合宜，但嫌身边太单耳。此后但求不动、不变，不疑、不悔，与诸将书缄，不必过深、不必过谦，且待贼至潜山，公率金逸亭军，再定进止。复颂台安。

彼此皆无争胜之心，似非利也。

42 复胡林翼

咸丰九年十一月十九日申刻

润之宫保老前辈大人阁下：

惠缄接到。太湖万五千人，一旦全行撤动，侍觉不甚妥洽，纵使敝部分七千人围太湖，仅能扎西南一路。其东北、正北三面城贼仍可分出，与援贼夹击多、鲍之军。况敝处实无统领，难以前往耶。硁硁之愚，尚乞鉴亮。大抵能战，虽失算亦胜，不能战虽胜算亦失。御援贼于太湖城外，虽若失算，然使能战而捷，则转为胜算矣。御援贼于潜山，虽若胜算，然使不能战而败，则转为失算矣。平日千言万语，而得失仍只争临阵须臾之顷。公以为御贼潜山，必操万全之算，愚见亦未敢尽信也。现在多、蒋二公，想已遵示而行，唐以自带三营往守石牌，尚嫌单薄，余四营归多统之出战，亦非所愿。闻已飞禀往请钧示。鲍军扎东门，闻多将宝塔下数营撤去，鲍之粮路倏尔隔断，多不告鲍，而径撤去，鲍心亦甚不怡。此二节者，公必另有调停，可否以蒋赴天堂，以多为游击之师，留鲍、唐仍扎太湖，以六成御援贼，以四成遏城贼之处，伏候卓裁。即请台安。

平日千言万语，而得失仍只争临阵须臾之顷。

43 复胡林翼

咸丰九年十一月二十日申刻

事权归一，自有调度布置。

润之宫保老前辈大人阁下：

鲍、李、唐、蒋归多节制之椟，亦已读过。事权既已归一，多公自有一番调度布置。唐军之应否全赴石牌，鲍军之应否进扎潜山，均当由多公指示定局。来示云马队不救，毕竟是步兵吃亏，此多公所挟以傲迪军者。若意生寺之役，则马队并未在场，事固难一概论也。敝军无统将，难以分拨之处，两缄中已详言之，不复赘陈。前得尊示，天堂天险，一夫当关，万夫莫向；近见公函牍，似甚以余际昌军为虑者，究竟有险可恃否？乞详示。顺候台安。

一夫当关，万夫莫向。

44 复胡林翼

咸丰九年十一月二十一日未正

润之宫保老前辈大人阁下：

惠书敬悉一切。四路中以第二路最为吃重，第四路次重，侍与公早皆料及。贼势若果浩大，则必直趋第二路，不屑屑四路之纡回矣。公调舒、希速来英山，是居三路而亦可二、可四，最为妥善，望催之速来。至大旆现扎界牌石，虽与奏案不符，而为太湖声援，至切！至大！贼若从王家牌楼、高横岭一带援太，亦虑界牌大军之抄其后。鄙意目下大纛似不宜遽动，是否？尚希裁示。太湖万五千人合围三月，苟可不弛，自以不弛为妙。苟可少撤，自以少撤为妙。之纯一军，若如昨示，暂扎太湖，缓赴天堂，侍所甚愿；然既归多节制，即应听多之令，公亦不宜数数干预，侍更无论已。星槎兄谓敝军不动，具有精意，吾何精之敢云？万一前敌少有疏失，敝军犹为后继，此公意也；无统领不敢当此大敌，此私意也。惟希鉴原。不尽。

45 复胡林翼

咸丰九年十一月二十三日

润之宫保老前辈大人阁下：

鲍超苦战，一时诸将所不易及，久邀洞鉴。渠所怏怏，若有未足于怀者，总以人数太少，不能独当一路。十七日，接援贼将至之信，连夜自宿松赶回太湖，侍与少荃商，嘱其竭力以打援贼准其添立一营五百人，以足四千人之数。由敝处粮台先发五个月，再商之宫保。侍因其雄心郁郁，欲有以悦其志，是否可行？祈示知。又启。

46 复胡林翼

咸丰九年十一月二十九日

润之宫保老前辈大人阁下：

得惠书，并翁中丞、多都护二缄，敬悉一切。谆恳之意，溢于言表，办贼之心，切于救焚，钦服无已。侍亦有一二刍荛之见，条列于左：

——旬日纷纷所争者，只太湖之弛围，与不弛围为第一关键。自多公飞虎各营移扎新仓，太湖之城围，业已弛矣。有弛之实，而犹不居弛之名，展转设法，以求合围，兵愈单、地愈散，大可虑也。如蒋扎北路，而浮桥以东之四营，则大可虑；唐扎南路，而新移宝塔下之三营，则大可虑。陈逆援贼一至，不独鲍军腹背受敌，即蒋、唐之营太散，亦难保万全也。鄙意业已弛围，不如索性大弛，将鲍营移扎西面，居霆字夏秋旧垒之内；蒋营仍扎北路；将桥东四营收拢，聚于桥西。唐营仍扎南路，稍增宝塔之营，以通多公之气，如此似尚妥叶，盖均之弛也。今日之鲍、唐、蒋三军不动，是名不弛而实弛也。阁下前令鲍军扎潜山，是弛东路而进也。侍今欲鲍军扎西垒，是东路弛而退也，弛围而进，则气较锐，弛围而退，则气弱而势较稳。湖北上游，必可

有弛之实，而犹不居弛之名。

无患。

——多公马队利于游击，其石牌业经精选四营守之。此时可不必更矣。以马队上援太湖，下顾石牌，似可纵横如意。若云御援贼于潜山，则必胜；御之于太湖、新仓，则难胜，此侍之所不知也。即其与公缄中称，所部四千余人，围扎太湖云云，侍亦虑其不能合围耳。其云霆、训两营围守太城，四面合围，绰有余力云云，似亦不确。

——余、丁九营在天堂，既得地利，又得人和，似可无虞。观余屡报布置情形，及丁前寄公之缄，俱有把握。鄙意太湖四军，只宜自顾，不必兼顾天堂也。我公至英山，有本部及金守各营，又可调曾道七营，合扎一处。万一单薄，尚可调蒋军合扎一处。如天堂余、丁万全，固属大妙；即余、丁稍有疏失，公部步队万余、马队千人，亦必可操胜算，但不宜兼顾商、固一路耳。

——敝部前所恃者，萧张、二公，现在俱不能来，如夜行失烛，寸心郁郁。十七日尊缄欲拨七千人，专合太湖之围，侍虑围此大城，无一统领，万不放心，未敢允许。十九日，尊缄令拨四千人会围太湖，亦以围城各军无统，且不以迎击潜山为然，亦未允从。连日细察敝军士气，实觉难当巨寇，若贼来宿松，侍亲督率守御，尚可支拄。若鲍、唐在太湖之西，力战数日，此间派队前往援应，尚可一战；此外，均难深恃，殊深焦灼，伏希原谅。

迎击援贼，生擒逆狗，兼营并举。

以上四条，是否可采？公之卓裁，意在迎击援贼，生擒逆狗，兼营并举。侍之拙见，以为狗不易擒，但求击退，城不易破，但求全军。前年在意生寺、在童司牌，去年在麻城、在花凉亭，皆击退陈逆大股，而固无恙也。

公意在击贼于潜山，而以太湖为后继之师。侍意在击贼于太湖，而以宿松为后继之师。公意师出潜山，可以兼顾天堂，而仍不弛太湖之围。鄙意师出潜山，不能兼顾天堂，太湖之围，与其实弛而名不弛，不如一竟弛之。与其弛西，不如弛东，侍意未免涉于私，公意亦实不甚稳，伏乞酌择施行。

再，侍意专重在全军，若如鄙说以鲍军扎西路旧垒，则鲍军可以万全。敝处临时派队帮同打仗。则唐、蒋两军亦可万全。多公石牌精选营易于自全，马队亦易于自全，惟新仓飞虎营不甚放心，然鲍唐皆可援应，亦可图全也。渠四军全，则侍军全矣。公军保全之法，不与太湖四军相干，即余、丁保全之法，亦非进扎潜山之师所能庇护。然计天堂之险峻，英山之崎岖，余、丁之谨慎，公部之多而稳，亦必可万全无患。今冬姑求全此三军，明年希、滃来，再求破贼，可否？侍又渎启。

47 复胡林翼

咸丰九年十一月三十日

润之宫保老前辈大人阁下：

复书后，思太湖之事，竟夕不寐，此事关系极大，兹再将鄙见，条陈于左：

——吾二人所争者，以弛围不弛围为最要。所贵乎合围者，断接济也。绝文报也。吾之壕墙密布，城贼不便出队也。前此太湖合围之时，东北隅鲍、蒋二军交界之际，尚缺六七里可进接济，可通文报，可出大队。近来宝塔下飞虎二营撤去，缺处更宽矣。于贼毫无所损，徒使官兵营单而势散，吾故曰实弛围而名不弛围，所以不肯从尊说者，此为关键。

——敝军若进扎太湖，必须国藩亲率全军同去；纵不全去，亦不过留一、二千人在宿松，守粮台而已。围城乃极大极难之事，岂可掉以轻心？若真正合围，开掘长壕，贼必致死于我。一援击退，必再援，再援击退，必三援。自须通筹始终，求一长策，岂可侥幸于一战成功，谓援贼既退，城贼亦败耶！前此武昌之围、九江之围，瑞州、吉安之围，其要在长壕，其妙亦在水师。今太湖一城，我无长壕、水师，而援贼更多，愿公勿以其为县城而忽之！若不求合围，但求全军，鲍公移扎西路，敝军协拨数千人赴太，帮扎帮打，尚是稳著。若一面合围，一面击援，终是险着，侍不敢附和。

求一长策，一战成功。

——侍若果率全军赴太湖，则围城之事，侍主之；击援之事，多公主之。但鲍镇一军仍须扎城下，只可派六成击援，不可移扎他处。

以上昨夕所筹，再行详告。今早请少荃往太湖细看地势，初二乃可归来，统容续报。再请台安。

48 复胡林翼

咸丰九年十二月初二日

润之宫保老前辈大人阁下：

浚川禀十三日至永州，其至衡州，尚无信来也。此间营垒粗就，掘壕皆深至一丈以外，守或尚可，战则无把握也。细察舆图，兼度兵力，前敌即进扎小池驿，亦决不能兼为天堂之声援，盖中隔一县坚城，而相距又在百余里外耳。阁下以谓何如？即请台安。

细察舆图，兼度兵力。

49 复胡林翼

咸丰九年十二月初四夜

润之宫保老前辈大人阁下：

惠缄敬承所示。阁下长处在舍己从人，固不啻舍短而从长，有时并人之短者而亦从之也。应复事宜，条列如左：

——目下不动不变，援贼至时，以鲍、唐固楚疆，多、蒋击援贼，似尚妥善。惟鲍公以能战自命。恐未必甘居守兵之列。凡军中目人为怯弱，最易触人之怒。曩霞仙目邹岳屏为怯，而邹衔之次骨。近多公不告鲍、唐而独克石牌，鲍、唐亦颇次骨。即此次多、蒋欲派敝军代围太湖，此间诸将，亦颇以为人所轻侮为耻；鲍之耻，当更甚于诸将，祈酌之。

——援贼至时，即在新仓、石牌等处击退，不必先图潜山，正与鄙意相合。纵扎小池驿等处，亦必不能兼顾天堂。若在新仓开大仗，则唐军可拨队去助。鲍军在北，则可往助；在西，则可大队往会剿矣。

——太湖之围大驰本不妥，鲍公尤决不从，自应暂不弛围，嘱其多备米粮，以防不虞。

——希庵母病不能来，自是至理。昨接揆帅咨，亦札希公归多节制，想已专札希庵，递至湘乡矣。入奏时可否减去希名，祈酌之。

——大纛移至北路，自不可缓。公率舒、金、曾、吴驻扎一处，似须预留余力，援应余、丁之师，再有余力乃可进取霍山。公虽认第三路，而天堂险着，必须公照护之也。即请台安。

50 复胡林翼

咸丰九年十二月初八日

润之宫保老前辈大人阁下：

接浚川禀，冬月二十七日抵湘潭，索饷甚切。若湘中少有以济之，腊月当至鄂矣。浚川来，则以八千人围太湖，多、鲍、蒋诸军，可御援贼于新仓等处，亦如阁下之初指矣。大约楚军图皖，须分两宗：一曰坚扼之师，一曰游击之师。侍部与公部可为坚扼之师，多、鲍、希、浚四军可为游击之师，唐则尚在坚扼之列，蒋则终归并希军者也。侍在第一路为汛地，不必轻动，多、鲍、萧虽在第二路，万一三、四、路有非常之警，仍可借用。公目前切不宜深入。军事如枪法，门户宜紧；如拳法，有伸有缩。若公入之太深，则有伸无缩矣。顺问台安。

51 复胡林翼

咸丰九年十二月十三日

润之宫保老前辈大人阁下：

接复缄敬悉。金、吴二公进驻霍山，自是胜算。既慰霍民来苏之望，又与翁帅寿六两城之师联络一气。第不识霍山与潜山两城相隔果若干里。此间有一图，载天堂至霍山地名颇详，而不记其里数。伍继勋图亦不详里数，不审天堂与霍山两军之间，贼匪可从中穿入，至包家河等处否？此亦应虑之著，敬求详细指示。

52 致胡林翼

咸丰九年十二月十五日亥初

润之宫保老前辈大人阁下：

接鲍春霆信，知渠移扎小池驿，蒋亦移小池、新仓之间，唐营孤扎太湖等语，殊为骇异。当此援贼大至，泥深数尺，鲍营独当前敌。营垒安能坚固？且鲍在小池为前敌，蒋已为第二敌，多已为第三敌矣。且鲍前扎东门固险，今扎小池亦险着也。阁下前日惠缄言多、蒋迎剿援贼，鲍、唐围攻太湖，不知何以忽有此一变？昔与塔、罗、李共事，未闻临敌忽移新营之说，即公上月来书，亦言不复变动。唐营若改扎西北，蒋营则兵单难以自立。若仍扎南路，则北而陈德园，西而二郎河，处处可窜鄂境，侍焦急之至，可否令金、吴等军暂缓入霍山，留防陈德园，以备不虞之处，伏候卓裁。即问台安。

兵单难以自立。

53 复胡林翼

咸丰九年十二月二十八辰刻

润之宫保老前辈大人阁下：

二十二日之战，多营伤亡六百余，鲍营伤亡五百余，蒋营伤亡三百余，马队西、哈两营总阵亡，皆好手也。贼锋甚锐，毛匪之陈玉成、捻匪之宫瞎子，皆江北著名两悍贼。楚军入皖，多、鲍之善战，阁下之威名，人数之多，虚声之远，皆所以怠我而怒寇。鄙意欲令前敌诸军，坚壁勿战。稍稍冷贼之凶焰，而减其锐气，恐言之不见信，尚未函商也。阁下如以为然，可否函告多、鲍诸公，我军不必去扑贼营，待贼来扑我，坚忍不出，直至日暮人倦，然后击其惰归，或有当乎？如能从此计，敝处当再派二千人，扎小池驿之东南，与鲍、蒋二军作倒品字形，以保其后路也。若多、鲍急于求战，则此间不敢再派人去，恐营垒未定，日日接仗，无益而反有损耳。

然后击其惰归。

日日接仗，无益而反有损。

54 复胡林翼

咸丰十年正月初二日巳初

润之宫保老前辈大人阁下：

公派二十营从高横岭山内打出，可收内外夹攻之效。但水吼岭等处易进难退，须由遆西遆北斜出，庶易通小池驿之气。

二十九日，蒋营出队，虽不甚分胜负，然贼亦略弛鲍军之围。鲍之左营，得趁此机以运进水米、子药，可云至幸，然已被围四日矣。多公派精选前营往换霆左营，不知果已换出否？霆左营营官为谁，援贼果却，必求我公以生龙活虎之笔超保之，鲍镇亦须特保。

舍弟请赴太湖，侍昨夜已允许矣。盖因太湖近九千人，若另有一人坐镇，则朱品隆可带队助前敌也。今公既派万人来助小池驿，则太湖一军可安坐不动，舍弟可无庸赴太湖矣。

55 复胡林翼

咸丰十年正月初五日巳正

润之宫保老前辈大人阁下：

金、余内外会攻之说，实不易易。记得塔、罗破半壁山时，杨、彭扎钓鱼台，东距陆营仅四十余里，三日不能通一信。雪琴在吴城时，约厚庵同攻湖口，亦屡约不能如期。此贼之多且悍，又远过秦日纲辈也。鄙意金、余之师，请阁下嘱其择要驻扎，一出水吼岭，贼必设法寻金、余开仗。金、余营盘果立于不败之地，则山外各军自有可以破贼之理。以余、金为坚立营垒致贼，而不致于贼之师，以唐道为帮鲍、蒋顾老营防抄后之师，以多、鲍、蒋三军为进剿之师；三者各有专职，各足自立，不必约期会战。如彼此开仗，恰值同日，则天缘凑泊，幸也；若不值同日，亦自无碍。不约期则各自进止，毫无牵挂，约期则彼此牵挂，反恐误事。国藩拟以此意商之唐、蒋二公，阁下若以为然，则请告

论夹攻之难。

三者各有专职，各足自立。

之金、余，总以立于不败为主，不可靠山外之援应也。此复。即请台安。

56 复胡林翼

咸丰十年正月初七申正

润之宫保老前辈大人阁下：

须稳扎坚守。

初六之役，唐军又挫，鄙意此次发之陈玉成、李秀成、捻之宫、张四凶同来，诸将才力气魄，皆不足以胜之。总须稳扎坚守为妥。金、余一军宜负山以自固，不宜全出；岭外有舒公马队，则可以出平原。伏祈采择施行！复问台安。

57 与胡林翼

咸丰十年正月十一日巳正

侍意此时各军皆以稳字为主，多、鲍、唐、蒋稳，金、余稳，太湖稳，自有足以胜贼之理。发捻相合，其交断不能久，一月以后，可以掎角此寇矣。公谓何如？

58 复胡林翼

咸丰十年正月十四日巳刻第十七号

润之宫保老前辈大人阁下：

不可过求速效。

十一月金军获胜后，罗溪河实已无虞。山内一军，其妙无穷！脑后一针，百病皆除。但此后仍当以稳字为主，不可过求速效。金、余已得地势，断无不破贼之理，第不可疏耳。赵、朱仍请扎太湖，俾朱品隆等得以放心久驻新仓，助打行仗。再请台安。

国藩顿首

59 致胡林翼

咸丰十年正月十五日巳初

润之宫保老前辈大人阁下：

宿松派打行仗之三营，昨日可抵新仓、太湖。朱品隆等四营今日可抵新仓，计一、二日可见仗矣。此间议者，有急战、缓战二策，请陈左右，择一而行之。

——急战策：山外山内各军，逐日进攻，使贼腹背受敌，应接不暇。太湖官军亦出队攻城，使城贼不敢悉出以赴前敌。

——缓战策：山外四军，但积粮固垒，为自守计，山内诸军，步步逼扎，却不寻贼开仗。太湖四面高山，仅西南一口出水，于此口筑坝，长不过里许，高不过四丈。久不过一月，则积水三丈，全城皆淹没矣。二月以后，城贼、援贼必日夜求与我战；我却固守，偏不与之战。此策果行，援贼纵不大破，城贼必无漏网。

我却固守，偏不与之战。

右二策，鄙意目下急战，五日用前策，过五日而援贼不退，即用后策。可否？敬求详示。

60 复胡林翼

咸丰十年正月二十一日申正

润之宫保老前辈大人阁下：

手教敬悉！伍君《图说》阅过。此人前后两次《图说》，俱切实，无浮词，有用才也。大关，侍曾经过，虽居山中，而颇散漫，非一万劲旅不能扼扎。青草塥则潜、桐、怀三县之总汇。援贼退后，一面合围太湖，一面即进扼青草塥矣。贼亦颇注重该处，不知须多少兵始扼得住也。俟查明熟商。

61 致胡林翼

咸丰十年正月二十二日申刻

润之宫保老前辈大人阁下：

十九日余军之挫，不知尚可自振否？若伤亡过多，刻难自立，止可令山外、山内各军一概休养，专待贼来扑我，决不先去寻贼。惟十一日系贼来扑我，主客胜负之数，了然甚明，竟可用公牍私函，切止各军，不再先出寻贼。致人而不致于人。如余际昌伤亡尚少，元气未损，则听各统领自进自止，吾辈不必遥制也。罗溪河似可不必添兵，亦实苦无兵可添。舒公马队，若置罗溪万山之中，毫无用处；若置金、余附近，或可少有裨益，然亦谓旧马队耳，新者则未必得力。霍山五营，如果调回，亦止可驻五柯枫等处，一以援应天堂，一以屏蔽英山。调向东来，则西北太空，决不可也。复问台安。

旧马队耳，新者则未必得力。

62 复胡林翼

咸丰十年正月二十二日戌刻

润之宫保老前辈大人阁下：

手教、张子衡、李续焘二人之言，与朱品隆所抄述投诚之贼供相同。侍意贼若不破金、余二军，不破罗溪一军，决不能冒险上窜。惟罗溪一军散漫无统，若贼至，则恐人各一议，殊难放心。就凌、罗、阿、李、程五人言之，智勇、阅历，自以凌为最优。鄙意欲会台衔，派凌为罗溪河一军统领。如以为可，即求尊处主稿飞札。即问台安。

63 复胡林翼

咸丰十年正月二十四日未正

润之宫保老前辈大人阁下：

贼日日移营，傍山而上，去太湖只二十余里。下游白沙 畈以下已无贼。多、蒋诸公，虑其内窜，定计今日移蒋四营截贼之首，横驿路而扎之；明日再移四营，并精选四营往扎。大约今日必开大仗，又苦为贼所致，而不能致贼，不知可得手否？侍竟日彷徨不安，足以见胆之薄矣。吴干臣五营，似不能不调，如果得手，飞札止之可也。即问台安。

足以见胆之薄。

64 复胡林翼

咸丰十年正月二十日申刻

润之宫保老前辈大人阁下：

手教折片各稿读过。此次于鲍之坚忍处，平平叙去，不过烘托亦好。盖近日各统领，专看折奏中出语之轻重，以权其效力之多寡，往往正在酣战之际，忽见一折叙事不甚如意，遂废然不肯向前者有之。此折若不保人，或再缓数日始发亦好，如此雨雪，似正月尚不能开大仗者。粤、捻之交不能久固，缓战亦我之利也。复请台安。

65 复胡林翼

咸丰十年正月二十七日申刻

二十五日之捷，杀悍贼实为不少，故二十六日之大捷，不甚费力。闻昨日大火焱焱，极为壮观，狗党之资粮、衣物、军火一炬焦土，颇足一快。闻金陵之江浦九洑洲，皆已克复；希庵、浚川，皆将北来，意者，皖事其果可图乎！侍师公之法，亦不奏事。所有谢年终赏福字荷包折，欲附尊处。月折差弁带去，本月已赶不上，二月又嫌太晚，如何？此外有便乎？尊处谢折，当已发矣。

66 复胡林翼

咸丰十年正月二十九日午刻

润之宫保老前辈大人阁下：

顷接太湖信，潜山已克复矣。多、蒋跟踪追剿，想可直达桐城，行仗七营，已分别回太、宿二老营。唐公奉多公令，驻新仓，勿进追，鲍军伤亡者较多，不审能猛进否？又不知其归蜀之志，坚欲必遂否？应俟渠私计定后，而后大局、公计，乃可决也。看来四路之说，竟办不到，止好暂置庐州于不顾，而专剿舒、桐、安庆三处，或尚可为。公居桐城，兼控三路，侍仍滨江，借以藏拙。枞阳之师，须以舟载。陆兵越安庆而下百里，以袭纵阳，朱云崖现尚未能也。即问台安。

67 复胡林翼

咸丰十年二月初四日

润之宫保老前辈大人阁下：

皆先许之矣，似不宜食言。

春霆请假，公与侍皆先许之矣，似不宜食言。惟嘱其不可久留川中，迎其老母、眷口出峡，或住荆州，或住汉、黄，准其团聚两月有奇，往返符百二十日之约。但不在川，以免奏留耳。添营一节，亦恳允准，以风壮士。义渠实缺，近在咫尺，思一到任，情也。公既心许之，请即速行之。渠为统领，亦实非上选也。其训勇七营中，闻多精壮之士，或谓宜全数拨归鲍部。鄙意勇以亲手招募者为佳，似可一面令训营撤散，一面令霆营招选。仍令春霆酌用训营之豪强者，为营哨官，移花接果，当可两得其宜。是否？祈酌之。进兵，能三路并进乃得势。今多、鲍请假休养，断不能三路矣。可否以金、余、吴三公指桐城，以蒋军及朱云崖赴安庆，两道并进。如有缓急，多公可就近速援。是否？请裁示！

移花接果，当可两得其宜。

68 复胡林翼

咸丰十年二月初六日巳刻

润之宫保老前辈大人阁下：

手教，承询及家叔病状。初五日接家信，先叔于正月十九戌刻弃世。自八年十一月，闻温甫舍弟之耗，即病不能言。去岁虽能言，而病已深矣。例载，部院衙门有期服者，给假二十一日。内廷人员则给假十四日。军营虽无期服之例，鄙意欲稍尽哀忱，拟成服十四日。前得太湖克复之信，已专人归告。九舍弟四月方来，亦因家叔病危也。春霆、义渠事，昨已详复。逸亭信，敝处亦有一分。此时应请以金、余、蒋、吴并力桐城，朱云崖军，尚须稍缓，乃能前进也。逸亭信，地势极熟，主意极稳。侍忧皇，不假遽复，求公条复之。

69 复胡林翼

咸丰十年二月初七日

润之宫保老前辈大人阁下：

——四路之兵，初议侍占一路，公处抚一路，湘一路，多、鲍一路。自萧、张不来，而侍处不足成一路矣。自余、吴分散，希庵未至，而抚、湘两路并为一路矣。此四路变为两之说也。惟鲍公添至六千人，又操练马队，实足独当一面，与多公分道扬镳，又可分为三路。止须酌拨几营与多，酌拨几营与鲍耳。

——敝处各营，除遣屈守平、江营，仍回湖口，张子衡二营因病撤散外，尚存九千余人，兵力非不厚，奈乏统将，以情以势，本可令云崖与蒋合为一路。外间议蒋战则取巧，败则议过。此间各营颇不愿归其节制。专令朱、李赴安庆，侍又不放心也。只好待沅甫还营，多、鲍假满，再议所向。

兵力非不厚，奈乏统将。

——舍季洪弟既已受事，自不宜遽行回籍。今既已具禀，应候批遵行。沅甫舍弟，定于葬叔后来营，约在闰三月。侍于今日移城内公馆，略申礼意。并闻，恭请台安。

70 复胡林翼

咸丰十年二月十二日未刻

润之宫保老前辈大人阁下：

——鲍春霆来此小住一日，已回本营。侍已与之商订，谓阁下准其告假三月，由皖还夔，程途一月，在家停住二十日，奉母携眷而出，或住汉口，或住华阳镇，舟次按限，即还陆营。阁下虑其为四川所留，鲍意待渠起程一月之后，此间再行入奏。在夔仅二十日，必不至为蜀所留。但求阁下奏明“回籍省亲”字样，以为光宠云云。想仁人亦必允许。渠又欲往英山禀辞，侍力阻其不必再往，既已准假，即须快去快来。

——霆字五营，渠意欲扎二郎河，公意欲令其扎天堂，或至英山护卫。鄙意拟令扎潜山县，为桐城、安庆后路之声援。盖前敌既进安庆、桐、舒等处，则大纛亦宜少进，乃可调度诸路之师。或进天堂，或进潜山，由公自为斟酌。公既不久驻英山，则霆营可不必扎入山中矣。请裁定速示春霆，以便渠料理起行。

——敝部各营，颇思速进安庆。除遣回湖口二营，撤散二营外，计留二千余护老营，以七千人攻安庆耳。就近可调者，拟调督标赵、朱、李、杨四营，湘、恒二营，桐城得金、蒋、余万五千人进攻，安庆得万人进攻，似可两全。此六营，是否可调，祈酌示。

——安、桐进兵，则霍山不可无防兵。吴干臣前有五营，尚嫌其少。今何仅八百人耶？吴干臣资望尚浅，将来或可独当一面。目下断不可遽统他营，应请阁下派吴隶何军统之，若派助敝处，殊可不必。一则人数太少，一则往返太劳也。霍山须防兵三千，或派会亭军，或派他营，祈酌示。

——多公统万人，鲍公统八千，均可胜任。鲍公须假旋后，乃可徐议所向。多公须进舒城一路，乃足展骑兵之长。俟渠一月假满，即当请其北发，与桐城一军收掎角之效。略陈刍荛，伏希

乃足展骑兵之长。

酌察。即问台安。

71 加胡林翼片

咸丰十年二月十三日辰初

再者，昨信请拨督标赵、朱、李、杨四营，系就近处言之，并非惬心贵当之笔。尊缄中有以赵、朱、杨拨隶多部，李营撤遣之意，如已定主见，不必因侍信而改易也。但求设法拨二千人助敝处，或赴安庆，或留老营护卫，而换敝处护卫之营攻安庆皆可。

兵事与地方相表里，欲得一为守兼优者为怀宁县令，以佐雨亭之不逮。阁下夹袋中有其人乎？介唐如果南归，尚须择一贤者为潜山县，庶根本稍固，乃可图进取。

根本稍固，乃可图进取。

霆营再添二千人，尚未接奉公牍，令其招训营常勇乎？抑令至长沙另招乎？如令招常勇，即须赶紧札行。

多公虽有统万人之才，但得七、八千人，尽足自当一面，若必求取盈，恐不敷调拨。鲍公则得六千二百五十人，已隐然巨镇矣。

72 复胡林翼

咸丰十年二月十六日巳刻

润之宫保老前辈大人阁下：

手教敬悉！多部不能凑足万人，侍亦熟筹及之，意欲将多公马步全作游击之师，专打援贼。如目前两军进围桐、怀，则多公扎青草堝，桐警则赴桐，怀警则赴怀。将来鲍军进围舒城，则多公扎大关，以为游击也可；以为应变也可。以为顾鄂疆之师也亦可。如是，则可多可少，阁下调拨不甚窘矣。顺问台安。

73 复胡林翼

咸丰十年二月十八夜

润之宫保老前辈大人阁下：

手教二恒、二礼营拨归敝处，公牍亦到。霆营不宜拨隶敝处，本日已详复矣。揆帅信并另件，阅悉。不忌不足以为骁将，不妒不足以为美人，无足怪也；在下则护翼之，等夷则排挤之。为将常态，亦无足怪也。止难为阁下调拨耳。顺请台安。

不忌不足以为骁将，无足怪也。

74 复胡林翼

咸丰十年二月二十日未刻

润之宫保老前辈大人阁下：

霆营宜为尊处护卫，或驻天堂，或驻他处，宜守而不宜战，众论皆然，想荩筹亦不越是矣。霆军之营哨弁勇，长沙省城人居多，朴者颇少，而能屡拒大敌，兵事诚不可以一律相绳乎！左公自襄回军，似不如速行速归为妥。流波疃一带，本不可以无兵，然鲍公未还营之先，霆军总以在阁下身边为妥。北路如果吃重，似仍须多公驰援也。

75 致胡林翼

咸丰十年二月二十三日

润之宫保老前辈大人阁下：

昨接雪琴信，知浙事危急，淡帅调萧翰庆入浙，本日接淡帅咨。知广德、安吉次第失守，奏请鄙人援浙。淡帅之贤，不可不思所以援之。目下招集训营之勇，尚易集事。雪琴欲以韦志浚部下援浙，非徒无益，恐又害之。

非徒无益，恐又害之。

76 复胡林翼

咸丰十年二月二十四日未刻

润之宫保老前辈大人阁下：

承示《俟命录》粗读一过。其佳者，公已圈出，而时事 所在，局外人与局中者究有别也。霆营究以护公左右为妥。公在英山，霆亦英山；公居天堂，霆亦天堂。此军若非春霆在营，恐不足当大敌。侍公之侧，壮藜藿不采之威，千妥，万妥！惟希俯纳。成得升之怯，此间亦有所闻。之纯昨指名禀参，似当有以严惩之。否则，为统领者，号令不行矣。之纯虽未必服人之心，然不奉令而拔营，则咎不在之纯也。溶川之才气，亦非云崖所能辖，所谓鲁鸡不能伏鹄卵也。桐城如有大股援贼，多公或可就近援应。舒公马队，应否留防北路，聊进一说，以备参酌。成大吉之勇，侍亦有所闻。浙事大坏，淡公来信，不忍卒读，抄呈一阅。即请台安。

号令不行。

鲁鸡不能伏鹄卵。

77 复胡林翼

咸丰十年二月二十七日巳刻

润之宫保老前辈大人阁下：

希庵业已到营，极慰极欣。淡公寄尊处信读悉。萧、韦纵令速行，亦恐非闰三月所能到，不知赶得及否？以六年二月江西情形言之，更甚于此时之浙江十倍，厥后省城亦竟无恙，成败天也，岂人之所能为哉！昨接大咨，多公尚请病假，渠军若不能为游击之师，则云崖、申夫，侍亦不敢令其赴安庆矣。不知多公所不满意者安在？以鲍公不应回藉耶？不应于奏中赞鲍坚守之功耶？敝处礼节有未谨耶？多公既请假，目下若狗逆来犯，渠未必肯当前敌，似当谋所以御贼之法，请与希公从长计议。

成败天也，岂人之所能为。

78 复胡林翼

咸丰十年三月初三日

润之宫保老前辈大人阁下：

——浙江之事，二三两月可大分晓。淡公二十三日咨文，贼踪去省城仅四、五十里，果真逼城，则已十日矣。省城之能守与否，断非此间援师所能为力。吾辈所最关切者，土则杭城根本也；人则淡公君子也。若此半月间，杭城无恙，信息稍舒，然后谋所以援之之法。若杭城有大变，则东南局势迥殊，又当从长计较。

吾辈所最关切者，土则杭城根本也。

——侍目疾常发，精力日疲，部下无一统将，兵亦太少。倚傍台旆，尚可藏拙，他处实无能为役。外省情形，督抚之外，另有客帅，则司道猜嫌，州县侮慢，以是为逢迎本帅之资，颇不易处。应否赴浙，尚求希庵与我公代为裁酌。

——萧翰庆须在安庆经理韦部事宜，不能赴鄂亲招训勇，尚求阁下缄托义渠代萧经理。

——阅揆帅信，郑事尚未决裂，可喜可慰。庄严尚能守正，揆帅亦轩爽坦白，鄂事或尚可支。公于吏事不宜放松，风气之所系，与兵事息息相关也。

——希庵"远剿近守"之说最精，大约一、二路远剿，三、四路近守也。

79 复胡林翼

咸丰十年三月初七日

润之宫保老前辈大人阁下：

昨夕熟商进兵事宜，希庵之意，以敝部围怀宁，多公围桐城，希统各营暂扎青草塥，为怀、桐援应。俟怀、桐扎稳后，再议所向。余际昌调守霍山，为第三路防兵。霆营调两路口等处，为第四路防兵，如此布置，侍觉甚妥。是否有当，仍候尊裁。若

是否有当，仍候尊裁。

果如此布置，则敝处护卫，无须另添千人矣。以第一、二路为远剿，以第三、四路为近守，大局已定。惟第四路究以何处为最近，何处为扼要，仍祈卓裁。

80 复胡林翼

咸丰十年三月十七日

润之宫保老前辈大人阁下：

淡公贤者，断无不殉节之理，但不知少村护家眷以出否耳？公之身不特为南数省所倚赖，亦为吾党所宗仰，似不宜过于忧伤。久无寄谕来楚，想因清江浦失守之后，江浙奏报不通，淡公十一、十五两次奏报，必皆未到京也。杭城既失，若能保得宁、绍、台三府，事尚可为。浙东无一兵，四眼狗又已南渡，恐宁、绍、苏、常皆可危耳。即请台安。

81 复胡林翼

咸丰十年三月二十夜

润之宫保老前辈大人阁下：

顷接赐书，知玉体违和，脉象无春夏气，至为悬系。如服仲远兄方，二、三日不大愈，侍当至英山奉谒，兼可畅论时局。严公缄中所称王石臣观察信，未蒙寄来。侍急思闻蜀事，尚望寄示。季公来营，可以畅叙一切。希、厚、雪等处，计皆有攀留之意。雪堂之返，公有意否？为保身计，似不能不寻一大厦少住也。即问台安。

兼可畅论时局。

82 复胡林翼

咸丰十年三月二十二日

润之宫保老前辈大人阁下：

手书敬悉。脉象尚不甚好，总由平日心血用得太过，而此番因浙事，又忧虑迫切。阁下数年来屡定大难，将天下第一破烂之鄂，变成天下第一富强之省，功固极高，德亦日进，计公之寸心，尽足自慰，何必郁郁忧煎，自取烦恼乎？霆营新募之勇，鄙意不可停招。渠求之甚切，公应之甚坚，万无停理。无论有饷无饷，公且一概莫问，一意静养，侍当与揆帅、庄严诸公徐徐图之，保无他变也。即问台安。

功固极高，德亦日进。

83 复胡林翼

咸丰十年三月二十三日

润之宫保老前辈大人阁下：

惠书敬悉。尊恙渐愈，至以为慰。进兵之略，鄙意欲仍守希庵前议，以朱、李进安庆，多公进桐城，希军扎青草塥，不知尊意有更改否？季公即日至英山，请其一决。韦军殊难位置，张筱帅有咨来止，亦未可令其隶皖也。即颂台安。

84 复胡林翼

咸丰十年三月二十四日

润之宫保老前辈大人阁下：

季公已到英山，侍今早已专丁持缄迎迓矣。尊恙大愈，极慰。前日信称："淡公尚存"云云，系诡词以安公之心。因罗忠怀来，具述卜者之言，"浙江必克，淡公必遇救得生"云云。侍因将卜者之繇词，装点作家书之实语，以宽公怀。本日得张筱翁信，并江南奏稿，抄呈尊览。

以宽公怀。

少村早已出城，所以迟迟未到宿松者，当已折回杭州寻觅淡公耳。萧、韦既奉谕旨，自无再令去浙之理。筱浦副宪信来，亦请萧而辞韦，实则萧赴皖南，亦必不能出色也。鄙意且皆留之，一月后另作计较。公意何如？募六百、七百人之说，不必为此蛇足。即以敝部万人，全请季公统之，尚是蛇足，况六百、七百人乎？水师中别有一种风味，季公若买一舟，载妻孥其中，师范少伯，而不学其居积，可以教子，可以避湘，亦一说也。姚惜抱诗云："孤艇著书江水上，百年阅世酒尊间。"季公有意乎？即问台安。

85 复胡林翼

咸丰十年三月二十八日

润之宫保老前辈大人阁下：

萧守之才，实不能统六千二百人。今得唐协和分统训勇，虽不甚惬意，而远胜于萧守之兼统也。韦部三千二百人，目下难以位置，训勇三千，张篠帅欲令其径赴徽州，官帅欲咨送河南，二者请公酌定一处。论饷项则两处皆不甚充，而河南稍宽。论调度则两处俱难得此军之力。而张公君子，俟尊裁定后，侍即缄复张公也。敝部太湖、宿松各营，已拔营前进。

尊脉稍逊于前，自由不能养静之故。古人谓寡言养气，寡视养神，寡思养精。尊处胜友如云，难以寡言，簿书如麻，难以寡视，或请寡思，以资少息乎。复请台安。

自由不能养静之故。

86 复胡林翼信

咸丰十年闰三月初六日

润之宫保老前辈大人阁下：

训营三千人，论行军之机势，则以会攻枞阳为妥。论就饷之方便，则以饬赴河南为妥，然皆为北边无事言之也。今捻势西趋，正阳、确山有警，则无论有饷可就与否，自应迅赴河南。一以应胜帅之求，一以防鄂北之边。唐协和于北路情形极熟，亦甚相宜，请尊处缄商揆帅，一面札唐协和接统。或至九江、湖口等处迎接交代。敝处缄复张筱翁，一面迅饬萧守带训营归来也。其韦志俊三千人，且待归至东流再看。如果饬剿枞阳，即请分别咨札。办理书院取"箴言"二字，不忘先训，甚妥甚妥。用书院字则大方，用学塾字则谦恭，二者皆可用。老伯盛德，钦式有年。

用书院字则大方，用学塾字则谦恭。

当遵命作《记》一首，以志景仰之素。复请台安。

87 复胡林翼

咸丰十年闰三月十三日

润之宫保老前辈大人阁下：

得惠书并京报、京信等件。筠仙请假回籍，而邸抄有云，留津无益，岂刻讹耶？既已入直，似宜小住，以待风波之定，请假微嫌太速。蜀事大有转机。萧公一到，当可速了，皖、鄂之幸也。希庵见多公后，闻甚相投，尤以为慰。前敌数公，相得益彰，在后路者，可以高枕无忧，天下至乐，孰大于是。

天下至乐，孰大于是。

88 复胡林翼

咸丰十年闰三月十六日

润之宫保老前辈大人阁下：

得惠缄，知少村将来敝处，大约今、明日可到。萧公决不能兼统训韦二军。久留于徽，不惟无益，恐生它变，当札催其归来也。袁公饷事，可虑之至。昨接其报克全椒摺，铺张颇过，保奖亦优。渠于滁州一案，全守克公科臼。虽出于势之不得已，然终非正办也。溧阳失守，敝处未缄告作梅。一则欲其至益阳少与勾留，一则告之无益，适以扰其心耳。顺问台安。

久留于徽，不惟无益。

89 复胡林翼

咸丰十年闰三月二十八日巳刻

润之宫保老前辈大人阁下：

得专兵赐书，并惠宣纸、羊颖，敬谢敬谢！枞阳已大有备，似须待怀、桐两军扎稳后，再仿迪庵打湖口之法，出奇往攻，乃能得手。目下恐未易攻。若能攻得，敝处必设法守之。此破安庆之要著，自宜竭力以图，但恐难遽攻得耳。惟季公闻其大世兄有

出奇往攻，乃能得手。

病，顿动归思。公既有来宿之约，必坚留季老在此奉候也。

90 复胡林翼

咸丰十年闰三月二十日

润之宫保老前辈大人阁下：

昨夕得书，及季公所为碑铭，顷又得校定稿本，季公文简重浑括，鄙人岂能更有所赞助于其间，中有一二字未惬意者，谨已注出，未审有当否？侍欲为丹畦立碑于遇害之所，不知英山有巨石可为碑者否？乞一饬查示悉。拙作碑记一首，抄稿呈台端与季公阅，敬求改正，并求访问当日在英山人员，情事果否符合？记文改定后，拟请守、季二公书之，或隶或楷，皆可。但嫌文陋且冗长耳。顺问台安。

91 致胡林翼

咸丰十年四月初二日

润之宫保老前辈大人阁下：

本日侍出城八里，接淡公忠榇，申刻入城，明日可还乡也。接小浦信，金陵大营全陷，和张退守镇江云云。大局决裂至此，以后补苴愈难矣。接到寄谕，令都直夫带兵赴江北，公意定拨何营交之？恐贼志不在北窜，而在苏常也。

92 复胡林翼

咸丰十年四月初七日

润之宫保老前辈大人阁下：

得手教，并官、袁各缄，敬悉。阁下之意，拟围一城，而此外皆作活兵，不作呆兵。季公之意，则并不围一城，概择便地，以扎老营，而伺隙抽兵出而雕剿。鄙意谓两说皆是也。特雕剿须得好将，庶迟速远近，悉合机宜耳。目下先将都公带去之兵将，

皆作活兵，不作呆兵。

派拨定局，然后可议。此间以进为防，以雕剿为进之法。至阁下行藏，请来宿松面商。敬办一公馆，颇精洁也。顺问台安。

93 复胡林翼

咸丰十年四月初九日

润之宫保老前辈大人阁下：

得惠缄，知台旆东来，明日可捧袂矣。昨夕，接奉寄谕，抄呈尊览。池州未克，陆军似难遽至芜湖，芜湖未复，尤难进趋宁国。若不由池州、芜湖，则须由徽州、泾旌以达宁国。子药粮饷俱难，接济亦殊不易。应如何复奏之法，敬求钧裁酌定。季翁之事，天心大转，以后或出任艰巨，或时顾桑梓，进退绰绰，亦足喜也。即问台安。

94 复胡林翼

咸丰十年四月二十三日午正

润之宫保老前辈大人阁下：

得浙抚十四日信，贼未破常州，而先至无锡。阊门、胥门，锦绣之地，皆逃兵所烧。古所称“勿戢自焚”者耶？渠发信时尚未知十三日苏州失守之事，此时贼踪，恐已入杭境矣。欲保湖广，必先保江西。我公有何良策，祈即详示。尊处零星事件太多，似须请一好手代办，留此心专虑大事何如？顺问台安。

95 复胡林翼

咸丰十年四月二十四日

润之宫保老前辈大人阁下：

不与以精劲者，非所以待直夫。

昨夕得惠缄，并官帅缄，今早又得赐函，并京信各件，敬审一切。都将军拨马步队，是大难事。不与以精劲者，非所以待直夫；与以劲旅，又恐葬送好兵、好勇也。且各步队，久依慈云，亦未必肯舍此他适。此事虽以公之宏才，亦费平章耳。云仙不知何以尚未出京。各京信不甚迫切，盖不料苏、常不保，东南决裂至此耳。舍弟等在安庆，已兴工掘长壕，将来进退弥难。顺请台安。

96 复胡林翼

咸丰十年四月二十六日

润之宫保老前辈大人阁下：

昨夕奉寄谕，饬国藩援苏、常，尚不知苏、常已失。又未接王雪轩两次请援之奏，计日内当又有谕旨迭至。陈狗既定两路大举上犯江、鄂，我楚师似当竭五、六两个月之力，谋所以御之。若秋间能力挫凶锋，庶此后江、鄂可保，而江浙可徐图也。若不力固上游，而先救下游，则其祸必速而烈、惜无人抉明此机于九阍。公以为何如？敬求详示。即请台安。

不固上游，而救下游，则其祸必速。

97 复胡林翼

咸丰十年四月二十八日酉刻

润之宫保老前辈大人阁下：

本日接官帅咨，知有署理江督之命，以菲才而兼之，近极惫弱，何以当此重任。然苏浙糜烂，自不能不闻命即行迅速南渡。大局仍当如鄙人前咨，固江西两湖，以为恢复下游之根本。侍进兵约分两路：沿江则池州、芜湖一路，傍山则徽州、宁国一路。若浙江不守，又当另添广信、衢州一路。此刻实无许多兵勇，奈何？安庆一军，以不撤动为妙。一撤则桐城亦当撤退，不特前功可惜，即鄂疆亦良可虑。即侍在皖南，亦不能与江北通气。有何良策，不动安庆之军，敬求训示。至要至要。安庆不得，终无克复金陵之理。故浅见不欲轻动安庆之师，此外筹饷有何方法，望详悉见单示及。敬请台安。

98 复胡林翼

咸丰十年四月二十九日巳刻

润之宫保老前辈大人阁下：

接二十七夜，两次手教，并丁、汪二公之信。当此大局震骇之际，读二君信，为之气壮。应即抄一通于坐右气馁时，一为省览。大函未蒙详示一切，兹将鄙见条上一二：

——侍虽办两江之事，而前日咨商三省合防之局，仍不可变。固上游，以为图下游之根本，一定之理也。江北、江南总求呼吸相关。侍驻南岸，求阁下移驻宿松，相距较近，以便随时飞商一切。仍拟造渡船一百号，每号可载六、七十人，置于东流、安庆之间，南北两岸有非常之警，则渡兵过江，互相救应。

互相救应。

——南岸分兵三路：第一路，在山外滨江，由池州以规芜湖。第二路，在山内，由祁门至徽州、宁国。第三路专守广信、贵溪、弋阳，恐贼上窜江西。第一、第二路之兵，应由国藩带去，第三路之兵，拟请次青招三千人，现有平江勇五千，合为八千，概归次青、幼丹及饶廷选三人管辖。幼丹处即日当专摺奏请出山。

——侍所带之兵，即拟带霆字全军、张凯章一军、礼字二营，共万一千人，分为山内、山外二路，本太单薄。目下一、二月内，霆、凯二营不能遽到。必先带万人南渡。或带希公一军，或请希代围安庆，而侍带沅弟一军皆可。待一、二月后，霆、凯皆到，或希或沅，侍必仍令其渡回北岸。盖侍以北岸为根本，若有胞弟倚公在北岸，则侍之本固矣。

——舍弟沅甫一军，拟令再添二千人，足成万数。于其中抽出朱、唐二人仍归侍身边护卫。侍之第一、第二路得春霆、凯章、云岩三人在南岸，差足自立。礼、希、沅皆在北岸，万无一失。若希庵能再以成大吉畀我，则南岸亦渐壮盛。

差足自立。

——侍之饷项，拟派李筱泉与李辅堂专办江西牙厘。奏明江西全省钱漕归中丞收，牙厘归侍收。其抽厘章程，及厘局用人之法，与具奏立言之法，均求指示。

——多公不肯分兵，都公如赴扬州去调拨步队，亦极不易易。查淮扬下河七州县，若就场征课，益以钱漕厘金，每年可得六、七百万。若得能办吏事、善理财用者，代都公此席，江北之事非不可为也。阁下心中如有其人，当会奏请都公免此一行。如无其人，却不敢奏。都公此行，大有损于鄂，却无益于淮扬，实为难事。

若得能办吏事、善理财用者，代都公此席。

99 复胡林翼

咸丰十年五月初一日

润之宫保老前辈大人阁下：

鄙人才太薄，精太惫，而模窃虚望，深惧为庾亮、殷浩之续。昨日奉询各条，求先生改正者，皆固上游以规下游、防三省以图吴会之计。果如所议，则鄙人一半年内，尚不能履江苏境内，恐苏人始而望、继而痛骂矣。目下是非得失，须争起手一着，求公一言为定。如侍昨议，则难免吴人迂延之议。若不用昨议，又恐上游三省皆不稳固。二者孰优，求公决定，乃发摺也。敬请台安。

模窃虚望。

100 复胡林翼

咸丰十年五月初四日申刻

润之宫保老前辈大人阁下：

惠函敬承。所示人以曹武惠相期，而此或以宣歙使者自待，诚为文不称题。自当开扩规模，绝去拘挛，以副盛指，惟其中有一、二尚须辨难者，用再陈询：

绝去拘挛，以副盛指。

——安庆之不撤围，非为破安庆计，为南北两岸之军，全恃水师与安庆陆军为之联络。论地，则安庆一带，迳渡北岸，比上游之石牌、望江，远近迥殊，论人，则雪琴、沅甫必竭力联络，使侍与公无三日不通之信，无片刻不达之情，假令安庆撤围，另

无片刻不达之情。

派人驻扎石牌，则桐城一军嫌其孤立，在鄂仍须五千人当石牌一路，而在侍已与北岸隔绝矣。此侍宁办事不成，不肯轻撤安庆之微意也。

——次青之四千人，现在饶廷选处，正与淳安股匪相持，万难将其勇遽行调回。又屈守蟠之一千人，现在景德镇，亦难迅速调来。次青回平江，另募三千人，成军当在六月底，到浙当在七月。广信、衢州、浙江，本是一气，侍意用次青，亦不仅在广信，特就三省协防言之，则注重广信耳。

——少荃赴淮扬，须待三、五日，看新任苏抚放何人，河督放何人，再议所以经理淮扬之法。

有此血性男子，而潦倒一生，天下安得不乏材哉。

梅村兄两信，前信只速进苏州一条难行，余九条皆可行，无一迂腐语。两月内必一一行之。此信不如前信之切当，而满腔热血，喷薄纸上。有此血性男子，而潦倒一生，天下安得不乏材哉？

101 复胡林翼

咸丰十年五月初六日午刻

润之宫保老前辈大人阁下：

手教奉到。扬州一大枝，侍目下实无此力量。少荃劝我将皖南事布置少定，即亲自驰赴淮安，办一枝大水师。船在淮安造，炮亦在淮安铸。各场各卡，到处梭巡，而就场征课之盐利可行矣。江淮湖海，处处可通，而金陵、苏、常之贼势可减矣。侍甚以其言为然。惟必须辛酉年乃能前去，尚不知徽浙可保否？如徽、浙失而江西危，恐竟不能去。求公为我筹一安皖南之法，侍则志在淮上矣。雪琴等攻克枞阳，虽是好事，然却不易守。且恐速援贼之至。求公缄请礼堂，谋所以守之之法。顺问台安。

谋所以守之之法。

102 复胡林翼

咸丰十年五月初七日未刻

润之宫保老前辈大人阁下：

——直夫将军之行，既不能奏明停止，似应厚为装遣。昌营应全调去，除发欠饷外，应裹带十万两以行。侍与希庵所见略同，不知鄂力能勉强办此否？

——敝处南渡兵，单凯章一军承阁下代为催索，侍亦必隔日一缄，三日一咨催之。此外，新添之勇，曾咨商左公，惟人数已逾三万。若再添募，饷项实无所出。道州、辰溆二支，暂可不招。无好统将、好营官，虽百炼精勇无益也。且待左公咨复到日，再行商酌。

无好统将，虽百炼精勇无益也。

——次青成军后，须在广信，与沈、饶会齐。浙江有急，应由衢州援浙，浙江无事，应由孝丰、安吉，以趋广德州。

——淮扬暂无人去。若侍明年，能赴淮安造战船。则于淮扬有益。而上下水师，亦可两头凑合于东西梁山等处耳。即请台安。

103 复胡林翼

咸丰十年五月初十日未刻

润之宫保老前辈大人阁下：

——贼虽多方误我，而大致仍不能出去年所奏四路之范围。四路中，仍以第二路为最重。鄙意希、礼、沅三军皆驻现驻之地，不可移动，贼救安庆，必在桐城下手。何也？若从第三路下手，则霍山至英山，山路崎岖，难进难退，米粮难办，子药难运。前有英山雄，麾城守以抵之，此第三路之不易来也。若从第四路入手，则必先破六安州，后破商城、固始，乃达楚境，而米粮子药亦难接济。此第四路之不易来也。以盛势径扑我第二路。若合希、礼二人之力，静以待之，必可破贼。万一失算，贼果从第三路来，且待霍山被陷后，希军再赴英山援救，亦尚不迟。贼果从第四路来，且待六安、商城被陷后，希军再赴罗麻援救，亦尚不迟。如去年打宝庆故事，贼势未定则难料，贼势已成则可乘也。

山路崎岖，难进难退。

——昌营拨交都将军带去，昨已详复矣。其霍山之防，应请阁下与希庵派人接手。至英山护卫诸军，亦须讲求城守事宜，以备不虞。

设防于彼，究属无当。

——天堂于万山之中，辟开平原，诚为佳境。然设防于彼，究属无当，即有重兵，亦不足制贼之死命。贼由第二路、三路犯楚，皆不由天堂经过。一路、四路相去尤远，则其非必争之地可知。目下兵力不敷，应请无庸更顾天堂，待秋间介唐重来，令其率新招二营、潜山五营，往防天堂。

——兵多则拓地远骛，兵少则敛抑退回，缩地一、二百里，亦无扼要可守之隘，亦无可以减兵之法。徒增贼之气，而我仍无把握，则不如不退矣。怀桐既静守不退，大纛在英山，似亦不宜移动。

以上各条，多希庵之说，而鄙人赞成之。其云贼非万不得已，不由第三路、第四路来者，则少荃之说，而侍与希庵深以为然者也，伏祈采择施行。

104 复胡林翼

咸丰十年五月十二日巳刻

润之宫保老前辈大人阁下：

即可不必取盈。

惠函敬悉。都公行装，力不能十万，即可不必取盈。鄂省乃南北一大枢纽，鄂若少有疏虞，则南六省之奏报，不能达于京师矣。鄙意必当稍留鄂力，不可竭鄂之兵，竭鄂之饷，以事他省也。此次敝处奏报，应将此层上告圣主。昨议造水师以保盐场之说，决不可不办，办之亦必惬人意。特患侍今岁经营皖南，而里下河或遽不可问耳。苏杭大利全失，惟淮扬尚有生发，不知赶得及否？造船出固城南漪湖，以规东坝、芜湖，亦系至计。果能北造淮安水师，南造宁太水师，则声势大旺，大局必有转机。特棉力恐有不逮耳。苏抚不知简放何人？若松江、上海不失，新抚驻彼，则侍之责任稍轻矣。复请台安。

大局必有转机。

105 复胡林翼

咸丰十年五月二十一日午刻

润之宫保老前辈大人阁下：

侍于十二日自老洲头起行，夜宿华阳镇，二十一日至东流县，与陆军料理一切，再以轻舟访杨彭也。接三次手教，梅村境遇可悯，侠烈可敬，学问可畏。其二女事，侍当设法表章。梅兄前一信，欲侍出一恻怛告示。兹将示稿抄呈。其第一条即旌表忠义，盖仿公初克武昌时立局办法也。

106 复胡林翼

咸丰十年五月二十二日酉刻

润之宫保老前辈大人阁下：

连接两次惠缄。左季公事，若待渠信来再定，则复奏太迟。若迳行先奏，则当请其入蜀。盖以事势言之，则入蜀大有益于鄂，鄂好即可波及于吴；吴好不能分润于蜀。季公之才，必须独步一方，始展垂天之翼。以奏对言之，谕旨所询独当一面者，断无对曰否之理。既对曰可矣，则当令其速了蜀之小事，而后再谋吴之长局，是忠于为国谋，忠于为鄂谋，忠于为季谋，三者皆宜入蜀，但不忠于谋鄙人耳。浅见如此，不知与尊意相合否？此折本应由侍主稿，但目下侍距揆帅太远，距季公太远，实难会商。敬求阁下主稿，送敝处拜发，仍列揆帅首衔，来吴则自谋私忠，入蜀则三谋公忠，二者俱可，侍无意必也。

以事势言之，则入蜀大有益于鄂。

二者俱可，侍无意必也。

107 复胡林翼

咸丰十年六月一日申刻

润之宫保老前辈大人阁下：

手教敬悉。季公若来敝处，留驻皖南，而以少荃驻淮扬。则侍仍可周流列国。以水师为老营，而以徽淮为南飘北泊之所。于私计诚便，特蜀事恐非东公所能了。季公不入蜀，或于两楚均不便，故仍请季公自谋自断，而公为草奏，侍缮上之。此间节次，庶为不紊，望公无过让也。

108 复胡林翼

咸丰十年六月初六日巳初

润之宫保老前辈大人阁下：

得手教，知季公愿共事皖南，不愿独入蜀中，至慰至幸。季公来皖，则湖南各新军，及次青、春霆、凯章等，皆精神百倍，几可与公之皖北比盛。侍在皖南则高卧，离皖南则放心，何幸如之。即日一面具折，一面缄告揆帅，到祁门即行拜发。三河尖侍未深知，不知陆兵若干，即可保守。若在三千人以内，似属可行。侍办淮扬水师，公办三河尖盐务、防务。系首尾相应，一气贯注之事。若由蕲水抬炮入淮，亦必在三河尖下水。特须一枝好陆兵，乃能成此异举耳。

一气贯注之事。

109 复胡林翼

咸丰十年六月十二日辰刻

润之宫保老前辈大人阁下：

湘勇加夫之例，敝处毅然酌减，尊处若肯通行，希庵必不阻格。以前者不改，以后者酌改，于营中亦无窒碍。此事迪庵所定，侍本不忍改之。惟目下文书太烦，将来加银太多，若不趁早稍变，则积重难返矣。以质高明，行即缄商希庵也。作梅萧然物外，而有济世之心，有牧民之才。鄙意欲其迎养湖南，而作州县于皖南、江西。以其卓识苦行，为群吏之表式。俟其到当面恳之，求公为我先劝之。

若不趁早稍变，则积重难返矣。

110 复胡林翼

咸丰十年六月十五日

润之宫保老前辈大人阁下：

接两缄，并渭春方伯、文若司马等件，敬悉一切。季公之事，已具缄奉复。兹将摺稿抄呈，一、二日即可拜发。淮盐之五利三虑，诚为切当。惟陆师仅二千人，则嫌其太少。侍初六日复缄，谓须陆兵三千人，亦尚太少。三河尖为群捻出没之区，大约陆师须五千劲旅，得一名将统之，庶臻稳固。该处陆兵能站得住，则不特盐利可兴，且鄂之北防亦坚而永，无捻患矣。五利中，惟第三条似不甚确，所指额引，在盛世尚不能销售如额，况兵燹十年，巨商裹足，仅恃零商小贩，又兼陆运数百里之远，安能行至九十余万引之多。侍办浙盐，行之江西，人人乐从，仅陆运玉山八十里，行之五年，至今尚未满十万引。文若兄原议到楚淮盐尚有五十余万引，以鄙见策之，到楚不过数万引耳。如原议则为利甚巨，如鄙见则为利甚微。应请卓断。然为利虽微，而此事要不可不办。侍既有办淮、扬水师之奏，则造船于淮安，与造船于三河尖，上下一也。公既有设北路防兵之议，则设防于商固，与设防于三河尖，远近一也。应请以侍认办水师，而公认办陆师，两军成后，先办官远之盐，如果有利可图，则商贩或亦源源而至。若其无利，商贩不至，则水师以卫淮、扬两郡，陆师以防鄂之第四路，本不为盐厘而设，亦无损也。

然为利虽微，而此事要不可不办。

111 复胡林翼

咸丰十年六月二十日申刻

润之宫保老前辈大人阁下：

郑阳和率五老营于十六日到祁，宋国永率四新营于十七日到祁。鲍镇久无来信，敬求尊处为我飞催，此间又隔一层也。

昨日专请邵位西来办奏疏，待其到日，乃可放少荃东行。刑名幕则必求阁下惠荐，亦不必求上等之选，取公中驷，即当敝处之上驷矣。敝处留左摺虽后到京数日，计可邀俞允。皖南三路虽未必悉精，而两路已可恃矣。

公饮其源，我饮其尾。

淮盐之事，终须行之。侍在淮、扬，美其名曰“课归场灶”，实则以水师设卡抽厘也。公在三河尖，美其名曰“淮盐行楚，复旧引地”。实则以陆师设卡抽厘也。淮之水，公饮其源，我饮其尾，而中间袁翁、豫抚等获利益者颇多，俟怀、桐克复后，终当力图此事，或及此时豫谋之。伏候卓裁。

112 复胡林翼

咸丰十年六月二十六日

润之宫保老前辈大人阁下：

手教并批牍二册，不特当世无两，亦恐为百年以来所仅见。即如昨者霍山张组一禀，国藩亦叹其贤，然不过以一语批准而已。今读大咨录批，声声打入心坎，不独激发张令之志气，亦可免他人之蹂践。此公家之至宝，宇宙之至文也。

今临事而不能无所摇惑。

宁国围困日甚，余杭失守，贼踪去浙省不过百里。徽帅与浙帅皆望极生怨，徵色发声，行且弹射丛集矣。拟守条侯之法，以梁委吴，未审果有当于事理否？敬求详明指示。当四月初定大计之时，已知必有此众怨交集之日，今临事而不能无所摇惑，尚祈训定。

113 与胡林翼

咸丰十年七月初五日午正

普军日内大有奇文，想已渐达尊听。侍佯为不知，徐观其变，目下不能调营赴安庆之对岸也。此外别无可调之营。待鲍、张到后再酌。季公军营，人才毕集，皖南实大有为之地。将来必有可观，但须带一、二循吏来。细观今日局势，若不从吏治人心上痛下工夫，涤肠荡胃，断无挽回之理。再问台安。

114 复胡林翼

咸丰十年七月十五日

润之宫保老前辈大人阁下：

接惠示，并文若兄缄，得悉一切。此间机要，全在宁国，虽至愚无不思救援之理。张、鲍未来，宋、郑皆病。云崖未痊，实无带队往救之人，亦犹八年冬之不赴闽，实由营中多病，外间不亮而咎之也。宁国之存亡，则听乎天矣。左公书来，其气方新，当为国家撑拄一方。

宁国之存亡，则听乎天矣。

文若兄盐务条陈甚好，惟南北并出一途，若不大改章程，就场征课，而但责成运司，酌量轻重，以期成本一律，恐贤运司亦无此气力；若改为就场征课，非水师办成之后，固不能稽查。即水师成后，犹恐江，淮诸将帅之众议纷挐也。盐务诸君子必设法罗致之，终当合群策以办成就场征课之举耳。顺请台安。

115 复胡林翼

咸丰十年七月二十二日

润之宫保老前辈大人阁下：

惠缄杜润生实不胜民社，已用公牍咨复，请公另委贤员，不必顾忌许多。州县略好一分，百姓略安一分，即吾辈清夜自思，可自慰一分。公之功在天下，以吏治大改面目，并变风气为第一。荡平疆土二千里，犹为次著。侍之揣摩近三科名墨，亦当以吏治人心为第一义。皖北州县一一皆请公以夹袋中人才换之，侍当附片奏之。翁公虽胶固于成例，束缚于属吏，然畏公而有所不敢发，亦德公而有所不忍负。公以王者之心，行伯者之政，不久必为世所共亮。其夹袋私橐中，尚有余才，则请波及皖南。侍如物色得人，亦必保为湖北州县。交易而退，以报大德。广德州又已退出，州境已报肃清。宁国贼势日松，意者秋凉马肥，贼将以全力救安庆乎？去冬英、霍诸山，运米粮等物赴金、余军中，夫

不必顾忌许多。

以报大德。

役如何给钱，如何押运，求详示。顺问台安。

116 复胡林翼

咸丰十年七月二十八日

润之宫保老前辈大人阁下：

凯章二十四日到祁门，守两三日，二十八日拔营前进。由徽州赴旌德。鲍镇虽尚未到，先令宋国永率全军由太平进剿泾县，凯军抵旌，稳住三日，霆营乃进泾县。霆军抵泾，稳住三日，凯章乃进援宁郡。用卷塘进法，以互保后路也。闻椒云方伯竭力为侍筹饷，江西本有为之地，或可少济。季公新军必不令其饥饿，盖渠与凯章皆极力训练，全恃二人以吞吴耳。

117 复胡林翼

咸丰十年八月初五日

润之宫保老前辈大人阁下：

接两次惠缄，怪邮驿之迟也。顷自祁门至东流三百里，已改设步拨矣。留骆帅暂不入蜀之奏，侍向极谨慎，本不敢为此冒昧之请。无奈浙江危在旦夕，江西、皖南亦危在数月，不得不留骆帅，兼留湖南防兵。竭湘人之力以谋江西、谋皖、谋苏。非敢因甫当大任而遽放肆也，公意以为然否？默观天下大局，万难挽回，侍与公之力所能勉者，引用一班正人，培养几个好官以为种子，即咸丰四年寄公缄中“种火”之说也。

118 复胡林翼

咸丰十年八月初八日巳刻

润之宫保老前辈大人阁下：

惠缄敬悉。天津之事，决裂至此，惊心动魄，可为痛哭。幸近日接奉批，皆七月初五以后所发，圣人似尚不改常度。侍昨寄希庵信云："方今天下大乱，人人怀苟且之心，出范围之外，无过而问焉者。吾辈当自立准绳，自为守之，并约同志者共守之。无使吾心之贼，破吾心之墙子"，云云。此后侍与老前辈当谨守准绳，互相规劝，不可互相奖饰，互相包荒。即昨留骆帅等度外之举，嗣后均不敢为矣。次青初七到祁门，浙事危急，患不在贼多，而在兵勇太杂太乱，实觉无药可医。桐城援贼果到否？久修之垒易守，似不宜因援贼到，而另移新垒。即请台安。

互相规劝。

患不在贼多，而在兵勇太杂太乱。

119 复胡林翼

咸丰十年八月初十日

润之宫保老前辈大人阁下：

都公游移展转，令人不快。春霆至今未到。宋副将业于初七出队，与贼相对。但贼未接仗而去耳。王心牧自东流、建德来此，途次并未闻春霆消息，尤为可怪。宝军当如尊指，即在南岸遣撤。幼丹不愿作官，而许来居敝幕，当备关聘，专足邀之。皖北两司、实难其人，不如待介唐到，一以委之。盖本府之权，固可委州县代理，其非皖省之官，则侍可奏留也。知稼穑，知情伪，不剥取官财民财，察吏之论，当奉明教为圭臬。侍顷致李小泉书言："取人贵有操守而无官气，多条理而少大言"，附于大教之后，若能引出一班正人，倡成一时风气，则侍与公所藉以图报国者也。即请台安。

察吏之论，当奉明教为圭臬。

120 复胡林翼

咸丰十年八月十二日

润之宫保老前辈大人阁下：

春霆尚未到，宋国永连出队三日，遇雨皆收，不得开仗。贼亦颇畏鲍军也。浙江贼退，一回平望，一退石门当不足虑。左公到后，即由广德进兵，合左、凯凡万一千人，拟另拨四千，以附益之。或足以庇浙而规苏乎！

121 复胡林翼

咸丰十年八月十七日申刻

润公老前辈大人阁下：

三接手教，冗中未得速报。此间诸事，方意次青接印、张、宋进兵，左、鲍将至，可期渐有头绪。不料宁国城外各营尽被贼踏毁。郡城十二夜失陷矣，徽兵闹饷，拥至张公行馆，汹汹未已。鲍镇杳无信息，左公又被毓公咨留，焦灼万分。现在四眼狗踞宁国县，杨七麻子踞石埭县，古隆贤、赖裕新踞泾县，伪侍王亦来，只要静守半个月，贼不能逞志于楚军，则必派一悍贼守宁国，而狗逆率大股援怀、桐矣。意欲请希庵带三营来江南一助，合之朱、唐共四千五百人，尽可一战。左公到日，希仍北渡。狗逆大股至桐、怀，当由东梁山渡江，不能似我之速也。可否？求商之希公，速行定夺。即问台安。

122 复胡林翼

咸丰十年八月二十日午刻

润之宫保老前辈大人阁下：

无进兵之路，无筹饷之地。

宁郡失守，广德再陷，此后竟无进兵之路，无筹饷之地。左公到后，殊难下手。春霆未至景德镇，闻今日可抵祁门。此次不能不参劾矣。徽兵向筱浦索饷，尚未解息。次青十六日至徽接防，筱翁定以二十日成行北上。不知闹饷之弁不至滋事否？宁防溃兵，又难经理，侍刻有告示一张、护票一纸，附呈一阅，不知可弭乱端否？皖北、安庆钱漕事，未及细思，然既征钱漕，似宜以翁中丞为主，此等界限，不可尽弃。公意以为何如？希庵带二、三营南来相助，务求阁下惠成之。非至急不肯为此举也。即请台安。

123 致胡林翼

咸丰十年八月二十二日

润之宫保老前辈大人阁下：

次青到徽，因徽防交替，及积欠口粮，纠结数日。派二营分防丛山关，分守两卡，一营失利，营官阵亡。丛山关去绩溪县三十里，去徽州府九十里。次青现在徽州，赶办城守事宜。该城蓬蒿没人，颓败不堪，料理就绪。侍续派礼字、河溪等四营二千一百人到徽，平江六营守城内，礼河四营扎城外，或可保全。凯章扎旌德，静镇未动。春霆到太平本营，亦令其坚守不动。惟祁门老营太单，既恐贼冲入休宁，断徽、祁之文报，又恐索饷内讧。务求阁下告希庵。带二、三营速来一助。季翁到景镇，希公仍可北渡，决不食言。顺请台安。

124 致胡林翼

咸丰十年八月二十八日午正

润之宫保老前辈大人阁下：

徽州于二十五日酉刻失守，次青闻实由大南门出城，至今三日，尚无确耗，殆已徇节，哀哉！此人吾用之违其才也。目下所最惧者，贼由婺源窜乐平，断截祁门之后路，蹂躏江西之腹地。其次，则恐凯章、春霆两军断于岭外，不得归来。至祁门老营，得希庵带四营来，必可万全。前因朱、唐三千人，内有一千七百未见过仗，故有此请。今来四营，千足万足，余营可不再南渡。恐北岸大警，希公单骑回救则易，大队回渡则难也。即问台安。

125 复胡林翼

咸丰十年九月初六日

润之宫保老前辈大人阁下：

机滞兵钝。

连接来信，定远围师，竟尔全溃，贼若专由庐、舒以趋桐城，则机滞而兵钝。计必先攻六安，从外一路包抄而入。希庵至祁门，小住五日，仍即北渡，断不满二十日。盖途中往返仅十日也。希在此间，不令与贼交手，盖接仗后，则进退不得自由，此义侍深知之。次青十日无信，而外间皆言其未死，似非无因。楚军入援之谕，本日始行复奏。恭亲王之咨，亦钞折咨呈复之。兹将折稿录呈台览。主意系希庵所定，与侍初计相符。惟如此入奏，谕旨派出之后，即不可少有濡滞。求阁下于南北岸各军，预先安排，应撤围者，预先撤围。应退扎者，预先退扎。俟奉到谕旨，公北上则侍当移驻皖北，侍北上则请公兼管皖南，皆义不容诿。其行装银两，日内即当筹画，诸求详示。顺请台安。

126 复胡林翼

咸丰十年九月十三日

润之宫保老前辈大人阁下：

连接惠书，并抄寄探报，及六君子公缄具悉。此间侍与诸君子各有一议，兹抄呈尊览，祈阁下兼综众说，折衷一是。至西巡之说，则万万不可。木兰秋狝，本国家之宪章。嘉庆年间，无岁不举。宣宗因抱鼎湖攀号之恸，不忍更莅其地，非弃而弗有也。距京城及东西陵皆不甚远，即去盛京及科尔沁部，亦不过数百里。左右前后无非四十九部之臣民。以鄙见观之权宜避狄之计，无如热河之妥善者。若秦晋则物产、兵力、人心，无一足恃，不知何见而以为愈于滦阳？大抵天下有理、有势，北援理也！保江西、两湖三省，势也！吾辈但就目前之职位，求不违乎势，而亦不甚悖于理。此外出位之思，非常之策，吾辈尚可不必遽议。阁下以为然否？顺问台安。

物、兵、人，无一足恃。

127 复胡林翼

咸丰十年九月十八日

润之宫保老前辈大人阁下：

自嘉庆二十五年以后，四十年不举行木兰秋狝之典，京北驲站废驰，行走太迟，事所必然。入援本难，若但明奔问官守之义，不求补救全局之策，则尚不甚难。拙计定带兵不满一万，转饷月不过五万，自用土马队百余，每月至襄阳驮运，虽无裨益于北，而犹不掣动南三省之全局。观安庆所获狗逆伪文，则九、十两月皖北、皖南俱有大仗开，南三省之能否支持，安危之数，即在近日可决，又不系乎北援之抽拨与否也。顺问台安。

128 复胡林翼

咸丰十年九月二十三日

润之宫保老前辈大人阁下：

接大咨，逸亭带大队救援六安，往返以二十日为度，窃恐军事不能如此计算。古称陈汤算五日而得吉语，司马懿算五月而破高丽，皆史官事后铺张之词，不足深信。鄙意希军扎青草塥，极为扼要。贼之全力必在桐城，希军救援桐城，极近而易，即由舒城小路中梅河以至潜山，希军亦恰好御之。此皆侍与公所谓第二路最难者也。至第三路贼来，必先破六安、霍山；第四路贼来，必先破固始。待城破后，希军徐起而应之，尚不为迟，切不可令希军入山太早，致大股来扑桐城，回援不及也。即请台安。

徐起而应之，尚不为迟。

129 复胡林翼

咸丰十年十月初五日

润之宫保老前辈大人阁下：

初四夜连接惠缄，敬承所示。唐义训带队至祁西山中雕剿，尚未见贼，而文报已通。池州内犯之贼，当少退矣。读钞示密寄，知款议已成，此间亦奉到寄谕，言抚议就绪。鲍军可不北行，初六日请派入卫之疏，殆不准行，吾辈得以一意筹议南事，岂非至幸？惟侍调度乖方，广德失而无以屏蔽浙江，宁国失而无以更谋苏境，徽州失而皖南几无立足之地！五、六、七、八等月所奏诸疏，竟无一语能践，无一句不假。中夜愧愤，何地自容！十月若不能克复徽郡，断不能不亲为淮扬之行。应如何前往之法，敬求训示。寄云放苏藩，希庵放皖臬，皆极可喜之事。从此皖北吏治，公为主而希辅之，必有起色。希庵青草塥之兵，鄙意不可早动，贼之大股恐仍当自舒至桐不知有一二可采否？

130 复胡林翼

咸丰十年十月十五日

润之宫保老前辈大人阁下：

侍出营赴黟县查岭，每日行六七十里不等连接惠书，敬承一切！当贱子搅揆之辰，正阁下释服之日。同为永感之人，并处多难之秋，负疚不遑，奚暇言庆？鲍镇近日抑塞郁怒，颇改常度。虽无直告侍者，而侍亦略闻一二，亦恐非破贼之象。只好听其自进自止，且寄信令其来祁门老营，小住二三日再看。大约皖南今冬，殆无佳耗，惟厚庵破南陵援贼，接出陈大富，是近日极快意事耳。

131 复胡林翼

咸丰十年十月二十二日

润之宫保老前辈大人阁下：

接手教敬承所示。长虑却顾，因谨慎拙滞。此正侍用兵之短处。日昨贼破羊栈岭，破黟县，侍之调度又已拙滞。幸鲍、张未接侍信，先已发兵。大获胜仗，立将县城克复，追贼出岭，此神速贤于拙滞之明效也。来示大府规画之地，须宽博有余。富饶之乡自无逾于淮扬者。五月间，承公七次缄示，侍即决计办淮扬水师，无如节节迟滞，目下尚不能舍此而驰赴淮扬。徽州之失，侍所以痛心而疾首也。贼之诡计，一由黟北踞黟县渔亭，断鲍张之粮道；一由祁西窜踞景德镇，继侍之粮道。昨克复黟县羊栈岭，黟北之贼，计已破矣。其祁西一层，现函商左帅暂留景德镇。左帅留景镇，则着子较拙。左帅来屯溪，则机局较紧，侍不能决，伏候指示。即请台安。

机局较紧，侍不能决。

132 复胡林翼

咸丰十年十月二十八日

润之宫保老前辈大人阁下：

接手教敬承所训。左帅来祁已两日，精悍之色更露，议论更平实，脑皮亦更黑。侍于皖南，业已办理不善，然退张而进左，差足下对皖人，上对圣主。即或难期速效，鄙心亦自无憾。惟皖南必须三支劲旅，侍到淮扬，亦须有一支偕行。现仅鲍、左、张三支，陈镇大富一支，闻弁兵皆不甚得力。始终欠此一支，侍不克迅图东行，实深焦灼。顺问台安。

难期速效，鄙心亦自无憾。

133 复胡林翼

咸丰十年十一月初二日

润之宫保老前辈大人阁下：

惠书敬悉一切。权不可预设，变不可先图，自是至当之论。大抵平日非至稳之兵，必不可轻用险着。平日非正之道，必不可轻用奇谋。然则稳也，正也，人事之力行于平日者也。险也，奇也，天机之凑泊于临时者也。敢以质之左右，有当万一否？桐城之捷，此间得见探报，粗知大概，战事尚无所闻。左帅来祁已四日，其部下自安仁大捷后，至今尚无续报，若再不扎屯溪，此路贼必生心，可虑之至。九舍弟仰承明教，尚知钦感。我公则实能以善养人，不仅以善服人，故才气之士，易于服化，敬谢、敬谢。即请台安。

权不可预设，亦不可先图。

以善服人，故才气之士，易于服化。

134 复胡林翼

咸丰十年十一月初七日午刻

润之宫保老前辈大人阁下：

接手谕敬悉一切。初五日夕，闻普营危急之信，派队往援，限初十日赶到，不知能坚守待援否。两日焦灼万分。今闻陈镇军在东流获胜，为之一慰。东、建唇齿，相去仅五十里，普军或可保全。又闻多、李二公大获胜仗，北岸得手，南岸亦为气王。然安庆不克，北岸之兵，仍不可薄，防仍不可弛。狗逆虽暂退，不久又当来援。南岸再勉支数月，以待北岸怀、桐之成功可耳。左帅自祁还景镇，渠部下新克德兴、婺源两城，锐气可用，将来当成一劲军也。

135 复胡林翼

咸丰十年十一月二十八日夜

润之宫保老前辈大人阁下：

惠缄敬悉！此间之贼全萃景镇，诚如尊虑。而休宁、歙县及各岭之贼，亦殊不少。前日两路贼扑渔亭，数近三万，盖侦知鲍公已赴景镇也。日内渔亭与各岭之贼，必有并举大犯之时。此间以霆四副营守渔亭，凯章守黟县，礼字营与江军门长贵守各岭，不知足支持否？唐桂生守祁门，亦殊单薄。鲍、左以全力打景镇，虽毫无把握，然兵力已尽于此矣。但祝日内左、鲍与黄文金痛打几仗，而婺源伪忠王一股，尚不遽至景镇，则事或可为耳。

136 复胡林翼

咸丰十年十二月二十日巳刻

润之宫保老前辈大人阁下：

得惠缄承奖赞，借夷助剿一疏，系左季翁捉刀为之，鄙人不办此也。至于大败之后，力不能拒；和好之初，情不宜拒，此则鄙见与季翁相同。此时以甘言德我，我乃以峻辞拒之，异时该夷以恶言加我，我反哀辞求之，不亦晚乎？似宜虚与委蛇，与之为婴儿，与之为无町畦，犹为少足自立之道。比闻伪忠王围玉山，实挟有黑夷数人同行。江、浙千里，不免于辛有之叹。左、鲍二

犹为少足自立之道。

公因连日雨雪，致阻师期，黄文金在石门一带，殊无退意。鲍公由祁门回剿景镇；盖欲收夹击之效，摹仿阁下令金、余万人出水吼岭之法。尊恙全愈否？已移至太湖否？以公之谋，辅以希之断；北岸军事宜可万全。令人读书端坐听之，此顾氏之法，而阁下效之。国藩久不开卷，近日苦雨无憀，略一番阅，都无意绪，不足仰报。即问台安，诸惟心鉴。

137 致胡林翼

咸丰十一年正月初九日巳刻

润之宫保老前辈大人阁下：

贼扑犯祁门老营。唐桂生等出队，在城外十八里接仗，幸获大胜。左、鲍二军相持如故。两次惠书均奉到。脉案亦读悉。玉体迄未少愈，非独国藩一人之私虑。痞块不生于酒湿，即生于肝郁，非药物所能为力。惟闭目静养，终日不言，或可生得真阳，默默运化。切不可多服疏散之品。似宜请假两、三月，回省医调。军事付多、杨、李三公，万元一失。我公年来汲引正人，崇奖善类，不遗余力，不独可鄙宽薄敦，亦自可延年益寿，请无过虑。即请台安。

非药物所能为力。

138 复胡林翼

咸丰十一年二月初六日酉刻

润之宫保老前辈大人阁下：

接奉手教，知昌营在霍山败溃。英山危急，调鲍军回顾北岸。读之忧骇。南岸近状，伪忠王李秀成入江西腹地，围攻建昌府城，文报不通。有步贼四万，骑贼千余。现仅刘养素抽抚州防兵就近援建，恐不可恃。据生擒贼供：建昌破，则进围南昌省城；建不破，则径回广西云云。左季翁以此贼飘忽异常，若抚、建不破，恐其由樟树等处渡赣水之西，由瑞、临以达九江，则全鄂震动，安庆之围自解。侍意伪忠王断无回广西之理。左公所料最当，亦最险也。请与公约：再迟五日，得一的音，如建昌破，而伪忠王趋南昌，则侍当另派人救省城，鲍公势难北渡。如建昌不破，而伪忠王西趋樟树、瑞、临，则鲍公当渡湖而赴九江，迎击于瑞州、奉新、武宁、义宁等处。所以保江西，即所以保两湖。除忠逆已窜腹地外，又有伪侍王一股，新自休宁窜至婺源，意在复犯江西。左军驻景德镇，日内当有大战，实亦应接不暇。侍因各路纷纷，亦难遽移营至江滨也。即请台安。

139 复胡林翼

咸丰十一年二月初九日

润之宫保老前辈大人阁下：

惠书敬悉！英山既失，则二蕲难保，楚疆大震。幸希军以节制之师，当贼驰骤虚骄之气，一、二胜仗后，或可转危为安。侍本拟日内移驻江滨，因左军在婺源，与大股悍贼相持，应须局势稍定，侍乃能移出山外。鲍公一军将来总宜渡湖赴浔，恐建昌贼锋由樟树而指瑞、临也。顺问台安。

当贼驰骤虚骄之气。

140 复胡林翼

咸丰十一年二月十一日

润之宫保老前辈大人阁下：

楚疆之警，与七年之上巴河、八年之麻城相似，希庵应能了之。公玉体未痊，不必过忧也。此间军事，左军至婺境，猝与杨逆股匪相遇，初六获胜一次。侍派凯章与朱、唐攻上溪口，初九日获一大捷，破贼梁三十余坐。一则乘虚思取休宁，二则袭清华街股匪之尾，使杨逆狼顾其后也。日内尚不能移营。即问台安。

141 复胡林翼

咸丰十一年二月十二日

润之宫保老前辈大人阁下：

接信，知贼已入蕲水界，至为焦虑。然四眼狗实非李、多之敌。此外，别无凶悍头目，北岸犹易于南也。此间张、朱、唐攻休宁，未能得手，而受伤颇多。左公与大股悍贼相遇，景镇空虚。现飞调陈军往驻之。建昌围困如故。此间有休宁名医叶某，现居乐平。专弁虔请来祁，与之一谈，再送至太湖为公诊视。作梅学道多闻，而其医理、地理，侍却不甚佩服，以其高妙而稍稍蹈空也。即请台安。

以其高妙而稍稍蹈空。

142 复胡林翼

咸丰十一年二月十五日巳刻

润之宫保老前辈大人阁下：

黄州失守，武汉危急，不谓事局糜烂至此！南岸亦极决裂。左公分八营在甲路者，营盘失陷。建昌援兵再挫，府城恐不能保。江西省城涣散之至。张方伯赴浔，料理洋商事件，李辅堂告病请开缺回籍。人人皆怀“寇至即去”之心，可危可忧！吾二人亲见楚军之所由盛，恐不幸又见其衰。言之慨然！即问台安。

143 复胡林翼

咸丰十一年二月十六日辰刻

润之宫保老前辈大人阁下：

——左军八营在甲路挫退者，有三营已至景镇，与左公会合。其五营亦可归并，或者尚站得住。侍再调余庵四千，至镇助之。

——建昌城轰塌已堵住。抚州兵援建者挫败，贼即跟踪来抚。以人事决之，抚建万无保全之理。鲍公一军，即日须由湖口渡江，由九江进保江西省城，竟不能作他用。

——来示以贼匪上犯，引为己罪，此岂仅公一人之咎？去年定计，以多围桐城，舍弟围安庆，系多发之，而公从之。希军扎青草塥为游兵，系侍发之，而公从之。厥后上巴河本有鲍军以固

系多发之，而公从之。

内防，而侍调赴南岸，是侍之咎也；公自英山移驻太湖，未留一军防英，则公咎也。侍咎较大，公咎较小，余将在霍，不能坚守十日半月以待希公之援，则咎更大矣。

侍咎较大，公咎较小。

——侍本拟十七日拔营赴江滨，因左军新挫，人心震动，尚须小停。即请台安。

144 复胡林翼

咸丰十一年二月二十日

润之宫保老前辈大人阁下：

奉惠缄，得知狗党尚在黄州上巴河、孙家嘴一带，寸心为之大慰。前闻黄州不守，意狗逆长驱上犯，已毁汉口矣。今即徘徊黄州，希帅当已追及，北岸必可无虞。公之病可不因此而增加，至幸！至幸！贵体虽弱，而医家所称心肺脉模糊者，不可尽信。公生平最好用心，尤好用心于无可如何之地。庄子有言：“达命之情者，不务知之，所无可奈何。”假如目下武汉、江西倏有大变，是虽知之，而无可奈何者也。假如吾辈三日不汗，溘先朝露，是虽知之，而无可奈何者也！愿公于人力所能为者，则略加思虑；于天命之无可奈何者，则冥然不顾，尊恙其渐有瘳乎？鲍军若不动，侍移驻江滨，当走谒也。顺问台安。

寸心为之大慰。

145 复胡林翼

咸丰十一年二月二十一日

润之宫保老前辈大人阁下：

北岸事本非不可为者，惟省城临警招勇，希帅自巴河南渡，二者殊不惬人意。成败有天，听之可也。鲍军暂不晋江西省。万一贼扑安庆之背，鲍可渡江援之，多亦可援。若围攻太湖，多、鲍亦皆可援。但须大股围扑一二日，然后调鲍军渡江，预先北援则不可。复请台安。

成败有天，听之可也。

146 复胡林翼

咸丰十一年二月二十四日

润之宫保老前辈大人阁下：

接手教，武汉无恙，北岸渐稳，可慰！可慰！此间鄱阳、乐平一片，贼势蔓延，而抚州业已解围，遂止鲍公省城之行，恐须回剿饶州，不复北渡矣。二十三日，贼破榉根、禾戍、方干三岭而入。禾、方二岭之贼，经江军门击退，榉根之贼今日窜至历口，明日须出队往攻。岭外群盗如毛，盖无日无虎尾春水之惧也。顺请台安。

盖无日无虎尾春水之惧也。

147 复胡林翼

咸丰十一年三月初一日

润之宫保老前辈大人阁下：

武汉无恙，虽黄安、黄陂失守，无损大局。即德安或失，亦尚足支。至幸！至慰！我公辛苦再造之江汉，不目击其又罹浩劫，或者可以解忧，可以却病乎？叶医因乐平有贼，又移徙江西省城。派去之戈什哈即赴省城寻求。能挟之由九江赴太湖，当稍速耳。鲍、左不能援省，当并力会剿景镇伪侍王一股，如能得手，则祁、黟、休三县军民乃有米可食。日内思进攻徽州一次，亦欲通一路，亦取浙江之米也。好请台安。

148 复胡林翼

咸丰十一年三月初七日申刻

润之宫保老前辈大人阁下：

接惠书具悉。惠书敬悉一切！此间自二月晦日陈镇军挫败，景镇失守，祁、黟、休三县米粮接济已断，不得已进攻徽州，悉在祁之精锐，竭力一举。各军甫薄城下，天忽大雨，唐桂生军败挫，伤亡二百人，军械抛失不少。日内仍当进攻一次。鲍军本应由省城以救瑞、临，惟目下侍与左公皆围困之中，不得不请鲍公先由鄱阳以剿景镇。左公获大胜仗，乃至乐平。公病日重，而目睹时事，无一不倍增忧灼！论世局之艰危，则下走高位虚名，实不如速死之为愈；论意气之相孚，则此数人者，实有不可死、不可独死者。匆匆奉报，顺问台安。

世局之艰危，意气之相孚。

149 致官文胡林翼

咸丰十一年三月初九日

秀峰中堂大公祖、润之宫保老前辈大人阁下：

日来未接惠书，不知希庵中丞至滠口后，剿办情形如何？此间自景镇失守以后，米粮接济已断，军心、民心未免摇动。不得已悉力进攻徽州，初五日小挫一次，已成四面围困之象。现调鲍军由鄱阳进攻景镇，左京堂亦由乐平夹击景镇，冀解祁门之困。惟伪忠王一股锐意内犯，广信三城未破；进扰抚、建；抚、建两城未破，进扰崇、宜。现闻焚烧樟树镇，瑞、临及省城均属可危。而贼之本意，则专在解安庆之围。欲解安庆之围，必力争上游江滨之城。现在黄州一城已被贼踞，忠逆或由瑞州、安义以犯九江府城；或由兴国、通山以犯湖北省城，皆意中事。国藩前本拟令鲍军专防此路，令祁门被困，鲍军急切不能赴浔，应请阁下预为筹防。鄂中目下兵力自不能兼顾浔郡。但鄂垣城守事宜，虽黄州已克，犹不可稍为松懈。特此奉达，伏希留意。国藩与江西省城文报不通，已逾半月，不知忠逆踪迹现窜何处？江省无毅然任事之人，尤用忧灼！顺问台安。

150 复胡林翼

咸丰十一年三月十一日卯正

润之宫保老前辈大人阁下：

接惠缄，抄示鄂省及霍山各信。鄂事渐渐平稳，德、黄虽失，究非膏肓之症，请公少宽，以保玉体。此间抽祁门老营之兵攻徽，初五小挫，初十再进，大约十一、二可开大仗。现在四面梗阻，仅建德尚有一线之路可通文报。若鲍公不速进兵力攻，则建德并梗，即在目前。请阁下代催鲍公专攻景镇，无二、三游移也。左公在乐平，可由婺源通信至休宁，兹将渠初四日来信抄呈一览。即请台安。

151 复胡林翼

咸丰十一年三月十一夜

润之宫保老前辈大人阁下：

接三月初六惠书，知玉体稍痊，夜能成寐。此最好消息，庆慰无已。观所致希庵、逸亭信，切当事理。贼非必果不可破，而事机往往差错。如鲍公由下隅阪至鄱阳，不满二百里，而乃坐船赴湖口，迂绕三四百里，遂令祁、景军心震恐。乞公为我催之。侍近恶闻高言深论，但好庸言庸行。虽以作梅之朴实，亦嫌其立论失之高深。其论公之病，侍亦虞其过于幽渺。愿公从庸处、浅处着想。圣人言：“不逆诈，不亿不信。”吾辈且当不逆死，不亿不起，以为养生之法；不逆败，不亿不振，以为行军之法。公为莞尔否耶！

切当事理。而事机往往差错。

152 致胡林翼

咸丰十一年三月十五日

润之宫保老前辈大人阁下：

接初八惠书，敬悉玉体日痊，精神清爽，至慰至幸！此间攻徽州者近九千人。贼匪焚村劫营，我军惊溃者八营，而士气大减，贼氛日长。云岩等劝急回祁门，实则祁亦不可恃也。春霆自湖口起行赴鄱，不知左公能在乐平久持以待鲍军之夹击否。江省有刘胜祥、张运桂二营，似可无虞。此外则皆值阽危之际。侍往时自处过亢，近日学公之虚心，略有入处。而时事相迫，日处危

此外则皆值阽危之际。

机骇浪之中，不克从容渐进。昨劝公“不逆不亿”，侍日来“逆、亿”殊甚，且近慌乱，尤以为愧。复问台安。

153 致胡林翼

咸丰十一年三月二十三日巳初

润之宫保老前辈大人阁下：

接左帅十六日信，知渠又获大捷，伪侍王鼠窜而去，景德镇亦有克复之说。南岸局势已松，可释廑念。狗逆狂窜集贤关，日内猛扑舍弟营壕，不知若何危险，思之悚惊！闻孝感克复，希帅可率成镇一军回援怀、桐否？饶、景果一律肃清，必檄鲍军救援江北，但计期已在半月以后。怀、桐之安危，在此五日之内已决雌雄，不待半月也。刘荩臣岳昭一军，骆帅奏令先援湖北，后援江西。鄙意欲置之九江、瑞、临之间，为江、楚三省公同游击之师。阁下如以为可，请饬刘军迅赴九江，防剿李秀成股匪，侍不知荩臣现在保处也。顺问台安。

154 复胡林翼

咸丰十一年三月二十九日

润之宫保老前辈大人阁下：

手教敬悉。狗逆拊安庆之背，舍弟等谨遵夙指，坚守不出。虽东路小挫，而厚庵常在舍季弟处指点一切，或可无虞。伪忠一股既陷瑞州，闻又陷奉新、义宁。务求我公飞饬刘荩臣一军由兴国出境，专剿此股。鲍军之力只能北顾安庆，西顾九江，东顾东、建、都、鄱，距侍不宜过远。左公在婺源，距侍东流已五百里矣。即问台安。

距侍不宜过远。

155 致胡林翼

咸丰十一年四月初一日酉刻

润之宫保老前辈大人阁下：

侍以初一日抵东流。鲍军初二日可由华阳镇北渡。宿松尚有贼踞。侍欲于胡、成十营中酌拨四五营守石牌。凡官兵无不畏抄后者，虽有三万人前进，苟闻有贼二千人蹑其尾，则人人狼顾。若以二千守石牌，与太湖为犄角之势，则鲍军进剿集贤，无宿松后顾之虑矣。且粮路清楚，军有后继，数善皆备。阁下如以为然，则请于成、胡二镇中派一人驻守石牌，一以防黄、蕲、梅、宿诸贼之续至。一则防狗逆之回窜。以多、鲍为正兵，以成、胡为奇兵，似更完善。请卓定即行。即请台安。

军有后继，数善皆备。

156 复胡林翼

咸丰十一年四月十七日午刻

润之宫保老前辈大人阁下：

接奉手教，围师不可改弦，而拙书与厚庵者，尚可采用。剖断精严，敬以为佩。舍九弟业已添六垒于菱湖之后，并菱湖之贼垒而概以大围包之，又决计不要成军进关。寿珊之计，从石门湖起，横兜至集贤关止，其说必可行。寿山又策四眼狗不能遽回怀、宁，亦极精确。不特怯于兵力之厚，且江涨至六尺有余，练潭一带必为炮船所截，势亦不能回援也。狗酋用兵固狡固活，然过于取巧，则拙者有时胜矣。即请台安。

然过于取巧，则拙者有时胜矣。

157 复胡林翼

咸丰十一年四月十九日辰刻

润之宫保老前辈大人阁下：

手教敬悉。成军应从公与寿珊之议，从石门湖扎至关外。侍已两次奉报，并缄告厚庵与舍弟，又告春霆矣。来示“不有小误，则不仁不宏”，斯言甚大，可为万世圭臬，尤可为褊者针砭。左公久无信来，不知何故。伪侍围玉山，既而解围以去。若由广、丰以趋抚、建，左军当可堵截耳。顺问台安。

158 复胡林翼

咸丰十一年四月二十一日

润之宫保老前辈大人阁下：

手教敬悉。李金旸本非国藩所愿调，因左帅之缄咨，而照转行之。未败之先，已批台不准发饷，不准在江西境内，并参革不准留营。既败之后，函复中丞，则谓李金旸降贼之说，难保其无，但不可凭张光照一人之供，恐未战先逃者架诬其上云云。今李金旸果自贼中逃出，赴省自首，则侍之所言不为无验，大抵乱世之所以弥乱者，第一在黑白混淆；第二在君子愈让，小人愈妄。侍不如往年风力之劲，正坐好让。公之稍逊昔年，亦坐此耳。即问台安。

君子愈让，小人愈妄。

159 复胡林翼

咸丰十一年四月二十二日未初

润之宫保老前辈大人阁下：

果臣之信，深痛不可读。历蒋办粮台时，则丰亨豫大；阎君办粮台时，则山穷水尽。与侍之接办徽防情事颇同，不可谓非造物之游戏播弄也。自出江滨，常思轻装。一至太湖，为风雨所阻，又苦俗务不少，奈何！盈盈一水，脉脉相照而已。顺问台安。

160 复胡林翼

咸丰十一年四月二十六夜

润之宫保老前辈大人阁下：

惠书内钞省城公局一缄，希庵请自谋黄州一缄内抄多都护自请回剿上游一缄，聆悉一切。鄙意以成武臣军还之希帅，令其进图黄州，或不近城下，专为北岸游击之师；鲍军南渡，援剿浔、瑞、武、义、兴、冶等处，专为南岸游击之师。上游有两枝活兵，大局必有转机。至狗酋千方百计，无非为安庆解围而设，其精锐之贼，必仍在怀、桐两处。现在江水盛涨，沅甫守内外壕，兵力尚敷分布。礼帅马步之强，甲于诸军。礼帅主剿援贼，沅甫主围城池；又有潜、太、石牌三处坚守，以保粮路，必臻稳固。以鄂省论之，上段有金、刘围攻德、随之师，中段有希、霆两岸游击之师，下段有礼、沅援师、围师，似俱有七八分把握。阁下如不以鄙见为然，侍亦当于节后调鲍军至南岸，由浔趋瑞。盖今春以来，敝处屡次调鲍公援省、援抚、援浔，厥后皆中途改议，失信于江西官绅多矣。自四月，瑞州郭、李败后，毓中函迭次函咨调鲍援瑞，侍皆咨复应允，断不可再行失信。鲍至南岸后，视伪忠王之所在而剿之，或在江境，或在鄂境。决不敢稍分畛域。但须从瑞州、武义入手，庶侍有以对江西官绅，而霆营亦易于领饷耳。即请日安。

大局必有转机。

161 复胡林翼

咸丰十一年四月二十八日

润之宫保老前辈大人阁下：

尊缄敬悉。所欲陈者，条列于在：

——公赴上游，似不宜身临行间。应请即驻省城，以保省垣及筹饷二事自任。目下鄂中所患者，不仅在外寇，而在省城，条理颇纷，用人稍杂。公回省则武汉固于金汤，而饷项亦必有起色。

条理颇纷，用人稍杂。

——肢体虽大，针灸不过数穴；疆土虽广，力争不过数处。目下江所争者省会也，九江也，湖口也，广信也，赣州也。鄂所争者省会也，二汉也，荆、襄也，黄州也。江鄂及东南所共争者，怀、桐也。自此以外，不必处处兼顾。忠逆如果由义宁窜入鄂境。只要省城有备，如崇、通、兴、冶等处，且可度外置之。

不必一一顾全。

——希帅来谋黄州，极好！极好！不必遽冀克复。但三面水军，一面希营，自可遏贼之四出焚掠。成军宜归并希公，胡军或暂留石牌，祈酌之。

——搜获伪文，狗酋之逃，专避鲍军之锋。待鲍军回南岸，狗与璋、黄等仍回怀、宁寻战。侍前拟端节后调鲍援瑞，今且缓调。伪文抄呈，又池州伪文亦抄阅。池郡空虚之至，当商厚庵图之。

——公赴上游，仍以坐船为妥计。当在吉水沟登舟，侍当棹小船至华阳镇，一展良觌，求先示行期。即请台安。

162 复胡林翼

咸丰十一年四月二十九日辰刻

润之宫保老前辈大人阁下：

手书并密件，窃幸与鄙见相同。惟谋雕剿之法，则大为失算。贼处处以坚守拒我，雕剿者亦何所施其技？不过擒斩数十先锋、新胁之贼而已。左公常议吾辈宜谋野战，不宜攻城，不知苦无野仗可打。四眼狗尚不肯与楚军野战，况他贼乎？即问台安。

宜谋野战，不宜攻城。

163 复胡林翼

咸丰十一年五月初二日

润之宫保老前辈大人阁下：

手教敬悉。血证不止，悬系之至。急思趋晤，而势不克赴太湖。惟望台旌由华阳镇经过，敬候起居耳。贼之精神全注怀、桐，吾辈亦当以全副精神注之。成武臣调赴上游，侍当另调数营以益鲍军之力，有三事切陈于台端，必求俯从：一曰蕲、黄之间断无野仗可打，不过顿兵城下、垒下而已。请公不必带兵赴蕲，亲临行间。二曰希庵来谋黄州，兵力不可太薄，宜以成武臣七营还之。希与成不可分为两军，胡镇三营须俟石牌有替人到，再行归并希处。三曰台旌宜径还省城养病，以慰众心，筹饷以图可继；不宜徘徊中路，使各处人心悬悬。以上段省城自任，以中一段蕲、黄付之希庵，以下一段怀、桐付之鄙人与杨多诸公。仍请

筹饷以图可继。

由华阳镇行走，俾得走送辔叙。千万！千万！顺问台安。

164 复胡林翼

咸丰十一年五月十一日

润之宫保老前辈大人阁下：

接手教，知兴国不守。此间亦得水师禀报。义、武贼犯兴国，早在意中。成、胡既赴上游，若归并希军，则北岸兵力已厚；若调南岸，则尽足制伪忠一股。较之四月间贼焰稍衰，请公毋过忧廑。狂吐不止，殊可惊惧。或服药偶有差失。鄙意欲请公断药旬日，静验病根，却更医之。鲍军进剿瑞州，亦足稍掣义、武、兴国之贼势。俟到华阳镇，与公会晤后，再定鲍军进止何如。顺问台安。

贼犯兴国，早在意中。

165 复胡林翼

咸丰十一年五月十四日午初

润之宫保老前辈大人阁下：

鄂中连陷数属，贼固不可轻视，防军亦实不足恃耳。目下补救之方，拙见总不宜分兵。沅主围怀，礼主击援，希统成、防剿一岸，公挟鲍军防剿一岸，金仍攻德，刘仍攻随。只要此六军全无挫失，鄂事终不至大坏耳。即请钧安。

166 复胡林翼

咸丰十一年六月初五日

润之宫保老前辈大人阁下：

专差至，接惠书，敬知将抵桂园静心调养，至以为慰。欬逆不止，实属可虑。审视法书，神采奕奕，天祚国家，必佑善人，宜无他也。鲍春霆请打宿松，失信于江西，并失信于我公为愧。旋闻安庆官军大捷，菱湖两岸贼垒十八座一律踏平，其破垒杀毙

审视法书，天祚国家，必佑善人。

之贼，与投诚骈诛之贼，实数近八千人。城贼粮不过十日，因照会鲍镇，仍率全军驰赴上游。此后狗逆再来援怀，礼、沅当足御之。徽州克后，歙、休、黟、祁四县尚属平安，附近之绩溪、旌德亦已无贼。闽、汀股匪由江西德兴窥陷婺源，旋即东去。左季翁日内由景镇赴婺，顺便至徽州、休宁一带巡视形势。徽州向不产米，本属难守，然皖南为群盗渊薮，必须设立重镇，多驻戍兵，庶能防贼上犯江西之路。或设戍于徽、休、祁门，或设戍于饶州、乐平。戍之远近不同，兵之多寡则一也。容俟议定，再行详告。即请台安。

167 复胡林翼

咸丰十一年六月十二日

润之宫保老前辈大人阁下：

惠缄敬悉！玉恙稍平。当可日有起色。此间占卦者亦屡言尊体无虞也。安庆自破菱湖贼垒十八座后，将西北营盘扎近，汛地较短，防守较易。援贼再至，或足御之。春霆掳民船千余，在宿松拔行，连日未遇顺风，尚在徐家桥一带。鄂之西南有何绍彩一军，东南有成大吉一军，或足了事。鲍军即由武穴之对岸登陆，由瑞昌、武宁打至瑞州，亦可与成军互为声援。侍即日函告春霆。如阁下以为可，亦望告之也。左军半扎景德镇，半扎婺源，徽、休、祁门一带尚属安静。建德、张家滩现亦无贼，惟饷项太绌，殊无良策！侍疮疾略愈，李少荃、梅小岩均来，积阁尘牍，当可渐渐清厘。作梅已自益阳北旋否？大阡已徙葬否？书院兴工否？数事就绪，尊恙益霍然矣。即问台安。

汛地较短，防守较易。

惟饷项太绌，殊无良策。

168 复胡林翼

咸丰十一年六月十八日巳刻

润之宫保老前辈大人阁下：

接惠书，敬审玉恙尚未痊愈。希庵以公神清而志不懈，决不日之必可康复；侍亦以公血多而度不改，卜真元之无甚伤损。日内想益平善，至祷！

春霆以初六自宿松拔营，计已抵九江矣。建昌失守，德安亦有贼踪，省城望鲍军往援急于星火，侍已三次檄催春霆直捣建昌。而下游日内援贼大动，狗逆纠合璋、玕、杨、黄及捻党十余万众，分为两路围攻太湖，冀抄桐城多军之后，再扑安庆围师之背。侍以时势所迫，不欲屡次失信，竟不能令鲍军回援怀、桐，殊深惶悸！若赵、沈、欧、胡四人能坚守潜、太、石牌三城，挂车河尚留一线饷道，多公当可禁此巨浪耳。此自天心主之，国运主之，非人力所能为也。侍疮疾稍愈，日内清厘尘牍，徽、休、祁、黟等处均托平安，盖南岸之贼悉数北渡矣。德安官军亦宜防大股援贼也。即问台安。

侍以时势所迫。

169 致胡林翼

咸丰十一年六月二十七日未刻

润之宫保老前辈大人阁下：

昨日谨纂《箴言书院记》，今日始就。久疏笔墨，机轴太生，殊无是处，只辜盛命，另纸录呈。日内仍当以行书缮写寄政，书院条约，以鄙意签改数则奉缴。

春霆以昨日到东流，备言不剿江西而赴下游，系奉尊函令扎集贤之故；又与舍沅弟情谊甚笃，不忍令其吃亏；又多帅商援挂车，孙守求援太湖，皆盛言贼势浩大，情词迫切云云。侍因怀、桐无事，已令其掉舵回浔，今日全部行矣。尊恙少愈否？既请开缺，总求无以时艰萦念。敝恙虽未疾，然遍身无一完肤，亦大苦事。徽州克复月余，而全无居民买卖，恐不易守。顺问台安。

总求无以时艰萦念。

170 复胡林翼

咸丰十一年七月初四日

润之宫保老前辈大人阁下：

尊恙尚未痊愈，莫子偲来，细询起居，尤以为系。道远不克驰往省视，如何！如何！狗、辅诸贼由蕲州折而下行，围扑太湖，必至集贤关内外。来示欲左、张诸军由山内出援皖北。目下两军皆居吃紧之地，又道途太远，欠饷太久，竟无裹粮成行之力。只望怀、桐两军稳守，如一月不退，鲍军仍可回援，请释廑念。即请台安。

只望两军稳守。

171 复胡林翼

咸丰十一年七月初十日

润之宫保老前辈大人阁下：

久未得信，正切悬系。接奉初三日惠书，内有亲笔数行，曷胜欣慰。服冰如方，而血稍止吐，日来自必接服奏效。此间诸友多以三七、熟地、二冬等药为非宜。特以医理精微难明，且远隔千里未知近日脉象何如，亦未敢昌言之也。今得来示印证，似无疑义。要之吐血多者皆非险症，则闻之稔，亦见之贯矣。即问台安。

172 复胡林翼

咸丰十一年七月二十五日

润之宫保老前辈大人阁下：

接惠书，又见所与季帅书中亲笔数行，知尊恙血止而欬加，夜不成寐。始意立秋前后痊减，必可日起有功，今沉绵若此，远近廑系。援贼扑安庆后壕，均经击退。此间拟调鲍军援皖，因瑞贼甫渡赣水以东，恐其徘徊抚、建，回窜瑞临，则为害更烈。不得不留鲍久驻临江、樟树等处，以待忠逆之远飏，然后调霆回皖。缓急节奏，似不得不如此。前函请希公东来，今闻尊体未愈，又不作是望矣。复请台安。

173 加胡林翼片

咸丰十一年八月初二日

正封发公缄间，接惠函，敬悉玉恙日剧，颇有论不应投清凉之剂者。以后概用温品，可否？安庆已克，成、蒋、毛不特不宜舍蕲、黄而下，且应添兵助之。如狗、辅大举犯鄂，即多军亦可上援。春霆二十四大捷，江事已有转机。无论抚州能守与否，忠贼总可驱除耳。

174 复胡林翼

咸丰十一年八月十七日

润之宫保老前辈大人阁下：

戈什哈归，接复书，敬悉玉体未愈，业经奏请开缺。本拟请筱岑兄赴鄂诊视，乃日内北风大作，侍在安庆，不能得东流老营一信。议定在安庆省城举行大丧典礼，而一切供帐、布匹、器具均不能来。文武员弁、书吏关防，亦屡催未到。遗诏部文亦尚未奉到。安庆拨人进攻庐江、无为州，亦以无饷不能成行，诸用焦闷。日内尊疾少减否？总祝天相吉人，神佑劳臣。希庵纵接鄂席，仍仗我公卧护鄂事。希帅出剿皖境，东南大局乃有可为耳。

国藩疮癣久不愈，宵无佳眠，昼辄废事。祁、徽及安庆各军欠饷过多，鲍军亦欠六个半月，实不知所以善其后。遏密之变，时艰愈亟，果能上法世、圣两庙，髫龄践祚，匕鬯无惊，则犹不幸中之幸也。顺问台安，不具。

遏密之变，时艰愈亟。

175 复胡林翼

咸丰十一年八月二十八日

润之宫保老前辈大人阁下：

得惠书，知得张帅处佳桂服之有效，至以为慰。调多军上击援贼，并商下游城守之事。侍于初七日到安庆，即令舍弟函商多公由安庆拨兵往守桐城，以便多部全数上剿狗、辅诸贼。旋接多公复函，渠之辎重、米粮、子药，全在桐城，应自留数营守桐，而亲率马步大队回援楚疆云云。桐城既归多部留守，舒城本可不守，惟庐江急须驻守，无为急须进入，舍弟因欠饷太多，不能拔营，实深焦灼。顷得鄂解一万，江解三万，定于初一日成行。二日内雨大泥深，不知朔日能少止否。小岑兄赴鄂诊视尊恙，亦因雨阻，朔日始成行也。即问台安。

176 致胡林翼

咸丰十一年九月初一日辰刻

润之宫保老前辈大人阁下：

闻成武臣击败狗党于上巴河，而雪琴黄州来书尚未说及，鄂垣亦迄无明文，殊不可解。江西之贼，鲍公自解抚州围后，跟踪追剿，将贵溪、弋阳、湖坊、双港、河口等处贼垒七十余座，一律踏平，杀贼万余。广信之围亦解，江西指日可肃清矣。公自去夏惠拨霆军，助剿南岸，正月之破黄逆巨股，七、八月之破李逆等股，公之福江、皖生灵，岂可以数计哉！筱岑兄今日赴鄂诊视尊恙，有赵君惠甫烈文，常州恭毅公之后，学问闳通，文辞雅赡，尤精于黄氏之医说。筱岑兄要之同行，侍亦浼其并诊玉体。渠亦亟思瞻对大贤光仪。重阳前后，当可奉谒左右也。顺问台安。

文辞雅赡，尤精于黄氏之医说。

书札

李鸿章

李鸿章（1823～1901）字子黻、渐甫，号少荃。安徽合肥人。道光二十七年进士。任直隶总督二十五年，官至大学士、总理各国事务衙门大臣，加太子太傅衔。其父李文安（1801～1855）字式和，号愚泉，为曾氏戊戌同年，鸿章以年家子从曾氏。后入曾幕。又由曾氏倡议与支持，于同治元年创立淮军。自此，活跃于清廷政治和外交舞台四十余年。《清史稿》有传。

1 与李鸿章

咸丰三年十一月十七日

少荃仁弟世讲足下：

久疏音敬，想企为劳。时从令兄处得见家书，知吾弟统领练勇，驰驱戎马，懋勋令望，实用慰仰。

今日兵事最堪痛哭者，莫大于“败不相救”四字。当其调兵之时，东抽一百，西拨五十，或此兵而管以彼弁，或楚弁而辖以黔镇，虽此军大败奔北，流血成渊，彼军袖手而旁观，哆口而微笑。此种积习，深入膏肓，牢不可破。秋间仆与岷樵中丞书道及此弊，以为须尽募新勇，不杂一兵，不滥收一弁，扫除陈迹，特开生面，赤地新立，庶收寸效。今岷樵开府贵乡，知必以此意与足下熟计。目今逆舟满万，横行大江。皖、梦、江西，祸无息日。欲为四省合防之计，亦宜各练精勇，以剿为堵。仆前有募勇六千东下讨贼之议，岷樵业经入奏。闻足下所带之勇，精悍而有纪律，务望更加训练，束以戚氏之法。明年楚勇过皖，即与尊麾合成一军，壮士一气，万众一心，一洗向日营伍之陋习。纵不能遽立勋绩，亦聊欲稍变气象，一泄积愤也。

袖手旁观。

束以戚氏之法。

岷樵到庐，求贤孔殷。足下及鹤翁、午翁，如有所知，幸尽告之。庄牧庵先生天下奇士，不知能延致否？陈作梅近在何处？能邀之入幕否？淮安有鲁通父一同，足下知其踪否？无惜为岷君广求之。书不十一，诸惟心照，顺问近好。

2 复李鸿章

咸丰九年六月十一日

少荃仁弟馆丈阁下：

旬日两接惠书，具悉一切。此间于二十八日得见邸抄，而奏留之片于二十六拜发。片中仍未作十成句。观阁下精悍之色露于眉宇，作字则筋胜于肉，似非长处玉堂，鸣佩优游者，倘为四方诸侯按图求索，不南之粤，则东之吴，北之齐、豫耳。楚军利病得失，日内当已审得要领，便中尚祈示及一二。

按图求索。

闻夷舟比至津门，不审捍御尚得法否？去岁万寿前后，夷船亦曾抵津，今岁僧邸在防，故当差称人意。

湖南事尚未纾。宝庆城内外兵勇二万，概被该逆合围包裹，幸刘印渠、李希庵、萧浚川三军俱可往援，大局仍自无碍也。

3 复李鸿章

咸丰十年十二月初八日

少泉年兄、少荃世兄阁下：

到省后，惠书尚稽裁复，兹又得筱泉峡江途次一缄。此间月内风波大作，危险迭见，几无可以自全之理。幸雪琴守住湖口，贼不得西渡九江、南康等处，左季翁守住景镇，贼不得内犯乐平、安仁等处；鲍镇驰抵景镇，饷道始通，人心始定。兹将奏片钞呈一览。仰慰廑系。目下休宁、歙县之贼，多半渡江援安庆，岭外之贼亦退，聊可少安。惟李秀成一股新赴玉山，朱衣点一股从湖南至南安，二患深为可虞。小泉欲自行带勇数千，恐非所宜。平日不能常教练，临敌又不能身先士卒，有统之名，无统之实，必难得力。不如求选将材，假以事权，犹可少收将伯之助。陈俊臣所荐之王钤峰，虽非满意之选。然亦可战可守，高出寻常数倍，又有陈品南者，为老湘营各旗长之冠，又有谭发律者，在南丰极得民心。此三人各招五百，必远胜他营，小泉若急于治安，可一面通禀敝处，一面缄商左季翁、郭意城，请其赞成此事也。顺问台安。

饷道始通，人心始定。

4 复李鸿章

咸丰十一年正月十五日

少荃世仁弟馆丈阁下：

新正六日，贼分两路破大洪、大赤二岭而入。大洪岭经江军门派队堵住。大赤之贼，初七夜宿历口，初八日直扑祁门，距城仅十八里。唐桂生带湘勇千八百人御之于石门桥，幸获大胜，追奔三十余里。贼之马匹、器械、旗帜抛弃殆尽。初九日再出追剿，则贼已于先夜全遁出岭。而鲍镇在洋塘亦于是日大获胜仗，

一夕尽遁。

贼垒二十余座，一夕尽遁。自十一月初以来，危险万状，至是微阳始回，稍有生气矣。玉山二次被围，又已击退，实可嘉尚。若广丰亦能坚守，则江西北境藩篱一律完固，亦幸事也。

5 复李鸿章

咸丰十一年二月十七日

少荃世仁弟馆丈阁下：

——接养素同年禀：抚、建危如累卵，省城必大震动。不得

先顾根本。

已调鲍军由建德、湖口径赴省城，先顾根本，次援抚、建。黼堂兄处已手缄留之。保江西即所以庇湖南，即吾湘人自为室庐丘墓计，亦不能不出死力以保卫江西。更请阁下力劝黼堂竭力支撑，仆又轻阁下亦出而任事，料理江西城守事宜。江西倘有不虞，则令兄筱泉亦为无巢之鸟，尊府亦乏一枝之栖。阁下如见允许，当以公牍奉委，并附片具奏。

——左军分八营在婺境之甲路者挫退者，现闻至景镇取齐，归并左公未挫之四营，或尚足以自立。惟乐平有贼，左公前后受敌。仆调陈镇带四千人助之，又调娄云庆带二千四百助之，不知能保全景镇否。

——国藩奏明移驻东、建一带，兹因休宁克复，徽州可图，暂缓移营。又因鲍军去后，建德必失，鄙人之身虽依水师以自

固，恐与祁、黟、休宁、江、张等文报不通，并与浮景左军文报不通，不得不驻徽境，以待事机之转。顺问台安。

以待事机之转。

6 复李鸿章

咸丰十一年三月十一日辰刻

少荃世仁弟馆丈阁下：

接惠缄具悉一切。此间自二月中旬粮路已梗。至景镇失守。则与左季翁文报不通矣。矣目下四面被围，仅建德一线之路尚与舍弟及胡公处文报可通。若鲍公不急剿鄱阳，则鄱、建、景镇之贼联为一片，敝处祁、黟、休三县便在重围垓心之中。鲍军现不知已抵何处，请阁下代催，速攻景镇为荷！伪侍王一股较之伪忠王一股更多，而凶悍倍蓰过之，若不在鄱、景击退，则西可由都昌以渡吴城，东可由万年以达抚、建，为祸更烈。请阁下详告中丞及省中诸公，审明缓急，共支危局。省城有张运桂、刘胜祥两军，合之前此兵勇计四千余人，根本当可无虞。即请台安。

审明缓急，共支危局。

7 复李鸿章

咸丰十一年四月十五日午刻

少荃世仁弟馆丈阁下：

春霆攻赤冈岭四贼垒，阵亡者百余人，受伤近八百人。舍弟攻菱湖九贼垒，阵亡者三十余人，受伤过三百人。精锐暗损，行军之大忌。若狗逆自桐归来，与我恶战，深虑无以制之。幸日内江湖水涨，长至四尺有奇，狗归，或不能遽渡河耳。瑞州一股，实为腹心大患，目下无兵入援，忧灼何极！李金旸从贼，狼子野心似无足怪。惟专凭张光照一人供词，则不足据。凡败而先逃者，每好造言诬人。且人心不齐，一人从贼，亦无全军俱叛之理，尚当确查。敬候台安。

精锐暗损，行军之大忌。

8 复李鸿章

咸丰十一年五月十八日

少荃世仁弟馆丈阁下：

两次惠缄，敬悉一切鲍公攻破四垒后，即拔行入援。因江滨处处隔水绕道，由潜山太湖至武穴渡江，计程千有余里，断难迅速，然此外别无捷径。左帅全军至景德镇，石门建德之贼闻已退避。一则畏左公之军威，二则因杨军门攻池州，急谋回救也。古赖犯黟之贼，亦经张、唐诸军并力却之，当可少安须臾。梅小岩能速来甚妙。阁下久不来营，颇不可解。以公事论，业与淮扬水师各营官有堂属之名，岂能无故弃去？起灭不测？以私情论，去年出幕时，并无不来之约。今春祁门危险，疑君有曾子避越之情。夏间东流稍安，又疑有穆生去楚之意。鄙人遍身热毒，内外交病，诸事废阁，不奏事者五十日矣。如无穆生醴酒之嫌，则请台旆速来相助为理。小岩而外，尚拟添请五六人，分手办理。庶事无停格，而人得更休耳。顺候台安。

9 复李鸿章

咸丰十一年九月初五日

少荃世仁弟馆丈阁下：

人琴并亡，可胜悼叹。

胡宫保竟于八月二十六日亥刻弃世，实堪伤痛！忧国之诚，进德之猛，好贤之笃，驭将之厚，吏治之精，无美不备！无日不新！同时辈流固无其匹，即求之古人中，亦不多得。人琴并亡，可胜悼叹！冯竹渔精细耐劳如此，苦心经营，天下有何不可办之事？尊府丧事粗毕否？务望速装东来，此间诸事积阁，乃无一友帮办，尚斋抱西河之戚，亦未来也。顺请台安。

10 复李鸿章

同治元年三月十七日

少荃仁世弟大人阁下：

接惠书，知台旆率程、韩等营于初十日抵沪，平安迅速，至以为慰！由江阴至黄浦口，海汊与彭蠡湖相仿，长龙、舢板出入自由，尤以为幸。黄昌岐到沪，想已面商一切。待渠归皖，即令率全军下驶，断不少留。惟尚须解银二三万来皖，分给水师九营及马、陈陆营，祈速图之。马、陈到时，如老勇较多，队伍颇整，则迅速发去。否则须在此间训练一月，再令赴沪。其接二营之洋船，待敝处信到再行放来可也。上游近尚平顺，颍州于初五日解围。获港、旧县一带，贼数甚多。江西于初二日火药被焚七万斤，震损房屋不少，伤毙数百人。前生童打毁天主堂之案，法国将派兵船来浔开仗。幼丹初到，事机不甚顺手，或者先难后获乎？复颂台安。

队伍颇整，则迅速发去。

11 复李鸿章

同治元年三月二十四日

少荃仁世弟大人阁下：

惠书敬悉。所应复者，条列于左：

——夷务本难措置，然根本不外孔子忠、信、笃、敬四字。笃者，厚也。敬者，慎也。信，只不说假说耳，然却极难，吾辈当从此一字下手。今日说定之话，明日勿因小利害而变。如必推敝处主持，亦不敢辞。祸福置之度外，但以不知夷情为大虑。沪上若有深悉洋情而又不过软媚者，请邀之来皖一行。

笃者，厚也。敬者，慎也。

——上海所出之饷，先尽沪军，其次则解济镇江，又次乃及敝处。坏营劣勇不可不裁，民怨夷谤俱可不顾，但须忖量撤去之勇万一滋事，吾力足以制之否耳。羽毛不丰，不可高飞；训练不精，岂可征战？纵或中旨诘责，阁下可答以敝处坚嘱不令出仗。

羽毛不丰，不可高飞。

二三月后各营队伍极整，营官跃跃欲试，然后出队痛打几仗。

——阁下此次专以练兵学战为性命根本，吏治、洋务皆置后图。吴公关道一席，目下断不可换。筠公芬芳悱恻，然著述之才，非繁剧之才也，阁下与筠公别十六年，若但凭人言冒昧一奏，将来多般棘手，既误筠公，又误公事，亦何及哉？

——此间自克复青阳后，又克复铜城闸，克复雍家镇，现在沅弟已进巢县。若能攻克裕溪口，则淮阳水师驶下时，仅过九洑洲一关矣。复请台安。

12 复李鸿章

同治元年三月三十日

少荃世仁弟大人阁下：

坚持不允，力却众论。

接惠书敬悉一切。兵勇训练未熟，人数未齐，目下断不宜出仗，尽可以鄙人坚持不允，力却众论。如贼果前来逼扑，有不得不打之势，则尊处自为相机办理，国藩不遥制也。爱民乃行军第一义，须日日三令五申，视为性命根本之事，毋视为要结粉饰之文。洋兵会剿腹地，吾亦勉为应允，但说明无人可派往会剿耳。此间近事颇顺。春霆克复青阳后，又克石埭、太平，顷又克泾县。沅甫克巢、含后，又克和州暨西梁山、裕溪口。季弟亦克复繁昌。只要庐郡速下，二浦、天、六无恙，则皖北一律肃清矣。淮扬水师仅冲过九洑，州当不甚难。惟昌岐未回，渠全军至淞沪，断不相宜。一则河小船多，恐与洋舟拥挤生事；一则宜驻扬镇、通、泰一带，乃得形势。请先调二三营进沪，一二月后再行细酌分合内外之宜。湖州之急，此间准于十日内往援，分绩溪间道、宁国，正道两路前去。不知果有裨否。

正封缄间，又接惠书。洋人缠嬲颇难处置，尊处只宜以两言决之曰：会防上海则可，会剿它处则不可。近而嘉定、金南，远而苏、常、金陵，皆它处也，皆腹地也。词气宜和婉，意思宜肫诚，切不可露傲惰之象。阁下向与敌以下交接颇近傲慢，一居高位，则宜时时检点。与外国人相交际，尤宜和顺，不可误认简傲

切不可露傲惰之象。

为风骨。风骨者，内足自立，外无所求之谓，非傲慢之谓也。薛公各营挑二三千人随同夷兵操练、驻扎一说，亦断断不可。明知薛营为洋人所鄙弃，而以此愚弄之，可乎？阁下只认定“会防不会剿”五字，自非贼匪逼扑沪城，我与英、法可豪无交涉也。

风骨者，非傲慢之谓也。

13 复李鸿章

同治元年四月二十日

少荃世仁弟大人阁下：

接两函具悉，应复应商之件，条列如左：

——与洋人交际，其要有四语：曰言忠信，曰行笃敬，曰会防不会剿，曰先疏后亲。忠者，无欺诈之心；信者，无欺诈之言；笃者，质厚；敬者，谦谨。此二语者，无论彼之或顺或逆，我当常常守此而勿失。至会防不会剿一语，鄙人有复奏一疏暨复恭邸一书言之颇详，兹抄呈台览。先疏后亲一语，则务求我之兵力足以自立，先独剿一二处，果其严肃奋勇，不为洋人所笑，然后与洋人相亲，尚不为晚。本此数语以行，目下虽若断断不合，久之必可相合相安。

忠者，无欺诈之心；信者，无欺诈之言。

——二十日外，先派三四千人过浦扎周浦镇，台旆亦宜同去，住于行营内。其说有三：阁下初当大任，宜学胡文忠。五、六年初任鄂抚、左季翁初任浙抚规模，从学习战事、身先士卒处下手，不宜从牢笼将领、敷衍浮文处下手，一也。湘淮各营官志气甚好，战守则除程学启外皆太生疏。难当大敌。一年之内，阁下与各营官必须形影不离，卧薪尝胆，朝夕诰诫，俾淮勇皆成劲旅，皆有誉望。目下可使合肥健儿慕义归正，将来可恃淮勇以平捻匪而定中原。阁下若与各营离开，则淮勇万不能有成，二也。阁下自带五千人东征西剿，留刘松岩驻沪，留湘、淮二三营交刘统辖训练。薛部亦可酌调数营回沪，改用楚师营制营规，并交松岩训练。数月之后，阁下带三四千人赴镇，松岩留沪，此其张本矣，三也。有此三者，故愿阁下力为其难，自赴前敌。大难未平，吾辈当为餐冰茹蘖之劳臣，不为肠肥脑满之达官也。

俾淮勇皆成劲旅，皆有誉望。

——洋提督何伯与阁下会叙略节，均尚妥叶。其必欲阁下派兵会剿浦东者，意在觇楚师之强弱，察阁下之胆智耳。吾惟守“忠信笃敬”四字，不激其怒，或会或不会，仍由阁下作主。鄙意欲私打一二处，察其可用而后与之会剿。否则不可献丑于洋人之前，尊意如何？

14 复李鸿章

同治元年五月初十日

少荃仁弟世大人阁下：

接惠缄敬悉一切。薛部太仓之覆，洋兵嘉定之退，虽若有碍大局，然潘、刘留防浦东，各营收保沪城，布置甚妥，应无他虑。潘、刘二人志定而气充，若时时以嘉言浸灌，扩其识量，坚其稳向，将来沪上防务，当可令渠二人留守。阁下秋间出江，驻扎润城可也。鲍春霆进围宁国，获一胜仗，舍弟已进至雨花台，距金陵仅数里，孤军深入，后路空虚，深为可虑。多帅一军，鄙人欲其进九洑洲，会攻金陵，官、严欲其留防皖、鄂，兼援秦豫，尚无定议。黄昌岐禀赴九洑洲以下至沪，本日又照会催之矣。来示暨咨到各奏稿，办理均尚妥善。惟责成吴方伯支应，全军一片，犹不脱官场远患防身之习，匪贤者全纲独揽之道。顺候台安。

布置甚妥，应无他虑。

后路空虚，深为可虑。

15 复李鸿章

同治元年五月十九日

少泉世仁弟大人阁下：

南汇得手，浦东肃清，虽松江危急，大局当可支持。惟湖州于初三日失守，日内必且添贼至沪，殊以为虑。洋兵近状何如？与他军相处，惟胜则让功，败则救急二事，最足结人欢心。处洋兵尤宜在此等处加意。嘉定退兵一案，尊疏似推崇薛部，而诋斥西兵，鄙意薛部似亦非能坚守者，惧因此失欢也。多公全军援

胜则让功，败则救急。

秦，不克由九洑洲会攻金陵，所关甚大。舍弟兵仅逾万，前逼城贼，后御援贼，单薄可虑。鲍公初四日获胜后，步步进扎。杨七麻兄弟共三伪王部众二十万之多。闻鲍公之力足以制之。芜湖空虚，已拨王可升一军防守。蔡少彭来皖住八日，果贤明司道，其嗜好亦已净绝，已嘱其迅速入粤。并寄语筱泉，不特不必来皖，并不必至南昌。彤翁已至沪买舟赴粤否？筠公授苏松粮道，已函请其速来黄鹤汀，计已自湘起行矣。会防局费可减而不可损其体面。杜公诗云“高马勿唾面，长鱼勿损鳞。”旨哉言乎！复问台安。

16 复李鸿章

同治元年六月初六日

少泉世仁弟馆丈阁下：

接三信具悉。正在悬盼疑虑之际，得闻虹桥之捷，喜慰何极！从此上海稳固，湘、淮各勇可望练成劲旅。洋人近日气象何如？吾军足以自立，固可使远人詟服，然渠自嘉定、青浦败退，而吾能转危为安，亦恐其恼羞成怒，生出嫌隙。古人言：“战胜以丧礼处之！”又言：“登科者须有一段谦光。”愿阁下谦怀抑抑以待洋人，并遍嘱全军勇夫，切勿自夸兵精，吾辈心中有一分矜气，勇夫口中便有十分嚣张，不可不察。寄谕饬阁下迅至镇江，敝处奏明目下台驾断不能移动。沪上替人，国藩心目中尚无其选。上海饷源日涸，阁下当一力肩任，不可推于吴方伯身上。月入若干，应发若干，阁下一一亲权缓急而出之。仲远索鄂饷甚急，阁下宜倾诚恳告，不听，则挺身与之争执。不宜使吴方伯任怨，而阁下转为局外和解之人，蹈近日督抚圆滑陋习也。九舍弟孤军深入，壕墙坚固，或可自立。陕西贼回窜河南、湖北多公援秦之师若可中止，则会剿金陵大得机势矣。复问台安。

或可自立。大得机势。

17 复李鸿章

同治元年六月二十六日

少荃世仁弟馆丈阁下：

夷兵待我兵敬让加礼，何伯待阁下词意和顺，此最好机括。但宜切戒我军弁勇谦卑逊顺，匪矣匪傲，语言之间莫含讥讽，银钱之际莫占便宜。以正理言之，即孔子忠敬以行蛮貊之道；以阴机言之，即句践卑辱以骄吴人之法。闻前此沪上兵勇，多为洋人所侮慢，自阁下带湘、淮各勇到防，从无受侮之事。孔子曰："能治其国家，谁敢侮之？"我苟整齐严肃，百度修明，渠亦自不至无端欺凌。既不被其欺凌，则处处谦逊，自无后患。柔远之道在是，自强之道亦在是。鄂领事请何伯带兵赴汉一节，已函告官相思所以备之。华尔来金陵助剿，事亦可行。惟口粮比较湘勇多至数倍，共事一方，殊有不便。不若姑令先攻青浦、嘉定，以试炸炮之果效与否？华尔守松江、潘、刘守浦东，必可保全无虞。松岩守沪，与各营既不浃洽，一与大旆相离，必不相安。或饬令三弟专管沪中营务，而以松岩专管松沪民事，或较妥洽。如尊意以为可，则由敝处附片奏明。刘仲良太史亦于此片调之。仲良虽沈毅，目下治军，远不如令三弟之熟也。即问台安。

语言之间，莫含讥讽。

18 复李鸿章

同治元年七月初八日

少荃仁世弟大人阁下：

惠书具悉。所应复商者，条列如左：

——松江泖淀各湖、汊、河，处处可通，尊意欲用水现从该处驶入江浙腹地，愈多愈妙，愈小愈灵，自当设法筹办。惟船身究应长若干丈，宽若干丈？较之昌岐现带之舢板，制度应如何更改？上海有木料可为船材否？设厂钉造尚不甚难否？所谓"枪船"者，果可为战舟否？祈一一查明，迅速示复。敝处本派李朝斌统太湖水师，定于马当、吴城、市、汉、长沙四处钉船，将兴办矣。兹拟改由上海进兵，不由东坝进兵，应将船式小变，暂行停办，听候尊信。

——曾秉忠既奋勇无嗜好，自当留于松沪帮同防剿，官绅之言亦有不宜尽信者。惟扰民太甚，则必应大加惩创。淮湘主兵既强，渠部亦易慑服。但须犯事后乃办，不可无端而立威耳。

惟扰民太甚，则必应大加惩创。

——派兵交洋人训练，断不可多，愈少愈好。与洋人交际，孔子忠敬以行蛮貊、句践卑逊以骄吴人，二义均不可少。形迹总以疏淡为妙。我疏淡而足以自立，则彼必愈求亲昵。此一定之情态也。

——甄劾六员一片，甚惬人意。披其枝者伤其心，吴君必内不自安，恐终不免于一弹。张仲远信来，历数吴公之咎，亦不满于阁下及鄙人，实则吾二人并无袒庇之见。顷覆一密信，请妥交仲远手，盖请其代查关税之积弊，而代征之鄂税，仍须展限，不能遽偿。阁下亦不必与仲远生隙也。即请台安。

吴君必内不自安，恐终不免于一弹。

19 复李鸿章

同治元年八月初五日

少荃仁弟馆文阁下：

惠缄敬悉。应行商复之件，条列如左：

——刘营勇夫伤毙杨令一案，关系甚重，务须认真查办。宜杀一弁目或杀数勇乃足伸法，断不可敷衍了事。淮勇野气未除，阁下须苦口教之，严法惩之。从前次青之于平江勇一味宽纵，识者知其无能为。至丙辰三月烧杀辰州勇二百余人，次青不究，又庇护之，鄙人则深恨之矣。今日之与次青决裂，其根尚伏于彼案。阁下设身以处，俨若代为杨令之尸亲而与铭营为仇，则足以伏服各官绅，而淮勇亦知畏惧矣。

断不可敷衍了事。

——太湖水师即在上游造船，由通、泰航海入沪，船之尺寸概照来函所拟办理，另备公牍咨达冰案。

——发逆思从通、泰、靖、如一带北窜，里下河空虚，良为可虑。现咨请杨军门赴彼一看，恐须调杨、彭部下分防该处，徒奏明责成都将军，亦复何补？如上游船少，须令昌岐先顾此路，而略轻松沪。泖、淀一带，通、泰，里下河一带，正淮扬水师之专汛也，望与昌岐商明，分别轻重先后。待太湖船只造成，昌岐专防通、泰、里下河，李朝斌专剿泖、淀、太湖，而松沪则黄、李共防，庶敷分布矣。

——上海关税、厘局，既已分两大宗，由入款不至含混。吴公虽迷离，而目下替人实难。筠仙最不相宜，鹤公亦须到皖察看，果否胜任愉快，再行奉商。吴公甄劾，应由尊处主稿，挈衔办理，敝处不宜越俎，且事太多，不能丝丝入扣也。

事太多，不能丝丝入扣也。

——鲍公中秋后可打东坝，高淳、二溧，以达金陵。若其顺手，九月可至钟山，届时再札华尔前来会剿。台旌暂不能离沪、镇，扬一段，殊觉无人主持；午病希丁，皆须回籍，长淮亦无人主持。二者皆目下可虑之大端。

——承协银四万，至今未到？务祈设法汇解，弢甫潦倒以死，良可悯伤，请阁下在沪助其后事，而鄙在入皖恤其眷口。仲远数家所依，亦不能不有所以恤之。诸希心鉴，顺请台安。

20 复李鸿章

同治元年八月十三日

少荃仁世弟阁下：

程学启战守可恃，似须调归大纛左右以固根本。青浦之守与不守，无关得失。阁下既以鄙人不分兵、不兼顾之说为然，则青浦亦在兼顾之列，必有所弃，而后能有所守也。忠党于松沪战争不休，阁下断不可离沪，顷已专折奏明矣。复恭亲王书大稿，刚正精细，佩甚佩甚！与洋人交际，丰裁不宜过峻，宜带浑含气象。渠之欺侮诡谲，蔑视一切，吾若知之，若不知之，恍似有几分痴气者，亦善处之道也。复问台安。

与洋人交际，丰裁不宜过峻。

21 复李鸿章

同治元年八月二十五日

少荃仁弟世大人阁下：

接惠书具悉。韩正国锐志自立，方冀其多统数营，渐立声绩，不料遽尔沦没，实可悯惜！二月以来，张胜禄没于金陵，张运桂逝于太平，皆于军务甚有关系。威林密、吧呲二船，即日当札华尔副将经管，听候督抚调遣。华尔既为外国所推重，又为吴、杨所依恃，自当牢笼，使为我有。惟鄙意用兵之道，最重自立，不贵求人；驭将之道，最贵推诚，不贵权术。我湘、淮各军若果纪律严明，节概凛然，华尔亦必阴相许可。凡附强不附弱，人与万物之情一也，中国与外夷之情一也。以自立为体，以推诚为用，华尔当可渐为我用；纵不能倾情倒意，为我效死，亦必无先亲后疏之弊。若无自立、推诚二者为本，而徒以智术笼络，即驾驭同里将弁且不能久，况异国之人乎？区区愚虑，尚希参酌用之。即问台安。不一。

用兵之道，最重自立。驭将之道，最贵推诚。

22 复李鸿章

同治元年闰八月初九日

少荃世仁弟大人阁下：

惠书具悉。应行商复之件，开列如左：

——太湖水师统领李朝斌欲先赴上海泖、淀一看，带外江三营前往，看明路程地势，渠仍回皖、楚造船募勇。其所带之三营，阁下与昌岐即可留之协防松沪。目下松沪吃紧，昌岐自可不必出江。添此三营，泖、淀、平、嘉一带当敷分布矣。其靖、如、通、泰等处，只好暂置不顾，待李朝斌成军后再说。

——蔡东祥、阳利见，可调赴靖、如，赖荣光，陈东友似不可遽离浦口，以其为上下交接之区，甫过九洑洲一卡，不可无营以接应也。轮舟及华尔兵船巡防通海，甚好甚好！铜陵夹尚无船厂，木料极多。赣州后帮大木又被风所打，全漂入铜陵夹矣。

——鹤汀早已起行赴沪。�仙今日坐轮舟以行。渠与仆儿女姻亲，若必令其履任，须由尊处奏明请旨，或言沪中急需得人，暂不回避。渠性情笃挚，不患其不任事，患其过于任事，急于求效。若爱其人而善处之，宜令其专任粮道，不署他缺，并不管军务饷务。使其权轻而不遭疑忌，事简而可精谋虑，至要！至要！切不可使权位兼隆，耳目众属，急于功效，反多损失。

不患其不任事，患其过于任事，急于求效。

——青浦得之已久，此时自无弃而不守之理，来示布置似俱妥善。此后贼势趋重金陵，沪上应无他虞。惟兵力尚嫌单薄，阁下急须多选统领营官，日夜训练。鄙人所期望于淮勇者甚大，寄语珂乡诸君子努力图之，不可以目前立功自足。复问台安。

23 复李鸿章

同治元年闰八月十六日

少荃世仁弟馆丈大人阁下：

惠书敬悉。冯日坤即行正法，大快人心，计沪上绅民与外国商贾皆将拍手诵德。华尔伤亡，宁波殆不可保。士良甫放斯缺，即遘大变。吾平日好言“运气”二字，良有以耳。魏质斋现驻马金、昏口，系皖、浙、江西三界要区，断难移动。即使可拨，亦岂能救宁波千里之急？大约洋人器械虽精，若非合各国之力，积累年之愤，亦不能所向克捷。观英、法青、嘉之退，华尔慈溪之挫，实亦不甚足畏。吾辈当细心察看，师其所长而伺其所短。不说大话，不疏礼节。彼若讲信修睦，吾不稍开边衅；彼若弃好败盟，吾亦有以御之。红丹船四十号，劳帅又奏令来江。飓风打坏以后尤不可用；应请阁下会列鄙人与都帅衔，仍行截之回粤。厚庵现在抱病，不能遽赴下游。俟太湖水师办成，仍令李朝斌专管松，沪、泖、淀，黄冀升专管淮扬、里下河，庶几责有专属。厚庵不必东下，且金陵未克以前，上游处处可虑，厚庵仍宜驻九洑洲以上，未可遽东也。忠贼率数十万众上援金陵，力御鲍军，自是意中之事。鲍、张已病，其军几无人不病，何能御此强寇？天

师其所长，而伺其所短。

意茫茫，未知何所究极？鄙人忧灼之状，具详十二日奏片中，另达冰案。顺问台安。

24 致李鸿章

同治元年九月十六日

少荃世仁弟馆丈阁下：

久未得惠书，想松沪士气稳固，民情和洽为慰。惊波骇浪，近日略觉恬静。舍弟不愿调程学启回援，不欲掣尊处之局势也。如程学启尚未起行，则请不必派来；若业已起行，则至金陵助打一二仗后，必饬令迅速回沪，断不久羁。张树声等新招五营，饬令暂驻芜湖，腾出守芜之周万倬等赴春霆处助剿，半月以内，必饬其由北岸回沪，尤不久羁。

舍弟索洋枪、洋药甚切，想有书奉浼左右。鄙人诚以在人而不在器，谓和、张洋枪极多而无救于庚申之溃，公或可以少许酬之，不宜多也。顺问台安。

诚以在人而不在器。

25 复李鸿章

同治元年九月二十日

少荃世仁弟馆丈阁下：

嘉定已克，尊处局势已振，骎骎有规取太仓、昆山之意，忠贼亦不无内顾之忧。程学启既扎南渡扼要之地，自不宜抽动该军以损全局。舍沅弟亦累缄请止调程军，惧有损于尊处也。白齐文之来，殊非鄙意所愿。然既自尊处建议，白与吴、杨又欣然乐从，此时断无尼止之理。惟有两事须与之约定：一则舍弟困于长壕之内，极不得势，常胜军不可再入壕内。或从下游之下关、九洑洲进兵，或从上游之采石、太平府进兵，庶收夹而之效；一则事机倘顺，收复金陵，则城中货财，白军不得大肆掳掠，须一一查封，以一半解京，馀一半各军匀分，白军酌多一倍亦可。若不严禁抢掠，则分财之时，必且各军互斗。此虽必无之事，而亦不

自不宜抽动该军，以损全局。

可不预约，不可不预防者也。金陵军务自两处地道同穿，抢堵缺口后，大致已就平稳。惟急切不得解围，尚深悬系。忠、侍、对诸伪王皆萃于金陵，在宁国者，惟杨七、黄、胡诸酋，春霆或足制之。李朝斌归，必由上游派二营守浦口，腾出赖、陈赴沪。竹庄现守芜湖，暂不能赴宁波，其军素非劲旅，去亦不甚得力。已由左帅奏派秦如虎一军由台州赴宁波，当可速到尊处。留皖之火药与硝，敝处截留借用，容再归还。顺问台安。

26 复李鸿章

同治元年十月初五日

少荃仁世弟大人阁下：

化险为夷。

接九月两次惠缄，知二十二日之战擒斩逾万，无坚不摧。五月、九月两次皆当极危之候，贤帅亲临督战，奏此奇捷，化险为夷，伟哉君侯，足为吾党生色。鄙人从军十载，未尝临阵手歼一贼，读来书，为之大愧，已而大快，遥对江天浮一大白也。程将为松沪必不可少之人，此间久已停调。张树声等五营，亦飞札催其速由芜湖赴沪矣。白齐文军果于何日成行？前此约法之二条，祈于便中预订之。承惠协银四万，又船捐一万。上海竭蹶如此，此后更无奢望。军事日来渐就平稳，水师三次夺贼炮船近百号。芜湖、金柱关防务稳固，可无渡江北窜之虑。金陵守局已有七分可靠，宁国亦有六分可靠。但不知何日始能解围却敌？又贼多粮少，断无全退之理，恐终不免冒险四窜，内犯江西，兹足忧耳。

军事日来渐就平稳。

27 致李鸿章

同治元年十月十四日

少荃世仁弟馆丈阁下：

旬日未接惠书。未知沪上军情何如。伪忠王以初五夜自金陵退窜，回顾苏、昆，计冬月间松、沪又将吃紧。张树声等五营已札令迅赴上海。旋闻宁国危急异常，又缄告幼荃，令其暂留芜湖。现尚未接复信，不知该五营遵前札而行乎，遵后函而留乎？

白齐文一军至今未到，即可不必再来，金陵极危极险之时，已早过矣。冯竹渔丁外艰，奔丧万里，所费不资，渠拟由上海回广东一行，张罗经费，再由轮船进京以达陕甘。道经沪上以及门之高足，为出塞之孤茕，想阁下必代谋万全，无俟鄙人赘陈也。

28 复李鸿章

同治元年十月十六日

少荃仁世弟大人阁下：

白齐文之军既未启行，即可竟作罢论。张树声等业经札令由芜湖起程回沪。嗣闻贼由湾沚上游窜过清弋江之西岸，宁郡岌岌可危，芜湖亦殊紧急。仍留树字五营在芜操练，以佐声威。俟吴长庆、疏长庚等四营募就，接守芜湖，即令张树声等回沪，大约极久不过多留半月耳。张景渠之留，不能不请左帅作主。敝处自三辞节制浙军之命，嗣于浙事概不与闻，阁下曾奉有审办此案之旨，或当与左帅联衔具奏。粤东换印渠为督，莘农前辈为抚，厘务可不掣肘。然筱泉书来，每月办成不过十余万金，徒负专利之名，并无救贫之实，则亦不欲久貌腥膻之号耳。

徒负专利之名，并无救贫之实。

29 复李鸿章

同治元年十二月初二日

少荃世仁弟馆丈大人阁下：

惠书敬悉！常胜军不来金陵，亦自无害，来亦未必果有裨益。九洑洲、下关各贼垒，似非轮舟、炸炮所能遽破。鄙人尝疑用兵之道，在人而不在器。忠逆之攻金陵，官营亦有炸炮，亦雇洋人在内。官军不因此而震骇。舍弟亦还以炸炮御之，彼亦不因此而动。左帅以四十余斤之炸弹打入龙游城内，贼亦不甚慌乱。顷水师在金柱关抢贼船百余号，内有洋人，一律乞降免死。然则洋人洋器，亦会有见惯不惊之一日也。赫德过此，国藩因恭邸两

用兵之道，在人而不在器。

次来缄，嘱令优待，遂答拜，以示稍优。来示以为过谦，自必讲求体制，确有定程；但以内地例之如此，省之州县，谒彼省之督抚，不回候自其常例，偶一回候，亦未必大乖于礼，然则施之洋人，亦未必因此纳侮。鄙意求胜于洋，在中国官不要钱，兵不儿戏，不仅在税饷之盈绌，尤不在体制之崇卑。卓见以为何如？

贼未交锋而遁，不知有何诡计。

萧、毛均到无为州出队，贼未交锋而遁，不知有何诡计。树字五营守无为，庆字四营守庐江，均极得力。感荷远庇，实无涯涘。惟口粮无着，更望惠施，将该九营各解两月满饷，不特新营弁勇借免饥寒，即鄙人与珂乡士庶皆拜公之赐矣。

30 复李鸿章

同治元年十二月二十六日

少荃世仁弟大人阁下：

接奉三次惠书，并为舍季弟请恤折稿，感怆曷既！舍弟才疏而志远，气郁而数奇，得大疏为之表襮，使志行得以显白，逝者有知，允无遗憾。临风陨涕，阖门衔谢。萧军克复运漕，毛军在东关挫败一次。贼现聚巢县、铜城闸两处，筋脉之地，处处为我所有，皖北之事或不至于决裂。惟皖南旌、石、青、太四城，被贼占踞，横亘徽、宁夹缝之中，而鲍军粮路迄未大通，相持不决，终恐自溃耳。承示复总理衙门函稿，精到刚大，良为经世不朽之作。其与若类思相要约一节，尤足折远人之心而作忠正之气。以忠刚慑泰西之魄，而以精思窃制器之术，国耻足兴，于公是望。

相持不决，终恐自溃。

31 复李鸿章

同治二年正月二十七日

少荃世仁弟馆丈阁下：

接奉惠书，常熟危急如此，殆不可保。尊处兵力本簿，散布于福山、昆、太等处，老营空虚已甚。设忠酋引贼还向松沪根本之地，深为可虑。此间虽派树字五营、疏牧一营回沪，而到防已在二月之季，未知赶得及否？鄙人多年在外，屡经挫败，故常有无礼之葸、过计之忧，伏希亮鉴。九洑洲北渡之贼，未知实数，而屡获伪文，均言忠酋亲率北渡，下扰扬防，上犯皖、楚。皖北兵力太薄，专待希庵及江味根到此，乃可进剿。左帅连克金华一府，龙、汤、兰溪三县，贼之大股退窜浦江，而于潜昌化等股连日窥伺徽州，去郡城仅十余里，徽州守将为唐桂生，祁门守将为王钤峰，或可保全。所虑者，休宁、黟县耳。九江茶务承许概济舍弟金陵一军，感荷之至。沪上厘捐酌加一成，专济安庆饷项，尤为沾感。今岁并江、席二军，实添二万余人，断难存活，得此遂如天雨金粟，地出银瓮，皖之军民，其自此有生机乎？

常有无礼之葸，过计之忧。

32 复李鸿章

同治二年二月十七日

少荃世仁弟大人阁下：

二月三日芜湖舟次接奉惠书，舍季弟蒙大疏褒扬，一一俞允，圣朝旌忠之典，良友推爱之情，感怆何极！此间军事与鄙人行程，粗具于二月十二日在金陵拜发疏中，业经抄咨冰案。浙东一律肃清，败贼约分两路：一由皖南以图窜江西，一由金陵以图犯江北。皖南自鲍军屡捷后，宁郡大致安稳。惟花旂浙东等股，蔓延歙、绩，古、赖、刘、巢等股，蔓延旌、太，而伪侍王扰犯金柱，苦战不休，黄老虎自西河败后似亦并归金柱，日内正尔吃紧。若能击退侍、堵两酋，则芜、金少安。击退古、赖花旗诸酋，则徽、池少安，而江西亦受其福。兵单贼众，窃恐难如人意。李世忠于西坝强捆军民之盐，苗党率各帮盐船闯越逸去。李亲赴高良涧寻仇私斗。而金陵各贼遂以是时攻陷九洑洲浦口各营，现仍急攻江浦桥林，大约二浦、天六均不能保，而尚留五河未归。顷以代奏为胜保赎罪一疏，奉旨将李世忠革职留任，将来不知作何变态。上而皖楚下而淮扬并承其弊。世变迁流，浩无纪极，可胜慨叹！柘皋须扼重兵，议之熟矣。蒋之纯八营四守颍

兵单贼众，窃恐难如人意。

世变迁流，浩无纪极。

州，一守霍邱，二守舒城，一守三河。诸将皆庸材，故姑为守局，以待希庵之至。非屯运漕以自画，弃柘皋而不防也。阁下高掌远跖，视鄙人之约旨卑思，诚太局促，然授诸将以重任，亦须度其人略胜此任，而后授之，窃愿与左右互规而参证之也。复问台安。

33 复李鸿章

同治二年三月初一日

少荃世仁弟大人阁下：

国藩以十六日自金陵返棹，遍历南北两岸各要隘，已于二十八日旋省。鄙人行程及近日军情，业经抄折咨达冰案。忠酋踪迹，颇为江南北用兵一大关键。此间纷传该逆于二十三日入巢县城，仍恳尊处设法确探见示。英国提督士迪立弗请以英国头目带中国兵勇万有二百人，各头目支薪水五万八千一百余两，兵勇口粮在外，军火器械在外。国藩方苦楚军沿袭各路旧章，月饷太多，无可挽回，岂敢增此巨款，另开风气？同募中国之勇丁，同隶鄙人之部曲，又岂可多寡悬殊、苦乐不均？虽面订作书请示总理衙门，而鄙人固已期期知其不可矣。树字五营驻防无为，声名平常。韦志俊换防以后，城中始有贸易者。韦部向颇骚扰，而树营物论反出其下，甚失鄙人属望淮勇之初心，亦非阁下造福珂乡之本意。国藩初募湘勇时，盖因严禁扰民，与罗、王诸君大相龃龉，湘潭铁行一案，筠仙当能言之。次青之于平江勇，则有爱而无憎，有奖而无激。柳子厚所谓："虽曰爱之，其实害之！"阁下名位鼎盛，窃谓带兵与百姓交接，择术不可不慎，善于用奖，不如善于用激也。舍沅弟并无引退之志，不过因家门过盛，才薄位高，夙夜祗惧，思以闲散效力军中，惟事局尚在艰难之际，尊处亦难于措辞，自可置之不议之列。北渡之贼，巢、含尚无动作，恐其由天、六绕犯里下河，是吾二人难宽之责。幸僧邸军威大振，群捻瓦解，北患或不甚广耳。顺问台安。

有爱而无憎，有奖而无激。善于用奖，不如善于用激也。

34 复李鸿章

同治二年三月十七日

少荃世仁弟馆丈阁下：

饷项十分支绌，为近年所未有。沅弟派人援无为州者，往返近七百里，每人仅发途费二百文。霆军人数近二万，今年两个半月仅发银六万两，断难支持。议者请由此间派员至沪劝捐，专劝苏、皖、江西三省之寓沪者，是否可行，可行亦尚难济目前之急。前缄八万之请，务恳慨允速解，宁波一口，近日税务如何？绍兴计已设卡抽厘，尊处耳目较近，或可得其大凡。如左帅饷入稍王，则景镇河口厘卡亦可酌还敝处。然左公派克庵、铃峰两军援徽人数将近七千，断非两卡之厘所能养赡。且贼窜江西，两卡必大衰歇也。邓伯昭在达川处，达川请敝处奏留，将来或可为皖吏。鄙人住皖年余，吏治毫无起色，良以为愧。白齐文乃复有还统常胜军之请，殊骇听闻，阁下力持不可，此等处吾辈万不宜屈挠迁就耳。复问台安。

吏治毫无起色，良以为愧。

35 复李鸿章

同治二年三月二十三日

少荃世仁弟大人阁下：

接初惠书具悉一切，太仓小挫，无关得失。该州克复，昆、新亦无独存之理。昆、太并得，松沪与福山、常、昭联为一片，即苏州亦有可图。昔尝忧小耿落落难合，直至今日，方信调度自有方也，喜慰何已。石涧埠围困半月，彭杏南与萧军援攻于外，毛、刘二军奋击于内，鲍军甫抵无为，未及登岸，而重围已解矣。惟贼之小股，虽退巢县，大股则归并上游，围攻庐江。而鄂豫捻股连陷宿松、太、潜，上下发捻，势将粘连。现檄春霆从下跟追，而令成武臣李申夫从上驰击。另有公牍，奉达冰案。令弟幼泉似亦文武兼资之才，敝处欲用之为统领，以储他日栋梁之用，先此奉商。并问台安，诸维心鉴。

36 复李鸿章

同治二年四月初六日

少荃仁世弟大人阁下：

忠酋自石涧埠解围后，攻庐江，攻舒城，均不得逞；围扑六安其势似不得不休，乃初二日亦解围以去。闻将由庐州、巢、含回窜。揣度贼情，约有三计：一则复去猛扑雨花台大营，如庚申春得杭不守，回攻和、张之故智；一则窜扑六合、扬州、里下河，冀江北疆土大成片段；一则闻太仓既破，回救苏州。六安获逃贼亦称忠酋传令回援苏州。三者之中，末段最为近之。忠逆若果东窜，弟当檄春霆由柘皋以进巢县，檄彭杏南、萧庆衍，由东关以进桐城闸，檄蒋、成、毛三军由六安救援寿、颍，声罪讨苗。是则沪上渐紧，皖北渐松，但未卜忠逆果东否耳。顺问台安。

37 复李鸿章

同治二年四月十六日

少荃仁弟世大人阁下：

惠书敬承。惠协六万金，恰济急需。枯旱得雨，众苗勃兴，感荷何极！忠酋自六安解围后竟无确耗。或苏、或扬、或临淮、或巢、和，现尚莫测所向。毛、刘、萧、彭等军，克复东关克铜城闸，本可乘机速取巢县，因改调毛军援寿剿苗，气机又少钝滞。南岸徽境将次肃清，全赖克庵、二王之力。黄文金锐意上犯江西，屡败之余，气焰大消。席宝田已抵抚州，味根行且继至，当无足虑。尊处与总理衙门书，于诸夷酋之性情心术，与中外相处之曲折本末，殆如水银泻地，无孔不入。伸戈登以抑白齐文，伸赫德以抑李泰国，解此抑扬，操纵节皆有间，刃皆无厚，特非明眼人不察耳。水师查复一疏，亦得事理之平，将来敝处查黄镇

节皆有间，刃皆无厚，特非明眼人不察耳。

之案，即傍此为蓝本矣。复问台安。

38 复李鸿章

同治二年四月二十三夜

少荃世仁弟大人阁下：

昆、新之捷，擒斩实二三万人，伟矣哉，近古所未有也！令弟与黄昌歧进规江阴、无锡，可免贼窜江北之患。程镇进图苏州，于理于势，皆可得手。向尝疑上海非用武之地，又颇疑左右力薄而遽远谋，或非所宜，定至今日，乃知胜算非碌碌者可及耳。李朝斌到此，即日当令其赴沪助剿，惟途费正无可筹发，而杨、彭拨归太湖之三营，尚须赴玉溪、乌江两处交代。若尊处能于数日内寄银二万两，径交李镇，则十营可各分二千，敝处若日内倏有银到，亦当迅发，遣之东行，不专候沪银也。减漕一案，即请尊处主稿，挈敝衔会奏。若苏州克复，此折与红旗同去尤妙。鄙人之意，第一疏宜专论浮额，不论浮收。敝处十一年九月减江西浮收，黼堂创稿，为数太少，州县之入款顿绌，而出款卒不少减，牧令深以为不便，而绅民于大减之后，仍尔催征不前，殆非可久之道。将来苏松等府减浮收，竟可不必入奏，不必出示，但令每县各立一案，就该县风俗人情而为之制。大户名目可革则革，办法不必一律，减法不必一价。但使小户实有所减而已。顺候台安。

于理于势，皆可得手。

39 复李鸿章

同治二年五月二十三夜

少荃仁世弟大人阁下：

惠书敬悉！侍、辅、护诸伪王之众，麇集江、常、无、金一带，似均不足深畏。侍逆屡败于金柱关，精锐损耗殆尽。忠逆有回救苏州之说，然其锐卒亦多损折于巢、含、九洑洲一带，而洪逆又苦留之，共守金陵。自九洑洲克复，霆军南渡，金陵已成合

已成合围之势。

围之势。谓忠酋不肯专顾金陵而忘苏、杭，则或有之谓金陵悍贼全萃苏垣，则未然也。尊处饬各军稳慎以图，自可万无一失。沪甘而淮苦，人人皆知。质堂之不愿赴淮，与昌岐同。昌岐之义应赴淮，则自十年保淮，扬镇实缺已定之矣。阁下若必留昌岐共剿苏垣，则请于昌岐部下酌派一人，带三四营驶赴长淮，一助义渠，共诛苗逆。质堂本太湖水师，名实不符，鄙人不能因昌岐梗令而改派质堂也。苏、松浮粮减额一折，业经上陈，甚好，甚好。此事不趁今日图之，则永无可望矣。

此事不趁今日图之，则永无可望矣。

40 复李鸿章

同治二年六月十二日

少荃仁世弟馆丈阁下：

顾山以西攻破贼营七、八十座，从此进逼苏垣，群贼当无固志。金陵城大贼多，鲍、萧诸军尚不能扎孝陵卫。百战剧寇，困兽死斗，以古法论之，本不宜遽谋合围，恐援贼大至，或者一蚁溃堤，全局俱震；以机势论之，又似宜迅图合围，使金陵、苏、杭之贼，同时危急。该逆备多力分，或者鏖兵于金陵，收效于苏、浙。厚庵、沅甫力主合围之说，鄙人亦不敢过尔持重。惟劲旅无多，虽添调镇、扬两防之兵，犹不能合长围而断接济，必待江西一律肃清，江、席、李诸军由石、太、旌，宁打至广德、东坝，庶无他虑，非可旦夕期也。寿州失守，苗焰弥炽。马谷山、蒙城一军，万难保全。临淮为中原之枢纽，皖抚之根本，万不能坐视不救。现咨请杨、彭两帅先派舢板八十号，一赴义渠之急，仍求阁下迅催昌岐，星速赴淮，勉撑危局。公义私情，皆不能不一援手，至恳，至恳！苗逆若得寿、蒙，其祸孔长，湘勇之力渐不能穿鲁缟，将来荡平此寇，端赖台端淮勇矣。顺问台安。

以古法论之。以机势论之。

41 复李鸿章

同治二年六月二十一日

少荃世仁弟大人阁下：

前见台端致总理衙门书，伸赫德而抑李泰国，以为操纵有法，权衡至当，不意此次总理衙门奏定条议，将兵柄全予李泰国，而令中国大吏居节制之虚号，不特蔡国祥如骈拇枝指，无所用之，即吾二人亦从何处着手？抄示复信稿，委曲周详，无微不达，大局已定，恐难补救。此间即日当复一缄，大致与尊书相表里。都帅颇有引退之志，劾奏通州一案，敝处尚未见其疏稿。如令黄牧受屈，吾二人尽可会折更正，若专镌此老，则仆病未能，封疆将帅可议者多矣。似不必先问此朽钝者也。云仙甫履新任，未便遽令南渡。应俟数月以后，鹾政觅得替人，再令回至松沪，主持减漕大政。南坡更事孔多，未必肯专任鹾务，更为其难，且当以一缄商之。四万之请，实出于不得已，务祈饬催司道，按月满解，至感，至祷！前奏拨浔税三万，旋为幼丹中丞奏罢，先尽江、席二军。江、席亦隶敝部，不忍拂也。即请台安。

大局已定，恐难补救。

42 复李鸿章

同治二年七月十六日

少荃仁世弟馆丈阁下：

群贼来攻吴江，卒不得逞，苏、浙之贼，业已截成两橛，局势极佳。惟忠、侍、辅等著名逆首麇萃金陵，下关官营印子山之战，皆异常凶悍，未审终足制之否？义渠近极危险，来信抄寄一览。苗逆尽可缓打，而临淮则不可不急救。临淮倘有疏失，继此席者，朝廷必取材于楚军，必征兵于敝处，必征饷于尊处。与其待决裂之后，百方补救，不如趁此时早一援手。故国藩既请厚、雪两部往援，而又屡催昌岐继进，盖亦有万不得已之苦衷，昌岐平日之忠良，在沪年余之功劳，鄙人岂尝须臾或忘？特时艰所值，有不得不饬令兼顾淮上者，明者可一望而得也。江西肃清后，江、席、李三军，可由建德、石、太下达旌、宁，机势渐顺。惟饷项极绌，除希部四营外，本部领饷者至九万余人之多。萧庆衍一军，前已于公文内咨达，其他军穷窘，想尊处必有所闻。一由鄙人不善理财，一由食者太众，无术减省。纵月添四

明者可一望而得也。

万，尚不能发足六成之数。务乞指定一二厘卡，帮我数月，即明年索还，亦无不可，胜于脂困之高谊矣。复问台安。

43 复李鸿章

同治二年八月初五日

少荃世仁弟大人阁下：

接惠书敬悉一切。湖荡河汊如此之多，质堂又不肯分扎淮扬，师船亦有难于抽调之势。然号令者，吾辈所当共守而共惜之者也。敝处号令不行，亦行及尊处矣。临淮危如累卵，义渠吁救甚切，亦断不能置之不问。顷普、张、朱营之在怀远者，业因粮尽撤退，军火器械委弃殆尽，概由此间搬运挽救。袁帅长逝，希公久病，苗捻诸艰，遂毕萃于鄙人之身。昌岐往援义渠，即所以助鄙人，但恐陆路瓦解，非水师所能为力耳。

但恐陆路瓦解，非水师所能为力耳。

44 复李鸿章

同治二年八月二十六日

少荃仁弟馆丈阁下：

接两函敬悉。娄门之贼昼夜扑我新营，程部轮班堵击，卒保万全。从此围攻苏城，益有把握，至以为慰。青阳围困，数年所仅见，江、席二军进薄城下，不知能解此重围否？春霆病体渐愈，其余全军调援皖南，先渡而北，复渡而南，日内可至芜湖，大局或不决裂。苗逆猖獗日甚，蒙城危在旦夕。都帅已派兵二千援救临淮，寄谕复催富公亲往，李良臣亦带五千人赴临与苗决战，人数实为不少。惟一国三公，心志不齐，义帅布置多疏，恐皆非苗逆之敌。思之忧悸无已！来示以扬军宜及时淘洗，良为至论。惟眼前人才缺乏，敝部别无独当一面之才可以荐达，阁下所稔知也。即江北货弃于地，亦无一好手可以前往经理，敝处所以诸事因循，只为无贤可举，此心极不忘耳。顺问台安。

一国三公，心志不齐，义帅布置多疏。

45 复李鸿章

同治二年九月二十日

少荃世仁弟大人阁下：

接惠缄赐书敬悉。忠、侍皆赴苏州，黄老虎自青阳退后，已回湖州，恐其归并苏属，则尊处愈形吃重。望坚嘱前敌诸军，但图自守，不求进取。如其汛地太多，守兵太少，则攻苏之兵，亦未尝不可暂行撤退。传称“战勇气也”而以“彼竭我盈”为决胜之机。贵部战无虚日，胜不绝书，恐亦将近“再衰”“三竭”之候，而贼当屡挫之余，积愤难遏，不可不加意戒慎。国藩败挫多年，慎极生葸，常恐一处失利，全局瓦解，心所谓危，不敢不告也。闻贵处各统领骄气日深，士卒骚扰，声望远逊于去年。不知传闻失实，抑或微有端倪，尚祈悉心体察，反复申诫！保全令问。至幸，至幸！黄昌岐久不赴淮，在沪又不得力，杨、彭两帅，均大不以为然。顷将两处来信抄示昌岐，檄令即日赴淮，再迟不能不参，幸亮我苦衷也。近日尊处与舍弟添募甚多，鄙人殊以统领者不称，多辖为虑。拙性拘谨，每见高掌远蹠而致疑耳。白齐文再出投诚，自是汉人之畏洋兵，或可少息。幼丹告病，两函挽留，温诏亦必慰留，当不致恝然也。顺问台安。

前敌诸军，但图自守，不求进取。

一处失利，全局瓦解。

46 复李鸿章

同治二年十月初九日

少荃仁世弟大人阁下：

古隆贤投诚，献出石埭一城，而太平、旌德之贼一并窜遁，水阳、新河庄、金宝圩次第克复。杨友清亦投诚，献出高淳一城。现檄鲍春霆进攻东坝，若其得手，则霆军上剿广德、建平，而金陵亦可添兵合围，无后路之患矣。石达开之余党窜至道州，席宝田一军，移防吉、赣。国藩亦檄江味根一军，回驻石门，以保景、饶。幼丹定于初三日销假视事。盖温旨慰留，万民攀辕，

无后路之患。

而敝处亦有两函谆致絷维之忱，故难恝然也。昌岐此次再不应调，实不能不参办。今冬新漕湖南拟解十万石，湖北江西国藩均有缄往商，大约不能满二十万。松太两属可办若干万石，应由阁下主持会奏办理。顺问台安。

47 复李鸿章

同治二年十一月二十二日

少荃仁世弟大人阁下：

前接赐书，旋得克复苏州、无锡各捷报，顷又读筹画大略一片，仰见高掌远蹠，气吞丑虏而智迈群伦，佩慰何涘。戈登之事，仅见于寄谕中，不得其详，比已稍就驯扰否？自苗逆授首，蒙城解围，淮甸大致肃清。惟苗党巨酋如张士端、朱万隆、李万春、苗景开等均未就戮，而邸帅部将宋庆等气焰殊甚，杀李世忠部下提镇朱元兴等数人，反以李部攘功争斗入奏，蒋、毛进攻正阳，宋庆亦以争功罪之。而富副帅与义渠结怨甚深，邸帅亦为所动。必须将此数段者调停解释，而后将苗党、捻酋择尤诛殛，淮上庶有奠安之日。南岸自进围紫金山后，金陵接济已断。李秀成入城，苦劝洪逆弃城同逃，洪逆不从。大约猛扑数次之后，忠逆则窜流江、楚，洪逆则死守勿去。未知何年始得永毕永讫也。皖南之毗连江省者，业派兵分守八城。江西北境如石门、洋塘、景德镇守兵亦颇不少。惟江味根于十一月初四日沦逝，刘克庵丁忧回籍，段起因病请假，韩进春尚戍赣南，饶景重地乏一可恃之统将，万一忠侍辅堵诸酋分途上犯，殊为可虑。希庵亦于十月二十八日仙逝。忠荩廉洁，家无长物，实堪痛惋。昌岐已报二十六日起程赴淮，而淮事适已先了。始则既疲于东，又骛于西，后则外亦不侮，墙亦不阋。容容者多厚福，昌岐其有之乎！浙中钱君廷薰来此，携去一函，曾贺宫衔、黄马褂之喜，不知何日可到。顺问台安。诸希心鉴。

容容者多厚福，昌岐其有之乎。

48 复李鸿章

同治三年二月初十日

少荃仁弟世大人阁下：

接正月惠书，知已派戈登、郭松林西剿宜、溧旋闻宜兴于正月二十四日克复，溧阳于二月二日克复。威棱所指，无坚不摧，而驾驭洋将，擒纵在手，有鞭挞龙蛇，视若婴儿之风，尤以为佩！金陵业已合围，仅剩后湖一段，外援全断。城贼纵冒死冲出，为数当不能多。宜、溧既为我有，丹、句之贼亦难久踞。舍弟处当无意外之虞，侍党上犯之贼，唐镇王道败之于歙南，席军败之于婺东，另股由昌化入江，闻韩军败之于玉山。本非凶悍难破之寇，惟计穷求食，义不反顾，虽屡败而内窜如故。比已至铅山之湖坊，非由上清宫以趋抚、建，即假道于闽而仍窥江西。有孔即入，防不胜防，良用焦虑！减赋一事，自应以刘方伯为主。必求苏、松、太与常镇不甚歧异，此万不能之势。人心难餍，今日求与常镇轻则相等，浸假而求与更轻之楚则相等矣，浸假而求与尤轻之蜀则相等矣。不如墨守部议，苏、松、太三分减一，常镇十分减一，庶得事理之平，而息纷纭之议。惟松岩欲将轻则、重则之乡通融核减，鄙意亦以为不可。即常镇欲于京漕之外议及钱粮，亦似可以不必，不如专认定“三分减一”、“十分减一”二语，遍张晓谕，妇孺皆知，庶大小户一律减则，书吏不得高下其手。若求之过深，议论过多，则弊端丛出矣。顺请台安。

有鞭鞑龙蛇，视若婴儿之风。

计穷求食，义不反顾。

49 致李鸿章

同治三年四月初三日

少荃宫保世仁弟大人阁下：

此间近状如常，惟金陵城贼并亦无粮尽确耗，似非旦夕可了。而敝台饷绌异常，为近数年所未见，霆营尤有立见哗变之虞。有周絧堂者，在霆营当差，寄书湖北粮台，言我待霆营独薄，决裂即在日前。实则霆营今年发饷不满五成，舍弟沅营不满三成，国藩并未敢厚他营而薄霆营也。今霆军不平如此，恐其遽生变，故是不止厝火积薪，业已火然及眉矣。特委陈虎臣赴沪迎提总理衙门奏拨之二十万，并洋银一万六千余元，务望速饬全解，以九万与霆军以十一万并洋银与沅军，能保四、五月无变，或可蒇金陵一篑之功。此外江海关欠拨之五万轮船回国经费，应找之二十四万，均求设法赶解敝处，感祷无已！自台从东下握别以后，此间选将整军、用人治财，都乏实际，而虚枵之象，日甚一日。长江三千里，几无一船不张鄙人之旗帜，外间疑敝处兵权过重，权利过大，盖谓四省厘金，络绎输送，各处兵将，一呼百诺。其相疑良非无因，而兵弱饷绌之实情，乃无一人得知。拟即日将办理竭蹶之概，一一上疏直陈，请将钦篆督篆次第交出，而鄙人亦不敢置身事外。但仅统兵万余，专办一路，如昔八、九等年规模，或可免于大戾。适有肝风之疾，请假调理，附告一二。余俟续布，顺请台安。

或可蒇金陵一篑之功。

50 复李鸿章

同治三年四月十六日

少荃宫保世仁弟大人阁下：

接惠书敬悉。顷又读大咨知常州克复，全股剿灭，奇功伟烈，不独当世无双，即古人亦罕伦比。自阁下入沪屡濒危险，皆躬率诸将决战，出死入生，得保全于呼吸之顷。数役之后，贼萃各路悍党，专与尊处为仇，故皖、浙、金陵诸军，皆得少省气力。尊处出奇制胜，如塞洪水，如捕恶蛇，始终无一隙之暇，无一著之懈，不特全吴生灵出水火而登衽席，即东南大局，胥藉余威，以臻底定。壮哉！儒生事业，近古未尝有也。金陵洪、李诸酋坚韧如故，援尽而粮未绝，不知何日始了此一段。舍弟忧灼异常，敝处屡书宽譬，嘱其稍耐而慎图之。尊处鲍军上援江西，至要，至感！抑或富部仍须北渡，丹阳亦须贵军分守，又或谕旨饬公亲赴金陵会剿，或遮截洪贼窜路，均不可知，统候裁夺。惟东

古人亦罕伦比。

出奇制胜。

坝、句容二处，则求迅速派兵替防，并求饬筹银九万两，解交鲍军以为援江途费。总理衙门饷五十万两，据应观察禀，有三十三万可靠，其余十七万尚不可知。敬求大力将此三十三万星速催解，仍恳将去岁订定之月饷四万源源批解。若能度此三月，不致哗溃，则感惠大矣！幼丹中丞与敝处私交已绝，自问数年以来，未尝挟权市德，稍有触犯，此心可质鬼神。阁下不与左帅争意气，远近钦企。此间意气孰盛，则一听公论耳。复问台安。

51 复李鸿章

同治三年五月初六日

少荃世仁弟宫保大人阁下：

接惠书敬悉一切。江西陈、汪一股尚盘踞铅山一带，侍逆大股已由建昌东破宜黄、崇仁，直逼樟树，省垣戒严。敝处咨杨、鲍、周三军门赴援，不知赶得及否。省城三标，沈中丞操练有素，又新调万泰带浔兵入省助守，根本之地，不至动摇。所虑窜渡赣江以西，由瑞、临而出湘、鄂。三省皆震耳。鄙意欲求尊处拨兵替守溧水、高淳、建平三城，腾出敝处三小精，北则防守桐、舒、无、庐等邑，南则防守饶、景、湖口等处。如蒙惠允，即请一面函覆，一面拨兵前来，至感！至祷！上海劝捐，国藩亦知其难，惟敝处饷源一一为阁下所深知，江西一片贼氛，平分半厘，四月不满二万，五月以后，尤不堪问，湖南、广东两省之厘，不及七万，江楚两局盐皆不销，皖厘亦因盐滞而大减。反复思维，除却苏沪捐厘二宗，别无可借之筹。以贵部之屡立奇功，振兴全局，鄙人断无瘠苏军以肥皖军之意，此心应为吴中所共亮！然值此山穷水尽之候，又焉能不为将伯之呼？每月八万之索，尚求大力玉成，不必谓各局卡向隶苏军者，概不得分拨敝处也。顺问台安。

值此山穷水尽之候，又焉能不为将伯之呼。

52 复李鸿章

同治三年五月十五日

少荃宫保世仁弟大人阁下：

志在拼命一攻。

接奉惠书，许以令弟酌带数将，于七月中旬会攻金陵，总揽全局，相维相助，感仰无既。是日恰奉初九日寄谕，饬尊处派人酌带炮队会攻金陵，并有大纛亲莅之命，不揣冒昧，特备咨请阁下亲至金陵会剿，并请不待长兴克复，亦不俟七月中旬，即日遄发，雷轰电掣，总以六月初间赶到为妙。洪酋坚忍异常，援尽而粮未绝，舍弟掘地洞十余处，志在拼命一攻。此等百战悍贼，岂地洞所能奏功？若以开花炮与地洞同时并举，而辅以尊处洋枪骁悍之队，当可济事。闻地洞定于六月初告成，国藩嘱其少待旬日，以俟雄师之至。舍弟所部诸将，素知阁下与贱兄弟至交多年，无不欣望大旆之西来。而所疑畏者亦有两端：一则东军富而西军贫，恐相形之下，士气消沮；一则东军屡立奇功，意气较盛，恐平时致生诟谇，城下之日或争财物。请阁下与舍沅弟将此两层预为调停，如放饷之期，能两军普律匀放，更可翕和无间。先此函恳，即日专疏具奏，再行知照。江西之贼，侍逆分踞南丰、崇仁两邑，而分布抚、建境内，听康等党尚在铅山一带，厚庵新授陕甘总督，留办江西军务，即日挟鲍军西行，由瑞、临、樟树下手。有此大枝劲旅，当足了之。湖北之贼，不久必东入皖境，自英、霍以至扬防，无一支游击之师，深可危虑。阁下会克金陵后，尚烦调派熊罴大队渡江西迈，一救珂乡水深火热之民。苏皖分闱，鄙人亦力主此议，请即拟一会奏疏稿，由敝处拜发可也。复问台安。不具。

53 复李鸿章

同治三年七月初二日

少荃宫保世仁弟大人阁下：

前得惠复，久未续报。金陵克复，国藩以六月二十五日东来，省视诸将憔悴可怜之色，几天不可辨识。盖自六月初一日以至十六，昼夜苦攻，曾无片刻少休，而四方各营并出，行队至钟山一隅，别无帐棚可支，日晒夜露，全无遮蔽。自舍沅弟暨各将领皆出入地洞之中，故形色迥变。舍弟热毒，久不愈，其克城首功之李臣典，竟以积劳一病不起。盖与程学启同一，可敬可悯！此城虽以力争得之，而将士劳苦过甚，乃亦若生摘之果，不适于口。城中伪宫贼馆以及民居，概付一炷，百物荡尽，而群尸山积。善后事宜，竟不知如何下手？据伪忠王供称，侍逆之盘踞崇宜等处，系渠与之约定。三、四、五、六等月则掳江西之粮以饱侍逆等股之贼。今金陵既克，侍逆等之去向不可知。惟劝官军不宜多杀两广人，恐粤贼势孤而心愈固结，则军事仍无了日等语。拟日内即行正法，仿陈、石二逆之例，传首各省，以快人心。国藩与舍弟粗商一切，仍回安庆，至八九月再来，湖北之贼，尚在黄冈、麻城一带，不久终当入皖。拟请雄师北渡，肃清淮南北各属，以保珂乡，亦即以卫苏疆。一至淮北，湘勇远不如淮勇也。此请台安。

湘勇远不如淮勇也。

54 复李鸿章

同治三年七月十四日

少泉宫保世仁弟大人阁下：

接奉惠书。捷报一疏批谕，由安庆递回，初十日乃奉恩旨，欣悉阁下荣膺显爵，而贱兄弟亦忝附骥尾。舍弟前敌多年，与阁下躬冒矢石，屡尝奇险，鄙人则安居皖垣，尤为忝窃非分。又念塔、罗、胡、李诸公艰难百战，不得同邀懋赏，愧歉之余，翻增悲感。李秀成于初六日定供，初七日出奏，初八日始接富将军咨到寄谕，始奉槛车解京之旨。洪仁达病重不食，已于初四日处决矣。日内当具疏复奏，备陈所以，尊处既以郭、刘四镇直捣中坚，而又以张树声等并力东路，刘铭传等并力西路，敝处应办之广德州，亦蒙大力相助，再接再厉，片刻不自休息。既钦阁下之

屡尝奇险。

忠荩闳远，而又私幸下走创立淮勇新军，正所以济湘勇之穷，而为鄙人弥缝无限之缺憾也。舍弟所部，除由鄂来者分别拨还外，拟留万人守金陵，以万五千人作两支游击之师，其应撤者尚近三万，镇江防兵请尊处即行拨往，冯部自应全撤，即富部亦宜次第裁撤，均如钧裁。复问台安。

55 致李鸿章

同治三年九月初四日

少泉宫保世仁弟大人阁下：

自七月二十八日回皖，俗务纷集，稍疏音敬。顷以九月朔日，买舟东下，回驻金陵。上游军事，湖州、广德之贼，由徽境入江者，据报实止数千，而由歙县、开、遂之交逸出者，闻尚有二三万。春霆、克庵等军俱迎剿于抚、建、广、信等属。此外兜剿跟追之军尚多，此股当不足虑。南路侍、康等股，其志在湘而不在粤，然粤太空虚，自南康往者已抵仁化。彼中兵饷两绌，深为可虞。敝处停止粤厘请还本省一疏，未蒙俞允。业经飞函分致筠仙与令兄小泉，请本省与敝处各支其半。又檄周厚斋军门由赣援粤。如果大股深入，半厘尚不足济粤之穷，周军亦不足解其难也。鄙人与寄、筠、筱三公皆有休戚相关之谊，又曾用粤饷二年，当别谋所以拯之，道远力不能遽及，歉悚无已！皖北英、霍之贼，已派万人赴英，八千人赴霍，应足遏其东趋。惟湘勇强弩之末，锐气全销，力不足以制捻，将来戡定两淮，必须贵部淮勇任之。国藩蚤持此议，幸阁下为证成此言。兵端未息，自须培养朝气，涤除暮气。淮勇方气强盛，必不宜裁，而湘勇则宜多裁速裁。顷合弟沅甫部下已裁撤万人。国藩拟于今冬明春共撤四五万人，但苦欠饷无着。前札刘、丁、潘、钱诸君等捐八十万金，又欲与阁下商拨苏、沪厘金三成。厘饷可分若干，伏候裁示，捐务则志在必成，尚恳鼎力扶助。敝处若果裁撤四万人，则除鲍、周两军仍食江西半厘外，以后当粗足自了。十一月举行乡试，顷已备咨请阁下监临，即日出奏，再行咨达。上下江应否分闱，集两

其志在湘而不在粤。

兵端未息，自须培养朝气。

省之贤绅会议定夺。减漕大政，国藩力主常镇十分减一，不与苏、松、太牵算，亦不另奏请减地丁。六月间奉咨后，未接尊处复咨，亦未再接松、岩函牍。统俟乡试前相见会议，以期折衷至当。诸维心鉴。即请台安。

56 复李鸿章

同治三年九月二十五日

少泉宫保世仁弟大人阁下：

接惠书敬悉。举行乡试一疏，昨日已接奉批旨。虽允许简放主考，而圣意甚不放心，又虑及台旆不能前来入闱监临，询及朱学使、万方伯能否代办。鄙意安徽学政向无代办之案，宜学使又无入境之耗，篪轩办本任提调事件，已觉日不暇给，安能更兼监临之任、务求阁下拨冗前来，主持一切。国藩七月初创此议时，不过借此风声，招集流亡，初不敢必其有成。一回安庆，则群士欢欣鼓舞，宁、徽、颍州三府纷纷求学使考试，以便新生入闱。迨定议宁国生童调省考试，而徽、太、颍、凤又若东考西怨，呈诉不休。国藩观此气象，势难中辍，是以闻贡院工程将竣，即一面咨请阁下监临，一面札江西印办试卷。今因圣意十分慎重，鄙人亦怀疑虑，特恐画虎不成，贻笑远近。敬求阁下速来相助，盼切！盼切！九舍弟回籍一疏，仰蒙俞允，并荷温纶慰问，珍药下颁，感激曷已！现定于十月还湘。裁勇过二万，无论何处银钱，概尽遣营先行给放。欠饷不敷甚巨，若今冬能勉强敷衍，则敝处人数渐减，饷源如常，明年或可渐入佳境。惟目下腾挪欠款，或用长沙期票，或用此间期票，届时难践成诺。来示许于苏捐内分二三十万串见惠，尚嫌期褊，俟相见更发请益。鄂中兵事日坏，珂乡难望安忱，贵部留以龛定两淮，切勿轻议裁汰。湘勇则锐气消减，倦飞思还，稍有余资，续即裁撤。此鄙人确有所见，幸垂采纳。即请台安。

恐画虎不成，贻笑远近。

57 复李鸿章

同治四年正月二十九日

竟东南之全功，绝皖吴之后祸。

少泉宫保世仁弟阁下：

刘铭传等二军既免中州之行，自须令其仍回大江以南。若入闽归左帅调度，敝处诸将俱不甚愿，不知铭、盛等军毫无意见乐为之用否？目下江浙一律肃清，淮勇精锐未渫，别无用武之地，似不能不遣之入闽，竟东南之全功，绝皖吴之后祸。左帅近有信与尊处商定否？此事应由卓夺复奏，敝处即不疏告矣。减赋之事，与松岩再三商榷，常镇普减十分之一，另案办理。苏、松、太仓按科则核减，漕之外再疏请减钱粮，三者皆已议定。尚有未甚定者，苏、松、太仓虽按科则而轻则亦普减十分之一。鄙意欲将此层奏明，恳请明降谕旨，俾轻则者不至再生觖望。松岩之意，以为轻则者得减十分之一，已属格外优厚，尽可不必奏明。五郡请减钱粮。松岩之意请普减十分之二五，鄙意嫌其太多，欲以十分之二为止。斯二者尚未议定，敬恳阁下折衷裁酌，于已定三端，未定两端，一并核夺，拟一疏稿寄示，将来仍由尊处拜发，以符原案。扬州须淮军四营驻防，必不可少，请速筹之。苏、松之捐，乃能增益十万串，感赖何极！敝处今处载二万五千人，计须百七十万金也。复问台安。

58 复李鸿章

同治四年三月初五日

少泉世仁弟宫保大人阁下：

接复缄。敬聆一切。内子生日，猥蒙公惠，私贶情文稠叠。当此兵革未休之际，本非臣僚称庆之时，况居中馈之爻，未臻下寿之岁，远蒙存注，感悚奚涯！令兄荣抚吾湘，固属楚南之福，而离长沙十有三年，弭节重莅旧治，亦令兄之一乐也。雪琴具疏坚辞漕督一席，如不获命，尚拟再辞三辞。计仲宜赴粤，必须展转迟回，当在四月下旬矣。吴道四营驻扬，扬民当可小休，而雨亭因此大获咎戾。扬防腾出之饷，每月约厘金三万，监课二万。去岁奏明二万解皖，三万协甘，议定于五月起解，厚庵如未抵甘，自应先解都营。而詹镇援豫之师，每月分去七千，关陇三万之数，亦不能月月如额。此间兵势实成强弩之末，急思多撤以节饷需，而正月所裁金陵八营，至今未清欠饷，不能成行。苏、松捐款，承分惠四十万串，尚求赶催速解，以便续撤。金陵城垣太大，匪类丛集，城外如雨花台、江东桥等石垒，皆不可不扎营。拟请刘仲良学士移驻于此，借其心精力果，以药湘勇之暮气。而鄙人亦常以老生腐谈与仲良相切磨，储为封疆砥柱之材，不知尊意以为何如？

急思多撤以节饷需。

借其心精力果，以药湘勇之暮气。

59 复李鸿章

同治四年四月十七日

少荃宫保世仁弟大人阁下：

接惠书具悉。恭邸近事，虽有后命，殊觉未满人意。初八诏旨，措辞过重，读之战栗。应守到此数日，洋人亦来。现尚未经勘定形胜津要之地，自不能不与力争。惟条约指定金陵，则上下离省稍远者，渠不愿去，亦难强也。霆营行至武昌上六十里之金口，忽然生变，歃血饮盟，汹汹索饷。宋国永及各营官弹压不服，避之晋省。各叛勇声言至江西索饷，行至咸宁已戕官掳人。如不陆续溃散，则此祸之烈，恐尚过于苗沛霖耳。捻匪横行河南、山东、徐海，未受小创一次。其窥伺里下河之意，迄未少衰。恐须合铭、盛、树三军之力，痛剿于邳宿一带。仲帅欲再调常州开字各营前往，鄙意大江以南过于空虚，既恐闽贼回窜，又虑霆营叛卒，俯视一切，仍非贵部不足制之。开军自宜留置左右，不可北渡。厚庵专员至尊处，索饷厘金三成自不能允，然阁下亦必有以答其意，若鄙人与贤昆仲三处意见悉符，则厚庵可释然矣。复问台安。

60 复李鸿章

同治四年五月初四日

少泉世仁弟宫保大人阁下：

接奉四月二十七寄谕，饬出省督师。昨又奉二十九日寄谕，则僧邸业已殉节，饬即驰赴山东，阁下署理江督，松岩护理苏抚，想尊处亦经奉到。谕旨令不待驾到金陵，先将篆交篪轩，星速启行。此城过大，伏莽颇多，抢案层见迭出，必待台旆到此乃敢放心启行。护卫之兵，亦请阁下酌带三四千人，乃足以资镇抚。湘勇早已定议全数遣散，因遣资未备，又挑秦淮淤土出城，土功最巨，尚未载遣。今闻此信，畏缩不愿北征者十人而九，勉强派去，终属强弩之末，难期得力。贵部淮勇铭、盛、树各军，平日颇有一家之谊，不识离苏赴齐，尚能心性相孚否？拟约季泉、幼泉同往相助，祈阁下于竹报中一为劝贺。季泉请开甘凉一缺，迟迟未敢入告，此次乘便一奏，或可仰邀俞允。减漕一疏，本拟悉心核改，以助松岩成此盛举。今心绪繁冗，不暇构思，即用松岩原稿。请两君迅速出奏，不宜更列敝衔。盐务及江北捐厘，系敝处饷项所出，请阁下精心经理，全以拨交敝军，即可分为润铭、盛等营。敝眷暂住署内，数月后，乃能腾出。台从暂住下江，考棚已饬赶紧修理。次青之事，尊处接有部文否？顷折弁自京归，闻部议得及宽政，免其北戍矣。年来此事最为疚心！近霆军溃叛之事，其疚憾尤难言喻。恭邸虽复旧位，而挟制离间等语，尚未湔涤。霆营及邸军非常之变，适承其后，岂天人合应，乱机亦有相召者耶？贱体畏热异常，实不堪此艰巨。如何如何！即问台安。

难期得力。

61 致李鸿章

同治四年五月初十日

少泉宫保世仁弟大人阁下：

得惠书，一缄具悉。此间自奉山东之命，因湘勇在金陵者人人思归，不愿北征，久未复奏。本日始具疏复陈，兹抄稿呈览。甫经出奏，又接奉初四夜谕旨，令国藩绕赴山东，节制直、东、河南三省。敝奏迂缓异常，而北路望援急于星火，贱躯颓备已极，而复假以绝重之事权，其不至绝膑颠蹶者几希！贵部铭、盛、树三军，自须资为干城腹心。然树营须留于江境淮、徐、韩、庄等处。能出境者，恐止刘、周二军。以将来剿捻之全局言之，自须开募府于徐州，专力于十二府州；以目下危急之情形言之，则须绕至泰安、济南，顺河南岸而击之，驱贼回窜西路，庶宵旰之忧廑少释而直、东之人心稍定。然绕前而逼贼使西，必亲自骑马督队。鄙人实不任此，若使省三独当一路，由腾、邹、兖州绕至汶上，然后回击郓、曹之贼，果能胜此任否？鄙意琴轩由海道赴津，似须贼已渡河，乃下此着。顷读初四夜寄谕，则无论贼果北渡与否，此著似不可少。贵部虽多且劲，然刘、潘、周、张皆以北征，郭、杨又将自闽而楚，则左右人数太少，万一贼由江西窜皖，北军恐不能不回顾耳。国藩带金陵数营随行，其中良者多已先归，此皆替代暂署鳞爪仅存。顷檄调刘松山由宁国来金陵，易开俊亦有禀来告请随征，二将差强人意。其部勇愿北征与否，尚未可知。湘军锐气久湛，真强弩之末欤！承示代练千人佐我征调，感甚感甚！徐州四战之地，古多豪将健勇，与尊处风气相近。若能化其枭悍之习，道以忠朴之风，则淮勇之波澜弥阔，枝叶弥茂矣。阁下独无意乎？敬请台安，诸惟心鉴。

复假以绝重之事权。

枝叶弥茂矣。

62 复李鸿章

同治四年闰五月初七日

少荃世仁弟宫保阁下：

两次惠书，以朱、金、康三军哗饷之故见示。敝处遣勇之发全饷，以六月克复金陵，七月即由舍沅弟遣散多营，以甫立大功，势难扣减欠饷。舍弟并未见商，即行全发，鄙人亦以为情顺理当，未尝相非。厥后萧庆衍虽非沅弟所部，而同攻金陵，事难两岐，亦给全饷。其余毛、喻、李、韦各军续撤者，只令统领营官缴出截旷一、二、三万或数千不等，其勇丁欠饷，仍亦全发。因各处皆疑我厚于沅军而薄于诸军，不欲歧视以诒口实也。意谓平日积欠愈多，临撤得饷愈巨，各勇必可相亮，帖然无事。不谓乃反以此生事。现在飞拨各处银十二万两，分济朱、金、唐三军，皆非无着之款。万一解到少迟，请阁下垫出先发为感。江皖各军交尊处接统者，计其饷尽可按月满支，兹另备一咨，逐一开出。若阁下于沿江及皖南两处厘金经理得法，所获必增于今日，以支应各军而有余。嗣后请饬各台月发满饷，少亦发七八成，使以前此之绌，归怨下走，后此之丰，归德台端，则可惟命是听。至遣散之迟早，须由在上者主持，不能因哗迫而遂撤也。发捻全数趋重皖北，英方伯在雉河被围紧急，易镇在蒙城粮路亦绝，临淮、寿江均属可危。现拟奏调省三由齐回皖，而令周盛波驻宿州，国藩亲驻临淮，姑以屏蔽安、庐、滁、泗腹地，未知果有裨否？复问台安。

不能因哗迫而遂撤也。

63 复李鸿章

同治四年闰五月十七日

少泉宫保世仁弟阁下：

接尊处排单，封递张炼渠密禀。炼渠此次奇辱，较之山东兵之辱毕方伯，镇筸兵之辱福中丞，殆又加甚。八个月之饷，仓卒断难办足。即使能力，而大闹之后银钱大批立至，各路湘勇皆当纷纷效尤，后患何可胜言！且如此猖獗，而各营官安然无恙，似上下商同一气。蒋之纯所部在襄阳闹饷，统领营官亦各无恙，决非不知情者。两个月之限，八个月之数，断难如其所请，决裂亦所不恤。阁下接统之前，业已生事，尽可推诿不管。敝处前批发之十二万金时，尚未闻金、唐两军之变，今亦不复反汗。十二万之外不愿再拨，亦实无可再拨。徽、休各函禀，刻不批发，且看十日半月后情形如何。倘竟照金口叛卒之样，亦只好付之数定。若苟且安帖，须待唐、金到后，严行奏参，勒令每营交出二三人

业已生事，尽可能推诿不管。

审讯正法，其勇夫仍发全饷；如不交出倡首之人，凡欠饷一笔勾销，逼令反叛通行数省并力防剿，其祸或烈于霆勇，或轻于霆勇，均所不计。唐镇在家，业已屡檄催之，金道则据报于四月底起程回营，不知何以未到。江皖各军，敝处积欠三百余万，然自裁六万人之后，目下每月实可悉发满饷，亦有余资凑清旧欠。兹将出入各款咨达冰案。其中如沿江之厘，近日实不得人。若阁下认真经理，每月收数当倍于今日，皖南厘金亦然。幸留意焉。英西林脱身出营后，雉河之垒尚属无恙。刘松山至此一晤后，即赴临淮也。顺问台安。

64 致李鸿章

同治四年闰五月三十日

少荃世仁弟宫保阁下：

日内未得惠书，至为系念。刘松山二十日至清江。国藩即于二十二日启行，二十五日渡洪泽湖，东北顺风，二十九日已至临淮。洪泽之大，略与洞庭相等，而水浅，动辄碍舵，泥深不能下篙，一片荒凉，无栖泊之处。若非连朝顺风，恐终月尚不能达。此行一帆迅利，气似早秋，良以为快。而盛夏阴寒，气象愁暗，亦殊以为虑也。雉河集围困如故，刘军尚无到徐消息。幼荃来此宜由蒋坝至盱眙也。略后一二，顺问台安。

若非连朝顺风，恐终月尚不能达。

65 致李鸿章

同治四年六月初八日

少泉世仁弟宫保大人阁下：

接惠书敬悉一切。省三之事，亦尝再三思虑。观其将才似在礼堂、厚庵之间，经阁下多方培植，苦心琢磨，而成此令器，鄙人断无不知爱惜之理。惟渠调托副都统，尽可自行咨商。乃于敝咨之尾，添出一层，适足见笑于国将军，故国帅有专咨来询。后闻官绅言铭营所过，秋毫无犯，颂声载道，遂将参劾之意解释一

断无不知爱惜之理。

半。令省三来此一见，少迟再商转圜之法。徽休一案，闻逸亭业已回营，桂生亦自湘起程。俟其到防，拟将唐义谟暨张道密禀中所指各劣员，提至临淮审讯。一面饬唐、金查倡首滋事之人，至临一并研讯。明知其将激变，而万不可不一惩办。是否别有上策，务乞熟筹详示，切弗推诿拱默。敝处自愿做恶人头，决不累阁下分此怨谤，但恐画虎不成，反至类狗耳。雉河解围，虽仗刘、周之威棱，而程史等坚守之功，究不可没。从此四路设立重镇之局，可以办成，拟派琴轩在济宁，振轩在徐州，锦堂在临淮，各综理营务处，即提调存储米粮军火事件。惟周家口尚少提调大员，省三须休一两月，豫若有急，不能遽往援也。幼泉尚未到临淮，国藩近年畏暑，迥异寻常，而出师已四十日，尚不甚热，天亦稍悯劳人乎？然终不免火云烧肉山耳。即问台安。

切弗推诿拱默。

66 致李鸿章

同治四年六月二十日

少泉世仁宫保弟大人阁下：

省三来此小住三日，仍回临淮，临行请自练马队二营，已面允之。此外，鼎、树、盛及湘勇则不令其自练，即于吉林、黑龙江、察哈尔等处三千马队中挑选而分拨之。幼泉及李恒清即日当至徐州经理此事。淮水盛涨，所住之营筑堤捍御，水高于内尺许。徽事务望速示，日内当发动也。即问台安。不宣。

67 加李鸿章片

同治四年六月二十一日

接惠书并折件，足以间执利口，而为任事者吐气矣！谕旨亦平允畅达。惟末世气象丑正恶直，波澜撞激，仍有寻隙报复之虑。苟非极有关系，如粪桶捐四千万之类，断不能不动色相争。此外少有违言，即可置之不问。德门兄弟桀戟功业，烜赫高朋之家，鬼神亦忌。总宜处处多留余地，以延无穷之祜。徽军给饷遣

处处多留余地，以延无穷之祜。

撤，不办一人，后患方长。拿办首犯，则变速而祸小，否则变迟而祸恐更大。东坝防军进驻旌德，殊可不必。只要守住金陵、安庆、南昌，他处且可听其蹂躏。未反之前，不能在在先设防兵。惟炼渠、勉亭所筹巨款不可先发，即可严檄止之。若欠饷全清而更叛，则尤不值矣。鄙意拟将炼渠撤省听参，另委皖南道改驻芜湖，将唐义谟及营官之劣者拿问，而另檄金、唐每营交出刁勇二人。如以为可，务祈迅速回示即发也。再问台安。

68 复李鸿章

同治四年七月初二日

少荃宫保世仁弟大人阁下：

接一缄敬悉。王侍御疏中竟有"罪不容诛"等语，自无忍而不辩之理。良善可为而不可为，国藩涉世多年，盖亦深明其旨。然如左公之强梁，乃由禀诸天赋，而人事又足以济之。鄙人本无子路好强之资，又恐运气不济，每讼辄输，用是敛手而退。阁下刚劲之质，度越时贤，而世乱言庞，讼端方多，运气之或济或否，究不敢必。其惟处于一张一弛，一龙一蛇之间乎？徽事查办一札，告示一纸，明知势将激变，而万不能不出此下策。如果效金口叛卒之为，敬求阁下以全力赴之，不使有不胜为笑之患。至恳至恳！

处于一张一弛，一龙一蛇之间。

69 复李鸿章

同治四年七月十五日

少荃宫保仁弟大人阁下：

松、勋、开、奇四营留备徽事之变，应足了之。惟该勇等畏尊处威棱，或南趋婺、饶、广、信，则收拾较难耳。朝廷屡催刘铭传等军进援山西，并调陈舫仙为晋臬。又以久未接敝处奏报，严旨诘责。鄙意淮勇吃面虽稍胜于淮勇，然亦只可一饭一面。若秦、晋等省终年吃面，则刘、周等亦决不相宜，拟再剀切陈奏。

湖南若有大警，苏军驰援太远，须与令兄言定，刘、朱、席、娄等军皆可援湘。如果湘急而江缓，刘、孙二公，亦必可商拨也。复问台安。

70 复李鸿章

同治四年七月二十八夜

少泉宫保仁弟阁下：

国藩自临淮起行，行四日至灵璧。天尚晴明，惟路多隔水，幕府坐小车或牛车，迟笨异常。途次又无一物可买，若下雨则寸步难行矣。恽守光业明白禀复之案，已自认钱价出入不符，而谓另有不能报销之公费取给于此项钱价。闻发觉后，近日弊端更多，务乞尊处迅派妥员接办。正阳盐卡案尚未结，尊处公牍但称据曾函称恽守有被控查办之案，亟须委员接办云云，国藩恐其来淮不能迅速，请派贤员总以由陆路速来为妙。山东解琴轩协饷并入敝款三万之内，此间尚未闻是说。果尔，自当争之。丹初所与敝处函牍，均属诚恳，不涉虚伪。闻其居官亦极廉正耐劳，而谤议朋兴，几于烁金销骨。寄谕交敝处确查者二次，一密一明，所抄参折，皆肆口丑诋，至不忍读。恶正丑直，古今同慨！阁下与琴轩通信，请嘱其无尽信官场谤辞，遂疑丹帅难与共事。沅弟来信，因病体未痊，决辞晋抚之任。此实恐以孱躯误公，当不致以抗违贻讥。即请台安。

均属诚恳，不涉虚伪。
烁金销骨。

71 复李鸿章

同治四年八月二十日

少泉宫保世仁弟大人阁下：

接奉寄谕，饬移驻河南之许州。不行则屡违诏旨，并失民望；遽去则局势全散，有损军事。反复筹思，焦灼无似！松、勋两军，鄙意欲留防徽、休之变，朝命亦令移以剿捻。俟金、唐案结，似可量调庐、寿之间，以为入豫之渐。游击之师茫无端绪，顷嘱幼泉一力担承，以五千步队、二千马队为率。步队须由阁下挑拨劲营，妙选将材，代为经画；马队则无上驷，又乏良将，即操演临阵，初试时亦无佳营为之榜样，殊无把握。金、唐饷项既截至闰月初二日止，腾出此项口粮，拟即全供幼泉游击一军之用。琴轩订于节后来徐。近日淮军均有令名，良以为慰。然当随事训戒，不可宽驰。丹初物议犹烦。少村莅任未久，台中已有弹章。甚哉，封疆可为而不可为也！此候台安。

72 复李鸿章

同治四年九月十四日

少荃宫保世仁弟阁下：

接复书具悉，以松军赴徐而鼎驻扎宿迁，妥善之至。仍不啻两军同扎一处，呼吸相通。连日探报，东贼将由城武单县南窜鱼台，丰、沛适当其冲。松、勋二军早到，或可迎头截击，乞一催之。国藩前不西驻豫境，几于一国非之，天下非之。乃自任柱、牛、赖等东窜后，贼之骁悍者全萃齐境，而非之者如故，奉初六日寄谕，欲令阁下督兵赴豫，而吴、帅、李、丁递膺三席，饬令函商复奏。鄙意黜陟封疆将帅，本非阃外之臣所宜干预。昔年密询一人，尚不敢率尔置对。若三臣会商复奏，尤觉非宜。而李、丁二君资望尚浅，亦不宜迁擢太骤，遽跻开府。淮勇大支劲旅业经尽数北调，江南仅留刘、王二军，万不可少。大旆若赴河洛，带去淮军数支，则东路仍不敷剿办。拟即以此数者复奏，折尾声明疆臣不应上干进退大权，故不商李、吴会奏，是否有当！祈裁酌。饬金、唐解多犯赴徐，严檄既出，此时不便放松。万一叛变，尚须调淮军南渡剿之。闰月初二以后，决不准发饷丝毫，既已发难，未可中辍。小宋求卸任赴鄂。竹庄不宜遽署藩篆，渠在江西、湖南，物议颇多，过显则恐惹弹劾。或于三道中派一人署藩，阁下与鹤翁酌商，亦爱人以德之道也。顺问台安。

既已发难，未可中辍。

73 复李鸿章

同治四年十月初五日

少荃宫保世仁弟阁下：

两次惠书，俱商寄谕中入洛之事，鄙人已决计不商而专奏。十九日复陈一疏，二十八日奉旨留中，此事不应别无后命，岂拙疏果立言失体耶？抑已成之局，不宜妄为异同耶？此间军事，幼泉与张诗日等出队，获一小胜，该逆窜入萧县，又折回丰县，潘琴轩接仗，大获全胜。有此一捷，或不敢再窥曹、济、清江。只要朱、唐、金三军及江西刘、朱等军次第遣撤，腾出各饷全养淮军。以与此捻周旋，似不至全无把握。一有更动，则全局皆非矣。太夫人病十愈七八，实为欣慰，日内想已复元。凡涉疫症，补剂不宜太早，祈慎之。汪梅村为金陵读书种子，梅氏亦累叶清通，均希格外关垂。莫善征保案，已为部驳，应请阁下专案奏补一缺，或变寻常补缺奏稿旧样竟作保举人材之式。陈虎臣似亦可补一缺。于官场之风俗，民生之困苦，总有裨益。二君从仆日久，其行义又可嘉也。回任金陵之说，思之已熟。目下每日公牍，较之两江任内减去三分之二，然犹嫌其繁冗。老年心绪凋疏，精力日颓，但求少承一事，少接一人，即若俯仰少安。若以两江重大事件而假手幕书，草率了之，又非鄙人平日之常度。故以不复任为善始善终，阁下以谓何如？复问台安，并问太夫人福安。

官场之风俗，民生之困苦，总有裨益。

74 复李鸿章

同治四年十二月十四日

少泉宫保世仁弟大人阁下：

顷接大咨，将水师营制事宜签出各条，极为精审，即当一一更正。惟口粮一节，三两微嫌其多，但原议二两，部中亦不免驳饬。而此案接奉部复后，吾辈终不免续有申陈，不如即照尊指宽留地步。惟兵丁既远胜于马粮，则自总兵以至千、把之廉俸，亦似宜优于陆军。雪琴原议比陆营之官均加一倍。似不能如此立言。鄙意酌加三分之一，可否？务望星速示复？枪炮固属目前急需之物，而轮船亦不可不赶紧试造。造成此物，则显以定中国之人心，即隐以折彼族之异谋。敝处试造三年，刻楮不成有同儿戏，亦当效愚公移山，勉卒此功。金陵军械所，即请阁下裁撤，归并上海之铁厂。枪炮与轮舟二者兼营并举，似须派司道大员总理其事。雨生可以遥领否？顺问台安。

75 致李鸿章

同治五年二月二十七日

少泉宫保世仁弟阁下：

国藩到济宁原订小住三日，即出阅运河，五六日仍回济宁，再由曹、宋以达周口。乃抵济一日，即闻捻众东来，遍布曹、菏、郓、巨、定、陶一带。前与幼泉议定，渠定专办张逆一股，今贼入山东已阅六日，而幼泉尚无入境消息，岂偶患小恙耶？抑张总愚前队入齐，尚有后股在中牟、朱仙镇一带与幼军相持耶？抑函牍因道梗不达耶？琴轩留四营守济宁，自率七营步队，二营马队，拔行至郓巨一带防剿丁稚璜带五千人防守运河，河长二百六七十里，照料实难周到。湖北任赖等股窜至太和，省三跟剿已至汝宁，盛军亦自归德回顾亳州，目下杨鼎勋守宿迁，刘松山守湖团，均难遽动，待仲良所部到宿迁后，究以刘军与勋军合剿为宜乎？抑以与盛军会剿为宜乎？求裁示吉中八营，以五营守徐郡，调三营防济宁，须俟风波少定，乃能与老湘营合作游兵。其仲良一枝，则须迅速办成，游兵，特车马骆驼均难猝办，焦灼之至！何日渡江，望催其军迅赴宿迁，而亲来济宁一会为要。眉生到此三日，嘱其即往履任，一切循振轩之旧。振轩条理精密，而有布帛菽粟之概，曾代草湖团拟结疏稿，乃一奏议好手，淮军多才，可慰也。雨生办理盐务，无弊不剔，开旧河影，及清厘场灶二事，似须留渠一手经理，暂缓月余赴潮当无不可。自扬州来者

照料实难周到。

均言雨生操守甚好，尊处见闻，想更确矣。顺问台安。

76 致李鸿章

同治五年三月初九日巳刻

少泉宫保世仁弟大人阁下：

鏖战良久，互有损伤。

鼎军在潘溪渡大获胜仗，在萧家亭接仗，先胜后挫，幼泉一军接仗鏖战良久，互有损伤。前此但闻捻匪不如粤匪张总愚一股又不如任、赖等一股，今张逆精悍如此，任、赖又将继至，何以御之！兹将琴轩幼泉信及敝处回信，抄呈台览。淮军队伍之整，器械之精，迥非各部可及。惟骄矜轻敌之心，蕴之甚坚，又于圣人临事好谋之训不甚厝意，欲抑之则恐馁其气，求阁下善为劝诫，俾诸统将皆沈慎好谋，而气不少减，则妙矣。

77 复李鸿章

同治五年四月二十一日

少荃宫保世仁弟阁下：

惠书具悉。四月初与印渠丹初同阅黄河事竣，由东平州至泰安府，察看运河东岸形势，因便登岱一豁尘襟。张、牛股匪在徐曹之交，已近一月，幼泉与刘寿卿小捷，解曹州之围。泗灵睢宁一带，系任赖李允一股，顷檄开营渡淮进剿，与大咨之意相合。仲良与吴长庆皆郁郁急思一试，未便遏其壮志，且非令多历行阵，亦无从练出本领，蔚为时栋。观仲良、琴轩、幼泉之志气，刘、周、王、杨之谋勇，似捻匪终当平于淮勇之手。而以贼匪之日集日多，愈击愈悍，穷民圩破，从之如归，则流寇之祸殆不知其所终极！来示谓兵以饷为命脉，军火枪械为根本，深虑后路之不可靠。鄙人亦久知饷项关系之重，若雨生不能居留后一席，饷源全无把握，决不肯轻变目前之局。用将之格少宽，尚非鄙人所难，但恐情意少阂，赏罚不当，亦无以惬诸将之心而作其气。尊处如有所闻，望时时密以告我！敝处向待诸将以诚，不肯片语欺

流寇之祸殆不知其所终极。

人，不重在保人官阶，而在成人美名。似淮军诸统将，亦渐渐识我性情，乐我教训。惟湘军岁发全饷，而淮军不满十关，厚薄不均，耿耿莫释，求阁下设法增加，弥缝此失，至感至恳。省三两策驱贼，运河以东一议，大失齐、苏之人心，碍难照办。驱贼沙河以西一议，稍为变通办理，有益无损。省三求休息，业已许之。前函令驻扎徐州，腾出刘、杨为游击之师。本日与琴轩商，对以令驻扎济宁，腾出鼎营刘杨为游击之师。瓜栈改归仪征，自是正办。但长江不能泊船，盐艘尽挤内河，所关亦巨，诸希卓裁。即请台安。

在成人美名。

变通办理，有益无损。

78 复李鸿章

同治五年五月二十七日

少泉宫保世仁弟大人阁下：

仲仙调度纷繁，诸将无所适从，敝处亦深不谓然。其平日居心行事，不失厚道，惟用兵之道，知人之明，实非所长。闻阁下所与书函，辞肯切直，仲仙曾向昌期谈及，愿寄敝处一阅。继又以其近于陈说是非，卒未抄录寄来，可见于尊处犹有服善受言之雅，而其自处亦无护前争胜之心，阁下亦必鉴察此情，续有书函宽譬慰问矣。仆近日观邻邦调度，如官、乔、吴、李诸公，亦皆号令频烦，忙乱虚饰，与仲仙略无轩轾。日内拟至桃宿查勘运河，晤时必订约，不宜轻调淮军。清江有警，鄙人与尊处断无不竭力援助之理。三人同舟，舵楼专政，庶几俱捐细故，偕之大道，终克共济也。张总愚窜至杞县扶沟等处，渡沙河而南，任赖一股亦将由颍州上下抢渡沙河，大抵三股皆将窜犯光黄六庐一带。敝处既檄刘杨潘周刘张六军，分投跟追。又檄鲍军至六安迎剿，似以足敷剿办。省三幼泉二军必应休息两月，省三言四五千人不足以当一路游兵，自是笃论，然大支劲旅太少，不得已以两小支合击一路。仲良、寿卿均思添营，以当一面，以饷绌不敢许也。复问台安。

惟用兵之道，知人之明，实非所长。

79 复李鸿章

同治五年六月二十二日

少泉宫保世仁弟阁下：

水隔无信，积潦盈途，不能西行。

惠书具悉。运河非常盛涨，未接各处文报，不知贼踪果至何处？省三近在徐州，亦因水隔无信，积潦盈途，恐不能拔队西行。刘杨诸军恐不能跟追光、六、而淮、凤、泗悉成泽国，民房淹没殆尽。难民数十万，转瞬又成流寇，实堪忧灼。春霆虽久处鄂垣，而所部于五月十一日自黄州渡江，驻上巴河，去固始六安均不过三四百里。马队帐棚已齐，所短者仅步队帐棚。如其警急，应可由湖北赶发，请其赴敌也。

80 复李鸿章

同治五年七月十八日

少泉宫保世仁弟阁下：

接惠函敬悉一切。国藩以初六日自宿迁开行，初九日，自清江扬庄换船，入湖溯淮，十五日酉刻，恶风暴起，顷刻翻炮船八号，鄙人所坐长龙船亦万分危急，头篷、大篷均被风裂断，绳索飏去江中，而后船势稍定，乃庆更生。大水成灾，千余里民居荡析，本已伤心惨目，而又逢此酷暑，受此大惊，衰年之身体意绪，两非所堪！幸闻刘寿卿在上蔡、郾城等处，四获胜仗，张总愚一股大受惩创。琴轩在太康扶沟等处，亦获三捷，任赖已至洧川郑州一带，防守沙河之议或可办成，差为一慰。来示欲令省三回家休息，则断不可。现在苦无大枝劲旅，惟霆省二军较为可恃，若省三归去则刘盛藻唐殿魁又分两枝，亦不能当一路矣。省三自元年夏赴沪今仅四年有奇，三年冬曾回籍小住数月。亦不为甚劳甚久。凡教人当引其所长，策其所短，如省三之所长在果而侠，其所短在欠渟蓄；琴轩之长所在坚而慎，其所短在欠宏达。国藩责令省三主持防守沙河一事，而教之以坚忍，正所以勉其海

凡教人当引其所长，策其所短。

量，进之于渟蓄也。今若听其告假回籍，则沙河必办不成。在大局无转机，在省三无恒德矣。目下淮勇各军既归敝处统辖。则阁下当一切付之不管，凡向尊处私有请求者，批令概由敝处核夺，则号令一而驱使较灵，以后鄙人于淮军除遣撤营头，必先商左右外，其馀或进或止、或分或合、或保或参、或添募、或休息假归，皆敝处径自主持。如有不妥，请阁下密函见告。自问衰年气弱，但恐失之过宽，断无失之过严。常存为父为师之心肠，或责之，或激之，无非望子弟成一令名，作一好人耳。昔麻衣道者论《易》云："学者当于羲皇心地上驰骋，无于周孔脚跟下盘旋。"前此湘军，如罗罗山、王璞山、李希庵、杨厚庵辈，皆思自立门户，不肯寄人篱下，不愿在鄙人及胡骆等脚处盘旋。淮军如刘潘等气非不盛，而无自辟乾坤之志，多在台从脚下盘旋。岂阁下善于制驭，不令人有出蓝胜蓝者耶？抑诸公本无远，激之而不起耶？淮勇自成军后，多遇顺境，未经大挫，未殉奇节，不因厄，则不能激；无诋毁，则不自愤；愿阁下愤之、激之、劳之、教之俾诸统将磨折稍多，成就更大，而鄙人籍以少靖捻氛，免于咎责受惠多矣。诸希心鉴，顺问台安。

但恐失之过宽，断无失之过严。

81 复李鸿章

同治五年八月十七日

少泉宫保世仁弟左右：

在临淮新遘寒疾，旋力疾起行，溯淮入涡，由亳州登陆，抵周家口，外感全愈，而元气遽亏，偶一用心，汗出不止，夜每盗汗自汗，肌肤瘦减一半，已附片请假一月。沙河贾鲁河之防，似可办成，自朱仙镇以北至黄河南岸七十里，豫军未能认真兴办，铭鼎两军慨然代修三千余丈，二日竣工，可敬可喜。刘寿卿与豫兵宋庆和好，彼此力战，以相结纳。目下诸军在豫省三名望最隆，寿卿琴轩次之，海柯次之，仲良、杨、张亦无违言，海舲物望较劣，容当严儆而训迪之。请阁下于盛开两军加意察访，此外各军皆不至损公令名也。来函本无猜心，鄙人观省琴仲振等之轩

彼此力战，以相结纳。

爽，久知阁下待人之光明。惟省三回籍，则大局全坏，不得不激辞力争之。军事兴衰，全系乎一二人之志气，故鄙意每望阁下暗为激厉也。顺问近安。

82 复李鸿章

同治五年八月二十三日

少泉宫保世仁弟大人阁下：

接惠书敬悉。群捻于十六日夜，在朱仙镇以上东窜，锐意扰犯运河以东，业经飞咨冰案。现在铭、鼎、勋、良、树五军，均已驰赴东路，幼泉军本在韩庄、济宁一带。此六军者，不可无人调度。贱体病中不克遽赴徐、济，又恐鄙人东移，贼复西窜，乃不得已奏请阁下暂驻徐州，就近指挥诸军，敬恳阁下念鄙人之疲病，怜诸军之无主，即日驰赴徐州主持一切，至要至感！李子和中丞视河防太轻，仅以余保赢军修防，敷衍应酬。兴工太迟，人数太单，千里工程误于一段，本有应得之咎，惟据实纠参，恐将来彼此水火，事更棘手，故密片多为恕词，请将该抚免议，冀收将来和衷共济之效。闻都中议论纷腾，是非歧出，鄙人衰年多病，不敢与人争办，但求免于大戾。阁下恤灾、驭夷、察吏筹饷，斟知焭劳异常，今又兼顾山东军务，益觉昼夜无暇，然实无他人可以代谋，不能不求助于左右，亮之！即问台安。

冀收将来和衷共济之效。

83 复李鸿章

同治五年九月二十六日

少泉宫保仁世弟大人阁下：

惠书敬悉。台旆徐州之行，盖亦熟思审处，公私俱无妨碍，然后入告。捻若西窜，齐、苏之事稍松，阁下即可一面回署，一面具奏。所引者平时江督驻袁浦，防河之例，去往久速，由台端权衡斟酌，不敢中旨为进止。舍弟之偶驻南阳，亦犹是也。此次任、赖一股东窜曹、郓，闻较之八月尤为剽疾，未知运河能否坚守，若仍为运防所阻，则此股势极穷蹙，或可大受惩创。张逆一股西趋汝、洛，春霆到鲁山已落贼后，能不渡黄河入晋，其患稍浅。洋酋恶阁下而荐恒、谭此间亦有所闻，正阁下树立坚卓之徵。自古为彼族所悦！其后能自袚濯者，曾有几人为千秋计，固自可贺！即为目前，亦当不遽离江南，军民皆得所怙荫。淮军规模事事妥善，惟号褂雨衣包巾等件，俱由上制而扣钱微多。米价亦摊扣稍贵，祈细筹之！

84 复李鸿章

同治五年十一月初六日

少荃宫保世仁弟阁下：

顷接惠书，并大疏，敝处初二日一片，与尊疏互相发明。鄙意阁下不握星使之篆，于事无损；不握江督之篆，则确有碍于大局。仆不握星使之篆，亦于事无损；并不留营照料，亦有砷于大局。惟另简使臣来豫，俾仆得略分重担。新使虽于淮、湘各军不熟，然凡有调度在东，则与阁下商之，在中则与国藩商之，在西则与贱兄弟商之，似规模不至大变。公则无损于数省之全局，私则鄙人得以藏拙养疴，又不甚见弃于清议。盖七月以来，反复筹思而后出于此，入对之时，必更恳切陈之，不知果蒙俞允否。任赖为铭军所困，饥疲殊甚！沿途逃散，颇多抛弃马区器械亦不少。此时若得鄂军迎剿，淮军穷追当易得手。尊疏谓仲仙军务不长，自是正论！至请饬迅赴新任，未免痕迹过重。霞仙亦深以留秦为苦，关防之送，虽不急急，然亦不宜太缓。将来必为左右力辞此篆，另择能者，其得请与否，自有命焉。鄙人则决不更执牛耳，谬长诸侯矣。肃复，顺候台安。诸惟心鉴。

似规模不至大变。

不宜太缓。

85 复李鸿章

同治五年十一月十八日

少荃宫保世仁弟阁下：

接赐惠具悉一切。敝处复奏之疏，昨日已出。于各事似尚不触不背。鄙人于江督、星使、协办、三缺，决不肯以病躯尸位其间，故开缺之请即十疏不获，而请之弥坚，虽获遣而不顾。此外更求有益于大局，无损于尊处之道。折未所请三事，自以阁下荐贤筹饷，布置后路为妥。如以令兄小泉调苏抚，或雨生署苏抚，而奏定盐课、盐厘，全饷淮军，不作别用。当亦稍可敷衍。照料之说，不过以留营自效，藉塞清议，其实不主调度赏罚之权，即全不干预矣。阁下接办，仆固无不放心之处，即他人接办，仆又岂肯以无效之故将军，更攘臂而越俎乎？总理衙门连来三咨三信，国藩既不回任，全数移交尊处接办。此两三月之内，阁下既奉专征之命，料简出省事宜，而又有洋务、吏治、盐政三者万端填委，想见日夜劳勚。然鄙人内度病躯，外畏人言，势有不能代阁下分劳者，乞亮之也。昨专人送信言，鄙意不再守沙、贾两河，实见豫军、皖军之不可恃。子和中丞以九千人交宋镇统带游击，专以是为撑持门楣，断不欲令其修防河干。此外，劣将羸卒，守则必溃，故国藩深知守河之善而不能坚持到底者此也。复问台安。

劣将羸卒，守则必溃。

86 复李鸿章

同治五年十二月初四日

少荃宫保世仁弟大人阁下：

接带到惠书具悉。寄谕令国藩回任，而于疏末正文全未理会，顷已恭疏复奏力请开缺，另简江督。明知此疏一上，阁下必离江境，饷项断难应手，然事机所值，舍此别无奏法无已。则请阁下密荐贤员，布置后路，此外尚有良策调动一二人，可使淮军不至饥饿否？亦由平日用人多取和平一路，不能如左帅之布置后路，坚强深固也。然即使张、李、郭、丁为之，亦决不至改弦易辙，坐视淮、湘各军之贫窘而不顾。阁下似可放心出境，贱恙不能为江督，初非矫激之词。即使并无洋务，而一日之精神，已不能了一日之公牍，岂可留然攘臂下车，贻后日悔！任、赖窜近安陆，似将则随、枣出鄂回豫。二刘皆已西行，留幼泉专防回窜山东之用，何如？复问台安。

87 复李鸿章

同治五年十二月初十日

少泉宫保世仁弟大人阁下：

任、赖贼股，近日不知窜往何处。春霆自奏请入鄂先剿东股，计当由邓州而南，二刘由唐、新而南，周、张由麻、黄而西，幼泉复赴汝、宁，合之鄂兵，实亦不薄，不知能痛加惩创否。春霆不遽入关，拟令寿卿西去，以塞秦人之望。先以函示之，不遽奏咨，恐又以空文贻笑中外也。敝处办就简明清单，本拟年内出奏，惟各单分起而未分年，似嫌太简。兹将折单底、并送尊处一阅，是否可用，祈核定发还。顺问台安。

合之鄂兵，实亦不薄。

88 复李鸿章

同治五年十二月二十日

少泉宫保世仁弟左右：

奉初九日寄谕，仍系温旨慰留，不得已暂赴徐州接印，替出台端迅赴前敌，以慰宸廑。疏中声明，两三月内再疏吁请开缺，大致仍循去年九月之议。其筹画粮饷、军械，俟到徐与阁下商妥后再行疏陈。其新正赴徐之疏，则明日拜发矣。刘松山由洛拔营援秦，河陕空虚，请阁下于刘、杨、周、张四军中拨一二军协防陕州，将来续为入秦剿张逆之地，留鲍军专办东股。一则霆军不愿西征，恐生金口之变；二则恐人疑阁下重淮而轻霆、湘，亦不可不略避嫌疑，以示大公。阁下新接关防，亦以先灭东股为要着，高明想同见也。顺问台安。

89 复李鸿章

同治五年十二月二十三日

少泉宫保世仁弟左右：

接惠书，殷殷劝驾，回任金陵，于国藩私计甚便！惟作星使，则告病甚重，回金陵则痊愈甚速，此非取巧而何？岂能不为一二有识所笑？且不能多见宾客，多阅文牍，此自知最明，亦阁下所深知者。仆辛苦多年，何必于晚节恋此一官，致损物望？现虽奏明由徐接印，而三月必奏请开缺，从此不居极要之任，或可保全末路耳。至阁下既赴前敌，仆在徐州必将后路妥为照料，俟会晤商定，再行密奏。春霆一军，鄙意欲即留之东路，曾函商尊处。阁下出省后，一切皆应由左右专主此事，是最大关键。请烦妥筹，迅速见示为荷。即请台安。

何必于晚节恋此一官，致损物望？

90 致李鸿章

同治五年十二月二十八日

少泉宫保世仁弟大人阁下：

张海柯阵亡，实深伤悼！渠临阵每失之太猛，仆每戒之，别时谆嘱，其与海舲同打一路，不料二十一日之战，与海舲相隔二十余里，竟以兵单被围而败。其居心仁厚正派，不避艰险，陨此良将，足为伤心。自郭军大挫，继以树军之变，贼焰弥长，将来何可收拾？仆定于初六日起行赴徐，三月交卸督篆，专在后路操练马队，备阁下前敌更换取用。树军队伍抵周家口时，拟令其亦赴徐州，俟另派统领，即在阁下左右护卫数月，再行出战。海柯之死，国潘与阁下当各奏一折，无论恤典优否，且于疏中旌奖其人，慰逝者于九泉。春霆、省三、仲良诸军，日内必皆见仗。春、省二人平日皆视贼太轻，阁下亦颇易视此虏。仆观僧邸屡胜之余，自九里关、吕堰驿、罗山数败之后，而毅力难再振。淮、湘各军亦本为贼所畏，自三月初六、七夺我炸炮洋枪，嗣后不复畏我。十月底，铭军单县之捷，以为任、赖已残败不堪，十一月初，盛军在罗山，又称获胜，似大衰矣。而此次郭、张之挫，贼乃凶悍若此，从此，凡呈报贼势衰弱者，仆与阁下皆不可深信。且须多为谋画所以不败之法，又当筹此军虽败，而彼军仍盛，随时再振之兴。淮湘马队，不如贼匪远甚，不得不竭力操练。远近责望皆萃吾二人之身，中夜以思，忧灼何极！此颂新禧。

不得不竭力操练。

91 复李鸿章

同治六年正月初三日

少泉世仁弟宫保左右：

顷接惠书，论霆军及西北事，均得事理之平。惟国藩自度才力万能顾晋、秦，并不能筹直隶，曾经五次具奏。去冬以来，忧谗畏讥，尤甚于昔！觉吾二人可不顾陕西而不能不顾山西，贼一至晋，则京师震，恐吾二人同为世所唾骂。晋省军政之坏，不可名状。自海柯徂谢，敝处亦深知无人可以拨赴河、陕。但以明季流寇入晋可为殷鉴，故寸心刻刻以山西为虑。其应否拨营防晋，统俟相见，再行面商。仲良吃尽辛苦，而功不甚著，殊未称意，敝处不径调者亦正为此。然此等人实不可得，总须强之治军耳。复颂台安。

功不甚著，殊未称意。

92 复李鸿章

同治六年二月初九日

少泉宫保世仁弟大人阁下：

初一日寄谕已令看霆先逐任、赖一股。想接尊疏后益不强霆军西征矣。目下贼势，任、赖实较张酋为强，人亦较众。铭、树新挫，鄂军未振，自应留鲍军久剿东股，大局私情均无疑义。阁下调度之檄向不轻发，发皆当于事理。春霆必乐效驰驱也。爽亭既留尊营，即日当附片声明。渠甚得河南之士心，亦可藉以联络圩寨，招怀才俊。若为统军，利钝虽不可知，必能朴实治军；为

发皆当于事理。

地方官，必能肫挚爱民，此堪信耳！复请台安。

93 复李鸿章

同治六年二月二十九日

少泉宫保世仁弟大人阁下：

顷接大咨，知鄂军有十八日之挫，并得舍沅弟信，知舍亲彭杏南陈亡，营官及哨勇亡者甚多。捻氛日炽，士心日怯，舍弟殆不能军矣。两三月以来，鄂军、秦军三败，几于全覆。此外，铭、树两军之挫，皆昔年剿长毛时不轻见之事。观此气机，忧愧悚畏，不知何以为计。鄂事败坏如此，求麾下径入鄂境，或驻德、黄、安、襄等处。两月以后，军势稍振，令兄已履署督之任，大纛再移它处。吾两家门第最盛，近舍弟军败名减，仆亦屡挂弹章，寒门有衰替之象，德门值鼎隆之时，亦宜平不忘陂，安不忘危。愿阁下训饬诸弟，以习劳崇俭为第一义。

宜平不忘陂，安不忘危。

扬州过于空虚，昨檄李质堂率帅渡江设防。渠为刘、潘诸人所推，令其渐带陆师，为将来阁下调之北征张本。将才难得，马队及淮北将才尤为难得，不知马德顺到尊处后，察验果堪大用否？国藩在高邮阻风三日，今日始得过湖，明日当可达扬州耳。晋事诚如人意，垩尽而鼻不伤，然吾辈久处高明，瞰室者愈众矣。复问台安。

94 复李鸿章

同治六年三月初四日

少泉宫保世仁弟大人阁下：

闻鄂贼尚在陂、孝一带，意欲偷渡汉水，图窜巴蜀。若果渡汉，则湘、蜀皆震，势益燎原矣。阁下虽未履楚督之任，而目下鄂祸孔棘，大旆似须径驻襄、德等郡，以作士气而保楚饷，不仅为令兄与舍弟计也。捻患日炽，已有石达开、陈玉成盛时气焰，官军不可再有疏失。淮军好用开花炮，论者多谓于剿捻无裨，请阁下悉心体察一番，应否去大炮而加长矛。又郭、彭大败，似均无营垒可以退守，应否仍用昔年修垒自固之法，均祈卓酌。国藩在瓜洲守风二日，今日用轮舟拖带出江。北征无功，而时局日危，真觉愧对江东，望贤者为我雪耻也。顺问台安。

望贤者为我雪耻也。

95 复李鸿章

同治六年四月二十日

少泉宫保世仁弟阁下：

前敌饷项，四关已有着落，五关亦所少无几。朱南桂、刘连捷俱肯来带队，娄云庆亦可南来。二成洋税奉旨俞允，今岁饷事似不至误。惟枯旱太久，二麦已伤，早稻已失，若再不雨，晚稻亦将失望，苏皖两省百万生命，悉悬于此。鄙人德薄，久尸高位，寸心焦灼，阖城皇皇。不知齐、豫麦收如何？宁、沪协解甘饷三万，左帅必大战争，然通盘筹画，实不能再有增益。子青索助少许，拟于江北厘金项下月以五千济之。清江防务于全局大有关系，义不容辞。扬州设防系因二月之警，安庆纷纷迁避，故令质堂兼顾扬郡。其不能北行，则系徇苏州官民之请。昌岐北赴徐、济，俟贼踪果过汴东，再行檄饬遵照，当不为迟。马德顺已至尊处否？其才究可统马队若干？请阁下饬令先招二三营，兼使弓箭。仆在外年半，而马队毫无调理，至今抱愧。阁下当苦心经营，不可再因循也。春霆病势甚重，尊处复奏求奖护之。顺问台安。

96 复李鸿章

同治六年五月十二日

少泉宫保世仁弟大人阁下：

连旬亢旱不雨，忧皇无措。捻逆至南阳后，向西向东尚无确信。然决向山东，自无疑义。运河干枯，处处可以徒涉，齐之东三府，苏之里下河，该逆垂涎已久，此次恐不得免。盐河无水，南北盐均不能出场二事，已为非常之患，而农田巨灾，更无论已。近闻微、宁、池、太均已得雨，浙、湘、江西皆有丰稔之象。惟安、庐、淮、扬、常、镇、江宁及湖北受害最剧，岂舍间与尊府兄弟均以德薄位高，上干天和，累及斯民耶？思之忧愧无地。

德薄位高，上干天和。

春霆之病，断无生理，幸而苟延，亦须回蜀调养经年。其部下各分统，公禀颂宋而诋娄，明目张胆。若勉强以娄统之，必生他变。宋君柔懦，将听客之所为，何能得力！鄙意竟将霆军全数遣撤，撤毕乃令娄君另招一军，仿照霆军家法，绳以淮、湘纪律。其著名骁悍之谭胜达、唐仁廉等，或调至尊处，令其分带三四营，拨隶省三、寿卿部下，如其不愿，亦即听之。阁下如以为然，俟接到复示，当由敝处主稿，会列阁下暨筱泉、沅浦前衔，先行遣撤。目下事机未顺，不求立功，先求免祸。勋军之挫似是大败，而尊处奏报汇叙于胜仗折中，颇有代为掩饰之意。闻左帅力诋仆与左右讳败饰胜，捻匪猖獗异常，而吾二人之奏犹是轻描淡写云云。以阁下豁达英伟之度，何患驭将无术？如少铭中等之材若曲加庇护，不特为左帅所讥，即诸将亦未必贴然悦服。祈卓裁斟酌出之。

如其不愿，亦即听之。

不求立功，先求免祸。

97 加李鸿章片

同治六年五月二十八日

捻窜运东，大局日坏，恐言路不仅纠弹丁公，亦或波及阁下，尚望忍辱负重，徐徐图之。仆前岁受任，未满三月，廷旨有“因循疲玩”之责，亦由言路而发。彼时颇怀郁郁，只此不耐烦之一念，遂至久无成效，至今歉然。阁下若遇棘手之际，请从“耐烦”二字痛下功夫，鉴仆之失，或可了仆所不能了也。省三有过人之聪明，所虑者亦恐其棘手之际，或不耐烦。望公常以此二字勖之，讲求纪律，禁止骚扰，即耐烦中之第一义，亦淮、湘军之老招牌也。

98 复李鸿章

同治六年七月十五日

少荃宫保世仁弟大人阁下：

接惠缄并抄示与张青帅来往信三件，捻匪已猛扑胶莱河沿，东军不可深恃，势必窜出。再议倒守运河之局，运河地段太长，从前防守东岸，则自桃源以下，仅守成子河之横圩二十余里，即已直接洪泽湖；今日倒守西岸，则自桃源以下直至海滨，添出五百余里，实无许多兵力可以分防。就目前而论，六塘河河宽水深，自仰化集而下，即可无须陆兵防守；就将来而论黄河以北之六塘河，九月必将枯涸；黄河以南之射阳河，十月亦将枯涸，是桃源以下五百余里，皆须陆兵分段设防，安得此数万防兵？且即使阜宁以下之射阳湖不甚枯涸，而自桃源至清江百二十里，张漕帅部下兵仅数千，已觉不敷分布，自清江至淮安五十里，自淮安至阜宁百六十里，又岂仅五可陞之五营、欧阳利见之三四营所能分布此二百一十里乎？国藩观青帅两缄，似尚近理，而阁下复子青之缄，于桃源以下至海滨五百余里，筹算似未甚周详。即桃源以上，幼泉以十七营而防百七十里，浙军以六营而防五十里，水涸时均嫌太单。国藩反复计算，倒守运河之局，兵数不敷甚巨。而自清江至阜宁二百一十里，阳、王两镇九营尤为不敷分布。此鄙人分内应设之防，更不能不熟商者也。请阁下再加筹审，如果胶莱河之防被贼冲破，则须预派劲兵助黄、王、欧阳防守里下河门户。倘待六塘河既涸之后乃议此着，恐缓不及事矣。特此细商，敬乞裁夺。

99 复李鸿章

同治六年七月二十一日

少荃宫保世仁弟大人阁下：

近日别无警报，想胶莱河防稳固，若宋开等军到齐，防局已

防局已定，再议进剿，当可得手。

定，再议进剿，当可得手。惟酷暑已近一月，将士极可怜念，荩躬恐亦难胜，廑系曷已！刘岘帅咨商减协霆军之饷，阁下如与岘庄通信，亦请恳切求之！唐仁廉、曹志忠将至尊处，请阁下即令招马队若干与马镇同驻一处，认真募练。仆观四镇之地，惟徐州最好操习马队，较胜于淮、济、周口，阁下以为何如？至添马队之口粮，合江西、湖北计之，每月二万，必不至误，阁下放手办理可也。胶防得手，如天之福，万一差错，不必过于焦急，须从马队痛下工夫耳。顺问台安。

100 加李鸿章片

同治六年八月初七日

用兵之道，最忌“势穷力竭”四字。

再，用兵之道，最忌“势穷力竭”四字。“力”则指将士之精力言之，“势”则指大计大局及粮饷之接续、人才之可继言之。目前可恃者，自以铭、鼎两军为最。然两军驰驱太久，又屡次修墙挖壕，皆认地段之最难者。士卒之精力，盖将竭矣。若再以该两军倒守运河，必又认地段之长者难者。军士之力太竭，恐以劲旅而变为羸卒。若铭、鼎两军不认防运之责，它军尤无可恃。为惟军略留有余不尽之力，必须决计罢防运之议，永不筑墙修壕，除追剿之外，或有休息之日。纵不能为淮军保常新之气，亦不至疲癃而不可振。愿与阁下反复图之，至后路粮饷，仆与作梅筹画，今年尚可支持，明年断难接续。须裁减步队万数千人，方可为继而势终不穷。请阁下默为运筹，至以为祷。

101 复李鸿章

同治六年九月十七日

少荃宫保世仁弟大人阁下：

大局自无所损。

顷接大咨，知潘道伤痕已痊，宋镇亦杀一人论抵，全案即结，未伤和气，至以为慰。此虽小事，却有关系。豫军、皖军和睦，东军虽有嫌衅，大局自无所损。后路饷项，接雨生密信，言中丞甚有难色。计明春，必不如今年之充裕，然使苏境有可生发，鄙人当能设法提用。所虑者，罗掘殆尽耳。阁下幸无以后路为虑，专殚心于前敌。第一贵忍辱耐烦，次则贵得人和。淮军与各省之军宜和，淮军与淮军尤宜和协，无纤芥之嫌，不患剿办无起色。

次则贵得人和。

102 致李鸿章

同治六年十月初六日

少荃宫保世仁弟大人阁下：

仆自九月十六抱恙，半月不出内室，出办武闱监临事件。本属奉行故事，而又为雨泥所困，殊增闷损。琴轩九月初四之战，得阁下复奏一片，始知其详，可敬，可危！以后铭鼎同剿一路，当可立于不败之地。杨郭同剿一路，少铭调度较优。子美是否可统多营，尚难预决。目下贼窜泰安，又将北扰济、青，或截或追，或防或剿，竟无可操之胜算。想见荩筹，日夜苦思，艰难忧瘁，无人共喻。来示谓中外倚鄙人为砥柱，仆实视淮军、阁下为转移。淮军利，阁下安，仆则砥柱也；淮军钝，阁下危，则仆累卵也。至中外交涉之事，半年以来，仆皆循阁下之绳墨，幸无新奇寻衅事件，尚免陨越。明岁换约，应敏斋及各关送到条议，敝处商之筱、乂臣，加答其上，交二孙携至总署，听候核夺。大约有关商民生计者，但以“为民请命”四字与之朴实说去，始终不移。在我有真挚之情，亦不致遽激各国之怒，似与来示所谓“贵有至理、不掉虚机”者，稍相吻合，卓见以为何如？眉生传述尊论“作梅论事，不能曲折赴题，于淮军亦甚隔膜”云云。仆于淮军琐事，好商决于作梅、雨生两君，以后仍当亲为裁处，斟酌出之。复问台安。

无可操之胜算。

作梅论事，不能曲折赴题。

103 复李鸿章

同治六年十一月十八日

少泉宫保世仁弟阁下：

前闻击毙任柱之信，外间颇疑不确，仆得省三一函，旋得阁下初一夜函，欣慰无似。仆前不以倒守运河为然，今或将赖此以收大功。昔年不以救援常熟为然，厥后克复苏垣即基于此。可见军事无险着，斯无奇功，不宜太平稳也。日内续有胜仗否？事机甫转，正如大病初愈，尤宜加倍慎重。黄河之防，振轩以为有把握否？阁下驻扎济宁，尚可照应黄防，似不宜再移南路。未过惊蛰以前，似不可驰黄防之兵。闻枭匪全数投诚，直隶兵力亦稍厚矣。

军事无险着，斯无奇功，不宜太平稳。

来示言筹饷有劳，仆实不善筹饷。今年幸得敷衍无误者，一则境内平安，本省无耗费之巨款；一则协饷斟酌，别省无强夺之大宗。入数则阁下所定之规模，未增丝毫也。娄、邓两军，其将才不过昔年朱、唐之流。调赴山东未必得力，留鄂则稍资防御。顷陈由立等克扣饷项，又有东津湾之变，令兄欲久留于鄂，而廷旨切催东征。此军或鄂或东，应由阁下主持，内而具奏应调之缓急，外而商鄂出境之损益，皆须阁下定夺。仆但助催江西协饷，不管调度也。

仆近精力日颓，申、酉后每有头晕舌涩之症，见客极少，公牍亦难细阅。顷儿侄辈前来省视，略慰岑寂。惟刘、潘屡捷，怀抱一开，李镇殉节，寿卿困顿，延绥山中，则仍廑系悬悬耳。复问台安。

104 复李鸿章

同治六年十二月初九日

少泉宫保世仁弟阁下：

顷得初三日书，抄寄省三二十八日捷报，知寿光、弥河大胜，全股擒斩将尽，即日红旗入奏。大郁之后，旋即大伸，何其速也！犒赏银两，前接阁下信，有饬备五万之说。昨已解去铭军二万，兹续解四万，凑成六万，仍俟阁下犒赏，文牍到日，如数筹解。军事早了一日，省却无数巨万。赏项虽多，法不敢吝。常镇亩捐无可指拨，当从他处设法也。仆日内本拟至扬州一行，因

军事早了一日，省却无数巨万。

闻郭中丞自苏起程来宁，不知有何要件见商，是以少留候之。

105 加李鸿章片

同治七年正月初十日

再，省三创倒守运河之谋，使此股歼除净尽。又苦追苦战至三年之久，实为非常之功。而三等轻车都尉仅与英中丞同赏，劳逸相去万倍，此间公议，多为抱屈，知渠必不能无郁郁。且丁获优赏，吴未允藩衔之请，众意亦觉未惬。阁下忍辱耐烦，肃清中原，虽不以劳浮于赏为意，亦必对省三而歉然。不如意事，十常八九，古今往往然也。然当鄂师屡败之际，胶、莱溃防之时，几疑大局不可收拾，淮军不足备数。今不及半载，竟此全功，中外同声称颂，谗谤顿息，则彼苍之眷护阁下与省三者甚厚。尚望婉劝省三闳默含宏，夷然忘之，乃为善承天眷，善成成功。至嘱，至嘱！

善承天眷，善成成功。

106 复李鸿章

同治七年正月二十三日

少泉宫保世仁弟阁下：

顷见大咨复奏之件，大旆即日督率诸军渡河北征，公忠笃棐，视国事如家事，良以为敬。而省三累年之勋劳，缓急之可倚，亦为申叙一二，绝无吞吐郁悱之辞，阑入豪端。度洪而心细，公私曲尽肫挚之忱。经年不见，德量弥自此远矣。

视国事如家事，良以为敬。

张逆渡黄后，寿卿追剿屡捷。闻火器抛弃殆尽，贼颇穷蹙。自入魏、邢各属，千里平旷，湘勇自难得手，不知贼焰近复何如。以雄军与楚师东西夹攻，又有直隶晋豫之兵弥缝其间，殄贼之期，计当不远。前此尊意欲借洋商银两以为遣资，如果办成水师，亦多应撤之营，或须酌拨少许。请尊处便中一为附奏。印渠获咎之重，专为枭匪迁延乎？六军虚縻乎？抑别有所谓乎？尊处复奏预筹修约疏，乞抄示。顺颂台安。不具。

107 加李鸿章片

同治七年正月二十九日

历尽危险，坦途自此长矣。

前读阁下十二日复奏一疏，已敛手叹服，钦德量之闳深。既又得读十六日复奏之疏，又读十九日惠书，同人益相与佩慰，且敬且仰。念阁下受任独难，而进德独猛。难则恐有意外之责备，猛则更无不可禁之风波。然后知孟子所谓“动心忍性，增益不能”者，殆专为阁下此数月中言之。愿阁下坚持不懈，增益之外更求增益。历尽危险，坦途自此长矣。

108 复李鸿章

同治七年闰四月十九日

悠悠之论，动达禁省，闻之不胜愤悒。

少泉宫保世仁弟大人阁下：

闰月四日在苏州行次接前月惠书，嘱催省三赴营。次日即奉寄谕，十一日，抵上海，专弁持函坐轮船至裕溪口登陆，驰至刘宅守催。十四日，因会同雨生有复奏之件，即附一片复奏催省三事。十五日，轮船回宁。十八日，始接读尊处请饬省三回营之奏与敝处一片，微有不同。盖仆在沪晤徐薇垣翰臣，询及京师物议，于左右，不无违言，并称省三之不出，亦奉李帅之风指。悠悠之论，动达禁省，闻之不胜愤悒。故从此着笔，欲以解释朝廷之疑，使知省三之归，不特非由帅意，且有怨帅之情，而后无知者不至以养寇自重，妄疑尊处。即廷臣亦不至以有意迁延责备良臣也。当时与雨生熟商，颇费经营，特恐枢廷以与尊疏不符，增一疑团。又恐省三仍不满意，坚其高卧之情。其实省三谋略、勋劳，亦须有一二危语，乃能耸动天听也。

昌岐因接防者未到，起行稍迟，计本月必达张秋。健飞亦当催令速往。总在伏秋盛涨期内歼灭此贼，则幸甚矣。浙中助饷十万。四、五两关可以不误。复问台安，诸惟心鉴。

109 加李鸿章片

同治七年六月初十日

再，前因上海商人禀请减厘，曾饬台局核议，拟于八月酌减，盖计其时直隶当已肃清也。厥后苏州连日大雨，丁中丞率属步祷，商民遮道环诉，求免厘捐。雨生遂允普免辅捐每月三万串有奇，较之敝处拟减之数更多。苏局减数既巨，沪局亦不能太少。计两处入款所少殆近五万。然前敌饷项必可按月赶解足数，不至缺少分毫，请释廑念。都帅昔在扬防于台端微有不满，然文忠素称其忠朴善良，兹同办大事，当不致稍存芥蒂。便中示及一二。

兹同办大事，不致稍存芥蒂，便中示一二。

110 复李鸿章

同治七年七月初二日

少荃宫保世仁弟阁下：

差弁回，接惠书，具悉一切。据该弁言，尊体康胜，精神不倦，几于五官并用，夜以继日，可慰亦殊可念。尊处奏张捻受伤，厥后各军受降极多。想六月之杪，必可蒇事。

都帅前在江北，闻有纤芥之嫌，乃竟能盛推尊处主持一切，毫无争功妒能之意。虽奉敕派归渠调度诸军，闻亦从不轻调。厚德大度，令人钦感！

毫无争功妒能之意。

大功成后，台从自须入京展觐。将来由江赴鄂，或可一图良觌。凯撤各军，仆当与雨生力筹遣资。如不应手，或借浙江十余万，而指沪厘陆续归款；借江西十余万，而指盐局陆续归款。仍留淮勇二万余人，明年再议去留。尊意以为何如?

今年各路大熟，里下河亦丰收。此间禾迟，尚望再晴一月，乃告有秋。然民间已传乐岁之声矣。尊处少一奏疏好手，兹有薛抚屏福辰者贵同年晓帆之子，工部员外，供职多年，会试后，因贫告归，学问淹博，事理通达。用特荐至尊处，作为奏疏帮手。

事理通达。

虽渠于奏牍素非所习，然辈行较晚，心怀虚受。阁下随时训迪，数月后必可脱手为之。三年之艾，贵及时而早蓄；凭依之云，在嘘气而自为。已令趋谒左右，知必邀青睐也。顺问台安。

111 复李鸿章

同治七年八月初二日

少泉世仁弟中堂阁下：

接中元日惠书，具承一切。协揆酬庸之命，恰如人人意中所欲出。此间朋好，多以李府之登庸，为曾氏之大庆，纷纷来贺，斯亦一时佳话也。自去秋以来，波澜迭起，疑谤不摇，宠辱不惊，卒能艰难百折，了此一段奇功，固自可喜，德量尤为可敬。从此，益宏伟度，浑涵圭角，有忍有容，退藏于密。古人所称“勋绩盖世而人不忌”，庶近之矣！

德量尤为可敬。

遣撤之资，已奏借西、浙、鄂省银五十万两，未审得邀俞允否？报销之事，自三年七月至四年五月，仆与阁下各自开报。自四年闰五月剿捻起，仆与阁下并作一局造报。兹将敝处报销折稿，抄呈台览。请阅核后，即于近日寄还。不妥之处，请为签出，拟重阳前出奏后，仆即起程北上也。报销部费，拟以三厘为率，至贵不得过四厘。盖剿捻自四年五月至今年年终止，饷项将近二千万，以三厘计之，则费须六万，三厘半计之，则须七万；四厘，则八万矣。其三年七月起至四年五月，发逆报销，仆与尊处两案，亦近千万。统计之，所费亦殊不赀。如部吏于四厘尚不允许，则仆与阁下当再四项奏，竟不花一钱矣。阁下此次在京，请即托人说定敝案九月出奏，尊处今冬出奏，其剿捻之案则明年接办矣。

来函云重阳前后出都，仆拟重阳后自金陵起行。若不能在清江相会，则恐彼此错过。应订定皆走湖路，由滕县以南，至韩庄、宿迁等处；陆则傍运河行走。或仆亦乘舟至济宁，则不至于交臂失之。仍恳台从于出京时示一确信，至要，至要。

老湘营劳苦过甚，寿卿尚未婚姻。似应令其回籍，遣撤数月后，另募西征，仍能得力。诸维心鉴，即贺大喜。

112 复李鸿章

同治七年十月十六日

少荃中堂宫保世仁弟阁下：

前接九月二十三日沧州惠函，顷又接十月初七日东平州赐函，并钞示一件。奏对皆平实和厚，名臣气象流溢行间，固宜举朝服其谦冲，九重祝其多福。佩慰无涯。报销部费，多至一厘三毫，则吾两人三千余万，共须四十余万，何从得此巨款？自行奏请免其造册，与三年六月谕旨相背，殊难立言。只得仍用拙疏冒昧一奏。且待部驳之后，再作道理。

举朝服其谦冲。

扬州教堂一案，顷始查办就绪。闻洋人兵船定于十四日起碇出口，不知现果离扬州否。

内人病已两月，势殊沉重。国藩拟于二十五日起行，拟在下关以下、燕子矶以上停泊二三日，乃可长行。闻台从于二十日内可至清江，欲相聚为三日之谈，不愿在城内繁嚣之地，或在燕子矶。或在瓜洲三汊河舟次，较为清旷。而僚属之迎送吾二人者，亦尚方便。请阁下于二者之中酌定一处，迅速见示。在燕子矶则仆少延候；在三汊河，则阁下少为延候。

撤勇经费，约计已可敷用。清补欠饷，仆于七月间曾有三月半之说，盖就今春各营补发三月。而酌加之后，闻台端南来亲自料理，此说遂未昌言于众，或各军一律，或略有参差，悉候卓裁。顺候台安。不具。

悉候卓裁。

113 复李鸿章

同治七年十月二十一日

少荃宫太保中堂仁弟阁下：

接惠书，知济宁以南，风利行速，想幼荃、省三次第接晤矣。国藩本拟于二十五日成行，在于草鞋夹舟次，与阁下畅谈数日。近与幕僚熟商，下关以下并无街市，吾二人停泊该处，而文武百僚皆须在江干伺候数日，非所以示体恤。而马帅及司道大员，亦不免牵率远行一二次，心殊不安。兹仆改于十一月初四启行，计二十四五郊迎台旆，可为握手十日之欢。贱内病尚未痊。顷专船接费伯雄，渠尚在沪未归也。知注并闻，顺问台安。

114 致李鸿章

同治七年十一月十五日

少荃宫太保中堂世仁弟阁下：

执别经旬，系念无已。鄙人至清江，本拟登车长行，适大雪坚冰，尚须少为停候。

一省不出，全局皆散。

长江水师饷需五省各十六万，虽未具奏，业经会咨定案。昨刘韫帅来咨以“湖南援黔欠饷极巨，暂难供支长江一款，请俟援黔事竣，再行筹解”等语。湖南欠饷之多，亦曾闻之。惟长江既经分拨，一省不出，全局皆散。不得已，设法通融，拟令湘盐督销局垫出数万，以补湖南之不足，业经函商马谷帅及韫帅矣。两湖共出三十二万，交湖北盐道。库记曾算过，每年余剩银四万有奇，将留为置办子药之用。目下子药尚多，无须添办。湖南能出银十二万，已足敷用。或湘库六万，盐局六万，请阁下与韫、谷二帅商定通融。二三年后。仍当从长计议。长江经制，昨拙疏有请沿江督抚续议之语，他人或情形不熟，或研究不苦，未必能入木三分。敬求阁下逐细推敲，一则弥缝鄙人之阙失，与其为后世所议，不若吾辈及身更正。一则预筹防海之远谋，船则舢板、长龙、广艇，轮舟、分投并造；器则枪炮、炸弹、子母机器，一一学制。入则闽、粤、宁波之善战操舟者广为收养，洋人亦间收用。而尤须用三江两湖之人，令其惯于舟居，狎于航海。仆定长江章程所以谆谆以不计登岸为第一义者，正以江楚之人不常舟居，不能涉海故也。纵使轮舟果极精坚，若吾三江两湖之将士不能履海洋如枕席，终不能保长江之险要，不能防江苏之洋面。欲令将士履海洋如枕席，须先令住江船如室家，此国藩微意之所在。顷又谆嘱昌歧、质堂辈提镇每月须有半个月居舟，副以游须有二十天居舟，都、守、千、把则终年日日居舟以习劳而为由江入海之渐。阁下议复江苏水师、长江水师章程，请从此处着眼，否则一旦有事，仆与阁下责无可辞，届时再求江楚之将，狎海之士难矣。略陈愚见，尚望阁下任其事而掩其迹，宏其规而密其思，幸甚。诸希心鉴，顺问台安。

任其事而掩其迹，宏其规而密其思。

书札

李续宜

李续宜（1822～1863）字克让，号希庵。湖南湘乡人。李续宾之弟。续宾死后，领其众。转战赣、鄂、皖，一度回援湖南，解宝庆围。安庆之役中，负外围打援之任，于挂车河与陈玉成战，大败之。胡林翼重病期间，署湖北巡抚，旋官安徽巡抚。《清史稿》有传。同治八年六月，曾氏作《李勇毅公神道碑铭》。

1 与李续宜

咸丰八年十月十七日

不宜徇人情面。

再，令兄迪庵军事，仆前嘱其环绕巢湖击剿傍湖各属，不必兼及淮北。顷又嘱其不必北及定远。又于舍弟书中言："不宜远离水师，以固根本；不宜徇人情面，而分兵力"。二语是迪军要诀，不知阁下以为何如？迪公近日声望鼎隆，阁下名誉亦日增赫奕，舍九弟比亦薄有名望。鄙人在外，毁誉互见，然究系毁者少而誉者多。清夜自思，尚觉名浮于实十倍百倍也。吾辈互相砥砺，要当以声闻过情为切戒。意城此次在敝幕，深资其力。公牍私缄一一代办。识见论议，多与相合。故虽精力耗竭，而目下尚无废阁之事。足慰廑注。再颂近佳。

2 与李续宜

咸丰八年十月二十七日

将不堪其劳。

再，三河之败，敝处接雪琴信，仅有"闻迪庵已往六安，温甫、筱石均至桐城"二语，究不知其确否？令兄既办全军营务，又管浔、湖、彭泽诸军，又管奏折，又管书信，又兼顾安庆、庐州各路，又日日新出打仗；虽有金石之躯，亦将不堪其劳，况人心血有限，岂不愈用愈枯？吾前欲阁下去助令兄，正恐百密中之一疏耳。此后重整军威，无论令克行抵何处，阁下切不可离开一步。阁下抵桐城后，乞将初十日所以致挫之由，详细书示，俾仆亦得增长阅历。令兄回营，须大为将息，再图整理。再候台安。

3 加李续宜片

咸丰八年十一月初三日

希庵仁弟亲家阁下：

二十八日奉致一函，不知何日可到？其时但闻令兄迪庵已突围至六安州，舍弟温甫已至桐城，以为全局无甚损也。旋接赵克彰十六日发信，官宫保二十三日发信，始知前信之不可恃。兹又阅三日矣！令兄及舍弟殆无生理。忧惶之至，特专人至尊处条询：一问迪公与温甫下落，并筱石、槐轩、龙臣诸人得脱免者若干？一问三河十二营营官存者几人？兵勇存者若干人？桐城九营溃败之信确否？营哨兵勇存亡若何？一问都鲍退扎石碑，信否？太湖、小池口是否保守得住？水师在枞阳河者是否如旧？一问阁下现驻蕲水，收集得败兵若干？九舍弟由外江回湘，曾否至尊处奉访？阁下向来体气非强，经此番忧愤之余，尚能勉强支持否？寿珊兄尚在尊处帮办否？一问胡宫保能否即日来鄂。湖北商民尚无迁徙者否？官帅欲国藩拨兵赴鄂，或亲自援楚，仆以少拨则无济于事，多拨则须亲率以行。而闽事未了。江西又虞回窜，颇难妥叶。究竟湖北现存兵勇尚敷堵剿否？一问此次三河出队之营何人先败？守垒之营何人先走？可执法惩治否？一问三河之案，亮已入奏，有稿否？六舍弟初十日情形，阁下尽知之否？诸祈一一缕示。顺候近安。

以为全局无甚损也。

少拨则无济于事，多拨则须亲率以行。

4 加李续宜片

咸丰八年十一月十九日

仆与阁下兄弟俱系五人，舍间以温甫弟之耗，举室哀恸，彷徨不知何以为计！况尊府先有四月、七月两次之变，更不知若何悲痛！忧能伤人。阁下此时不特为鄂省军民所倚重，亦宜勉抑哀忧，好自保爱，以慰高堂千里之望。收集溃军，重加整理，使李家军复能自固，仍称劲旅，以雪迪公九泉之愤，以安鄂省军民之心。稳扎黄州，不赴下游，不轻出堵剿，不分兵调助他处，以息湘人之气，以慰尊府宗族戚友之情。待润帅或鄙人至鄂，事势稍定，阁下即须回家一次，戏彩堂前，抚循孤侄。尊府内外惊魂定后，然后再议出处大计。迪公殉节，鄙人须缕析具奏一次，舍弟温甫亦须附奏一片，求将近状详细见示。官帅前后各奏，及润公此次初出之奏均望抄示。千万千万。迪公近凡奏事几次，尊处有稿否？亦祈见示。成败论人，古今同慨。迪公用兵，并无错处，今日之变，设有议前此之失者，只可付之不论。阁下仍宜照旧章办理，不必更改也。

5 复李续宜

咸丰九年二月初六日

希庵仁弟亲家阁下：

蒙派朱蔡七与刘步瀛往寻合弟温甫遗骸，果得归骨家山，合家感荷大德，曷其有极。比想已自鄂南旋矣。稍缓进剿之议，仆于润帅缄内已屡次言之，不知近日定议如何？即阁下入皖，亦似须有马队辅之以行。润公言三河之失，非关我军无马，事或良然，然捻匪马多，倘挟全力来扑我湘军步队，终恐为贼所眩也。承嘱为润帅所作祭文，稍加参订，润帅前缄亦以见嘱。日内因萧、张南北两军，俱不得手，心绪不佳，尚未能静心核校，容当如命参酌。又拟作迪公《墓表》一首，温甫《墓志》一首，尚未动手。江忠烈神道碑，罗忠节墓志，久负夙诺，均须于春夏间偿之。肃复。即候台安。

6 加李续宜片

咸丰九年三月十九日

近闻江浦、浦口克复，六合亦已合围，金陵即日可下，果尔，则皖江两岸与江西、湖南之贼，皆成流寇。办流寇之法，城守以困之，游兵以击之，二者不可偏废。此后湖北、江西两省用

城守以困之，游兵以击之。

兵须分别守城之师、游击之师。湖北北岸如汉、黄、德三府城，梅、蕲、麻等县城，应守之城六、七处，江西应守之城更多二三处。惟江西各城二千人即可守一处，湖北各城，有须三千、四千者。防守之统领已属难得，游击之统领，尤为可遇而不可求。阁下静能生明，专在人材上用心，犹为费力少而收效多，何如？再问希庵亲家近好。

7 复李续宜

咸丰九年四月十一日

希庵仁弟亲家阁下：

前闻尊体违和，养静山寺，比已兴居畅适，振刷有为，至以为慰。归思之切，门闾之望，鄙人亦时时系念。惟陈玉成率大股贼猛扑定远翁、胜大营，将来折回必犯楚疆，阁下智深勇沉，能将陈逆大队击退，然后请假回籍，则在台端尽忠义孝友之诚，在鄂中慰官绅军民之望，尤为妥善。此间新旧名营，操练亦尚认真，惟无人统之出战，终难深恃。吴廷华新带一营，临阵胆气何如？去岁七罪魁之说，厥后如何结案？便中尚乞示及。即请台安，不一。

8 复李续宜

咸丰九年五月十二日

希庵仁弟亲家阁下：

比审台旆安抵里门，彩舞庭闱，悲喜交集。祁阳解围之后，新宁、武冈皆以力战解围。宝庆得重兵扼守，闻亦屡有胜仗，吾邑或可保全。江、鄂各湘勇，果无内顾之忧，则所系者大矣。此间景德镇相持如故。抚州老营新旧五千人尽数拔赴景镇协剿，李少荃与九舍弟率之以行。湘后营留于抚州护卫，聊存虚名，镇驻此间，一恐镇贼内犯抚、建，一恐湘贼回窜吉、赣也。来示谓求才之效，不可必得；求才之道，仍须自尽。自是破的之论。近好

求才之效，不可必得。

求筋力健整、能吃辛苦之人，一切吾党荏弱之风，尚未遽见其选，阁下曾有所见否？

9 复李续宜

咸丰九年七月二十五日

希庵仁弟亲家阁下：

重围立解，万众再生。

得惠书，知二十八、九两战，宝庆北路，重围立解，万众再生，桑梓蒙福，至以为慰。比想东、南各路一律廓清，贼既不能越窜常、澧，自无从窥伺巴蜀，若能逼入东路，与萧、张各营会剿，聚歼此股，诚大局之幸也！

国藩至湖口，与杨、彭诸公会晤。朱、唐等营自景德镇调来，冒暑多病，只得休息旬日，再行西上。贼踪既不入蜀，此军行至黄州，当另有后命。能与胡、都、杨、彭诸公及阁下雄师并力皖南、皖北，或者全局稍振耳。

10 复李续宜

咸丰九年十一月十六日

希庵仁弟亲家阁下：

比闻还乡省觐，姻伯母已康复否？阖潭安善，至以为念。四路进兵之说，实则只有三路，阁下与润帅决不能分，国藩亦深知之。英、霍与商固是一是二，其归宿皆规取舒城也。前会奏一疏，奉缓不济急之旨，饬另筹一军绕赴淮北，揆帅拟令唐义渠前往，符去年之原奏，助袁帅之声援，似尚妥叶。润帅将抚标各营调布天堂、英山等处，身边太形单薄；且业近皖境，去鄂太远；比又感冒多病，应请阁下星驰前来，与润帅相辅相济，敝处亦得遥分光曜，幸甚。

11 致李续宜

咸丰九年十二月十六夜

希庵仁弟亲家阁下：

日前奉复一缄，于阁下请假一节，并未提及，盖深知阁下去年连遭手足之痛，今冬值姻伯母病未康复，势难绝裾而出也。乃此间近日军情，气机日变，人心日散，有万不能不请阁下速出来皖者。润帅于上月十七日檄饬鲍唐蒋三军概归多都护统领，以一事权，自是鲍、唐二公心含不平，即鄙人亦不以为然。多欲鲍进扎距潜山四十里之小池驿，多自扎新仓，蒋扎新仓、小池之间，以距四眼狗由潜山来援之路；又欲唐军半守石牌，半击援贼；又欲敝军以七千人往围太湖。润帅听多策，分檄各处，缄知敝处。国藩以太湖贼近万人，敝军现无统将，未之允从；且念鲍军进扎小池，前有潜山之援贼，后逼太湖之城贼，亦非稳著，往返屡商，卒未允许。润帅兼采鄙说，于是定为多蒋击援贼，鲍唐围城贼，兼顾鄂疆之议。此十一月至十二月初一、二筹画之大略也。至十二、三日援贼头队已至潜山，四眼狗亦有入桐城之信，多公檄令鲍公驻扎小池驿，多仍扎新仓，蒋扎新仓小池之间，以击援贼。留唐独围太湖以困城贼，定于十六日移营，鄙人详加体察，可虑约有数端：连日雨雪泥深数尺，鲍营新移，墙壕难修，前御大股援贼，后逼太湖城贼，多公相隔二十里外，难遽救应，一可虑也；太湖城贼万人，能战者约六千，唐公仅三千四百人，且多新立之营，岂能遏此城贼，万一突出，西至黄梅，北至蕲州，皆仅数十里。既入鄂境，必至黄州，一府有贼，处处惊惶，即城贼不远出，但在环城二、三十里滋扰，则口粮子药，俱难运送，二可虑也；多公忮而盈满，观其举动，于左季公所谓宜静宜整，宜无示之以形三者，恰与相反，三可虑也；润帅新调舒公及逸亭、干臣马步万人进扎霍山，距舒城仅九十里，去英山润帅老营则二百七十里，深入太猛，后路太空，其余际昌等天堂一军，贼若分枝扑犯，则无兵可以拨援，四可虑也；敝军现扎宿松，本可为后

气机日变，人心日散。

继之师，无如人数近万，无一统领，如散钱委地，中有新募四千人，尤不可恃，万一前敌稍有疏失，敝军竟不资补救，五可虑也；细察气机，诚恐谋皖不成，反致引患入鄂，特此飞请阁下，星夜前来，预为补救之地。一面函商润帅，请将舒、金、吴军暂缓赴霍，庶阁下一到蕲水，即入本军。阁下前年由瑞赴黄，今年由鄂赴宝，俱能扶危定倾，此次关系极大，务祈星夜前来，能灯节前赶到为妙。国藩求之非为私也。至恳！即请台安。

细察气机，诚恐不成，反致引患。

12 复李续宜

咸丰十年正月二十六夜

希庵仁弟亲家阁下：

接元夕惠缄，敬悉姻伯母渐臻痊愈，旌从拟于二十二日起行来皖，至以为慰。此间军事，新正六日唐义渠训营一挫，被贼攻陷三垒，鲍军五营复被围扰。十一日，山内金、余两军破王家牌楼之贼，山外贼势稍松。十九日，山内余军小挫一次。贼日日进扎，与太湖渐近，并不畏官兵之截其归路，声言直犯湖北上游，俾官军回救。二十五日，山外多都统及唐、蒋等营获一胜仗，计日内当有数大恶战。金陵大营，因狗贼率悍党上援，下游攻破江浦及九洑洲营垒，四眼狗必率众回援金陵。浚川、廉昉及阁下皆来，山内、山外诸军均得名将主持，意江淮可望底定乎。

13 复李续宜

咸丰十年三月十五日

希庵仁弟亲家阁下：

惠缄敬悉。浙江未失以援浙为重，浙江既失，又似以图安庆为重。仍请台驾在太湖，久留三四日，待大局定后，再赴青草塥也。革薄从忠，鄙意亦夙怀此志。特有天质本来之薄，有外物激之使薄。本来之薄，革之已极不易，激之使薄，尤觉旋革旋萌，毫无长进，深以为愧。愿赐良箴，以励晚节而已。复候台安。

革薄从忠，有外物激之使薄。

14 复李续宜

咸丰十年闰三月十四日

希庵仁弟亲家大人阁下：

惠函敬悉。阁下与多公针芥契合，皖、鄂之福，三军之幸！鄙人得以高枕藏拙，何乐如之！朱、李现驻石牌，一切进止听候指示施行。少村至英山，闻十三日驰赴水次。计淡村先生之灵柩，日内亦至江滨矣。润帅之意，淡公返葬宿松，全眷寄居湘中，少村即随润公及尊处大营，可谓四面周到。浙江复后，余匪窜陷建平、高淳、溧阳，而四眼狗亦由全椒以救金陵，大营前后受敌。若能将此次大波平过，则金陵可于夏间克复，大局旋转于一二月内。卜之四川事，闻有转机。浚川入峡，风势尚顺，鄂饷或仍无虑乎？顺问台安。

高枕藏拙，何乐如之。

15 复李续宜

咸丰十年闰三月二十九日巳刻

希庵仁弟亲家阁下：

顷接惠缄，并抄示云崖一信，及尊处复书，敬悉一切。国藩前接云崖信，请尊处拨三千人，于高桥岭，以保后路，鄙见亦以为然。今读来书，觉尊见更为妥善。盖贵军扎青草塥，原为四应之活着，若分三千人扎高桥岭，则转呆矣。不特目前不能兼顾桐城，且将来北援商固，抽此三千人以去，反摇动怀宁之军心。应即遵照卓见，无庸分拨。至朱、李一军，或照尊缄以八千人入驻关内，三千人仍留高桥，或以九千人入关，二千高桥。已嘱云崖申夫二公奉商台端施行。淡公忠榇初二登岸，初三可至渠家。润帅拟以初五六来宿松，会往罗宅吊奠。季公及舍九弟均俟润帅来会后，分别赴青草塥等处也。复问台安。

16 复李续宜

咸丰十年四月初八日

希庵仁弟亲家阁下：

得惠缄，知台从已至集贤关外，日内想与舍弟会晤，同入关看定营基矣。云岩打仗，出则向前，入则殿后。此一端已有可为统领之质。又有血性而能不忘本，有诚意而不扰民，若加意培养磨炼，将来或可成大器也。此时若遽撤委，犹树木方长，而伐其枝叶，虽未必伤根，而将来重培则更难矣。故鄙意欲仍而不改。手复奉商。即问台安。

有诚意而不扰民。

17 复李续宜

咸丰十年四月二十六日巳刻

希庵仁弟亲家大人阁下：

接惠函，并赐名马，感纫无似。凡受惠皆须即日申谢，惟受马宜略缓再谢。近日风气，马之上驷，必自珍秘，而以下驷应客，恐贤者或不免为习欲所移。今早试骑一次，诚有德骥之风，而无厌之求，更觊觎得一力骥也。苏常失守，杭州亦岌岌可危。东南大局，决裂至此，不知尚有何术可以挽回。国藩昨办一咨，咨两湖江西各帅，兹抄稿呈览。应如何保全江楚三省，以为恢复下游之根本，敬求阁下深思熟计，详细见示。此贼断非能成正果者，吾辈若同心协力，早作夜思，未必不可挽回于万一。大约勤字、诚字、公字、厚字，皆吾辈之根本，刻不可忘。而目前规画大局，御贼匪，秋间两路大举之狡谋，则尚有非此四字所能救急者。现奉寄谕，饬国藩往援苏常，盖不知苏、常已失也。鄙意楚军刻不能救援下游，且当竭三省全力御贼匪。秋间之大举，如能于秋间两路大捷，然后有余力兼谋下游，目前实有不逮。尊意以为何如？桐城乡间，此时尚有书可买耶？鄙人尝谓古今书籍浩如烟海，而本根之书不过数十种。经则十三经是已，史则廿四史暨

诚有德骥之风，而无厌之求。

勤字、诚字、公字、厚字，皆吾辈之根本，刻不可忘。

通鉴是已，子则《十子》是已，集则文选百三名家暨唐宋以来专集数十家是已。自斯以外，皆剿袭前人之说以为言，编集众家之精以为书。本根之书，犹山之干龙也，编集者，犹枝龙护砂也。军事匆匆，不暇细开书目。阁下如购书，望多买经史少买后人编集之书为要。是否有当，肃请台安。诸维心照。

18 致李续宜

咸丰十年五月初三日

希庵仁弟亲家阁下：

国藩顷奉简命，权制两江。现定于初十后起行过江。办理规模，已于致胡宫保书内略陈梗概，兹抄呈台览，敬求指示。所拨之营，拟带霆字六千人，礼字千人，又益以朱品隆、唐义训二千人，河溪营七百，马队六百，共成万人。舍弟安庆一军，壕垒已成，遂不撤动。惟其中抽出二营，敬求阁下拨二千人填扎朱唐二垒。不胜感荷。待舍弟另招新勇到时，再将贵部拨还。左季公奉旨以四品京堂候补，襄办敝处军务，夏末当可来皖畅叙也。顺颂台安。诸维心照。

19 致李续宜

咸丰十年五月十九日

希庵仁弟亲家阁下：

别后甚切怀思，较之三月之别，尤为眷眷。阁下知人之明，处事之当，得之天援。近更克己自励，日进无疆，大抵激之而变薄者，吾辈之通病。此后请默自试验，若激之而不薄，则进境也。国藩十六日至老洲头阻风，三日未得开行，心殊焦灼。多公长处甚多，其部下不免有官场习气，短处仅此一端。阁下与之交契，或可从容讽谏，俾于纯朴中简择人才，庶可蒸蒸日上。贵部下多纯朴之才，而骄气亦可不免，幸细察而切诫之。此间风转，二十二、三可抵水营，月底可赴祁门。闻浙警渐纾，差可喜慰。

克己自励，日进无疆。

20 复李续宜

咸丰十年六月十五日

希庵仁弟亲家大人阁下：

即可坚守，并无须多兵。

国藩自建德启行，十一日抵祁门县，层岩叠嶂，较之湘乡之云山尚多四倍，泉甘林茂，清幽可喜。每一隘口不过一哨，即可坚守，并无须多兵也。惟宁国府被贼围困，呼吁求救，力尚不能往援，殊深歉仄。此间军事，其大者已将折稿抄达尊处，小者本无足录。承索取日记，其中琐事太多，间有臧否人物之处，未便抄呈。人树、梅村二函附呈，渠二人皆有公牍私缄至敝处。梅村牍言：往助季翁，当即批准人树牍言，在籍修堡，当批驳，仍请其来营也。渠在敝处，则于尊处及各处皆能通气，不必一一亲笔缄致，求阁下再为我缄催。或心牧已痊，即请归侍南陔，俾人树得以出济时艰，亦属两全之道。尚祈卓裁。安庆新营太多，惧不足以当长风巨浪。望阁下常往察看，与舍弟熟筹预计。

21 复李续宜

咸丰十年七月十二日

希庵仁弟亲家大人阁下：

此间事机，多不适意。

此间事机多不适意，云崖虽愈，怯弱之至，如五、六十许人。春霆甫于六月十六日自蜀起行，到营尚早。宋国永亦患疟疾，郑阳和伤病大发。霆营六千人竟无主持之人。广德州于初四日失守。宁国本被围月余，又闻杨七麻子带贼自池州往攻，殆不可支。广宁为皖南精华，又为进兵必争之地，竟尔坐视而不能救，愧仄奚极。鄙人艰巨甫膺，几至无可措手。又兼精力日疲，大惧陨越，诒讥当世。阁下早起有恒，积诚不为人所转移，此皆进德之要。鄙人恨闻道太晚。阁下及此时勉为之，不特学业日新，即以军事言之，亦或可以兴复旧观。敝处近日奏稿，行至尊处者，有不妥否。求直言示知，以便立改。即请台安。

积诚不为人所转移。

22 复李续宜

咸丰十一年七月十九日巳刻

希庵仁弟亲家大人阁下：

德安克复，鄂事有转机。润帅立秋后病势稍减，闻此捷当更痊可矣。贼进集贤关，亮队未扑后壕，旋即收去。若连三日不得逞，则贼机钝，而军心稳矣。多军闻获一胜仗，璋、玕各逆本非多公之敌，即狗、辅等皆去，多公亦足御之。但贼踞石牌，粮路已断，练潭水涸，无处接济，终恐不能久持。若金、成两军能以一支牵缀黄洲之贼，以一支直下黄梅、宿、太与多军收夹击之效，尤为大妙。润帅病少稳，阁下亲率以东，尤为气势百倍。阁下拜抚皖之命已半年，本不宜久驻鄂境。厚庵将归，鄙意盼旌麾尤切也。江西奉新、瑞州等城之贼，闻皆逃遁。鲍公先声夺人，殊为可喜。复请台安。

23 复李续宜

咸丰十年八月初六日

希庵仁弟亲家大人阁下：

此间自凯章到营，即令其由旌德援宁，春霆未到，亦令宋副将先攻泾县以援宁国。不料甫经成行，即闻嘉兴师溃之信，浙江危急万分，请援之文一日三至。国藩以张、鲍军出，断不能失信于宁国，而改援浙江，是以恝置不顾。知我罪我，听之而已。惟是浙江万一不虞，则皖南、江西皆危，而吾湘亦难安枕。不得已，奏请骆公暂缓入蜀，湖南防兵暂不抽动，俾左公得以迅速东来。国藩向极谨慎，今甫当大任，岂敢恃权而冒昧陈奏？此次留骆之奏，实为江、楚大局起见。且蜀中崇、曹当道，骆公若去，一国三公，亦必难展布也。方今天下大乱，人人皆怀苟且之心，出范围之外，无过而问焉者。吾辈当自立准绳，自为守之，并约同志者共守之，无使吾心之贼破吾心之墙子。阁下以为何如，复

向极谨慎。

请台安。

24 致李续宜

咸丰十年八月二十九日

希庵仁弟亲家大人阁下：

闻已拨四营来援，感谢无极。其续拨六营南渡之说，昨已寄信与舍沅弟及胡润帅处止之，想已达尊听矣。今早闻袁午桥溃退，是江北之急，即在目前。权衡轻重，应请阁下将所拨四营调回北岸，敝处一面派人至中途截止。目下祁门老营已稳，鲍军今日可入岭内，张军明日亦可入岭。此间当站得住。所虑者贼由婺源窜入江西腹地耳。国藩之视北岸更重于南岸，南岸纵有大变，而江西省城必尚可保。北岸若有大失，即汉口、武昌亦恐难保。请探明六安州贼情若紧，求阁下单骑，或带一营来此相会，畅论全局。如六安太紧则并不来会亦可。求酌。此问台安。

权衡轻重。

25 复李续宜

咸丰十一年九月初五日

希庵仁弟亲家大人阁下：

得润帅仙逝之信，伤痛不能自已。忧国之诚，进德之猛，好贤之笃，局量之宏，吏才之精，不特为同时辈流所不逮，即求之古人，实亦不可多得。国藩自闻国恤，独居惨栗，惄焉如擣！重以润帅沦谢，惘惘如有所失。身后之事，除附身附棺、必诚必信外，似不必过于侈费。箴言书院未竟之事。国藩与阁下当代为主持一切，仍请任吾、寿山送回益阳，综理密微。所可为润帅慰，且为吾党共慰者。渠于九年秋建议攻剿安庆，犹及目击皖城之下；本年鄂疆连陷二府十余州县，犹及见其一律收复，族党皆沾其惠，书院泽及一邑。所荐阁下暨丹初廉访，忠亮宏济，义渠亦廉正君子，付托得人，有古大臣德被数世之风。逝者有知，应无遗憾。阁下料理鄂事就绪后，仍望东来会商一切。国藩意绪萧

意绪萧瑟，体日孱弱，实难独支。

瑟，体日孱弱，实难独支。

26 复李续宜

咸丰十一年九月初九日

希庵仁弟亲家大人阁下：

润帅之逝，中外知与不同，同一感怆，而阁下与鄙人悲恸尤深！殆以共事最久，甘苦曲折，动忍困横之故。相喻有独微者耶？来示所陈三端，切当不易。台旆若不共图东征，不特鄙人孱弱，难支此艰大之局，亦非润帅夙昔之意。惟举人接手一节，则断不可以太骤。似应仿润帅之例，握鄂抚之篆，剿皖城之贼，暂驻英山、太湖等处，遣将分道进取。待庐州克复后，台旆东下，再行荐举替人，尚不为迟。不审卓裁以为何如。此间为无饷所苦，五万余人仅恃江西厘金，实难久支耳。复请台安。

共事最久，甘苦曲折，动忍困横。

27 复李续宜

咸丰十年九月二十三日

希庵仁弟亲家大人阁下：

青草塥各营进援六安州，闻州城解围后，此举业已停止，不知确否？胡中丞于久经谋定之局，每至临事而变其初计，如去年七月初破石牌之时，即议定守石牌、围太湖矣，十一月援贼将到，忽变为进御小池驿之计。本年三、四月初进安庆之时，即议定远攻桐、怀近守英、霍矣，今九月援贼将到，忽变为分救六安之计。大抵宫保德生之坚定，远胜于往年，而主意之不甚坚定，犹不免往年游移之见。左季翁谓其多谋少断，良为不诬。阁下当力持初议，以坚定二字辅宫保之不逮，国藩亦当从容讽劝，勿为人言所动。此次救援六安，闻出自伍茨生之策，谓往返不过二十日，实则天下无此神速之兵也。历口、王彭二营，已于十四饬速回北岸。次青已回祁门，季高扎乐平未动，安庆贼气已衰，只要桐城、青草塥两军坚定不摇，安庆必可速克。此阴阳交争之几，

主意之不甚坚定。

多谋少断。

审几而力图之。

南北两岸士气赖之一振，长围必不可撤。亦乞阁下审几而力图之。顺候台安，诸维心照。

28 复李续宜

咸丰十年十月初五日

希庵仁弟亲家大人阁下：

顷奉谕旨，知阁下陈臬皖中，至以为庆。惟皖南自徽、宁连失，不特无进兵之路，亦几无立脚之地。吴省数千里，不能提兵过问，自顾职位，忧愤何极。济、太两城主守，不易之论；石牌城主拆毁，仆尚不深知。鲍张进攻休宁，获一胜仗，贼坚守不出，恐难遽克。左公尚在乐平，次青处公议稍伸，私情则我实抱歉。不知古人处此如何而后两尽。请公细思示我。即问台安。

29 复李续宜

咸丰十年十月二十二日

希庵仁弟亲家大人阁下：

人人裹足远避。

接初十日环章，具悉一切。皖臬一篆，前经翁中丞奏委蒋守署理。如不送来，自不必与之计较。如其送来，阁下仍以受篆为是。盖安徽糜烂之区，人人裹足远避。前此七、八年间，福中丞告病告假，奏疏近十次，其避抚篆如避虎狼。近，翁中丞思卸抚篆，前后亦具疏数次，恩廉访不肯接臬篆，曾经严旨申饬。此皆三年以内之事。阁下若坚执不受，则与三君子规避之迹，无甚区别，祈细酌之。此间十九日贼破羊栈岭入黟县，全局大震，幸鲍、张拨兵迅速，化险为夷。此皖南近日可慰之事。然祁西等处无营，毕竟可虑。

化险为夷。

30 复李续宜

咸丰十一年二月二十日

希庵仁弟亲家大人阁下：

顷奉太湖途次惠书，新膺简命开府皖中，不为亲家贺，而特为润帅与鄙人贺。盖凡应进应退之人，三人同心，在上无彼此爱憎之异，在下无向背门户之嫌，从此皖事其或有豸乎？

来示称，“山以坟负，何恃不恐？”方今天下大乱，变态百出，艰巨并投，无处不山，亦遂无人不蚊。如敝处所负之山，则绵亘尤广耳。此间自正月二十六日击退黄文金大股，方谓气机渐转，去危即安，不料伪忠王李秀成一股，由广信内窜建昌围攻二十余日，又分支扑犯抚州，省垣亦为震动。伪辅王杨七麻、伪侍王李世贤，由婺源、清华分犯乐平、景镇，左部分八营在甲路者小挫一次。敝处既虑景镇咽喉之路，又顾省会根本之地，遂亦忧灼异常。欲学阁下之大乱不乱，大患不患，几于剿袭而不似其迹耳。幸上溪口获一胜仗，休宁克复，差强人意。目下抚州业已解围，景镇亦尚无恙，杨、李二逆，似有回保徽州之意，左军得以从容整理，锐气似尚未挫。只盼阁下肃清蕲、黄，烹狗东方。建郡解围，则南北两岸仍可复去秋之旧观。待安庆克复，仆与阁下并修建衙署于其中，邀胡、多、杨、彭诸帅，置酒高会，则聚蚊成雷，震惊六宇，虽蓬莱可负，太华可劈也。阁下以为然乎？否乎？鲍军如不晋援江西，鄙人近日当移驻江滨。尚思至太湖一行，或可与台旌会晤。顺问台安，并贺大喜。

天下大乱，变态百出。

聚蚊成雷，震惊六宇。

31 致李续宜

咸丰十一年三月十五日巳刻

希庵仁弟亲家大人阁下：

接初四夜濄口惠书，敬悉一切。黄德、云梦等处虽陷，得雄师分投防剿，又有骆帅援师从西而下，北岸终可无虞。润帅病体，闻近日差就痊愈，精神亦渐轩爽，似不至有它虞。南岸危险迭见，一波未平，一波复起。自二月中旬饶河梗阻，祁门运道不通，至三十日陈镇一军败溃，景德镇失陷，尤为切肤之灾。众议力攻徽州，通浙中接济之路，绅民亦均谓徽州一克，则饷项取之本地，即不甚缺。三月初二，派各营攻徽，人数近万。初五日，小挫一次，伤亡二百人，失两营官。十二日，再攻一次，是夜焚村劫营，我军二十二营之中，惊溃者八营。士气日减，贼氛大长。目下伪侍王大股盘踞鄱阳、景镇一带，伪忠王大股由抚、建内窜樟树、新淦一带，景镇之贼，日内力扑左营。若待鲍军赶到，两面夹击，或可歼此强寇。侍逆破，而后饷路可通，忠逆破而后厘源可开，二者均大不易也！祁、黟、休三县本在危困之中。然平日不能预筹全局，此际断无舍军民而它去之理！但坚守以待景镇、安庆之佳耗而已。顺问台安。

32 复李续宜

咸丰十一年四月初二夜

希庵仁弟亲家大人阁下：

两次惠书，敬悉一切。某于二月初间左、鲍击破黄文金股匪之后，本定移驻东流之计，业经遍札各处并具奏矣。旋因伪侍王李世贤大股窜入饶州、乐平，窥伺景镇。左军分八营在甲路小挫一次，遂不移营仍驻祁门，亦经附片具奏。自二月中旬至三月二十，文报、粮路断绝。景镇沦陷，陈公阵亡，左军隔断，徽州两挫。此三旬危险之际，鄙人不肯移出岭外。逮左军大捷，鲍军亦到，侍逆远遁，饶景、浮乐一律肃清，即定计于二十六日移驻东流。现已于四月朔日抵东流。鲍军自下隅阪渡江救援集贤关，云岩亦带五百人赴舍弟处助守墙壕。业已坚守十三日，内外壕应可保全。又有厚庵在舍季弟处，成、胡两军拟商令驻守石牌，以防黄、蕲、梅、宿等贼之续下，又以防狗逆之回窜。阁下专办上游德、黄等贼，可不顾虑下游矣。

南岸军事，自黄、李两大股剿退后，似已大有转机。而伪忠一股破吉安后，又陷瑞州，不独江省西路糜烂，即湖北兴、冶、崇、通各属，处处可危。望阁下派靖臣观察一军，专剿此股。江西、两湖皆受其福。至恳！至恳！顺请台安。

33 复李续宜

咸丰十一年四月二十一日

希庵仁弟亲家大人阁下：

顷奉惠书，知前此两缄均达荃照。

上游德、随尚无好音。逆党坚悍善守，围攻则伤我精锐，顿我兵力，不围攻又蔓延它处，毫无遮遏。随州关系襄、樊全局，荩臣观察一军不能遽令南渡，自有不得已之深衷。瑞贼盘踞日久，省垣及九江略有防备，或可无虞。惟虑其窜扰武、义、兴、冶、崇、通等处，则为两湖、江西之公患，须另筹劲旅驱除之耳。

池州贼股于十五日扰陷建德，敝处近在咫尺，无兵往剿。前请义从营速来，亦正为此，弹压附近小股也。顺问台安。

近在咫尺，无兵往剿。

34 复李续宜

咸丰十一年六月十六日

希庵仁弟大人亲家阁下：

顷闻英、辅、璋、玕四伪王援贼大动，分犯太湖、霍山两路。舍弟颇望鲍军回顾怀、桐，润帅意亦如此。鄙人实不能再调令仍回北岸。一则鲍军缺饷，须就食于南昌；一则贼距江西太近，不宜再三失信也。英、辅等逆若由潜、太抄怀、桐之后路，赵、沈当能坚守，多公当能力战；若由英、霍上犯，请阁下筹保汉口、汉阳，蕲、黄则暂置不顾可也。以理揆之，恐贼并力潜、太，而英、霍特虚声耳。

能坚守，多公当能力战。

润帅病可全愈，大慰！大慰！大祚圣朝，必寿此人。敝疮亦小愈，然手不停搔，颇以为苦。郑板桥有言：“隔靴搔痒，赞亦可厌！入木三分，骂亦可感！”阁下既吝此“融靴”之赞，鄙人当自为“入木”之爬，何如，何如？即问如安。

35 复李续宜

咸丰十一年六月二十九日

希庵仁弟大人亲家阁下：

鄂之南岸一律肃清，北岸得金、刘围攻于上，成、蒋雕剿于下，应可渐殄逆氛。

润帅病势未愈，至为系念。江、楚、皖、豫诸将帅，惟润帅能调和一气，联合一家。鄙人虽有联络之志，苦于才短性懒，书问太疏，遂不能合众志以勤王事，合群力以贯金石。至于察吏理财，拙才更逊百倍矣。万一有它，四省大局实虞其散。《箴言书院记》昨已勉为纂就，交润帅来丁带去。本欲将胡氏父子育材肫肫之意写出，奈久疏文字，机轴太生，不足以副润帅之望。即问台安。

机轴太生，不足以副润帅之望。

36 加李续宜片

咸丰十一年八月初二日

正封发公缄间，接惠书。成镇等一意保全鄂北秋收，卓见极稳！极是！其论多军素工积储，悍贼不能窥伺其营，尤为精确。目下安庆既克，江、鄂两省亦有渐可肃清之势。只求润帅病有转机，则大局尚可勉支。台旆本应速返皖疆，但因润帅病而留，则至理至情耳。再问希庵亲家台安。

大局尚可勉支。

37 复李续宜

咸丰十一年八月十二日

希庵仁弟亲家大人阁下：

惠缄敬悉。四眼狗上窜鄂疆之说，此间不甚得确耗。闻多军追贼，擒斩至三、四千之多。杨七麻一股已由潜山分支下去。若贵军与多军上下夹击，狗可屠也！池州既复，石埭、太平等处，纷纷薙发投诚，南北两岸事机正顺，满拟天心大转，而忽闻鼎湖弓剑之痛，不知中外臣民何以无福若此！现以哀诏未到，难遽设次成礼。国藩至安庆，将即在城中列幕为位也。来示安庆府事主稿入告，仆意即调陈心泉太守来署斯篆。陈君寒士，急思得缺沾升斗之禄，以清积累。前此敝处咨商之件，非我与阁下争贤才也，乃为心泉谋一实缺，暂缓入营也。兹令其署安庆府，则不背阁下之原奏，又不拂诸君子之雅托，似属面面俱到。顺问台安。

38 致李续宜

咸丰十一年九月初一日

希庵仁弟亲家大人阁下：

闻黄州于二十四日克复，欣慰无似。随州孤城，计亦即日可下。鄂疆肃清，不出重阳前后。江西肃清，亦在此数日内。润帅闻此，或者一笑解颜，霍然病已，则阁下可放心东来，共展良觌。不知天从人愿，果使润帅占勿药之喜否。陈心泉太守今日来安庆相见，渠与李少荃同年至交。少荃因有妻丧，新回江西料理家事。国藩嘱心泉小住半月，一待阁下复信，一待少荃来面商，总期位置得宜，俾展所长也。顺问台安。

可放心东来，共展良觌。

39 复李续宜

咸丰十一年九月十七日

希庵仁弟亲家大人阁下：

疏稿真挚简实，知出自大笔所亲裁。荐举替人，嫌其太骤。若待克复庐州之后，阁下固可自请出疆东征，即鄙人亦必疏请阁下开鄂抚之缺，建平吴之纛。目下尽可不必汲汲。若谕旨不允，宜仍握鄂篆，讲求吏治，未可渎请也。至台旆驻扎之处，用兵布置之法，仰荷垂询。国藩昨日寄揆帅一函，言鄂兵宜分四支：一驻襄、樊；一防德安；一守英、霍；一进桐、舒。阁下以为然否？何支宜多宜劲、何支稍少稍次，阁下量才度地，必有成算。

荐举替人，嫌其太骤。

以理势论之，德安兵力可薄，当无他虞；英、霍为该逆熟由之路，又为本年已履之辙，兵力似宜从厚；桐、舒之兵不过为多军后路声援，本可无须劲旅，然桐城南为无为、庐江之退步，北为舒城、庐州之退步，两路若有小挫，全恃桐军为后劲，是亦不可忽视。霍山、桐城两处，均须阁下择两良将任之。至霍山一路之兵，能否进至六安、三河尖一带，亦祈与揆帅商夺施行。大旆驻扎之区，求其已入皖境，而仍与鄂垣接近、呼吸可通者，莫如英山。附陈鄙见，以备采择。复问台安。

40 复李续宜

咸丰十一年九月二十五日

希庵仁弟亲家大人阁下：

折件读过。贵恙干咳心悸，想系忧劳所致。比稍痊复否？向每谓沉闷非养生所宜。乃以润帅之轩昂豁达，亦复不登中寿，则知命之修短，事之成败，名之显晦，皆有冥冥者主持。吾辈但求大德不甚逾闲，此外政当委心任运，淡泊相遇。阁下劝我宽怀，仆亦愿阁下旷然自适也。无为州克复。多军若能进庐州，则三河，巢县似俱不难得手。惜礼堂近日多病吐血，又以渐与捻匪、苗练相接，孤军不敢深入。舍弟一军亦宜不再进。多军既不能直抵庐郡，则鄂军自难往援寿州。应请中堂主稿复奏。国藩曾有两信奉商，非诿也，江北之事本应由揆帅作主也。顺问台安。

事之成败，名之显晦，皆有冥冥者主持。

41 复李续宜

咸丰十一年九月二十九日午刻

希庵仁弟亲家大人阁下：

霍山一支，阁下意在必援寿州，力顾大局。甚好！甚好！本日又奉九月十二寄谕，亦饬楚师往援寿州。目下浙江望敝处救援，寿州望尊处救援。敝处已商请左公设法援浙，若尊处能拨兵援寿，则外间之疑我楚师但顾私党，不顾全局者，或可释然。舍

不顾全局者，或可释然。

弟会同水师克复无为州，克复运漕镇二处皆深入贼之腹地，防守之兵，尚嫌其单。多公因病请假，刻难进兵。故援寿之师，不能不专望揆帅与阁下派兵也。介唐果肯为营务处，则英、霍山中转运事宜，渠系熟手，必能办理裕如。揆帅与尊处拨定援寿兵将后，即请挈敝衔会奏，此间不另具折。至恳！至恳！

顺问台安，不一。

42 致李续宜

咸丰十一年十月初七日午刻

润帅奉旨入乡贤祠，揆帅奏中所请入贤良祠之处，未蒙俞允乎？东征诸军，皆润帅一人维持，朝廷或未深知。箴言书院究尚欠银若干？求查示。鄙意奠仪先尽书院用之，斋房宜宏壮，膏火宜优裕，以慰润公九泉之灵；其次则分惠胡氏宗族，以补书院之所不逮；又其次乃归陶夫人及哲嗣私家之用。润帅本有恒产，私用当不至空乏。设有不赡，国藩与阁下暨左、彭诸君，从容济助，尚不为迟。揆之润帅先公后私之素志。似以书院为重。阁下以为何如？

斋房宜宏壮，膏火宜优裕，以慰润公。

43 复李续宜

咸丰十一年十一月初三日

希庵仁弟大人亲家阁下：

复函敬悉。寿州之陷，本在意中，陷后情形却出意外。苗沛霖狼子野心，行路皆知。翁中丞昔年屡疏保其忠良，致养痈而诒患；今春屡疏表其叛逆，请声罪而致讨；逮围六、七月之久，又屡疏请饷请援；不谓城破之后不能殉节，反具疏力陈苗逆之非叛，颠倒反复，令人百思不解。不知朝廷俯如所请，姑羁縻之乎？抑急于诛灭之乎？若论其始终本末，较之粤匪、捻匪更为可恶。古人称汤武心事不过曰为匹夫匹妇复仇耳！我朝廷仁义之师，恐终当为孙、蒙诸家一复此仇。润帅奠金概作书院之需，计所缺必不甚多。此外胡氏宗族另有点缀否？似须于奠金之内，筹画此层。盖缘书院条约中，有不许胡氏经管一节，不可不别谋慰抚之也。鄙怀屡筹询及此，均未得确实信息，尚祈详示。尊恙近大愈否？方药难于恰当，若非有明医真知灼见，总以不轻服药为是。顺问台安。

44 复李续宜

咸丰十一年十一月二十七日

希庵仁弟亲家大人阁下：

雪琴未带陆兵，势不能不辞皖抚一席。皖中群盗纵横，有发、有捻、有苗，非手握马步强兵，不能龛此大乱；非心精力果，不能辨顺逆邪正之几，明剿抚先后之序。鄙意实思奏请阁下仍任皖抚，驻扎桐、舒一带，或驻扎安庆，常至桐、舒、霍、六等处一行。不特与袁、翁、贾、李交涉事件，可以一一熟商，即筹饷转运诸细节，亦非旦夕函商不能妥协。前有信寄揆帅，此时复书想已在途。其鄂中吏事、饷事应如何而后可循润帅之旧，尚祈缕示一切。

45 致李续宜片

同治元年正月十四日

希庵仁弟亲家大人阁下：

惠书敬悉大旆来皖，欣慰无已！老营驻扎六安，恰与敝处初十日一折相符。惟颍郡日益危急，已有万不能支之势。颍州失则袁营孤悬，临淮亦将岌岌莫保。两淮与豫省逆氛联为一片，朝廷深以北犯为虑。楚军实无北援之力，终日筹思，不得善策。阁下到皖，须首商此段难事也。德安一路，阁下别有布置否？虽调皖抚，仍应步步顾定湖北。鄂中有事，则下游各军，人人有后路梗塞之虞。军士方寸若乱，战守必不得力。国藩虽甚愿阁下之来皖，却深忧鄂边之多事。望阁下不避嫌疑，处处以鄂防为己任。

军士方寸若乱，战守必不得力。

防兵不宜动者，切弗调带来皖。至要！至要！即请台安。

46 复李续宜

同治元年三月二十八日

希庵仁弟亲家大人阁下：

江边各军，日内事机尚顺。九舍弟会同水师克复巢、含、和州三城，铜城闸、雍家镇、玉溪口、西梁山四卡。鲍军克复青阳、石埭、太平三城。季舍弟亦克繁昌县城。惟闻下游扬州、二浦危急，不知都帅尚能支撑否？若幸不失城，则皖北可渐冀肃清矣。左帅在衢州、江山一带屡获胜仗，侍逆一股不至窜扰江西，尤堪告慰。省城放赈，大口二合，小口一合，石牌尚未开厂，饷项竟极匮乏，买米之银亦缺。湖州赵竹生观察至今坚守无恙，深可钦服。渠三月初三日尚有信出求援，另行抄咨冰案。

47 复李续宜

同治元年四月十七日

希庵仁弟亲家大人阁下：

惠书敬悉。尊恙微发，殊不解其病源所在。日内系服何药？养身之道，以"君逸臣劳"四字为要。省思虑、除烦恼，二者皆所以清心，"君逸"之谓也。行步常勤，筋骨常动，"臣劳"之谓也。阁下虽自命为懒人，故思、虑烦恼二者不悉蠲。以后望全数屏绝，不轻服药，当可渐渐奏效。惠解之四万金，已派人至桐城迎接。马谷山尚未服阕，不知可从权否？五月内必须有人接藩司印，俾贾公得交卸北行。吾二人办事始无瞻顾，归于一条鞭也。午帅中伤颇重，恐非丹药所能解。午帅久苦无饷，又新因敝处劾翁之案连累严议，兴致本极不佳，又有右手微病，似引退之志已决。敝处亦劝其见机而作，大约难以复留。李世忠一军朝廷必令归敝处调度，倘以苗交尊处、李交敝处，虽系极难之事，而亦不可不竭力担当。盖同是江淮祸患，早晚终须吾二人承办，迟接手

养身之道，以"君逸臣劳"四字为要。

不如早接手之为愈也。尊意欲留临淮一席，本属稳慎有识。惟午帅难处，阁下或未尽知。兹将渠函抄呈，伏乞卓夺。新克州县甚多，不特无贤员往署，并劣员亦不可多得。拟会列尊衔，奏请本年新进士、新拔贡，多分发十数员来皖，并各处有可咨调函调之员，亦会衔调之。略仿胡文忠法，广为网罗。吾二人皆太冷淡，人不乐从，以后当稍变暖热，使人易亲耳。复问台安。

48 复李续宜

同治元年四月十八日

希庵仁弟亲家阁下：

接惠书，知庐郡已克，欣慰无已！范守万不可恃，鄙见相同。冯守经胜帅奏办文案，亦自难骤履任。尊意令鹤九署庐州，邹牧留六安，妥当之至。请即札委前往，必有裨益。鄙意趁此机会，以多军进攻九洑洲，沅军进攻金柱关。如两处皆克，即可进剿金陵老巢。惟沅军除分守四城二隘外，仅可带七千人渡江，尚嫌单薄。应请阁下酌拨一军三四千人，由西梁山一带南渡，会剿金陵。前此鄙人之意，本拟俟庐州克后，即请阅下亲统大队，东征下游浦、六一带。今玉体未痊，难遽远行。而下游浦、北防千里，处处须阁下照管，自可不必亲往，只须派贵部东下会剿。若能派中、右两营，即与阁下亲行无异，且可竟令兄忠武未竟之志。计会剿金陵，八旗则多、都两军，湘勇则李、曾两家，水师则杨、彭两公。水陆三万已不为少，惟军事难料，恐顿兵坚城，一切尚祈熟筹示复。即请台安。

惟军事难料。

国藩顿首

49 致李续宜

同治元年四月二十六日

希庵仁弟亲家大人阁下：

袁帅之事，尊缄所论甚为允惬。敝处今日专弁前往临淮，作函慰留。下游水陆连克金柱关、东梁山，芜湖县城可称极顺。尚未接舍弟函牍，雪琴信则言伤亡士卒甚多。兵锋当最锐之时，宜缓进兵，郑重以图。来示数语，极为切当，即当函嘱舍弟遵照。惟相隔五百余里，亦难一一遥制。多军进攻九洑洲一着，似不可缓，昨夜已函商之矣。贵部以鄂、皖北防太宽，难再分拨，自是正办。然鄙意湘勇之兴，贤昆仲勋劳最大，若会剿金陵，尚望筹拨劲旅同去。倘虑顿兵坚城，则少拨亦可。皖省州县人才太少，不可不广其途以罗之。吾辈冷淡之处，亦宜略改，使人易亲。即问台安。

兵锋最锐时，宜缓进兵，郑重以图。

50 复李续宜

同治元年五月初四日

希庵仁弟亲家大人阁下：

接惠书并密件，聆悉一切。朝廷区画，尽如人意，曷胜钦感！尊处前疏之妙，亦实不可思议。水师王柱堂等闻已进攻九洑洲，沅弟亦有进兵之意。余以多军未至九洑洲，鲍军未至宁国扎定，南陵、繁、芜等处空虚，深以为虑。相隔太远，不能遥制，窃恐极盛之际，中伏衰机耳。苗党新擒狗逆，槛送京师，其功甚伟，未便遽行剿办。冷淡之雅怀，本不宜改，惟他处如火如汤，恐贤士皆去皖而适彼耳。顺问台安。

极盛之际，中伏衰机。

51 复李续宜

同治元年五月十二日

希庵仁弟亲家大人阁下：

阁下若不于五月旋省，即当迟至八月，酷暑遄征，非尊体所宜。厚庵到皖，如不赴六安一行，即当请其速往金陵察看大势。如一年之内可望克复，当请厚帅久驻金陵，主持一切。若克复遥遥无期，又成昔年向、和局势，则厚帅或改带陆军，或肃清淮河，再当与之面商。惟长淮千里，除寿州、正阳外，一律荡平。

苗党本无水师，且在可剿可抚之间，割鸡或无烦于牛刀耳。恪守冷淡之怀，鄙人何敢相强？惟近日皖省州县出缺太多，无员委署。如敝处前次派委者，皆不惬物望。尊处派留六安、霍邱之任，亦非称意之选。诸公之热，虽不能真得贤士，而尚可网罗中材。皖省则并中材而无之，亦吾二人之耻也。大约上等贤哲，当以天缘遇之；中等人才，可以人力求之。阁下眼界过高，将来恐全无中彀之人。程子告司观温公云："愿相公宁百受人欺，不可使好贤之心，自此而隳。"乞阁下味此二语，庶几悬格渐低，取士渐广。国藩褊衷与公相近，迩年常自箴砭，略变冷淡之素。拟开一单奉商，商定后，分别奏调、咨调、札调、会衔速办。可否？仍祈复示。即问台安。

上等贤哲，以天缘遇之。

52 复李续宜

同治元年五月二十日

希庵仁弟亲家大人阁下：

惠书敬悉。玉恙全愈，至慰！至慰！厚庵闻亦将到金陵。多公援秦之举，鄙意可不必亲行，雷镇似足了之。顷飞函与之熟商，抄稿呈览。官相既已会奏，多公又于十五日专奏，朝廷亦深以秦、晋完善为重，此举断难中辍。鄙人特以大局所关，缓急之际，安危系焉，不得不一进刍言耳。一至八月，务求台旆南渡会攻金陵。苗练、捻党诸务，乞于六、七月摒挡就绪。倘有不了者，并恳预筹替人，至要！至祷！即问台安。

缓急之际，安危系焉。

53 复李续宜

同治元年六月十五日

希庵仁弟亲家大人阁下：

尊恙已愈，欣慰无已！惟冀少服药饵，养以虚静。多公入秦之行，朝廷之意坚决，似难挽回。金陵援贼已来壕外饱看一次。张胜禄受洋枪子伤，尚不甚重。并未出壕接仗，为飞子所中耳。

湖州失守，赵竹生景贤竟未殉节，可惜！可惜！贱躯偶患腹泄，旋即痊愈。尊恙实由外感，不可以内伤目之。笃守“君逸臣劳”四字妙诀，当可日起有功。复问台安。

恙实由外感，不可以内伤目之。

54 复李续宜

同治元年六月二十二日

希庵仁弟亲家大人阁下：

惠书具悉，尊恙全愈，不觉神王。只要六安应酬稍简，房屋稍宽，尽可在彼多住数月，不必作归省之计。秋凉体健，当烦至颖、庐、临淮一行耳。官、多二帅调石清吉十营赴金陵助剿，而请尊处拨兵防守庐州。贵部方以全力经营苗、捻，似难筹大支驻庐之师。顷宁国以十五日克复，鲍军此后可为游击之师，援应金陵。石镇十营，或南渡，或不南渡，无甚关于得失，俟卓裁定夺，弟再商之官、多二公也。顺请台安。

55 复李续宜

同治元年七月初四日

希庵仁弟大人亲家阁下：

接惠缄并抄折，读悉一切。朝廷之推心置腹，阁下之朴直忠诚，均非叔季之世所有，以是卜中兴之机决可操券。惟闻陕西汉回仇杀，枉死至三十万人之多。一波未平，一波复起。而玉恙虽获小愈，传闻异辞，不知近日眠食若何？尚服药否？脉象何如？殊深系念！每念阁下质地学识，无不可成之勋业，无不可至之古人，惟间或失之稍隘。窃谓治身当以“不药”二字为药，治心当以“广大”二字为药。惜相隔太远，不能朝夕晤谈，相与优游自在而不觉也。临淮之事，彼此虽微有不同，大致相类。敝处前覆恭邸一缄，因多帅西去，尊恙未痊，曾论及午帅不宜遽尔去位。证以尊处二十七日之疏，想临淮必有温谕慰留。厚庵奏请大纛南渡会剿金陵，不知曾缄商尊处否？贵部方以全力经营苗、捻，正

以是卜中兴之机，决可操券。

应提不暇之际。

在阴阳交争，应提不暇之际。即分守庐州，尚觉无兵可拨，安能率大队以攻南岸？国藩复函详告厚庵，但恐渠疏已先发耳。金陵各营，日内平安。惟张胜禄遽逝，殒一良将，深可悯惜！即问台安。

56 复李续宜

同治元年七月二十二日

希庵仁弟亲家大人阁下：

谢恩折件，即日拜发。辞谢出以至诚，著语亦不必过于切实，恐不知者疑为矫也。尊恙近日大愈，吾辈当自爱其身，而后精力足以报国。否则空怀忠君之心，全无耐劳之实，则尤悔日多矣。雪琴来赴尊处之吊。国藩劝之在此少候旬日，以待台旆之至。午帅病闻甚重，恐不能再留数月，都直帅可接临淮一席否？请预商之。顺候孝履。

吾辈当自爱其身，而后精力足以报国。

57 致李续宜

同治元年九月二十九日

希庵仁弟亲家大人阁下：

久未接惠书，不知台旆何日安抵礼庐？玉恙是否全愈？至为悬系！舍弟金陵一军自十二日地道轰发，竭力堵御，毙贼甚多，嗣后贼势稍衰，军心日固。现尚有三处地道未破，我军已添作内壕内墙。敝处派去之王可陞千五百人，都将军拨来之杨心纯千八百人，皆留作游乐，未分汛地，或可齐心坚守。惟别无大支劲旅从外夹击，此围未知何日得解。芜湖、金柱关之守兵无多，竟于十八日过河剿贼，大获胜仗。水师夺贼船五十余号，陆军擒斩尤多。二十五日又获大胜。从此中路得手，上而宁国，下而金陵，俱有裨益。春霆至今尚未开仗。盖霆则患病兵之太多，贼则畏霆营之积威，皆相持莫敢先发。毛竹丹办颍西捻巢，极为得手，凯归之时，士民感泣挽留。成武臣援鄂之役，亦不果行。两军现均屯固始境内。竹丹翎顶即于此次给还。官帅奏派何绍彩七营来皖，已交义渠全行带赴临淮。袁帅信来，胜公近又有弹劾敝处之举。而胜初来陕西，讳败为胜，闻朝廷亦甚恶之，恐将以兵符畀多帅也。拉杂奉报，诸惟心鉴。

58 复李续宜

同治元年十月初九日

希庵仁弟亲家阁下：

接九月十七日惠书，知台旆安抵湘潭，病体日愈，至以为慰。金陵自地道轰裂，大战抢堵后，该逆渐已松劲。贼之地道，被我军掘洞与之相迎，贼洞五六处，皆未成功，现已坚守四十六日，或可化险为夷。芜湖、金柱关一带已臻稳固，水师先后抢夺贼之战船近百号，民船更多。春霆在宁国城外又小挫一次，该军病故者独多，又经两次挫衄，难期遽振。然凯军城内主守，霆军城外主战，当可勉力支持。自台旆别去，鄙人忧灼迥异寻常，若各路化险而得安，则如天之福也。僧邸旬日内无咨缄，不知余复奏苗练一疏，不至大拂其意否？胜帅又奏调苗军入秦，殊为可骇。此公若久司兵柄，断不能了事也。广东厘金已报解三批，敝处十二万，左处八万。此后印渠为督，莘农为抚，当更顺手。上海于九月二十二日又获大捷，厚庵病体日愈，水师助守金陵甚为得力。附告，以慰垂廑。

化险而得安，如天之福。

59 复李续宜

同治元年十二月初四日

希庵仁弟亲家大人阁下：

大疏稿读过，不特不赞，且须评责。此次贼犯江北，连陷和、含、巢三属，亦系军务之一大变。阁下百日假满，万不可不速出赴营。以私情言之，则鄙人悬望迫切，实难再待。以公义言之，则皇上之待台端至矣极矣，无以复加。若再迟不出，则于忠

若再迟不出，则于忠字有亏。

字有亏。吾辈位高望重，他人不敢指摘，惟当奉方寸如严师，畏天理如刑罚，庶几刻刻敬惮。鄙人今岁忧灼过甚，虽亦近于怔忡，然较之八年情形则异。八年所以内疚者，以忠孝之地，而用意气；以朴拙之人，而讲权术，是以且愧且憾，无地自容。今岁则忧劳过甚，渐致心疾，而大节无忝，方寸无悔，未尝不坦然也。舍季弟灵柩，昨日到此。抚棺一恸，百感交集。春霆粮路至今未通，宁国局势可危之至。务望台旆速来，协力支撑，至祷！至祷！

以朴拙之人，而讲权术。

60 复李续宜

同治元年十二月十九日

希庵仁弟亲家大人阁下：

惠书具悉。撤正、寿防兵一节，人皆不以为然。惟阁下力赞其妙。文章佳处，作者难，阅者亦不易也。萧军门克复运漕后，请调毛军同攻铜城闸，鄙意毛军现扎石涧埠，防巢贼窜庐江、三河、桐、舒之路不可撤动，因饬萧军坚守运漕，且度岁后再看。盖内而庐郡及无、庐、舒、六等城，三河、石涧埠皆已设守，外而玉溪口、运漕、西梁山皆为我有。巢县贼势已孤，当难久踞皖南。鲍军粮路迄未大通，然相持已久，或亦可以保全。不出阁下所料，云岩弃旌德后，至今未到池州。积习未能尽改，殊失所望。舍季弟灵榇至安庆停留十日，蒙特恩追赠按察使，实出望外。存没衔感，报称良难。

文章佳处，阅者亦不易。

61 复李续宜

同治二年正月初九日

希庵仁弟亲家大人阁下：

展假四十天之疏，不知已奉朱批俞允否？鄙意殷殷奉劝，早出者，一则下游军务紧急，实非鄙人独力所能支撑，全仗大力共出维持；一则圣主之于君家，眷逮优渥，不宜再迟，以负恩知。

军务紧急，非独力所能支撑。

二月初八之约，千万不可更展。至要！至恳！杨起益等两营，已有缄牍知照东征局。阁下若另添新营，该局亦必妥为筹款也。

新岁惟泾县被围，余尚平稳，足慰廑注。

62 致李续宜

同治二年正月二十九日

希庵仁弟亲家大人阁下：

国藩于正月二十八日，自安庆起行，将赴金陵、芜湖等处查阅营务。外间多言金陵一军，顿兵坚城，宜设法撤退，另作良图者，亦须亲往一看，熟商行之。徽州日来吃紧，闻系浙江于潜、昌化等股，前往围扑。宁国有七伪王，将并力上窜皖南，局势二月内可决雌雄。九洑洲之贼，正月间续行北渡者，据报数近五万。萧军与水师相依护，必可无虞。毛军孤立一方，不知果足自固否？务恳台从二月起行。如尊恙全愈，则请亲赴前敌，勾当巢县、和、含之事；如尚未全愈，则请卧镇安庆，调度北岸诸军。幸勿再迟，千万之恳！顺问台安。

63 致李续宜

同治二年二月十二日

希庵仁弟亲家大人阁下：

国藩至金陵查阅，一切尚属稳固。宁国附城及西河、湾沚、小淮窑之贼，一律肃清。自去秋各军大病，风波奇险，卒能转危为安，实为天幸。刻下北岸吃紧，李世忠浦口、九洑洲各营，被贼攻陷，上窜巢、含等处。毛竹丹兵力单薄，已调刘连捷三营助之。若萧、毛幸保万全，则恐其直趋桐城，上犯鄂境。务望台从迅速出山，由楚、皖之交入手，攻克巢、含，直下浦口、九洑洲，即行南渡，主持会剿金陵之全局。亦犹七年从上巴河入手，攻复二蕲、广济，直下小池口，乃成浔郡合围之局也。顺请台安。

64 复李续宜

同治二年三月二十九日

希庵仁弟亲家大人阁下：

接三月初八日惠书，知初十日果克成行。尊恙亦日就康复，欢慰无已。石涧埠十七日解围，忠酋大股十九日扑庐江县，二十一日扑舒城，皆旋即解围以去。二十五日，围攻六安，闻其志在必破。本日檄鲍军由庐江赴六安，相去仅二百里，限四日赶到，不知城中二营能坚守十日否？若六安幸得保全，贼必上犯黄、汉。昨咨请台旆暂驻黄州，若阁下果肯留鄂，则调萧、毛两营即赴黄州，庶左右有亲兵可用也。忠逆之狡谋，与英逆相等，而临阵之凶悍，远不如英。但头队洋枪甚多，须善御之。九舍弟遂得拜抚浙之命，忝窃之至。一家受恩过重，报称愈难。顺请台安。

闻其志在必破。

65 致李续宜

同治二年四月初九日

希庵仁弟亲家大人阁下：

久不接惠书，但见在县城所发大咨数件，知尊恙又小有反覆，实深系念。自六安州被围，忠酋既挟一必得之势，又有捻匪、苗练及狗党之马融和，方虑其必致决裂，不料初二日解围以去。闻忠酋因沪军克复太仓，乃回救苏州，未由英、霍而犯鄂疆，实属至幸。目下檄鲍、萧、彭、刘两路规复巢、含，檄成、蒋、毛三军进剿苗党，另行咨达冰案。南岸之事，徽、黟将次肃清，刘克庵又回援景镇，敝处并派申夫由东、建进军，江西或无他患。阁下贵恙小愈，务望迅速东来，到皖后加意调养，尚不为迟。大义所在，虽疾痛劳苦，亦有所不顾也，努力而已。顺问台安。

66 复李续宜

同治二年五月十九日

希庵仁弟亲家大人阁下：

接惠书，词意周详，字画端整，把玩再三，如获至宝。意尊恙其自此日有转机乎？桥林、江浦、浦口次第收复，均未接仗，而贼先遁。目下水陆会攻九洑洲，未知能否得手。蒋、毛获一胜仗，逼贼而垒，寿城守兵，人心应更坚定。蒙城之围虽未遽解，而贼已渐少，盖将并力于寿，以御蒋、毛也。湖北饷项极绌，各军苦况可怜。成武臣奉檄赴三河尖，至今尚未成行，盖因领饷太少，粮运无着之故。鄂中政令纷歧，远不似胡文忠昔年气象，实可深虑。萧军现扎二浦，以后当由敝处专济米粮。成、蒋、毛三军则尚不能不有望于鄂，然敝处亦必设法佽之，无劳廑念。复问台安。

67 致李续宜

同治二年六月初一日

希庵仁弟亲家大人阁下：

日内未得惠书，而接大咨请假四月回里调治之疏，读之焦灼无似！如蒙圣慈俞允，则从此一意养病，凡鄂、皖军务及部卒依恋之诚，缺饷，一概置之不问。或者渐有转机，以慰中外之望。克复九洑洲本是极好消息。无如洋船停泊中关，运米进城，豪无顾忌。而春霆自下游渡江，扎于燕子矶一带，尚不能直达孝陵卫，莫能合围又成持久之局。蒋、毛在寿州，殊无解围之望。成武臣至三河尖后，又檄令由六安同援寿州，未知果有济否？顺问台安。

渐有转机。

68 复李续宜

同治二年六月十四日

希庵仁弟亲家大人阁下：

尊恙服人参有效，则可受补剂，犹是旋转之机。寿州竟陷，苗焰弥炽，关系极大。渠所畏者，麾下之湘军耳。今湘勇技俩为彼所轻，此后恐益不可制。向使阁下身在行间，或在六安等处，必不至此。谷山在蒙城，万无能救之理。义渠、临淮一军现求厚、雪二公派船往救，不知果有济否？一苗得志，群捻纵横，遂使淮南全局坏于鄙人之手。所愿阁下病痊早出，同扶艰危，祷祝曷已！金陵近状平安，酷暑异常，热病大作。霆军尚不能进扎孝陵卫，厚庵调萧为则会剿南岸，亦因合围无期，尚未南渡。伏希保卫，千万自玉。

恐益不可制。

69 复李续宜

同治二年六月二十三日

希庵仁弟亲家大人阁下：

谕旨既准回籍养病，从此可以安心调理。无论军中之或胜或败、或饥或饱，毫不系念。待大愈之后，再出视事，早作夜思，尚不为迟。成、蒋、萧、毛诸军饷绌迥异寻常，阁下既不能出山，此后发饷即与敝部均匀摊放，同甘共苦，均则无贫。惟营中颇多弊端，锐气大减，务求阁下谆托金逸亭星夜来此，往来于六安、三河尖两处，总理各军营务，以补鄙人之不逮。此中关系极大，惟阁下以至诚求之。俟逸亭兄到皖，再行具奏，免致徒托空言。其萧军在二浦，则厚、雪、沅、浦就近照应可也。顺问台安。

同甘共苦，均则无贫。

70 复李续宜

同治二年七月初八日

希庵仁弟亲家阁下：

接六月十九日惠书，知已返旆旋里，从此安心调养，当可日有起色。杨朴庵言其戚友苏姓者，道光初患痨病，群医束手告退。苏姓乃移居山寺，亲属概谢不见，仅带一雇工在旁，目不开，口不言，日用百物，开载一水牌之上，有所需则向牌上指点，而令雇工取办。然不服药饵，不食多荤，每日所需之物，亦极少矣。后二年余痨病已愈，妻子入山迎之，犹不肯归。五年始归，寿至七十有奇。不知阁下可仿照行之否？此间军事，无论夷险难易，不必系念，此后亦不复以军务相关白。但求设法令逸亭来皖，联络萧、毛、成、蒋诸军，俾贵部不至全改旧观而已。顺问台安。

书札

彭玉麟

彭玉麟（1816～1890）字雪琴。湖南衡阳人。诸生。当铺司帐。咸丰三年入曾军水师。以湘潭之役功，选用知县。田家镇之役，使水师名大张。其后，攻九江，围安庆，规金陵，克安庆后，授安徽巡抚，三辞不就，改兵部右侍郎；克金陵后，赏一等轻车都慰世职，加太子少保衔。引退归田。同治四年诏署漕运总督，上疏言："臣以寒士来，愿以寒士归。"不就。光绪七年诏署两江总督，辞；九年补兵部尚书，辞，不允。每年巡阅长江水师，又赴广东督办海防，均周详尽力。曾氏作《湖口县楚军水师昭忠祠记》、《金陵楚军水师昭忠祠记》，称扬其事功。同治五年十月，又为作《衡阳彭氏谱序》。有《彭刚直奏稿》及《诗集》传世。《清史稿》有传。

1 加彭玉麟片

咸丰八年十月初一日

刚介倔强，与世龃龉。

再，仆观作古文者，例有傲骨惟欧阳公较平和。此外皆刚介倔强，与世龃龉。足下傲骨嶙峋，所以为文之质恰与古人相合。惟病在贪多，动致冗长。可取国朝《二十四家古文》读之，参之侯朝宗、魏叔子以写胸中磊块不平之气，参之方望溪、汪钝翁以药平日浮冗之失。两者并进，所诣自当日深，易以有成也。

2 致彭玉麟

咸丰九年正月十七夜

雪琴仁弟左右：

景德镇一军，出队进剿，互有胜负。闻贼将大举绕抄我军后路，逆氛正炽，官军屡挫。如抄乐平后路，断我接济，则凯章甚为可危。设有意外之虞，则贼必围逼抚州，并犯建昌。萧军远在赣南，不能遽归敝处。老营人数仅止三千，不敷攻守。望阁下迅派得力水营一营，即来抚州，以备防守。若建昌有事，亦可就近调来。并求派好炮手十余人带群子药筒，以备教训。此间兵勇放炮守城，因路途太远，故预为奉告，以备不虞。即不另具公牍。顺问台安。

3 致彭玉麟

咸丰九年二月十七夜

雪琴仁弟大人阁下：

——水师改习陆战事，仆昔年亦常持此论，后思之亦多窒碍之处，今观来示所陈，多苦心体察之言；然润帅之志思欲出奇制胜，亟肄以疲贼，多方以诱贼，若非从水军设法，则陆军更不能出奇矣。总求阁下与厚庵另生妙法，于下游稍出奇兵，则楚军乃有生动之趣，贼亦不敢壹意上犯。

——舍弟温甫忠骨业经寻得，初三日自黄州还湘，荷垂格外关垂，感激何极。李秉苑所雇之姜姓，望饬令无庸再觅。

——普镇一军，难令独当一面。仆前令其派二、三营赴张凯章处助剿则可，若令其出建德以攻景镇之北，则与凯章两头隔绝，恐必误事。婺源于克复，江军当可来镇会剿，养素前与张小浦先生有约也。

4 复彭玉麟

咸丰九年二月二十六日

雪琴仁弟大人阁下：

太湖、荆桥两处平安，麻城、蕲水亦尚无警，景镇相持如故。惟湖南局势顿坏，桂阳、永兴、宜章、兴宁四县相继失守。桂阳州亦陷，郴、衡俱岌岌。骆帅令王人树带千八百人守衡，不知赶得到否？又不知新招之勇足恃否？吾乡兵将，分布各省，江、鄂、黔、粤尤多。一旦有事，本省空虚，全局震荡。此间派萧浚川由吉安回援茶陵，亦恐缓不济急。敝处添招三千余人，三月可以到齐，合之护卫之三千、凌荫庭之千人，尚属可以一战。总须景镇得手，乃能再拨兵回援湘省耳。即问勋安。

一旦有事，本省空虚，全局震荡。

5 复彭玉麟

咸丰九年三月初二日

雪琴仁弟大人阁下：

仆时时以湖口为虑，顷得刘杰人禀，知二十日获小胜仗，仆批令固守湖、彭，不必规复建、德。普、刘皆无远略，兵力虽厚，一有小挫，恐全局皆震。敬恳阁下预为之计，周历各处，扼要固守，使湖口、钟山坚于磐石苞桑，而后楚军之气不至甚馁。

6 复彭玉麟

咸丰九年三月初九日

雪琴仁弟大人阁下：

惠缄敬悉一切。刘杰人既已阵亡，普军恐亦不足深恃。兵力本弱，止宜坚守湖、彭；何必进攻建、德。即牯牛岭亦可不必兼守，但令下守彭泽、小姑洑，上守湖口、石钟崖，深沟高垒，水陆依护，自可万无一失。若虞守彭无益，而分防牯牛岭；又虞守牯牛岭无益，而进剿建德县，备多力分，全神外散，是自败之道也。

水陆依护，自可万无一失。

此次调冯席珍之营过江，鄙意仍不必扎牯牛岭，远则扎彭泽、小姑洑，近则直扎湖口，与阁下水师相依护，即以水师为后路根本。湘后营勇二千余人，敝处实无人堪任统带之选，阁下何不抚而有之、或尚可在湖口护卫水军。若势太散漫，弁勇不肯驻湖，则或令其悉来抚州，仆为悉心简择强者，酌留数营，弱者令其由樟树回籍，亦是一法。第此是江西之营，由省局发饷，须与耆中丞商定，乃可行也。

7 复彭玉麟

咸丰九年三月十六日

雪琴仁弟大人阁下：

湖口必须有劲兵驻守，水陆相依，乃无意外之虞。阁下亦不必避拥兵自卫之嫌。苟有可谋之陆兵，即谋置左右，固守钟崖，此水陆诸杰，百战争得之地，亦即仆与阁下精神命脉之所寄也。如万无可谋之兵，此间当先拨千人即日驰赴湖口，以资防守。俟湖南事势稍松，国藩即率大队继往，与阁下相依附。亲兵营于初十日遣回湖口，当已到矣。

高蕙生，名父之子，闻其慧识过人，学问淹博，若能来抚州，早展良觌，尤以为幸。鄙人赴湖口尚迟迟也。接湖南信，贼尚无窥伺衡州之意，徘徊于蓝山、嘉禾之间，前队已至祁阳境。幸刘印渠军四千余人先入祁城，或可无虑。若水军能于三月望前抵衡、永一带，贼不得渡湘水而西，庶免蔓延为患。宝军营官如罗近秋、刘光明、朱步青，仆皆熟悉。若得贤统领辖之，皆可用之才也。复请勋安。

若得贤统领辖之，皆可用之才也。

8 复彭玉麟

咸丰九年四月初九日

雪琴仁弟大人阁下：

抚州老营新添勇三十人，正以无统领之故，用为焦虑。虽日日操演，而能战与否，殊未敢必。惟打靶一事，非操不行。湘后营尚未到抚，拟汰弱留强，不为战兵，专令防守一府，或可得力。

高惠生诗才清隽，不愧名父之子，如银钱所事无多，尚望促之来抚一叙。

湖口修城之事，本不易筹，因阁下与厚庵丰功伟烈，在湖口为一小结束，不可不表以坚城，以资目前之防守，而彰后世之名迹。如经费难筹，则尊处每月见惠之厘钱四千串，仆愿捐两个月以为之倡，能全为修成更好，即不然，或修一半，或修三分之一，将来亦有基弗弃，阁下以为何如？复候台安。

以资目前之防守，而彰后世之名迹。

9 复彭玉麟

咸丰九年四月十六日

雪琴仁弟大人阁下：

今年秋间，巢湖战船出江，水师必大有恶战，切不可调开，致令下游单薄，至嘱！至嘱！目下王明山、陈金鳌等俱赴湖南，吾犹恐安庆之单。李济清不知现在何处？便中示及。

经费无出，砖石难办，故不欲速。

见田血性男子，吾于六年九月抚州战败时，深器其人，知必能与阁下针芥契合也。湖口修城之事，阁下与见田竭力承认，甚慰鄙怀、仆敬以“无欲速，无见小利”二语相赠，盖经费无出，砖石难办，故不欲速；为数百千年之计，必须坚实周到，故不可见小利。湖南贼势，新添广西贺县一股，攻陷东安，衡、宝吃紧。广东乐昌一股，亦有再犯郴、桂之意。合之南安大股，殆近三十万人。殊属可虑。幸衡、祁、宝庆，皆有重兵扼驻，浚川亦已到茶陵等处。湘库之饷，闻尚可支两月，大局或可无碍耳。复请台安，不一。

10 致彭玉麟

咸丰九年五月初六日

雪琴仁弟大人阁下：

连接五次惠缄，敬悉一切。日内公事稍多，九舍弟新至，料理诸事，裁复稍稽，乞亮之也。应商之件，条列如左：

钦堂骄怯而从欲，亦无能久之理。

——普钦堂之六千人，将领不和，口粮不敷，人人料其当败。钦堂骄怯而多欲，亦无能久之理。在我者太无可恃，非关键贼之果骁悍。刻下左右所能为力者，以战船巡截湖面，使贼不能西渡而窥浔；与屈守力保钟崖，守此必争之要隘。二者最急之务。其次，激励乡团，以防牯牛岭，整饬水师，助守彭泽县，是亦要着。至水师登岸陆战，似可不必，恐吃亏耳。

——此间派六营五千八百人赴景德镇会剿，李少荃及九舍弟挈之以行，大约初九、十一两起拔营也。本议定专赴东路，先攻浮梁之贼，如日内建贼或赴鄱阳，养素受敌，则舍弟等或先援西路，临时再酌。

——湖口修城，石钟山、昭忠祠断不可归入城内，在城外，则有旷怀静趣，城内则尘嚣矣。阁下以为何如？

城外则有旷怀静趣，城内则尘嚣矣。

11 复彭玉麟

咸丰九年五月二十六日

雪琴仁弟大人阁下：

去年三河一案，今岁寻得者，未敢信其必真，然希庵所派之朱弁，去舍间仅二里许，从舍弟已历三年。敝处所派之杨、张二弁向系相识。三人同往辨认，似尚可信。姜瀛所述情节，颇多支离。李起传所开初九破营之说，日期亦不符合，所称认识之语，尤难凭信。惟姜瀛曾受李秉苑之托，李秉苑曾奉鄙人之批，并非无因而至。前者且所陈情状，必是三河同殉之忠骸，应请阁下以公牍私缄知照李镇军，即将前项棺县，由大通载至湖口，择地安厝，俾姜瀛得释目前之累，鄙人不食前批之言，而此项忠骸亦得永妥异域之灵。其李镇军代去银两，应如何归款之处，请卓裁酌量办理。

12 复彭玉麟

咸丰九年十一月二十八日

雪琴仁弟大人阁下：

韦志浚真心投诚，江之南岸可省兵力，惟人数至一万八千之多，与胜帅所招之李世忠，规模略同。每月口粮极少，亦须四万两，张筱翁与皖南道自顾不遑，恐未必能筹此款。即使府县到任，征收钱粮，而上有建德杨辅清股匪，下有青阳杨雄清股匪，其江滨大通一镇，又有红单船在彼抽厘，计可以取钱之地甚少。地方官亦无可如何。无以养之，则终将以抢掠为生，故仆屡次复

无以养之，则终将以抢掠为生。

信，皆重在散去党羽，仅留数百人。盖实以难于豢养之故。厚庵之迟疑不奏，亦以人多难养之故。张殿臣初降，仅带其党六百人来，至今妥叶。李世忠带万九千人，终难放心。仆素性拘谨，厚庵亦谨饬之士，此事不能不慎，阁下以为何如？

13 复彭玉麟

咸丰十年二月二十三日

雪琴仁弟大人左右：

本日得淡翁来咨，奏请鄙人赴浙，惟广德州及浙之安吉，业已失守，距杭州不过二百里，距湖州则更近，楚军纵能往援，亦已缓不济急，况敝处兵单，又无统将，难当大敌，尤阁下所深知也。淡翁之贤，不可不谋所以救之，已飞函往商润公矣。萧辅臣朴实谙练，淡翁指名札调，似不可不令其入浙一行。韦志浚部下向无纪律，难免扰民，断非三令五申所能改，恐坏楚军之名，且恐坏阁下及萧辅臣之名，决以不带为妥。唐义渠新撤之常宁勇，胆技俱优，若辅臣迅速就募四、五营，不难立就。营官、哨官、军装、帐房，无一不全，不过十日即可成军，胜于韦部万倍。即抵浙后，尚可为上等劲旅。义渠兄与淡翁亦系至交，阁下与之婉商，而润之宫保主持一切，当可成事。仆目疾尚未全愈，二十日仍回营盘，知注并闻。顺请台安。

兵单无将，难当大敌。

14 复彭玉麟

咸丰十年三月初三日

雪琴仁弟大人阁下：

萧辅臣既在下游经理韦部事宜，则不能赴鄂中亲招训勇。仆昨已专缄谆托义渠矣。阁下更当加缄托之。辅臣带五千人，似仍宜以训营为腹心，韦部为手足，辅臣料理韦部妥协后，仍宜单舸亲赴上游，迎接训营，或至黄州，或至汉口，得与义渠一面更好。润帅之意，欲再筹五千人援浙。计浙中如有不幸，则三月可危，如三月无变，则闰月以后，可无大碍。辅臣既不能于三月赶到，则须料理周妥，不可太草率也。

15 复彭玉麟

咸丰十年三月十五日

雪琴仁弟阁下：

接张筱帅咨来奏稿，浙江已报失守。午刻接尊处专足来信，大略相同。此时大局又当更改，未失之前，以援浙为重，以其膏腴也，金陵、苏州之后路也。京、漕之所自出也；既失之后，又似以图皖为重，以其为武昌、九江之门户也。水师得安庆，则水陆依附，可为根本也，破安庆，则贼减江、淮犄角之势也。所虑者，此间以两支规怀、桐，两支防英、霍、商、固，若于其中抽出一支救援江浙，则一路空而三路皆险。是安庆进兵，须浙事定局，乃可拔营也。萧辅臣军，亦须五、六日乃可定局，暂不必急。复候台安。

水陆依附，可为根本。

16 复彭玉麟

咸丰十年三月十八日

雪琴仁弟大人阁下：

义渠已到湖口，不知与阁下会合否？萧守才力如果不甚开展，恐不能统六千人之多。则阁下当早为之计，或另一人统三千，免其竭蹶，亦所以保全之也。统领之才，千难万难，目前麾下人才，恐亦无远胜萧守者。但浙江未失以前，则以速去为是；浙江既失，则必须千妥万当，乃可放心遣之前往。盖彼中无主人翁也。

17 复彭玉麟

咸丰十年闰三月初八日

雪琴仁弟大人阁下：

尊体旧疾复发，尚不甚剧否？失血之症，去年似未尝发。阁下以为春夏例发之病，恐不尽然。尚冀加意调养，无过忧愁，以保柱石之身，至要至要！国藩往岁亦常郁郁，近来渐臻坦荡。缘阅历日久，见天下得失祸福，毁誉是非，皆有数存乎其间，而非人力之所得与。是以委心任运，听其自至。阁下达观一切，而襟怀常不免抑郁，尚祈更事开廓，无过闷损，为幸。

天下得失祸福，而非人力之所得与。

萧辅臣所部六千人，余与义渠之意，欲令全扎枞阳，官帅与总局之意，欲另训勇三千赴河南，应胜帅之求，省鄂中之饷。润帅本无成见，近因捻匪西犯，定计以训勇三千人赴豫，大约派唐协和统带，剿豫省之西，即以防鄂省之北。其韦部及萧之亲兵三千、定计令剿枞阳。辅臣折回时，且在东流等处停扎，待安庆、桐城两军扎稳后，方令萧军渡扎枞阳，庶无孤军深入之虑。敝处宿松、太湖各营，已于二十八日齐集石牌，待多公定期进逼桐城，此军即进逼安庆，两面齐进，乃为稳妥。计月半前可俱进矣。

两面齐进，乃为稳妥。

18 复彭玉麟

咸丰十年闰三月三十日

雪琴仁弟大人阁下：

专丁至，接手书。水师不能遽入内湖，必须枞阳打开，乃能入湖，此鄙人所素知。云崖、申夫诸君，或未熟悉。阁下与厚庵两君，须步步把稳，不可因陆兵约会，冒险深入，致水师或吃亏，仍无益于陆军也。张小浦自今年以来，举动不惬人意，所奏事件，前后矛盾。来函所指各端，鄙心亦不以为然。本日接渠咨，又以辅丞带训营三千援剿常州、镇江，而令韦志俊带所部回江滨，交厚庵调遣。此举尤不妥叶。不知辅丞已起程赴常否？曾有禀达阁下暨厚庵处否？苏州甫得安稳，而贼股直趋镇江，金陵大营又形吃紧。朱云崖等拟以八千人进扎集贤关内，而留三千人扎关外。九舍弟日昨来宿松。当即赴前敌也。顺问台安。

步步把稳，不可冒险深入。

19 复彭玉麟

咸丰十年四月十六日

雪琴仁弟阁下：

惠函具悉。萧辅臣定计由池州出江后，忽变计往援常、苏，筱浦又拨韦处一营留徽，皆出意料之外。想辅臣不愿援苏，或徽员有以参劾之言恐吓之者，遂惧而东行耶。此时苏、常大乱，何、和皆已退至许关，杭、嘉大震，辅臣去彼，无人维持，饷项无着，亦可悯也。小浦近日举动，殊为可骇，顷又奏请鄙人办皖军务，而渠自往苏、浙，尤为难测。尊躯近稍愈否？望少节劳静摄。即问台安。

20 复彭玉麟

咸丰十年四月十九日

雪琴仁弟大人阁下：

惠函具悉。韦部攻破殷家汇南岸，又少一贼巢，良用欢欣。池州不知能攻克否？如城坚守固，则令韦部迅出江滨，择要驻扎，不可再令入徽，隶张小浦麾下，反复簸弄，七颠八倒也。如徽州有私函公牍，直可付之不理。敝部各营进扎关内，与水师相依为命，断无舍此他适之理。如朝命饬援苏、常，自当据实复陈。日内无牌至警信，苏垣想已安堵矣。

21 复彭玉麟

咸丰十年四月二十七日

雪琴仁弟大人阁下：

狗逆大举上犯之说，深为可虑。国藩咨请三省合防，抄稿呈览。若能得池州，则军驻池州，可与宁国一军通气，并可由宁国造战船出南漪湖，与外江水师两面夹攻。芜湖南岸之事，庶有转机。第恐韦部太单，不能破池州耳。

22 复彭玉麟

咸丰十年五月

雪琴仁弟阁下：

国藩至黄石矶，仅带幕客二李及亲丁数人，巡捕文案数人而已。欲与阁下及厚庵及舍弟静谈二三日，千乞无迎接，无办席，无令营哨官弁纷纷请安。各营在黄石矶者，令禀见一次，余在下游上游者，一概不许来见。断不可仿八、九年湖口之样，多费钱文。连日与希庵畅谈，楚军水陆之好处，全在无官气，而有血性。若官气增一分，则血性必减一分。八九两年，余过湖口时，彼此皆不免有官气。此次余与厚庵及阁下皆当力戒，以挽风气。

23 复彭玉麟

咸丰十年五月初四日

雪琴仁弟大人阁下：

国藩当精力极疲之余，值大局糜烂之际。忽而膺兹艰巨，若涉大水，茫无津涯，爱我者固将为我惧，不为我喜也。前数日，曾将粗定规模，缄商润帅，并抄稿寄沅甫舍弟，嘱其转呈台览，想蒙鉴照。鄙意仆虽南渡，而仍以水师及安庆陆军为根本，以润帅及鄂中为根本。目下仅带万人渡江，将来须添成四万人，庶南岸可供分拨，特兵勇易，而求将难，筹饷尤难。日夜焦思，实无良法，拟将江西通省牙厘，包揽办之，广信交与幼丹，九、饶两府交与阁下。附省数府，交与筱荃，而赣南数府，尚无好手经理，且每月不过十六、七万，尚属入不敷出。此外奏明红单船回广东，大通尚可设一厘卡，其余可生发否？敬求查明详示。左季高奉旨以四品京堂候补，襄办敝处军务。现在湖南招勇事件，均请渠在湘经理，恐亦能得好勇，而不能得好将；能得营官，而不能得统领也。阁下意中尚有能胜统领之任者否？顷见阁下与次青书，欲以铁面具见赠，仆久无意兴，倦于治事，然善恶是非，亦不肯太混。阁下嫉恶素严，凡有所闻，望专函密告，决不姑息也。即问台安。

善恶是非，亦不肯太混。

24 复彭玉麟

咸丰十年五月初五日

雪琴仁弟左右：

——韦志俊既不能攻克枞阳，则宜速令渡回南岸，若不回，恐北岸无立足之地。或请即速渡，令其驻扎建德城内。东流有周营，建德有韦军，敝处大军即驻祁门，北与水师及东建，联为一片，南与徽州，亦可联为一气。贼堂上犯，当有以御之。

贼堂上犯，当有以御之。

——国藩移营时，坐船至黄石矶，与厚庵及阁下畅叙二、三日，由东流、建德以赴祁门。其霆字等营，或由建德上游迳往祁门，不必至黄石矶也。至粮台辎重，则用小船由饶州、浮梁河以达于祁门县。

——安庆之斜对岸，有一河曰秋浦，又曰张溪河，即张家滩也。此河穷至源头尽处，不知尚隔祁门几十里。请派人入此河内，访查。开明水陆程途，见示。

——大渡船百号，每船应雇二人看守。百船共放营官一人，哨官五人，俾此二百人有所管束。营官、哨官、均请阁下派放。薪水、口粮若干，请阁下酌定，由敝处发给。如有警，急渡陆兵过江，无分勇失，每名出渡钱六文，归渡船老板查收。其向水营借拨桨手头柁，每日酌送五十文，亦由渡船酬谢。平日无事，准其买渡，以进零钱。一切规制，均请阁下议定。其造船之费，请厚庵与阁下暂行代出，敝处必陆续归还。

——吴城新座船，昨已派胡维峰去接。求阁下派水手由横坝头送入宿松湖内。仆起行时，即坐新船至黄石矶。登陆后，寄存尊处。此次分手，将来或与阁下，及厚庵至芜湖一会，则幸矣。

25 复彭玉麟

咸丰十年七月十八日

雪琴仁弟大人阁下：

宁国河窄而木少，水师兴办，诚不易易。然目下所争者，在宁国之能保与否耳。不能保，则陆军并无进兵之路，水师更无下手之处；能保则购木设厂，虽小河亦可办成。现奏调次青以温处道换补皖南道。如郡城不失，次青八、九月当至宁接印履任，即可令其就近兴办水师。阁下如有闲暇，或于明岁往访次青，指点诸事，月余即可往返。如不得闲，即不去可也。黄翼升保赴淮扬，实因奉旨后无人可保。且明年仆亲往淮扬，亦须于今年预派心腹数人前往。故令少荃、昌歧两人同去。阁下身边无人之苦，仆亦深知。且水师须驱逐民船，禁止洋烟，正须全副精神，大加整顿，断无以诸事专累一人，渐致决裂之理。特此等重任，殊觉无人可保，阁下代我屈指计算，亦必如其窘也。黄翼升之精力兴会，似尚有为之材。若能练出河标兵丁，皆成劲旅，又可省募通六、七千。是国家东南旋转之机，鄙人职分应办之事。阁下目前整顿之际，不能放昌歧出走他处，则可令其缓缓启程，不与少荃同行，或迟数月再去，或随我同去，听阁下酌办。

大加整顿，断无以诸事专累一人。

26 复彭玉麟

咸丰十年九月十八日

雪琴仁弟阁下：

接惠缄，欲以华阳镇厘金归入第三案报销，似不甚安。第三案截至本年五月止，仆自八年六月再出，专管陆兵，报销册内只有陆军之事，不能兼算水军之账。本年六月奉旨，内外水师归敝处调度，而将来敝处办水营报销，亦只能办内湖水师之账，不能办外江水师之账。盖厚庵在湖北领饷，系官、胡所发之款，阁下在吴城厘金项下领饷，五月以前，系江抚所发之款，五月以后，系国藩所发之款。华阳镇厘金如归敝处报销，应入第四案，不宜入第三案。目下南北仓皇，不必急急，将来总归敝处清厘耳。复问台安。

27 复彭玉麟

咸丰十年十一月二十八日申刻

雪琴仁弟大人阁下：

顷得专差惠缄，黄文金以死力夺我湖口，麾下督率水陆，登陴固守，保全危城，实属非常之功，莫大之幸，应商事宜，条复如左：

——建德虽经克复，尚无兵力防守，且该邑当留为群贼之归路，亦不必坚守也。陈余庵拟派兵日日至建德梭巡，轮流更换，不必驻防。既通祁门之文报仍留群贼之归路，其法甚妥，业批准矣。余庵部下千五百人，守湖口者，应仍留于湖口不必调回东建。

——普军溃勇现令鲍公收集另编新营。普镇已奏参，革职拿问，将来定罪复奏时，次青轻而钦堂重，总求允当，以顺人心。

总求允当，以顺人心。

——黄文金大股全窜景德镇，左公凭河而守，鲍公率马步六千人赴镇会剿，不知能大挫凶锋否。顺问台安。

28 复彭玉麟

咸丰十一年二月十一日

雪琴仁弟阁下：

荷承阁下与厚庵慨允以华阳厘金概归淮扬水师，即日当札饬各营开招。黄昌岐之统领关防，亦即刊颁。陈发翔既调赴上游救援鄂境，仆已面谕任星元开赴江西省河协防矣。建昌一股若由樟树渡至瑞、临，则数省之忧也。鄙人移驻东、建，业经入奏，目下尚有不能者。左军与杨逆相遇于婺源，正在吃紧之际，敝处派凯章、朱、唐攻上溪口、休宁等处，以掣婺源之贼势。即问

以制婺源之贼势。

台安。

29 复彭玉麟

咸丰十一年二月十八日

雪琴仁弟大人阁下：

接惠书，知台旌已带水师上援武汉，甚慰！应复各件，条列如左：

——江西、建昌危急万分，并分股攻扑抚州，省城大为震动。现飞调鲍军，由湖口、南康赴江西省，先顾根本，次援抚、建。贼扑抚州，系十二日事，鲍军至省，不知赶得及否。

粮路一断，军心必乱。

——国藩本拟拔营移驻东、建，因伪侍王由婺源窜犯景镇、乐平，左公部下八营小挫，恐景镇有失，粮路一断，则祁、黟三县之军心必乱，故暂留祁门不动，不忍军士围困，而己独出险也。

——武汉为吾辈水陆各军之根本，目下鲍军既援江西，则不特贼扑集贤关，鲍公不能往援，即贼扑太湖，扑鄂垣，亦不能往援。寸心忧而且愧！惟仗希庵与阁下水陆救全武汉，西望神驰！企祷！企祷！即问台安。

30 复彭玉麟

咸丰十一年三月初一日申刻

雪琴仁弟大人阁下：

大局似尚可支。

接惠缄具悉。武汉无恙，阁下与希帅先后赶到，至慰！至幸！江西、建昌、抚州皆已解围，而省城亦平安，大局似尚可支，惟盼希帅将黄陂、黄州一股扫清，左帅将乐平、景镇一股打退，则南北两岸仍可转危为安。国藩本拟移驻东流，因伪侍王大股麕集于乐平、鄱阳、景镇之间，祁门之饷道不通，祁、黟、休三县军心慌乱，故暂未移动。现调鲍军夹击鄱阳，若扫清此股，饷道疏通，鄙人当移驻江滨，与水师相依倚。休宁克复，榉根岭之贼击退，日内拟进攻徽州一次。知注并闻。顺请台安。

31 复彭玉麟

咸丰十一年五月初七日

雪琴仁弟大人阁下：

惠书敬悉。淮扬水师九营，已照会归昌岐统领，关防亦即日刊发。赤冈岭四贼垒，鲍、成围攻八日，并未收队。三垒出降，全数杀之！其一垒冲出，亦经追杀净尽。逆首刘玱林为水师所擒，讯明支解，函首送安庆，以示贼众。大快人心。现调鲍军剿江西瑞州、武宁、义宁一带，成军剿兴国一带。上游添此两军，江西、湖北之腹地，当有起色。建德之贼入犯鄱阳，任星元仍不可调之出江。顺问台安。

32 复彭玉麟

咸丰十一年六月二十二日

雪琴仁弟大人阁下：

润帅之病，希庵谓其神清而志不懈，来示谓去污乃能生新，大局似可无碍。然总求早一日止血，乃早一日放心。援贼由英山上犯，二汉已有准备否？德、随两军站得住否？总望各处稳慎。润帅不因郁增病，庶日有转机耳。顺问台安。

大局似可无碍。各处稳慎。

33 复彭玉麟

咸丰十一年七月十七日申刻

雪琴仁弟大人阁下：

接德安捷书，至欣！至慰！润帅病势反复，得此信，略愈否？此公一身，关系全局安危，近日皖北军事呼应不灵，脉络不通，恐误大事。若润帅不病，纵在鄂垣，而皖、江两岸处处血脉贯通也。厚庵奉旨后，必迅速求归，务望阁下速来东流等处，帮我照料一切，至要！至要！即问台安。

34 复彭玉麟

咸丰十一年九月初五日

雪琴仁弟大人阁下：

黄州克复，杀贼极多，方以鄂疆肃清为喜，乃是日又闻润帅沦谢之信，伤痛之至！箴言书院未了之事，国藩当与希庵代为主持，灵柩回湘，请文任吾、周寿山送至益阳，综理琐细，在鄂护持丧事，请阁下照料一切。鄙人羁身皖、江，相隔太远，请阁下代我经纪，略表歉忱。惟候台安，不一。

35 复彭玉麟

咸丰十一年九月十四日

雪琴仁弟大人阁下：

接惠书敬悉一切。皖抚一席，各营及委员均愿台端简擢，以期水乳交融。阁下尘视轩冕，夙具虽有荣观燕处超然之致，本国藩所深知。第天下滔滔，并无清净之境可以枕流漱石，苟藉尺寸之柄，可少行救民之政，似亦不必固谢。待台旆到皖，奉到谕旨后，再行熟商一切。

苟藉尺寸之柄，可少行救民之政。

九舍弟于重阳日抵庐江，拟出江边，打破泥汊贼墙，再进攻无为州。季舍弟守枞阳，今日回皖，病新瘥也。春霆肃清江西全境，仍回省垣，拟调令由池州进攻宁国。狗逆已至三河，恐庐江近日或有战事。并闻，顺问台安。

36 致彭玉麟

咸丰十一年十一月二十日灯下

雪琴仁弟大人阁下：

久未接惠缄，不审台旆现驻何处？连日接奉廷寄谕旨甚多，大约北而苗逆，南而浙事二端，朝廷深以为虑。苗逆之叛，谕旨似以剿抚机宜倚重阁下，前大旆未赴下游时，已接寄谕一次，五日内又有三次寄谕，责成阁下。兹专舢板送呈。望阁下即日旋省，专折复奏。鄙意苗逆宜剿而不宜抚，万难再事羁縻。惟此时楚师之力，但能防苗不能剿苗，必俟庐州克复，乃可并力讨苗。已将此议函商官揆帅请其主稿，会衔覆奏，不知渠能速奏否？惟公奏之外，阁下似应另有单衔一折，仰慰圣朝殷殷期望之意。七月间，受遗诏辅政之八人，近闻皇太后怒其专擅，已将前三人正法，余五人逐出枢廷。虽尚未见明文，而两宫垂帘，尽革前弊，则已接部文矣。顺问台安。

两宫垂帘，尽革前弊。

37 复彭玉麟

同治元年四月二十六日

雪琴仁弟大人阁下：

惠书敬悉。芜湖、东梁一同克复，并知战事之详，欣慰无既。计青弋、水阳各江，固城、南漪、丹阳、石臼各湖，我水师皆可遍搜。惟每次大捷之后，弁勇不免疏忽之意，求阁下格外儆戒维持。至要！至要！太平去秣陵关不远，本可乘势进攻金陵，惟北岸多军尚未到九洑洲，南岸鲍军尚未围宁国府。阁下与舍弟陆师宜暂缓前进，俟鲍军至宁国扎定，多军攻破九洑洲后，再行会剿金陵，方为稳重。水师各营官应如何优保，想已开单在途矣。复问台安。

38 复彭玉麟

同治元年五月初五日

雪琴仁弟大人阁下：

接金柱关惠书，详明远虑，至为佩慰！舍沅弟此次进兵太速，余亦深为忧灼。金柱关两营，留防太少，即飞函令沅加一二营守之，尊处暨与吾各派二营驻防金柱，水师既厚，陆兵亦可稍薄。舍季弟将带全军赴太平府以下，亦飞函嘱其留三四营守南陵。其池川府城已派王可升二千人守之，先去一千矣。青阳则韦部守之，太平、石埭则凯章守之。上游山内，尚可放心。可虑者在南、芜、金柱耳。务祈阁下与舍弟暨王、李等慎守此三处，不可疏忽。顺贺节禧。

39 复彭玉麟

同治元年五月初十日

自不能不竭力坚守。

雪琴仁弟大人阁下：

接惠缄敬悉一切。江心洲、蒲包洲既为我有，自不能不竭力坚守。惟距贼太近，营头太多，切不可拥挤一处，致有疏失。四年冬湖口之失，亦因营多地窄，布置不清之故。厥后攻九江，老营离城三十里，行营距城亦八九里，攻安庆，老营在黄石矶，距城三十里，行营在盐河一带，离城较近。今进攻金陵，老营与行营务须分为两帮，老营亦宜在上游二三十里，不可因屡胜而稍或疏忽。望与王柱堂熟商，自芜、鲁以至金柱关，则交与吾八营分防。自太平以下，则由阁下与柱堂派防。湘新后、祥后两营，宜仍守芜湖，不可调过针鱼嘴。至要！至要！即请台安。

40 复彭玉麟

同治元年十一月十三日

雪琴仁弟大人阁下：

运漕全无陆兵，水师断无能守之理，徒伤船上之精锐耳。顷据李幼荃信，该镇业已失守，各营战船想已退扎玉溪口。只要玉溪、西梁两处不失，大江上下民船往来无碍，大局总可支持。西梁、玉溪口两处，仅有陆兵千人，实嫌单薄。务祈阁下选派好营好哨，至该二处协同陆师坚守。至恳！至恳！此外又有黄麻渡一处，系王可升新扎之所，鲍军水运所必经。亦求酌派舢板数号长驻彼处。俾鲍、张粮路日稳，则南岸事犹可为。国藩所谆求阁下者惟此三处，此外则阁下自行斟酌调度。

41 复彭玉麟

同治二年二月初二日

雪琴仁弟大人阁下：

池州舟次接奉惠书，添兵之说，鄙人亦筹之再四。北岸兵力止此无可再添。去冬调萧、毛之兵将寿州正阳关退出，让还苗练，中外皆不以为然，鄙人亦深以为歉。今若再将成大吉军调出，三河尖亦退还苗练，淮上形胜全失，断断无此办法。自成军外别无可拨之师，阁下所深知也。巢、含等处，外间皆言其并不凶悍，萧军不能攻克铜城闸，毛军之挫，不知愧耻，反以兵少归咎于上，殊不可解。将来希庵到后，自有定论也。目下续行北渡之贼不知实数若干？仆因萧、毛皆不善战，故仅以守责之，岂谓北岸之贼，不宜急剿哉？

42 复彭玉麟

同治二年五月二十日

雪琴仁弟大人阁下：

惠书敬悉！水师攻破草鞋夹、燕子矶，贼舟贼垒已为我有。将轮攻九洑洲，欣慰曷已！惟草鞋夹、燕子矶之石矣，以水师登岸守之，究嫌不妥，仍宜换陆兵守之。刘南云之营，尽可守此数处，祈与舍沅弟商之。春霆全军不知已渡南岸否？九洑洲若不能克，亦不必十分蛮攻，但令南云扎于洲上，使洲贼不能再窜北岸而已。南云扎于洲北贼垒之后，水师扎于新开河，萧军扎于二浦北岸，已万无窜路，江中已万无接济。然后并力以攻，南岸必易得手。霆营南渡之后，鄙意令其先攻二溧、东坝，沅弟意令其先扎孝陵卫一带。究竟二策孰优，鄙人不敢遥制，请阁下熟商行之。即请台安。

43 复彭玉麟

同治二年六月二十七日

雪琴仁弟大人阁下：

黄老虎等股，本系屡挫之后，势将退窜。不料韩军一挫，贼以全力注重湖口。味根、申夫似俱不足御之。自都昌下至马垱、东流、滨湖、滨江处处皆贼。师船太少，又复散漫，万一贼掳小划，载数百人渡湖之西，渡江之北，则全局决裂，而吴城、华阳各种厘卡，立时星散。不得已请阁下亲自赴援，庶几数百里水面，在在严防，无隙可乘。

无隙可乘。

44 复彭玉麟

同治三年七月二十五日

雪琴宫保仁弟大人阁下：

接惠书，猥以贱兄弟谬膺懋赏，远劳奖饰，愧悚曷任！此军之兴，同袍诸君千磨百折，零落将尽，惟吾辈数人仅存，而酬庸旷典，乃独寒门先邀异数，实乖鄙人之初志，弥伤已逝之忠魂。往昔患难相从，为日最久者，惟阁下与次青情谊最挚。今不才幸了初愿，膺此殊荣，所负者惟愧对次青，而于阁下亦钦钦怀歉，不能自已。

弥伤已逝之忠魂。

在金陵小住二十余日，登舟西上，日杪当抵安庆。务望阁下迅速来皖，一倾难言之隐。阁下志抗浮云，敝蹝轩冕，十年前已深知雅尚。待大局初定，长江水师位置就绪，即听阁下长揖还山，并将范少伯之高风，代为详奏，断不强为羁留，致负宿约。国藩经手各件，首尾繁多，稍俟料简有方，亦引疾闲居，决不饕情富贵，溺而不返，致负扰劳殉节诸友。复请台安，诸希心鉴。

45 复彭玉麟

同治四年六月十四日

雪琴宫保仁弟大人阁下：

顷奉安庆惠书，知阁下积年辛苦，迥异他人。在舢板小艇之中，历受风霜烈日，虽金石亦将刓敝，而况血肉之躯乎？故近年力劝改住屋宇，无再以船为家，盖深虑病之一发而难支也。此次病虽在标，然非禀赋素厚，何能禁此风波？务祈即在皖城觅一精洁之室，安居调养，万不可再周旋于孤舟风涛之中，至嘱！至嘱！《长江水师永远章程》，国藩在洪泽湖中细阅一遍，知阁下用心良苦。惟船与官皆太多，必干部驳，且眼中诸将，均难胜此重任。日内酷暑逼人，尚未悉心核改，俟月杪核定送阅，七月出奏。弁勇请恤及金宝圩两案，则准于六月出奏。国藩身体尚适，惟畏热甚于昔年，不耐烦劳。雉河解围，差堪一慰。复问台安。

眼中诸将，均难胜此重任。

46 复彭玉麟

同治六年十一月初六日

雪琴仁弟宫保阁下：

连接数信，久未裁复，愧悚无似。捻匪徘徊山东，方以冬深冰坚，渡黄北窜为虑。幸十月下旬气机大转，刘省三一捷于安邱，再捷于赣榆，其收降之贼目，竟于二十四日击毙任柱。捻中去此巨酋，与粤匪去四眼狗相似，深堪庆幸！舍沅弟已于十六日奉旨，准其开缺回籍调理，郭远堂调补鄂抚，何小宋护理。如贼不能渡运而西，鄂事当有转机。否则，兵灾、旱灾、水灾之外，近又有非常之火灾，鄂几岌岌不可终日矣。各营补缺履历，惟少泉处未到，仆已写信催之。复问台安，诸惟心鉴。

47 复彭玉麟

同治七年七月二十日

雪琴仁弟宫保大人阁下：

昨接惠书，以捻逆肃清见贺。发捻扰乱十余年，今中原重睹太平，一尘不惊，圣主之福，敷天之庆。吾辈曾履戎行者，尤为欢抃无量。鄙人开缺之疏，亦在秋间可发矣。

长江仅留五卡，本不优裕，然五省共此一军，未便偏枯。且将来各省裁卡既多，则五卡之入数必远胜于今日，或不致于短绌。

水师全案，先送三十分至尊处，俟将来多刷，再行补送。

老友吴南屏兄，前与仆同游苏、沪，相得极欢。兹慕大名，过访幕下，特派炮船送之。过裕溪后，仍求饬炮船节节护送，俾老人还湘，无惊无阻，感荷多矣。顺候台安。

书札

郭崑焘

1 致郭崑焘

咸丰九年正月初七日

意城仁弟亲家左右：

自阁下去后，鄙怀亦用郁郁。萧军病卒愈后，自石城拔营赴赣，当在雩都度岁。南安失守，崇义、定南继陷，贼踪蔓延，萧军既难兼顾，又去建昌太远，音问难通，转运不便。军饷子药，须由省城水路解至赣州，动逾月余，调动焉能灵通？张军至景德镇后，贼多而悍，伪垒太坚，虞不易拔也。翔冈与凯章不合，铃峰亦龃龉。翔冈告病禀撤，已批准撤回，派凌荫庭代之。若使阁下与人树在此，或别有调停之法。然翔冈但服子春，不服凯章，终难相安耳。义营于除夕退扎鸬口地方，在凯营后四十里。凌荫庭到后，恐尚须改换队目，挑补缺额。目下曾不能为凯章助一臂之力，深用悬系。惟望阁下与人树及舍弟沅甫三人速来，则足以慰凯章之心，而通老湘营之气。见示各条，一一敬悉。以至交而兼姻亲，尚不肯面进箴规，欲吐还茹，岂吾固拒人千里耶？愧甚。昌黎所谓"中朝大官老于事，讵肯感激徒𡡉婀"？吾非大官，亦渐老于事，锋芒钝矣。近有谓宜速拔营赴湖口者，有谓宜少留建昌者，纷纷不能决。殊自愧嗛，只望阁下来此一决耳。顺问台安。不一。

铃峰亦龃龉。

2 复郭崑焘

咸丰九年二月二十五日

意城仁弟亲家左右：

湖南此次之变，出人意料之外。去冬接和帅咨，即言翼逆石达开欲自茶陵窜入湖南，敝处未甚以为虑，湘中亦不甚提防。此贼前队已破桂阳、永兴等处，而后队之在南安、信丰者，尚能屡挫萧军，何其多也。浚川解信丰围后，现饬其回驻吉安，以援湖南。计到吉当在三月初间，入茶、安等处则中旬矣。鄙人无回湘之理，且抑郁已久，心血积亏，虽回亦无裨益。若湘事危急，凯、钤全军亦当回援。鄙人自知顾其大者、急者，必不拥以自全而自壮也。第衡州向来未谋城守之计，即有劲旅回援，不知来得及否？张六琴来，或留大营，或留建郡，均可奏办。近见吾党气谊相合者，皆失之孱弱，且处境多有不顺，亦未知其何故。

处境多有不顺。

3 复郭崑焘

咸丰九年四月初二日

意城仁弟亲家阁下：

接惠缄，永州解围，衡、宝可保，吾乡当无大碍。芝房遽归道山，哀愕曷极。少为才人，长为学者，朴实华茂，两擅其胜，而至于是而止于是耶？去年六月，面嘱为其太公作《墓表》，情甚谆挚。冬间又以书督促。国藩因循，未及为之。今此接其《遗书》，不忍卒读，负我良友，疚憾何极！拟即送微仪百金，以五十赙佐丧具，以五十助刊遗集。是否有当，祈阁下与仲云酌之。

情甚谆挚。

位西一缄，即当专丁送杭。慧业清明，属纩不乱，往年接刘菽云遗书，处分后事，曲当情礼；今复于芝房见之，临绝之音，一何琅琅，尤足恸惋。

4 复郭崑焘

咸丰九年八月二十六日

意城仁弟亲家阁下：

宝郡解围，全湘肃清，桑梓之福，南向称庆。国藩以七夕自抚州拔营，章门小住五日、湖口十日、黄州七日，二十三始抵鄂垣。官帅以蜀中无虞，奏请此军会剿皖中，谕旨允准，而仍不作十成之句，饬令酌办。此间众议皆主图皖，亦颇有持防蜀之说者。国藩以精力日耗，部下人才太少，若贼果入蜀，亦非鄙弱所能遏截；若贼踪不住，附赘悬疣，徒觉多事。鄂中众人熙熙，宾至如归，并力图皖，犹为正办。现带之营，已逾万人，拟以三千人自卫，另驻一处，拨七千人交九舍弟进攻一路。若萧、张二军，能调一军北来，则可分剿。两路饷项，除江西三万外，皆仰给鄂省。欲归并鄂中粮台，不复自辟门面，则并江西三万亦不来矣。或分或合之间，殊难定计。芝房所著《刍论》，胡中丞意欲刻之，不知湖南现动手否？

5 复郭崑焘

咸丰九年十月十三日

意城仁弟亲家大人阁下：

舍弟至，得赐书。蜀中为古来兵交家所必争，屡缄谆谆，以此为虑，今闻叙州幅匪作乱，连陷四县，郡城亦有不守之谣，若使石逆入蜀，乘机煽诱为祸，正自不浅。六万人分三道入皖，老谋自是切当，特鄂中实无此气力。现拟以国藩任第一路，由石牌规安庆；多、鲍任第二路，由太、潜取桐城；润帅任第三路，由英、霍取舒城；希庵任第四路，由商固、六安以图庐州。而润帅既牵于吏事、粮事，难以出境；希庵又经母病，不能遽来；则四路之说，亦恐徒托之空言。而河南粤捻丛杂，东至清、淮，西至确山，二千余里，无一干净之土。袁午帅奏请鄙人由商固绕出怀、蒙以北，自揣棉力实有未逮。杨厚庵新受池州韦贼目之降，欲扑速往主持其事，亦以才薄不敢任也。

亦恐徒托之空言。

6 复郭崑焘

咸丰十年闰三月

意城仁弟亲家阁下：

得寒食日惠缄，得悉二月初有书见逮，洎今尚未接到。此间自正月击退援贼后，本拟乘胜进兵，以连月阴雨，泥汙后土，不能移营。又因浙江之警，袁浦之失，处处摇动。今浙江、袁浦幸已次第克复，而此间分道进兵，或此厚而彼薄，或南实而北虚，调剂先后，动多牵迕，而天亦未尝三日不雨，雨未尝不大且久，至今分捣怀、桐之师，尚未能直薄城下，良用怅歉！蜀中滇匪本以无聊初起，无能为役，自官兵屡挫，拾我弃仗，又以莠民结队成营，自赴贼中投效，日以张大，不可收拾。今涘川入蜀，歼此土匪，理当游刃有余。而盐井既败，鄂中饷源大绌，兵数日增，协款尽空，实不知何以为继也？陈作梅至湘，曾与阁下相见否？润帅因先垅为水所啮，不甚放心，故求作梅一阅。其意甚诚！倘作兄归志勃发，不愿赴益阳者，请阁下代为敦劝，强之一行为荷！诸维心照。勋安不戬。

此厚彼薄，南实北虚。

7 复郭崑焘

咸丰十年闰三月十三日

意城仁弟亲家大人阁下：

今日阅邸抄，筠公业已奏请回籍就医，奉旨允准矣。闻本有意南旋，因山东尚有余波未平，稍稍濡忍未决。得润帅劝归之书，遂尔浩然具疏，鄙意却嫌其太速。既已入直，即宜回翔一半年，再行引退。庶山左之风波大定，而一身之进退有余。今如此毅然，恐又非了局。季公被润帅勾留，酣嬉淋漓，至今未来敝处。前此自领一队之说，余复信劝其不必添此蛇足，今亦作罢论矣。渠若能流连皖、楚之交，或在敝处，或在润、希、厚、雪诸处，均有大益，特恐归思易萌耳。

归思易萌。

尊书隶字，似不如草篆。少陵瘦硬通神，专为隶字言之。东坡欲泛及于真草诸体，以为未公不凭，非至论也。仆不解作字，昔年治《说文》，曾广购汉魏各碑，讨寻源流。如《礼器碑》，结体方雅，要为隶家正轨；《张猛龙碑》，将隶楷融成一气，尤足津逮来学。唐隶稍肥，有乖大雅，敢为阁下陈一戒律。近姚伯昂先生专师《曹全碑》，相沿成风，亦旁门也。是否？诸祈证示。

8 致郭崑焘

咸丰十年四月二十三日

意城仁弟亲家阁下：

昨闻苏州失守之信，专函飞告骆帅，想亦入览。凯章观察一军，请即迅令东来。若意至江西抚州一带，听调亦可。贼既得志于苏，恐其一面攻浙江，一面抚江西。若既到江西，则我湖南守东界之兵，非四、五万人不可。未到江西，则江西守东北界之兵，不过二万余人，已敷分布。凯军若来，鄙意且先令保广信、景镇等处，固江西即所以固吾湘也。尊意如以为然，则请商之籲帅行之。左季翁亦于节前可抵长沙矣。京漕忽断，根本大亏。鄂饷日绌，楚军亦当不支。天下事何日大转乎？即问台安。

9 复郭崑焘

咸丰十年六月十二日

意城仁弟亲家大人阁下：

国藩于十一日到祁门县，适值宁国被围，吁救甚迫。国藩以霆营未到，鲍镇尚未抵鄂，朱镇亦新病未痊，未允拨兵往救。且新奉寄谕，有“不可轻率前进，宜加持重为要”之命。而季公与阁下俱以遽进为戒，不得不坚坐持重。然各路之望极而怨，怨极而詈，不久当为谤丛矣。惟望季公早来一日，则皖南早纾一日。望于七月中旬成行，不可再迟。届时出伏，亦不甚热也。

望极而怨，怨极而詈。

10 复郭崑焘

咸丰十年六月二十六日

意城仁弟亲家大人阁下：

长公云仙亲家，比已抵家否？所怀本多不适，又值盛夏南风，沿途阻滞，知弥怆恨也。长公办事，与鄙人昔年之卤莽而耕，灭裂而耘约略相同；其横被口语，几难自明也亦同；圣主之若有意若无意也又同。已寓书霞仙，邀长公至乡逍遥散遣，秋冬再谋东来会合，想尊意亦谓然矣。

协防江西之兵，承已招募五千人，甚好甚好！万不可撤。请酌量兵力将材，若宜于南路，则令防守南赣一带；宜于北路，则令助剿徽、宁一带。闻老湘营陆续已到袁州、凯章亦将次抵袁。右坪中丞因仁化、乐昌之失，吉、赣震动，咨请截留凯章，暂驻袁州。此间宁国危在旦夕，于潜、昌化之贼逼近杭州，日盼春霆、凯章二人前来，望眼欲穿，岂宜更被截停？而吉安膏腴，湖南、江西二省所必守之区，又不敢竟催凯军来皖，如扶醉汉，如坐破舟，焦灼万状。求阁下商之籥帅、季帅，如吉安危急，自不得不留凯章，暂顾南路，否则或以来示之五千人者防南，或另筹一支防南，总求早令凯章得达皖境，维持大局，至要至感！

望眼欲穿，焦灼万状。

11 复郭崑焘

咸丰十年七月初三日

意城仁弟亲家大人阁下：

厘金必广求人才，参错布置，庶期改观，正与鄙意相合。三日前作书抵二李，即持此议。并嘱其函致阁下，索取夹袋中人才，仿鄂中办厘之法，极楚材晋用之妙。并言“取人之法，须有操守而无官气，多条理而少大言。斯于办厘之道，思过半矣”，云云。不知二李即函商阁下否？皖南州县中须换之人甚多，若能物色循吏，远以见饷，则造福于皖者多矣。军兴太久，地方糜烂，鄙意一面治军剿贼，一面择吏安民，二者断不可偏重。择吏之道，亦不外乎“有操守而无官气，多条理而少大言”二语。卓见以为何如？

12 致郭崑焘

咸丰十一年十一月十六日

意城仁弟亲家大人阁下：

此间军事，自克复运漕，东关后，贼势稍衰。初六日，三河之贼宵遁。或疑江北之贼将弃庐州，巢县而尽归南岸，殆亦有因。惟浙事日棘，绍兴、萧山失陷，杭州粮路已断。朝廷命季帅督办浙江军务，而令国藩兼辖。体制太隆，权位太重，虚望太盛，才略太短，颠蹶之患，不卜可知。即日当具疏辞谢，而荐季翁专任浙事。惟渠部人数过少，外而援浙，内而保江，殊难兼顾。江西积疲，本已不堪再扰，且一入江境，两湖并受波累。此事势之最可虞者，而奏牍不敢尽言也。张石帅位置之道似不甚妥。镇、扬一江之隔，有巴、都两将军对峙。二城，军事固不合更参一席，盐事则袁、李、薛、王、乔、金诸公迭为主盟，团事则晏、庞二公各开幕府。若以石帅攘臂其间，非主非客，万难措手。顷闻石帅内召，或当入参密勿，否则外间借重此才，为地甚多，要非督抚不足溷之也。崔世兄已在沅甫营中当差，足慰绮廑。霞仙一飞冲天，较李彭诸公尤为破格。若川中军事速了，当可修明吏治。此间则毕生与兵事终始，吏治抛荒已极，可愧可叹。筠仙亲家比来省垣否？前周弢甫寄去一缄，曾注明“学王小二过年”，已入览否？世变方滋，惟有“涿州撕状”、“王二过年”两法。尚是一了百了；非是，则宁堪其苦恼耶？复问台安。

非主非客，万难措手。

13 复郭崑焘

同治元年正月十一日

筠仙、意城亲家大人阁下：

徽州被杨七麻围攻一月，力战七次，遂于二十六日打开饷道，立解郡围。其另股由马金岭入徽，阻我援师者，亦经左部刘克庵一战击退，差足慰幸。然浙贼富强，尽收官军降卒三、四万人以为前驱。今克广信、徽、衢三府之交，必且战争不休。左帅独当其处，深为危虑。现调蒋芗泉六千人来皖助之，仆与左帅均有缄托，印渠更求意公作函赞成此举。左军之利钝，不特浙江、江西之安危，即吾乡亦与有祸福者也。江、浙尽失，贼之财力百倍于我，大局殊难挽回。幸朝政清明，求贤剧切，季老抚浙，幼

朝政清明，求贤剧切。

丹抚江，希庵抚皖，努力同心，或尚可潜转于万一。此间布置，有徽防一札及近日各奏咨达寄云中丞处。阁下细察，有不合者，速以惠告。

14 复郭崑焘

同治元年闰八月十五日

意城仁弟亲家阁下：

令兄筠仙亲家至此，屡就商出处之宜，殊觉季主莫卜，詹尹难决，卒以斯世滔滔，出固莫知所届，处亦难以自由。或本省有警，由大府咨请劝捐办团，或邻邦不靖，由言者奏请募勇赴援。又或书局已毕，当路变更，因谋食而设法干求，因细故而百端龃龉，皆属意中之事。祝发而仍不免喧嚣，何如早作下山之计，一为酒肉之僧？谋议未定而少荃自上海特放轮舟来皖迎迓，遂解维东下，杜伯升从此府首缰锁矣。因思阁下萧然物外，不受羁绊，良为胜算。然抚幕例称腥羶之地，厘局亦有黜陟之权，予夺所在，恩怨归之。筠公言贫士求厘差者，每向山中请阿兄关说尊处，即鄙人远隔二千里外，亦常有湘士求关说尊处，冀得厘差，或湘官冀得美缺，亦以为取决于之一言。然则阁下今日之所处，自视以为大隐，自世人视之则权门也。令兄筠公欲急为阁下另谋菟裘，即鄙人亦疑智者择地而蹈，似不如此。因来示有终日防人之语，聊贡一二以备参酌。此间各军为病所苦，杨、鲍、张三公皆遘疾颇重。霆营如黄庆、伍华瀚之死，凯营如张运桂，皆关系全军之兴衰。今年军事稍顺，而疾疫繁兴，天意茫茫，不可推测。猥以菲才忝此高位，彼苍降罚不于庸陋之身而于无辜之众，益增惶悚。复问台安。

不受羁绊，良为胜算。

天意茫茫，不可推测。

15 复郭崑焘

同治元年十一月十二日

意城仁弟亲家大人阁下：

前接惠缄，未即肃复。此间近状，备详汇报军情疏中。疏甫缮毕，接祁门失守之信，军势又为一变。徽州、休宁、旌德三城粮路已断，朱、唐万无能守之理。江西饶、景一面，处处吃重，不复不改请味根军门援剿江西。味根万人之约，系因江北庐州一带地势空旷，宜于用众，故有此议。若江西及徽属万山之中，则五千人尽足独当一路。请阁下商之寄帅，就近拨兵接防，腾出味部三千，并续招之一千，席道之一千，迅赴江西，能于年内驰至袁州一带，俾江西不至糜烂，外以保皖、浙之饷源，内以固湖南之东防，一举而数善备。味根移师江、皖，谕旨未必俞允，然敝处不得不再三恳请。盖味军在江西不特为皖、浙之利，即湖南时有缓急，亦可就近回顾。迩日吾乡亦嫌空虚，祈玉成此事，至恳！至恳！

地势空旷，宜于用众。

16 复郭崑焘

同治元年十一月二十三日

意城仁弟亲家阁下：

接惠书具悉一切。此间日内方以祁门之变，江北之警，忧危竭蹶，而舍弟遽以十八日卯刻溘逝。七、八日久疟之后，本难支持。重以援贼到后，四十六日之劳苦。故十月初五贼退，遂以初九日大病，一发而不可复治，始信忧劳果足伤生也。达川到此已十余日，朴实耐劳，鄙人夙所期之多条理而少官气者，庶几近之，必可相与有成。萧、毛两军齐集舒城，日内由庐江、无为进兵，先攻运漕。春霆亦将于日内开仗，屡挫而骄气未除，营多而众心不一，窃以为忧。古、赖等股萃于太平、石埭等县，不久当为江西之害，务请设法代催味根于腊底驰至萍乡一带，援救江西。至感！至感！

骄气未除，众心不一，窃以为忧。

17 复郭崑焘

同治二年三月初五日

意城仁弟亲家大人左右：

接惠书敬悉一切。自二月初，将宁国各贼击退，宣州鲍军无恙，意谓或可小休。不料黄老虎一股，由旌德、石、太上窜，分犯湖口、景镇两处。北岸续渡之贼，攻陷江浦、浦口、桥林李各营，由巢县图扑庐江，日内警报纷至若无大枝游击之师。承草奏权衡轻重，仍请以味根一军东下，剀切轩豁，已邀俞允。敬恳函催味帅星速前来。陈大濆捻匪窜扰黄、麻，鄂军小挫。若巢、含之贼窜入鄂境，发、捻合势，全局皆震。味军终以在北岸为宜，研香三千人似又不能不先赴抚州以重江西中权之势，而顾吾湘东路之防。味、研本不宜分，鄙人用兵，向亦欲顺该军自然之性，不肯生吞活剥，瓜剖豆分。惟味根自长沙启行，当在一月以后，而南北两岸是否决裂，消息计在一月以内。请令研军先赴抚州，以符初议，而味军到长沙后则请阁下察南北两岸之孰为最急，以定趋向可也。杨炳轩自是有用之材，而隔省劝捐，其难十倍。应俟与渭春中丞商定，乃可发给实收执照之类。国藩至各军查阅，往返一月，气象似均安稳，精神亦不散漫。浙军肃清浙东，沪军已解常熟之围。以理推之，官军应有起色。而春来阴雨连绵，乏晴暄朗畅之象，南北岸惊波迭起，抑又何也？复问台安。

鄙人用兵，亦欲顺该军自然之性。

18 复郭崑焘

同治二年三月十七日

意城仁弟亲家大人阁下：

接惠书敬承一切。北岸之事，有霆军与彭、毛、刘各军，以御下游忠酋大股，有成、李两军以御上游捻匪一股，应足支持。南岸之事，古、赖等及浙东败匪麇集徽州，克庵、桂生、钤峰诸军，尚有难于支撑之势。黄老虎等股从东、建内犯饶、景，则更无活兵制之。沈帅以五千人守景镇必可保全，其以韩进春五千人防剿石门，则恐未必可靠。前有缄牍请催席研香速赴抚州，不知已抵何处？再求阁下谆催，愈速愈妙。并请函催江味根建旆东来，定由袁州至抚州，与研香合为一路，专御黄老虎一股。如黄逆幸于饶、景击退，不入江境，则江、席直入皖南，再行相机进

更无活兵制之。

止。味军之或南或北，前此本未定计，今所以决归南岸者，一则以鲍军北渡，援解毛军之围，南岸太嫌空虚；二则以黄逆窜江西，席军太单，必江、席合打一路，庶足保江西之腹地，兼可固吾湘之东藩；三则以味根与希帅较疏，与左帅较亲，军行皖南，处处与鄙人及左帅相周旋，诸事联络融洽。因此三者，故定请味帅由江西进兵，求阁下先达鄙意，即日另有函牍催之。即请台安。

19 复郭崑焘

同治二年四月十八日

意城仁弟亲家大人阁下：

自去岁闰月以来，恒以月之十二、二十七日两次奏报，每次必有一片陈近日军情梗概，不详叙战状，但期各路缓急，一目了然。此是一家则例，阁下若次第取阅，可得其大凡也。寿州毛牧维翼以五百人坚守孤城，四面皆苗党围逼，相持弥月，良可敬怜。敝处兵力全萃北岸，南岸布置多疏，虽赖左、沈之力，幸保徽、休、黟、祁，而借人之力不可长恃。仍求大力代筹江军行粮，俾味根迅速东来，与研香合办一路，庶徽、宁不致摇摇，而霆军免更南渡。敝处亦有数缄浼催味根，而成行之迟速，则在银而不在信也。掳船之事，公私交困，官商同怨。顷出示一律严禁，截断众流。湘中如更有犯者，幸一面严办，一面知照敝处。南翁奏留之案，即由敝处主稿，将援调营筹盐以立言耳。顺问台安。

20 复郭崑焘

同治二年五月十八日

意城仁弟亲前大人阁下：

惠书敬承。自克复巢、含、和三城后，旋又收复桥林、江浦、浦口诸城隘，现在水陆会攻九洑洲，未知能否得手。寿州之围，至今未解，苗逆实非悍寇，蒋、毛并此不能制之。希帅久离营次，湘军稍孱矣。自江味根仍奉赴粤之旨，鄙人本不欲再强之东来，曾专缄奉达左右，旋接味根信，抄录覆奏，决计援江征皖。而江西善后局详定江、席二军，已有四万可靠之饷。敝处因再咨请建旆东来，不知江军日内果成行否？

21 复郭崑焘

同治二年六月二十五日

意城仁弟亲家大人阁下：

寄帅擢升两广次帅，即抚吾湘，不特为疆域得人之庆，即敝处筹饷亦阴受其福。弟不知台从是否度岭一行？此间朋好多盼贤者久福桑梓也。下游军事，金陵大营疾疫又作，死亡相继。鲍公已在钟山修垒，因病者太多，又平毁之，而扎江滨神策门一带。萧军亦扎二浦，未遽南渡。即使萧渡南岸，亦尚不能合围。萧部欠饷太多，雪琴曾有一信，读之令人气短，迪、希部曲，昔年胡文忠视之如祥麟威凤，饷项最优。今一落鄙人之手，月饷不满三成，实尝他军所未历之苦。萧军如此，成、蒋、毛亦岌岌不获一饱。士卒既怨，鄂台亦詈，鄙人万难坐视不一匀济也。援寿之役，蒋、毛不甚和协。看来淮上之乱方长，苗非难平，人自不足平之。味根、申夫在湖口与黄老虎相拒，亦因新勇太多，队伍不整，不能制贼。万一由都、湖再窜鄱、浮，即刘、席诸军亦恐防不胜防。非特江西腹地之忧，吾湘亦旰食矣。新化、溆浦土匪之案，层见叠出，邓小芸深以为虑。谓邵太守久宦宝庆，力能捍卫斯郡，而恐其调守他府，必思借寇，久保桑梓。请阁下便中一言，敝处亦当函托中丞也。复问台安。

人自不足平之。

22 复郭崑焘

同治二年八月二十八日

意城仁弟亲家大人阁下：

接惠书敬悉。此间近状，青阳被围已逾一月，米粮久尽，掘食野草、菜根。守将朱云岩久病，不省人事，以为万难幸全。幸江、席、李、喻四军力战，破贼垒数十座，立解重围。临淮及各路军情，详于二十七日奏片之中，想邀荃览。

淮南盐务，先办江西一岸，大致粗定。筠仙亲家有一缄，条具盐务近事，抄呈尊览，其详细章程须俟奏定后，用公牍咨湘也。两湖一岸，须南坡翁至此再行商办。郴、桂、粤盐侵入淮引地面者，似应于东征局酌加厘金，以重邻私之税，收复淮引之地，已札饬县丞梁葆颐禀商东征局前往察看，尚求阁下体察情形，主持一切。既以税邻保淮为题，自应在于淮引界内议加，不可于郴、桂、粤引界内议加。梁葆颐者，梁笔珊、俪裳两编修之胞侄，于尊府丁酉、甲辰皆有年谊。其家昔年鼎盛，即敝联中所谓“八年九子四登科”者也。近则凋谢略尽，无以谋生，国藩恻然悯之。又因该员轩爽明敏，似一有用之才，故于其到省之便，特派此差，俾得修谒哲匠之门，或可因材陶铸，渐有成立，则梁氏门户实有赖焉。安庆所存铜炮，废者三十七尊，共重万四千余斤，将留为火药局铜轮之用，不能解湘，计铸钱不满三千串，亦无甚裨益也。诸惟心照，复问台安。

近则凋谢略尽，无以谋生。

23 复郭崑焘

同治二年十月二十日

意城仁弟亲家阁下：

接赐书敬悉。此间近事差为顺利，古隆贤投诚，献出石、埭太、平旌德三城，宁国、高淳、建平、溧水次第归诚，收复四县。东坝则半降半剿，夺此要隘，几有破竹之势。惟拓地太广，守兵太单，贼酋之就戳者太少，难免更有他变。各路得手，则群贼冒死冲突，不外皖南、江西一路，现饬池、青、石、太、泾、旌六城一一置守，而令江、席两军回驻江西之石门、洋塘以保饶、景，未知果有裨益否。米盐互市一案，奉旨交王大臣、户部核议。而寄谕中于黄南翁诘责甚至。原拟片稿以京卿保之，而仍

几有破竹之势。

留二口顶戴。鄙人因寄帅三品卿之奏，未奉俞旨，一切删去，谨请暂留，着墨无多，不意亦干谴责。台谏昌言之际，弹击生风，彼一是非，此一是非，或者劾章甫入，适逢其会欤！顷得渭春、幼丹二君复信，今年决不解米。大约解本色者仅有湖南十万石，不能不勉力为之，以求有济于津，无损于湘。米石仅恃招商，断不可恃，宜力讲官耆官解之法。望阁下竭力经营，随时见示。江西盐章久经刊刻，楚章、皖章即日刊成另寄。舍弟募勇太多，鄙人深以为虑。渠锐意合围，亦颇有愚公移山之苦衷。屡次规责，诫其智小而谋大，而亦未尝不谅其拙诚也。任星元即日旋里，闻粤东军务已竣，请飞商令兄筠帅，若无须任镇度岭，则不必另募水勇矣。复请台安。

诫其智小而谋大。

24 复郭崑焘

同治二年十二月十五日

意城仁弟亲家大人左右：

屡接惠书。兹将应复之件，条例如左：

——敝处所陈南漕普改海运一疏，至今未接户部议复之文。闻天津采买商米，每石不过三两五六钱，然此偶得数万石或十余万石，欲求数十万石，数百万石，则断不可得。即数之少者亦毫无把握。敝疏所陈者，则经国永远之章，非权宜一时之计也。此次之准驳不可知，将来江、广普津海运，恐终不能出拙疏之范围。湖南十万石之说，自不能不候部议准然后兴办。准其据实报销，则外省可以从容展布。若不准报销，而但于部价一两三钱之外，酌增运费数钱，则万分棘手。来示所谓，但求免累者计，固不得不出于此。鄙意以为朝廷褒湘漕，今年之十万石，明年江、鄂或可继起有功。若淡漠置之，则明年仍难办耳。

非权宜一时之计。

但求免累者计，固不得不出于此。

——盐务则责成厘、东两局，不必另起炉灶，极是！极是！前此各处东征另立一局，于淮盐督销、缉私，绰有余裕矣。至衡州加税粤私，舍弟澄侯亦有信来说。鄙人筹度再四，定以但加船载之私，不加肩挑之私。盖衡州及敝乡等处，从古皆食粤私，不知有所谓淮引者。道光中督辕督销，虽林文忠之明，周文忠之猛，皆未能禁断粤私。但见衡清差役，强送淮盐于民家，勒销扰累而已。顷江西新城加税闽私，竟至屡酿巨案，殴毙委员，不得已改为但税船私，不加肩挑之税。良口之加粤税，亦如此办理。数百年积惯之习，难以骤改。衡阳一卡，请阁下妙为张弛，船私则加税八文，肩挑绕越则但照旧章抽厘可也。

希庵与味根先后沧亡。

——希庵与味根先后沧亡，可悯而亦可虑。希部诸将多乏朴忠之风，殆难振兴。味部自以陈、邓二文员为优，而黄、徐辈殊未肯相下。达川谓江忠朝足以统之，现已飞檄往调，求阁下设法催之。若其不遽来此，或来而不足驭众，当遣之回湘，由阁下妥为经画。希帅身后萧然，家无长物，此间当为筹画谋恤廉吏之家。顷读谕旨，恤典甚优，全赖次帅与阁下维持、褒显之耳。顺问台安。

25 复郭崑焘

同治三年正月初九日

意城仁弟亲家大人阁下：

伪忠王到建康已逾两月，尚未出城搦战，仅有零股至溧水扑城二次。少荃攻围常州，忠酋往援，几破官军营垒，幸以力战得完。大约杭、嘉、常三府春间可期收复，惟金陵、湖州难遽得手耳。江、皖之交，业经坚守七城，又备三支游击之师，未知果有裨否。江、席二军改驻婺源，江忠朝未到之先，派邓、陈为营务处。研香在青阳与味根虽大决裂，厥后病笃，契好如初。近两军亦无差池，或可和衷共济。淮盐行楚，本无应纳楚厘之理，鄙人恐鄂中袒川而拒淮，故以九文半之多予之。淮盐行湘，向皆由湖督主政，江督并不过问，故盐行、盐局匣费，皆听鄂省专利，湘省并不过问。此次刊章，于湘省另立门户，不由湖督衙门督销，已属破除常例，偏重湖湘，鄂中颇不谓然。现虽未用公牍驳商，已寄手折来商，欲减敝处之川厘，欲分湘省之七文，原折钞呈台览。东征局仍派玉阶观察办理，米事务期竭力购办，善后局断不

近两军亦无差池，或可和衷共济。

刁难也。复问台安。

26 复郭崑焘

同治三年三月十九日

意城仁兄亲家大人阁下：

得一缄敬悉一切。正月窜江之贼，左帅文称仅剩三、四千人窜至广信，而研香力争，以为数过十万。吾辈宁失之慎，毋失之疏，故照研禀奏明咨行各省。现踞南丰、新城两邑，江、席、韩、刘四军萃于一处，不能胜之，则数万之说宜若可信。杭州复后，伪听王等由德清、于潜、昌化、宁国县而至绩溪，毛竹丹在徽东小挫，贼遂蔓延休、歙之南，由龙湾下窜，计必由婺源、景镇又入江西矣。此股合杭、余、嘉兴之贼，计亦不下数万。将来侍、堵、辅三大枝，计又不下二十余万，亦将自湖州冲出，上犯江西。而常州、宜、溧之大股，金陵、丹、句之大股，舍江西以外，亦复别无去路。是目下南丰、新城之贼，虽不足为巨患，将来踵至之贼，为患大而且长。不特贻患江西，并为吾湘切近之灾。阁下切勿忽视。至要！至要！俊臣防堵南路，应尚可靠。鄙意钤峰一军宜由茶陵赴吉，克庵一军宜由醴陵赴袁，穷寇股多，有隙即窜，尚不似九年石达开之入湘，专趋南路也。然贼中号令不一，心志不齐，只要能打几个猛仗，究比蚤年易制耳。敝处具疏争江西厘金，与沈幼帅恐遂决裂。今巨股陆续窜江而不能拨兵往援，问心固已抱愧，而官绅之交口嘲骂，尤为不堪涉想。然众军倚厘为命，有不能不争之势，金陵之役未毕，又有不能拨援之势，此心殆无心求亮于天下也。秦、豫发捻，环逼襄、樊，不久又及皖北，仅恃蒋之纯、普钦堂、何子文数人，殊难应敌。南坡翁今日抵皖，即日西上，东厘近状何如？能于三万之外，增与五秉否？顺问台安。

为患大而且长。

27 复郭崑焘

同治三年四月二十日

意城仁弟亲家阁下：

得惠书敬悉一切。窜江之贼，第一起为伪陪王等，系溧阳败出者，溧阳本侍逆巢穴，故陪王亦侍党也。第二起为陈炳文、汪海洋等，杭州败出为多，而武康、德清、石门等股，亦附陈、汪以行，辎重最多，旗帜最鲜。第三起为伪侍王，由湖州逸出者。第四起为江阴、杨舍之败贼，常州城外之垒贼，与夫金坛、句容克后之贼，顷于十二、三、四等日，唐桂生与金、毛辈在休、黟屡获胜仗击散一股，未知定何酋也。常州克复头目及粤逆骈诛无漏网者，余亦投诚遣散，不留余毒。丹阳克复，逸出之贼甚多，是将为第五起。而湖州之贼将为第六起。皆当由徽入江，人数实已不少，所幸不甚凶悍，号令不一，心志不齐，沿途掳粮，多饥少饱，纷纷逍散，不敢言战。此机势之最可喜者。而敝处各军，江西各军绝少良将劲旅，无一人能制此散漫之贼。左部差胜亦多新集之卒，此又时局之最可虑者。现调春霆，马步万六千人，上援江西，少荃已派兵接防东坝、句容，霆军途费九万金，亦将次第解到。十日内必可成行，五月当可到江，届时贼若未渡赣江以西，则全局稳固矣。顺问台安。

不留余毒。

28 复郭崑焘

同治三年五月三十日

意城仁弟亲家大人阁下：

接惠书敬悉一切。此间近事，金陵围师所掘地道尽被该逆由内凿出，隧而相见，劳而无功。舍弟智力俱穷，适值寄谕迭催少泉中丞亲来会剿。国藩因叠次函咨请之，舍弟亦屡函速之。顷接少泉咨，言炮队尚须教练，似六、七月，尚不能遽来，饷需奇绌如此，深恐又生他变，焦灼之情，有逾昔岁。周厚斋入江西，春霆亦单舸入省，其全队由九江、瑞、临进兵，既保赣江以西，亦兼顾鄂之南境、湘之东境。吾乡浏、醴防兵，或可少节縻费。厚庵交替水题事务，定于二十五日起程赴江，侍逆及听、康诸酋实散漫无远志，若杨、鲍剿办，定可纷纷逃散，尚不能如石逆由宝庆窜粤时之整齐也。鄂中发捻、徘徊于黄、孝、麻城之交，若深怜我英、霍、潜、太、桐城之无备，而不欲迫我于危者。狗党数酋均有投诚之说，密约刘维桢前往定议。维桢者，狗部一酋，十一年，德安投诚，蒋之纯用其计以破黄州者也。发逆若果投诚，则群捻必不久扰滨江各属，而敝处之患或可以少纾。其滨淮各属，僧邸即日将抵三河尖，陈国瑞将抵正阳关，应足以遏寇氛。李廷璋之贤，久闻希庵谈及。俊臣、玉班、刘晓沧、王永章俱属缓急可恃，吾乡似不甚空虚。麓溪辞湘潭一席，抚署如何批答？捐厘本易于丛怨，久任尤非所宜。然湘潭为东征大宗，此间凝望切于乳哺，又虞继之者，益难为工也。顺问台安，诸维心鉴。

散漫无远志。

29 复郭崑焘

同治三年七月二十四日

意城仁弟亲家大人阁下：

金陵行次接奉惠书，猥以江宁告克，远劳笺贺。阁下关注之殷，补助之厚，其为欢欣有过于身亲其事者。惟追思同袍诸君，或百战功高而蚤薶黄壤，或患难与共而中更差池，或出死力相扶而闻望不彰，而贱兄弟独遭逢际会，同膺上赏，感涕之余，弥增惭悚！鄙人在金陵小住二十余日，苦热相困，营中又无办公之地，酬应纷繁。二十日登舟西上，回安庆料理月余，再至江宁，筹办善后事宜。舍弟一军，定拟裁撤一半，饷项奇绌，乃为近年所未有。东征局裁撤之议，尚须俟之冬间。八、九两月，务求多解一二万。至祷！至祷！康逆在许湾七十垒之外，包以长围，固以深壕，不意为鲍公所破，无一得脱。此处得手，三县相继克复，听逆率六万人投诚，江西当可指日肃清，吾乡东顾无忧。畇樑之去留，一听尊裁可也。

出死力相扶，而闻望不彰。

30 复郭崑焘

同治三年八月十六日

意城仁弟亲家大人阁下：

连接惠缄，猥以寒门叠邀异数，远辱庆誉。非常之荣，而以碌碌者当之，恐塞翁不以为福，而候人转以为讥。若果薄海息兵，戍卒归农，然后举樽相庆，斯真乐耳。

湖州、广德于七月二十六日、二十九日克复，余贼窜匿徽、浙山中，不久必至江西。此股颇甚狼狈，当不似听、康、侍、陪等酋之整齐难制。第贼虽无能为役，而官兵之果足制贼者，亦不数数觏也。新疆连陷三城，厚庵奉旨谆催速赴甘肃，势难久留江楚。春霆归心箭激，江西全境肃清，亦难须臾淹留。舍沅弟肝郁未舒，湿毒如旧，梦寐思归，迫不可遏。齐南云病甚沉笃，难期速痊。万一兵事更有反复，后患仍未可量。粤东兵单饷绌，深可危虑。吾湘兵力无胜于粤，然贼所欲甘心者，不在粤，而在湘。若能留杨、鲍诸公，周旋于江、闽、楚、越之交，或易为力，而无知不能也。

万一兵事更有反复，后患仍未可量。

停止粤厘一疏，谕旨仍令照旧征收。然粤东事棘，必应多留，以支本省之饷，即日当函商寄、筠两帅耳。复问台安。

31 复郭崑焘

同治三年十一月初五日

意城仁弟亲家大人阁下：

得惠书具悉一切。科场事件俱有头绪，应试者约一万三千人。上下初意，举行乡试，但为招集流亡起见，不意外间颇不为然。但求三场平安，乃可放心。楚界之行因湖北并无余匪，是以迟迟其行。科场本系鄙人主持，万事草创，亦须帮同经理。楚、皖均报肃清，计近日别有后命也。江、粤之贼，目下虽全萃闽省，然闽中地瘠米少，终当迁入粤东。窥江窥湘，吾湘东路之防，断不可以少弛。舍沅弟有精锐三千，带回故里，暗备桑梓之不虞。留之则糜费饷项，遣之则莫备缓急。想次帅与阁下必已熟商妥议矣。江忠烈事，八月曾发一密片，兹钞呈台览。旋奉寄谕于忠烈报功之典，似已满志踌躇，未便再行渎请，俟稍迟再当复奏。王壮武身后，未闻加恩子嗣，来示欲援罗、王之例，或误记迪、庵二子为王家事耶？粤厘请广中额，为东征局先树一的。昨见部文，又颇虞其驳饬，学额不准逾十名，中额似无此限也。沅弟途次久无信来，不知过省时病状何如？务望嘉言宽譬，广其胸臆。至感！至荷！即问台安。

断不可以少弛。

32 复郭崑焘

同治四年正月十八日

意城仁弟亲家大人阁下：

接奉惠函，裁答稍稽。皖中之行，本系敝处于回任时，自行奏请。厥后僧邸大捷，豫省将次肃清，刘连捷、刘铭传俱奉无庸赴豫之旨，则鄙人西行自可以已。东局有功陵，似已中外共喻。现已奏明于夏间停撤，届时再行详述。东局之功，南叟之劳已在，南叟开缺数月之后，则议者不疑全篇皆因南翁而发。七十老翁，身外之荣，本无所求，但求致仕时内无严谕，外无闲言，即足差慰！众意至东局应得褒宠，鄙意以加中额为主，依照广东之例。在事诸君子，二年冬业经奖叙，此时未便再请。江西厘金，四年共解七百余万，亦仅去冬请奖一次，尚不如二年冬东局保案之多且优。今夏若再请满保，恐并中额而议驳也。且湘人过此者，多议厘、东两局之员薪水太丰，保举过优，气焰甚大，如不加畏惧，恐为言所纠，又有星使查办之事。次帅之案已奏结否？究系何人所劾，有无妨碍？阁下岳游之约，能否远引？十一年曾有一函，劝阁下见几高举，为寄云所匿。此际次帅危疑之时，似亦难于果决。即请台安。

薪水太丰，保举过优。

33 致郭崑焘

同治四年闰五月初五日

意城仁弟亲家大人阁下：

接惠术，尚稽裁复。国藩精神疲倦，实已不堪事事。比来眼涩殊甚，舌端无故蹇钝，梦魂无故惊怖，抚躬循分，决当解位谢事。乃以僧邸之变，又有山东之役，已于五月二十五日交卸督篆，二十八日，解缆将由清江进驻徐州。全撤金陵之湘勇，而新招三千挈之以北，又调寿春易镇、皖南刘镇之老湘营各三千人，少荃所拨淮勇见界者万七千人。步队本不为少，惟贼骑逾万，非练马队二三千不能制敌。而清江以北粮运极艰，柴草尤少，殊非南军所宜。久困兵间，重荷兹任，颠踬殆不远耳！恽帅罢官之后，几至无以自存，廉正深可钦敬，然廉吏可为而不可为，自古叹之。筱泉中丞莅任后，闻台从不一入城市，深闭固拒，逾于段干，自不容以盐局琐事，更溷清听。欧建吾称以汉局相累，则告者过也。霞老辨诬一疏，乃大为吾辈吐气。胡张复奏东局各情，仆乃一无所闻，墨白贸乱，宁独此哉？即请台安。

然廉吏可为而不可为。

34 复郭崑焘

同治五年正月十六日

意城仁弟亲家大人阁下：

去腊接奉惠书，藉审禔躬康胜，泊然物外，岂胜企仰。国藩自奉命北征，初筹四镇之兵，继谋游击之师，诸未就绪，倏逾数月，捻党悉众西趋，于是中外纷纷谤议，责敝部不能与贼纵横追逐。迨冬腊月间游兵粗已成军，正拟并力西向，专办豫事。而任、赖、牛、李等酋全趋鄂省黄、麻一带，张总愚亦由南阳窜入襄、樊，又有成部叛勇之变，楚事日棘。不得已，檄刘少三一军由周家口援鄂，不特前此所奏十二府州不能自守其说，即谕旨所指之三省亦不能恪遵而自画矣。贼既注重湖北，则淮、徐、济宁、周家口四镇，均不能筋脉联贯，自须多筹游击之师，与之往来奔驰。而初议所云：“以有定之兵制无定之寇”者，亦终恐莫践斯言。纷纷如此，何时定乎？阁下自去岁谢事，置身在材不材之间，邦政在闻不闻之际，摆落尘缘，萧洒送日，闲中佛国，令人叹羡。东征局巨款，请加中额，欲求大笔代作一折。曾寄书南坡翁为我转达，恐逾十名之数，或干驳诘。曾经议有长策否？

置身在材不材之间，邦政在闻不闻之际。

35 复郭崑焘

同治五年五月初四日

接令兄筠公四月来书，并抄寄与左公信。以石交而化豺虎，诚不能无介介，然此等只可悯默，终古辨说，亦复何益？有言不信，柳子厚所以致慨也。令兄每遇褊急之时，有所作为，恒患发之太骤。目下自粤还湘，固无应发之事，然亦须阁下善于将顺导之于宽博纡余之域，乃不致以弦紧致疾。此间群捻猖獗，纵横数省，世变滔滔，茫无畔岸。视微咎去官者，乃是善解脱法。贤昆仲饱阅世态，想亦筹之熟矣。

36 复郭崑焘

同治五年十二月二十三日

再，国藩不肯回江督之任，实因告病在先，回任之命在后。君子不恃千万人之谀领，而畏一二有识之窃笑，且方寸先不自许，是以屡疏辞之。又自揣精力日衰，实不能多阅文牍，多见宾客。是以但求解要职以轻责任，不求离营以图安逸。乃数疏上后，外间纷纷揣拟，匪夷所思，不知长沙桑梓置议何如？世人蹈常习，故偶见有稍异者，便尔惊怪，以谓天下必不应有如此，岂人人之出处语默，必稽查成案而出之耶？

不求离营以图安逸。

37 复郭崑焘

同治六年十一月二十日

意城仁弟亲家阁下：

得十月朔日惠书，敬审以桑梓多故，复出从事幕僚。哥匪之外，又有斋匪，所在蔓延。吾乡未形之患，诚不知其所极，然亦只宜批郤导窾，以无厚入有间，未可概用斤斧陵节而施。舍澄弟在湘乡办理哥匪，则排击不中理解，徒足以坚胁从者从逆之心，而枭桀者或多遁匿，无辜者或遭刑戮。国藩前恐激之生变，寄书邑侯刘明府，概从宽弛。顷又致函韫斋中丞，申内严外宽之说。在湘乡专主一"宽"字，其有真正头目，须予严惩者，则拿解省垣，听倏中丞委审定夺。不知韫帅以为然否？窃意湘乡果办理得法，则他属之哥匪易戢；哥匪办理得法，则通省之斋匪亦孤。欲湘乡之悉就范围，则生杀之权当操之抚帅，湘邑不准擅杀一人，狱讼之权，当操之邑侯，局绅不准擅断一狱。此湖南之福，亦寒门私家之幸也。望阁下佐中丞力为主持。他县或可放松，惟湘乡举动纤悉，必使抚署呼吸皆知，明以了之，静以镇之，或可化有事为无事耳。

湘邑不准擅杀一人。

明以了之，静以镇之。

东路捻匪自十月二十四日击毙巨酋任柱后，贼焰日衰。刘、潘、郭、杨诸军追至青州等处，若再能大创数次，该逆进不得掳粮，退不能渡运，或当有投诚者。直隶枭匪存者无几，而官相顷有署直隶之信，不知印渠何故开缺？近日厚、霞、筠、沅次第去位，而印复继之。吾乡极盛，固难久耶？思之悚惕。复问台安。

38 致郭崑焘

同治七年六月二十三日

意城仁弟亲家阁下：

此间春霖注溢，二麦歉收。入夏尚苦雨多，各城虔祷。顷已邕晴一月，而蛟水四出，积潦淹稼及飓风破坏海滨田产者，日报不绝，大约交牵不及七分收成。所幸附近两湖、江西、浙江，皆告大熟，或于饷事不至甚窘。

盐务全无起色，即皖岸、西岸亦更逊于丙、丁两年。诚如来示，非奏禁川、粤两私，必无转机。然鄂中官商上下，无人不愿行蜀鹾者，川、鄂之交甚固，其相求甚殷，正恐奏停之后，徒减邻税之入款，无益淮盐之销数，是以徘徊，不肯遽发。

麓西之退，私事固自郁郁，公事亦殊不惬适，鄙人亦累月焦闷，见盐务之牍，则闭目判之，而不复厝意于其间。

曾国藩全集

书札

下卷

[清] 曾国藩 著

河北人民出版社

图书在版编目（CIP）数据

曾国藩全集．书札／（清）曾国藩著．-- 石家庄：河北人民出版社，2016.9（2021.4 重印）

ISBN 978-7-202-11188-8

Ⅰ．①曾… Ⅱ．①曾… Ⅲ．①曾国藩（1811 ~ 1872）—全集②曾国藩（1811 ~ 1872）—书信集 Ⅳ．① Z425.2 ② K827=52

中国版本图书馆 CIP 数据核字 (2016) 第 074323 号

书　　名	**曾国藩全集　书札** **ZENGGUOFAN QUANJI SHUZHA**
著　　者	[清]曾国藩
责任编辑	马　丽　张静中
美术编辑	李　欣
责任校对	付敬华
版式设计	俊书装
封面设计	Dh2o
出版发行	河北人民出版社　（石家庄市友谊北大街 330 号）
印　　刷	三河市三佳印刷装订有限公司
开　　本	787 毫米 × 1092 毫米　1/16
印　　张	53.25
字　　数	686 000
版　　次	2016 年 9 月第 1 版　　2021 年 4 月第 4 次印刷
印　　数	11 001–14 000
书　　号	ISBN 978-7-202-11188-8
定　　价	106.00 元

目　录

书札

沈葆桢

沈葆桢（1820～1879）原名振宗，字翰宇，又字幼丹。福建侯官人。林则徐之婿（妻名林普晴）。道光二十七年进士。历任御史、江西知府和道员。入曾幕，掌营务。以曾氏举荐，授江西巡抚。后与曾争粮饷。擒幼天王及洪仁玕，处死。同治六年任总理船政大臣，接办福州船政局，扩建海军学堂——求是堂艺局，萨镇冰、严复均出身此学堂。同治十三年巡视台湾，与日本签订自台湾撤兵的协议。光绪元年，授两江总督兼南洋通商大臣。卒于位。《清史稿》有传。

1 加沈葆桢片

咸丰八年十月二十日

弟日内目光尤蒙，不知何故。老境逼人，殆非药力所能挽回，亦遂不药耳。翰臣方伯廉正之风，令人钦仰。身后萧索，无以自庇，不特廉吏不可为，亦殊觉善不可为。其生平好学不倦，方欲立言以质后世。弟昨赙之百金，挽以联云：“豫章平寇，桑梓保民，休讶书生立功皆从廿年积累立德。立言而出；翠竹泪斑，苍梧魂返，莫疑命妇死烈。亦犹万古臣子死忠死孝之常”。登高之呼，亦颇有意。位在客卿，虑无应者，徒用累欷、韩公有言：“贤者恒无以自存，不贤者志满气得。”盖自古而叹之也。

方欲立言以质后世。

2 加沈葆桢片

咸丰八年十一月十三日

新任建昌王太守正派而英明，似是有为之才。尊兄德卜有邻矣。窃观自古大乱之世，必先变乱是非，而后政治颠倒，灾害从之。屈平之所以愤激沉身而不悔者，亦以当日是非淆乱为至痛。故曰“兰芷变而不芳荃，蕙化而为茅”，又曰：“固时俗之从流。”又“孰能无变化？”伤是非之日移日淆，而几不能自主也。后世如汉、晋、唐、宋之末造，亦由朝廷之是非先紊，而后小人得志，君子有皇皇无依之象。推而至于一省之中，一军之内，亦必其是非不诡于正，而后其政绩少有可观。赏罚之任，视乎权位，有得行，有不得行。至于维持是非之公，则吾辈皆有不可辞之

以是非淆乱为至痛。

赏罚之任，视乎权位。

任。顾亭林先生所称"匹夫与有责焉"者也。国藩若有江北之行，则相去日远，音书日稀。凡文武人士，如阁下所见以为是者，望无惜时时开示。如鄙人所见以为是者，亦当疏记奉告。或先见为是，后见为非，亦可随时互闻。此间去信州尚近，不审能设法一来相见否？彼中事如繁重，则亦不欲奉浼也。顺候幼丹近安。

3 加沈葆桢片

咸丰十年五月初八日

再，四月之季，胡润帅、左季高俱来宿松，与国藩及次青、筱荃、少荃诸人畅谈累日，咸以为大局日坏，吾辈不可不竭力支持，做一分算一分，在一日撑一日，庶冀挽回于万一。因屈指海内贤者、朋辈志士，惟阁下高卧林泉，置身事外，因定计坚请台从出山，一奏再奏，以至三、五奏、数十函请，总以出而握手之日为止。次青体气羸弱，惫于戎事，本不欲更以介胄之事苦之，因弟初膺艰巨，逆氛日炽，不得不浼其复出御侮，为弟干城腹心之助。阁下若能慷慨投袂，助鄙人即助次青也。且计贼踪若由浙省而蔓及衢、信，即珂乡亦万无独全之理也。而阁下菽水之资，稻粱之谋，固当不足于三年之蓄，早迟终不免于一出，不如趁此时机，犹是贤者众志交孚之时，伏冀上念国家，下念桑梓，中念友朋，翻然遽起，以慰喁喁之望。翘企何既！顺候日安，诸维心鉴。

上念国家，下念桑梓，中念友朋。

4 加沈葆桢片

咸丰十年七月初八日

再，次青擅长过人之处极多，惟弟与阁下知之最深，而短处则患在无知人之明。于在高位者，犹或留心察看，分别贞邪。至于位卑职小，出己之下者，则一概"援善善从长"之义，无复觉有奸邪情伪。凡有请托，无不曲从。即有诡状发露，亦必多方徇

凡有请托，无不曲从。

容。此次青之短。将来位望愈高，终不免为其所累。阁下知人之明，远胜侪辈。务求台贺迅出，且先在信州小驻，将次青所用文武人员，一一经法眼甄别，位置得宜，优劣得所。次青去此一短，则众长毕露，幸甚。敝处用人，间有不当，亦望阁下时时惠锡箴言，以资质证，至祷至祷！

位置得宜，优劣得所。

5 加沈葆桢片

同治元年二月初八日

再，自闻大纛成行之后，未得嗣音。铅山等属亦未报有确实差信，渴想曷已！庆正轩制军久莅珂乡，近状何似？屡奉寄谕，微词督责，而延访及于鄙人。国藩耳目最隘，比以军事少暇，于邻封得失尤鲜谙究。阁下息影家园，静者多妙，敢祈将二年有余见闻实事，缕晰惠示。其美政劣迹，不妨拉杂并书，瑕瑜互见，俾得据实胪陈，仰答朝廷殷殷下问之意。其军务咨牍与敝处交涉事件，每每不惬人意，则不待智者而可决也。近日朝廷虚衷博访，明目达聪，其曲体下情，足令中外感涕。其旁烛幽隐，亦足震慑群邪。下走不才，滥叨非分，绝膑之患，负乘之饥，终夕惭汗。所尤愧者，孤陋已甚，不足以备刍尧之询。若阁下药笼尚富，请将所知人才一一开示，为惠更大。再颂幼丹尊兄大人台安。

则不待智者而可决也。

6 复沈葆桢

同治元年三月初十日

幼丹尊兄大人阁下：

惠书敬悉。所有复商各件，仍条列于左：

——接左帅信云：顾文彩本非可多将之才，若以之兼辖王德榜之众，其部众不服，而王德榜亦不甘，似宜于事定之后，撤遣王部为妥。鄙意王部虽难遽撤，而王道不可不早去。段道既洽舆情，应请阁下早为裁夺。左帅函称不敢为越俎之谋，且留为阁下整顿地步等语，想已咨复尊处矣。

——抚州断不可空虚，王沐一军纵不惬舆望，目前无调开之理。凡地方官绅平日怨兵勇之骚扰，临警又百般呼吁，若求一劣营而不可得。建昌既倚黄印山以守城，则一切宜从其所请。如招团勇之类，皆请尊处一一照准。至力攻绅士黄家驹，虽未必无涉于意气之处，然冠伯不逮印山远甚，自当袒印而抑冠。王沭晋省，察看究竟何如？

——信防诸军无甚得力者。刘胜祥、段起二人较为彼善于此。鄙意若责诸军以野战，则万不可恃，若责令守城，则刘守广信，段守广丰，顾守玉山，均已足敷防守。来示谓平江营甚不为众论所许，守城亦甚疏懈，似即可径行裁撤，不必饬归次青。次青袒护平江勇，执迷不悟。弟昨据实参奏，意欲与左帅裁撤次青所部平江勇三分之二。屈道所管一营，不可再拨归渠处也。

——整顿营伍，殊无良法。弟蓄此意久矣，至今未展一筹。希庵欲将皖兵全数遣散不补，另择佳勇补之。此法可行于安徽，似难行于江西。来示欲弟轮召到营，随同战守，弟并未亲临前敌，若发往地处，谁肯照料训练？稍图补救之法，约有二端：一曰挑兵亲练。选兵之精壮，不吸洋烟者，召至贵署左近，酌增口粮，亲自训练。吴淪斋前辈抚湘时，曾行此法，择牛松山为教师，今杨厚庵军门即其时练技之最著者也。陈伯陵昨防吉安，亦嘱其挑二百兵认真操练。一曰选将补缺。兵部班次，虽头绪繁多，动辄违碍，然由尊处与敝处专折奏补，将其不合例之处一一声明，必可邀允。如来示所称善通、韩进春、刘胜祥之类，即请尊处主稿，会鄙人前衔奏补实缺，最足新耳目，而鼓士气，不可畏干部诘，而预自缩手也。

整顿营伍，殊无良法。

7 复沈葆桢

同治元年三月十五日

幼丹尊兄大人阁下：

两次惠缄，应行复商之件，仍条列如左：

——蔡少彭兄必应留于江省，请尊处主稿挈敝衔入奏。弟于初八日奏请钦派大员办广东之厘金，供江浙之兵饷。如荷俞允，当奏派少彭与丁禹生赴粤经理开局事宜，并思委筱泉至粤一行，此外尚有贤员可去者否?

——九舍弟进攻巢县、和、含，即以堵御下游之贼，不得上犯庐江、安庆，是以剿为堵之局。若抽调此军赴皖南，则贼匪可直犯无庐、安庆，而太湖、宿松处处空虚，亦可长驱窜湖北矣。鲍军在江南亦系以剿为堵，与舍弟局势相同，皆不可动。

——王德榜撤省，原营交段道兼统，甚好，甚好。敝处前日奏商之件，与尊处办法不谋而合。

惟守城差有把握耳。

——现在贼数甚多,动辄数万。官军若非大支劲旅,不特不能野战,并不能守营,惟守城差有把握耳。广丰紧急,阁下以刘胜祥二千为游击之师,以王沐二千副之,饬扼防排山等处。鄙意贼若来扑,刘、王之力必不能固守营盘,无益于广丰而有损于抚州,似不甚妥。弟所以专派诸军守城,不责其野战,并不责其扼要扎营者,深知其不可恃耳。欲求可以野战之师,在广、玉一带,惟望左军。在抚、建一带,惟望鲍军、蒋军。

——袁州府协互讦之案，承饬司详参迅结，甚慰。厥后南城互讦一案，弟亦严批，不知有当否?凡弟批札未当事理者，望随时函示，为感!

——生童攻逐洋人一案，恐不免于后患。闻其所居有残杀幼孩，近于采生折割，真天主教士当不如此。或仍是内地奸民假托，事急则借威势于洋人乎?即请台安。

8 复沈葆桢

同治元年四月初五日

幼丹尊兄大人阁下：

接途次惠书，敬悉台旌复莅信州，召杜重来，绅民慰其讴思，军士因而感奋，佩仰无已。段道果可统率多人否?王道究以撤省为正办否?丰、铅、贵、泸之间，总须有一大枝游击之师，乃能保全江省东北藩篱。国藩久有此志，不得其人。屈、段、刘、顾，似均不胜此任，请阁下再加细察。或于信郡暨丰、玉二县每城酌留统将一人，守兵千余，此外概令跟随左帅学习战事。去岁试办丁漕减征一案，发之太骤，条理不密，声明今秋再定永远章程。左公谓宜参差定价，因地制宜。论者亦多以广信科则最轻，即每石征纳五千、六千，较之他府每石完三千者，尚属便宜。阁下有德于信州甚厚，绅民无不输情效命。此番更求体察卓裁。今秋当会同奏咨札示，定为永章。

国藩久有此志，不得其人。

9 复沈葆桢

同治元年四月十三日

幼丹尊兄大人阁下：

数日不接左帅信，不知侍逆一股果全数遁去否？此间搜获伪文，则伪辅王、杨七麻并未驻守中国，当尚在徽、衢、严三府境内。江西边围之患，犹未已也。请阁下将诸军分别，除守三城外，概令随同左帅学习战事，仍望大纛，迅回省城。欲求自强之术，似须另行选将，募练新军。池、徽各属，现有重兵，饶州防务尚松，霞轩似以留省为宜。该守若薰陶德教，不急炫长，当可渐跻于大方之域。属吏才品，弟不深知，一切均求主持。即问台安。

10 复沈葆桢

同治元年五月初五日

幼丹尊兄大人阁下：

惠书敬悉。所欲商者，仍条列如左：

——信防以刘守郡，以顾守玉，以段守丰，局势既定，则此后不轻更张。屈、王二营，王宜早撤，屈可少缓。屈所部之士卒，近岁有功绩而无过犯，屈观察亦正人而有血性者，且于统领信防任内，屡经艰险，均无贻误。该营若撤，须将欠饷全数发

局势既定，则此后不轻更张。

误事太大，扰民太甚，故不足惜。

给，不可蒂欠。前年撤普军时，每勇仅给六两，系因其误事太大，扰民太甚，故不足惜。近日遣撤升字营，照遣普勇之例，已不足服将卒之心。左帅撤次青之勇，仅给一月，并不满六两，何能帖服？阁下借银一万，调处熨贴，甚善，甚善。将来撤屈营时，应请主持全发欠饷。江西自邓、耆为政以来，除一二私营外，类皆视将领如寇仇，视士卒如草芥，处处堤防，故客兵、主兵皆不乐为江西用。辅堂虽无私营，而处处堤防之风未改。阁下素为军士所归仰，更望渐革此风，以君子之道待人，或人才自此日兴。

——九江、湖口终不宜久于空虚，应请于台旆旋省之时，仍调万镇还浔。

——丁漕各属不能一律，犹巨屦小屦不能同价。众论佥同，已无疑义。大约广信漕以五千为率，各属仍以三千为率，其他处小有参差，银价时有涨跌，以及知府之酌盈剂虚，佐杂之漕规换名，均请阁下与方伯裁定见示。永章虽待九月下札出示，而大致不可不早定，使牧令有所适从。

——兴筑乡堡，坚壁清野，此乃团练之本义也。今河南处处筑寨防捻，每寨有一寨主。寨主有强有弱，捻至之时，有坚守者，有委而去之者。信属筑堡，亦必各立堡主。寇至之时，亦必有坚守者，有委而去之者，断不能堡堡皆完守无恙也。阁下核议章程，必极精当。鄙意尚以择堡主为第一要义。盖主非其人，委而去之，全堡之受害甚大。若不立堡主，更不能守。是否有当？伏候采择。敬请台安，并贺节喜。

11 复沈葆桢

同治元年五月二十二日

幼丹仁兄大人阁下：

——各军在江者，就弟见闻，或昔时所见而近已改变，或得自传闻而实不相符。如王德榜、段起，弟系咸丰六七年见之。维时王最陋劣，段亦平平，故于玉山闹饷一案，决计商撤王军。厥后左帅咨留，则似必有可取者。段则二年以来，大洽舆情，经阁下法眼明保，想已迥异。吴下阿蒙屈军，弟于十年春间见之，其人才短而有血性，其营系次青亲兵，见仗颇多。在信二年，亦著成效，故弟前缄奖许，而不知其扰民召怨若此之甚。王沐之为人，弟向不知。本年二三月历询敝同县带勇诸公，均有贬词，无褒语，抚州知府曾禀请将该营调开。顷接其帮办杨道洽禀亦言："王沐接家眷来抚，耗千余金，置营务于不问。"等语。弟所闻如此。尊此耳目较近，必更真切。浔、韩两营戍抚，似无不妥之处。弟实以所见不真，不敢遥度臆断，非谦也。此外，又有陈伯陵所募之湘勇两营，因饷项不继，呈请归尊处调遣，意在归省局发饷。该营或亦在可造就之列，可否调省或调抚州，亦求酌定速行。

其人才短而有血性。

——解米进京，今年江西之力实做不到，明年弟与阁下当竭力办之。似可解银至通、泰一带买米运至上海，雇沙船放洋抵津，不必雇轮船也。如果九洑洲克复，即在江西买米，用民船运至上海，亦不满两月可到。此事拟展至十月兴办，如卓裁以为可行，即请饬司议详，挈衔会奏。

——丁漕减征一案，司详其妥。惟此事由上司通行各县，终不如由各县自行定议之可久。已拟一示稿札稿，另咨奉商。核稿时，恰接来示，即将广信改为三两矣。

——大奏保七劾八，谨已读悉。弟去年亦思有所甄别，已具稿而未发，中有数员，恰符合也。教堂一案，极难措手，各路人心纷纷外向，非大力者殆难挽回。湖州初三日失守，闻杀人乃不过一二百。贼窜秦中，多将军已率全军万余人入关矣。并闻。即请台安。

人心纷纷外向，非大力者殆难挽回。

12 复沈葆桢

同治元年六月十六日

幼丹仁兄大人阁下：

接惠函敬悉一切。继果营之事，不能以一言之誉而招之，一

不能以一言之誉而招之，一言之毁而撤之。

言之毁而撤之。自是至论，即如尊指，派令入浙学战。赣局厘务，黼堂主分，筱泉主合。鄙意亦以分为便，将来与韶关厘局联络一气。现在黼、筱两牍均暂阁未批，俟尊处于各缺位置皆定，敝处厘务即批定矣。江西盖藏本少，今年又薄有水灾，省城户口日增，势不能再办京米，请即主稿挈衔入告。九洑洲不克，虽有米亦不能北上。况江西本极窘绌。待尊处会折拜发后，弟当奏拨漕折协济征饷，盖欠饷太多，粤厘难恃，舍此无可设法耳。刘青云一案，敝处未经挑斥之先，霞轩亦常有信来往，并未说及诈赃重情。甫经挑驳，霞轩便有手函，谓系诈赃酿命，与正详全不相符。此何说也？该府县于刘青云何所顾惜？若非刑幕受有贿嘱，岂肯枉法徇情，代为改重就轻？大抵一省刑幕，自有藩篱。一幕错误被驳，则众幕出死力挽救，以必胜为期。吾辈交契，不因小案遽致差池，亦非群幕所能簸弄。弟既批臬署覆详，且俟详到再酌，诸希涵鉴。金陵到援贼六七万，舍弟处尚未接仗。李世忠派兵由浦口南渡者，营垒被贼重围久困，殆难保全。看来金陵又成持久之局。多公劲旅终须入擅一行，朝廷意已坚决，自难更议。复请台安。

金陵又成持久之局。

13 复沈葆桢

同治元年七月二十三日

幼丹尊兄大人阁下：

筱泉来此，备述起居多福。选将练兵，夙夜匪懈，至为佩慰。应行复商之件，条列如左：

——里下河办米运费不赀，抵津后，闻杂费亦巨。吾辈量力措办，自当以米价与各款并计。少荃明岁自不能不办海运，江西之米附苏米以行，合吾三人之力，办此创行之举。其天津零费，不审有可少减者否？

——王护赣道，从署赣守，允惬物望。弟已批赣局交王接办瑞、袁、临三府，归并省局，江西司道委任不至乏员，此间则深以无藩司为苦。近因希庵丁艰，敝处须兼抚篆，弥虞丛脞矣。

——南丰等县团捐请奖之案，弟久思之不得妥善办法。将姓名榜示通衢，以无人禀揭挑剔为主，自可稍彰公道。然亦恐其雷同附和，并为一谈。鄙意弟与阁下暨黼堂皆久在江西，各县团练出钱之多少，功效之大小，亦差有耳目闻见。如宜黄报捐数二十五万有奇，与吾辈闻见全不符合。则虽供证佥同，亦宜驳之。各县来报捐数者，报团功者，皆可以吾辈平日之闻见，心中之尺寸驳之。皖北宿松县，顷以团捐请奖广额，弟以去年失守无功批驳矣。国家定例，督抚以司详为凭，司道以县禀为凭，州县以绅民公呈为凭。论者谓如汉学考据之家，惟恐其说之不出于人。弟则素性武断，拟仿理学陆、王之家，惟恐其说之不出于己。阁下榜示之法善矣。欲更进刍荛，请参用鄙人武断之法，可否？

亦差有耳目闻见。

——江西须另练一军，弟久有此意。深以江西腹地空虚为虑。来示欲练额兵为一军，此策最善，岁约十万金，不过费养勇千五百人之口粮耳，何足介意？陈镇精明而多疾病，万镇耐劳而少条理，各有所短，然均未染习气，可以集事。惟既经离汛归各辕操练，即可留辕长操，与长征之兵无异。又欲整营规，须令其住帐棚、札垒、挖壕，若近贼相持规模。江西城外苦无扎营之地，若跑大队及枪炮打靶，尤嫌太窄。或令扎驻青云浦，或调兵三千分扎六垒。小操则调之城边，大操则阁下就往。庶几气势较壮，渐成劲旅。

气势较壮，渐成劲旅。

——刘青云事，阁下亲提审讯，必可洞见垣方。弟恐刑幕回护前失，文员作践武营，故尔加意推敲，断不肯意气用事。顺问台安。

14 复沈葆桢

同治元年九月初三日

幼丹仁兄大人阁下：

此间近日风波之恶，迥异寻常。伪忠王率苏、杭全股，十余万援救金陵，已扑攻七日。贼百计断我饷道，幸已勉力支拄。该逆又以西瓜开花炮，打入营内，惊心动魄。我军人少数倍，又病只能苦守，深虑难于持久。

者太多，只能苦守，不能出剿，深虑难于持久。逆首黄老虎等由东坝窥窜宁国，二十日，鲍军派去六营，挫败一次，幸春霆病愈，由芜湖回宁。凯章日内亦愈。凯章入城守垛，霆军城外扎营，宁郡或可保全。但虑病者太多，不能力剿，又虑贼以一支牵缀，一支内窜南陵、青阳，窥伺祁门、景镇两处。水师病卒亦多，杨军门病尚未愈，上下千余里，布置散漫。又分船至泰州、上海等处太多，兵力弥单。不料贼自东坝抬船入丹阳、南漪等湖，将由芜湖、金柱出江，殊恐无以制之。统计金陵、宁国、水师三大端，一有疏失，全局决裂。中夜以思，寸心如灼，敬求荩画，挽救万一。陈拔山、刘胜祥已至景德镇否？该处碉堡既成，三千人尽足坚守，请饬多备米粮、子药，预储堡内。练兵章程甚为妥善，惟口粮究加若干，大咨尚无确数。加粮、拔缺二者，乃鼓舞弁兵之实用，间或遇案保举，亦不可少。绿营积衰之后，非大加奖率，不能振也。司道京米一详已见，殊不惬意。入仓之弊，商人裹足，弟亦夙有所闻，而不甚知其详。阁下洞悉情伪，敬求缕晰指示。弟当附片密陈，并请不问既往。今根本之地如此空虚，吾辈安忍不一尽言，以冀寸补。王吉云同年之事，殊难设法。自林、米案定之后，言官又追劾次青，必欲加罪，谕旨饬左帅与弟查办，而未令会奏，现尚不得系解之法。吉云已定之案，更难无端着义，悯默而已。

15 复沈葆桢

同治元年九月二十五日

幼丹尊兄大人阁下：

差弁归，接奉复示，荷蒙饬局筹解银二万、火药二万，委胡令长芝速解，以应急需，感赖曷既！前此之赣局七万，业已到皖，分投转解。尚有省局之银二万、钱二万、粤厘之银三万，阻风在途。但求数日顺风，则鲍、张、朱、唐各军皆可点缀。金陵信来，尚托平稳，业经勉支一月。闻忠、侍两逆全无引退之意，官军守者太苦，伤亡亦多，别无大支劲旅从外夹击，未知此围得

各军皆可点缀。

解，竟在何日？前在抚州见广信士民感念德政，沦肌浃髓。漕价略加之事，既非阁下所能劝导，则鄙人更无论已，只好一律照办。价既酌减，则各属丁漕皆须严催力督。威克厥爱，庶不疲玩。顺问台安。

16 复沈葆桢

同治元年十月二十五日

幼丹尊兄大人阁下：

国藩近日忧灼，益不可状。金陵虽幸解围，而贼匪尚于秣陵关、六郎山等处，多筑坚垒，层层布置，后路仍未肃清，与金柱关犹隔绝不通。舍季弟抱病甚重，弁勇病者至今未息。春霆粮路水运久梗，弟派人赶办陆运，本不足以赡大军。近日霪雨连绵，尤多不便，弁勇纷纷逃散，均非佳征。朱云岩守旌德，米粮亦不足。二十日，金陵之贼又分股北窜，九洑洲、浦口十分吃重。李世忠本不足恃，江北如和、含、巢、无，上至舒、桐、潜、太，空虚数百里，一经阑入，不堪设想。此数者丛集一时，鄙人实已智尽能索，莫知所届。幸饷项来数较王，为今年所未有，差强人意。若能如此月之入款，即全停江西漕折，犹可支持。特恐不可为常，且待万过不去之时，再行缄商尊处，通融办理。韩进春业已成军到省否？其营官十人，必须逐一经阁下亲自审定，不宜全凭渠为取舍。李迪庵兄弟之选营官，专取简默朴实，临阵不慌。弟不能于临阵观人，而取简默朴实，略仿李氏之意。阁下素精藻鉴，或可参酌用之。

空虚数百里，一经阑入，不堪设想。

临阵不慌。

17 加沈葆桢片

同治元年十一月十九日

寿州退还苗练一节，此间人多不以为然，寄谕亦未允许。苗练屡禀，动称楚师勾结捻匪。僧邸屡牍动称派员详查楚师与苗练不和，孰直孰曲。敝军若与苗党开仗，必与曾邸南北水火。今日之天下，岂堪将帅更有水火之争？弟故不能不早退一步也。九洑洲北渡贼股，至十余万之多，民间纷传李部用银卖放。虽人言原属无稽，而形迹实可多疑。十月再请简派大员会办，又未俞允。如此危局，岂一二人所能支撑？古、赖、刘等股内窜江西，弟时以为虑。然多而不悍，王、唐等军或足御之。所最虑者，古、赖既由旌德、太平内窜，杨七麻、黄文金等或亦从此路上犯江西，则为患方巨耳。左帅复敝处信，言江西有事，渠必以全力救援。大约蒋、刘、刘、王四军，左帅必遣两军回援江西，合之味根一军，韩进春一军，总可力扼寇氛。如天之福，江西再得一年安静，皖、浙其终可图乎？

18 复沈葆桢

同治二年正月十四日

幼丹尊兄大人阁下：

接奉惠书，姑苏克复之说，系属传闻之误。有常熟贼目周兴隆、骆国忠至少荃中丞处献城纳款。福山口贼目江胜海亦已投诚，外间遂纷传苏州收复。伪忠王以常熟扼苏郡之背，福山为北渡之津，亲率数万众，前往围攻，周兴隆等求援于沪，少荃以轮船载兵往救，至则福山江贼目复叛而从贼，无从下手。少荃乃调浦东各防之兵，并力以攻福山，又以沪中空虚，飞檄来皖索前此截留防守无为之九营。顷覆书略称，羽毛未丰，兵力未厚，尚宜约旨卑思，不宜多拓疆土。计函到之日，彼中已分兵四出援剿矣。贼中大计，忠逆将率数十万众窜犯大江以北，其南岸宁、池等处，仍以杨、黄、胡、李暨赖、古、刘三股为最多。江西边患仍在西而不在东。春霆带队驰九十里，大获全胜，擒斩近万，立解泾县之围。此近事之堪慰者。附闻。

不宜多拓疆土。

19 加沈葆桢片

同治二年二月二十日

再，弟此次察看前敌各军，本拟金陵若成久顿之势，即当另筹退兵之计。及至各处反复察度，势已万难撤动。而南岸如芜湖、金柱关、宁国、湾沚，北岸如西梁山、裕溪、运漕、无为州等处，皆筋脉必争之地。从前贼中米粮百物，皆取给于此数处。今大小河道，皆为官兵所有，谷米日用之需，丝毫皆须肩挑入城。故贼中大以为不便。屡搜伪文及生擒贼供，群贼皆图争此数处。故伪忠王去年苦攻金陵官营，今年大股北渡，图犯西梁、无为，伪侍王屡攻金柱关，伪堵王、辅王久犯宁郡、芜、金一带，皆以无粮之故。较之昔年和、张在金陵时，贼取全皖之米者，局势迥不相同。以是观之，果能坚守此数处，实足以制贼死命。所虑者，地大兵单，贼有致死于我之心。诚恐一处疏失，全局皆震，尤可虑者，该逆不得逞于此数处，则且横逆旁出，专为就食之谋。忠酋不得逞于无为、运漕，则必东窜里下河西犯湖北，目下江浦、浦口既破，凶焰已大长矣。侍、辅、堵三酋老巢既失，又久不得逞于皖南，则必终思一窜江西。盖苏、浙多未耕种，舍江西无可营一饱也。故外间皆以宁国贼退为喜，而弟则忧犹未已。刻下在徽郡附近者，系古、赖、刘与花旂等股，左帅抽出刘廉访一军，意在援徽以保江西，其谊可感，其力亦足以了之。惟侍、辅、堵三酋，若从宁邑、旌、太阑入江西，殊觉难于收拾。弟当以全神注重此层，敬告阁下，同此兢惕。

局势迥不相同。

20 复沈葆桢

同治二年二月二十五日

幼丹尊兄大人阁下：

弟自金陵转棹，周历两岸各城隘，地大兵单，处处不敷分布。本拟江北坚守四城五隘，以待希庵、味根两军之至。江南坚守五城四隘以御侍、辅、堵、孝诸酋之窜，其拙谋已具于前此奉复函中。不料僧邸欲速剿苗党、寿、正、临、淮一带，又添一种波澜，而朱镇呈报堵、孝各酋，已集青阳，将由东、建以犯江西。不得已檄春霆回军以截此股。能于青石境内驱之东归，斯为至幸。乞饬诸将加严湖口、景镇之防，以固江西之圉。川米约于

地大兵单，处处不敷分布。

五月可到，能得三四万石，则兵食略可接济矣。顺问台安。

21 加沈葆桢片

同治二年二月三十日

再，法国教士罗安当前赴江西，弟亦派武员徐士衡送之以行。因恭邸函嘱殷勤，故亦奉函左右，请将前案速结。然弟观罗教士之气象，不过如我中国之无赖痞棍，其进京干求迫切，在该国公使不过稍与申理，以应酬外国传教之人，在恭邸不过稍予体面，以应酬驻京之公使而已。弟上年闻尊处办理此案，刚劲不挠，恐或激而生变。今观罗教士之言语意象，必不足以取信于该国之酋长。法国亦必不因该教士而兴兵动众。疆吏于此等处，但于刚毅之中，微寓浑涵之意，不使恭邸独任其难而已。此外，则自以守正不挠为宜。前函未喻鄙意，再致区区。

自以守正不挠为宜。

22 致沈葆桢

同治二年三月初三日

幼丹尊兄大人阁下：

连日各路探禀，黄文金、胡鼎文、李远继等逆未扑青阳县城，由池州直上殷家汇、张家滩，其从东流、建德窜入江西之饶、景，毫无疑义。自去秋以来，无日不以贼犯江西为虑，今殆必难幸免。虽曰地广兵单，亦实鄙人调度未善，无所辞咎也。迭次飞檄春霆回援，闻因饷绌难于拨动，定于初一日起程，不知果成行否？现饬景镇水陆各军坚扼昌江，无令贼得内渡，而使春霆自池建来，以蹑其后。克庵自徽、婺出以要其旁，冀得挽回万一。敬求阁下严饬段道扼住昌江，一面咨催席研香三千人由湖南驰赴抚州。黄、胡虽屡败之余，然较之古、赖等酋凶悍多矣。饷绌异常，敬求赐拨六万金，以济眉急。其中以若干为惠协之款，以若干为借款，由厘局归还，均候尊裁。顺问台安。

以济眉急。

23 加沈葆桢片

同治二年三月十三日

再，接景镇禀报，尚无贼窜石门、洋塘等处确耗。连日大雨，昌江计已盛涨，自饶州以至景镇，炮船足以制之，当难内渡。所虑贼由浮梁以上甲路天宝堂，翻山窜入婺源境内，仍可窥伺景镇、乐平，乐平为紧要关键，甚于石门，可否饬韩军仍驻乐平，较有把握。春霆为石涧埠所牵制，克庵为徽、休所牵制，景镇苦无游击之师。若席宝田速到，与韩进春合为一路，应可一战。但未接其拔营日期，祈阁下专弁一催，或酌带银两迎而犒之。湖北捻股由麻城东下已至广济境内，九江亦必告警。然大江天堑，断难飞越，敝处已派水师巡防北岸矣。省城虽万无他虞，然亦不可不为之备。新补都司之詹鸿宝，往年初充哨官，胆气、弓马，均有可观。后因受伤过重，不能骑马冲锋，顷已札饬赴省履任，祈阁下进而训诫之。若布置城守事宜，可择一最冲地段，责成詹都司防守。此外曾经阁下考验，胆气优者几人，城守如分段责成，不至乏员否?

24 致沈葆桢

同治二年三月十九日

幼丹尊兄大人阁下:

再，此次徽、祁危急，尊处派一军，左帅派两军，苦战苦守，保全三城。然徽、休之贼虽少退，而黟县之贼仍盘踞黟城及内外各岭，其胡、李、黄大股，因景镇及陶家渡官兵声势颇壮，遂西窜桃树店，闪上、小路口等处，蔓延百里。祁门各军声息不通，实属异常危迫。若钤峰稍有磋跌，祁失而徽、休万难独立，则不特坏三省之大局，而弟亦无词以谢客军。每一念及，忧心如焚。敝部派守南北城池至十六处之多，占住兵力，尽成呆着。除鲍军外别无大支游击之师，所为全力急解石涧埠之围，非仅虑毛军覆没，亦以力保无为、裕溪、西梁山三处地。幸而立解重围，鲍军回援祁、景，总在一月以后。江、席二军由抚州入皖，则当在两月以后。如天之福，两月内饶、景、祁、婺皆不决裂，则大幸也。孙方伯欲于藩署之外，另委大员总理粮台，养素亦以为言。究竟藩司与粮台应否分办，伏乞卓裁详示。

25 复沈葆桢

同治二年四月初四日

幼丹尊兄大人阁下：

但愿进死，不愿退生。以少击众。

接三月二十七日赐书敬承一切。黟、祁败逆，并入饶、浮，号称二十余万，势若长蛇，诚可深虑。下游实无所得食，该逆冒死内窜江西，以营一饱。其势但愿进死，不愿退生，穷寇狠谋，殊无御之之法。然刘、王等军在徽、祁境内，以少击众，屡获大捷，均出意料之外。若留钤峰守祁而克庵、心初回剿浮、景，合之段、韩二军，或更有意外之捷，全数驱之东窜，亦未可知。此则全仗阁下与左帅大力维持，与苍苍者悯念江、皖孑黎而已。六安之围环攻愈急，春霆以久无口粮，师行甚迟，城中仅守兵一千，恐难久支。苗沛霖与忠酋勾结，亦派其党水陆来围六安。苗逆伪示，抄呈一览。僧邸招降各捻巨股，斩其头目，抚其党羽，本系妥善办法。时会不妙，苗逆即借此激怒群捻，祸端弥烈矣。

26 复沈葆桢

同治二年四月二十四日

幼丹尊兄大人阁下：

此军精力光阴，耗于途中。

惠书敬悉。申夫一军本令速赴祁、黟，腾出克庵全军回援饶、景。因建德未克，申夫不敢于贼中冲过，又值彭泽告急，大咨见商，遂改令申夫由彭赴鄱，会合韩、席等军由内打出。然非克庵南援，恐终不能了也。研香何日到抚，能迅赴饶、景否？味根一军顷奉四月九日寄谕，又令往粤。三令三更，此军精力光阴，遂全耗于道途之中。敝处不欲再行陈奏。一则恐政令多门，不成事体；二则七千人之饷，豪不可指也。罗安当知难而退，亦自佳事。来示决裂与否，听之于天。以鄙见度之，罗安当之伎俩，不能耸听，洋酋构怨兴兵，彼畏难作而自退，并非阁下坚拒，不见当无他虞。伪忠王已由定远回救苏州，捻股之附忠者，又自定远临淮折回六安。蒋、毛二军援寿，不知赶得及否。苗逆实非剧寇，毛牧以五百人而坚守月余，贼技可知矣。复请台安。

27 复沈葆桢

同治二年五月十七日

幼丹尊兄大人阁下：

惠书敬悉。克庵已至景镇，尊处檄诸军恪遵调度，我愈整齐，贼愈散乱，必可一律驱除逐之东还。申夫自彭泽开船，尚无到湖口确耗。虽为逆风所阻，然嫌过于迟滞，莫慰民望。味根果从尊指，由瑞、浔而达湖、彭，则西路之江、李，东路之刘、段、席、韩、王、刘相排并进，声威弥壮。特恐味军濡滞，不能应弦赴节，则人数虽多，尚嫌分布不远，不能多杀贼耳。江、席额饷六万，善后局详请于地丁浔税项下月拨四万，厘金项下月拨二万。而弟批并此一万而吝之，又奏请月拨浔税三万。黄莘帅两函苦商，截留粤饷，弟皆未允许，又奏请敕令无得留粤。左季帅新有援徽大功，而弟遽请索还景、河、乐、婺诸厘卡。此三者俱似不近人情。实因饷项奇绌，军情日涣，迫而出此，私衷愧悚！深惧无以对阁下暨左、晏、黄诸公。兹将四月二十七日一片抄呈台览，派员会办之请，朝廷终未允许。盖疑去岁疾疫，今岁饷竭，或有托而陈告，未必出于至诚。行当斋祓再奏，期得请而后已。各营请奖，此间批定之案，每百人中准保十四人，递减至八人不等，然终嫌其太滥。初次克复武汉，弟仅保三百余人，计百人中裁奖三人。逮官、胡再克武汉，保至三千余人，此风一开，遂不可挽。近年每百人保二十人者，几成常套。弟去年思挽回一二，批定极多不准过十四人。名器日滥，弟等实执其咎！治军多

我愈整齐，贼愈散乱，必可一律驱除。

年，愧歉莫大于此。复请台安。不具。

弟国藩顿首

28 复沈葆桢

同治二年六月十三日

幼丹尊兄大人阁下：

陶溪渡、洋塘之贼俱退，江军已到湖口，江西当可渐就肃清。惟金陵、苏、浙剿办得手，皖南终为逋逃之薮，江西仍无安枕之日。去冬以来，徽、饶等处专仗阁下与左帅大力经营，鄙人愧未厝意，此后有事，当通力合作也。九洑洲克后，方意事机大顺，澄清可望。不料苗逆猖獗，寿州沦陷，该逆素所畏者，希庵之湘勇，今湘军技止于此，彼复何所畏忌？马谷山蒙城一军危在旦夕，唐中丞临淮一军恐亦难保。长淮全局将坏于鄙人之手，而江以南，机势可图，又未敢舍此而顾彼。愧悚徬徨，莫知为计。九江洋税一款，国藩于四月二十七日奏提三万。今江、席正当进剿吃紧之际，此项自当先尽渠军，如收数大旺，或可分润皖台，再行酌商。今年谷米先事预筹，将来度过荒月，尚可余谷三万有奇。饷银则奇绌异常，厘金亦毫无起色。有米无银，各军可扎老营，难以开差，浙江之索还景、河等卡，广东之不准截留厘项，皆不免大起论端。今而后知天下之争，皆生于不足也。厘卡得人实难，前此举劾数员，皆据各处禀件，不知当否？敝处派去之员，亦求阁下留心察看，随时函示，不胜感祷。即请台安。

当通力合作。

未敢舍此而顾彼。

29 致沈葆桢

同治二年七月十八日

幼丹尊兄大人阁下：

前月坚山之役，意谓江、李纵能支持，必难破贼，而江西之患且无了日。不料月初大股退窜，饶、浔肃清，江、李并未大战，不知果因黄老虎重伤而退乎？抑被刘、段、席、韩屡创之后，力尽而返乎？此次徽、饶幸保万全，实赖阁下与左帅调派诸军，苦战苦守。敝处仅有钧营会剿，既少且迟，深以为愧！此后鉴于前辙，即派江、席、李军为江皖游击之师，另有公牍奉商。如阁下与左帅意见相符，则一切由三君者自定，进止不复遥制矣。下游军事，忠、侍、辅诸伪王萃于金陵，方广征各悍酋，共谋解围。鲍春霆已卧病月余，其部卒病故极多。舍弟营内较去年病者稍少，迭次鏖战，该逆洋枪队调动至八千之多，不知天地戾气何时可减。目前金陵万无得手之理，但求勉力支撑，牵缀忠、侍诸酋，不得分顾苏、浙，即为幸事。袁午帅仙逝，有遗函寄弟，谆谆以苗事见嘱。临淮日内十分危急，义渠殆不能支。苗练发端甚微，不谓酿成如此大祸。虽曰气数，胜帅谋之不臧，亦何可逭？希庵病重不出，鄙人不得不独执其咎。数月以来，外面苗患日炽，内而饷项日绌，昼夜忧灼。惟此二端。仰仗大力将江西厘务料量一番，庶有补救。顺问台安。

既少且迟，深以为愧。

外面苗患日炽，内而饷项日绌。

30 复沈葆桢

同治二年八月二十日

幼丹尊兄大人阁下：

接奉七月二十七日复函，敬悉一切。日内伏审玉体康复，勿药占喜，至以为祷。青阳被围已匝一月，申夫在北门外之十里铺扎营，被贼扑陷，士卒伤亡甚多。喻吉三、席砚香由茅坦继进，尚无确信。而城中食尽已久，万难再支。不特下游之南陵、泾、宁视青阳之存亡以为存亡，即徽、池、浔、饶各属，实亦防不胜防。青失则贼焰骤长，即使刘、王、段、韩等仍如冬春之苦守苦战，亦在胜负不可知之数。眷言大局，忧愧曷已！前调霆军回援皖南，断不能赴青阳之急矣。临淮唐帅一军自怀远溃退后，伤折颇众，军械全失。苗逆复往攻蒙城，故临淮老营得以偷安旦夕。然饷绌兵单，终虑难以图存。来示谓江、席宜进攻石、太，与浙军步步联络，俾左帅得以次第肃清浙西，良为三省至计。惟贼数太多，官军大支活兵太少，其野战十分可靠者尤少。纵使青阳幸

终虑难以图存。

而解围，而下游无食可谋。群贼之回宁、广、湖州者其偶然也。内犯饶、广腹地者其本心也。弟之约旨卑思，不敢遽规广德者，盖有鉴于去夏之覆辙耳。厘局各员，台端固执谦退，不置可否，弟现派至江西办厘者已至十五员之多，日夕兢兢，常恐用人不当，不特贻害商民，亦必有损吏治。厘卡之争端，何一不与州县相交涉，不敢求一一稽查，但求于声名最劣者，以片纸见示，立即撤委，则惠我多矣。

日夕兢兢，常恐用人不当。

再，密启者：接奉初十日大咨，以蔡道将九江关洋税三分匀解一案，咨商迅复。查蔡关道于七月二十八日，陪冯展云学使坐轮船来安庆，在何小宋处小住三日。初一日，冯、蔡与彭雪琴同赴湖口。蔡道在此面禀公事三件：一言京米太少，江西本届须解漕米进京。一言九江洋税，可以三分之二解江、席，一分解安庆。一言茶叶落地税，洋人纷纷不服，且华商于落地税之外，别无厘税，洋商于落地税之外，又别有子口税，亦不公允。宜将新章更改等语。弟比答以京米、洋税二者，须禀抚辕。洋税尚可函禀，京米必须进省面禀。至落地税新章应改之处，准由该道禀请酌改，但须与前次贴出告示不相矛盾等语告之。三十日，渠来禀辞，弟又嘱其晋省禀见阁下。是蔡道归浔后，即行晋省之说，敝署人人知之，彭、冯二公知之，九江府县知之，不知南昌有所闻否？又不知厥后何故中止三分匀解？在渠以为尊旨办理，然既未面禀，又未奉批，情理殊不妥也。渠之申报，弟尚未批，当即批令以后尽解江、席，不解安庆。其现已解到之万五千金，敝处亦可徐解江、席。如昨日解米三千石之类，亦可抵也。此案孙署司之初详，蔡道之申报，弟与阁下之奏咨，四者皆有参差不符之处，谕旨亦作调停之词。弟若备咨奉复，恐稍着斧凿痕迹，故以密函布复，恕不另咨。又，大咨中“万难恋栈”一语，似有引退之志。自台端莅任江西，劣员淘汰将尽，仕途为之一肃。门包供应，省垣绝迹。若旌从去位，则继之者，恐难如此弊绝风清。即主兵如段、韩、屈、王等，皆能竭诚效命。客兵如刘、王、江、席、李等，亦感激无间言，若另易他帅，亦难必众军之用命。弟忝附同舟，窃欲代皇上一为挽留，代百姓一为攀辕。可否涵纳众流，同支危局，伏候卓裁。再问台候多福。

同支危局。

31 加沈葆桢片

同治二年十月二十一日

再，研香来此晤谈两次，似是近日各统领中出色之材，可为喜慰。语及韩参将，渠无贬词，并云操守极为廉洁，打仗亦肯冲锋。研香已属深识大体，况克庵之贤耶？景镇、浮梁一路，有段、刘及张子衡之师，石门、洋塘一路有江、席之师，江西门户之防，所缺者惟下隅阪一路，江、席之力稍可横出拦截。弟又分守徽、池七城，大致已算周密，不似去年之疏。然江西之患在北而不在南，若南赣刻无警信，韩军可否暂留中路，抚州一带？可南可北，可广可饶，伏候卓裁。前派人密查江西商情，据云省河以上，设卡太密，商民怨咨。拟派朱紫卿允成赴各处一查，再行分别裁撤。紫卿去岁来时，惠缄以为佳士，与琴西并称，连日与之畅叙，洵佳士也。复问幼丹尊兄大人台安。

出色之材，可为喜慰。

32 致沈葆桢

同治二年十一月初四日

幼丹仁兄大人阁下：

顷接程镇学启之信，苏州省城于十月二十五日克复。伪纳王等杀伪慕王以降，自足欣慰。惟伪忠王窜出，将至金陵，挈伪天王以偕窜，此降人所供也。弟思洪逆与忠酋，大股出窜，除皖南、江西别无他路。特此飞商，务恳阁下檄调韩军，回顾景、饶等处。前函请留该军暂驻抚州，不知已允行否？江军门赴南昌养病，断难速痊。惟席、韩同堵一路，段、刘同堵一路，庶足自固藩篱。凯章所部六千人尚驻郴州，如南赣有警，弟当函商毛、恽两帅，令凯章由桂东上游来援。可否？伏候卓裁。顺候台安。

33 复沈葆桢

同治二年十一月二十一日

幼丹仁兄大人阁下：

李复猷股匪，顷得湖南信，业赴凯章处投诚。将李酋解至粤省，似此江西南境或可暂安，而北境则为虑方长，幸贼势已衰，不似昔年之剽疾。韩军于开正后再由抚州以还饶、景，当不为迟。味根沦逝，深堪痛悼。弟以尊处必先行入告，故至今未为陈奏，望将疏稿抄咨敝处。其族兄达川方伯将赴蜀中，亦欲先睹为快。其部下陈道鸣志最为味根所许，而资望尚浅，不足统辖各提镇。味根病笃时，达川曾与商及替人，据称惟其从兄江忠朝人较稳练，物望归之。十月间驰函促之来皖，如其肯来，腊月可到，此外无人可承其乏，此达川之论也。弟与楚军同事之日极少，左帅与岷樵兄弟，暨印渠、味根诸君子周旋较久，气谊弥笃。如江忠朝不肯从军，尚当缄商左帅，择一贤将，暂为统理。目下军无统率，必不得力。韩军北行以后，尚乞阁下于韩、段、刘、张中酌派一人至石门一带与席军为犄角之势。研香识力过人，闻其麾下无一良将，亦足虑也。厘务屡酿巨案，自是办理不善，当嘱筱、云二君，蠲除烦苛，崇尚宽大。仍求阁下体访情形，时加训迪，俾得免于大戾，是所至祷。诸希心鉴。顺问台安。

目下军无统率，必不得力。

34 复沈葆桢

同治二年十二月十六日

幼丹尊兄大人阁下：

接惠书敬悉一切。韩军东旋，计已抵饶，往返二千里，亦甚劳苦，幸冬间久晴，近日始雨耳。尊见以江省所患，徽、婺为急，东、建为缓，与鄙见相合。前批席道一禀，恐伪王由宁国县昌化、淳安、开化以达于玉山，是该逆得意熟路，曾经咨达冰案。左帅留老湘营久驻屯溪，似亦预防徽、婺一路。若开、淳、玉山，则浙军米粮运道，尤切肤之灾也。金逸亭统三千人，毛竹丹统四千人，均拟新正南渡，作为徽、池一带游击之师，合之江、席之万人，韩军之五千余人，两王之六千人，共得四支活兵，应不至任贼深入。惟应否酌调一军，先顾东路广、玉之防，伏候尊裁。进兵广德，本是要着，奈敝处诸将，除鲍公应防东坝外，无人堪当此路，又苦艰于运米，遂作罢论。寸心盖深以为歉也！厘局盐卡，叠次滋事，自是办理不善。现将添设分卡，兴办门厘二事，次第裁撤，私盐亦但加船载之税，不加肩挑之税。淮盐另有余斤一项，泰坝过掣时，用十八两三钱秤，江、楚出售时用十六两八钱秤，每斤余一两五钱，每引余五十六斤有奇，合之一加一耗，据称可赢百斤以外。商利名为分半，实可得四分内外，此间熟悉盐务者所陈如此。弟于鹾政尚未谙究，来示恐利薄难期踊跃，且俟试行数月，再为察酔变通耳。诸希心鉴。顺问台安。

寸心盖深以为歉也。

35 致沈葆桢

同治三年正月初八日

幼丹尊兄大人阁下：

顷奉大咨，调韩军至玉山，调精捷营、精毅营至婺源，布置极中要害。婺源城小易守，留千余人登陴，可出八千人为游击之师，粮运亦较石门为便。弟亦调毛道有铭赴休宁与王道老湘营同为活兵，与婺师互相联络。虽专重中路，而援应东西两路均不甚远。左帅意在速克广德，自是胜算。奈敝处将材、粮运二者均不逮此，且即能坚守广德一城，而四乡仍可窜越。穷寇冲犯，无孔不入，只好多守城池，多设游兵而已。云吉一病不起，实堪悼惜。仁厚正大而有刚气，意可渐任艰巨，赍志长逝，百不一试，令人短气。台、局二务只得请小山方伯兼顾。抚、饶分局两王声望较胜前任，二员或可相安无事。赣道已委少彭，即当札饬兼管厘局，亦必悉臻妥惬也。总理衙门信，弟处亦经接到，同此一稿，腊月杪已专函复之。总理衙门于关系外省筹饷事件，每与各

仁厚正大，而有刚气。

国公使反复争论，不令利权全归洋商。鄙意洋商较华商更为吃亏，渠固不从，亦当使华商本利与洋人相等，庶免纷纷转买单照，冒充洋夥。不审台端以谓然否？顺问台安。

36 复沈葆桢

同治三年二月初二日

幼丹仁兄大人阁下：

尽人力以听天，但求反己无悔而已。

毛竹丹六千人，合之原驻祁门之千人，尽敷祁、休、屯溪之守，并可驰击马金、绩溪之贼。顷已径札继果营迅赴婺源，听候尊处调遣矣。贼股既多，难保不犯江西腹地。然阁下调江、席赴婺源，调韩军赴玉山，实为确不可易。尽人力以听天，但求反己无悔而已。弟不能蚤取广德以与浙师合龙，不为无过，然敝处兵力，粮运实办不到，亦但求反己无悔而已。闻杭州、金陵春间俱可望克复，如两城幸克，则以全力共援江西，当不至于决裂。乞纾荩怀，无过焦灼！忠酋尚在金陵，侍酋尚在溧阳，辅、堵等亦无西窜的报。此次由遂、开上犯之股，大率侍党及花旂贼也。如闻忠、侍实已舍老巢而图江、楚，敝处必飞函奉闻。印山请以官捐代坐厘，弟已批驳。印山或出于相助之诚，其属僚何堪此累？且新章一两九钱，因银价太贱，牧令深以为苦。筱山方伯请征银、征钱由官作主，仍改复三千之旧，弟已批准，请台端主持。州县过于穷窘，未有不殃及百姓者也。专办厘务省局，实难其选，俟得人再以奉商。复问台安。

37 复沈葆桢

同治三年二月二十七日

幼丹仁兄大人阁下：

接惠书敬悉一切。抚、建之贼，得席、韩、刘、杨四军建昌城外之捷，当不致多扰腹地。惟虑其奔窜广、昌，内可吉、赣外可闽省，终成不了之局。苟能停留恋战，俾席、韩四军再得痛打几仗，前股解散过半，然后并力以御后股，则三省之公幸也。广德之贼，米粮久竭，退遁湖州。敝处亦以无米可运，不能分守广德。春霆一军已檄令进攻丹阳、句容，如能得手当令驻守句容，专备金陵克城时大股冲出之贼。但求洪酋、忠逆不能挟众上犯，则侍、堵诸党或稍易收拾耳。朱子钦一清澈骨，条理精密，方冀其于厘务大有补救，遽尔沦谢，可胜感怆！渠自以为贤者所器赏，衔感殊深。官捐之不宜办，弟夙持此议。数年以来，朋僚多劝弟办江西民捐者，弟以既抽厘金，不欲重困斯民。近日之办厘不善，大拂民望，非本意也。官捐之外，如节寿、办差、火耗、挪捐数者，能为州县宽得一分，则州县之取民者亦自少一分。火耗一项，请由阁下核减定案，节寿、办差二端，究竟应否全裁，抑尚有窒碍之处，均请卓裁定夺见示。摊捐一事，处处与交代相牵涉。元年奏豁之二百万，因交代各案未清，致豁如未豁，真亏者与无亏者，同为不洁之身，全案不能复奏完结。弟意欲请道光、咸丰年间交代数百案，一律豁除免算。敬乞赐示。并乞将摊捐案由尊处主稿见示，于一二月内会衔复奏。至恳，至恳。复请台安。

大拂民望，非本意也。

书札

官文

官文（1798～1871）字季峰。汉军正白旗人。第一代“果威伯”。历官副都统、荆州将军、湖广总督，升大学士。与曾氏及胡林翼相处良好。同治五年，被曾国荃参劾，回京仍在大学士，不久兼直隶总督。倡议并主持杜文澜等人合编《平定粤匪纪略》一事。《清史稿》有传。

1 加官文片

咸丰八年九月二十日

再，浦口之失，实在意料之外。久盼金陵大功告成，至是又不免迁延矣。阁下以唐义渠一军赴皖会剿，而调湘、宝两军分防浔、彭，荩筹周密，实深佩仰。惟义渠新集之师，亦须附劲旅以行，数仗后乃能确有把握。自润帅南归后，阁下兼管两署之事，又兼监临乡试，又兼办皖、豫军务，荩劳之状，可想而知。鄂省前办报销，各船厂若何开报？快蟹每只价值若何？长龙、舢板价值若何？便中敬求示及一二。再请勋安。

乃能确有把握。

2 加官文片

咸丰八年十一月初一日

再，舍弟国华温甫在迪庵营中同时殉难，公愤私感，痛恨何极！援鄂之举，日内亦熟计之。一则思为迪庵与舍弟复仇，二则顾天下大局，鄂先于闽，三则阁下与润帅暨湖北官绅眷待之厚，刻刻不忘。惟汀州及瑞金等处，尚有贼十余万，入闽之师，难遽撤回。若分兵援楚，又恐少不济事，必须弟挈全军以行，或可稍有裨益，以是难于定计。以迪庵器量之闳，行军之慎，而犹有此挫，所谓天者，诚难测耶！舍弟读史有识，夙怀大志，而落落寡合。与迪庵儿女姻亲，相得甚欢，决不肯舍迪庵而出以图生。知关垂注，附陈一二。载颂勋安。

顾天下大局。

夙怀大志，而落落寡合。

3 致官文

咸丰八年十二月初九夜

秀峰节帅宫保中堂大公祖阁下：

旬日累接浔湖来信，知都、鲍迭获大捷，陈逆不敢上犯。荩筹密布，大局危而复安，曷胜佩慰！接和帅咨，言陈玉成打通安庆、潜、太，悉力上窜，兹特咨达冰案，或是宿松未经接仗以前之计比闻江苏之徐州，河南之归德，山东之曹县先后失陷，捻匪大队当已北窜。鄂中得趁此时选将操兵，力图自固，即再来扰犯，亦无患矣。国藩拟于新正初旬。移营饶州，择驻湖口、彭泽等处，先固南岸，屏蔽九江。如果江北警急，俟与台端商定渡江移扎，亦极易耳。湖南前奏一折，奉旨令弟斟酌复奏，即日当以鄙意疏陈，未审卓裁以为何如？

荩筹密布，大局复安。

4 复官文

咸丰九年五月十二日

秀峰宫保中堂大公祖阁下：

景德慎相持如故。水师自二十二日起，环攻九日，毙贼亦颇不少。陆军一溪之隔，迄未得手。抚州老营五千八百人全数赴镇协剿，令舍九弟与李少荃率之以行，仅留湘后营在抚护卫。弟以虚声留镇于此，盖恐景德镇之贼逼窜抚、建耳。湖南之贼，自祁阳解围后，新宁、武冈亦以力战解围，宝庆亦获胜仗，大局当可无碍。贼之自浙、闽入楚者不过六七万，益以赣、郴之众、贺县另股之匪，计亦惟十余万。百万之说，恐不甚确。南省此次调度，皆于贼所欲至之处，官兵辄先事而防，应时而至，府城无所失陷，百姓未甚屠戮，仰托庇荫，实堪庆幸。湘省弁勇近日能战者多，必须令补实缺，既可坚各弁久征之心，又可变营伍惰弱之习。都守以上，择尤咨部推补；千把以下，尊处酌量间补。在鄂之湘勇，去年缄商阁下，请补实缺，刍言已蒙采纳。敝处之湘

大局当可无碍。

勇，亦拟向尊处咨取千把以下数缺。弟于百弁之中，择补一二，将来贼平之后，勇则归农，弁目之精强者，则得缺归伍，亦稍患之一道也。是否有当，敬求卓裁。谨请台安。

敬求卓裁。

5 复官文

咸丰九年六月二十三日

秀峰官保中堂大公祖阁下：

此间于初四日奉防蜀之命，其时景镇攻剿方急，万难撤动。甫经据实复奏，旋闻景镇、浮梁攻克，情形又自不同。因派张凯章带四千人回援湘省，而弟自率六千人溯江西上，驻防荆宜等处，道出武昌，又可瞻对雅范，一倾积愫，幸何如之？窃计宝庆解围，此贼由辰酉以入西蜀，则险而难；由益阳、常、澧以窥荆、宜，则顺而易。窜荆州，则可由襄阳以犯秦、豫，窜宜昌则可由三峡以犯全蜀。弟奉命防夔，自应奏明先驻宜昌，然恐行至荆州等处，即适与贼锋相值，所带六千人太单，难御大敌，敬求阁下预筹良将劲旅，俾弟得携以俱西，不胜感荷。计常、澧、荆、宜之间，今年战事必多，能萃两湖劲旅于此间，痛歼石逆一股，则大局之幸也。恭请颐安，余容续布。

大局之幸也。

6 复官文

咸丰九年十月二十九夜

秀峰宫保中堂大公祖钧座：

荩劳益懋，至以为颂。

蕲水途次接奉惠缄，敬悉武闱蒇事，荩劳益懋，至以为颂。国藩于二十四日拔营，分为两帮，前帮晦日可抵黄梅，后帮初二可到。承允拨西丹二百五十人，敬求拣派营总之朴诚善战者领之。马匹精壮者极为难得。此次口马到后，如不甚肥健，明春敝处拟专人赴北采买，届时再求尊处派弁同去；若此次马好，则省此一行矣。韦志浚事，日内尚无的耗，闻其曾至张殿臣副帅处投诚，想下游已招抚就绪，芜湖或可得手。陈玉成不克回援太湖，亦足见浦六官军之日盛耳。肃复。恭请台安，不具。

7 复官文

咸丰九年十一月十五日

秀峰宫保中堂大公祖阁下：

口马已到，荷蒙惠拨二百五十匹，并许续拨捐马百匹，感谢曷既。西丹马队到时，承拨二百五十匹，派得力之营总主事前来，配齐各项，尤为感切。至于太湖多都护营中择旧部百名对换新西丹，以备教练观摩一节，似可不必，一则新旧搀配，二则多公方在前敌，近日四眼狗必以全力来援，少一旧马队，即少一得力之兵，自须待援贼退后，方可徐议。抑国藩更有进者，马队之妙，无美不备，微嫌借资民力，不无骚扰，尤为大圭之微瑕。此次新西丹到敝处，拟更教之纪律，或用步队中之长夫助其夫力之所不及。如能听从迂拙之议，更为粹美无疵，是否？敬求钧裁。顺请台安。

微嫌借资民力，不无骚扰，大圭之微瑕。

8 复官文

咸丰九年十一月二十八日

秀峰宫保中堂大公祖阁下：

承惠拨马百匹到营，发交新募之土马队，日内调驭操练，正如村童闹学，奇态百出。新西丹到时，敝处得二百名，已不为少。盖润帅在西，英霍、商固兼顾二路，千骑决不可少。敝军在东，目下以多、鲍当前敌，敝处为后继，二百骑已足大壮声威。马队稍有扰民之处，鄙意欲曲劝而力教之；其夫役不足等情，亦必体恤而护全之，仍祈我公预为申约，俾得相与有成。至感，至祷。

有扰民之处，劝而力教之。

9 复官文

咸丰十年正月三十日午刻

秀峰宫保中堂大公祖阁下：

我军日稳，贼军日蹙。

此间军事，自新正六日唐军被挫，鲍营又形危急，赖金军有十一日山内之捷，多公分营扎护鲍公粮路，自是我军日稳，贼势日蹙。灯节后，将士日日思战，或以雨泥阻滞，或以山内、山外订期参差，未遽得手。而该逆日日移营西上，意图内犯鄂疆。二十五日小胜，二十六日大胜，乃得痛摧逆焰，大快人心。二十六日，狂风旋转，神威佑助，凡喷筒火箭所著无不立腾烈炬，震灼山谷，贼之牲粮、衣食、军械，一炬罄尽。小池驿、罗山冲等处，一律肃清；太湖、潜山，相继克复。月余以来，多、鲍二公功最伟，劳最多，可称双绝。而唐、蒋、金朱诸君，亦皆竭尽心力，共奏肤功。敝部会剿小池之七营，围攻太湖之各营，拟即将原禀录咨尊处，请阁下主稿挈衔汇奏。萧军由湖入江，溯荆、宜以达夔、蜀，较之山路稍逸。荩筹极为妥善；惟国藩批萧禀，又令其来鄂，稍涉两歧，当止之耳。复请台安。

相继克复。

10 复官文

咸丰十年二月十九日

秀峰宫保中堂大公祖阁下：

奉手教，具审一切。太湖、潜山、分为两案、出奏尤为分明。比闻凤阳府、县两城克复，袁、翁两帅之军，或可与楚师渐相联络；江淮之间，大有转机，尤足上慰宸廑。惟南岸警报频闻，自泾县、旌德陷后，太平、绩溪、宁国、相继不守，徽、浙震动。金陵方在得手之时，恐不能不因此而少分兵力耳。浚川一军不知果折回，出江、溯峡入蜀否？国藩发前信后，又会润帅衔飞札一次，并加函切致，计在常德可以接到。若竟不折回，而由黔入川，则蜀中有缓不济急之虞，而浚川亦有险远贫苦之患，殊深悬系。敝处报销，粗已就绪，已饬李筱泉太守赍呈钧鉴。

11 加官文片

咸丰十年三月二十一日早

再，胡宫保自闻杭城被围之信，愁病交侵，寝食俱废；加以蜀事日坏，尤用焦灼。既非所以为养身之道，即处事亦间有思虑过当之处，必须离营择一静处调养，庶心血不过亏损。国藩目疾如故，写字不过三行，即须停笔少息，亦苦不能静摄也。再颂钧安。

处事亦间有思虑过当之处。

12 复官文

咸丰十年四月二十八日

秀峰宫保中堂大公祖大人阁下：

接奉二十六日惠缄，敬悉一切。国藩菲才，又兼近日精力疲乏，何能当两江重任。惟苏、浙糜烂已极，自不能不闻命即行迅速南渡，冀徽、浙保全，贼不遽犯江西，犹当力固两湖、江西三省，以为恢复下游之根本。至安庆撤兵，恐桐城亦当同撤。不特前功尽弃。鄂之边防，亦属可虞。如有可以不撤安庆之法，敬求训示，国藩必谨遵行。固楚边即所以图两江也。复请台安。

13 致官文

咸丰十年五月十九日

秀峰宫保中堂大公祖阁下：

国藩于十五日自宿松起行，至老洲头，阻风三日，不能开行，心殊焦灼。拟至水营会晤杨、彭二公，即由建德过岭，暂驻祁门。接初九日寄谕，亦令勿撤安庆之围，差幸与鄙意尚合。得王雪轩中丞信，杭州布置渐稳，张璧田已带万余人出剿嘉兴一路。杭州不再疏失，东南大局当可挽回。惟目下各路，宜力戒浪

宜力戒浪战，专主固守。

战，专主固守，庶贼锋不至再长。鄂中为南北之枢纽，实宜多蓄雄兵，不可少有疏虞。国藩昨已附片具奏，良因南州大局而发，非因与阁下暨润帅交契而言，不审圣意以为然否？三省合防之议，求阁下始终主持其事，不特目下宜然，即将来两皖得手，而江西、两湖之藩篱，仍不可一日不求自固之道。国藩虽办两江之事，而必坚持此说，盖上游愈固，则下游愈觉得势，未有不能守而能剿者也。饷项支绌，日内用费尤多，意欲就阁下预拨万金，秋间仍于协饷内扣还。祁门去鄂不远，便中望常赐箴言。为感。

不可少有疏虞。

上游愈固，下游愈觉得势。

14 致官文

咸丰十年九月初八日未刻

秀峰宫保中堂大公祖阁下：

逆夷自占踞天津后，复有八月八日通州之挫，凭陵郊甸，去京咫尺，圣驾北幸热河，非常之变，敷天同愤。弟自接奉谕旨，饬派鲍镇一队北上，涕泣旁皇，不知所以为计。维时甫闻徽州失守之信，贼氛紧逼，人心摇动，又以宁防败兵、徽防败兵、楚师败兵，数近二万，纷纷索饷，分别留遣，不得不强颜抚慰，藉资镇定，至昨始行复奏，抄稿敬呈台览。窃计夷氛去京仅二十余里，安危之机，当不出八、九两月之内，若果犹豫相持，则弟与胡宫保二人中，当请钦派一人率师入援，虽明知无益于北，有损于南，而君父之难，义不反顾。如蒙派出，则十月即须成行。皖南、皖北各军，应如何调派敬求阁下与胡宫保预先商定，详明见示，为祷。顺请台安，诸希心鉴。

而君父之难，义不反顾。

15 致官文

咸丰十一年三月二十六夜

秀峰宫保中堂大人阁下：

飞启者：伪忠王李秀成股匪由抚、建窜至吉安，郡城失守，旋即下窜，其欲由临江、瑞州以窥九江图解安庆之围，已可概见。现在四眼狗至集贤关围扑官军营盘。国藩调鲍军自景德镇起行，计初一、二可抵东流江滨，为渡江援安庆之举。又咨调刘荩臣观察一军，由鄂省至九江、瑞、临一带，专剿伪忠王一股，不知刻下已起行来浔否。贼窜九江、瑞、临，为两湖、江西三省之公患，不可无专支劲旅以御之。刘荩臣一军，无论现在何处，请饬令迅赴九江，以趋瑞、临。至要！至荷！特此飞布。忠逆一股并不凶悍。前在建昌，官军仅七百余人，围攻二十余日不下，是其明证。兹纵横蹂躏腹地，一至、瑞临，则江西剿不胜剿，两湖防不胜防。务祈阁下迅速派拨，一体飞催，不胜感祷。诸惟心鉴，即请台安。

防不胜防。

16 致官文

咸丰十一年三月二十九日

秀峰宫保中堂大公祖阁下：

二十日前奉呈一缄，商调刘荩臣观察一军专剿李秀成股匪，不知到否？旋闻李逆窜陷瑞州府城，并分陷新昌、奉新、靖安、义宁州等处，风驰雨骤，如入无人之境。湖北之兴国，通山、通城，均属可危。恐其上犯武昌，下犯九江，务乞阁下迅饬刘道一军，由兴国、武宁一带进兵，探贼所向而迎截之。此股乃三省之公患，而湖北与江西尤为吃重。弟至建德之利步口与鲍公会晤。令鲍公在下隅阪休息二三日，怀宁急则北渡援怀，九江急则西上援九。至鲍公之新左、新右、新中、三营，未经训练，未编队伍，留剿黄州，万难得力，请阁下饬令速赴鲍处为荷！千恳千恳！即请台安。

风驰雨骤，如入无人之境。

17 复官文

咸丰十一年四月二十一日

秀峰宫保中堂大公祖阁下：

惠缄敬悉。此次逆首上犯，仰赖荩筹周密，众志成城。省垣既安如磐石，各路亦劲旅星罗。危局复安，欢抃曷既！此间军情，自鲍公至大桥头，狗酋即率八九千悍贼至桐城挂车河寻多公开仗，为多公所败，蹋毁贼垒八座。适值江湖盛涨，十日以内骤长九尺有奇，狗酋为练潭湖水所阻，势难遽回怀宁。舍弟得趁此时围住菱湖中空之贼垒九座。鲍、成亦趁此时围住赤岗岭之贼垒。以势揆之，安庆自有可克之理。特闻汉奸依托洋船，暗通接济，未知究竟何如耳。刘荩臣一军攻围随州，关系襄、樊全局，自不宜轻于调动。江西伪忠王一股盘踞瑞州，并不甚悍。现在省城及九江两处防守之具略备，瑞贼虽久踞郡城，亦不过与黄、蕲等城相类。惟恐其窜出或扰及武义崇通等属，则为江西、两湖之公患，当另谋劲旅驱除之也。建德失守，距弟驻之东流仅四十里。刻下尚无兵力可往剿办，且当度外置之。顺请台安。

以势揆之，安庆自有可克之理。

18 复官文

咸丰十一年九月初九日

秀峰宫保中堂大公祖大人阁下：

胡宫保仙逝，伤哉斯人。大星遽锽陨！爱国之诚，进德之勇，好贤之笃，治事之敏，用兵之精，理财之密，不特为时辈所罕见，即求之古人，恐亦不可多得。阁下与之亲如手足，和如锽球，不知伤痛奚似！告终之疏，想早拜发。此间亦拟另进一疏，俟得读尊处折稿，乃就其未及者而拾遗呈之也。

求之古人，亦不可多得。

安庆各营已进庐江。闻无为州与三河守御甚固，现派陆兵坐船同水师进攻泥汊。如该处能破，庶无为粮路可通。否则，难遽薄州城之下。多军回桐后，宜由舒城进攻庐郡。南有无为一路剿兵，中有舒、庐一路剿兵。阁下与希帅须另筹英霍一路防兵，然后皖之气势可振，鄂之藩篱可固。诸祈卓夺。饷项日内大绌。安庆各营以无衣为诉，徽、祁各营并以无食为诉，良不知所以善其后。顺问台安。

良不知所以善其后。

19 复官文

咸丰十一年九月十六日

秀峰宫保中堂大公祖阁下：

顷奉惠书，以弟忝附骥尾，晋秩宫衔，远辱奖饰，只增惭悚。舍弟谬邀殊恩，则由大疏夹片宏奖异常，以致叨窃非分，尤深惶惧。寿州危急，钦奉寄谕，本应拨兵往援，以全大局，惟舍弟庐江一军：现与四眼狗三河巨股相持，仅隔六十里，又有无为、巢县之贼两面窥伺；多公桐城一军，拟以全力进规庐州，为合图金陵之地，均难分拨。上游黄州、巴河各军，如何分合，弟不深知。惟就鄂省藩篱言之，襄、樊须有一大支以防捻匪；德安须有一小支，以防信、罗；英、霍须有一大支以防六安；桐、舒须有一小支，扼守门户，俾多军得以放心前进。计现在鄂中兵力，筹此四支，尚可敷衍。若进六安，力已似有不足，若进三河尖及寿州，力则更有不足。弟昨与多都护往返两信，已言鄂兵难赴六安。如鄂中能筹出一支劲旅，由霍山直出六安，则既与寄谕之指相符，又与多公之信相合，上之上者也；如其不能，霍山一支亦不可少，且须善守之将，免蹈余际昌覆辙。并请由尊处主稿，挈列敝衔复奏。至恳，至恳。顺问台安。

均难分拨。

20 复官文

咸丰十一年九月二十日

秀峰宫保中堂大公祖阁下：

惠书敬悉。折片稿均读过，情真语挚，浣佩无量。此间舍弟进攻无为州，破泥汊贼垒一座。闻无为城中此刻踞贼甚多，不似前月之空虚。又三河、巢县、芜湖各贼皆可就近来援，殊恐难遽得手。多公进剿庐州，孤军力单。求阁下与希帅拨万余人来，以四、五千守桐、舒二城，以七千人随多公进攻庐郡，庶前敌之兵力既厚，鄂北之门户尤固。六安既不进兵，则霍山亦不必防，专守英山可也。卓裁以为何如？安庆设立总台，承惠许源源接济，感谢曷涘？目下饷项极窘，深冀大波之津润也。复请台安，不具。

21 复官文

咸丰十一年十月初三日

秀峰宫太保中堂大公祖阁下：

惠书敬悉。应商事宜，条列如左：

——寿州被围紧急，两奉寄谕，令拨兵往援。寿州为长淮关键，本不可失，苗练叛党尤不可令其得志，自宜急往救援。闻苗逆畏楚师如虎，我兵纵不能直抵寿城，但能进驻六安，苗党必望风遁去。阁下与希帅拨二十三营赴霍山，多都护亦拟派十营助剿，总以直驻六安为妙。一到六安，不特寿州生灵立可保全，即庐郡狗党亦易攻克。请阁下与希帅力筹此举。弟前恐由霍赴六安转运太难，故请鄂中拨一支人进守舒、桐，以便多公腾出全军进攻庐州。今尊处能筹重兵直抵六安，尤为上上之策，不必另拨人来桐、舒矣。

尤为上上之策。

实有鞭长莫及之势。

——淮盐本应由弟认真办理，而现在江路梗塞，实有鞭长莫及之势。故虽接盐政印信，而于鹾务仍不甚厝意。前此厉伯符兄详：殷商等愿领票赴淮买盐。其时弟不甚愿，盖有二层：一则民船不能直穿贼中而过，必须借重洋船拖带而行。和约中本有不准洋商运盐一条，今既借彼船以护运，则端自我开；我既引虎入室，彼将垄断独登。其不便一也。敝处所设大通、华阳镇、湖口各厘卡，专以盐为大宗。今欲概行免去，而仅以水师之百斤三文包扫一切，上游则鄂中获利较厚，下游则淮扬完厘如故，独中段免厘，敝处坐失眼前之利，其不便二也。有此二端，弟不敢附和，而又不便谏阻，仅于伯符详中批饬“不许免厘”而已。厥后薛中丞亦会敝衔出奏，暗中亦用洋船护运，而外讳其名。弟复金运司安清缄中，亦将此二层剀切言之云：洋船不宜护运，敝处不肯免厘。伊欲请弟商之阁下，将楚、皖各散厘卡归并一处整完一款，弟亦未之许也。今阁下欲令弟自行专主，不可任他人当家。弟因前此不便之两层，本不愿专主此事。而下游，如袁、如都、如巴、如王诸军，皆极穷苦，弟既不能代彼筹饷，又焉能禁彼抽厘？斯又不能专主之势也。必待江路大通，庶几利权归一。目下棉力实有不逮，尚希鉴亮。

不能专主之势。

——洋人多买民船装载百货，运赴下游，垄断独登，不完厘税。弟令安庆卡员扣留二十船，曾经咨达冰案。昨上海来一兵船，携有英国水师提督顾信一函，词意不逊。弟恐因此极小之事肇生衅端，即将扣留之船放去。复信亦咨达冰案。民船扯洋商旗帜不完厘金，实于军饷大有妨碍，应请阁下于此事大力挽回。无论洋人或买或雇，但系民船，均须一体完厘。如恭亲王不肯主持此事，亦请阁下设法办理。弟必竭力护助，劳怨均不敢辞。

——运漕镇既已攻克，则金陵米粮必由之路已为我截断矣。惜舍第一军，分守六处，不能再行进取，机会可惜。又缺饷太多，欲求尊处再济五万金，不知可否？至恳，至恳。诸惟心鉴，顺请台安。

不能再行进取，机会可惜。

22 致官文

咸丰十一年十月初七日

秀峰宫太保中堂大公祖、希庵仁弟亲家大人阁下：

顷接多都护信，知寿州业被苗逆攻破。六安与寿相距甚近，若为苗逆所得，则不特攻庐州之师防贼横出邀截，且鄂之东北边患无穷。已飞咨尊处拨兵迅缓六安。成、蒋、萧三公现已行抵何处？能派一起迭达六安否？多公之病，闻尚未痊，即使全愈，此时宜扼舒、桐以保楚疆，亦不宜遽进庐郡也。舍弟一军分守六处，别无进剿之兵，机会深为可惜。意欲添募新兵数千替守各城，而腾出现在防兵为进剿之师。舍弟归思极切，因即令回籍自行招募，已于本日起程矣。但求诸将今冬坚守各处，力保无虞耳。初九日新主登极，外省督抚例有贺表。敝处书吏文卷未到，不谙体式，求中堂将表文格式寄示，仿照办理。即请台安。

坚守各处，力保无虞。

23 复官文

咸丰十一年十二月十八日

秀峰宫保中堂大人阁下：

前得环章，久未续报为歉。浙江竟于十一月二十八日失守。浙东惟温州一城仅存。浙西惟湖州、海宁二城仅存，然皆孤悬贼中，万难久全。惟衢州或可幸保。徽州被贼围逼已逾十日。从此，皖南与江西断无安枕之日。江西有事，即鄂南亦必震惊。今夏兴、冶、武、崇、二通之警，恐明年亦将不免。阁下明烛几先，请与希帅筹一枝劲旅，预为拟之。弟亦必于江西早为之所，但恐薄不足御之耳。湘勇入皖，鄂中边防或多抛荒。前议应作罢论，已具疏略陈苗练不可再抚，彭帅不可离水，请即另简皖抚云云。未审果否俞允，又未知继之者与吾辈针芥契合否。河南捻患日深，骤难收拾。遂恐南北道梗，楚中奏、报当由秦晋绕递，敝处则或航海达京。鄂边东防渐轻，北防必且日重。鄙意趁此稍暇之时，速行围攻庐州。如其得手，则阁下与希帅专严北防，而弟亦得尽力于南岸矣。即请台安。

24 致官文

同治元年二月初二日

秀峰宫太保中堂大公祖阁下：

前接惠书，饬舍弟回鄂防剿。比以湘、恒二营甫经下驶，驻扎繁昌、芜湖一带，欲饬迅速旋归，以道途太远，往返维艰，正尔踌躇莫决。旋接希庵中丞信，知襄阳、德安、麻城三路俱留湘勇一支驻守，鄂中边防暂可无虞。而舍弟在下游驻扎三山夹，顷接其来信，言繁昌、南陵、芜湖各贼颇有投诚之意，芜湖坚城亦有可图，自未便遽令折回皖、鄂。方命之愆，亮蒙鉴恕。至沿江各城贼党投诚之说，盖亦有故：一则因上年安庆、桐城斩首极多，群贼寒心，不欲复受杨、黄诸酋之钤束；一则芜、繁、南、

方命之愆，亮蒙鉴恕。

宣、泾、太、石、青等县米粮甚少，金陵贼首不肯少为接济，上游为水师所禁阻，又无民米偷买暗济，前此乡民之甘心从贼者，不得不急图反正以为就食之计。现在鲍春霆营次业经收降卒千人，编为春字中营，闻尚有泾县贼党二千余人即日来降；舍弟营次业经收降卒三千人，编为崑字等四营，闻尚有南陵等贼党数千人即日来降。弟批令能打仗者当勇，每日百文；不能打仗者当夫，每日七十文。若使办理顺手，源源而来，或如东汉初年赤眉百万同时归降，积甲齐山，则国家非常之福也。敝处饷项日绌，现有之营不能养赡，更无余力养此降众。将来再收数千，求阁下惠济银数千金。目下已收之四千，当亦咨请协济。纳降一万人，月费不过二万金，较之练勇剿此万贼，其难易得失，相去天渊矣。是否有当，敬求裁示。弟昨忝参政之命，无功无能，叨窃至此，愧赧靡极。谬承奖饰，尤增皇悚。即问台安。

积甲齐山，国家非常之福也。

难易得失，相去天渊矣。

25 复官文

同治元年五月十八日

秀帅宫太保中堂大公祖阁下：

四月二十五日奉寄一缄，商多军攻九崑洲之事，想入荃鉴。厥后舍第一军进逼金陵，屯驻雨花台畔。该逆坚守不出，官军仰攻，则枪炮雨下。金陵地势宏阔，往年以七万人围攻数载，此次仅万余兵驻于南隅，洪逆见惯不惊，了无惧色。自军兴以来，惟此次三、四两月气势最好。鄙意欲请多军会剿金陵，合围西北，当可得手。顷读大疏，奏以多帅援秦。秦中完善之区，本应力保，惟闻入秦之贼人，数不满三千，又皆残败之余，团练击之，业经却退省城，断无有害。阁下前奏以雷镇西援，应可了事。多公全军入关，威名太盛，贼知不敌，恐逼窜南山老林之中，多公进追则疲于奔命，既有牛刀割鸡之喻；不穷追则未能蒇事，又成进退两难之象。揆情度势，似不如雷镇西行最为合宜。江南贼数之多，比秦何止百倍；财赋之盛，比秦何止十倍。若以多帅劲旅南渡会剿，纵不能遽克金陵，必可为游击之师，攻克旁近十余州

揆情度势，不如雷镇西行最为合宜。

县，明春即可办漕百余万石解京。若阁下不以全力助弟，则敝处之力，明岁断不能办多漕解京，不过仍如近两年二十万石上下。盖舍弟围攻南城，仅能屏蔽太平、芜湖一路，不能游击东北。都军太弱，李军扰民，弟不愿调其游击腹地也。特此飞商，求阁下与渭帅、义、丹诸君熟筹。如以刍言为然，则趁此数日多军启行未远，尚在可东可西之间，敝处昨日奏片亦略提数语，未敢畅言。盖楚军向来和衷之道重在函商，不重在奏请也。顺问台安，不具。

26 加官文片

同治元年六月二十三日

欲求大功之成，非得劲旅多支分布各处要隘。

接赐书，荷蒙垂念金陵兵单，统筹全局，派拨石镇十营南渡助剿，感激何似！鲍军克宁郡后，虽可为援应之兵，而金陵城大贼多，欲求大功之成，非得劲旅多支分布各处要隘，终难得手。石镇果能渡江，则秣陵关、东坝等处可扼一路。惟希帅能否派出守庐之兵，尚难预定，现已咨请定夺。

27 复官文

同治元年闰八月十四日

秀帅宫太保中堂大公祖阁下：

惠书敬悉。皖南诸军为病所苦，死丧之威，令人不寒而栗。弟自度凉德薄才，不足以挽回厄运，奏请简派亲信大臣来南会办，片稿咨达冰案。春霆、凯章若久不愈，皖南实岌岌可危。万不得已，请调吴廷华两营来皖协防。渠籍隶皖南，添招本地劲卒，兼集近县团练，尚可一呼而聚。目前补救，舍此别无良法。而鄂中少此千人，尚不至遽有所损。尚冀俯允，饬吴丞迅速拔营，星夜来皖，不胜感祷！南岸兵力既不可靠，则北岸亦处处宜防。石清吉十营本有万不可动之势，因多帅飞调蓝镇等三营入陕，而阁下亦调之西行，弟不便阻留，业已照咨转行。此后留庐七营，万望阁下无再调动，至以为恳！若蓝镇等三营能留鄂、皖境内，不令入秦，则更妙矣。沪上代征楚税奏归敝处，极感厚意。然彼中积弊已深，百孔千疮，竟有不能迅速廓清之势。复问台安。

积弊已深，百孔千疮，竟有不能迅速廓清之势。

28 复官文

同治元年闰八月二十八日

秀峰宫太保中堂大公祖阁下：

上游紧急，弟初不知；而下游之危急，则阁下亦有未尽悉者。伪忠王带大股援贼二十余万攻扑金陵官兵营盘，连日夜逼扑极猛。据报洋枪之多，贼势之悍，从未有如此股者。伪王黄文金、胡鼎文等股自东坝扑犯宁国。鲍春霆尚在芜湖养病，宋国永代统其众。拨六营至新河庄迎剿，官军挫败，退回宁国。霆军病者死者合计将近万人，何能御此大敌？大江南岸之危实如累卵，不特江西可虑，即鄂境亦处处可虑。南岸果有疏失，则乘间偷渡北岸，亦属意中之事。石清吉守庐之十营，前此多帅调去蓝镇三者，今已不敢再留，札令仍赴鄂中矣。其续调之三营，则务乞阁下飞札停调。庐州关系极大，不特为皖北之枢纽，亦为鄂省之屏蔽。千恳，千恳！至吴廷华二营，在鄂省不过为小枝，在皖南则可添招三营，联络团练，或亦保全危局之一计。至于南北两岸、皖鄂两省，不久恐有非常之警，则必求阁下奏调多帅全军回驻黄州境内，然后徐观事变再行调度。秦事既责成胜帅，则多军自以保鄂为主，其次乃援皖，又其次乃援豫也。复请台安。

南岸有疏失，则乘间偷渡北岸，亦属意中之事。

徐观事变，再行调度。

29 复官文

同治元年十月二十三日

秀峰宫太保中堂大公祖阁下：

汉口定于冬月十二日开关，以后税课当可稍旺。盐务数案，洋人与奸商偷越，尊处办理最为妥善。江西失之过柔，敝处亦尚未办有条理。盖洋船拖带一节，行之已久，总理衙门欲一概禁绝，本系正办，无如九洑洲未克，大江固为贼所阻，而李世忠新开河一卡，商贾亦视为畏途，情愿以重资雇洋船拖带，虽以严刑禁之，亦不能止。而尊处所办票盐行楚一案，敝处所办票盐行西等案，暗中已准洋船拖带，特未昌言说破耳。乔运司详请，只许票商公雇轮船数号拖带官盐，不准小贩奸商私雇洋船，弟虽经批准而至今未咨总理衙门与尊处也。究竟此事宜一概禁绝乎，抑宜掩耳盗铃，听其拖带而佯为不知乎？敬求卓裁详示，庶以后办理，不至彼此两歧。外国轮船到时，弟与阁下派将弁兵勇上船学习驾驶，此事实不易办，容与杨、彭熟商后，再行奉商复奏。京营及外省学习洋人兵法，现在上海业已行之。洋人不讲队伍，专讲利器，似难制胜也。

学习洋人兵法。

30 复官文

同治元年十月二十八日

秀峰宫太保中堂大公祖阁下：

长江皖境新开三口之事，荩虑周密，为敝处代谋万全，感激何可言喻！鄙人于洋务关税等事，向未谙究，利弊得失，均未洞晰，又拙于言辞，不克以片语剖决。前接总理衙门函咨，皆就所知者略为陈覆。赫税司呈文一件，亦曾备札覆之。兹将三件抄达冰案，是否错误，务求切实指示。安庆并非泊船马头，生意冷淡，六安茶亦不由此出江，尽可以实告之，不必添此新口。大通生意较盛，徽、池之茶由此出江，又为淮盐畅销之所，若立一新口，于洋商自有大益，于敝处厘务则有大损。芜湖目下生意亦极寂寥。接薛星使信言金陵本约有一口，若添芜湖，则裁金陵，留金陵，则不添芜湖俟查明旧约，再行酌议。其安庆、大通二口，能借阁下之力全停极妙。若万不能，则只许大通一口。该处厘金每月四万余串，实敝军养命之源。新口既开之后，一切仍照常抽厘，俾将士沾此微利，不致饥溃。俟军务稍松，再将应停之厘停止，盖弟舍此别无筹饷之路也。

尽可以实告之，不必添此新口。

31 致官文

同治元年十一月初五日

秀帅宫太保中堂大公祖阁下：

闻九洑洲之贼冲过李世忠各营，锐意上犯，日内警报纷至，和、含、无、巢四城，运漕、东关、铜城闸、玉溪口四隘并无一兵，失陷即在目前。西梁山有舍弟派来之千人，庐郡有石清吉二千人，均嫌单薄，不知能坚守否？自庐郡以上，如庐江、舒、桐、潜、太、宿、望、英、霍及鄂之梅、济、二蕲十余州县，皆阁下鄂军数年苦战而得者，该逆如长驱西犯，均恐不保，奈何！前见大疏鄂中防兵布置极为周密。然分守要地外，仅有杨朝林、王桐柏两支为游击之师，渭兄所添赵既发一支，不知已成军否？九洑洲北窜之贼，为数甚众，洋枪甚多，若窜鄂、皖之交，恐非杨、王、赵三人所能抵御。敝处虽已调萧、毛二军，亦尚嫌其非独当一路之才。国藩欲奏请多将军东旋援皖，既不敢违屡次肫切之旨，又不忍失秦人云霓之望。若以军情论之，多部如穆、杨、王、赵、石诸将皆留鄂、皖，其弁勇亦皆不愿西征，相继逃散，多公入秦则处日孤之势，旋皖则操必胜之权。弟意欲将此等实情入奏，不知阁下之意略相符合否？若多公万难东旋，则弟拟奏调江味根军门来驻皖、鄂之交，味根新简贵州提督，奉旨入黔，刘印渠拟奏请入粤，尚未定局，其军中三千余人现住长沙。若弟与阁下意见相合，即可一面具奏，一面咨调东来，较之礼堂东旋，则便捷多矣。味根之才，弟不深知，恐尚难统率一路。弟令其兄达川方伯与之相合，达川调度外事，味根专主战守。若驻庐郡、舒、桐一路必可胜任，鄂军及弟军在舒、庐附近者，均可归渠兄弟节制。是否有当，特此奉商。

布置极为周密。

操必胜之权。

32 复官文

同治二年四月二十七日

秀帅宫太保中堂大公祖阁下：

来示过执谦抑，令人悚仄不安。成、蒋、萧、毛之陆军，厚庵军门之水师，皆食鄂省之饷，剿江、皖之贼，仰荷高谊，不分畛域，鄙人从无一函申谢。此次酌派水陆数营援鄂，乃本分所当然之事。辱蒙齿芬致谢，致增惭恧。大抵鄂省东北，内藩则以黄州、上巴河、麻城、宋埠为扼要，外藩则以桐、舒、六、安、三河尖为扼要。成武臣在麻城，不知已起行否？乞饬台速给口粮，令其开赴“三河尖”，所以为颍、寿犄角之势，即以保鄂省门外之藩，至祷赫德所购轮船七号，不日可到，口粮经费尚无着落。弟昨批蔡国祥禀，拟以沪、浙、闽、粤、鄂、浔、镇七关各养一船。既而思之，中国弁勇初驾轮船，未必能远出重洋，自赴闽、粤领饷。拟于轮船七号三大四小之中，酌派沪、鄂、宁波三关养支三大号，派闽、粤、浔镇养支四小号。如该关不将经费按月解支，即由该轮船自往守领，庶各有专责，免致互相推诿。如卓裁亦以为然，即请尊处主稿，挈列敝衔会奏，仍以速办为妙。

为犄角之势。

各有专责。

33 加官文片

同治二年九月二十七日

再，京仓需米至急，弟昨复奏户部筹米一案，业经咨达左右，以湖北历年之力顾大局，阁下平日之公忠体国，纵使鄂省不解京来，圣主必不见责，然究竟稍失朝廷之望，且非老兄忠荩之本怀。户部议崇厚之折，阁下例应复奏，弟此疏亦必有寄谕到鄂，尊处似可并案复陈。湖北应解之漕、折银闻不足二十万，渭帅疏中言部拨十五万，若改解本色，则不必须筹捐数万石，凑成十万或八万石，庶与鄂中平日之魄力相称。俟尊处办有头绪，弟当设法代为递运。盖承平之世，江督本有催运楚漕之责，分内事也。淮盐运楚，拟于汉口设督销局，不裁公费，不减厘金，不禁邻私，总期无损于鄂饷，而有益于淮鹾。俟章程粗定，再行详商。

无损于鄂饷，有益于淮鹾。

书札

郭嵩焘

郭嵩焘（1818～1891）字伯琛，又字筠仙，晚号玉池老人。湖南湘阴人。就读岳麓书院时，与曾氏、刘蓉结为至交。道光二十七年进士。入直上书房。历官苏松粮道、两淮盐运使、署广东巡抚、福建按察使，出任中国第一位驻外使节——驻英、驻法钦差大臣。关心各项洋务，为顽固派所诘难。晚年专事著述，著《礼记质疑》、《大学中庸质疑》、《周易释》、《毛诗约义》、《养知书屋诗文集》等。《清史稿》有传。道光二十年十一月初七、八日，曾氏作《寄郭筠仙浙江四首》；二十二年，作《得筠仙书并诗却寄》；二十四年三月作《喜筠仙至即题其集》；二十五年四月，作《又赠筠仙一幅》五古及《送郭筠仙南归序》；咸丰五年三月作《会合诗》；又为其父母作《湘阴郭府君暨张安人墓志铭》；七年二月，为作《湘阴郭氏家谱序》。

1 致郭嵩焘

咸丰八年十月初一日

筠仙仁弟亲家大人阁下：

前接六月惠缄，未即修复。比闻保送南斋，未遂入直，督学奉使，亦不获与。伏审瀛馆高寒，清修多祜，至以为念。国藩自六月七日山中起行，长沙住七日，武昌住六日。湖口七日，其中病卧五日。南昌住二日，以八月初八日晤次青、幼丹于河口。本拟由铅山入崇安，以闽贼回窜江西之金泸、安仁等县，令张凯章回师截击，幸获全胜。续拟由云际关入闽，又因大股二万人窜扰新城，改道由建昌杉关进发，重九日行抵建郡。

闽中米粮缺乏，百物昂贵，百钱不能供一饱；银价销落，每两仅换八百余文。山多水寒，气候稍异，贼之死于饥饿、死于疾疫者，沿途狼藉。官军病者亦极多。张凯章所部三千七百人，病者千零数十；吴翔冈所部千三百人，病者四百有奇；刘印渠所部四千人，病者千余，故者将近五百。死丧之威，不寒而栗。此鄙人从军以来所未历之景象也。俟冬令气敛，或当以次痊愈。闽贼势极散漫，气已衰落。现派张军由杉关入，萧军由广昌、石城入。倘病卒渐愈，闽事或尚易于勾当。

贱躯托庇粗适，惟目光昏花，泪不复痊。盖老态龙钟，非药物所能为力。意城亲家偕我以出，公牍私缄，皆代为料理。数月以来，无事不了。治事之才，殆胜阿兄。元方之难，难于上青天矣。次青入幕一月，因太夫人忽患臂痛，请假归觐，十一月可仍来营。九舍弟克吉安后，二十六日已至敝处，十月当还家一次，明春与意城偕出。筱泉家被贼焚劫，挈眷至南昌，日内亦即来营。少泉亦约来此一叙。风雨如晦，鸡鸣不已，古人不余诬也。敬请台安。不一。

元方之难，难于上青天。

2 致郭嵩焘

咸丰八年十一月初十日

筠仙仁弟亲家阁下：

十月二日奉呈一缄，由江西折弁寄京，计已上彻左右。厥后十余日而有三河之变，迪庵殉焉，舍弟温甫与筱石、槐轩并及于难，匪独国藩一家之不幸，抑天下大局之忧也。比官制军奏请敝军赴援江北，剿皖而固楚，一奉谕旨，自不能不先其所急，舍闽而图皖。惟闽贼分布于汀、龙、宁、赣之间，未受惩创。此军一动，将来仍为闽、粤、江西三省之患。而国藩以饱历艰虞之余，新遭友于之恸，实亦意象萧索。念逝者遗骨莫收，而家叔殷忧莫释，中夜以思，泪下如雨。九舍弟由鄂还湘，尚无来书，亦用悬悬。

实亦意象萧索。

3 复郭嵩焘

咸丰九年三月初一日

筠仙仁弟亲家大人左右：

折弁刘锡崑归，奉环章，敬悉入直南斋，三接褒宠，至以为慰。正月十一日此间片奏，请台端与李申甫南来，维时尚未知内廷供奉之信，方以沦谪风尘为歉，逮二月十三日奉到硃批，则台旆已从事津门矣。

僧邸为当今贤王，天下共仰，闻其精力过人，可以终日不倦、终夜不寝，信否？所部京营兵若干、蒙古兵若干、绿旗若干、勇丁若干，可否开单见示？各将领文武中得一一相见狎习否？想其中不乏伟人，亦祈详示。

大奏调杨厚庵麾下委员赴津造战船四十号，以备内河。杨公部下，仆皆熟悉，似乏独当一面之才。港汊与外洋相接界限，颇难分明，与江湖之水性风气迥殊。而湘勇恋乡痼习已深。近在湖北、江西，犹时时告假思归，前此派往庐州，人人视为畏途，去秋狼狈归来，泣诉不休。庄生有言：礼义法度者，应时而变者也。行周于鲁，犹推舟于陆也。古今之异，犹猨狙之翼乎周公也。阁下欲推长江水师于海滨，立法之始，尚祈详慎！

此间派张凯章攻景德镇，腊月获胜一次，正月小挫三次。百战精卒，伤亡可惜，现饬其按兵少休。肖浚川追南赣之贼，差称得手。而官军亦阵亡四百余人。此股现犯湖南，连破宜章、桂阳、兴宁、永兴等县及桂阳一州，已派肖军由吉安回军茶陵一带，不知赶得及否？吾乡兵将四出，本省空虚，现在湘中者有刘印渠、赵玉班、王人树、刘岘庄、江味根、李明惠、王明山等，益以调回之萧启江、田兴恕，或足以了此股。

舍弟沅甫以去冬归里，现未来营。温甫舍弟遗蜕，新自三河收得，计二月可以抵里。先轸归骨，尚留遗憾，是为至痛。贱体癣疾稍愈，当由新服鹿茸之效。目光久不复，亦不能息养也。即问勋安。

4 复郭嵩焘

咸丰九年七月二十六日

筠仙仁弟亲家阁下：

五月杪由胡润帅寄到惠缄，刘锡昆归，又得五月一缄，敬承所示。五月二十五日之战，自庚子、辛丑夷务初起后，至是始一大创之，中外人心为之大快。惜来缄叙战事太略，顷从官帅咨文中得读原奏，亦似有不尽者。六月后似未闻续有战争，而邸抄载阁下以六月二十四日入对，想津门事已大定耶。

惜来缄叙战事太略。

国藩以六月初奉防蜀之命，其时景镇未复，碍难撤动，据实复奏。旋以景镇、浮梁并克，江省肃清，乃拨张凯章四千人回援桑梓，而自率六千余人溯江西上，将驻宜昌等处，以保蜀之东门，而固鄂之西路。七夕自抚州起程，至南昌小住五日，十九日行抵湖口。景德镇调来之陆营，冒暑致病，死亡相望，不得已给假医调；杨、彭诸公亦邀留少息，拟八月朔开行，由汉、黄太荆、宜耳。湖南之事，希庵两获胜仗，宝庆业已解围，此贼在浙不能破衢州，在闽不能破建宁，断无能逞志湘中之理。且闽中大股，去秋回窜玉山、景镇者，数近四、五万，其南安入湘者不过得半之强，裹胁虽多，气势已散。若希庵、田、赵之军蹴之于西，浚川、凯章二军邀之于东，可环绕而痛歼，或不至更为蜀患。李申夫到营已月余，其内足以自立，必不以军事盛衰为转移。陈作梅闻当一枉顾，近企迟之，未遽至也。次青以病留抚州，行当归平江静养。幼丹积不获上，顷已告请终养，无缘强之同行。少荃代管文案，许仙屏代办书记，胡莲舫、李小泉在吴城报销局，亦时时追从，朋游仍不寂寞。惠书称申夫有揽辔澄清之志，只愧尺波不足以纵巨鳞，陋邦不足以发盛业。昔有巨盗发冢，椎掘方毕，棺中人忽欠伸起坐，曰：“我乃伯夷，何为见访”？盗逡巡去。易一丘，方开凿墓门，见前欠伸者随至，曰：“此舍弟叔齐冢也。”今将施巨钩、犗饵于蹄涔之水，是犹索珠襦、玉匣于伯夷之垅，多恐有辜荐贤之盛心。至于推诚扬善，力所能勉，不敢或忽。

多恐有辜荐贤之盛心。

5 复郭嵩焘

咸丰九年九月十六日

筠仙仁弟亲家阁下：

七月二十六日师次石钟山，曾肃一缄，计已澈览。顷由润帅递到手书，欣审台旆回津，履候胜常，霜严河冻，复返都门，优游供奉，至为企仰。夷务得此大创，廷议欲藉回前约中万不可行之事，能于沪上调停妥办，不至更激他变，则中外之福也。津防相持过久，实耗财力，倘不即定局，自穷之道也。淮捻颇为中原患，东豫当事，合请僧邸移师一扫荡之。捻以车骑胜，盖非东三省劲旅，不足戡定此股，终当属望邸帅耳。国藩至黄州住七日，至鄂住十日。官揆帅先以湘贼窜粤，离蜀已远，疏请会剿皖省，奉旨允准，而未作十成语，仍令商酌办理。湘中诸友皆主防蜀，断断辩争。籲帅奏报，每言贼将入蜀：比闻桂林解严，石逆窜义、宁、永、福一带，渐近黔边，国藩亦未敢谓蜀遂无虑。而廷谕实以皖为亟，鄂中大帅又怂恿图皖，大抵作客难，作客于人地生疏、贼所未到之处则尤难。仆饱谙客味，且精力衰退日甚，所部不及万人，又乏统将，蜀即有事，亦未足以资堵剿。外察人事，内度吾才，不若并力图皖较有益也。九月五日回驻下巴河，拟调萧、张两军来助，浚川追贼已抵桂省，凯章派堵郴州股匪，均未能即来。九舍弟月杪当至鄂，将率敝部与希庵、多、鲍诸公分四路进规皖北。惩于上年孤军单进之失，与润公多筹兵力，不急攻城，先以固后路、申夫昨委办营务，颇能究心，足副推荐盛意。作梅已专函招之，旦晚当有嗣音。幕中只少荃襄理，甚盼意城来分劳也。秋来，目昏少眠，体中常不适，无可告慰。率复，即颂台安，不具。

外察人事，内度吾才。

6 加郭嵩焘片

咸丰九年九月十八日

仆此次在外，无事求可、功求成固必之见，故所在无甚龃龉。虚舟不忤，良有明验，然风力日弱，亦未始不由乎此，而即其不急赴功、不好争胜之象，亦可见其兴会日浅、老境侵寻矣。筱泉吴城保销局，今冬可以竣工，其余早岁未了之事，设法清厘。京帐亦思于今冬完清，不知阁下能代为经手否？再问刻安。

不急赴功，不好争胜之象。

7 致郭嵩焘

咸丰十年二月初五日

筠仙仁弟亲家大人阁下：

久未接惠书，不审自山东差竣，何日抵京？此间军事，自去腊中旬四眼狗带悍贼七、八万，上援太湖，多、鲍诸公御之于小池驿。正月初，鲍军四面被围，文报不通。幸润帅调万人，自山内潜出，攻贼之背；敝处亦拨十余营进围太湖，拨七营赴前敌助剿。二十五、六两日；连获大胜，踏平贼垒七十余座。太湖、潜山两城，相继克复。贼之枪炮、子药，遗弃殆尽。狗逆数年以来，所向无不如意，此次之创，实得未曾有也。目下多公请假养伤，鲍公请假省亲，希庵与舍弟沅甫未来。浚川一军，官、骆诸帅，奏令入蜀，朝廷亦倚渠军以弭蜀乱，不克乘狗逆踉跄之际，进规安庆、庐州，颇为失策。事会所值，疾徐有不克自主者，所从来久矣。

事会所值，疾徐有不克自主者。

8 复郭嵩焘

咸丰十一年九月十一日

筠仙、意城仁弟亲家大人阁下：

近日军务，捷书频仍，本属数年所未有。无如甫遭国恤，旋值胡帅沦谢之耗，可欣可慰之事，皆变为可悲可恸之端。往年谓刘芊云于学问有大志。近见润帅于经济有大志，芊之不足副其愿，润之才德足以发其志。中道弃捐，岂独吾党之不幸？希庵接绾鄂篆，疆事有赖。惟下游太广，决非孱薄所能独支。舍弟现进庐江、无为一路，多公当进舒城、庐郡，惟六安一路尚觉空虚。南岸调度，另有一公牍抄呈，是否有当？乞裁示。即请台安。

近日军务，捷书频仍。

9 复郭嵩焘

同治元年九月十二日

筠仙仁弟亲家大人阁下：

接闰月惠书，敬承一切。洋务不宜另设使者，天下事一以常道处之，则身心俱泰。事本轻而视之过重，以为非宜，卓哉至论！久不见贾生，今真不及矣，觐唐中丞曾有信来，力言特设使

身心俱泰。

者之无益于事实。中多切当之语，将来亦可参采入奏。鄙人不敢文过护前，或请阁下代拟一稿，与薛公商定。俟薛公来上游面商一次，果无疑义后咨者，即腾章上达矣。伪忠王之在金陵，百道环攻，不知何处萃聚许多悍贼、洋枪、洋炮，又开掘明地道、暗地道，又起土山以俯瞰官营，决积水以灌我运道。自闰月二十日至九月九日昼夜攻扑，并未休息。舍弟多方防御，幸保无恙。然别无大支劲旅从外夹击，恐永无解围之望。不得已，调王可升、程学启二军均入壕内，即拟自内打出，与之决一死战。其可自外夹击者，现惟调李世忠一军，尚未知果否得力？此外别无外援可调。程学启如尚未起行，务乞阁下与少荃中丞力主其事，自大股贼到，舍弟即与厚庵常通书问，尽释前嫌。此次粮路之获保，厚庵力也。顺问台安。

此外别无外援可调。

10 复郭嵩焘

同治元年十一月二十四日

筠仙仁弟亲家大人阁下：

连接惠书，未得以时奉报，良深悚仄。前此寇氛四逼，顷又遭舍季弟之丧，无复意绪。和、含、二浦之间，群贼麇集，此后通信愈难。谨就应商之件，条报如左：

——江达川方伯到皖已半月，邓伯昭与之同来。前因和、含、巢县之失，奏调味根一军援剿皖北，旋因祁门失守，又缄请味根由江西援剿皖南。中外皆催希庵速出，仆以希病实重，未忍催迫，惟公自能亮之。

——裁撤通商大臣一疏，至今未发。公与薛公所持之议，自精自正。不才则以江督一席，业不胜其竭蹶，而又重以洋务，则有颠踣而已。鄙人非畏事者，亦非不愿与洋人交涉者。特只此菲材，只此日力，自昧爽以至夜分，从未了本日之事，沛然无恨，实不敢以洋事自任。公有何术能令既裁此缺之后，而诸务仍不由敝处判断，乃为妥善。否则凡事皆有主稿衙门，既裁彼缺，敝处将安逃耶？此疏仍请薛公主稿具奏为是。

而又重以洋务，则有颠踣而已。

——盐务之事，非打开九洑洲，长江畅行，终无办法。目下官私之盐，皆雇轮船拖带，而总理衙门与薛公力持不可用办轮船拖带，鄙人实别无良策也。

11 复郭嵩焘

同治二年四月十六日

筠仙仁弟亲家大人阁下：

六安解围，忠酋东窜，大局略松。东关及铜城闸次第攻克，苗逆攻寿州、蒙城，均未得逞，江淮间或不遽决裂耶？主守而不主剿，是近日用兵一失，然如皖南所守九城五隘，皖北所守九城四隘，皆山川筋脉必争之地，我守之则足以制贼，贼得之则非旦夕所可收复。忠、侍、杨、黄诸大酋，自去秋至今，始终力争沿江各郡县，卒未得一逞其志，亦未尝不由坚守之功。自金陵南至徽州、祁门，北至颍州、六合，动辄千五六百里，与浙、沪之周旋于数百里内，局势迥殊，似未可一律相绳。味根近有复奏一疏，决计由江赴皖。希庵三月十日成行，途次大病，现留湘乡县城调养。苏漕诚如来示所指，鄙人所改江西漕章，盖不免于束缚困苦，殆无能久之理。苏赋果可改弦更张，必且委曲慎重以出之，不敢卤莽也。

未尝不由坚守之功。

必且委曲慎重以出之，不敢卤莽也。

12 复郭嵩焘

同治二年五月初一日

筠仙仁弟亲家大人阁下：

接惠书，并冯中允奏稿，敬悉一切。巢县、和州、含山次第收复，鲍、萧、彭、刘诸军，现将会剿二浦、九洑洲，蒋、毛援寿剿苗，机势亦好。南岸徽属肃清，刘、王、段、韩、李、席诸军并萃饶、景一带，必可驱贼东还。中允奏牍，援古证今，无微不晰，稍嫌气象较隘，若与人有积不能平者，又陈义过多，尚有可以删节之处，即照此上陈，已可期其俞允。顷已缄致少荃中丞，请其主稿挈衔速奏专办裁减浮额一案，其核减浮收一节，则断不可遽奏。来示所论，深为精当。鄙人减江西浮收为数极少，州县穷苦异常，而民仍征输不前。大抵风俗既成，如江河之不可使之逆流，虽尧舜生今，不能举斯世而还之唐虞。贤者举事，贵在因俗而立制，所谓治去泰甚者耳。鄙意裁减浮收，不必缕奏，不必由督抚出示，各属之收数不必画一，大户之名目不可不除，而输价之参差不必尽禁，每县各立一案，不期永远遵行，而却有可久之理，不知阁下与诸君子以谓何如？顺问台安。

治去泰甚者。

13 复郭嵩焘

同治二年七月初九日

筠仙仁弟亲家大人阁下：

接惠书并公牍，敬悉一切。淮盐须从规复引地下手，自是不易之理。前此来示，欲于淮引地面，重税邻私，似较易办，办之亦较有把握。正拟复商整顿鹾务，连提数纲，而亲家已拜抚粤之命，两淮替人未知谁属，癸甲等纲永不能提矣。仍请阁下于前信后详两策中酌定一策，迅速见示，以凭奏办。由江入粤，自必经过安庆，便道归里，谕旨催促，计良觌亦在近日。雪芹不乐登陆，又不好与群雄周旋，令节制下游水陆，似不相宜。渠日内有湖口之行，且待台从到此，面商一切。何铣究应如何惩办，亦望卓裁酌定，俟相见再为一鸣可也。味根、申夫已将湖口之贼打退，江西可望肃清，堪为一慰。顺问台安，恭贺大喜。

似不相宜。

14 复郭嵩焘

同治三年正月二十二日

筠仙仁弟亲家大人阁下：

接惠缄具承一切。承寄示四折一片，粤东情形十得八九。省城修炮台一节，明知无益而不能不姑与委蛇，庄生有言："今也以天下惑余，虽有祈向不可得也。"少荃克苏，僧邸平苗，虽与鄙人无与，而兵力藉以少纾。顷已由皖北拨人六千南渡，为徽池游击之师，洪逆坚守金陵老巢，伪忠王以母妻在彼，亦无舍彼而它窜之志。计不久当出城猛扑。侍辅堵诸逆则决计上窜江楚，行将变为流寇。正初侍党数股西犯徽州，绩溪一股已被唐义训等击退，昌化一股意在玉山广信，未知能否遏截。辅堵之党，闻将踵至，深用焦虑！盐务自厘定西岸章程后，又续刊楚岸皖岸两章。张芑堂顷来安庆一见，忠鹤皋亦将来此，何铣闻把持如故，终当拿究。张小山亦假官济私，顷已批饬不准干预盐务。李世忠屡有咨牍，愿将所部兵勇遣撤，滁全天六等城交出请敝部派人接防。炮位呈缴，请派员验收。此段若遂了，则淮北盐务较淮南易于稽查。或者连提数纲，践十年以前谶语，亦未可知。南漕概改海运，自是天时人事必然之势。敝处九月二十二日一疏，并钞阁下裁革屯卫原详，自谓颇得要领。乃户部复奏一疏，含糊影响，略有微辞。又闻议者疑我前疏，专为南叟而发，鷦鹩已翔于寥廓，罗者犹倚乎薮泽；可一叹也！南叟比自沪扬归来，湘澧已不复解本色。米盐互市之议，亦不复行。惟令其来往楚皖，经营鹾政。粤厘之行已作罢论。昼不臂鹰，宵不入山；或可使人无多获之疑，犬无群吠之怪乎？是又不特南叟宜知此义矣。即问台安。

自是天时人事必然之势。

15 复郭嵩焘

同治三年五月初八日

筠仙仁弟亲家大人阁下：

接惠书，敬悉。

此间近状，金陵围师相持如故，城贼援尽而粮未绝，舍沅弟百计俱穷，餉项弥绌，又畏师老之讥，怀抱郁郁，肝脾受病，亦惟多方宽譬，徐待瓜熟之候而已。湖北之贼虽昌言东援金陵，而尚徘徊于汉、黄、安陆境内，舒都护在德安阵亡，盖亦马队名将，官帅倚之为长城者。如久不驱除出境，虽皖北得暂纾一日之难，而鄂民实不堪命，武汉亦恐警急。侍逆入江西后，一攻抚州，既不得逞，即东窜建昌，破万年桥一卡，连陷宜黄、崇仁，

舍沅弟百计俱穷，餉项弥绌。

前锋已逼樟树，省垣戒严。敝处所派援江之师、鲍、周、金三军共二万四千人，厚庵奉命督办江西军务，鄙人方忻鲍、周诸军得所依托，而厚庵函咨，不欲去水登陆，请敝处代为疏辞。国藩虽复函敦劝，尚未知渠肯幡然应诏，慷慨西征否。群寇回粤本在意中，然使江西先受其毒，则粤祸或可少赊。以仆与沈中丞水火而召寇，则阁下与寄帅和衷，或可销患无形，亦其理也。多口之增，诚不能无介介于怀，然祸福在天，毁誉在人，自有彼巨囊者主之，至于理之是非，情之顺逆，吾辈犹可勉自主持，且当忍耐办去。所进于左右者，始终以躁急为戒而已。即问台候万福。

祸福在天，毁誉在人。

16 复郭嵩焘

同治三年六月初三日

筠仙仁弟亲家大人阁下：

接惠书敬悉。此间近状，金陵洪、李诸酋顽抗如故，舍弟焦愤异常，江西之贼，侍逆盘踞于宜、崇、南丰，康、听诸逆蔓延于金溪、东乡一带。厚庵率鲍军入江，由瑞州、临江进兵，先保赣江以西，兼顾鄂之南境、湘之东境。以理卜之，江西当可速靖。然使坚踞数城，旷日不下，则虽精兵云集，亦无如何。鲍部昔攻休宁、青阳，盖亦顿兵数月，虽能举之，又难以臆计也。鄂贼徘徊于孝感、黄麻，皖北空虚，处处可虑。幸僧邸将至三河尖，陈国瑞一军将至正阳关，均系老于剿捻之营。而发逆四眼狗之党又纷纷相率投诚，或不至长驱东下，承示别纸所询，此古今难判昏晓之事鄙人半生与世龂龂，所争大率在是。盖大非易辨，似是之非难辨。窃谓居高位者以知人、晓事二者为职。知人诚不易学，晓事则可以阅历黾勉得之。晓事则无论同己异己，均可徐徐开悟，以冀和衷；不晓事则挟私固谬，秉公亦谬；小人固谬，君子亦谬；乡原固谬，狂狷亦谬。重以不知人，则终古相背而驰，决非和协之理。故恒言皆以分别君子小人为要，而鄙论则谓天下无一成不变之君子，无一成不变之小人。今日能知人，能晓事，则为君子；明日不知人，不晓事，即为小人。寅刻公正光

虽精兵云集，亦无如何。

终古相背而驰，决非和协之理。

明，则为君子，卯刻偏私晻暖，即为小人。故群誉群毁之所在，下走常穆然深念，不敢附和。阁下之于某公，亦不随曹好为推移，得毋有类于此乎？即问台安。

17 复郭嵩焘

同治三年八月十九日

筠仙仁弟亲家大人阁下：

接奉书敬知。自金陵克复，湖州、广德相继而下，耳中所闻，无非吉语，纸上所见，无非谀词。然前此侍、陪、康诸逆，即将由江入闽入粤，目下堵、祐诸逆，又将由徽入江入粤，皆将为堂疆之累。惟群贼所甘心者，实不在粤而在楚，而三江两湖之贼，又实不愿从诸酋还粤，此情事之的然者，当非广东不解之祸。江、席诸军已抵赣南，似可由尊处奏调援粤，但苦俱不得力。王钤峰略胜一筹，亦惜全系新营。此外则皆须留江西之南路，鲍、刘则防江西之北路，御浙皖之续股。厚庵则以回疆连陷三城，奉旨谆催赴甘肃新任。欲为尊处请将调兵，殊难应手。土直视粤之说，鄙人亦无是心，然莫能辞矣。停止粤厘一疏，谕旨尚未允准。此时本省三成，万不敷用，请阁下与寄帅商酌，江、粤各分一半，俟一二月后，彼此再行奏明。厘税加中额四名，或可间执阻挠者之口，而稍见踊跃。人谓粤东昔年办捐，始终未奏奖一次，欲阁下追奖旧捐而新捐乃旺，信否？国藩在金陵不及一月，七月杪乃回安庆，九月初再赴江宁。舍沅弟之病迄未痊愈，功成名立，异数殊恩，而肝疾犹郁郁未已，真有如退之所云“余澜怒不已，喧聒鸣瓮盎”者。众情激撞，触绪增懊。计阁下与沅弟之褊衷，皆将与天地无终极，视鄙人昔岁，殆不多让也。盍一稍纾怀抱，一脱桎梏乎？诸维心鉴，顺问台安。

纸上所见，无非谀词。

功成名立，异数殊恩。

18 复郭嵩焘

同治三年十月二十九日

筠仙仁弟亲家大人阁下：

接惠函，闻贼至湖、嘉一带，连陷数城，旋复回窜江西，归并闽境。不知近日广东军情如何？愧无劲旅前往相援。又竭粤中厘饷以事吾吴，久抱不安，因于十月二十日再疏请粤厘全归本省。又舍弟撤勇之便，暗带精锐三千回湘，以备桑梓缓急之需，使湘军得以全力援粤，不知得如所期否？驱贼入粤之说，当时以贼入湘、鄂，为患较长，恐掣动金陵围攻之局，不若驱入闽、粤，为害稍短。为此两害相形，姑取其轻之议。厥后鲍赶大捷于许湾，各城悉克，大股投诚，余匪胆落，官军七万余人，其力足以制贼，则不特不令西犯吾湘，亦宜不使南入粤界。言一也，传此言者非其人，则言一迁而谬矣；用此言者非其时，则言再迁而大谬矣。自斯言既出，至今私心疚憾，但冀粤事不果糜烂，稍赎余愆。舍弟于克城之后，遍发热毒，行坐维艰。加以忧谗畏讥，颇怀郁郁。值其生日，曾为小诗以宽譬之，录呈台览。鄙人精力日衰，饱阅世变，自问不复堪任艰巨。昨因交卸督篆，附片密陈下情，曾钞达毛寄帅处，亮邀鉴照。即请台安。

19 复郭嵩焘

同治四年正月初二日

筠仙仁弟亲家大人阁下：

得惠书敬承一切。金陵克复，曾寄两缄，而来示均未之见，颇不可解。此间乡试初疑赶办不及，后亦无他。闱墨声光并茂，不似丧乱后气象。前奉派赴楚、皖之旨，旋以湖北、安徽一律肃清，谕饬无庸西上，仍回本任。惟因僧邸在鄂州挫败，令刘连捷、刘铭传等赴豫，概归邸帅节制调度。诸军素以邸部左右气焰逼人，本有望而却步之意，又因鄂将常星阿、姜玉顺两提督，上年在黄州曾受邸帅鞭击棍责之辱，弥觉凛凛难近。刘连捷病系内伤，势难久履戎行，拟即裁遣该军。刘铭传等以淮勇剿捻，人地相宜，义无可辞，拟由淮、颍多运粮仗，遣之赴豫，一净捻氛。顷有复奏一疏，抄呈尊览。尊处意绪怫郁，此间亦有所闻。凡名之成毁，虽曰人事，亦有天机凑泊其间。如近日移奖子弟一案，

人地相宜，义无可辞。

胡、张查办毛帅一案，皆系巧于凑泊，推波助澜，增人懊恼。退之所谓“变化咀嚼，有鬼有神”，者也。国藩昔在湖南、江西，几于通国不能相容，六、七年间，浩然不欲复闻世事。然造端过大，本以不顾死生自命，宁当更问毁誉？以拙进而以巧退，以忠义劝人而以苟且自全，即魂魄犹有余羞。是以戊午复出，誓不反顾。阁下之进退，视鄙人昔年，虽稍绰绰，然既蒙诟毁，则宜俯默精勤，以冀吾志之大白，不宜草草遽赋归与也。金陵储蓄之奏，措辞诚多未善，然言之见信与否，皆在言外，奏岂足道哉？诸维心鉴，顺问台安。

以拙进而以巧退。

20 复郭嵩焘

同治四年五月十二日

筠仙仁弟亲家大人阁下：

接三月惠书，未得速复。闽贼自漳州窜出，计将全数入粤。虽将来终为江楚之患，而目下遍布棠疆，焦劳可知。自金陵克复，人以为渐入佳境，而不知乃日处愁城。湘军锐气已泄，功成意满。良者次第散去，留者骄泆不检，杂以游勇、奸民，与居人积不相得，遂至台谏纠弹。而各军分布皖、江南北，亦皆强弩之末，暮气乘之。既虑一旦有警，无以应敌，又恐准绳全弛，不戢自焚。未几而果有霆营金口之变，未几而又有霆营上杭之哗。国藩方派刘南云等万余人进驻瑞、临，防御金口叛勇，保固江、湘两省，又出示招抚解散。不料一波未平，一波复起，僧邸追贼郓城，中伏阵亡，直隶、山东大震。谕旨令国藩赴山东督剿。湘军既无可恃，淮勇虽属劲旅，而上下素不相习，未知能指麾如意否？畿辅望援急如星火，而湘、淮皆无马队，黄河尚无战船，何能遽言战事？鄙人精力日颓，夏暑竟日困卧，不能治事，岂堪再膺艰巨？自当抗疏辞谢，但以闲散留营效力，以明尽瘁之义耳。即问台安。

一波未平，一波复起。

21 致郭嵩焘

同治四年闰五月二十九日

筠仙仁弟亲家大人阁下：

得赐书敬承所示。金陵善后事宜，乃一无足观，盖公私扫地，荡无一存。无财既不可为悦，而从事诸人亦实乏经纶草昧、条理始终之才。其保甲房屋章程，则为人所诟病，上元朱侍御镇专疏参劾，不得已，乃姑与少休，百废未举之际，而来书乃闻其规画宏深，索观条教。毁誉之悠悠无定，类如是哉？国藩以闰月八日至清江浦，闻山东已无贼踪，全萃皖北蒙、亳一带，因改道先驻临淮。俟皖氛少定，再驻徐州，以符初议。近日区画大意，略抄文牍，附呈用慰远念。霆营金口叛卒，为江湘剿败，解散甚多。闻入粤不满千人，当不足为大患，行将入闽贼党中，近来朱、唐及金逸亭、蒋之纯各部，纷纷闹饷滋变，世乱方殷，诚未知所底止耳。督、抚同城，诚为两难，而胡文忠乃独得少行其志。世多言官帅休休有容，不佞观其用人行政，自度万难与之共事，然后知胡公所处极难耳。前劝阁下不宜轻于去就，盖其时粤人盛毁左右，谤焰方腾，自应俯默内修，以待其定。若群议少息，则进退之间，阁下自有权衡。譬如饮水，冷暖自知，固非鄙人所敢与闻矣。眉生现署十府粮道，申夫、子密从征北来，此外幕中数人，皆与公无相知一日之雅。自淮勇外，楚军留江皖及从行者尚有三万数千人，欠饷近四百万，概求少荃昆仲为我了之。即问台安。

毁誉之悠悠无定。

世乱方殷，诚未知所底止耳。

22 复郭嵩焘

同治七年闰四月二十一日

筠仙仁弟亲家阁下：

张捻盘旋直境，官军圈之于黄河西北、运河东南。运河自张秋以达天津，正值夏伏盛涨，断难飞渡。该逆拘窘十县境内，劲骑不能驰骋，舞袖不能回旋。歼灭之期，计当不远。

各国换约尚无头绪。孙道士达之赴京华，因总署咨请派员，敝处札饬丁方伯、应道二君会保。二君之保孙竹堂及孙教谕文川，本非惬意之作，鄙人接晤一二次，亦不深许。仓卒无可使者，遂以中驷应之。闻其在京所陈说，都不当于事理。预筹换约各疏，军机中有与敝处书者，颇言闽中沈公欲以翰林从总理衙门学习洋务，仿学习河工之例，讥其大骇听闻。可见章京之内，亦自是非杂出，言人人殊。弛三成洋税之说，此间无道及者。国藩昨在沪上，曾一过洋泾滨领事处，观其迎候礼节，初无恶意。今年换约，当不至更称干戈。来示谓拙疏不应袭亿万小民与彼为仇之俗说，诚为卓识。鄙人尝论与洋人交际，首先贵一信字。信者不伪不夸之谓也。明知小民随势利为转移，不足深恃，而犹藉之以仇强敌，是已自涉于夸伪，适为彼所笑耳。时名之不足好，公论之不足凭，来示反复阐发，深切著明，鄙人亦颇究悉此指。而又因王介甫之宏深精确，卒以持之太坚，诒讥百世，因是徘徊其间，仅默默以自保。愿与阁下一证此义。顺颂大喜。不宣。

首先贵一信字。

23 复郭嵩焘

同治四年八月二十日

筠仙仁弟亲家大人阁下：

得惠书敬悉一切。自雉河解围后，捻匪分为两支。西支蹂躏于宛、邓等处，逼近随、枣，未遽入楚；东支游弋于沈、项、周家口，顷更回窜皖之颍州。鄙人初议四路各驻重兵，外筹大支游击之师往来追逐。今徐州、济宁、临淮、周家口四处防兵业已办定，惟游击之师尚无头绪。盖邸部马队汰留不足二千人，新调之察哈尔兵及添募马勇技生马劣，全未见仗，断难驱之向敌，与捻匪精骑相拒。而廷旨迫促，数令移营河南许州等处。外间物议督责尤峻。观河南军政吏治之弊，捻祸殆无已时。身膺艰巨，焦灼曷极！霞仙辨诬一疏，有识叹仰。顷阅邸抄，吏部议以降调。瑞、罗两星使在秦，计尚他有吹求。亦足见世途崄巇，任事非易矣。九舍弟蒙恩简授晋抚，以怔忡之症未愈，五月又大病一次，在籍恭疏辞谢，陈请开缺，不知得仰邀俞允否。

席、娄两军定以本月由江入粤会剿，粤事当有转机。石角藤枝何处不有？公昔在京，于诸老多所许可，与仆异趣。近年莅外，于诸公多所龃龉，又似与仆昔日同符。不知后世复有为吾辈辨蚤晚异同否？顺问台安。

24 复郭嵩焘

同治四年十月十七日

筠仙仁弟亲家阁下：

接复缄敬承一切。此间军事，自任柱等捻回窜山东，图渡运河以北，窥伺登、莱、青完富之区，济宁潘军力与相持，贼乃改窜江苏丰、沛。将由韩庄等处渡运，又为水陆诸军所扼，迄不得逞。正旁皇无计之际，李幼泉于徐州城北获一小胜，潘琴轩于丰县两获大胜，贼遂回窜河南。周盛波率归德所驻淮军于宁陵获一大胜。皆拦头迎击，一变向来尾追之局，差为少慰。前此雉河解围，全股西窜。中外皆谓鄙人不应再驻徐州，几于一国非之，天下非之。国藩以皖、豫艰于觅食，贼断不恋于西而忘齐、苏滨海膏腴之区，其志终欲东耳。此次东窜，虽受创而去，然尚不能忘情于齐。数月之后，仍当电掣东趋，垂涎于青、莱各属。特鄙人久为豫中所责望，此后恐不复能抗疏坚持初议，顽驻徐州。时乎？时乎？会当有变时也。闽粤汪逆，亮无久存之理。督抚同城之害，果遂一发挥否？即更罄所欲言，亦未必能拂衣高蹈。与霞公及舍沅弟耦耕之说，吾闻其语，未见其人。舍沅弟赏假六月，比亦颇有再起之志。时事尚未可知，若其风尘不靖，林下岂得安枕？如果大段肃清，则扶杖课农者，不在东阡而在北陌矣。复请台安。

皆拦头迎击，一变向来尾追之局。

吾闻其语，未见其人。

25 复郭嵩焘

同治五年正月二十二日

筠仙仁弟亲家大人阁下：

得惠书，具知大旆出省督剿，荩勤益笃，而德邻罕觏，不知到防后别有龃龉否？闻嘉应克复，汪逆伏诛，馀孽亮难久存，或可肃清全省，振旅凯旋，稍解愤郁，以养天和，企系无既。此间自群捻在丰、沛、归、陈被创，全数西窜，东路粗安。正拟悉锐西征，专办豫事，而成大吉所部湘军叛于麻城，勾捻入鄂。任、赖、牛、李等股麇集麻、黄、陂、孝一带，张总愚亦自南阳窜入襄、樊，楚事大棘，飞书乞援。不得已，檄刘省三由周家口援鄂，李幼泉由徐州赴豫，鄙人亦移驻周家口，就近调度。捻匪本非剧寇，惟所得僧邸之马极多，又豫军屡挫，以长其焰，成部叛附，以济其凶，今亦居然勍虏，未可轻视。敝部昔近十二万人，目下遣撤殆尽，仅留万人随驻淮、徐，此外则久处江西之铨军、霆军，遥奉正朔而已。淮军诚为雄劲，然上下五省仅恃淮勇数支，亦恐病重药轻，疲于奔命。贱躯日益衰陨，目光尤坏，此贼慆慆，殆非余可了也。霞仙陈蔡之厄，虽无损于清望，然意兴岂能如常！两贤躬畔之说，虽雅志已决，然亦须事会适助成之。不信书信运气，公之言告万世，铭辞在耳，遽忘之乎？

以养天和，企系无既。

不信书，信运气。

26 复郭嵩焘

同治五年四月二十二日

筠仙仁弟亲家阁下：

四月三日得惠书，其时已闻内召之信，欲作一书奉慰，而万绪纷错，不知所言。论雅怀之久郁，则与其在位而忧煎，诚不如去位之解脱；论公道之难明，则是非淆乱，歧路又歧，几不知荆凡之孰存，臧毂之孰善。要之世变方滋，任重道远，早一日谢事，即少一日之咎责，慎毋介介为也。国藩以二月十九日行抵济宁，群捻亦适以是时麇集山东曹州各属，竭刘、潘等军之力，益以东省防河之兵，始能遏贼不得东渡运河。三月之季，业已计穷四窜，势将西返豫、皖，乃任赖李允等股，分窜徐、淮、泗州一带；而张、牛、等股，仍游绎于曹、单、定陶境内。各军纵横追逐，该逆巧避不肯轻战，亦复凶悍异常，淮军小挫二次，余皆平平，互有损伤。自张落行诱降，苗沛霖散败后，捻势本已稍衰，三、四两年，僧邸屡挫，贼夺官马至五千余匹之多，自此不可复制。今则岸然勍敌，精骑逾万，殊无破之之术。中夜以思，焦灼无极！舍沅弟因恩眷过厚，复出任事。鄂中积习太深，督抚同城，断不能悉化猜嫌，殊恐易于见过，难于图功。厚庵在陇，政出多门，本属万分棘手，比闻省垣兵变，尽杀督署幕友家丁。且四面粮路俱梗，即无此变，兰州亦万难久存，渠之所处又倍艰于它省。陇果糜烂，霞老亦旰食矣。台从以何时还湘？颇有余赀买山以庇岁暮否？仍拟北上京辇，一与委蛇否？陈蓺叔属纩之前有一书见托，其遗集现在何处刊刻？已就绪否？高碧湄前有数诗见寄，以未知其行踪阙未报答。国藩自离两江，公事减去三分之二，而精力日颓，尚苦其繁，近以捻氛日炽，尤觉郁郁寡欢。天末相思，继见何日！诸希心鉴，顺问台安。

易于见过，难于图功。

27 复郭嵩焘

同治五年五月二十九日

筠仙仁弟亲家阁下：

接四月惠书，并抄示与左帅二函，吕相之书，陈琳之檄，聊可摅其义愤，恐难解彼宿嫌。复总署书，似得驭外之要领。然古来和戎，持圆通之说者，例为当世所讥，尤为史官所贬，智者有戒心焉。轮船宜于速购，广求视之，等于家常什器，则不佞主，是说久矣。敬举所知一疏，惟邹伯奇素无所闻。此外，则或见而知之，或闻而知之，鄙人亦得粗窥崖略，不知廷旨如何擢用。方今雅道陵迟，人物渺然，苟有朴学通材，自应次第荐达，以励方来。此间军事，自张、牛股逆于二月杪窜至曹、郓，任、赖亦接踵东来，往复于曹、济、徐、宋、淮、泗诸郡，始在郓濮攻扑山东运河，继在桃、宿攻扑江南运河，多方堵御，始能守此衣带之水，保全运东完善之区。五月中旬，各股分投西窜，任、赖由萧、宿以窜怀远，牛逆由永城以窜亳州，张逆由丰、砀以窜太康，其志皆思渡颍渡淮，南犯光、黄、庐、六。现在诸军进止，除李幼泉、刘省三奔驰已久，量予休息外，以潘琴轩、周海舲为一路，刘仲良、杨少铭为一路，刘寿卿、张田畯为一路，皆由豫、皖跟追，鲍军则由固、商、六安前来迎剿。兵力不为不厚，布置不为不宽，但苦马少且瘦，尤乏得力骑将，终无以制其冲突，损其精锐。流寇之技俩日精，官军之将材日寡，诚不知中原之乱何日少定。杨厚帅入陇以来，殊无适意之事。兰州兵变，戕害湘人尤多，贞陔亦与于难。严办则阖省绿营尽成仇敌，不办则威望一弛，万事土崩。加以粮道梗绝，米石至百余金，种种棘手，恐难遽振。陇果糜烂，秦亦齿寒。观公在位之日，无一好怀，良有难自遣者。若论时事之多艰，焦头烂额，救过不暇，则霞仙之留，未必不为吝；公之去，未必不为吉也。复问台安。

兵力不为不厚，布置不为不宽。

28 复郭嵩焘

同治五年十二月初五日

筠仙仁弟亲家大人阁下：

前得惠书，猥以老年抱孙见贺，稍稽裁复。顷舍沅弟抄寄尊函，痛陈自宋以来言路之蔽，读之乃正搔着痒处。船山先生《宋论》如宰执条例时政，台谏论宰相过失，及元祐诸君子等篇，讥之特甚，咎之特深，实多见道之言。尊论自宋以来，多以言乱天下，南渡至今，言路持兵事之长短，乃较之王氏之说尤为深美，仆更参一解云：性理之说，愈推愈密，苛责君子，愈无容身之地；纵容小人，愈得宽然无忌；如虎飞而鲸漏，谈性理者熟视而莫敢谁何，独于一二朴讷之君子，攻击惨毒而已。

苛责君子，纵容小人。

国藩自临淮遭风后，抱病月余，请假两次，十月，具疏请开各缺，蒙恩准释兵符，交少泉接办，而令鄙人仍回两江本任。贱恙标症虽除，本原已亏，说话稍多，舌端蹇涩，不能多见宾客，多阅文牍，断难胜两江繁杂之任。顷已两次疏辞，如不获命，仍当再四渎陈得请而后已。受恩深重，义难置身事外，只可留营调养。

势诚有所不能。

去岁所示，北陌东阡，扶杖观稼，势诚有所不能。又闻吾乡俗日奢靡，百物昂贵，保至提、镇、副、参者，不甘家食，跃然有鹰隼思秋之意，而哥老会人数太多，隐患方深。阁下细察物理，桑梓不至别罹恶劫否？后进中有好学笃志之士否？尊昆仲果足自给，不须别图生计否？便中示及一二，即请台安。

29 复郭嵩焘

同治六年六月二十五日

筠仙仁弟亲家大人阁下：

接五月惠书，敬承一切。其谓左公竭力倾公，鄙人虽未见折稿，而路人皆已知之，不才岂故疑之？其谓鄙人附会左公以咎公，则又似汪钝翁私造典故，而不察于事理之实也。左公之朝夕诟詈，鄙人盖亦粗闻一二。然使朝夕以诟詈答之，则素拙于口而钝于辩，终亦处于不胜之势。故以不诟、不詈、不见、不闻、不生，不灭之法处之，其不胜也终同，而平日则心差闲而口差逸。年来精力日颓，畏暑特甚。虽公牍最要之件，浏览不及什一辄已弃去，即贺禀谀颂之尤美者，略观数语，一笑置之。故有告以詈我之事者，亦但闻其绪，不令竟其说也。

素拙于口而钝于辩。

自五月二十日后，大雨时行，十分沾足。但求不苦霖涝，岁事可望有秋。任、赖捻股窜至运东，直趋登、莱。李少帅前议倒守运河，近又定防守胶莱河，冀歼贼于海隅。胶莱河仅三百余里，较之扼防运河千里，差有把握。未知天意人事竟复如何。顺问台安。诸维心鉴。

差有把握。

30 复郭嵩焘

同治六年九月初八日

筠仙仁弟亲家大人阁下：

捻逆之势日张，少泉始拟困之胶莱河之北，聚而歼之海隅，自七月二十日突出胶莱之外，又拟防守运河，遏之使不复西。胶莱河仅三百余里，尚被冲出，运河千有余里，更无把握。自朝廷至三四知好皆劝其早罢守运河之议，少泉亦知守运良非至计，惟舍此亦别无制贼之方。淮勇疲乏已极，而外间之责言日荷，捻党之凶焰日炽。江南民困已深，而湘淮之正饷日增，京协之杂款日迫。以孱躯当此艰巨，实不知所以善其后。

鄙性畏热，自六七月来，见客极少，两省调闱差者近二百员，一概谢绝不见，公牍都未细核，似此瘝官旷职，而其势又不能遽尔引退，内之惭沮，外之殃咎，盖交生互发而未有已。用是尤羡公之决计不出无可易也。移居皖南一节，儿子纪泽信来，亦有此意。顾天下滔滔，孰是真可安处者？近日两湖无根之民纷纷至皖南开垦荒田，将来沛县湖团之乱，肇庆土客之斗，必且见于皖南。与其远徙而同归不靖，不如安土以听其自然。麓西所陈盐务，比亦略见施行，而洎无寸效。如筱泉及舍沅弟帅鄂，可谓至亲矣，而稍与之言抑川而伸淮，亦不免长虑却顾，况其下用事诸人无不利川旺而淮滞者？用是二年以来，淮销极疲，而阁下又不肯来助我。奈何，奈何！并闻，即候台安。

略见施行，洎无寸效。

31 复郭嵩焘

同治六年十二月二十日

筠仙仁弟亲家阁下：

前接惠书，具悉抱孙大喜。而哲嗣拟墨，亦已斐然可观，至为庆慰！自十月二十四日赣南击毙任柱后，贼势遂尔瓦解。十一月，淮军屡获胜仗，最后寿光弥河之捷，杀贼逾万，解散尤多。贼乃不复能军，狂奔四窜。腊八日有二三千窜出六塘河，已冲过者约近二千，由清江、高、宝突犯扬州。水陆官军前截后追，歼毙解散一千数百，生擒巨酋赖汶光。余匪百余骑由六合、天长窜至盱眙，剃发四散，当不复能再振。其未冲过六塘河者及奔窜迟钝者，沿途投诚不下二万余人，安插颇不易易。东股众近十万，大致已就肃清。惟西股张总愚一支，于冬月二十三日渡黄窜晋。

左、赵两帅及陈舫仙均交部严议，若非李部淮军腾出数万劲旅，则畿辅亦属可虞。近日湘中疆吏，动多罣误。印渠谨厚劳勚而获谴最重。芗泉奏明不受韶关规银，而所提藩运两库公费银两，被督署纠劾降调，岂好还之理然与？抑省运盛极而衰，不可强与？

三小儿天资鲁钝，拟唤令来署读书。意欲于湖南请一良师，专择精于八股、笔仗夭矫挺拔、可医肤庸之弊者，而又善讲善改，耐烦引诱。尊意如有其人，则请荐之，与小儿同舟东来为荷。

32 复郭嵩焘

同治七年十一月初七日

筠仙仁弟亲家大人阁下：

七月得读惠书并大著县志稿本，以校勘未遽卒业，迟久不报。顷又得九月赐书，敬承所示县志，诚为杰构，直欲以一邑而备具天下政治之得失、古今典章之要，最纳须弥于芥子，决治忽于片言。曩尝服山阳鲁通父近作《邳州志》、《清河县志》之精当，尊著又别出机杼，各擅胜场。惟微窥尊指，稍有炫博之意，故于《吏书》、《刑书》、《五行略》等篇，妄有签商，未审果当于理否？读《艺文略》，知阁下近著甚富，经、史、子、集四部皆有。纂述数种，博而知要，敏而不倦，殆韩公所信为文书自传道，不仗史笔重者耶。国藩精力日衰，老而无成。久处崇高之位，酬应纷繁，一月之中，与古人经籍相对曾不数日。顷量移三辅，朝廷盖以积疲之区责以整理之效，不知孱躯顽钝，难供驱策。拙疏屡称不能多阅公牍，不能接见宾僚，未蒙信纳。顷于冬月初四日北上展觐，鞭跛鳖而登太行，陨越实在意中。左帅表刘寿卿之功，谬及鄙人，论者谓其伸秦师而抑淮勇，究不知其意云何也。复问台安。不一。

博而知要，敏而不倦。

书札

毓科

1 与毓科

咸丰十年五月初二日

未雨绸缪。

再，贼若以大股上犯江西，必在七、八两月。及今未雨绸缪，犹可防患于未然。一切兵力饷需，皆不能不借助湖南。敝处已专函恳求骆帅迅拨劲兵，越境协防江西之北界，尚乞阁下于骆帅处，再三函恳，加以咨商。若得湖南之兵于五、六两月到齐，将广、饶两路布置停妥，俾方、张之贼不能逞志于江西，是阁下永无边圉之患，而弟得藉是为进剿之基，实吾二人之大幸也。

2 复毓科

咸丰十年七月初七日

右坪仁兄大公祖大人阁下：

接惠书，知前缄所商意见符合，欣幸何既。贵署无护卫之兵，咸丰四年，湖南抚署有众兵拥闹之案。六年冬间，江西抚署拥闹两次，皆弟目所亲见，实属不成事体。至金陵兵之拥入向帅帐内，抢劫银物；安徽兵之驱迫福中丞，殴打毕方伯，则视江西、湖南为尤甚，堪为发指。鄙意欲请贵署挑护卫兵若干人，即在抚协三营内挑选，择一好将官带之，日日操演。仿吴龥斋中丞在湖南之法，分别赏号等第，阁下每月亲自阅操五、六次，优给赏项，又于本营额饷之外，私加月饷。其懒惰软弱者，发还本营，另行挑换。其加饷及操赏，每月需数百金，抚署无此闲款，应由厘金局按月致送。昨已函嘱黼堂、小泉密禀阁下。兹再特商，务祈赶紧切实办理，不可视为缓图。至要至祷。

择好将官，日日操演。

承抄示复王中丞一函，允当之至。当初定章，止有淮课，并无浙课。今以商余抵课二两九分七厘归浙，已属优厚。若两课归浙，断难允行。淮盐本系江督专政，借销浙引，又系鄙人创议，嗣后江西盐务，弟当经理，以重职守。容咨尊署，并札盐道也。

3 复毓科

咸丰十年八月初四日

右坪仁兄大公祖大人阁下：

得浙信，嘉兴全军败溃，张玉良退至石门，旋即败挫。杭州紧急万分，呼救甚迫。弟以张、鲍二军，甫经成行，断不能失信于宁国，而改援浙江。此外又别无大队可拨。不得已奏请骆中丞暂缓入蜀，湖南防兵暂不抽动，俾左京堂得以星夜来皖，以援浙而图苏。不知上邀俞允否？鄙意总欲联江西、两湖三省之交，合为一家，并力御贼。阁下与官、骆三帅坐镇主持，胡宫保则图剿皖北，左京堂则图剿皖南，弟则图保淮扬。此三处者得手，则日起有功。即不得手，亦无损于三省合防完善之局。卓见如以为然，当合数省会奏一次。筱泉赴任，必俟厘务大定后，乃可出省耳。即颂台安。

三省之交，合为一家，并力御贼。

4 复毓科

咸丰十年八月初七日午刻

右坪仁兄大公祖大人阁下：

顷接大咨，知户部议前事，阁下挂于吏议，幸赖圣明鉴察，改为留任。君恩之高厚可贺，时事之艰难可悚。勇数清册，自应饬局迅速造报。惟银项应奏应题者，须倍加慎重，以少奏为是。或挈列敝衔，先行寄稿函商定妥，再行拜发。或称江浙向以全力供给向帅、和帅大营，今江西以全力供曾某大营云云。或可少免于大农之驳诘。方今京师穷绌，北五省无可搜括。宵旰忧劳，弟与阁下受恩深重，断不肯丧尽天良，置京储与邻饷于不顾。无奈此际江西之力，除牙厘全归敝处外，实属竭蹶之至。现在本省欠饷过多，岌岌乎有哗溃之虞。弟昨于三省合防咨内，已略言之，即当另行陈奏，冀圣人俯鉴江西之苦。凯章已自徽起行，霆营近日可抵太平，次青今日可抵祁门，并闻。即请台安。

5 复毓科

咸丰十年八月十四日

右坪仁兄大人大公祖阁下：

以劳绩多寡，分奖叙高下。

接奉惠复，敬聆所示。邓联请优叙李君，似应请加臬司衔，仍从阁下原议，以劳绩之多寡，分奖叙之高下，庶为允协。至李君捐银五千，应另为其子弟请奖，俾劳绩与捐项二者不淆。邓联如有捐款，亦另为其子弟请奖，照银定级，乃为公允。是否有当，敬求卓裁。

闻七月初五，天津兵败，洋酋入城，僧邸退至通州，京师大震，圣心焦劳。弟与阁下凡办一事，皆彼此谨慎，悉心商酌，奏牍尤宜加敬，无拂天意。弟处各事，如有不当，望阁下常常指示，免致圣心既虑北极，又忧南服也。兵勇同处，易生衅端，须择一好将官统之，以资调护。兵丁之太疲者，尽可另募挑补，略厚其口实，亦未见兵之必不如勇也。经费若少，尚可增加，此事却不宜太省。阁下以为何如？即问台安。

6 致毓科

咸丰十年九月初六日巳刻

右坪仁兄大公祖大人阁下：

弟接奉寄谕，知逆夷夺我大沽炮台，占据天津郡城，八月八日在通州八里桥接仗，我军复败，夷兵逼近京城仅二十余里，圣驾出狩热河，飞召敝处鲍超一军入京，交胜克帅调遣等因，神魂震越，中夜涕零。是日适闻徽州失守之信，又不得不强颜抚慰，镇定人心，本日已具折复奏，抄呈台览。徽州之贼破郡城业已十日，尚未窜扰婺源，左宗棠军若至乐平，贼或不敢遽犯江西。养素陆军，弟处已札饬仍旧统带，虽不甚得力，而较之徽、宁各兵，尚为高出数倍。目下各路吃紧，自难遽议裁撤。来示欲会衔具奏，似可不必。至吴道团防一军，现已饬令回江，批令遣散后二月，再由吴道禀请另招。请阁下卓裁，或即令遵敝批办理，或仍不遣散，均听核夺，弟自闻京城之警，悲愤填膺，各事不复综核，统希心鉴。顺问台安。

7 复毓科

咸丰十年十一月十九日巳刻

右坪仁兄大人阁下：

惠书敬悉。此间军务冗杂，刻无暇晷。本月以来，初一日婺源失守，初三日东流失守，初四日建德失守，十二日浮梁失守，十三日饶州失守，十五日岭外之贼破禾戍岭而入，休宁之贼攻陷上溪口营盘，十六日岭外之贼破羊栈岭而入，休宁之贼攻陷上溪口营盘，实属风波叠起，应接不暇。幸左军于初三日克复婺源，杨、彭及陈镇军初三日克复东流，左军十三日克复浮梁，祁门所派唐副将一军十七日克复建德，大局稍定，人心稍安。目下建德之贼，集于渠田、石门等处，意图窥犯左军。江湾之贼，欲出婺源窜入乐平，亦图窥犯左军。左军若有挫失，则祁门之粮路已断，而群贼阑入江西腹地矣！弟拟派鲍镇率五千人至景镇，帮助左军分剿建德、婺源之贼，因羊栈岭日日开仗，被贼牵制，鲍军二十一日乃可起行，二十四日可到景镇也。阁下调彭道平江营至德兴，可与左军通气，甚好，甚好。仍请调养素之水师，及孙昌国之飞划，防守都昌湖面，恐贼由都昌偷渡吴城也。总之，江西之安危，水路须守住鄱湖，不令偷渡西岸；陆路须守住景镇，不令内犯腹地，则风波渐平矣。是否有当，伏希裁酌。复请台安。

军务冗杂，刻无暇晷。

8 复毓科

咸丰十年十一月二十九夜

右坪仁兄大人阁下：

接二十三日惠缄，敬悉一切。大疏拜读数过，忠爱之忱，溢于言表，至以为佩。景镇贼目黄文金挟四五万之众，锐竟深入，断敝处之粮道，扰江西之腹地。幸杨、彭水师克复东流、彭泽、鄱阳、都昌数县，又协同竹庄，保全湖口最要门户，厥功甚伟。左季翁坚守景德镇，以新军而当大敌，尤不可及。弟派鲍公率马步六千人，回援景镇，或可将黄逆文金一股击退。惟婺源又有大股图窜江西，又闻石逆之分股窜至湖南桂阳，亦有并入江西之意。一波未平，一波迭起，贼众兵单，殊难支持。现请左季翁添募三千，鲍春霆添募二千四百，不知何日始能成军。此外实无劲旅可调。省垣及抚建广信四城，总须预购守城之具，预筹守城之将，处处能坚守十日半月，又有游兵追击，贼必不能逞志于江西也。即问台安。

9 致毓科

咸丰十一年正月二十日

右坪仁兄大人阁下：

正月六日，贼分两路破大洪、大赤二岭而入。经江军门堵截唐副将力战，化险为夷，亦有天幸。鲍公洋塘之战，闻杀贼亦不甚多。而逆党数万一夕奔溃，颇出意料之外。败贼分为两股：一股由建德下窜青阳，一股窜至彭泽。鲍公跟踪追剿，若能逐之至池州以下，则江西之西北可就肃清。玉山、广丰解围之后，贼匪猛扑信郡，屈、钟婴城固守，若能保全该郡，则江西之东北可就肃清。抚、建防兵无多，未可轻易撤动。江省东路总欠游兵一支，若能筹出一军，往来游击于抚、建、广信、河口之间，则各府防兵不轻调动，更形周密矣。顺请台安。

10 致毓科

咸丰十一年二月初四日

右坪仁兄大人阁下：

建昌之贼人多而颇悍，志在糜烂江西之腹地，以解安庆之城围。闻建郡北门外之登高山已被贼占据，危险之至。万一流失，固属全局震动。即幸保无恙，亦恐其由宜黄、乐安窜至赣河西岸，扰犯瑞、临，以掣湖北之兵势，弟前已檄雪琴派水师协防省河，本日又札孙昌国防樟树等处河道。盖贼踪飘忽，不得不早为之所也。蒋芗泉一军，闻粤西已清，可来皖南，支持至三四月，则江西、皖南皆安稳矣。即问台安。

11 复毓科

咸丰十一年二月初九日

右坪仁兄大人阁下：

建昌黄印山太守请援一禀，目不忍睹，口不忍读。弟久欲派大支劲旅往援，先函商左公，亲率全军以行，厥后又派朱、唐两将带护卫兵五千人以行，已函告建昌官绅矣。不料徽、休大股尽窜婺源，意欲由景镇以续犯江西。左京堂全军分起赴婺，大战于甲路地方，幸获全胜。左公又以汪村一路空虚，嘱弟处派人防剿。弟因派朱、唐二将会同张凯章观察进攻上溪口。所以堵汪村之来路，即所以分婺源之贼势也。因此一大波澜，不能遽为抚、建之行。念建昌数十万生灵，围困孤城，危如累卵，寸心若焚！必须婺事稍定，弟移驻东流、建德，然后腾出鲍公一军，作为游兵，或援抚、建，或竟调它处，届时再行飞商阁下办理。省城防务，务恳督饬文武，先事布置。方伯虽已赴浔，德甫兄老于戎行，黼堂兄素惬众望，每炮台须派妥人主之，每炮一位须派熟手点放。只要省城安如磐石，他府纵有疏失，尚可设法往救也。千万，千万！复请台安。

12 复毓科

咸丰十一年二月十五日午刻

右坪仁兄大公祖大人阁下：

接惠书敬悉。官军大破上溪口贼巢，克复休邑城池。正在得手之际，本拟进攻徽郡，不料左军分八营在甲路者被贼围营。十二日夜挫溃，退至黄港景镇地方，不知与左公自带之四营会合后，尚能站住否。弟于初八日附奏，移驻东流、建德，腾出鲍超援剿皖北，援剿抚、建云云。兹左军既挫，饶、景、浮梁万分危急，则鲍军又当先援景德镇矣。湖北之贼已破黄州，武汉大震。时局变换至此，恐今年春夏又将如去年苏、杭之奇警迭出也。建昌官绅竟能守至二十余日之久，可敬可感，而亦可悯！弟处自顾不暇，竟不能拨兵援建，愧憾何极！黼堂兄具详告病，自应批驳慰留。时事虽危如累卵，而江西省城，吾辈仍当竭力保守；若江西疏失，则湖南亦断无独全之理。弟当作函婉商之。顺问台安。

竭力保守。

13 致毓科

咸丰十一年二月二十日

右坪仁兄大人阁下：

前闻建昌贼挖地道轰塌两处，分支直扑抚城，急求救援，忧心如焚。即调鲍镇全军由湖口晋省，先顾根本，次援抚、建。顷接养素禀：抚州解围，阁下所调郭守式源之三千人，自河口起程赴援，建郡亦可解围。省垣无警，鲍军似可不必晋省。但弟连去二牍三函，催促甚迫，此时不便倏变前说，使人无所适从。敬求阁下权衡缓急，如省会与抚州无虞，则请以公牍咨止鲍军，令其暂停湖口，无遽渡至西岸。盖鲍一渡湖，则东流、建德、彭泽、都昌、鄱阳五县，必皆失守。以都、鄱五县较之省城，则省城为重；以建昌较之都鄱五县，则五县为重。尊处体察省垣情形较真，探听抚、建信息较敝处更速，祈卓裁酌夺。

先顾根本。

14 复毓科

咸丰十一年二月二十五日巳刻

右坪仁兄大人阁下：

两次惠缄敬悉。眭、章等新募千七百余人留防省城，又有水师防卫省河，会垣重地，应保无虞。建昌似有解围之信，尤以为慰。此次建昌苦守二十余日，而敝处不能派一旅往援，且愧且憾！无地自容，无辞自解。然此间之节节危险，实亦有惊心动魄，刻难松劲者。阁下如见省城业已安静，则请飞函左、鲍二公，会剿饶州李世贤一股，至要，至要！休宁克复，守备已固。方干岭、禾戍岭、榉根岭三处，同被贼破卡而入，今日由祁门派队进剿，不知能得手否。即请台安。

无地自容，无辞自解。

15 复毓科

咸丰十一年三月初八日巳刻

右坪仁兄大人阁下：

久不接来信，忽于梗阻之后，得此云章，如获至宝。此间自闻伪侍王大股蔓延乐平、鄱阳一带，祁门日有围困之势。弟自率诸君，由祁门出队至休宁，攻剿徽州，冀图打开一路，以通浙江米粮之接济。不图甫经出队，即闻陈余庵军败、景德镇失守之信。初五日，进攻徽州，唐桂生一军小挫，伤亡二百余人。两处之接济皆断，弟所统各军在祁、黟、休三县者四面围困，不得已，檄鲍军回剿鄱阳，进攻景镇。闻伪侍王一股，人数倍于伪忠王一股，凶悍亦远过之。若鲍军不在都、鄱一带，恐贼由都昌渡至吴城，则省城、九江、瑞临义、武处处可危，较之由乐平，内犯抚建，为祸更烈也。是以决计请左、鲍并剿伪侍一股，外以解祁、黟、休三县之围，内以纾江省北路之患，如天之福。能将伪侍一股击退，然后回剿伪忠一股，庶有把握。即问台安。

得此云章，如获至宝。

16 复毓科

咸丰十一年三月二十一日午刻

右坪仁兄大人阁下：

接奉惠缄，久不得手示，此次如获至宝。应复应商之件，分条奉布如左：

——省门现有刘胜祥一军、张运桂一军，闻人心安定，买卖照常，极慰，极欣！鲍军目下不能赴省，祥营自当留省，不可回信州矣。闻已饬添三百六十八，应请再令添募百四十人，弟前此已面允其添五百人也。该将带千余人，尽足胜任。至张运桂之千人，其兄凯章望其速来皖南。如果省城安稳之至，请阁下即令张将来皖归凯章处。

——左宗棠在乐平大获胜仗，现令鲍军亦至乐平会剿，如能将伪侍王股匪击退，则江西之北边必可安静。仅南路有伪忠王一股在腹地耳。弟必拨一军赴吉袁一带痛剿，目下力尚不能。弟自三月初二日赴休宁督各军，攻徽两次小挫，十九日仍回祁门。现在饷道不通，兵勇久未发饷。又安庆舍弟一军，于十八夜援贼来扑，正值危急之际。然当一意坚持，以待事机之转。若景镇安庆有一处得手，则可分兵援吉袁矣。

——建昌官绅文武坚守二十余日，实为非常之奇功，应概予优保，请尊处主稿，挈列敝衔。黄守应饬司详，实授建昌府并保以道员记名。遇有江西道缺，请旨简放，赏戴花翎。其二子亦应优保，弟拟将广信玉丰湖口建昌数处守城之功，专折特保数人，亦会列台衔也。阁下去年委钟署广信、建昌二守，保全两郡，收此奇效，老眼无花，钦佩之至。顷委署九江，人地亦极相宜。若抚、建、广、浔四府得人，则省城安如泰山矣。省垣城守，不可一日无备。前函商以王守必达署首府，渠充敝粮台提调，于各营旨易联络，才能肆应。于守城亦有阅历。如此位置，似尚妥善。敝处艰险之状，以此两月为最。然军心尚不涣散，足慰垂廑。复请台安。不具。

省垣城守，不可一日无备。

17 复毓科

咸丰十一年三月二十九日

右坪仁兄大人阁下：

二十八日桃树店途次接惠书，知瑞郡被陷，实深忧灼！应商事宜，条开于后：

——弟于鄱、景肃清后，二十六日自祁门拔行，二十八日住桃树店，二十九日住利步口。鲍公亦来会晤。闻四眼狗围安庆舍弟营盘已九日。多礼堂在桐城获大胜仗，日内可援怀宁。弟令鲍军在下隅阪先歇息二三日，如怀宁急则北渡援怀，九江急则西上援九江。

——鲍公未到九江之先，弟令吴竹庄带团防全军即赴九江守城。会同万泰之陆兵，丁义方之水师，人近三千，或足守御。如事急，则请鲍公全军赴浔阳。

——瑞州既失，则临、袁、义、武、奉、靖处处可危，必须有一支劲旅专办此股。惟刘荩臣观察一军最为相宜。弟已两次函咨商官、胡速调，本日又函催矣。求阁下加函加咨催之。鲍公之力只能顾省会，顾九江，顾安庆，顾东、建、鄱、景，不能顾、武、义临袁也。

——李金旸援建败挫，诿过于人；此次援吉，不能为一日之守，实属可恶。弟拟奏参革职，不准留营。

——省则有刘胜祥、张运桂两营，弟极为放心。但负城而守则有余，出外防剿则不足，切不可派令出队开仗。恐一有小挫，则省城亦属可虑。只要省城与广、九、抚、建赣五府平安，别处皆易收拾。顺候台安。

18 复毓科

咸丰十一年四月初六日

右坪仁兄大人阁下：

手书敬悉。应复近日军情，条列如左：

——省垣为根本重地，来示张运桂一军不能不留，请即留张军会同刘胜祥，防守省会，弟当函告凯章，嘱其缓调赴徽。惟新募之营，守则可恃战则不可靠。万一瑞州贼踪扑至省城附近一带，切不可令张、刘二将出队迎剿。若附城安营，静镇坚守，弟可保其万无一失。

静镇坚守。

——伪侍王一股经左军六次获胜，祁、休危而复安，饶、景一律肃清，实属大快人心。惟该逆现趋东路，闻常山失守，广丰危急，恐其又走李秀成之故辙，由上清窜入抚、建，蹂躏腹地。

左军现驻德兴，弟请其由河口拦头截剿，总不使伪侍一股再犯抚、建为要。

——九江城守事宜，弟派吴竹庄带团防营千余人赴浔，会同万泰之营兵，丁义方之水师，协力坚守。据渠等会禀，似有六七分可靠。瑞州伪忠一股，若不能逞志于浔，则由新昌以赴鄂境，由上高以扰袁州，均未可知。弟现飞调刘靖臣岳昭一军由鄂南崇、通一路迎剿，不知赶得及否。此外，实无劲旅可调。忠逆久为腹心之患，忧灼曷极！

——来示欲调秋浦回署府缺，秋浦现充弟营务处，甫就熟悉，断难令其离开。自去冬以来，军中危险万状，地方官视为畏途。秋浦犹能共历艰危者，须留在弟处，祈鉴亮。复请台安。

19 致毓科

咸丰十一年四月十二日辰刻

右坪仁兄大人阁下：

前闻瑞州之贼西窜新昌，方为少慰。兹忽闻平江和、后等营败挫，瑞贼猖獗，实深忧灼。俟安庆之事稍纾，即当饬鲍军南渡速援瑞、临。新授南赣镇陈伯陵前赴新任，弟令其招勇一千，认真训练，以备缓急。到省后，求阁下指示一切，迅嘱往赣。伯陵操守廉洁，笃实不浮，熟于战阵，到任后当可保障南路。惟屡次受伤，稍嫌体弱，须加意调理耳。顺请台安。

20 复毓科

咸丰十一年四月十五日午刻

右坪仁兄大人阁下：

接初八日惠缄。瑞州有此一败，贼氛日炽，蹂躏于瑞、临、袁、浔之交，实为腹心大患。来示欲鲍、张二军入援内地，义不容辞。惟张军现守休宁，万难抽动。弃休宁，则必并祁门、黟县而皆弃之，不特无以对皖南绅民，亦且贻患于饶、景。鲍军进攻赤冈岭贼营，四月内当可击退狗西一股，五月间鲍军乃可渡江，由浔赴瑞，目下实不克遽往。省城防务，只要刘、张二千人负城扎营，坚守不战，必可万全。九江有吴、丁、万、蔡四人，或可保全。此外必遍遭荼毒矣。可憾，可愧！李金旸从贼之说，事或可信。近日官兵败后，从贼者颇多，如张国梁之部，李若珠之部，周百禄之部，陈余庵之部，皆所不免，李金旸尤不可靠。惟专凭张光照一人供词则不足据。凡败后先奔者，往往架言诬人，以掩其先逃之罪。祈再确查，以凭具奏核办。复问台安。

21 复毓科

咸丰十一年五月初三日

右坪仁兄大人阁下：

前接惠缄，言李金旸事，未即奉覆。本日窦委员解张光照至，夏委员解李金旸亦至。弟饬委讯供，即行正法。仍将应得之罪，榜示于外，录呈台览。即日当会列尊衔，附片具奏。李金旸在抚州、吉安，官绅士庶皆深恶之。张光照未战先逃，不顾主将，此次同正典刑，当足惬乎人心之公。安庆官军围攻如故。鲍公围赤冈岭四贼垒，三垒降者，全行正法。余一垒，尚负固坚守，鲍公须待狗逆来痛击后，始能移剿他处。建德之贼因水大，尚未至鄱阳。附告一二，以慰廑注。即贺节禧。

22 复毓科

咸丰十一年五月初七日申刻

右坪仁兄大人阁下：

顷接惠书，属调衢州朱镇一军援剿瑞州。方虑该军有守祁门之责，无以应命，幸托阁下威福，远庇鲍军在集贤关大捷，因即飞调鲍公统率全军即日由九江援剿瑞州，以践三月之原议。鄂省亦调成镇防剿兴国崇通一带。并言不分畛域，或剿江境武宁、义宁亦可。虽此两军未能速到，而究竟争迟早，不争有无。瑞州、 援剿瑞州。

武、义一带必有专支劲旅可恃矣。即问台安。

23 复毓科

咸丰十一年五月二十五日

右坪仁兄大人阁下：

闽、汀之贼陆续由建昌之东窜往河口而出，似是归并浙股之局。抚、建幸无疏虞，养素尽可不回东路，且在赣江以西遏狂氛而定人心，至以为慰。鲍军自安庆拔营，沿途阻雨隔水，迟滞殊甚。又以徇宿松绅民之请，便道攻剿宿松、黄梅之贼。多都护亦思少留鲍军遥为声援；鲍公亦思少留旬日，成克复之大功；濡滞不进，使弟不特失信于江省，并失信于鄂省。盖鄂中亦深望鲍军南渡，剿办兴国一带也。然果能克复安庆，鲍军虽少迟旬日再渡南岸，亦尚有裨于大局。日内愁霖不止，未审天意究何如耳。徽州克复，意外之喜。若将徽、休、渔、祁四处守住，建德再设一枝防兵，则江西北境永无边患。目下凯章兵力太单，深为可虑。乞阁下即饬张副将运桂管带千人，迅赴徽州，至感至祷！省垣如嫌空虚，可将刘胜祥生米二营调回。今年大水盛涨，生米得炮船数号，即足扼扎，不须陆兵也。弟在江省最久，如此大水，处处汪洋，贼实不能近省。以阁下之镇定，辅以德甫之老于戎行，黼堂之和辑文武，知必可万全无患。惟腹地久不肃清，东路之贼梭不断，而大水日增，将成奇灾。纵能克复安庆，饷项亦万不能支。言念及此，忧心如焚。即问台安。

24 复毓科

咸丰十一年八月初二日午刻

右坪仁兄大人阁下：

弟于廿九日檄调鲍军回援安庆，三十日，闻樟树有贼，又经飞函止之。初一日，闻安庆克复之信，益可专力江西，不必东下矣。兹另檄霆军进援抚州，俟抚境肃清，再请左军接办。总期江西腹地全数扫荡，庶可奠民居而裕饷源。黼党员以藩篆而兼粮台，安谷以臬篆而管粮道，位置均极妥善。陈心泉太守为守兼优，虽经希庵中丞恳切咨调，尚可衔奏留，庶江西吏治可期蒸蒸日上耳。顺请台安。

奠民居，裕饷源。

25 致毓科

咸丰十一年八月初四日

右坪仁兄大人阁下：

春霆军门一军，本拟至金溪后即请左军接办，继思左军必难遽到，霆军追剿得手之时，不可中道停止，俾贼喘息再定，又复徘徊不去。因改檄鲍军直追至河口等处，将忠逆及湖坊二股驱出江境，亦已咨达冰案。惟鲍公积劳太久，请阁下慰劳而赡给之。

26 致毓科

咸丰十一年九月初六日巳刻

右坪仁兄大人阁下：

昨奉复一缄，言左军宜驻广信、河口一带，以固东北藩篱，亮邀鉴照。近日各军索饷纷纷，啼饥号寒。安庆一军进攻无为州，士卒以无衣为诉；徽、祁各军因饶不敷买米之用，并以无食为诉。鲍军相距过远，弟不暇照顾，立有决裂之虞。江西蹂躏太广，厘捐固难畅旺，丁、漕亦多请蠲缓。看此光景，征收断不能踊跃。计惟有减价征收，一新百姓之耳目，或可迅速征解，稍济眉急。辄拟双衔札稿一件，告示稿一件，并刻印告示，专差赍呈。即祈阁下会印后，发交司道，檄属张贴。咸丰六年饷绌异常，七月间议减南昌之漕，每石价三千文。其后，八月输将极为踊跃。今漕价仍照南昌六年之例，地丁一正一耗，定为二千四百文。在百姓虽所减无多，亦必感激乐输；在州县则所得较少，或者观望沮挠，求阁下一力主持，严惩梗令之人。弟亦拟参劾一、二，以为奉行不力者戒。闻今年贼过之处，搜括甚于往年，即减价收课，尚恐艰于完纳，请阁下饬藩司大张告示，将捐输一概停止，稍宽民间之力，并请停止摊捐漕规等项，稍宽州县之力。庶几用其一缓其二，今岁丁漕不至竟无著也。顺请台安。

27 致毓科

咸丰十一年九月二十日辰正

右坪仁兄大人阁下：

前议丁、漕减收事，想蒙伟照！兹又专送告示六千张，敬求尊处会印后，即日发交藩司，转发各属，遍行张贴。今年百姓完纳国课迟疑观望，乃意中之事，一律减价，改头换面，与民国新。而输将之踊跃与否，尚不敢必。舍是则更无良法矣。目下营中欠饷愈久，实难再支，敬求阁下一力主持，撑此危局，至感，至感！即请台安。

28 复毓科

咸丰十一年九月初十六日

右坪仁兄大人阁下：

鲍军此次入江，驰甚劳，功绩甚传。而阁下与司道诸君子，供亿甚厚，情文甚周，足以感动将士之心。不特春霆军门心畅情怡，即弟此后凡有调度，亦更能指挥如意矣。左太常以七、八千人驻防河口一带，与广信、玉丰等三城为犄角之势，当可固东路之藩篱。但求今冬与明年江西全省常得安谧，清积欠以作士气，薄征敛以养民力，则东南大局当尚可支耳。丁漕减价告示前后共送去万张，如再不敷，即饬司道代刊代印可也。再颂台安，不一。

清积欠以作士气，薄征敛以养民力。

29 复毓科

咸丰十一年七月初六夜

右坪仁兄大人阁下：

接初一惠书，知贼窜生米等处，省垣警急，飞催鲍军入援。弟于鲍镇自浔拔营晋省，计数日内即可接仗。霆军驰驱太久，欠饷太多，士卒太劳。疲病之余，酷暑进兵，弟极不放心。务乞阁下加意体恤，饬局台再解银二万以济眉急。行兵之或迟或速，听渠自主，不必过于催促。至恳，至恳。顺问台安。

加意体恤。

30 复毓科

咸丰十一年七月二十五日巳刻

右坪仁兄大人阁下：

惠书敬悉。闻伪忠一股业已全渡赣江以东，其必由广信东归吴、皖老巢，已无疑义。但不知过抚、建等城，仍围攻停留乎？抑长不顾乎？狗、辅等伪五王求援安庆，乃萃倾国之师全力上犯，较之四月之役，凶悍倍之，虽经竭力击退，而危险万状，思之心悸。计月黑雨夜更有数番猛扑。多都护一军粮路已断，尤属可虑。湖北自润帅病笃，尽留李部专顾上游，不复下援皖北。众论皆求鲍军回援安庆，弟以鲍公甫抵瑞州，尚未见仗，不宜遽调。且恐忠逆徘徊抚、建，回窜瑞临，故屡信令鲍公暂驻临江，未遽檄调也。安庆实关东南全局，非官、胡之责，非阁下之责，亦尚非弟之专责；而弟等四人皆不能不力任其责者也。复请台安。

危险万状，思之心悸。

31 复毓科

咸丰十一年十月二十九日

右坪仁兄大人阁下：

顷奉惠函，猥以弟忝加官衔，远辱藻饰，感愧奚如？鹌濡之讥，负乘之诫，日夕兢兢。惟冀知我者常常提撕，有以订顽砭愚耳。左帅援浙之策，阁下深以为是。弟虽至愚，亦知固浙即所以保江。因恐浙中得手，贼仍回窜江西，故不敢主张斯议。幸左帅回信有“步步顾定江西”一语，大为放心。阁下亦可少释廑系

鹌濡之讥，负乘之诫，日夕兢兢。

矣。募勇二千扎吉安，似不如扎抚州。此后，江西防务之大者，仍在北而不在南。西北防皖贼窜饶，东北防浙贼窜信。惟抚州则北去饶信，东去宁建，南去吉赣，均不甚远。抚州有重兵，则省城肘腋之卫也。王沐之为人，弟不深知。久在萧营战守，当尚可靠。请饬迅速募成，驻抚操防为要。黼堂兄奉部文调取引见，弟拟会台衔奏留，因加保之。盖今冬明春丁漕非渠不能勒催中肯，敝处粮台厘务亦非渠不能措置裕如也。顺请台安。

书札

骆秉章

骆秉章（1793～1867）原名俊，字籥门，号儒斋。广东花县人。道光十二年进士，授编修，迁御史。道光二十年至咸丰十年任湖南巡抚（其间离任数月），保障了湘军的兵源与饷源。咸丰十一年，入川攻石达开部，就任四川总督，加协办大学士。著《自订年谱》及《奏议》。《清史稿》有传。

1 与骆秉章

咸丰三年九月初三日

籥翁老前辈大人阁下：

两赐手书，同时接到。伏审节钺即真敝乡，韦皋再镇，蜀人额手称庆。矧侍夙叨挚爱，尤用欣忭。江西解围，一大快事，从此人心应稍安固，军威亦差振矣。

不谋而合。

茶陵之事，侍札调塔副将就近堵剿，昨已咨达冰案。尊处亦恰有札去，不谋而合。醴陵、衡山俱报：安福土匪于二十六日窜入茶陵，而茶陵二十六日发禀，止称贼窜莲花厅。如果兵至城外，不应梦梦至此。恐醴、衡探禀，多有未确。攸县无敝处禀，不知何故？前罗教谕自安福发来之禀，似余匪已极不多，塔将带兵往剿，应可得手。安仁之报三千余人，攸、醴、衡山之报，均恐不免有张皇也。

贼窜吴城，距铜古营、义宁州较近。铜古营北通平江，南通浏阳，两路万不可以弛防。邹寿璋、陈文耀之兵，似不可遽调他往。且征义堂馀匪蠢蠢欲动，邹寿璋在彼颇得人心，联络众团，合为一气，可以绝堂匪窥之萌。此数百人者，在浏阳时可资得力，他调则单薄难恃。如业已札调，尚求飞札止之。贼若不窜铜古、义宁两路，则须出湖口、九江，乃可扰及鄂中，我省之患尚较纾缓。如果鄂城有警，再设法严防耳。

2 与骆秉章

咸丰三年九月初六日

籥门老前辈大人阁下：

初五夜亥刻，接奉初三夜惠书两件，初六日巳刻，又接初四日已刻惠函，具审一切。

茶陵之事，塔将、王同知想亦能了结。张润农太守接侍札，并尊处续止之札，已将回永明矣。适徐道接安游击信，言修、荔事尚不紧要，而茶陵吴牧专差来此，痛哭请兵，遂飞札仍调其留祁阳之兵，星夜来衡，即赴安、攸一带兜剿。王璞山虽未接到尊札，而适以前书事来衡，待各勇到齐，亦即赴茶陵会剿。四路共有二千余人，想此股残匪，无难速灭也。

衡山、桂东各案，务求近日出奏。其兴宁一案，俟查明再行续奏。永明龙虎关之役，乡团极为出力，将来可归兴宁一次汇保。

杨承义之勇，散之恐不容易。岷樵相契之人，侍无不深知者。此人素所未闻，恐非深知也。散勇极为难事，动辄流毒无穷。侍出省后，闻新化勇实未散去，又私行招回二百来衡。杨承义之勇，若散必须令赵公细细体察也。

散勇极为难事，动辄流毒无穷。

粤匪复据九江，两湖诚为可虑。然张石翁在，北布置必有可恃。南省三千余兵，并集一城，坚守自是有余。在外之师，除调赴茶陵四起二千余人外，尚有邹、陈在浏阳，储、周在兴宁，及随侍之勇共三千余人，合岷樵所统之楚、湘各勇四千人，皆与长沙首尾相应，呼吸相通，无难数日即集。侍今年在省所办之事，强半皆侵官越俎之事。以为苟利于国，苟利于民，何嫌疑之可避，是以贸然为之。自六月以来，外人咎我不应干预兵事。永顺一事，竟难穷究。省中文武员弁皆知事涉兵者，侍不得过而问焉。此语揭破，侍虽欲竭尽心血，果何益乎？是以抽掣来此，意欲再练劲旅，重养声威，不特欲护省垣，即国家大局，亦须臾未忘。王璞山之志事，侍亦有志焉！至如来示所云，从桑梓做起，此自一定之理，无烦盛嘱。目前再还长沙，则实无寸益，徒滋姗笑；若畏祸远避，则生死大故，计之已熟，断不偷活取巧，诒知好羞。区区之心，伏惟亮鉴。

实无寸益，徒滋姗笑。

3 与骆秉章

咸丰三年九月二十四日亥刻

籲翁老前辈大人阁下：

二十二日接到十九日惠书，二十四日又二十二所发两函，具悉种种。

张润农之勇，号令纷歧，是侍主见不定之咎，然其中亦有委曲，非笔墨所能罄，渠发禀至省，请示愿添招新田勇一层，并未与侍先商。往返请示，似亦迁延之笔。诚如来示所云：虽添募壮勇，不过如是者也。后函令侍酌夺，鄙意觉其未必可靠，竟不须饬添耳。

岳州来禀，田镇已破，鄂省十分急迫，我省也十分吃紧。然兵力既薄，将弁又怯，不如专守省城，犹有几分把握。若再分兵御岳州、临湘一带，则我兵尚未到防，逆贼恐已上窜，陆路即能堵御，江路仍是空虚，徒有御贼门外之名，恐蹈内外两失之实。再四思维，只得忍心置岳州于不顾。现在省中守城之兵，尚有四千余，银米煤盐，俱可敷三月及半年不等，火药军械犹为富饶。城外无民房、树木遮蔽，枪炮等具易以攻防。其理其势，俱可坚守，较之去年之长沙，今年之南昌，初基盖有过之。至于外间援应之兵，侍在此有舍弟一营，及招回之新化勇一营，益以周凤山、储玫躬之勇，侍俱可带往，共为一枝。王璞山近日回湘添募壮勇数千，可以立集。渠顷有信来，言日内走省谒见台端，其添募之多寡，军械之立办，赴省之迟速，想老前辈已熟商而面谕之矣。此外兵之又一枝也。塔、王、邹、陈之勇，现赴平江，防分股之入窜。若贼果直犯省垣，可星速召回，此又一枝也。夏、朱、郭、罗之湘勇，侍当专使，往催，竟可不奉江省之令回湘赴急。即使岷樵不克分身，约计外兵亦近万人，可将此贼痛剿一番。细筹全局，似不至遽形坐困。老前辈曾经阅历，当益有成竹也。田家镇有兵勇五千，绸缪四月之久，尚不足恃，则岳州此时竟可忍心置之，不必为无益之防

其理其势，俱可坚守。

细筹全局，似不至遽形坐困。

御，并力守省，犹较稳实耳。事即紧急，塔、王自可即留省门，扎营城外，以保靖、永定兵，合二滕之道标勇扎一营；塔之宝勇扎一营。其营盘基址、有三处最要紧；一为蔡公坟前，邹寿璋营址也；一为北门外东边高坡菜园前，宝勇营址也，一为妙高峰前，舍弟营址也。此三处占住，他处无甚足虑。

并力守省，犹较稳实耳。

4 与骆秉章

咸丰三年九月二十九日三更

龠翁老前辈大人阁下：

二十九日辰刻接二十七日惠书，敬悉一切。王璞山即日能招勇扎营城外，甚好。惟新集之勇，器械不齐，技艺未娴，恐见贼难免奔溃，除先招千名外，后招者似宜精选。璞山虽有忠勇之气，欲驱此数千市人而赴敌，则实为难信。鄙意欲调回邹、陈之勇，与璞山合成一营者，以其略经训练，或不至一哄而散耳。

统计目下要务，约有三端：一曰城内坚守；一曰城外扎营，通接济之路；一曰筹备水攻，无听其船只往来自如。三者苟备，则此贼不能得志。侍所拟之排，现赶造样子，未知果可用否也。

5 与骆秉章

咸丰三年十月初五日四更

龠翁老前辈大人阁下：

初五日未刻，接奉初二夜、初三日二次手书，戌刻又接初三夜惠函，敬悉一一。

炮船一事，已飞速发连环探，并派定各勇七百人，严装以待，俟探回即往迎剿。惟尊处又经通札湘潭、衡山等县，各县或有动作，难免惊惧四窜，为害乡里；若十船全队而上，则截击当可得力。

吴甄甫先生来咨，令张润农太守、王璞山县丞带勇前往鄂省救援，其文云武汉之咽喉不通，即南北之血脉不贯；北省如此，南省势成痞症。不得不急思拯治。自是至当不易之论，想尊处亦必有咨兼有专函矣。侍日夜筹及援鄂一层，一则以饷项无多，一则以水路地备，故屡思与老前辈商而终不敢轻发。然细思武昌苟失，则西制荆襄之命，东固建业之根，长江三千里，遂使此贼封而有之。章奏无由上达，朝命莫能下逮，不数月间，吾辈遽恐隔置化外，岂不痛哉！以是反复筹维，又不得不出于援鄂之策。盖鄂省存，则贼虽分窜来南，长沙犹有幸存之理；鄂省亡，则贼虽不分窜来南，长沙亦无独存之势，特少延数月。唇齿利害之间，此不待智者而知也。侍前所谓要务三端者：城内坚守，止须四千人；城外扎营，亦止须四千人，非谓四千遂足鏖战也，但使有一路可通，不使贼兵合围，则战守皆有可恃，不必屯兵万余，以待贼之至也。其水路筹备一端，则听侍在此兴办，老前辈不必分虑及之，断不可又派员别为措置。如省城外内仅留兵勇八千，则此外兵勇，似可分三四千援鄂，望鸿裁与提军及司道诸公熟商。王璞山之勇，止令其招三千，尊见极是。盖多则难精，即招至三千，已恐其不精矣。鄙意璞山本营及新招之勇，并康、杨已回省之勇，与罗、李、邹将回省之勇数项湘勇，严汰慎选，只须存四千人，斯为适用。盖信其可用者，惟罗罗山、王璞山、邹岳屏三营，久经训练，确有几分可靠。此外，则新集之卒，殊难深信，求老前辈传罗、王、邹三人到署，相与熟计。或留千余守省，而令璞山率三千人援鄂，则面面俱到，尚觉妥叶；若璞山新募至一万，或少亦四五千之多，则无论不尽精锐，口粮亦断不能敷，器械亦断不能齐，是不可冒昧也。侍另有书与璞山，已将鄙意告之。自湘勇而外，凡省城所招勇，皆宜严为简汰，鄙意以八九千防南，以三千援北足矣。侍非不知兵勇宜多，恐两月后，无饷可发也。愚拙之见，动辄累纸渎陈，惟冀鉴察。

章奏无由上达，朝命莫能下逮。

战守皆有可恃。

口粮亦断不能敷，器械亦断不能齐。

6 与骆秉章

咸丰三年十月初六日三更

籲翁老前辈大人阁下：

初六夜奉初四手教，具审一切。王璞山自兴宁归来，晤侍于衡，见其意气满溢，精神上浮，言事太易，心窃虑其难与谋大事。其时渠意欲兴师为湘人报七月之仇，侍亦欲添勇为岷樵助一臂之力，约共招宝勇、湘勇数营来衡训练，并议定军饷不必取诸藩库，器械不必耗诸总局，皆由劝捐徐徐图之。侍曾有书与阁下道及一二，言器械极不易办也。厥后，璞山由湘晋省，适下游有逆匪回窜之说，长沙警严，老前辈饬令带勇先守省城，侍亦料其必如此。仓卒之间，一切饷金、军械，皆不能不取之省局，是今之所招者，非义师，乃官勇也。既为官勇，则当与通省之兵勇通盘筹划。若一处先须交三万金，则各处招勇先交之款，已不赀矣，况后有月支乎？况又有兵饷乎？此璞山阅历太浅，视事太易之过也。侍六月招援江之勇三千，仅发来省途费银二千余两，盖深知库项之绌，不得不稍为节省。现在省城招勇太多，侍亦屡书与阁下道及，亦为饷绌计也。昨夜一书，言湘勇至多不得过四千，盖为援鄂言之，若并不援鄂，则湘勇止可留二千人。除罗、王、邹三原营外，止宜留千人，或从江西回归者挑选，或从璞山新募者挑选，务祈赶紧严汰，盖恐湘勇用费多而收效少，侍亦与有咎焉。故不能不极言之也。

7 与骆秉章

咸丰三年十月十七日三更

籲翁老前辈大人阁下：

十七巳刻，接奉十四日未刻、亥刻两函，具审一切。

贼船下窜，全楚稍可解严。然回窜江西，仍是意中之事。湘勇援鄂之师，鄙意令其间出东道，由长沙至平江，以趋通城。在通城探明贼踪，若尚在鄂渚，则北出崇阳，咸宁，以达于鄂；若已窜江省，则东出义宁、奉新，以达于江。既可二者兼顾，且闻巴陵、蒲圻驿道，搬徙一空，米盐无可售买，反不如通城小道，犹有买办也。乞告之崛屏、璞山诸君，细问北来之人，斟酌行之。广东既雇红单船三十余只，赴江南助剿，何以向帅江面绝无举动，抑有所为而此间未闻邪？十月初三寄谕，令侍带勇援鄂，此时鄂中事弛，侍可不必前往。若贼尚未退，而逆舟千艘布满江汉。我无一帆一筏。岂能驱逐使去？侍虽带勇前往，固亦智虑短浅，无能裨益。至侍所练之勇三营，止堪施之土匪，以御粤匪，则仍恐溃散。盖出差时多，练不满百日，人不过千数，仅胜寻常新集之勇一筹，未可以杯水遽救车薪。自三营而外，惟宝勇差强人意，其余益不足数。而寄谕已有成效之言，京师传闻，每多虚誉耳。日内侍当据实复奏。其派兵援鄂之折，则与尊处会衔复奏。

8 与骆秉章

咸丰三年十月十八日三更

籲翁老前辈大人阁下：

昨日寄谕，侍拟为复奏，陈不必自往援鄂之由。盖鄂省可以守者有二：城外无屋，池浚甚深，一也；兵勇尚多，文武警惧尽力，二也。其可虑者亦有二：贼艘满江，我无一舟，无以逐之，一也。饷项有限，外乏接济，二也。其可守者，不待侍之去；其可虑者，侍去亦无如何。侍非敢畏难趋避，即去冬初到省时，奏明守制之人，不敢出本省一步。目今时事糜烂，但使此身有丝毫利益于国，亦不复坚守不出省之说；惟自计水路一无准备，侍虽于张守、王丞所率三千之外，再带二千前往，亦不过同守鄂城，即汉阳一水之隔，亦不能飞渡逐贼，有侍何益，无侍何损。若贼现窜青山下游，即不复回舟返鄂，则不特侍不必去，即璞山援鄂之师，亦属虚糜。反复思维，目前侍实可不往，止得据实复奏。侍现在衡州开设捐局，如衡、清、耒、常、祁阳五县，皆有绅士前来，愿归督办，大约十一月尚有可观。至造排改船之事，如果可备湘河，亦尚有益于本省，但恨苦雨不止，自初八至今十日，未得续行造成，令人恼杀耳。

有侍何益，无侍何损。

邹寿璋之勇，可仍留守省城，炮船望仍解衡。岷樵升皖抚，不知李铁翁何以出缺？望示知。又闻贼围保定之说，大局败坏，愤恨何言！尊处果有信否？望详示。即请台安，诸惟心照。

9 与骆秉章

咸丰三年十月十九日三更

龠翁老前辈大人阁下：

十九日巳刻接奉十六手示，敬悉一切。此间日内大雨如绳，竟无片刻少停，真正愁绝。前拟造排，以为一月可成，不料初八至今，未造一架。厂在河边，亦将为水漫去，工匠全无驻足之地。六月援江，为苦雨所阨，今复如此。就令天气助顺，而侍辈之举动，已等灞上儿戏矣，况天复相戏耶？朱石樵书来，言贼已全数下窜，渠十一二当回南省。似此则援鄂之师可免，不特侍不必往，即张太守、王同知亦可省此一行。鄙见如此，不审尊裁若何？前者倡援鄂之说，明知水路无备，虽兵多亦属罔济，徒以鄂省事棘，恐失会垣，故急欲遣师往救。今贼既他窜，鄂省兵足，似此行竟可停止，求阁下斟酌，

明知水路无备，虽兵多亦属罔济。

10 与骆秉章

咸丰三年十月二十一日三更

龠翁老前辈大人阁下：

本日未刻接奉惠函。敬悉一切！合江、皖、两湖之力合举进剿，尊见极是。此时总以筹备水师为先务。昨裕时卿太守信来，言须船与排并办，所论甚有理。侍前所以专言排者，以实无银办船也。民船必须改造，改造必须价买。每买一船，大者数百，小者也要百金，即用船二百号，亦非数万金不可，是以惮于兴办。近日通盘筹划，以数万金竟不能不用。盖湖北经田镇失事之后，从前炮船尽化乌有，南省亦无一船，将来两省何以御贼？不如侍尚闲暇，将船、排及时兴办，究竟不无裨益。侍拟日内覆奏，言北省贼退，暂可不往救援，而自请在衡筹备水师，为督抚分任其劳，并请于粤饷解大营者截留八万，以为办船之用。若炮船齐

备，或阁下，或甄师与岷樵东下剿贼，侍皆愿从其后以为辅助。若不截此饷银，无款买船，水路毫无准备，则尊见合剿之局终难成也。如卓裁以为可，则请将此项广饷截出八万，侍一面入奏。不然，以数千金筹备战排，专防湘江，终儿戏耳。

11 与骆秉章

咸丰三年十月三十日三更

籲翁老前辈大人阁下：

二十日申刻，由专夫递到二十八午刻手示，敬悉一切。

省城兵勇太多，供支万难，侍日夜念之，屡书皆言裁抑各勇事宜。昨夜呈奉一书，言各处之勇皆宜早撤，独宝庆勇七百、新宁勇一千，暂留再商云云，想接到矣。前之救援鄂省，以保危城也，自以急往为妙。今之直下江南，以战剧贼也，自以精选为要。练卒宜十分精强，制械须十分精致，乃可卧薪尝胆，艰难百战；不然，则不教之卒，窳败之器，何省不可骤办，而必出自湖南，万里长征，多费饷项哉！岷樵不知此意，而草草入奏；璞山不知此意，而匆匆欲试，皆与鄙意微有不合。来谕谓皖省兵少，如望云霓，此诚实在情形。鄙意即令江忠浚带新宁勇一千即日赴皖，以供岷樵缓急之需。侍另有书与江忠濬，求老前辈取阅。如尊意以为可，望饬赶紧起程，庶招此一千，尚非弃之无用之地。自此一千外，尚有五千之数，鄙意宜精简苦练，断不可草率从事。湘勇营制，本三百六十人为一营，加以长夫百四十人，即为五百人。不过十营，即满五千之数。现在衡州已有四营：曰舍弟营，曰周凤山营，曰储玫躬营，曰新化勇营。其不在衡者，有邹寿璋一营，有罗教谕七百，拟并为一营，有塔副将宝勇七百，拟并为一营，盖合计已七营矣，仅存三营之缺。故二十二日拙咨及二十九日去函，皆言王璞山除旧练本营外，只留新招者二营，亦非漫无核算，而徒听浮言以为此不情之汰撤也。惟仅留三营，则止存千余，即于诸勇中将长夫挑出，亦仅存千五百人，尚须汰去一半。璞山招到未久，未免难于措词，然省府空虚，岂能更有浪

乃可卧薪尝胆，艰难百战。

省府空虚，岂能更有浪费。

费？目下在衡之勇，敝处设法养之；在省之勇，仍请省局养之。大约操练、制器尚须时日，春间乃可成行。若办船实有头绪，水陆人数较多，侍即亲自督带，送至下游。若办船不满百号，水路全无把握，即奏明派员送往。刻在省只发坐粮，如省局尚可支持，即将璞山之新勇多留一营亦可。侍拙见如此，伏候卓裁。其留者之营，有应行事宜，另开一单，伏乞饬下塔将及王璞山查照遵行。

——南京三城若攻破，即成流贼之象，必四路奔窜。与之转战，一年二载，俱未可知。长夫须雇募极好的。向例湘勇长夫，价银每日八分。若此次下江南，须加作一钱二分，如目下王璞山在省；即将应汰之勇，雇作长夫，则未起程之前，止发八分。向例每营长夫百零八名，如下江南，须加子药夫二十名。

——抬枪每杆，向例用三人。此后改作四人，乃能快能准，共加十六人。于向例每营三百六十之处，加长夫百二十人，抬枪十六人，故成五百人矣。

——操练断不可间断一日。

一练纵步上一丈高之屋，跳步越一丈宽之沟，以便踹破贼营；

一练手抛火球能至二十丈以外；

一练脚系沙袋，每日能行百里；

一练每十人一队，皆习戚氏之鸳鸯阵、三才阵，以求行伍不乱；

一练鸟枪、抬枪，必须打靶较准。

——器械须十分讲究，矛杆用竹必须老而坚者。椆木必须小树，圆身大树锯开者不可用。火药桶已在衡制皮桶三百个，不怕水火。火绳省局者不可用，须命塔将自造。火箭无用，不必制。抬枪敝处已请邹世琦制一百杆，王璞山俱领去。兹渠止须用四十八杆，应将五十二杆交邹寿璋带来衡城。

椆木必须小树。

——干粮必须多备。

——各勇不许穿着软料衣服，止许穿布衣；不许穿鞋，止许穿草鞋。哨长亦然。打仗同进同退，不许独后，亦不许独先，割首级，夺旗帜，亦无赏。

12 复骆秉章

咸丰三年十一月初九日戌刻

籲翁老前辈大人阁下：

初七日亥刻发信后，又接初五戌刻惠函。初九日辰刻，接到初六亥刻、酉刻两函。敬悉一切。

贼船上窜阳逻，武昌又须戒严。此贼一去一来，南北两省所费殆逾二十万。若果围鄂省，侍即当仍遵前旨，带勇前往救援，即日当以信至甄师处一问。若侍去宜急，则舟师毫无成就，仍是专由陆路往援，不过守一孤城而已。侍日内心绪极为烦恼，然勉强支持，犹可冀诸事日有起色。今若舍此他去，则诸事瓦解，极难放心，请为阁下略述一二。

初意造排止为湘水之计，厥后欲用以驶出江湖，则短小笨滞，只成儿戏。所造样船，亦因匠生木脆，不成规模。又天雨不息，无处兴工，无地操勇。此其烦恼者一也。

省城各事，间来检点。如初四接尊处保举一单，初五日接仓少平百二十千钱捐从九一函，初六日诸殿元回衡未领得火药，皆于鄙心不无介介。此其烦恼者二也。王璞山本是侍所器倚之人，今年于各处表襮其贤，盖亦口疲于赞扬，手倦于书写。其寄我一函，曾抄示师友至十余处。近时人有向余讥弹璞山者，亦与之剖雪争辨，而璞山不谅我心，颇生猜嫌，侍所与之札，饬言撤勇事者，概不回答。既无公牍，又无私书，曾未同涉风波之险，已有不受节制之意。同舟而树敌国，肝胆而变楚越。将来侍若外出，恐不能不另行招募，重费钱财，事机之歧，巧相错迕。此其烦恼者三也。

事机之歧，巧相错迕。

新化勇一营，省城已撤遣矣。侍复与招回操练，颇有可观。而其中有刁抗者数人，外间又有唆讼者数人，屡构事端，诉牒纷纷，带勇之官数易，帮办之员鲜贤，至今侍亲自鞫讯二次，欲撤则费已在前，欲留则患方在后。此其烦恼者四也。

常宁会匪不下四五千人，此次杀戮仅二百余人，其余聚则为匪，散则为民，如洋泉、杉木等处绅庶，见贼胜则戈矛以助贼势；见官兵胜则箪壶以犒王师。昨初一以后，送米、送牲来大营者，纷纷皆不可恃者也。其总头何仁义，即道州何贱狗。据称，其下近三千人，实与太平贼相通，此人不获，衡、永、郴、桂之祸，盖无了日。又侍近在衡阳四十都一带，拿获齐匪七八人，熬审数夜，始吐真供。此起亦各处蔓延，将来必酿巨案。若不趁其未发，认真搜捕，则日后更为费手。侍若有鄂中之行，思留周凤山一营在衡，以资剿捕。然常宁之会匪，衡阳之齐匪，何贱狗之党羽，实非周凤山所能了。此其极不放心者一也。

样船造成之后，匠工稍有知识。成名标来衡，又有一番讲求，改造船只略得头绪，即价雇备民船，亦经广倩友朋善为料理。侍若果有援鄂之行，则绅士、匠工无所秉承，另委一人，则意不相属。至各项军器，如籐牌、铁弹之类，皆在远处购办，一经他出，百务皆废。此其不放心者二也。

捐输一事，所托之友，所发之书，盖已不少。据称待至岁暮，某处一千，某处五百，俱可按籍而索。事虽同乎水中之月，犹冀得乎十分之五，一经动摇，则全局皆空。此其不放心者三也。

一经动摇，则全局皆空。

由前四者，则知侍心绪之恶；由后三者，则知动摇之有损而无益。是以致书鄂垣，专候甄师回信、权其缓急，再定行止耳。书不十一，诸惟心照，即问台安。

13 复骆秉章

咸丰三年十一月初十日三更

籲翁老前辈大人阁下：

初十日巳刻接到初七亥刻手示，敬悉一切。敝处今日得朱石樵初三信，尚无贼窜阳逻之说，但言黄州失守耳。

省城防堵吃紧，阁下与司道商留王璞山之勇，暂缓裁撤，此举甚妙。侍以起行尚早，口粮无出，不得不严汰；璞山以招之未遣之太速，又势不能多汰。

久，遣之太速，又势不能多汰。正在两难之际，而尊处留为防省之用，可谓恰好。

劳世兄昨日过此，谈及江岷樵奏保之右江道张德圃敬修，专办炮船，闻已办得炮位千尊、水勇二千，舱匠二百，由粤东来两湖备船，不日即可到衡。侍已函知甄师，拟留张道等即在衡城兴办，盖岳、鄂、长沙等处修造，皆恐贼船一旦上窜，木料则焚掠一空，工匠则惊徙靡定，不如在衡较偏僻也。惟奏留之四万，未见尊处咨复，不知已起解否？务求严催。自常宁用兵，衡州捐局日以寥落，求如向日进一二百千者，亦不可得。省城若不接济，则万分竭蹶。江达川想已起行矣，若未动身，望催其由陆路驰往，万弗稍缓为要。此请台安。

14 复骆秉章

咸丰三年十二月二十六日

龠翁老前辈大人阁下：

今日接罗山禀，知二十二日大获胜仗，永兴一股贼，已歼毙十之七八，是一快事。张道亦于今日到衡。此间一切，差足放心。侍明日回家一省严亲，住三五日即来，尚有数事，须与阁下商者，条列于左：

——永兴王令，前闻地方风声不好，将所收饷项钱四千串，送交敝处。昨十五日，贼众入城，抢劫一空，阖城官员，无衣无被，相对痛哭。现在该员力求交卸，此等残破之区，他人亦难接手。向来兵过之境，常饬大吏抚恤难民，鄙意此时竟须抚恤难官矣。求阁下与君青翁商议，可否于渠交来之钱四千串内，酌提若干，交该县为修造衙署、监狱之资，将来作正开销，俾得稍资润泽，以图存活。该县前屡禀请修理公廨，侍曾批准，令其劝捐从九品十余名，业经咨达冰案。此项钱文，若非该县见机搬运至衡，亦为贼所有耳。

惟渠稳重，足服众心。

——罗山带勇，若驻扎衡州剿办上四属土匪，实为可靠，侍拟即留之在此。惟渠稳重，足服众心，从侍外出之人，多愿扯之同赴下游者。待渠回衡，正月初五六即定矣。

——张润农实不可恃，尊处前有一札，撤去其勇，极是。周凤山在常宁、道州两次逗留，侍极恶之。然细思武弁中似此人者，尚不多得也。留罗山在衡，尚嫌其少，恐须添周凤山在宁远、道州一带。

——衡、清保甲专收钱粮，实是一大弊政。在省时，曾与阁下言之；至衡以来，细细访求，无论贤愚、贫富、老少，皆以为不平之事。今年六月，衡阳生监来敝处具控，侍批令仍归差催，不归保甲。本年衡阳正饷，已收十分之六，漕米已收十分之九，颇称踊跃。清泉，侍未加批，严比保甲，而反不如衡阳之催征有起色。可见钱漕之是否速完，并不因保甲而始有著也。明明有抗欠之户，反令其逍遥法外，乃于无辜之保甲严刑追比，鞭挞千百，血肉狼藉，此岂得其平乎？衡、清斋匪、会匪极多，保甲、团总，俱须认真稽查一番。其催征钱粮，即应改还旧章，永归差催。侍昨已附片奏闻，容当详细咨达。此事侍与阁下意见不甚吻合，然侍实再四周访，如果利于私而不利于公，宜于民而不宜于官，侍断不敢轻有陈说，想阁下亦当曲谅鄙衷耳。鬼神可质，吾不为私徇也。

宜于民而不宜于官。

15 复骆秉章

咸丰四年正月初七日

籲翁老前辈大人阁下：

接奉初四惠函，同日两书而接到之期相去二日。武昌、汉阳又搬迁大半，该匪又有上窜之意。侍本迫于星火，拟定正月二十八九起行。无论船炮之齐与不齐，势难再延耳。朱石樵书，言彭泽一带贼遂记籍编册，将丁吾之丁，而田吾之田，真堪痛哭。甄师自出省后，遂无来书，不知有信达尊处否。青墨卿如何参法，望将报抄示。甄师实贤者，又无意气，乃不见信于人，理不可解。前奉来示，言省局所存之炮，可以拨用百尊，望即饬塔将点出，日内当送湘潭船上操演。如粤炮到六百尊，则此项炮位仍留

乃不见信于人，理不可解。

省城，不轻带出。侍去年札塔将查禀，至今尚未禀复也。日内大雨不止，船厂不能兴工，焦灼万状，不知诸事何以不顺若此。假令事事顺手，而以侍之毫无阅历，又忠信不足孚于僚属，固已知其无能为矣，况又不顺若此乎！起行一月，口粮总须八万金，务求阁下与君兄为我设筹。万恳，万恳！此间所截各饷及各捐项，可发正月及二月上半月口粮。如本月捐项不踊跃，则二月初间，水陆各勇之粮，尚须由省支取，斯更难耳。

16 复骆秉章

咸丰四年正月二十一日

籥翁老前辈大人阁下：

接十八日惠函，伏承一切。

水师将不暇择，实因将官不愿下河。湖北亦同此患。而招水勇亦较陆勇迥不相侔，陆路应募者极多，而水路则久不能齐，是以有来即行收留。来示谓非慎重周详之道，极是。然急何能择？姑以充数。炮架除办四十余个外，再求多造百个。广炮之架无磨盘，不甚灵便，到省当换三分之一。璞山之勇，若归我督带，即须受我节制，此一定之理。侍于去年十月箴规璞山一函，业抄稿呈阅矣。厥后璞山复书，但求乞放还山，而于侍书各条，并不一一答复。此其意岂愿与侍同事者乎？既不能受节制，自难带以同行。今日大局糜烂，侍岂复挟长恃势，苛人小节以自尊？又岂复妒才忌功，不挟健者以自卫？惟一将不受节制，则他将相效，又成离心离德之象，故遂决计不带也。昨阁下欲札饬璞山先赴黄州，不知比已下札否？札中所言，系令其归甄师节制否？若归甄师节制，则尊处宜速行咨明。若不归甄师节制，听璞山自成一军，则尊处宜先行奏明。此亦一定之理。今世虽大乱，而此等处尚不可紊也。国藩性本褊隘，因有鉴于晚明君子，朝局败坏将尽，而犹偏竞意气为可耻笑，是以时自省警。阁下若取侍与省中诸僚友往返书函，一一俯览，而察我心绪，亦足以知区区之非尽无说矣。书不详尽，诸惟心照，顺问台安。

17 复骆秉章

咸丰四年正月二十六夜三更

籲翁老前辈大人阁下：

甄师此次失利，不知底细若何。然官兵之不用命，实有非人力所能挽回者。甄师前次与侍书，云所带之兵已有二万，实在得力可用者亦有四千云云，不知何以一败至此！甄师迩日不知何如，恐愤憾不复欲生矣。

褚太守精明干练，熟于水师事宜。侍与书函往返极密，因以教练水师之事任之，渠亦欣然以为可遂训成劲旅。昨二十三日，水勇不服约束，太守责之。各勇哄然哗乱，丛殴广中带来之兵勇，受伤者十余人，内有二人伤重，未知能否保固。太守具禀，请辞带勇之役。事机之处处不顺，一至于此。现在湘潭招集未齐，操练已停，侍心十分焦灼。固由才力短绌，亦由天事多不相凑合也。到潭时，尚须亲为经理此事。湖北待援，急于星火侍又不能舍此一篑未成之水军，专挈陆勇而去，只是在潭少住，昼夜亲自招练，亲自督办船上各物。友朋多讽侍不宜躬亲各务者，老前辈亦曾有知人善任之诫。实则官绅来此者，皆不愿带水勇，褚守愿带能带，而又以丛殴之案，不得尽展其长。侍虽欲不亲，其可得耶？下游消息日警，务祈饬抄各种探报见示。

固由才力短绌，亦由天事多不相凑合。

18 加骆秉章片

咸丰八年十月初三日

再，九舍弟荷蒙优保，铭感无极。吉字中营之勇，现率千二百人来此，病者亦多。今岁军中疾疫特多，似往年所未经见。又银价特贱，米粮特贵。勇夫月支之四两二钱，若三两者，与昔岁同而所获之实利暗损其半。是以此次专人回楚招勇夫者，皆赍费以往，从应募之日起支，不似前此之踊跃来投矣。

张殿臣军门渡江后，于九月十六日克复扬州，未知六合比已解围否？北岸稍清后，张军仍当南渡浦口，和州若无大军驻扎，金陵接济终不能断。和帅派援江北者先以二千人，继以五千人，最后则殿帅之六千人。而来文已有老营空虚，岌岌之虑，似金陵人数亦不甚多。而外间争称每月额支四十万，岂传之失真耶？手此，再颂勋安。不一。

已有老营空虚，岌岌之虑。

19 加骆秉章片

咸丰八年十二月二十六夜

再，闻捻匪马队多而且悍。左季翁前缄商及办马队一节，侍比致书胡润帅，请其奏调察哈尔牧厂马三千匹，由上驷院派员押解来鄂。亳州一带有善骑之勇可募，名曰马勇。若鄂中添新马队二千，与多、舒之旧马队相辅而行，侍若移驻浔湖等处，亦可分任教练之责。剩马千匹，游牧于黄、德等属，以备添换之用。未审秀、润二帅以为何如？敝处亲军现操步箭，后手仅齐乳，与马射相似。亦能及远三十六弓、四十弓不等，利于刀矛而捷于枪炮，似亦可以打仗。拟调兵五百，招勇五百，合成千人，为步箭营。另备公牍咨达冰案，伏乞允准速行为荷。若兵丁中弓箭手尚多，能调六七百兵，则招勇较少，教练更易。景德镇之贼，闻马队亦颇不少。吴翔冈昨十九日之挫，即系为贼马所乘。用兵过久，贼匪愈打愈狡，而官军技能不见日进，兹可虑耳。

用兵过久，而官军技能不见日进。

20 加骆秉章片

咸丰九年正月十三日

再，凯章一军，虽属劲旅，总嫌其单。若减去吴国佐之千三百人，则尤单弱。兹拟令喻吉三，佘星焕、黄思学合招千人，与彭山屺之六百兵丁，留老营护卫；抽出朱、唐及吉字等营，出外打仗，或并隶凯章，或别打一路，则浚川虽远隔南赣，尚不至过形单薄。此项饷银，拟就江西耆中丞商拨，另行咨达冰案。通筹全局一疏，是否有当？尚乞指示。

侍国藩又启　建郡

21 复骆秉章

咸丰九年六月二十五日

籲翁老前辈大人阁下：

顷奉手翰，以景镇匪党有勾结犯湘之意，属此间妥为堵御。景镇逆目杨雄清与石逆本属一气，去年先窜玉山，后窜安仁，与闽贼分而为二，非其志之素定。今景镇、浮梁虽幸克复，而该匪等与金陵逆首义不再合，必仍思归并石逆一股，将来复为江西之患，即为湖南东界之忧，殊觉防不胜防也。侍奉命防蜀，当以景镇未复、难遽撤动复奏。今江省肃清，自当由荆、宜赴夔，惟贼踪诡秘难测，恐宝庆解围后，常、澧、荆、宜之际，战事方多耳。现派老湘营回援，盖乘得胜之气，用自卫之心，或可得力。到楚后，此军如何调遣？尚祈咨示。复请勋安。

非其志之素定。

乘得胜之气，用自卫之心，或可得力。

22 加骆秉章片

咸丰十年闰三月十七日

再，左季高自领一队之说，侍劝其不必添此蛇足，今已作罢论矣。渠欲亲临行阵，一试胆气。将来或在希庵营中勾留略久，亦未可知。袁午帅自去冬绾符以来，军威甚振，惟饷项日绌，朝不谋夕。李世忠新克全椒，保以提督记名，一门兄弟子侄，均得优奖，管辖一方，自为一种风气。午桥一循克斋归章，终不甚惬人意也。

23 致骆秉章

咸丰十年四月二十九日

籲门老前辈大人阁下：

日前闻苏州不守，曾飞告寸函。嗣又备咨陈三省合防之说，亮蒙台鉴。

顷侍奉署理江督之命，本以菲才薄识，近又精力极疲，何以堪此重任。惟苏、杭糜烂，不敢不闻命即行迅速南渡。侍虽任下游之责，仍当以上游为根本，必能固三省之防，乃可规复吴会。江西防战之兵，概不足恃。敬求老前辈迅拨劲兵，越境协防；其张凯章军，尤求饬令速来。能于六月上半月抵抚州一带，则布置粗定。贼来当在秋初，我之防兵早到，当可无虞。江西往年仰仗大力，重于山岳；去年报礼轻于秋毫。大君子心存天下，知不以系于怀。来自凯章而外，更有劲兵可以相助否？无任盼祷。肃布一二。顺请台安。

24 复骆秉章

咸丰十年五月初五日

籲翁老前辈大人阁下：

接四月惠函敬悉！

敝处前献三省协防之咨后，请添兵南渡助剿之咨，想次第入览。湖南四面应敌，本属日不暇给。惟下游大股，若直犯江西，则湖南防不胜防。如九年之贼，自南安关入湘境，为患甚大。即如六年之贼，遍布瑞袁临吉，湘省之患，亦殊不小。故鄙意总求大力派兵越境助江西，成协防之局，即助鄙人成进剿之局。敝咨请湘中派兵万馀来江西，湘力诚有不逮。其凯章一军，总求迅速派赴抚州一带，俾侍南渡后，稍得成军。千万之祷。千万之恳。

湖南防不胜防。

季公如不能久留敝处，亦求来敝营一行，规模稍定，仍可去住自如，侍断不敢强羁。公与季公，断金合契，保全桑梓，亦托庇仁宇者，所寤寐求之者也。季公之迟出速出，久往暂住，均听二公卓裁，但求一出耳。另咨求发新招各军枪炮杂械，为数太多，尚祈俯允。不胜感谢。

25 致骆秉章

咸丰十年五月初八日

籥翁老前辈大人阁下：

顷接浙江王中丞来函，知江镇长贵平望之师，业已败溃。杨彭派往援浙之萧翰庆，已于四月十九日在湖州阵亡。杭州溃兵汹汹，恐有内变。如苏州开门迎敌之事、危如累卵等语，以理势度之，杭城追将不保。盖金陵七八万败溃之兵，收集无赀，逃亦无路，去而从贼，意中之事。陈逆大股，本极不少，况益以此辈新附，收拾良不易易。侍前拟以李次青观察募勇三千人，与沈幼丹、饶枚臣三人专保广信、衢州，为援浙防江西之计。而次青甫自宿松回平江，开募新勇，幼丹亦甫经奏调，不知赶得及否？贼若阑入江西，江西固糜烂，湖南亦防不胜防。再四筹思，惟恳求阁下迅调张凯章一军，即至抚州。侍一面通饬袁州、临江各州县，多备船只迎接。若凯章一到，与侍所带之霆营等，能御贼于、广饶两府境内，则有险可凭，事半功倍。其凯章饷项，侍与毓中丞二人力任之。知湖南正值窘绌之时，不敢更以相累。惟求遣凯军一来，所争在六、七两月内。贼乘胜而来，其锋甚锐。当今春霆、凯章等扼险而守，坚壁勿战，能令贼之锐锋少钝，此后或可转危为安，则江西、湖南均沐洪施，非仅侍感激无涘也。精卫之诚，包胥之迫，伏希鉴照。即顺请台安。

以理势度之。

则有险可凭，事半功倍。

26 复骆秉章

咸丰十年五月十七日

籥翁老前辈大人阁下：

惠函敬承！

湘省用兵日久，库款搜括无遗，侍亦熟悉梗概。自接大咨，即具公牍另复，请湘省协济二成，而江西认发八成。盖前此侍在局外，纯乎为客，故作两平之辞。目下侍在局中，易客为主，则八成之数，侍亦有应办之责。敬求大力迅遣凯章、梅村诸君来江，分赴饶州、抚州等处，俾贼不阑入江西，则江、湘两省，皆可从容料理，则饷项亦可设法支撑。抑或尊处并不能足二成之数，侍亦不敢苦索取盈。且各军新募，求尊处猝办万余人之兵仗，兼以点缀行装，所费不赀，当有不止于二成者。不特感大德于勿谖，即总局诸兄之劳心劳力，亦与上年宝庆危急时无异，思之良深感愧。来示谓主持得人，生财之道必有效验。侍昨奏明专办江西牙厘，拟以李黼堂筱泉，沈幼丹、蔡少彭四人综理其事。将仿湖南办法，如所获较多，则湘军来江，或不致遽虞饥溃，则大幸也。恭请台安。

生财之道必有效验。

27 致骆秉章

咸丰十年七月初六日辰刻

籲翁老前辈大人阁下：

日来未得湘中确信，不知南路贼果犯桂阳否？郴界平安否？刘荩臣军驻何处？昨咨商越境防剿，亦须湘省本境无事乃可。耘人之田，至系念也。此间前以于潜、昌化之失，浙帅请援；又以宁国郡城之困，张、周请援。两处关系至大，无以应之，极深焦灼。闻贼逼杭州省垣，旋即引退。又闻宁国大获胜仗，蹋毁贼营八座，郡围似可即解，惟宁国两军锢习太深，积欠太多，竟有不可爬梳之势。敬求老前辈惠济协饷五万两，即日起解，于八、九两月到皖，感祷无既。皖南四府一州，土地富饶，民情淳厚，可战可守。但求宁国不失，东坝克复，吏事、军事，得左季翁悉心经理，必可日臻富强，为恢复金陵之本。惟目前若无巨款，则实有决裂之患。

民情淳厚，可战可守。

28 致骆秉章

咸丰十年七月二十三日

籲翁老前辈大人阁下：

顷接鄂咨，知大旆将有征蜀之行。正气良谟，允惬人望。滇匪经果营屡次击败，应可渐散。党羽石逆一股，据曹中丞奏，得劳制军缄，已无足虑。不知信否？果如所云，则蜀事不至决裂。台旌遄临，引用正绅，裁汰冗军，卓如先生素与阁下为道义金石之交，一切当可顺手。惟湘中弁勇，朝取夕取，网罗殆尽。刻下不特将领难得，即招募精壮勇丁亦觉难以集事。不知现带若干人前往，是否多带现成营头，抑系新募数营，至以为系。此间军事，宁国被围如故。拟由石埭、泾、旌，分三路往援宁国。中秋前后，当可进兵。广德于失守，旋经收复。左季翁到即由该州进兵，以达苏境。惟贼党太多，兵力太单，尚当另谋协济。前经奏明六月以后，自抽江西牙厘，以济本军之饷，不料厘税大耗，六月分除吴城专济彭饷外，竟不满四万之数，殊为可虑。知注并陈，顺问台安。

29 复骆秉章

咸丰十年八月初六日

籲翁老前辈大人阁下：

嘉兴师溃，浙江危急，请援之文，一日数至，不得已奏请大旆暂缓入蜀，湖南防兵暂不抽动，俾左季翁得以一意来皖。业经咨达冰案。侍于此等大处，向极谨慎，不敢冒昧渎奏，况阁下入蜀，当晋兼圻，尤不应率尔攀留，屈台旌于敝省；特因浙事危在旦夕，左季翁若不东来，则侍明年断不能为淮扬之行。又湖南防兵，一经抽动大支，恐湘省有警，则鄂、皖军士，各怀归心。上年侍在抚州，凯、钤、朱、唐各营，无人不思归也。是以不及与阁下函商，冒昧奏留，伏希亮鉴，暂缓西行。并希催季翁速来，共维大局。其五千协兵、二成协饷之说，仍求俯赐垂允。 无人不思归。

30 复骆秉章

咸丰十年八月十九日巳刻

籲翁老前辈大人阁下：

新旧交替，纷纷索饷。

前此奉留台旆，曾呈三咨一函，想次第上达荃鉴。此间军事，本谓张、李已到，左、鲍将来，可期日有起色。不料宁国城外各垒、尽被贼破宁郡失守之，广德再陷。南陵孤悬贼中，尤为朝不保夕。目下四眼狗、杨七麻子、古、赖诸贼，皆在皖南，而徽宁各兵归敝处统辖，新旧交替，纷纷索饷，外寇内讧，一时并集。现派凯章守旌德，霆军守太平，次青守徽郡，杨镇魁守绩溪，以待左公之至。仍求阁下将协饷五万，借饷五万，即日起解，以济眉急。并求将拟带入蜀之兵，改援南赣。安皖安江，即以安湘。曷胜感荷。敬请台安。

书札

张运兰

张运兰（？～1864）字凯章。湖南湘乡人。咸丰三年从王鑫镇压湘南会党，擢同知。七年，战于临江、吉安、新城、会昌等地。王鑫死后，与王开化分统其军。追堵石达开部于江西、湖南等。曾氏奉旨援浙，与萧启江从战江西。十年，曾氏驻祁门，与鲍超战黟、歙，防宁国。补福建按察使。同治三年九月，战太平军余部于福建武平，被俘处死。《清史稿》有传。

1 加张运兰片

咸丰八年十二月三十日

再，第五旗扎牛角岭，其势颇孤，不知可保万全否。若不放心，则宜收合扎一处。目下贼氛正盛，我军宜蓄锐以俟时，沉几以观变。如必须退兵，则不妨少退以蓄势，待得机然后再进。兵法有进有退，古名将非全无退时也。望斟酌行之。建昌之三千人，若全赴景德镇，亦可助阁下一臂之力。是否应添此支生力军，望飞速示知。危急之际，尤以和衷为要！凯章尊兄阁下。

以和衷为要。

2 致张运兰

咸丰十年八月初二日

凯章仁弟阁下：

现值新旧交替之际，凡徽、宁旧防之兵，与楚、湘新至之兵，不免互相猜疑，祈阁下处处留心，不生衅端为妙。大约徽、宁旧兵七月以前归张都堂发饷，八月初一以后归敝处发饷。千人以上之整队，仍各在原处驻扎，协同楚军防剿；不满千人之零队，调回徽州，依鄙人左右，随时察看整理。拟于近日大张告示，晓谕各军，阁下以为妥当否？

3 复张运兰

咸丰十年八月十五日酉正

凯章仁弟阁下：

惠函具悉！以我军兵力言之，霆营本可即进泾县，贵军本可迅援宁郡。以地势贼情言之，狗逆有踞宁国县之说，丛山乌岭，防兵未可深恃。仆所以嘱阁下坚驻旌德不可轻动者，为此二端也。次青之平江营，今日可到徽郡，驻扎绩溪，决可无虑。目下贵军驻旌，霆军驻太平，江军驻歙，敝老营驻祁，甚得犄角之势。请阁下将宁、泾地势贼情，一一看熟，春霆到即进剿，当可得手。顺问台安。

防兵未可深恃。

4 致张运兰

咸丰十年八月十七日

凯章仁弟大人阁下：

今日得信，知宁郡十二日失守，曷胜忧愤。为今之计，只有坚守二字。阁下守旌德、三溪，霆军守太平、甘棠，次青守徽州郡城，敝处老营守祁门，又派礼字等营二千余人守绩溪丛山关等处。五路相为犄角，必可无虞。待饱镇、左公各军到齐，再行进剿。目下贵处最为吃重，务望坚守静镇，不可慌乱。城可守则守城，城不可守则守隘守垒。礼字营未到丛山关之前，设或贼窜绩溪，抄贵军之后路，亦不必慌。所有米粮子药，即从太平运至三溪，东边后路纵断，西边后路必不断也。总期静守为要。顺问刻安。

务望坚守静镇，不可慌乱。

5 复张运兰

咸丰十年八月二十日夜

凯章、作梅仁弟大人阁下：

所示经理新营之法，至为切当。然亦在九月内乃可行之。就其中声名尤为狼籍者，请再细查，当重惩之。贵营哨弁中，有善看地势者，饬将旌绩交界之地看清。次青分二营在丛山关失利，即日贼必破绩溪犯徽郡，务求贵军静镇不动。慎无徇人之请，分兵远出。狗逆从不先发，最善反客为主。贵军不可堕其术中，为贼所致也。旌、休交界，是贵军内后路；旌、太交界，是贵军外

务求静镇不动。

后路，不可被贼抄断。再颂台安。

6 复张运兰

咸丰十年八月二十一日申刻

凯章仁弟大人阁下：

次青所派二营，在丛山者小挫，在楼下者幸全，想已有所闻矣。本日巳刻由鲍春霆带去敝信，嘱阁下酌量撤入岭内，是恐徽州被围，粮路或阻，乃万不得已之下策，实则行军以稳静二字为主，苟可不撤，仍以不动为妙。惟阁下三思审度。即请台安。

实则行军以稳静二字为主。

7 致张运兰

咸丰十年八月二十四日巳刻

凯章仁弟大人阁下：

二日未接来信，焦虑之至。岂路梗耶？目下西路石埭之贼少，东路宁国之贼多。石埭之贼，意在防霆军。东路之贼意在牵掣贵军，进攻贵军常常出小队牵制贼股俾不得以全力攻徽，却不可以大队出击。万山之中，小队则易发易收。大队则难进难退。三百人以内小队也，过三百人则为大队矣。其要全在多用土人指点路径。若路径不熟，不可轻动。以小队二、三百为疑兵，彼此更换，层出不穷。而阁下全军坚驻旌德，安稳如山。此阁下目前之要务也。至贵军之饷道通塞，文报往来，全在太平一路，不可忽视。即问台安。

万山之中，小队则易发易收，大队则难进难退。

8 复张运兰

咸丰十年九月初三日巳刻

凯章仁弟左右：

守城极不易易，城内虽有守垛之兵，城外亦须扎营以护饷道、汲道，阁下仅三千人，恐不敷分布，次青即前车之鉴矣。鄙意仍以全扎城外为要。祈酌之。如业已修城，心有把握，则由阁下定计，仆亦不为遥制。总之，主守则专守，主战则专战，主城则专修城，主垒则专修垒，切不可脚踏两边桥，临时张皇也。次青所以失者，力主守城之说，乃必待战败之后，始入城而分守之，分布未定，贼已来扑，士气已馁，军械已失，岂复能坚守哉？阁下若为守城计，则当早早分布，早早约定，不准一人出战。待贼来扑城，我军在城上俏俏静静，看得分明，的当，然后出战。若不度其必胜，尚不出仗也。即问台安。

切不可脚踏两边桥，临时张皇也。

9 致张运兰

咸丰十年九月初三日

凯章仁弟阁下：

得信知黟城渐有米可买，欣慰之至。守城之说，外间均不以为然，咸谓距城十里之石山地方极好扎营，不知果否？徽州皆不主守城而主守险，牢不可破，官绅之论然，庶民之论亦然，即兵勇亦然，即贼匪之见亦然。众论之所在，势之所在，亦即理之所在也。次青违众，故诸事大为失势。阁下向顺人心，此次尚希三思。徽防各将官中，与阁下相见者，孰优孰绌，彼善于此者安在？祈示知，并祈常以好言抚慰之。即问台安。

众论之所在，势之所在，即理之所在。

10 致张运兰

咸丰十年九月二十八日

凯章仁弟左右：

现在贼焰甚张，我军步步谨慎，虽不能收速效，亦犹可处于不败之地。陈玉恒言不妄发，办事着实，将来或可练出一营可靠之勇。鲍公勇冠三军，而调度或不免有疏忽之处，祈阁下事事关照，相与有成。复问台安。

步步谨慎，虽不收速效，犹可处不败之地。

11 复张运兰

咸丰十年十一月十六日辰刻

凯章仁弟大人阁下：

接十五惠书，知已安抵叶村。贼犯羊栈岭，又犯禾戍岭，处处吃重。现另留霆字二营在祁护卫，礼字二营仍扎卢村不动。宋侍讲安勇改扎渔亭，与二老湘营、二霆营联络驻扎。渔亭为中权扼要之地，请阁下亲往指点一次，总须深沟高垒，立于不败为要。此间三日不接左季翁信，昨夕接江西省文数件。浮梁之文报已通，左军必无恙也。并告。即问台安。

立于不败为要。

12 复张运兰

咸丰十年十二月初一日

凯章仁弟阁下：

惠缄敬悉。春霆到景镇，贼即退去六十里，据砚田街地方。日内雨雪纷纷，想未开仗也。饷银八万已至景德为贼所阻，今幸运道大通。现一面函请左季翁派人护送，一面由祁门派人迎接，尊处必发一月满饷，决不爽约。婺源一路之贼，已窜至开化之花埠，或抗阻威坪之浙军，或窜扰江西之河口，尚未可知。但目前不遽至景镇与左军为难耳。渔亭八营，壕墙究竟坚固否？国藩时时系念，请阁下便中再去细看一次。卢村之礼字两营，闻壕墙甚属坚固，差可放心。曹冲岗地方拟派人轮流放哨，以安行旅。复请台安。

13 复张运兰

咸丰十一年二月十三日

凯章仁弟大人阁下：

接来示，知休宁已克，皆由上溪口猛打之效，欣慰无既。徽州府城之贼或亦可遁。无论其遁与不遁，休宁易守，徽城难守，终可为我所有也。目下所虑者，伪侍王在婺源与左军相持，贼多兵少，恐有疏失。或往援婺，或不往援婺，二者请阁下卓裁。如往援婺，则阁下带八营由上溪、浙岭而赴清华，留一营于渔亭，辎重全留渔亭。唐桂生带三营守渔亭，娄、宋六营守休宁城可也。如不往援婺，则阁下一军分守休城、叶村两处，或专守休城，娄、宋六营仍守渔亭，唐回祁门。二者请酌裁，迅速示复。顺问台安。

贼多兵少，恐有疏失。

14 复张运兰

咸丰十一年二月十三日酉刻

凯章仁弟大人阁下：

接惠缄，知台旆已入休城，更棚完固，器械甚多，忻慰无已。请贵部即守休城，认真布置。此城既得，可为皖南各城之根本，可为阁下非常之伟绩。歙城之攻与不攻，得与不得，无关紧要，其地势与城壕，远不如休城之好守也。即问台安。

望阁下以守休为己任。

15 致张运兰

咸丰十一年二月十七夜

凯章仁弟大人阁下：

顷接探报："甲路之贼窜至德兴，内犯江西"等语。查甲路之贼若犯江西，可由富村以趋景镇，亦可由中云以趋乐平，不必由德兴迂道入江。今既窜往东路，必是因休宁已破，伪侍王由华阜、马金岭等处回保徽郡，或再窥伺休宁也。休宁城池坚固，防守甚严。与强中营会合防守，所扎营盘，专防上溪口一路为最要。应令冒雨兴工，赶紧修筑，仍多发探卒，探明伪侍王一股是否已回徽郡，并探上溪、屯溪、龙湾、江湾等处贼踪多少。此时我军不急于攻徽州，而急于守休邑；亦不急于守休邑，而急于防渔亭，稳守一月，徽州之贼不攻自退矣。应否如此，尚祈斟酌裁

不患贼之直攻休宁，而患贼先攻渔亭。

复。顺问台安。

16 复张运兰

咸丰十一年二月二十日辰刻

凯章仁弟大人阁下：

我军但当坚守不休。

休贼无故宵遁，歙贼必大不以为然。目下正在愧愤激厉，思为力战报复之举。我军但当坚守休宁、渔亭两处，不必遽攻歙城，亦不必遽寻贼开仗。在歙城之贼，必不敢来攻。若婺、乐之贼，必仍踞上溪，来攻渔亭，攻一二次不破，徽城亦不打自退矣。鄙见所策如此，不知阁下以为然否？阁下守休宁，仆极放心。唐桂生守渔亭，仅湘勇三营，淮勇一营，自嫌力薄。敬求阁下拨两营驻扎渔亭，协同唐军防守，至感，至荷！湖北上犯之贼，尚在黄州及巴河一带。抚州之贼解围以去，建昌尚未失守。郭守式源于十一日自河口带三千人赴建救援，计十六、七可到矣。

17 复张运兰

咸丰十一年二月二十一日巳刻

凯章仁弟大人阁下：

——守城须分开段落。休城垛口闻近三千之数，应请即日点数。或二人守三垛，或一人守二垛，每一旗共守若干垛，各有专责，以免推诿。

——守城须有游兵救应。各处守垛之兵，各有汛地。此段有警，彼段不可自弃汛地来救此段，恐贼声此而击彼，声东而击西也。另设游兵一二支，凡垛口各段有警，皆可前往救应。留一二门不用砖石堵砌，以备游兵出城打仗。既有游兵，则各城守垛分段之兵，皆不轻动一步。

——守城须外有应援，以通粮路。休城之粮路全赖渔亭，欲守休宁，须厚渔亭之兵力。目下渔亭仅唐桂生之湘勇三营，淮勇一营，应请阁下酌拨二营协防渔亭。再过半月，令弟之新营一到，则敷调遣矣。

——守城莫妙于镇静。任贼来多少，坚嘱守垛兵勇一声不喊，一枪不放，令其索然无味而去。静守月余，浙江严州、威坪之兵在东，我军休宁、渔亭之兵在西，徽贼断无久踞之理。安勇全不可恃，仍令其回驻渔亭为是。顺问台安。

令其索然无味而去。

18 复张运兰

咸丰十一年二月二十五日巳正

凯章仁弟大人阁下：

徽贼来攻休，阁下静镇以待，不开城接仗。故示以弱，以为他日进攻之地，甚善，甚善。岭外之贼破禾戍、方干、榉根三岭而入。朱云岩于二十五日出队往剿。由祁赴休之约，须改期也。左翼五旗请令其即日移驻渔亭。渔镇为休城接济之路，所关最重，望无以上溪无贼而遂轻忽视之。顺问台安。

19 致张运兰

咸丰十一年三月初五夜二更

凯章仁弟阁下：

今日西路湘、前、强中等营业已败挫，明日北路亦不必进攻。请于各军整齐队伍，妥为收回。

现在景德镇已失，徽州府未克，祁、黟、休三县四面皆贼。米粮接济已断，军民坐困其中。应如何设法支持，酌拨三策，公同核议。

军民坐困其中。

一策：坚守祁、黟、休三县。老湘营四千守休宁，朱、唐五千人守祁门，江军门带徽防各岭兵守渔亭。霆、礼、峰七营作为游击策应之师，祁、休、渔三处，何处有警，接应何处，暂扎卢村，不作坚守之局。国藩带五百人出岭，至东流、桃树岭以内。霆礼派队护送，桃树岭以外，鲍军派队迎接。国藩一日不出岭，景德镇之贼一日不松。现有之米粮、子药均匀派领。国藩至江滨，再由陆路搬运来祁。如接济实断，则各军二万余人，一概择贼少之地冲出。大约以坚守两个月为期。

一策：弃祁、黟、休三县不守，分途出剿。老湘四千，朱、唐五千，礼字一千，会剿景德镇，与左军夹击镇贼。江军门带徽防及霆、峰各营，随国藩赴东流、建德。鲍军由湖口、九江赴瑞临内援。现在伪忠王一股已至樟树镇，江西可危，两湖亦大震。粮台军火、米粮船只，随老湘朱、唐沿河而下，庶军士无挑运之苦，而有两月之食。印委文武各员随国藩赴江滨，绅士愿随者听。惟三县百姓不能随行，可哀可悯！国藩当出示，自明愧憾，以谢百姓。并奏请严加议处，请旨另行简放钦差江督，以明不能保此三县之咎。

自明愧憾，以谢百姓。

一策：全军由贼中冲过，直赴苏、常，由太平、旌德、广德州直赴宜兴，以趋常州。沿途出示百姓，自有助米者，严禁掳掠。除子药外，辎重一概不带，帐棚亦少带。

以上三策，请江军门、张观察、朱总镇、营务处、粮台、忠义局，各定一议。

20 复张运兰

咸丰十一年四月初三日申刻

凯章仁弟大人阁下：

四月初一日行抵东流，朱云岩已至舍弟营内助守墙壕矣。狗逆至安庆，已十四日，各营坚定稳守，或可保全无恙。鲍公至下隅阪，因风雨太大，渡江尚未完毕。多公在桐城与伪璋王、玕王大战获胜，又与黄文金战亦获胜。必须将二股痛剿退去，然后能来集贤关与鲍公会援安庆耳。上游黄州德安两府城及随州、云梦、蕲州黄梅等城，均被贼占踞，时时有窥伺武汉之意，故希庵不能回援下游。休宁城内尚有尸骸臭腐之气，务须设法薰洗并令军士种蔬喂猪，凡饮食之需，皆自食其力，不必买之市廛。不特省钱，兼可却病也。即候台安。

坚定稳守，或可保全无恙。

21 复张运兰

咸丰十一年四月十六日巳刻

凯章仁弟大人阁下：

鲍军攻赤冈岭四贼垒，受伤近八百人，阵亡百余人。攻坚之难如此！舍弟现以数营扎于中段，并菱湖之贼垒皆以长围包之矣。建德失守，惟东流与休祁中梗，文报不通，军心民心难免摇动，务求阁下静镇，使三县兵民有所依归。至要，至要！即问台安。

文报不通，极为可虑。

22 复张运兰

咸丰十一年五月二十三日

凯章仁弟大人阁下：

惠书具悉。黟县之役，贼匪尽锐入犯我军。当兵疲饷绌之际，深虑人心涣散，全局决裂。赖阁下训练有素，士卒用命，而唐军亦随同苦战，克城保岭，转危为安。此非常之功，不特皖南暂有转机，即大局亦有裨益，佩慰曷已。目下贵军守徽，唐军守休。渔亭为徽、休粮运必经之路，无营防守，深为可虑。国藩咨调江军门全军暂扎渔亭，又请左京堂派三千人久驻渔亭，想不日可到。请阁下再函催左公速行。派来徽、休、渔、祁及景德镇五处皆劲兵，可战可守，皖南之事，必大有起色。贵营勇夫缺饷太久，辛苦太甚。前此修整休城，此次修整歙城，备极劳勚，仅犒千金，菲薄已甚。即日当所备千金派人送徽，以表微意。贼退之后，城中不免臭秽，务须认真薰洗扫除，或烧大黄以辟疫气。令弟所带千人，敝处今日又加札催调，以厚兵力。关防俟刊就后，专人送上。此间诸事平安。建德之贼有下退青阳，安庆城贼米粮极缺，若能击退援贼，克城之期当亦不远。肃复，即请台安。

五处皆劲兵，可战可守。

23 复张运兰

咸丰十一年五月二十九日

凯章仁弟大人阁下：

接惠书，具悉歙城日内可以毕工，计已一律完好。某前请左军拨三营进扎渔亭，后又请其以三千人防渔者，盖以渔亭为徽、休粮路所必经也。顷闻德兴之贼将至婺源，左军须分剿婺源，即不能更顾渔亭。闻徽城之粮足支两月，徽、休以婺源为后路，祁门以景镇为后路，均有深固不摇之象。即黟、渔之防稍疏，或亦无碍全局。令弟千人调徽，闻毓中丞坚持不肯。敝处续去一咨一缄，不知果放行否。榉园若来，则贵处可守可战；不来，则但主坚守可也。即问台安。

均有深固不摇之象。

24 复张运兰

咸丰十一年六月十五日午刻

凯章仁弟大人阁下：

连接五次惠书敬悉。安庆近日平安。伪辅诸王分由霍山、太湖两路上犯，冀抄官军之后，以解安庆之围，盖不敢直寻多公开仗也。令弟新募之勇，闻省城发饷稍胜于徽，差足慰耳。徽城闻已修好，至以为慰。雨洗香熏，臭气日减。仍请多食蔬菜，少食油荤，庶免疫病。凡种田种菜，有一种士气生气，故乡间少疫。城市多疫，以无士气，即无生气也。屯圃之法，请认真课之。即问台安。

以无士气，即无生气。

25 复张运兰

咸丰十一年九月初六日

凯章仁弟大人阁下：

顷承专差一缄，敬悉尊体违和，口鼻失血，闻之实深焦虑。

阁下数负过人之秉，强健有恒，不近医药。今忽得此症，殊不解其致此之由。日来稍就痊可否？营中固难以静摄，即长途跋涉，露宿风餐，亦岂病躯所宜？鄙意欲请台旆来安庆养病，一则路程不满五百里，敝处可派船至建德迎接，一则离开本营，则公事可全不理会，所谓耳不听心不烦也。不知尊意如何？顺问台安。

26 致张运兰

同治元年二月初七日

凯章仁弟大人阁下：

台驾戾止，欣慰之至！贵部在徽，战功极伟，名声极好，竟与阁下在营时无异。前有札令归左季翁调度。顷接左帅咨文，调榉园拨二千人守马金街。鄙意歙、绩尚未肃清，榉军暂不可调，纵其调去，亦断不宜分兵。应请阁下专差飞告左帅，力陈不可分兵之故。弟亦当加函也。顺问台安。

亦断不宜分兵。

27 致张运兰

同治元年三月初一日

凯章仁弟大人阁下：

贼围遂安，恐其以小支牵缀遂城之官军，而以大支由马金岭、大鳙岭、济岭等处直窜婺源白沙关。如破白沙关，则下犯德兴、乐平，而景镇之粮路必立断，徽、祁之官军必坐困矣。务祈阁下即日将全军拔赴婺源，力扼白沙关。若能守截此关，贼不能犯德兴、乐平，则江西之北路可保，而徽、祁之粮运无虞。目下岭外石、太一带，并无大股悍贼，不过古、赖之零党，纵然入岭犯黟，朱、唐出队雕剿，必足御之。贵部本系游击之师，峰、礼两营不知已出岭否？若尚出黟、祁等处，请传谕令其拔守婺源，腾出贵部专作活兵，不作守城之兵。即日另檄杨、张二将也。顺问台安。

28 致张运兰

同治元年四月二十七日

凯章仁弟大人阁下：

淳安、威坪之贼全数窜回宁国，则徽境已可无虑。惟浙境之贼，青、泾、石、太之贼，南繁、芜湖之贼全数窜入宁国，计为数在十万以外，必拼命与官军苦战。鲍军屡捷之余，难免骄矜，又所拨他处劣营归入统下者甚多，尤觉散漫。国藩深以为虑。贵军现守石、太，百物荡尽，苦况可知。务求训饬诸将弁，静镇耐苦，养精蓄锐，不必急求会剿前途，但求力保后路。万一鲍军小有挫失，全靠贵军为后面长城。韦军守青阳，国藩尤不放心。乞阁下时时派人至前敌探听消息，而以屏蔽徽、池为己任。至祷，至祷。顺问台安。

尤觉散漫。深以为虑。

养精蓄锐。

书札

毛鸿宾

1 复毛鸿宾

咸丰元年

寄云尊兄同年左右：

去岁奉一书，久未报答，心之愧悚，殆无以状。平生于骨肉至交，往往坐是取戾，究其寸心，则未尝须臾忘故人也，况相与之挚如吾子者耶？郭观兄来都下，备陈吾子光仪謦欬，又道眷怀下走，齿饰溢情，以是益触鄙念，晨夕增恋。比想祥琴将届，运定康愉。甚善甚慰！国藩久点朝班，学无寸进，思所以稍竭涓埃，上裨明圣，而不得窾要，无补实政。三月之初，曾陈《练兵》一疏，以国家养兵岁饷千八百余万，既已不胜其费矣。而乾隆四十七年，一举而增绿旗兵六万有奇，每岁多靡饷百余万，请仍裁此项兵，缺出不补，以济今日度支之绌。四月之末，又条陈一疏，以乾隆初元，孙文定陈《三习一弊》札子论者，谓足开六十年太平之基。今天子躬尧舜之资，亦当预防美德中之流弊，以开无疆之祚。私衷耿耿，遂不觉过于激切。圣量如天，恕其狂妄，曲赐优容，不特贱躯感激，捐糜不足云报，凡在知爱，无不代为次骨。非遭逢盛世，乌能戆直不讳若此乎？外间誉我者，或过其情；讥议者又未察其实，盖措辞岂能悉当？此心要自无他，兹可为知己者道耳。阁下至性过人，才能干济，弟每与鹤田、敬堂燕语，未尝不笃乙贤者。自星房榷盐，雨三行河，京国旧雨，日以耗少，只冀台从还朝，时相依密。贱躯所患癣疾，今夏乃得大愈，七年之病，百端纠缠，人事日生，精力衰减，昼不耐苦，宵无佳眠，顷又兼摄秋曹，公牍蝟集，而退食之暇，必读书半卷，以期补过。南中自家君以下，并托平善。京寓小大无恙，儿子学为史论，颇明顺。少者四岁矣，五女子渐长，诸堪告慰。惟久宦多责负，未能偿人，去家十二载，思亲极笃。未克还归，不能无悒悒，然亦罔所为计也。

学无寸进。

读书半卷，以期补过。

2 致毛鸿宾

咸丰九年九月二十二日

寄云仁兄同年大人阁下：

弟自八月杪至鄂垣，即思与阁下谋一良觌，慰积年饥渴之思，以江汉远隔，非公莫至；又闻台端宦况萧条，即晋省一行，膏秣酬应之资，亦虞不给，遂不敢奉屈台从东来。顷自鄂回黄，定会师图皖之局，念驰驱江介，相去日远，此后谋一面之缘，愈不可得，因缄商润之宫保，润帅慨然允专缄奉约台旆来黄，俾申积愫。兹专弁迎接大驾，相见伊迩，不复覼缕。

3 复毛鸿宾

咸丰九年十月初七日

寄云仁兄同年大人阁下：

目下星使钱萍兄在黄州，可亭同年亦尚在黄，兄至黄州，不妨耽搁畅叙。胡宫保知人善任，求贤若渴；兄之肝胆照人，达于容貌，尽可畅所欲言，不必过于拘谨，反涉客气。弟拔营尚早，当絷维台驾，绸缪旬日。

知人善任，求贤若渴。

4 复毛鸿宾

咸丰九年十月二十七夜

寄云仁兄同年大人阁下：

八年不见，一旦握手，便如枯旱云霓，生意蓬勃，累年郁抑颠顿之状，虽不欲尽吐于良友之前，而已不啻披沥皆陈、无鲠不伸矣。润帅书来，极服大疏，指陈切直，而气象宽博，以鄂民得所托命为幸。楚多君子，国之庆也！来示“功名之际，雅量包容”等语，谨当刻骨，非仅佩韦，近日军事平平，无功可状。奚名之云，古人木雁之喻，或亦藏拙之道乎？

功名之际，雅量包容。

5 复毛鸿宾

咸丰十年正月十五日

寄云仁兄同年大人阁下：

弟自冬月驻军黄梅，进扎宿松。腊月中旬，逆酋四眼狗纠合捻首宫瞎子，悉力上犯，前敌多、鲍、蒋三军进扎太湖前四十里之小池驿，御之于门外；弟拨六千人会合唐义渠军，仍围太城。贼多，数倍于我。以大围包裹鲍军。弟续拨二千七百人，进围太城；抽出义渠一军，并赴小池驿。初六之战，义渠挫衄，三营被陷，鲍军复被围紧急，润帅派金逸亭、余会亭从水吼岭山内打出。十一日，大获胜仗。鲍军从此稍松。弟又添派二千五百人往打行仗，日内必有数大恶战，不知能大挫凶锋否？较之腊底正月初之危迫万状，此时业已化险为平矣。润帅驻扎英山，虽相隔二百六十里，而呼吸相通，意见相合，足慰绮注。袁午帅自权兵符，甚为得手。临淮关业经克复，凤阳、怀远，亦可即克。发、捻交集此间，下游逆党较少。韦志浚投诚后，池州又被杨贼攻陷。韦逆败残之余，不能有为。长予手五十人，求迅速送来为感。

业已化险为平。

6 与毛鸿宾

咸丰十年三月二十九日

再，弟目疾尚未全愈，每作字三、四行，即须停笔少息，殊以为苦。袁午帅自绾兵符，军威大振，连克凤阳二城、临淮、清江二镇。惟顷有使来，述及缺饷之状，自正月至三月初七，每名仅发银一两零四分。翁中丞处事机颇顺，亦复为乏饷所苦。二公相得甚欢。又得胡润帅，水乳交融，云龙契合，皖事应有转机。惟祝不甚缺饷，无生它变耳。罗淡翁竟殉浙江之难，祸福倚伏，良难预测。贼入浙虽仅六日，而海运已空，于京城大有所损。吴应昌朴实明白，于此间各弁气习相近，当可相与有成，请放

水乳交融，云龙契合。

心也。

7 与毛鸿宾

咸丰十年七月二十五日

再，弟自奉帅符之命，日益惴惴，急思阁下来此，匡扶一切，俾免大戾。不知尊处谢恩折已批回否？须北上引觐否？如须北上，应先至武昌、英山一行否？胡宫保好贤如缁衣，以阁下之肝胆照人，计必思有以报知己；第敝处诸务丛集，弟治剧之才，不逮胡宫保十倍，欲得阁下相助为理。弟专心军务，仍不至抛荒吏事为妙。乞台旆先来皖南，稍有头绪，再赴皖北为荷。

8 复毛鸿宾

咸丰十一年四月二十三日

寄云仁兄同年大公祖大人阁下：

自今岁以来，敝处危险迭见，日在惊涛骇浪之中，不获频修笺敬。闻台旆开府湘中，亦尚未肃函申贺，歉悚不可名状。接奉两次惠书，伏审即日浮汉东下，由鄂渚荣莅星垣，大云宏荫，使敝乡士民同怀衣我食我、福我寿我之泽，欢抃曷既！敝处军务，棘手已久。黄文金、李世贤两股各挟十余万众，窜扰景镇抄我后路，断我饷道，竭左、鲍两军之力，五阅月之久，几无一日不战，无一路不梗。此外，又有伪忠王一股，从广信、抚、建深入江西腹地，连陷吉安、瑞州二府四县。又有伪主将刘官方一股，屡次扑犯祁门老营。直至三月之末，惊魂稍定，驲路稍通。皖南军民方举觞以庆更生，而四眼狗自陷黄、德各属后，又率悍党回援安庆，直拊官军之背。不得已调鲍军驰救江北，弟亦移驻东流，就近调度。仰托圣主威福，能将安庆迅速克复，则湖北之黄、德，江西之瑞州各城，无难次第扫荡，即金陵亦可徐图。若安庆不克，则饷源日竭，大局日坏。绵薄如弟，深恐上负国家之委任，下辜良友之期望。中夜以思，忧愤何极！敝乡近年以来，

惊魂稍定，驲路稍通。

兵勇遍布数省，颇有人才渊薮之称。实则岩搜谷采，楚材晋用，而故山反为之一空。倘有大股阑入，殊恐无以应敌。阁下莅湘初政，仍祈以物色将材为先务。在外如胡、左、李诸公，在籍如郭氏昆仲，皆与阁下契合有年，若一一周咨，则统领之选，偏裨之才，皆可屈指而得之。来示垂询用人行政，利弊得失。窃以人存而后政举。方今四方多难，纲纪紊乱，将欲维持成法，仍须引用正人，随事纳之准绳，庶不泥于例而又不悖于理。胡宫保办事不主故常，而求贤甚殷，耳目甚长。阁下若遇疑端，与之函商，必能裨益高深，胜弟数倍。二十余年同年至交，今幸同膺疆寄，而来函犹附谦版，万不敢当。谨以奉璧。弟亦不另肃柬。诸维心照，顺请台安。

9 复毛鸿宾

咸丰十一年七月十四日

再，来缄称谓太谦，万不敢当。谨将大柬璧还，以后万勿再施，重弟之过。阁下抚湘，敝省亿兆之福，其为久局无疑。苏藩虽未开缺，乃圣主万几偶尔忘之，切勿因此而存形迹，至恳！至恳！湘中统将多宣力于外省，本境反有乏才之叹，不特阁下用此为虑，鄙人亦增内顾之忧。仍当物色数人于闲暇之时，招募数营在省训练，渐成规模。本省有事则调出防剿，不至如九年春间之朝募夕战；本省无事则择邻氛之稍近者出境协剿。兵事以磨炼而成，欲求将才之辈出，不能不为未雨之绸缪。往年敝乡人多持此论者，因经费太绌而止。目下稍足支展否？此间竭蹶已阅半年，安庆果克复，当有转机。饷项支绌异常，近得东征局两次九万八千之数，真如大旱甘霖，稍定军心，足慰仁注。

大旱甘霖，稍定军心。

10 复毛鸿宾

咸丰十一年八月十四日

寄云仁兄同年大公祖大人阁下：

接奉惠书，并寄示疏稿。阁下于敝处二、三贤者阐扬不遗余力，具此好善之诚，终收得人之报。梓里何福，备蒙洪钧乐育，感佩无量。安庆克后，弟于初七日来皖犒师。池州府城亦于初四克复，桐城、铜陵等县先后告克，捷书络绎。方幸化险为夷，大局可转，忽闻鼎湖弓剑之痛，中外民生无福，遘此大变，天崩地坼，攀另莫及。念我大行皇帝即位一纪，备历多难，无日不在忧危之中。去岁避狄迁岐，含悲忍辱。忧能伤人，遂损圣寿。此盖臣子之隐憾，敷天之至痛。现于皖省设立帐殿，俟奉到哀诏，即行成礼。此间各军欠饷极巨，又初克数城，诸务纷繁。以国恤重典，未遑料检庶事。弟离京日久，思北上一修壤奠，又奉文停止叩谒。傍徨震越，若迷所从。知爱如君，何以惠示？顺请台安，不尽百一。

11 复毛鸿宾

咸丰十一年九月十一日

寄云仁兄大公祖同年大人阁下：

惠书敬审。此间自克复安庆后，连克池州、铜陵、桐城、舒城、庐江等郡县。而湖北、江西两省除随州一城外，一律肃清。可谓至幸！而乃遘鼎湖弓剑之悲，又值润帅人琴之感，近事之可欣可慰者，不足为喜，而反足以增无穷之怆痛。念我大行皇帝临御寰宇十有二年，无日不在艰难危惧之中。今事机甫转，而安庆捷音不能早达甘泉，博天颜之一喜，此先皇之隐憾，亦臣子之至恸！胡帅用一糜烂众弃之鄂，缔造支持，变为富强可宗之鄂。即谋皖之举，亦自胡帅出谋发虑。今皖事稍有其绪，而斯人云亡，荩臣苦心，或不尽白。抚今追昔，能不怛伤？现请文件吾、周寿山两君送回益阳，料理一切，仍求阁下饬属沿途照料。其箴言书院未竟之事，弟当与希庵二人代为主持。润帅之整饬吏治，全在“破除情面，著诚去伪”八字。侧闻阁下新政不动声色，移宫换羽，力量不减润帅，而关系尤为重大。来示“浮伪便佞，名实兼收”二语，盖亦鄙人夙昔所深恶，曾于作《林秀山殉难碑》中微

破除情面，著诚去伪。

露其端。今幸千里合辙，其符契又不止如席、邓两营未雨绸缪之说也。恽方伯会办东征局务，兹已备札寄去，并咨达冰案。

接部文，知阁下已真除湘抚。为敝乡幸，为同谱庆，即为东南大局称贺。舍弟于初二日进兵，先扎庐江以固安庆藩篱。其无为州、三河等处，该逆守御已固，恐难猝得。待多军进攻庐郡，或须另办船只先清巢湖水面，乃可克傍湖三城耳。即请台安。

12 复毛鸿宾

咸丰十一年十一月初八日

寄云仁兄同年大公祖大人阁下：

接惠书并疏稿二件。摧落豪强，维持纲纪，令人肃然起敬。今年春夏，胡润帅两次贻书，责弟嫉恶不严，渐趋势圆熟之风，无复刚方之气。今睹阁下侃侃正言，毫无顾忌，使弟弥惭对润帅于地下矣。近日封疆中如刘鉴泉不遵旨即赴滇督之任，而擅自北上，迟迟吾行；翁药房往年屡疏保苗沛霖之忠良，今春屡疏劾苗沛霖之叛迹，逮寿州被围又屡疏请援请饷，乃寿城陷后，不能殉节，反具疏力陈苗逆之非叛。此等行径，鄙人颇思抗疏严劾。则又以愚陋如仆，忝窃高位，又窃虚名，方自攻其恶之不暇，不欲更翘人短以炫己长，以是徘徊未决。祈阁下代为詹尹之卜，何去何从，早惠南针。弟于身家恩怨无所顾惜。所疑者，虚名太盛，恐识者斥为高兴耳。湘省官吏之贤否，弟不深知，辱承垂询拳拳，后此苟有所闻，必以密达左右。敝处用人行政倘有不当，贱兄弟居家在外，倘有愆尤，亦望随时切实指示。千万之祷！此间军事诸叨平安。北岸西梁山等处之贼来窥犯漕、东关者，均经击退。三河之贼闻于十一月六日不攻自溃。大约庐州郡城，贼亦无志坚守。南岸鲍军进攻青阳，朱云岩进攻石埭，均于日内前往。惟绍兴失后，杭垣危于累卵，弥月苦无确耗耳。复请台安。

更翘人短，以炫己长。

13 复毛鸿宾

同治元年正月二十六日

寄云仁兄大公祖同年大人阁下：

接展华函，并录大奏，属为推敲疑义。国藩愚陋，于夷务无所通晓，即各国通商条约，亦未尝悉心研究。浅之如起货、落货、验货、剥货、舱单、税单、红单、保单之类，均不能缕晰其名，确指其地。说者或谓内江水道浅狭，与外洋迥异，洋货一抵中国，五口必须加装捆扎，大船换小，重载改轻，乃能驶赴内江；起货是初抵五口之名。剥货是换船入江之名，亦未知其果否，未敢执是与阁下相辨诘也。惟就鄙人平日所知，与来示疏稿所指，则亦有不合者。请献其所疑一二端，仰祈反覆开示，冀彼此俱臻涣豁然之境。来示谓由江出洋，不必从上海经过，且言内洋只粤海一口。

以弟所闻则殊不然。长江之入海，犹敝省湘水之入江也。江右有孤县之崇明，犹湘口有孤悬之君山。江初出口，循右而下之有吴淞江，犹湘初出口，循右而下之有旋湖港也。吴淞江内六十里为上海县，该监督与领事官虽皆住上海城厢，而关卡则设于吴淞出海之黄浦口；亦犹旋湖港内之人设卡于该港出江之擂鼓台。洋人由海入江，不能不由黄浦口经过，亦犹之鄂人由江入湘，不能不由擂鼓台经过也。沪上绅士来此请援者，携有上海地图，附呈一阅。阅毕，另摹存查，请以原图掷还敝处。至疏稿谓夷船入内洋，必先经过粤海而后可达崇明，尤非事实。西人由印度海而来，一过苏门答腊，即可粤、可闽、可浙、可苏，不必定由粤省经过。

如必过粤，则绕越当在五千里以外。而阁下以与黄浦入沪仅绕六十里者相比，亦太不伦矣。此国藩之献疑者一也。大疏谓内江各口无榷税之权欲其呈验报单，且不可得，遑问稽查，弟亦尝以此层为虑。惟检阅长江章程，在上海有由领事官赴道署领江照之法，又有领军器执照之法，又有派员役同驾送往镇江之法，又有海关红单之法；又有商客人名数单之法，到镇江后，又有呈验单、照四件之法，又有禀递舱口单载明货件斤两、价值之法，又有给镇江红单之法；至九江、汉口，又均有呈验单、照五件之法，均有禀递舱口单注明货件斤两、价值之法。其归也，有镇江派员役送回上海之法。其运油、麻、钢铁等物也，有请汉关、浔关给执照之法，又有呈具保单之法。计洋船由沪至鄂，往返不过十日，而为文凭者八事，为法禁者十三事。种种关防，层层稽查，网亦密矣。而大疏乃云长江数千里防维尽失，往来贸易不受稽查，岂笃论乎？自古圣王以礼让为国，法制宽简，用能息兵安民。至秦用商鞅以“耕战”二字为国，法令如毛，国祚不永。

种种关防，层层稽查，网亦密矣。

今之西洋，以“商战”二字为国，法令更密如牛毛，断无能久之理。然彼自横其征，而亦不禁中国之榷税；彼自密其法，而亦不禁中国之稽查；则犹有恕道焉。咸丰三年刘丽川攻上海，至五年元旦克复，洋人代收海关之税，犹交还七十余万与监督吴道。国藩尝叹彼虽商贾之国，颇有君子之行。即今沪、镇、浔、汉凡有领事官之处，皆令我国管关者一体稽查、一体呈验舱口单，正税、子税较我厘金科则则已倍之、三之。在彼固自谓仁至义尽矣，而阁下与揆帅必欲令其改赴汉口输纳，沪与鄂同一中国也，朝三暮四，旋令旋改，在沪关必怨楚人之攘利，在西人且笑晋政之多门。此国藩之献疑者二也。长江通商章程十二条，据总理衙门咨，系恭亲王与英国卜公使议定。又洋货税单、土货运照、三联报单亦据总理衙门咨，系薛亲王所定。而大疏中指劾薛中丞贪婪蒙蔽，极辞丑诋，且云与恭亲王前奏绝不相符。不知阁下因恭邸亲贤柄政，不敢指斥，故嫁其咎于薛公乎？抑别有确据，知此章为薛公所定乎？薛公之于夷务，往岁事不可知。自庚申冬以来，大事秉承恭邸，小事一委吴道，似无所短长于其间。

恭邸先以长江有贼，不准通商，旋因英国固请，乃始允许。其不卖军器及油、麻等保单各条，皆辛酉七月以后所定尊疏尽以诬诋薛公，似不足以服其心。此国藩之献疑者三也。方今发、捻交炽，苗祸日深，中国实自治之不暇。苟可与洋人相安无事，似不必别寻衅端。汉口纳税之说，发之于沪税未定之先则可，争之于沪议既成之后则不可。大疏发此难端，英、法诸国不从。将默尔而遽息乎？则是壮颁而启侮，将争辨而不休乎？则且废好而兴戎，二者必居一于此。区区之愚，愿阁下与筠仙亲家熟商审处，幸甚。如鄙言全不当理，则请详晰剖示以资质证。顺请台安。

14 复毛鸿宾

同治元年五月二十一日

寄云仁兄同年大公祖阁下：

接惠书敬聆一切。多军决计援奏，九舍弟孤军深入，前拒金陵城贼，后防苏浙援贼，殊为可虑。陈由立逃奔河南，回湘招勇，求阁下立斥停招，派员押回敝处。敝处此风一开，各处军纪皆弛，所关极大，弟不能不认真严办。并求阁下将郑阳和撤营押回皖中，俾弟法令得行，至恳，至恳。诸惟心鉴，顺问台安。

15 复毛鸿宾

同治元年闰八月十四日

寄云仁兄同年大公祖大人阁下：

惠书敬悉。东征局之开，以鄙人从军于外，重劳故里，官绅士民殚力费财，寸心久抱不安。其或浮言恐沈下怀，亦非至愿，特以人多饷绌，他处无可借箸，不得已而出此。来示所指数君子任劳任怨，维持调护，久已铭诸肺腑。惟是箕毕殊情，或张其口；圭璋特献，或刖其足，尚当妥谋刿牍以酬劳勚。陈、郑二镇承再三谆属，爱才如命，敢不仰体盛意，剪拂而驰驱之？参员赴鄂控案，此间亦有所闻。然九年冬樊镇一案波浪掀天，卒亦风平天霁，帆樯无恙。此次怒涛之兴固当少减，舵师长年正可安眠以待其自定，无遽卒卒也。下游各军为病所苦，奉霆、凯章、厚庵皆抱病颇重，将士死者十而二三，病者至八九成。敝营务处如姚秋浦、甘子大皆染病不起。鄙人凉德菲才，不足以挽回厄运，已据实奏明，请简在京亲信大臣来南会办，不知果否俞允。各军欠饷至十一个月，医药无资，江西厘务极疲，顷已专札申饬粤东厘金。彤甫同年刚柔互用，苦心经营，卒乏成效。黄萃农前辈新简粤抚，或可于敝处稍一尽力。顺问台安。

刚柔互用，苦心经营。

16 致毛鸿宾

同治元年十月十四日

再，顷接黄南翁十月一日信，拟请江达川方伯带勇二三千来皖，极妙极妙！目下之急不在金陵而在宁国，看来鲍军殆难久支。鲍若疏失，则张军困于宁国城内，亦无幸全之理。皖南危而江西必受其害，吉凶总不出十日之内。如果鲍军不支，宁国决裂，则敝处一面坚守徽、池二府，一面拟奏调味根一军随达川东来，由江西打出皖南，或可补救万一。若鲍军幸而转危为安，则不奏味根之部，专请达川带勇来安庆耳。

亦无幸全之理。

17 复毛鸿宾

同治元年十一月初五日

寄云仁兄同年大公祖阁下：

前接惠书，以军事无利，心绪烦乱，尚未裁复。兹又接十月二十五日环章，以宁国危急之故远劳荩虑，急筹补救，感喟何极！春霆半月无信，不知粮路已通否，军心稍完辑否。刻下危险之症又不在宁国而在江北，金陵忠酋大股渡江攻九洑洲官营，分股攻浦各营，冲过江浦，直窜和州以上。含山、巢县失守。自和州以上直至黄州，千里空虚，大股悍贼长驱上犯，实属不堪设想。弟调萧军门八营赴庐州，毛观察七营赴巢县，又截留张树声五营守无为州，吴长庆四营守庐江，均恐落在贼后。且纵能守而不能剿，则皖北糜烂终无已时。拟仍奏调味根军门东来，与达川方伯兄弟相合，驻扎庐州、舒、桐一带，为皖、鄂两省长城。味根现有部卒三千余人，不必添募。到皖以后，敝处可拨数千人隶其麾下。鄂军之防桐城等处者，亦可归江氏兄弟调度。如此布置，不知味根乐从否，不知朝廷俞允否。先此奉商，顺请台安，诸惟心鉴。

18 复毛鸿宾

同治元年十二月除日

寄翁仁兄大公祖同年大人阁下：

前承手教，以舍季弟之丧殷殷慰唁，弥增感怆！冬月杪以寄谕垂询季弟扎营之处，复奏偶亦陈及，遽蒙优诏褒嘉，赠官给恤。圣主之于寒门恩宠不赀，存没均感，报称良难。灵榇在安庆停留旬日，计二月可抵敝乡，择期归窆。志长年促，叹惋何极！承示江味根军门剿办莲塘股匪，未便令其停顿，致弃前功，应乘此声威，合力蹙之。弟断不敢顾此遗彼，强之东来。请阁下告知味帅，专力莲塘，神不外散，收此九仞及泉之功，再敦千里赴援之义。此间近状略臻平稳。刘南云三营屯扎三山，专保春霆粮路，朱云岩甫到池州，青阳之贼即退。大约粮路不梗，即鲍军可全，宁国可保。开春新勇补齐，霆营可期再振。北岸于十一日克复运漕，二十一日在铜城闸获一胜仗，金陵亦于二十一日获一大胜，足慰垂注。

乘此声威，合力蹙之。

19 致毛鸿宾

同治二年四月十七日

寄云仁兄同年大公祖阁下：

再，兵勇掳船，大有损于厘金，近则百弊丛生，实有不可终日之势。如霆营自青阳赴援无为州，本仅百四十里陆路，三日可到，乃掳船一千余号，耽阁七日，致大诵荻港厘金为之顿歇。顷又有叫冤者，连船并米自姑塘掳来，逼令送营给价，实与抢夺无异。弟痛心疾首，誓必斩枭数案，挽此浇风。敝处严禁于下游，阁下严禁于上游，仍请官、严两帅暨新堤刘道、九江蔡道严禁于中段。有犯必惩，庶船户稍遂其生。彭尚安一案，即日亦当惩办。京米一事，办理诚属万难。然两湖三江不能竭力一筹，更责何省取办？吾辈受恩深重，岂忍坐视京师百官饥饿，而不为之所？今岁若年谷稍丰，阁下若能备米数万石解皖，弟必当设法解沪解津。湘省若为之倡，江西、湖北亦不能不从而和之。三省各数万石，沪捐再得数万石，则京则可凑三十万石，又足支危局矣。金逸亭观察何日东来？舍沅弟才薄任重，深虞陨越。更望阁下求多贤以扶助之，至感至感！

20 复毛鸿宾

同治二年七月初六日

寄云仁兄同年大公祖大人阁下：

前闻霓旌度岭，晋秩兼圻，笺贺稽稽。顷奉惠书，牖示周详，佩慰无似。疏稿分肌擘理，洞若观火。粤事须从军务下手，正与鄙意不谋而合。骊珠既得，鳞爪自不劳而理。拙见尤以水师为要西江发源云、贵，汇流两广，磐薄万里，论者以谓江河以外第一巨川，即东江、北江，亦复歧港百出，浩瀚逶迤，动与海汊交错，专恃陆师，断难制胜。今之长龙舢板，其初式本出于广东，惟楚军立法较密，纪律特严，杨、彭部下风气素正，多出廉耻之将，遂尔远胜粤东水师之旧。窃谓两广军事，高州之扰乱其偶，而南韶与浔、梧、肇、罗之蠢动乃其常也，陆兵其经；而水师即其纬也。阁下即从军务入手，似宜并讲水师，用杨、彭之纪律，选湖南之将领，挈以俱南，以一洗彼中水军官兵伙匪明护暗抢之陋习，必可一振声威，潜移默转。凯章持躬谨饬，驭下有法，不特战守可靠，亦足少挽风气。如其病体全愈，阁下尽可携以赴粤，弟当作书劝驾。粤中为凯章熟游之地，或亦欣然南征。二年以来，阁下所以惠助敝处至多且大，借此一才，未足云报也。惟金逸亭观察实为敝处目下切求之人，盖希庵部下成、蒋、萧、毛四军势均力敌，莫能相下，苗逆并非百战悍寇，闻因两军不知，以至援寿无功，欲求联络希部，化散为整，惟逸亭或胜斯任。弟昨于未读尊疏之先，业已函商希庵，谆催逸亭东来，如逸

势均力敌，莫能相下。

亭经过长沙，尚望无夺之南趋也。杨、彭二公派船八十号驰援临淮，义渠老营当可保全。霆、沅两军又为疾疫所苦，幸援贼虽到，尚无战事。味根、申夫迭获胜仗，黄老虎有下窜之信，江西腹地应无他虞。复问台安。

21 复毛鸿宾

同治二年七月二十九日

寄云仁兄同年大公祖阁下：

接惠书敬悉。凯章处弟曾寄一缄，劝其度岭南征，不知日内开募成军否？台从果于何时启节？至以为系。水师宿将应取材于下游，诚为至论。雪琴来此，弟与之熟商，既用彭、杨部下之将，须派统领一员，营官数员，哨官数十员，全仿淮扬水师、太湖水师之例，全军规模略具，在粤中仅添勇丁、船炮而已。现已商派阳江镇总兵任星元为统领，即日函商厚阉将营哨各官派定，俟筠仙中丞过此时，即令携诸将以行。逸亭如果东来，自当专案出奏。惟近日奏调之案，往往屡疏交争，而卒无赴调之日。故弟先函托希帅谆请逸亭东下，俟行期已决，再行疏陈，或亦省笺牍之繁。黄老虎伏诛之说，自是浪传，其受伤或尚可信，近日全股围攻青阳，四面文报不通。如青阳不保，则下游南陵、泾县、宣城、芜湖皆将大震。皖南积骸成莽，人类将尽，而贼势蔓延其间，未有已时。不知上天何恶于皖，造此古今未有之浩劫，而鄙人薄植，适丁斯厄？终夜以思，但有悚畏。复请台安。

水师宿将，取材于下游，诚为至论。

22 复毛鸿宾

同治二年九月初三日

寄云仁兄大公祖同年大人阁下：

奉到惠缄，驳议固本四镇一疏，义正词严，浩然之气，不可逼视。弟近日破觚为圜，久不进此侃侃之论矣。

青阳被围三十八日，江、席、李、喻四军合力大战，尽破贼垒，立解重围，皆阁下之赐也。现令江、席、朱、李等由石、太、旌、德进规广德，鲍军由宁国进规建平。两路得手，即可会趋东坝，与浙师成合龙之势。惟各军久病积劳，纷纷请予休息，失此时势，恐冬令水涸，炮船难入，机会难逢，又不能图东坝矣。

任镇星元即日当调令由湘赴粤。忠都转尚未到苏，筠帅已奏派许次苏代理。京米一事，恐仅有湘省实解米石，江西与湖北均经奏明不征本色，明年太仓奇绌，正不知何以支持也。相去日远，南望怅然。诸希心照，顺问台安。

23 复毛鸿宾

同治三年二月十七日

寄翁仁兄同年大人阁下：

惠书敬悉！粤东艰窘如此，诚非初意所及，公与筠帅适当其敝。天若设此盘错以试利器，省会两帅三司皆贤人君子，当无不转之事机也。金陵于正月杪合围，仅剩玄武湖一段无营扼剿。然隔水甚宽，米粮不能运入，城贼亦难冲出，大致可期得手。惟官军不满五万，围逼数倍之众，譬之黄河合垅之际，亦有洪溜走扫之虞。沪军东攻嘉兴，西围常州，又以其余力进剿宜兴、溧阳，次第克厦，大有裨于金陵之师。惟侍逆之党上窜江西，蔓延广、玉、抚、建，虽非凶悍之寇，然避城池而不攻，避收兵而不战，已近流贼行径，将来两广、两湖恐难免于蹂躏。办窃号之贼与办无赖之贼，方略不同，鄙人苦思未得要领，老兄何以策之？南叟之事，极所不忘。然进言自有时会，古人谓萧相荐淮阴，或累年而不通，荀达变而识次，犹开流而纳泉。阅世已久，动致聱牙，不能不慎也。顺问台安。

荀达变而识次，犹开流而纳泉。

24 致毛鸿宾

同治三年四月十五日

再者，弟年来不自量度，所添募新营过多，人数至十一万，而长夫尚不在内。前此舍弟增募时，弟力止之，舍弟以为洪逆坚悍异常，虽各省一律肃清，而金陵老巢，非苦围苦攻不能得手，于是雨花台围师增至五万有奇，虽较之和、张昔年，尚少二万。然顿兵坚城，气不能举其体，百道环攻，而无如之何，饷项遂因之大绌。今苏、浙各城皆已得手，金陵孤城，终有蒇事之望。然外间颇有讥其旷日持久者，舍弟因此郁郁。以一人而统九十余里之围师困，数十万之悍贼，劳苦本非人所能堪，加之忧谗畏讥，郁抑过久，常恐肝疾日深，难于调理，故国藩每作书宽慰之。阁下与筠帅笃爱舍弟，相知最深，聊述一二，以答远怀。弟亦心血过亏，大惧颠覆，诒羞知好，但思引身谢事，少减愆尤。两接户部复奏之疏，皆疑弟广揽利权，词意颇相煎迫。自古握兵柄而兼窃利权者，无不凶于而国，害于而家。弟虽至愚，岂不知远权避谤之道？惟舍弟引退之志更急于鄙人，此中先后之序，尚须妥商。局势过大，经手头绪太多，未知何日始得脱卸无痕耳。再问寄翁仁兄同年大人台安。

远权避谤。

25 复毛鸿宾

同治三年五月二十三日

寄云仁兄同年大人阁下：

接到赐缄。猥以贱恙，上劳垂廑。弟病在心肝，两家血亏，非键户静坐、谢弃万缘不能调摄。世变方殷，安得如许暇日，抽此闲身独为幸民。而不知者又疑专为与时贤龃龉，引疾于此，而激撼于彼，是尤为有识所笑。顷已具疏销假，力疾视事，究之精销力疲，多卧而少行立，书牍如山，动多废阁，实已不复堪此巨任矣。

世变方殷，抽此闲身，独为幸民。

金陵首逆，顽抗如故。本无粮尽确耗，城中麦熟，又足苟延数月。舍弟焦劳致疾，内病肝脾，外发湿毒。饷项奇绌，时时有饥溃之虞。寄谕迭次催促，顷奏请少泉中丞前来会剿，另牍咨达冰案。

粤东穷窘至此，实非意想所及。然秕政污俗，渐渍日久，而必使善者承其灾。高天藐藐，诚非人世所能推测，如天理惠迪之常犹可凭依，则阁下与筠帅之竭力维持，当自有化险为夷、嘘枯回生之一日。

高天藐藐，非人世所能推测。

目下江西群贼，朝命派杨厚庵制军督办，敝处派鲍、周、金三军援剿，既以全力保江，而即以保鄂之南境，湘之东境。驱贼入闽入粤，本属意中之事，然杨、鲍既可援江、援湘，亦即可以援粤，且视寇氛所至，事变所迁，再行筹商。秦中发捻入鄂，已成流贼行径。官相劾去郑公，虽上下同为一快，然鄂军梼伪日甚，断非一时所能挽回。兵愈多而饷愈绌，江、湘、皖、吴、秦、豫皆视鄂之安危以为安危。鄙人隐忧，惟此为最大耳。

以为安危。

文孙殇亡，自是情怀难遣，然弟亦并未抱孙，而年来骨肉哀感之事，层见迭出，以精力陨乏，亦遂强自排释，漠然若托于庄周、刘伶之徒者。愿阁下无过郁郁。至祷，至祷！复请台安，诸希心鉴。

26 致毛鸿宾

同治三年十月二十六日

再，尊处之事，刻刻不忘。鄂台复奏，参以活笔，反有帷灯匣影之嫌，宜阁下郁郁不能自释。舍弟亦忧谗畏讥，终日焦灼。今虽奏请开缺，尚不知浮言能从此衰息否？弟精力久衰，心思不耐劳索，偶说话多至三十句，则气竭而舌若缩短者。本拟于明年春夏之间陈情引退，今值交卸督篆，附片预陈下情，钞寄台览。广东厘金亦即于此次奏明全归本省，另牍咨达冰案。俟奉到俞旨，即将在粤办厘各员调回原省。莲舫同年之事，亦届时上陈。雪岫大令，舍弟已列单请奖。吴帅现权苏抚，殆亦多所窒碍。粤东军情，近尚不甚棘手否？爰莫能助，愧歉，愧歉！

27 致毛鸿宾

同治四年正月二十六日

寄云仁兄大公祖同年大人阁下：

闻星使至湖南查办事件，仍牵涉椿、李二员所控之案，恽帅为言者所劾，一并严查。椿、李以劣员获咎，讦告上司，有识者皆知其反噬之端，志在讹索，不审何以屡查不已？恽帅才大心细，办事能破除文网，而又不悖乎今日之轨辙，舍沅弟屡称其才识似胡文忠，精能过汪蘅甫。顷何子贞前辈过此，亦称诵不置。

恽帅才大心细，办事能破除文网。

弟方佩阁下知人之明，种福敝省。此番磋磨，不卜果能镜明冰解否？江南五郡吏治，向归苏州中丞主政，江北六州郡吏治，向归督署主政者。顷奉旨仍照近年事例，暂由漕辕主持。弟不与闻吏事，政务较简，一意裁撤各营，以节饷需。惟欠款过巨，罗掘一空，尊处如可腾挪，能惠协十万金，则贶我者大矣。

书札

李元度

李元度（1821～1887）字次青，号笏庭，晚号天岳山樵。湖南平江人。道光二十三年举人，授黔阳教谕。咸丰三年入曾幕。五年独领一军，转战江西各地，累迁至按察使衔。十年五月，曾氏举荐为宁池太道，督师皖南。徽州失，被曾氏参劾褫职。旋重组安越军援浙，累迁至浙江盐运使，署布政使。被曾氏再次参劾，论遣戍，沈葆桢、李鸿章、彭玉麟、鲍超等交章荐其才，代缴台费，免罪归里。同治初，贵州巡抚张亮基奏起赴黔，复原官，擢云南按察使，后补贵州按察使，迁布政使，卒于位。著《天岳山馆文钞》。又著《国朝先正事略》。同治八年三月曾氏为作序。《清史稿》有传。

1 与李元度

咸丰三年十二月初七日

次青尊兄阁下：

相思饥渴。

执别数月，相思饥渴。以仆之拳拳于左右，知阁下亦必不能忘情于仆。感应通神之理，自古无或爽也。自田家镇失防以来，吾楚局势益不可问。比闻黄州亦为贼踞，且复窟穴于武昌之邑，增垒于巴河之市，下而九江、安庆、太平、芜湖，傍水县郡，悉为贼巢，长江之险，非复我有。

假令鄂垣稍有疏虞，则大湖以南，遂将隔为异域。中夜以思，但有痛哭。顷奉谕旨，饬国藩筹备船炮，前往皖中会剿。当此艰难呼吸之际，下走食禄有年，心肝奉于至尊，膏血润于野草，尚复何辞！惟才力短浅，枉耗神智，无益毫末。乃者，阁下前所条陈数事，自托于罗江布衣之辞，云愿执鞭镫以效驰驱，断不思纸上空谈，置身事外。仆尝从容自笑相存，息壤在彼，想阁下必不忍背无形之盟也。贵邑侯林君秀三，慷慨请缨，愿随鄙人率师东下。仆令其精练平江勇五百人，于正月节后会师长沙。尤望阁下仗邓氏之剑，着祖生之鞭，幡然一出，导我机宜。又闻有君家扩夫及何君忠骏，皆胆识绝人，吾乡之英，亦望阁下拔茅汇引，同为东征之役。不鄙下走为不足与谋，而以天下为分内之忧，以桑梓为切肤之痛，此固藩所重赖于二三君子，而亦诸君子冰霜拔秀，澄清自许之会也。

心肝奉于至尊，膏血润于野草。

2 与李元度

咸丰五年五月二十一日申刻

次青仁弟左右：

二十一日未刻接手书，具悉一切。

此军之起，专为水师肃清江面而设。塔、周、储、杨诸陆军皆为护水营计也。即足下平江军之起，亦因二套口无陆兵，致水营为贼所袭，故愤激而另立一军。今岂遂忘初志乎？自湖口、九江两次挫失，论者皆谓水军不可一日而离陆营，足下在船时，亦数数言之矣。今甫登陆营，遂长篇累牍，但计陆军之能自立，而不复计水军之能自立与否？不计其能遽进扎否？不计其上下能分两军否？各勇之失去坐船衣物，饶河、都昌上游之贼舟，皆不复计及，但自计较慰幸尊营之足以自立而已？水师之难于陆军，盖有霄壤之别。今亲信如塔如罗如足下，皆合我而别立门户，使我一人独任其难，抑何不仁之甚也！然九江水师失利，塔公亦失势坐困矣。假令南康水师小有挫损，足下能不失势乎？愿吾弟时时以保护水军为心，如龙抱珠，百变而不离其宗，则贶我多矣。去年罗山若于十四五回浔，扎营二套口，或不至有二十五夜之役，亦未可知。卒之久驻灰山，亦有何益？且足下所以进扎孤山者，将东渡以击湖口也。半月以内，吾断不令水师前进，贵营无船可渡；藉令有船，亦断不令足下由白浒塘直渡。上下皆贼，犯兵家之大忌也。兹有袁英一禀，谓宜从都昌打下，附去一览。接此信后，望即拔营回康，勿效霞仙在灰山时断断不休，误以灰山为必争之地而究非事实也。即候刻安。

如龙抱珠，百变而不离其宗。

3 与李元度

咸丰五年七月十六日黎明

次青仁弟足下：

昨日一长信，交贵处亲兵带去，不知到否？

此次平江勇东渡，仆极不放心。盖以未经战阵之卒，当狡猾百战之贼，固为主持者之不慎矣。而玉川之勇，漫无纪律若此，又实出我意计之外。是以愈想而愈生危虑。兹特有数事谆嘱，千万牢记：

一曰扎营宜深沟高垒。虽仅一宿，亦须为坚不可拔之计，但使能守我垒安如泰山，纵不能进攻，亦无损于大局。

一曰哨探严明。离贼既近，时时作敌来扑营之想。敌来之路、应敌之路、埋伏之路，胜仗追贼之路，一一探明，切勿孟浪。

一曰禀报详实。足下专好说吉祥话，遇有小事不如意，辄讳言之。如蒋营之事，至今决裂不可收拾，而后声言，固已晚矣。以后禀报军情，务须至实至详。

一曰痛除客气。未经战阵之勇，每好言战，带兵者亦然。若肖有阅历，但觉我军处处瑕隙，无一可恃，不轻言战矣。足下在军年余，毫不谙练。宝秋兄亦颇有轻敌之心，各哨官哨长，一味客气用事。余所深虑，尤在于此。切宜痛戒。

以上四条，切望细心体察，勿涉大意。即候刻佳。

4 与李元度

咸丰五年九月十七日未刻

次青仁弟左右：

本日为书奉达。旋接十五夜惠书，兹条复如左：

心有所待，则不专一。

——密商之件，早间较胜于夜。此事愈密愈好，不必约水师也。心有所待，则不专一，且恐效初八日，令陆军少沮佳兴。

营官乏人，万难成事。

——水师后营恐营哨不和。雪琴想日内可到，非渠来振兴一番，终恐不济。国藩近立亲兵营，自行带队操演，亦因无人之故。迫而为此，亦恐罔效。营官乏人，万难成事。陆军如胡云岩、吴贯槎、蒋小怀三人，仆亦时以为虑，恐难得力。闻蒋营与虎营大不和，共处一营，殊为可虑。黄虎臣亦非营官之才，仆日内当再至青山弹压。

——高桥离陆营大远，仍须在皂湖登陆为妥。国藩已嘱贺虎臣，凡贵营运饷运米之船，概用战舟护解至皂湖，并嘱渠函讯贵处，通候殷勤矣。贺君诚笃君子，足下亦宜与之通信。

——小姑洑此时贼极少，足下若率三营以去，不过破一空墙子，胜之不武。若并不胜，则为笑大矣。攻破墙子之后，若留师驻守，却非三千人不可。蒋营、虎营，国藩决不令其渡湖。现在贵军在东岸，吾已嫌人数太多矣，又令千余人东渡，究竟何干？徒令西岸空虚也。九江为江省门户，周凤山一军断不可轻动。吾弟每有调遣，其大者常与鄙见不符，小者却多相合，以后当彼此精思归于一是耳。

若并不胜，则为笑大矣。

5 与李元度

咸丰五年十一月十一日

次青仁弟左右：

顷接手书，知初七日大战获胜，至以为慰。

各勇进锐退速之弊，罗山西去时曾属及之。全赖营官哨官、得力，故幸免于疏失。大氐他处兵勇情形，亦略相同。进则争前，退则散乱、得三五人保住阵脚，即是劲旅。无此三五人者，则其初每成先胜后败之局，其后遂为屡北不振之师。此盖军旅强弱之恒态，而麾下平江勇与恒态微有不同者，他处营官、哨官，各有赏罚生杀大权。其所部士卒，当危险之际，有爱而从之，有畏而从之，尊处大权不在哨官，不在营官，而独在足下一人。哨官欲责一勇，则恐不当尊意而不敢责；欲革一勇，则恐不当尊意而不敢革。营官欲去一哨，既有所惮，欲罚一哨，又有所忌。各勇心目之中，但知有足下，而不复知有营官、哨官。甄录之时，但取平江之人，不用他籍之士。“非秦者去，为客者逐。”营哨之权过轻，不得各行其志。危险之际，爱而从之者，或有一二；畏而从之则无其事也。此中之消息，望足下默察之，而默挽之。赏罚之权，不妨专属哨官，收录之时，不妨兼用他籍。哨官得人，此军决可练成劲旅。但总揽则不无偏蔽，分寄则多所维系，幸垂

进则争前，退则散乱。

意焉。胡应元果能战者，则宜直授以营官，不宜复以资地限之。卫青人奴，拜将封侯，身尚贵主。此何等时？又可以寻常行墨，困倔奇男子乎？

买布银两照数寄去，功牌亦如请发四十张。雪琴信来，十一月朔日乃起行也。李辅堂观察初十至营，商河口抽厘事。九江初五日大战获胜，初七、初八均出队接仗，盖浔城之贼亦稍增矣。李凤来发去，令其在前营充当先锋，大旗归胡应元钤辖，可也。顺候近祺，不一一。

6 与李元度

咸丰六年四月二十六日

次青仁弟左右：

二十三日接二十日惠函，具悉一切。

已无形而后可以伺人之形。

贼匪每夜明火列炬，更鼓严明，正守城之下乘。林启容之守九江，黄文金之守湖口，乃以悄寂无声为贵。江岷樵守江西省城，亦禁止击柝列炬。已无声而后可以听人之声，已无形而后可以伺人之形。抚贼之备物太甚者，其中盖有所不足也。愿足下以精心察之，冷眼窥之，无乘以躁气，无淆以众论，自能觑出可破之隙。若急于求效，杂以浮情客气，则或泰山当前而不克见。以瓦注者巧，以钩注者惮，以黄金注者昏。外重而内轻，其为蔽也久矣。仆之不欲再增抚州陆兵，实以金注太重为虑。其水师助剿，已调新中亲兵二营，以饶防稍松也。连日苦雨不息，风雷交作，忧惧百集。不知尊营能无被浸淹否？将士淋漓困乏之中，尚不至多病否？此等苦况，军中所不数见。足下积年体弱，能胜此否？国藩比亦移居营帐之中，深宵闻喧豗倾注之声，念我抚郡征人，茫然不知天道人事之何所终极也！

促民之畏我，远过于畏贼。

各属民未厌乱，从逆如归，所出告示，严厉操切，正合此时办法。但示中所能言者，手段须能行之，无惑于妄伤良民、恐损阴骘之说。斩刈草菅，促民之畏我，远过于畏贼，大局或有转机。四五月饷项竭蹶，每名每日只能给百文。待六月广东饷到，再行逐一补足。

外每日加赏米一升，盐三钱，将来不复扣还。此系万不得已之计，望足下传集各弁勇，将国藩苦衷一一告明。即日再会中丞衔出一告示，并谆札各营也。丰城于二十夜经刘养素水师克复，亦一快事。省城虎、勇等营，将以日内驻扎瑞州等处，西为湖南援师兴隔岭之云，东为抚州大军抽釜底之薪，或者稍有裨益。捐功牌银数，由足下更定，便宜行之，一面禀明可也。即请勋安，诸惟心照。

7 复李元度

咸丰六年六月初五日

次青仁弟左右：

连接手函，叶晋卿归又询悉一切。

闽兵之来建昌者，顷奉谕旨，调赴金陵大营。该军未与此贼周旋，原难必其得力。惟业已来此，乃不能不惜其去。镇江逆贼连扑高资、九华山二大营，吉中丞殉难，苏杭震动。向帅寄何根云中丞信，兹抄呈一览。近日又得玉山探报，张国梁带兵，四千已将九华山营盘夺回，或彼中已有转机。此项闽兵，仍当奏留江省，牵制建昌之贼，俾罗、彭六营得以移调他往也。即候捷安。

或彼中已有转机。

8 与李元度

咸丰六年八月十六日

次青仁弟左右：

十三日发去一函，商调江军攻剿河口匪徒。

接来书，足下自请进剿。顿兵坚城，郁郁不得一当，非特足下焦闷，仆亦虑之久矣。惟抚州江、楚二军，当积疲之后，伤病之众，合之则尚可支持，分之则难于独立。且多拨数营征剿河口，则居守抚州者患其单；多拨以居守抚州，则征剿河口者虞其弱。若数敏调以东征，置抚州于不顾，则所患者不在直扑省垣，

合之则尚可支持，分之则难于独立。

不在窜扰东进、安余，而在南昌、丰城二县。目下收漕收捐，正在畅旺之际。骤撤抚围，则零匪四出，乡民观望，漕、捐并沮。而建昌当此后疲饷乏之后，亦深恐抚贼之逸出夹攻。有此二者，是以不敢全撤抚围。然而河口飙忽之贼，不能不思扑灭；抚州久钝之师，不能不思掣动。此间方集议妥善之策，而拔营之难，亦非仓卒所能了办。一则发饷须略宽裕，乃能裹粮启行；二则贵军伤病各缺，须于未拔营之前挑补完全；三则营中大炮及各累重之物，须先行搬运回省。尊处请于数日料理诸务，此间定议后；即专札送抚，亦欲接足下报我十三日去函再定也。

存其长而惩其短，在足下之一心一手，非他人所能为力矣。

江、楚二军、平江勇必须合而为一。五岳一营，现已札饬以一哨补足。五爵营余四哨，分补伤病名额。龚岐皋在前营，踽踽凉凉，心常依恋足下，今饬其归依左右。合计尚得六千人。若加意训练，终属劲旅。盖平江勇之长处有二：赌博、鸦片之积习不深，一也；多劲健能战之士，二也。其短处有一，不知上下之分，难于约束是也。存其长而惩其短，在足下之一心一手，非他人所能为力矣。

9 与李元度

咸丰六年九月二十三日未刻

次青仁弟左右：

接二十九日惠函，具悉一切。

军心未固，众志难恃，仰素相依倚，徐图振起。

自二十夜闻足下抵崇仁之信，风雨凄凄，泥泞难行，别增一种焦灼。五爵营万一来省，当令其速赴丰城。闻李晋发业已到省，待其来谒。我军新挫之后，不知足御之否。如自揆军心未固，众志难恃，则不如退保丰城，与仰素相依倚，犹足以自固而徐图振起。昔者靖港之役，不才栖迟高峰寺两月有余，在营之辱，刻不敢忘。今日亦望足下少忍靖港之辱，以谋渑池之奋。无过激愤，以养不訾之躯而成不世之才，内慰高堂，外慰知心。至要至要，无忽无忽。顺问近绥，诸惟心照。

10 与李元度

咸丰七年二月

国藩因大故而去营，惟于足下处深自负疚，刻刻不忘。务祈善自保重。如瑞州克复，则普、吴二君中，得一人与足下辅车相依，可稍慰也。

11 与李元度

咸丰七年二月十二日未刻

二月十一日酉刻接到家信，惨悉家严于初四日巳刻弃养。自正月二十六日中痰，仅病七日，遽遭大故，皆不孝罪孽深重，延致此祸。行止大局，现尚未定，日内再当专使奉告。年来相从最久者，惟阁下尝尽千辛万苦，不堪回首一一细思也。六舍弟当于二日内奔丧旋里，先此奉闻。

12 与李元度

咸丰七年二月十八日

前于闻讣后布达一函，定邀矜照。国藩痛婴斯酷，哀楚难胜。计自谬逐朝行，二十年来，未伸一日之养。昔岁母丧未得终制，今兹父丧莫亲含殓，于军国为赘疣，于家庭为罪人。现已驰报，奏请奔丧，回籍守制，仍双请赴营效力。定于二十日匍匐就道，恨不得星飞抵里，抚棺一痛。一切情形附具折稿一纸，并抄移将军、中丞原咨一件，敬呈尊览，亦可得其大略。惟足下系因国藩而出，辛苦磨折，誓不相弃。今国藩迫于大故，不克相依共命，实深愧负。抚州各战，尚未保举，并负麾下士卒。临风无任歉仄，统惟心鉴。

不克相依共命，实深愧负。

13 与李元度

咸丰七年闰五月初三日

次青仁弟左右：

闰五月初三日专丁至，接五月十五日惠缄，敬悉一切。藉承兴居佳畅，勋望日崇，至以为慰。

国藩抵里，倏及三月。顷于近宅七八里觅得葬地一区，闰五月初三日发引，计十五六日可以负土成阡。江右军事，刻不去怀。目下瑞、浔、临、吉皆驻劲旅，所难者不在筹兵，而在筹饷。以兵事言之，则得将军、中丞二人，固可妥商调遣，而绰有余裕。以饷事言之，则理财本非鄙人所长，而钱漕、劝捐、抽厘等事，又属地方官之专政，将越俎而代谋，动猜疑之丛生。即足下去年之枵腹从事，自捐自养，而其不见亮于人者亦已多矣。至口食不继，谓以国藩相处较久之故，欲以甘言抚慰众心，尤属可暂而不可常。反复思维，纵使迅速赴军，实不能有裨于军国之万一。而两次夺情，得罪名教，乃有孝子慈孙百世莫改之愆。前此博询众议，求衷至是。近得各处复书，如吴南屏、冯展云辈，皆谓宜奏请终制。顷于五月二十二日具折陈请，抄稿敬呈仁览。六月二十一二可奉朱批，届期再当布闻。自维即戎数载，寸效莫展，才实限之，命实尸之，即亦无所愧恨。所愧恨者，上无以报圣主优容器使之恩，下无以答诸君子患难相从之义。常念足下与雪芹，鄙人皆有三不忘焉。雪芹当岳州败时，正棹孤舟，搜剿西湖，后由龙阳、沅江偷渡，沉船埋炮，潜身来归，一不忘也；五年春初，大风坏舟，率破船数十号，挈涓滴之饷项、涣散之人心，上援武汉，二不忘也；冬间直穿贼中，芒鞋徒步，千里赴援，三不忘也。足下当靖港败后，宛转护持，入则欢愉相对，出则雪涕鸣愤，一不忘也；九江败后，特立一军，初志专在护卫水师，保全根本，二不忘也；樟镇败后，鄙人部下，别无陆军，赖台端支持东路隐然巨镇，力撑绝续之交，以待楚援之至，三不忘也。生也有涯，知也无涯，此六不忘者，鄙人盖有无涯之感，不

所难者不在筹兵，而在筹饷。

保全根本。

生也有涯，知也无涯。

随有生以俱尽。自读礼家居，回首往事，眷眷于辛苦久从之将士，尤眷眷于足下与雪芹二人。龙方伯血性男子，当能青睐相加。耆中丞新政昭融，一改前此旧习。意者贵军有先否后喜之日。

保举之案，必不待鄙人之至而后出奏。惟饷项支绌，协款日穷，则同一束手耳。霞仙来此会葬，因其太公恸念少子，不克应耆中丞之聘。云仙枉吊，聚晤数日，比闻其将赴京供职。润公时有书来，才气宏放，而用意深微，殊不可及。因来书垂询，聊贡一二。诸惟心照，顺问捷安。

14 致李元度

咸丰八年五月三十日

次青仁弟左右：

九江克复，林逆与各剧贼无一漏网，积年公愤，如鲠斯吐。抚州相继收复，麾下愤悒，亦为一雪。昔如移山，今若拉朽。扬雄有言："虽其人之胆智哉，亦会其时之可为也。"比闻台旆尚在玉山，浙中有贼，饷项弥窘。此军之兴，阁下独为其难，且久任其难。中夜以思，惭负良深。抚、建之贼，究竟入闽，抑仍窜浙？久无确耗。三衢得保，杭城自可万全。东路宁、绍等处，或不免于蹂躏耳。舍九弟在吉安颇尚得手，长壕久成，飞走路绝，六七月间或可克复。敝处报销部费，需款甚巨。顷商之杨、彭，在于华阳镇厘金项下筹办，胡中丞亦允代为设法。其水师银钱所尚有存款万余，仆拟作为恤亡之费。如贵平江营，历年阵亡之营官、帮办、哨官等，已属不少，勇则为数尤多。请先将营、哨、帮办之必不可不恤者，开一清单，缄告雪琴。若在三千金内，则全数取来；若为数太多，则先取若干，下欠若干，则雪琴与阁下酌量办理。仆顷有函告雪公也。 九江克复。

蒋君比署粤西臬司，又带兵克复梧州，位望正隆。同事诸公，独阁下久困卑位，仆之愧恨，曷有穷极！蔽贤抑功，两无所逭。但冀旦晚凯旋，谋一良觌，稽首谢咎，然后追忆雪爪，从容倾吐，悲愤歌泣，当不复能名其何以为情也。肃复，敬请台安，诸惟心照。

15 致李元度

咸丰八年六月初五日

次青仁弟左右：

六月初三日接奉寄谕，饬令驰驿入浙，办理军务。瑞、临、抚、建、浔湖之克，未得躬与其役。浙事方殷，攘臂再出，本非趋时之善。而藉此得与阁下相见，一抒愧歉积忱，在鄙人为称心满意之事。悯其乌私而暂令守制，又不弃驽骀而曲加器使，在圣人，实高天厚地之恩。兹定于初七日起行，大约七月可至玉山与阁下握手矣。张运兰、萧启江两军夙称劲旅，益以舍弟及阁下两军，已满万人。又抬舢板过常、玉二山，酌带水军千余，足敷剿办。两湖奏明，每月协饷四万，此外所少无几，亦一善也。此次之出，约旨卑思，但求精而不求阔，可合而不可分。所有应办事宜及前此错失，应行改弦更张者，敬求一一详示。

但求精而不求阔。

二十五日湖南中丞奏请起复国藩援浙，与二十一日京发寄谕适相符合，亦足异矣。书不百一，顺请台安。

16 致李元度

咸丰八年九月初六日

次青仁弟左右：

东来无可怡悦，独幸得与阁下相见，一吐愧负之愫，用为至慰。未及弥月，遽尔握别，怅歉何极！螃蚍湾、上清等处多佳山水，以无夫可雇，军行甚滞，亦不恶也。初六日至杨田，闻南丰初四日告陷，想即宜崇股匪。闽贼之窥新城者，已为印渠击退。凯章初六自金溪赴南丰，此股或易了也。阁下何日抵玉山？何日起行南旋？广丰、玉山守城案内保举单，望即日开出，十月决当出奏，一改向来淹滞之习。

军行甚滞。

六年夏间，曾请开列尊堂上两代名氏，以备咨部请封。厥后因循，竟未举行。负疚之端，此为最巨。顷寻奏折箱内，猝未拣获，敬求再开一条，迅速交到玉山。前折批回日，即当先清此件。此出他无所求，但得督办报销，清偿夙诺。俾累年过举，少有归宿；是则寸心所粗幸者耳。歙县老中营既随我以行，其各营从幼丹者，饷项究出何处？亦乞详告。顺问近安。

17 复李元度

咸丰九年十二月二十八日

次青仁弟阁下：

贵邑忠义祠俟详文到日，即当具奏列入祀典，沛先歙后，有自来矣。国藩自冬月十三移师皖境，驻扎宿松，即闻四眼狗上援之耗。腊月中旬，狗逆果遂西来。实有悍贼五万余人，日内万分吃紧。萧浚川奉旨追剿石逆，当有入蜀之行。凯章亦乞假未来。就现在之营派六千人进围太湖，为前敌多、鲍诸军之声援，自率四千人者驻扎宿松，实乏得力之将、称意之营。胡润帅驻军英山，亦以希庵假归，尚无统将。罗澹村中丞请阁下赴浙，亦有一缄来商，国藩答以代为催促，不敢必其果往。今阁下慨然有意东游，应请速即命驾，或单车之官，或板舆偕往，或取径义宁，或即赴河口，或买舟大江，经过敝营，并祈示悉。温峤绝裾君子，或讥其忍毛义捧檄，仁者必亮其心，固不嗛然也。宿松去湖口百里，去武穴、隆平百三十里，如其扬舲东下，枉过敝营，亦不甚远；或更迂道英山，一访润帅，亦足大慰彼此饥渴之诚，何如？顺问风祺。不尽。

仁者必亮其心。

18 复李元度

咸丰十年三月二十五日

次青仁弟大人阁下：

专足至，得惠缄。知将有浙江之行，将母而归，闻难而出，进退有度，良殷莞慰。此间自正月末克复潜太，即拟进逼安庆。因浙江警报纷至沓来，议援之举，屡易其局。共派六千人甫经成行，即于十四日闻浙江失守之信；旋又于十八日闻克复之信。兹将寄谕一道、江督奏疏一通，抄呈台览。

饶枚臣镇军，此时尚在衢州，彭鸿轩因南丰、新城之失，已带五营自衢折回，分驻广信、河口等处。老中营回防湖口后，又经江抚派防浮梁。昇字营尚在抚州。台从行至安仁、贵溪等处，计彭、屈二公与李弁皆可会晤，无难荟萃成军。惟目下浙江全境，将次肃清，阁下露冕之官，则可带兵入境，则不甚相宜。闻罗中丞、汪方伯、缪都转均已殉节。彼中局势一变，新抚军不知简放何人。旌从不能绕道此间。便中当代致胡润帅。子衡撤营后，仍未痊愈，日内当回籍静摄也。肃复。即请台安。不一。

无难荟萃成军。

19 复李元度

咸丰十年六月十九日

次青仁弟大人阁下：

彭大寿为各营领袖，而不能遽归尊处，纵不北走胡南走越，亦虑吴楚之急遮剧孟也。此公在外多年，阅历深透，颇近于滑。军营宜多用朴实少心窍之人，则风气易于淳正。彭公若尚未归，祈另择一诚实不佻者以为领袖，藉资表率。以楚产之良，谓乏朴实头地之品，殆不其然，特物色未至耳。国家养绿营兵五十余万，二百年来所费何可胜计。今大难之起，无一兵足供一割之用，实以官气太重，心窍太多，离朴散淳，真意荡然。湘勇之兴，凡官气重、心窍多者，在所必斥。历岁稍久，亦未免沾染习气。望阁下以为首图，而切戒之。幼丹复信，坚卧不起，求阁下再行专缄强之，请其专顾信州之防，而筹尊军之饷。渠若不出，则阁下太苦。彭鸿轩近在於潜败挫，该军若不归并左右，断不得力，似当撤散而另招之。

宜多用朴实少心窍之人，则风气易正。

心窍太多，真意荡然。

20 复李元度

咸丰十年七月十七日

次青仁弟阁下：

——皖南膏腴之地，大有可为。顷已奏阁下调补斯缺。明年国藩有淮扬之行，此四府一州者，敬以相属。大抵地方事，阁下主之；军务事，季高主之；升迁举劾，则两公商办，而仆与胡宫保亦可参酌。务须从吏治上痛下功夫，斯民庶得少苏。

——前议阁下一军，由广信、於潜、昌化一带，绕至广德州，当三路中之南一路。阁下所知也。今饶枚臣已入杭不返，沈幼丹坚卧不出，彭鸿轩一败不振。广德又于初四日失守，贼势弥张，贵部三千余人恐难当此一路。拟请贵军全驻宁国。季翁新军六千当广德一路，凯章则游击于广德、宁国之间，春霆则由石埭进攻池州，国藩则驻徽州，此将来定局也。

——目下急援宁国，应派春霆全军，先攻石埭；凯章由太平以攻泾县，贵部至广信后，休息数日，即由华埠以达徽州。由旌德以救宁，此目下分路援宁国之局也。

——鸿轩一军，既归浙江调遣，凡来此相就者，阁下且不必招惹。整顿败军，实不易易。阁下新军既有四千七、八百人，益以屈、刘之千六百人，则不甚单薄，特患其中未尽训练之实耳。阁下不赴浙履任，又不管鸿轩之军，浙人难免怨阁下而兼怨不佞。然仆以贵阅守宁国之名城，而以左、张、鲍三军左右夹辅，则仆之为阁下谋也甚忠；以左、张剿广德，屏蔽浙西，则仆之为浙江谋也甚忠，此心可告皇天，可盟鬼神，虽千怨万谤，亦不足惜。阁下不必瞻顾也。

——吾辈均属有志之士，亦忍辱耐苦之士，所差者，且夫尝思咬文嚼字之习气未除。一心想学成，一心又想读书。所谓“梧鼠五技而穷”也。仆今痛改此弊，两月以来，不开卷矣。阁下往年亦系看书时多，料理营务时少。其点名看操、查墙子等事，似俱未躬亲，此后应请亲任之。阁下赞吴退庵之贤，证以胡宫保所称，似亦学问中人，非军旅中人也。俟相见再议。

21 复李元度

咸丰十年七月十九日

次青仁弟阁下：

——吴退庵事，即照来示札饬募二千五百人，录札奉达。军事是极质之事。《二十三史》除班、马外，皆文人以意为之，不知甲仗为何物，战阵为何物，浮词伪语，随意编造，断不可信。仆于《通鉴》中之不可信者，皆用笔识出矣。退庵若以编辑《二十三史》成书，为治军之蓝本，则门径已差，难与图功。阁下与之至交，须劝之尽弃故纸，专从事于点名看操，查墙子诸事也。

——目下衢、严无警，贵部前赴广信，请阁下仍来祁门一叙。晤面后再专人至广信调队，由华埠以至徽州。温处道可不必禀请代奏谢恩，若调补皖南道，则当自行具折谢恩。

22 致李元度

咸丰十年八月十七日辰刻

次青仁弟阁下：

军威不可以不肃，气势不可以不壮。

平日煦煦之仁，必须力改。

昨奉复一函，不知尊军派防丛山关者，果若千人，或五百人亦可。阁下驻徽郡，军威不可以不肃，气势不可以不壮。顷接筱帅信，知十五日索饷者闹至公馆，务恳阁下查明，迅即正法，愈多愈好，愈速愈好。若此次能杀至二十人，则以后之事迎刃而解。不特筱帅卸防之事易了，即仆与阁下接防，亦争此下手一着。平日煦煦之仁，必须力改。即日有公牍奉致。此候刻安。

23 复李元度

咸丰十年八月十八日展刻

次青仁弟阁下：

——宁防溃兵溃勇，仆有告示稿一纸、护票稿一纸。如尊处探得宁郡实已失守，溃兵实已西来，则请尊处一面照缮告示四、五张，贴于徽州左近，一面飞报敝处，以便多缮多贴。如宁国失守之信不确，不可乱贴。至要至要。

——礼前后河溪等四营二千三百人，即日可至徽州。宁郡未失，则四营赴旌德，宁郡果失，则四营赴绩溪。

——贵军须饷万金，应即照准。有则一次领去。无则分两次领，亦不出十日也。廖道解宁之万二千金，尽可动用。请即照告示中之法用之。如宁郡未失，须交凯章带解，不可动用也。

——贵军请全数守徽，不必分营赴绩。徽郡如有贼来犯，是阁下之专责。徽兵如再闹饷，当严拿重办，亦是阁下之责。此外之事，阁下不必兼管。职专则心一也。徽兵七月以前欠饷，仆不能管，亦不能出示，实无银钱。阁下岂全不知耶？目下兵勇恶习，驱之不去，杀之不畏，仅仅看操、禁烟等空言，岂遂知难而退耶？

——大军以景德镇、建德两路为来路，仆在此兼辖之。又池、黟、太、石皆在西边，惟祁门扼西之要，仆不可赴徽郡也。万一绩溪有疏，坚守徽、祁、旌、太，自可安稳。凯军即以霆军为饷道，亦无不可。诸维心照。顺问台安。

24 致李元度

咸丰十年八月十八日夜

次青仁弟阁下：

今日竟未接手函，不知台从尚在郡城，抑已出外查阅关隘？鄙意阁下新集之军，宜合而不宜分，宜在徽郡坚筑营垒，或守城垛，以“立于不败”四字为主。绩溪之丛山关，如果确有把握，或可由贵军先分一、二营守之。若无十分把握，则贵军专保郡城，总不宜分。礼字营十九起行，二十二可到郡。阁下与凯章稳住五日，则人心固矣。

新集之军，宜合而不宜分。

25 加李元度片

同治五年十二月二十九日

身名不足惜，大局殊可隐忧。

再，捻匪势极猖獗，善战而不肯轻用其锋，非官兵与之相逐相迫，从不寻我开仗。偶战则凶悍异常，必将马步层层包裹，困官军于垓心，微有不利，则电掣而去，顷刻百里。故我有大挫之时，而贼无吃亏之日，其难办有数倍于长毛者。不谓衰惫之年，遇此棘手之事，恐湘、淮各勇均不能了此贼。身名不足惜，大局殊可隐忧。龙阳易笏山太守佩绅，曾闻王子槐侍郎及霞仙中丞盛称其贤，辛酉带勇入蜀，所如不偶，迨汉中败挫被劾，尤为困厄。本年开复引见，分发贵州，困道梗不能进省。可否留于贵军，襄办一切？即以到营之日，作为到省之日，伏乞卓裁。再颂次青仁弟岁祉。

书札

李瀚章

李瀚章（1821～1899）字筱泉。李鸿章之兄。贡生。累官湖南永定、益阳、善化知县。咸丰四年入曾幕，管粮台。同治元年五月，曾氏举荐为广东督粮道。旋迁按察使、布政使。同治四年升湖南巡抚。后三次任湖广总督，与弟鸿章更迭受代。光绪六年任漕运总督，未几调两广总督。以病归。《清史稿》有传。

1 复李瀚章

咸丰三年三月初八日

筱泉年兄足下：

死者无怨，生者知警。

昨接手书，所论甚中要害。生用法从严，非漫无条律，一师屠伯之为，要以精微之意，行吾威厉之事，期于死者无怨，生者知警，而后寸心乃安。所请刘馨室明府，亦尚精细，故生倚任之；足下进言之意甚厚，生当三复铭佩也。

书不能尽，诸惟心照。

前有札令往木山冲一带，查尚有兵勇在彼逗留否，望日内即往一查。令弟少荃正月随吕少司空出差至安徽，不知已得京信否？书不能尽，诸惟心照。

2 与李瀚章

咸丰三年十月二十六日

筱泉年兄足下：

差至，接手书并抄示家报，具悉一切。

用人不皆惬当。

令弟少荃，自乙丙之际，仆即知其才可大用。丁未馆选后，仆以少荃及筠仙、帅逸斋、陈作梅四人皆伟器，私目为丁未四君子。兹令弟果能勘乱御侮，有声当世，窃自谓鉴赏之不谬。惜三君子未尽柄用。昨寄岷樵书中，已令其亲敬鹤翁、少荃二人，想针芥契合，必能相与有成，保护珂里也。敬修先生与仆亦极契合，惟独往独来，用人不皆惬当，故昨与岷樵书尚未道及。此时贵省景况倍难于吾乡，然长沙情事，目下亦殊岌岌。仆在衡极力劝捐，总无起色，所入皆钱，尚不满万。各邑绅士来衡，殷殷相助，奈乡间自乏此物，莫可如何。将欲放手一办，辄复以此阻败，只恼人耳。此复，即候升安。

3 与李瀚章

咸丰九年正月

行军以能攻城略地，剿灭大股者为上，防守保民者次之。此军现在建昌，为官民所爱，尚属次等好兵。若遽去以践浔湖之约，既失此地之民心，又不能顺道以助攻景镇之贼，则近于取巧。是以暂留此间，以顺舆情。至此间不克有为，终须北行以与水师合势，则仆固未尝一日忘之也。

以顺舆情。

4 与李瀚章

咸丰九年正月二十七日

此次招勇五百，但试淮南勇之果能操习马队否耳。不特少荃不敢自信，即仆亦茫无把握也。当年办水师，亦系冒昧试之。厥后杨、彭诸人徐徐成个章片，亦初愿所不及。贤昆仲不必遽以任事之难为虑。

5 复李瀚章

咸丰十年六月二十四日

筱泉年兄阁下：

牙厘事件，公牍所陈十四条，经黼堂兄与阁下推究，至为妥善。间有一二未叶，业经批明。往于道光十九年在汉口、长沙会馆，见抽船厘，收者出者，皆卖买微贱之人，坦然交易，无诈无虞；今虽以官抽济饷，仍须带几分卖买交易气象，不宜多涉官气。牙帖尤卖买场中鄙琐之事，尤不可经衙门人手。“减冗员、裁浮费”，二语似迂，而关系极巨。批中所谓坐支者少，即去浮费也。闽中厘源，为数无几，前在建昌时，已深知之。

坦然交易，无诈无虞。

6 复李瀚章

咸丰十年七月初七日

筱荃仁弟阁下：

厘金目下缺乏，一由于五、六等月，向系商贾减歇之月；一由于南赣衢、严有警，生意停歇。九月以后，必有可观。目下总以求才为第一义，仆已函托润帅荐人，如有来者，祈阁下优加礼貌。先给薪水，徐察其才之大小，而位置之。前函所陈，取之欲广，用之欲慎，及有操守而无官气，多条理而少大言等语，尚乞时时留心。

取之欲广，用之欲慎。

中丞待我甚厚，吾辈办事，须作一家人看待。凡与户部及邻省关涉饷项，大费唇舌者，仆当分任其怨，尽可会咨会奏。抚署添设护兵一节，阁下与黼堂兄务当怂恿成之。即候台祉。

7 复李瀚章

咸丰十年七月二十一日

筱泉年兄阁下：

——来缄云，应行增设裁并之处，俟各路禀报到日，参核再详，甚为妥洽。蔡少彭云："娇弊更防其过骤。"此语极可佩也。大抵欲革弊者，必新章十分妥善，远胜旧章，然后下手，否则不可轻动。

——"官绅参用"四字，两湖业有成效，江西亦宜仿照行之，无疑义矣。惟采访宜多，委用宜慎，平日以薪水养之，留于省城，札派时，则必再三叮嘱，庶得用绅之利，而去其弊。

——公事知而不言，坐视成败，自非所宜。阁下今既补赣南实缺，尤可不必过涉客气，凡正话、实话，多说几句，久之人自能亮其心，即直话亦不妨多说，但不可以讦为直，尤不可背后攻人之短，除此二戒外，概宜知无不言，言无不尽。

坐视成败，自非所宜。

知无不信，言无不尽。

——起票验票，并炮船费共五分，余卡不抽，通省谓有不得了之一日，诚然诚然。幸尚未出告示，及今从长计议，犹可更改，湖北章程何如？通省共四分否？与其异日再加，不如此时不多减之为愈也。南自大庾，北至湖口，东自玉山，西至萍乡，水路动至三千里，多抽或亦无妨，请通筹之。此军饷之全局所关，不可不慎之于始。

——阁下奉命补授赣道，请在省城经理牙厘，章程，大定后，冬间再赴新任。顺贺大喜，诸维心照。

8 复李瀚章

咸丰十年八月十三日

小泉年兄阁下：

目下江右西北，有敝军在此。东北广信一路，屈见田在彼，左公将至，广饶皆可无虞。惟南赣四属，阁下所辖者，尚少劲旅，时时廑念。昨咨商骆帅调陈俊臣桂勇，专防南路，望阁下专丁函商俊臣，简募桂勇三千，径赴赣州。阁下到任后，朝夕相处，认真操练。俊臣虽因母老，不愿远出，然桂阳至吉赣不过四、五日程，阁下勤恳求之，仆再加缄邀之，当可速来。又周念慈之康勇，一呼即集。又陈金鳌现饬赴南赣镇新任。将各县分防之兵，一概撤归赣城，认真简汰操练，一变绿营积习。此三者约计可得九千人。其饷需如何筹画，请阁下先行禀商中丞方伯，到任后再行察度情形，酌核办理。其遮军旧部，及南路不得力之军，一概裁撤。至詹崖先生，钦奉谕旨办理团练，拟请其照国藩初次办法。团而兼练者千人，余皆团而不练。团而不练者不敛捐费，不发口粮，仅仅稽查奸细，捆送土匪，即古来保甲之法。团而兼练者，必立营哨，必发口粮，即今日出征官勇之法。当日罗罗山、王璞山、邹岳屏三人，共带千勇扎在长沙，阁下之所知也。

詹崖先生昨有信来，询商一切，国藩即日复书，当以鄙人旧法商之。如其允从，则团而兼练之千勇，即请驻扎吉安。若操练得人，则渐渐加至千五百，加至二千，亦皆为保卫吉、赣等府之团而不练，以节糜费，而纾民力。

用。合之俊臣、念慈之勇，赣标之兵，可得万人。此外则皆团而不练，以节糜费，而纾民力。至察吏观人之法，仆昨有批冯树堂一禀，兹抄去一阅，仍祈详复一切。顺问台安。

9 加李瀚章片

咸丰十年八月二十一日

好顾体面，耻居人后。

本无远志，但计锱铢。

鄙信与来信之说。

来示所陈各情，实为切中要害，鄙人无以易之。大抵人才约有两种：高明者好顾体面，耻居人后。奖之以忠，则勉而为忠；许之以廉，则勉而为廉。若是者，当以吾前信之法行之，即薪水稍优，夸许稍过，冀有一二人才出乎其间，不妨累示假借。卑琐者，本无远志，但计锱铢。驭之以严则生惮，防之稍宽则日肆。若是者，当以示之法行之，俾得循循于规矩之中。以官阶论，州县以上类多自爱，佐杂以下类多算细。以厘务论，大卡总局必求自爱之士，宜用鄙信之说。小卡分局不乏算细人员，宜用来信之说。位西之意，亦与两君相同。而鄙说要不可尽废，祈参用之。

10 复李瀚章

咸丰十一年四月十八日巳刻

粮路始通，军心大定。

筱泉年兄阁下：

前接惠书，稍稽裁复。祁门军事，自左、鲍并力击退黄文金大股后，满拟可以少安。乃黄逆西路甫清，而伪侍王李世贤又从东路婺源窜至景镇。蔓延鄱阳、乐平、浮梁等处，梗我后路，塞我饷道。幸二、三月左军六获胜仗，鲍军亦自东、建赶至，侍逆始行败走，窜至玉山、衢州一带。左军跟踪追剿，虑其再由广信以扰抚、建，由是徽之祁、休等属粮路始通，军心大定。皖南差有起色，而逆酋四眼狗连陷湖北二府五县，据城坚守，自率大股直下安庆，拊舍弟等军之背。遂令鲍军北渡救援，而鄙人亦移驻东流江滨，就近调度。日内狗酋以坚垒抗拒鲍军，自赴桐城，纠集伪璋王、玕王各股来援，计本月必有几次恶仗。其吉安一股踞瑞窥浔，深入腹地。郭守之败，省城大震，亟催鲍军入援。论饷项，则宜清腹地；论大局，则宜图安庆。安庆不稳，鲍军不能遽援瑞郡也。目下张与朱、唐坚守祁、休等处，左军经营广信，鲍军南北策应，均日夜劳苦，不得少休。饷项久亏，务乞阁下从上游设法以大批解济，千万之恳！即候台安。

11 加李瀚章片

咸丰十一年六月二十日

去岁分手时，请将牧令贤否密纸见示，来示有举无劾，岂畏人踪迹，缯缴之所自来耶？敝处近亦不暇毛举细故，但耳目不可不略广耳。承解饷两批，恰济眉急，此后尚望设法筹解。欠饷太久，实难支持。所欠较丙辰年更多，幸军心不涣，足慰。

耳目不可不略广。

恰济眉急。

12 复李瀚章

咸丰十一年八月二十八日

筱泉年兄阁下：

委员到接惠书。饷银三万恰济眉急。军士将进庐江、无为，不能成行，得此款可以拔营矣。安庆克复，池州、庐江、桐城、舒城以次收复，下游北岸惟庐州、无为、巢县有贼，两岸惟青阳、石埭有贼，闻均不甚多。上游宿松、黄梅、广济、二蕲皆已克复，黄州水陆合围，指日可下。东南之事方有转机，乃闻鼎湖弓剑之变，不知中外臣民何以无福若此！我大行皇帝临御十二年，无日不在艰难危厉之中。即安庆捷报，竟不及早到甘泉，博玉几未命之欢。此先皇之遗憾，亦臣子之至痛。现拟俟鲍军肃清江西后即行进攻宁国，多军肃清湖北后即行进攻庐州，不知饷项果能接济，不误师行否。复问近祉。

水陆合围，指日可下。

13 加李瀚章片

同治元年正月初六日

江西广、抚、建、吉、赣五城，业已为坚守之计。吉安陈镇处，倘有不时之需，望阁下设法筹济。幼丹新授江抚，更当与之商守瑞、临二城。合省城共守八处，贼虽闯入腹地，亦不能逞志矣。徽城一大胜，粮路已通，当可保守无虞。惟北路之颍州，下游之镇江、上海三处同时告警，均极危急。颍城恐不能保，镇、沪两处若能守至二月，则上游援兵或可赶到。再颂筱泉仁弟新禧。

14 复李瀚章

同治元年四月初三日

筱泉年兄阁下：

军事近颇顺适。鲍春霆于三月十六攻拔青阳，连克石、埭、太平、泾四县；舍弟沅甫连克巢、和、含山三城并铜城闸、雍家镇、裕溪口、西梁山四处要隘；舍季弟亦克繁昌一城、鲁港一隘。计克八城五隘，均在半月之内。而多帅围伪英王于庐州，左帅御伪侍王于江山，亦均大挫凶锋。惟饷项支绌异常，雪琴与霆、沅三军各欠发九个月、十个月不等。不得已奏请抽广东全省之厘金，济江浙三省之兵饷，兹将原折备牍奉达冰案。俟奉旨后，即奏派贤员先行赴粤，将韶关、肇庆、佛山各巨卡料理经始，以待星使之至。湖南拟派黄鹤汀、赵玉班、颜及庭，江西拟派蔡少彭、丁雨生。此外尚有可派者否？又，拟请阁下赴粤一行，藉内正外和之度，经纬一切。庶几条理井然而又宜民宜人，且宜于上游诸座。计往返各一月，留粤三月，即可综理就绪。劳、耆二公向于敝处不无钼铻，应如何调叶融贯之处，亦祈豫筹。即候台安。

庶几条理井然而又宜民宜人。

15 致李瀚章

同治元年五月二十三日

筱泉年兄阁下：

前接复书，以粤东主客之间难期水乳，欲敝处致缄联络，顷已专函托劳辛帅主持其事。耆帅则未致缄，恐宿嫌已深，非书所能道意也。芜、太克复后，舍弟遽进金陵，屯驻雨花台，孤军深入，四面受敌，实为可虑。多帅全部援陕，此外别无会攻金陵之人。鲍军围剿宁国，贼多地广，难遽得手。湖州失后，上海益形吃紧，旬日未接少荃信，悬系无已。少彭来皖小住数日，已嘱其速回赣州，与阁下赶紧入粤。黄南翁更事最多，善散财以结士心，当请其综揽大纲。阁下以细意熨贴出之，必臻妥善。顺问台安。

非书所能道意。

16 加李瀚章片

同治二年五月初三日

接密信一片具悉。自去秋以来，风波奇险，为近年所未有，今幸出险就夷，而饷项支绌，又为近年所未有。粤东厘务，若从包揽沮挠两处下手，自不能不改用猛剂痛加惩创，即民怨沸腾，台谏弹劾，亦属意中之事。然使因循不变，敝处将宝山空返，即本省亦更难振作。黄南坡之善于联络众绅，任怨不辞，本可略开生面，然年已七十，亦恐难远道度岭任此劳怨。黄晓岱编修与陈俊臣顷到此间，似皆有干济之才，二人皆曾客广东，熟于彼中情形，国潘思于此三人中，派一二人赴粤，果于厘务另有生发否？三人之中何人最为有裨，物望孰优，乞审量见示。

17 加李瀚章片

同治三年八月十八日

再，各路军营免办报销，近日皇恩浩荡，此旨尤为出人意表。敝处头批报销虽已入奏，尚未了结，二三批及十年以后各案全未办动。闻此恩旨，直如罪人遇赦，大病将愈，感激涕零。因阁下经手多年，特将部文行知，以慰廑念。此外难了之事，则募勇太多，遣散极不易易。欠饷已逾五百余万，一日不遣，愈欠愈多，思之可惧。少泉淮勇欠饷尚少。惟战争之兴未阑，而应防之患尚多，势难遽遣粤东厘金。敝处奏请停止，不特以践夙诺，亦因本省兵事方殷，非此不足以支持。乃圣恩优渥，仍令收解，敝处弥增惭愧。将来或本省与两江各分其半，候与寄帅商定，再行复奏。

惟战争之兴未阑，而应防之患尚多。

18 加李瀚章片

同治三年十月二十六日

再，前在安庆时，闻人言令弟继泉物望日损，屡次寄信诫之。顷继泉来金陵，会晤多次，一切未改常度，绝不似曾统数万之众屡立奇功者。少泉亦豪无骄盈之气，淮勇诸统将亦皆谨厚不佻，以此卜德门福泽方长，而皖勇蒸蒸日上也，为之大慰。筠帅锐于任事，而颇涉躁急，近日军务方殷，能劝其镇定应之，则善矣。再问筱泉年兄台安。

19 加李瀚章片

同治四年四月初十日

尊意欲觅请作奏好手，敝处现仅钱子密、蒋莼卿二人代为草奏，昔年遇陈奏紧要之件，每好亲为草稿，或大加削改。近尚沿此旧习，而精力日减，目光愈退，殊以为苦。东征局务，急思停撤以求无失信于桑梓，而又恐人疑为掣厚庵之肘者。敬求阁下妥为调停，两面圆到为荷。次青之事，鄙人负疚最深。在军十年，于患难之交，处此独薄。近岁事机大顺，悔已无及。少泉一疏，高义至文，不意示邀俞允。似闻同时另有弹章，殆真所谓前定者耶！

于患难之交，处此独薄。

20 加李瀚章片

同治四年八月二十三日

再，昨奉寄谕，饬国藩进驻河南之许州。不行则既违屡次诏旨，又失豫省民望；遽行则迭次之奏议不符，行军之局势全散。进退两难，焦灼无似！接省三军门信，谓贼已渡贾鲁河而东，志在决犯山东。果尔，则许州之行自可中辍。惟桥山事严之时，又恐震惊畿辅。闻捻匪此次北奔，一日夜行百六十里，尚过河二道。飘忽若此，将来何以制之？鄙人自离金陵后，公事较简，体气稍适。惟以捻事未了，徽军生变，忧灼莫释耳。

公事较简，体气稍适。

21 加李瀚章片

同治四年十二月十九日

再，近接官相函咨，成武臣一军正在闹饷晋省，而捻匪适于是时深入腹地，一支至黄冈，一支至黄陂。又接各处禀，成军勾捻入鄂，并有与炮船勾通之说而南阳一股亦已扰及樊城。是鄂中情形吃紧，几与十一年春间风波相等。恐廷旨饬敝处拨兵援鄂，则省三与幼泉必有一军西入楚疆。而移驻周家口之议，局势恐当小变。目下湘勇仅刘寿卿一支尚属可用，此外全系淮勇。鄙人兢兢业业，但求淮军讲求纪律，爱惜声名，将来不滋事变，大不蹈霆、成之覆辙，小不似徽、休之哗闹，是贤昆仲桑梓之光，亦即鄙人之福也。

大不蹈霆，成之覆辙。

22 加李瀚章片

同治五年四月初七日

再，密启者：研香治军之才究竟何如？观其历年来牍，议论多而实事少。江味根暮年恶之颇深，似非朴实办事者。又观陈俊臣、吴缵先、陈右铭诸君之论，称其号令严明，识趣远大，并谓力抗左帅，不稍屈挠，又似能卓然自立者。二者参考，苟得位乘权，果能宏济时艰否？阁下以谋黔为己任，外间亦以此相责。望必须先立数大柱，兆、李尚非柱之劲者。如研香结实可靠，则须加意扶植，否则以多裁几营为是。次青才优学赡，用兵实非其所长。阁下劝令入黔，似非所以爱之，恐适足以累之。渠若欲复原官，贤昆仲与贱兄弟皆可设法疏荐，何必定趋兵之危途与黔之苦地？今事已成局，无可挽回。阁下即须按期给饷，比诸军稍优，以弥补鄙人昔年之缺憾。湖北近年军事太坏，奏报亦虚。黄陂之役，省三深为不平。捻匪实亦劲敌，外间多轻忽视之。观铭、盛之胆、智俱优，潘、刘、幼泉之志力坚卓，似捻众当平于淮勇之手。又观其万骑纵横善战，而不轻用其锋，而河南政乱民贫，驱之从贼，则捻之为患方长。鄙人殆不足以了此，仍须少泉出而了之。惟渠离两江一席，则饷事毫无把握，又可虑也。

事已成局，无可挽回。

23 加李瀚章片

同治五年五月二十七日

再，淮勇各统领，如省三、琴轩、幼泉、仲良皆志趣远大，卓然思有所建树，于时行军讲求纪律，不肯稍涉骚扰。近惟周海舲名望稍损，杨少铭顷始出为游兵，不知军律何如？阁下若与诸将通信，务恳将爱民则造福，扰民则造孽之道，谆谆劝诫。仆于各统将，以保护其令名为第一义，银钱等事不掣肘次之，保奖功名又次之，亦经再三申诫，不啻师之教，弟恐太烦则听者生厌，太疏则士卒易忘。再请阁下便中代我劝诫，又多一番警惕。不独目下于行军有益，即将来淮勇遣撤时，亦于珂乡有益也。再问筱泉仁弟台祉。

24 加李瀚章片

同治六年五月十七日

霆军奏归娄统，断无因一公禀而即改归宋统之理，亦断无听邓、谭、唐、曾、黄等分统之意。鄙意以全行遣撤为是，舍弟颇虑其仓卒生变。或酌留谭胜达、唐仁廉两军，各三千人，调谭赴周口归少帅处，唐赴安庆归敝处，而将其馀各营遣散，似比全撤者稍为易办。请与舍弟商定，飞速见示，仆与少帅会檄行之可也。

全行遣撤为是。

书札

李榕

1 复李榕

咸丰九年十月二十五夜

骄气则有浮淫之色，惰气则有晻滞之色。

接来缄具悉。营务处合嘉字营行住有法，欢慰之至。去黄梅日近，务宜勤发哨探凡临敌观气色，有二可虑：骄气则有浮淫之色，惰气则有晻滞之色。望体察而补救之。何镜海若能于“克勤小物”四字上用功，应日有长进，望阁下虚己以待之，方不隔膜。此复，顺问刻祉。

2 复李榕

咸丰九年十月二十六夜

取人为善，与人为善。

申夫仁弟左右：

前曾语阁下以“取人为善，与人为善”，阁下默记，近数日内取诸人者若干事、与人者若干事。大抵取诸人者当在小处、实处，与人者当在大处、空处。号手悠扬可听，亲兵驱使愈喜，或亦取诸人者乎？抑亦独得于心者乎？以后望将取诸人者何事、与人者何事，随时开一清单见示，每月汇总帐销算一次，或即卜氏所云“日知、月无忘”者乎！顺候日安。

3 复李榕

咸丰九年十月二十八日未初

申夫仁弟阁下：

骄气、惰气等语，却不宜与人说及，此等默察之而默救之可耳。凡与诸将语，理不宜深，令不宜烦，愈易愈简愈妙也。不特与诸将语为然，即吾辈治心、治身，理亦不可太多，知亦不可太杂，切身日日用得着的不过一两句，所谓守约也。

4 致李榕

咸丰九年十二月二十三日申刻

申夫仁弟左右：

顷接朱云崖禀，请派统领以归节制，而一事权，因派朱与阁下统前帮十营，伏祈谦敬自持，以虚受人，至恳！至嘱！军事有骄气、惰气，皆败气也。孔子之临事而惧，则绝骄之源；“好谋而成”，则绝惰之源。平日无时不谋，无事不谋，自无惰时矣。外间或言阁下好笼罩人，已所不知者，以言餂人使言之，人言未毕，则又以己意承接而引申之，好以聪明绌人而不以至诚待人，云云。国藩久闻此语，未便遽进箴规，今既受统领重任，务祈绌己之聪明，贬己之智术，凡军中大小事件，殷殷请教于朱云崖，处处出于至诚，则人皆感悦而告之以善矣。

骄气、惰气，皆败气也。

5 与李榕

咸丰十年正月初八日

抽队出赴前敌打行仗之法，三千人营中抽出六成，约千八百人，分寄鲍、蒋两垒之中，蒋军八墙可寄千二百人，鲍军中前右三墙可寄六百人，或尽寄蒋军墙中亦可。遇开仗时，我千八百人单打一路，蒋军墙内添锅帐而不另筑墙子，请蒋之长夫代我军煮饭，我只送米价、菜价与他，不必另带长夫也。下半日去灯时至蒋营，次日停住一日，第三日晨饭后归；下半日又另派千八百人去，第四日停住一日，第五日晨饭后归。如是轮流，率以为常。遇打仗时，则随同打仗；不遇开仗，则闲往闲归，聊代哨探，既可援助前敌，又可使我军学习战事，免致猝遇大敌，忙然无措也。

6 与李榕

咸丰十年正月二十三日酉刻

云崖申夫仁弟阁下：

贼势趋重上游，或以大股来扑太湖官军营盘，切不可以二十日贼不甚多，遂存轻视之意。以后城贼若出，我军切莫出队迎击，惟静守营垒，以观其变，待他过河围我营盘，日暮倦归，然后出队微追；如天色尚早、贼伪遁，尚不可追也。

静守营垒。

7 与李榕

咸丰十年正月二十四日

攻城极无把握，朴勇者紧逼城根，往往被火药烧伤；浮滑者并未近城，自欺欺人，徒伤朴者，故余不肯为也。太湖各军，士气尚旺。余之所虑者，太湖、罗溪两军，不能御贼之分股来扑耳。如太湖、罗溪两军足以自立，则多、鲍、金、余诸公，必可打破援贼。如贼分万人来扑太湖，我两军坚守一、二日，屹然不动，则多、鲍、金、余尤必大破援贼。此必然之理、必然之势也。目下大局以太湖、罗溪为守兵，以多、鲍、金、余等军为战兵，守者遇有大警时，不须战者来救，则战者必奏大功矣。

8 与李榕

咸丰十年三月十四日

昨日得张筱浦副宪咨来奏稿，浙江似已失守。鄙意浙江未失，则援浙为重，以其膏腴也，苏州、金陵之后路也，京漕之所出也；浙江既失，则安庆为重，以其为武昌、九江之门户也。水师得此城，则有所依附以为根本也；以绝金陵贼粮之源，以杀江淮各贼犄角之势也。是目下我军仍以进攻安庆、分捣桐城为上策。所以迟疑不决者，怀、桐两支围兵，青草塥一支援应兵，商固、英霍两支防守兵，五支均不可少。若于此五支之中，分出一、二支去援江浙，则全局皆变。大股援贼来，怀、桐两支皆站不住。与其待站不住而退，不如此时不轻进之为愈也。候商之胡帅裁夺。

9 与李榕

咸丰十年三月二十二日

马队私设，公款分摊，是一良法，请即试行。派人买草料，每日分散各哨勇，阁下去年所定，亦一良法也。至今总未行得出。立法不难，行法为难。以后总求实实行之，且常常行之。请从公摊及发料二事始。应事接物时，须从人情物理中之极粗极浅处着眼，莫从深处细处看。

马队私设，公款分摊。

10 与李榕

咸丰十年闰三月二十夜

闻石牌须另起屋子，地方并不甚好。此间又须略候罗宅灵柩归来，少为照料。近日势难拔营，胡润帅亦申前说，欲至罗宅吊奠，便来一叙，拟移至城内公馆一住，或久或暂，尚未定耳。前敌气势尚壮否？深为系念。阁下尚能黎明即起否？不可间断。一事有恒，则万事皆可渐振，无以为小端而忽之。至嘱！

有恒则万事皆可渐振。

11 复李榕

咸丰十年四月十四日

申夫仁弟阁下：

金陵大营溃退后，镇江、丹阳皆不守。和、何二公，弃常州而走苏州城外之许关，苏州危在旦夕，杭州亦恐再陷。大局如此，恐楚军之攻皖北者，必将大为掣动。南援苏、浙，怀、桐两军，均不宜逼城，怀军不宜遽进关也。进关之后，因事撤出，则贼氛顿长、为害甚大。昨已告之舍弟沅甫，祈更明告云崖诸公。昨与胡宫保及季高、次青诸君至罗宅会吊，四壁萧然，实为当世第一清官。天不佑善，嗟叹曷已。顺问台安。

四壁萧然，天不佑善。

12 与李榕

舍弟要阁下同扎关内，必有深意存乎其间。吉弟最善体贴，鄙意必择其有益于全局，有益于阁下者为之。若徒有益于全局，而或有少损于阁下，当不肯为也。请暂与舍弟同扎关内，如实觉大有不便，即来宿松面商一次。胡左二公大约十八日分别各归，阁下若已进关，恐不能离营远来。若未进关，请酌量可离与否行之。

13 与李榕

用兵久则骄惰自生，骄惰则未有不败者。勤字所以医惰，慎字所以医骄。此二字之先，须有一诚字以立之本。立志要将此事知得透，办得穿。精诚所至，金石亦开，鬼神亦避，此在已之诚也。人之生也直，与武员相交接，尤贵乎直。文员之心多曲、多歪、多不坦白；往往与武员不相水乳。必尽去歪曲私衷，事事推心置腹，使武人粗人坦然无疑，此接物之诚也。以诚字为之本，以勤字慎字为之用，庶几免于大戾，免于大败。愿与阁下共勉之!

精诚所至，金石亦开。

14 致李榕

咸丰十一年三月十四夜

申夫、云岩尊兄阁下：

接两君惠缄，嘱鄙人回祁，意甚肫切。惟此时以安危较之，休、祁两处正复相等。休东防徽州，北防太平，两面受敌；祁北防禾、洪，西防赤、榉，南防景镇，三面受敌。祁仅云部二千人，皆新挫之余；休有凯部四千人，新挫者三营，完好者六营。子药则祁多于休，米粮则休、祁相等。休城修整颇固，祁城刻刻可危，而垒亦不甚可恃。鄙意请云岩为我修一坚垒，或石碉、石垒，有一成者再行回祁。非好自处危地也。正谨慎求稳着也。祁有可恃之垒，则速归矣。顺候台安。国藩顿首。

谨慎求稳。

15 复李榕

同治二年三月初五日

申夫仁弟左右：

惠书俱悉。此次贼窜江西，鄙意当分湖口、景镇两路，而景镇贼势尤重。现请春霆由建德直趋景镇，另牍奉达左右。尊意欲用船载七成队沿江探贼，登岸一击，似可不必。一则贼行岸上，距江滨二三十里不等，待我军探明登岸，而贼去又远矣。除湖口外，贼无可停驻之处，湖口若能守，则万泰率兵千人当可保全。若不能守，则安危即在三日之内，亦非贵军所能赶及也。一则春霆进剿景镇一路，荒凉无米可买，渠不善经理此等杂物，必须阁下亲驻建德，代渠料理米粮、子药等件，渠乃放心前进。东流为建德之后路，或酌留两三哨人，与水师相依护，听候裁夺。春霆到建德后，望阁下星速前往与之熟商一切，分条见示。复问台安。

16 复李榕

同治二年三月初八日

申夫仁弟左右：

昨夜接信，石涧埠毛营危急之至。改调霆军至江北援救无为，计画不精，致霆军忽而东坝，忽而江西，忽而皖北，举棋不定，良自愧也，临事而惧，好谋而成，足以包括古今兵书。凡初

临事而惧，好谋而成。

从军者多不知惧，鄙人知惧而又苦不好谋，阁下能谋而亦不甚好行。军贵飙疾，打仗贵勇猛，目下救湘军之短，宜从此二语加意。阁下有志此二语矣，更望从惧、谋二字加意。即候台安。

17 复李榕

同治二年三月二十八日

申夫仁弟左右：

石涧埠解围，忠酋即扑庐江舒城，锐意上犯湖北，刻下想已破霍山，将至英山、蕲水矣。湖北军心远不如胡文忠公之时，可危可虑。下游无为、庐江境内闻已肃清。春霆在枞阳登岸，二十七日，向庐江进发，已无贼可打矣。贵军亦可南渡攻打石、太、东、建。闻王钤峰于十一日大破黄文金于小路口，刘克庵大破古、赖、刘、蓝及浙东各股于黟县，休、歙、黟一律肃清。惟祁西尚有零贼，阁下南渡可一痛击逐之。顺问台安。

18 复李榕

同治二年四月二十二日

申夫仁弟左右：

惠书具悉。建德虽未攻克，而贵部多猛士健儿，其气可用，亦足喜也。顷已备公牍，调贵军由彭泽横出鄱境四十里街，系韩军移驻之处，风气各殊，贵军不必共扎一处，以省口角。仍须彼此关注，胜必相让，败必相救；以联众志而遏寇氛。席军并不由九江行走，计此时已至抚州赴饶，阁下至饶境，当可与席观察会晤，尤望妥为联络。渠军系楚勇流派，有江岷樵、刘印渠之风，于湘霆之外，另有家数，阁下亦可兼取其长。学无常师，道兼众妙，不亦善乎？自彭泽至四十里街，是否定由石门、洋塘，抑亦别有途径？此段办米较难，过此则呼应灵矣。复问台安。

以联众志，而遏寇氛。

19 复李榕

同治二年五月初十日

申夫仁弟左右：

惠书具悉。黄土岭之战，颇为得手。贪贼中资财，最易误事，吾见前此诸军因贪抢贼赃，转胜为败者，指不胜屈。每谓骚扰为人鬼关，贪财为生死关，盖言爱民则人，扰民则鬼，力战遗财则生，贪财忘战则死也。阁下新立一军，欲求临阵不至大败，得手时能多杀，不得以不以禁贪财为第一义。若待有转胜为败之祸，而后悔之，则已晚矣。贼财乃其所固有，取之于方战之际，则大祸立至，百弊丛生；此实鄙人阅历已久之言，故水师《得胜歌》中有云："第七不可贪贼赃，怕他来杀回马枪。"阁下于立法之宽严，号令之繁简，体验最精，望于此事立一妙法，下一雷令，期于坚明约束，不作游移两可之词，其庶几乎！复问台安。

贪贼中资财，最易误事。

转胜为败者，指不胜屈。

20 复李榕

同治二年六月初七日

申夫仁弟左右：

今年天气酷热，殆为十年来所未有，贵军病者尚多，虽未开仗，远近皆可相亮。南米既到，又嘱台解米八百石、银万金，目下当不贫饿。九洑洲克复，雪琴搜获伪文，忠逆调黄、胡、李、古、赖、刘等悉数下援金陵。闻洋塘之贼退遁，并未大受惩创，或果回援金陵老巢，亦未可知。洋塘之贼既遁，则都湖群贼亦断无久持之理，阁下与江、席诸军由石、太、旌、宁直捣广德、东坝、江、皖之幸，亦鄙人与将士所至愿也。凡两军相处，统将有一分龃龉，则营哨必有三分，勇夫必有六、七分，故欲求和衷共济，自统将先办一副平恕之心始。人之好名，谁不如我？同打仗则不可讥人之退缩，同行路则不可疑人之骚扰，处处严于治己，而薄于责人，则唇舌自省矣。顺问台安。

欲求和衷共济。

21 复李榕

同治二年八月十五日巳刻

申夫仁弟左右：

接惠书具悉一切。应复事件，条列如左：

——行军以渡水为最难。不特渡长江阔河为难，即偶渡渐车之水、丈二之沟，亦须再三审慎。恐其半济而击，背水无归，败兵争舟，人马践溺，种种皆兵家所忌。此次渡水扎营，本系冒险之着，又不以全军同往，而仅去两营六百人。又不多带子药等物，致左营以枪炮不齐而先退登舟，右营以子药不继而参用锅铁，此皆调度不善之咎。然阁下本意欲急解城围，冒险挺进，不暇细思，亦欲力挽过于持重之弊，鄙人不深究也。

冒险挺进，欲力挽过于持重之弊。

——阁下于午未间垒成后，即坐小划回营，留陈、郑独处危地，此不足服将士之心。惟晚饭后又骑马至棕子店，夜又至沿堤巡哨，此节差足服军心。郑将不顾陈将，弃垒先遁，此最可恶，应否参办，请酌之。陈将守至四更，始带队冲出，可怜可敬。虽不能遽予特保，然亦必设法奖之。应即令其添募一营，并杨春华一营亦归其调遣，由阁下专案禀请。渠得三营，稍厚其力，而阁下仍与之寸步不离，庶有起色。

——袁桥新失之垒，为贼占踞，此路已难再进，洪山口亦不易攻，则铜阜进兵之路，已无可下手矣。喻镇似应会同席军，由茅坦进兵。至来书谓进夺袁桥，须得水师猛攻，此则不然。柳寿田仅带舢板四号，受伤至三十余人之多。阁下所坐小划，被困于狮子山，跳入芦苇小组淖之中，始得逃出。则该处之河窄滩浅，已可想见，岂水师用武之地哉？彭帅已派定湘营各船与喻吉三同赴铜埠，不患炮船之少，然该处断不宜多船，此自阁下阅历太少之故耳。

——春霆病又反复，颇为沉重。其军由燕子矶渡至北岸，又由大胜关渡至南岸，非十日不能渡毕，陆行又须半个月，万不能遽到青阳。朱洪章并无援青之说。若借彼两军以张虚声则可，若靠彼来会战解围，则不可也。复问台安，顺贺节喜。

22 复李榕

同治二年八月二十三日

申夫仁弟左右：

接惠书具悉。喻军能在鲢鱼山扎定，而钧军不能在袁桥扎定，喻镇之得处安在？贵部之失处安在？此等须切实讲求一番，不可疏略看过。行军以失陷营盘为大辱，罗、李诸公以比诸妇人之小产损胎，言失陷一次，后即惯陷而不以为耻也。江、席已至茅坦否？闻贼有回援苏州之说，青阳或有一线生机。春霆由燕子矶渡至北岸，日内当可渡至南岸，渐上芜湖矣。顺问台安。

23 致李榕

同治七年三月十四日

再，湖南近岁保至一二品者过多，携资回籍者亦颇不少。习俗奢靡，随意花去，仍自无以为生。又有哥匪诱煽，论者谓吾乡将不免于兵劫。昔亦曾与阁下论及，近来察看，究竟何如？果如众意之所虑否？

闻唐桂生之兄义谟病似疯症，系因徽州闹饷，徐州提讯，过于惊恐所致，闻之不胜恻然。其家近状何如？颇有余资足以自赡否？易芸陔当知其详，乞细询见示。仆待部将不尚姑息，间失之严，自不能无怨言。所自信者，患难相恤之念历久不忘。唐家如果太苦，尚当设法周济之。朱云岩所处较丰，则此间有所闻矣。

间失之严，自不能无怨言。

书札

杨岳斌

杨岳斌（？～1890）原名载福，字厚庵。湖南善化人。咸丰三年入曾军水师，领右营。累功至湖北提督。同治四年六月抵甘肃，履陕甘总督之任。光绪元年，受命与彭玉麟按时共巡阅长江水师。十一年，率师入台湾，与巡抚刘铭传筹战守，法侵略者因不得逞。曾氏作《湖口县楚军水师昭忠祠记》及《金陵楚军水师昭忠祠记》，极称扬其事功。《清史稿》有传。

1 致杨岳斌

咸丰八年五月二十五日

厚庵仁弟大人阁下：

虚声下之。

接惠书，欣悉浔郡克复，屠僇无遗，六年悍贼，卒就歼夷，至为慰幸。旋闻黄衣酬庸，并予优叙，殊勋茂赏，允惬人心。舟师东下，共率几营？安庆逆党无多，或可以虚声下之。金陵克复，亦系指顾间事。水军自始至终，悉仗大力，竹帛之勋，远轶古初。黄国尧等前赴庐州造船，不知近在何处。巢湖之贼，想久肃清。若犹未也，阁下凯旋之时，请即练至东关、漕河一带，乘便扫荡，并挈黄、范等出江。至嘱至嘱。抚、建等处之贼，东犯浙中，前有议以阁下舟师由太湖援浙，不知果可行否？国藩寂守礼庐，靡善可陈。所幸贱躯粗适，足慰绮廑。报销所需部费，顷润公许代为设法，或尚易了。敝同年李复生闻现依尊幕，尚祈照拂为荷。肃泐，恭贺大喜，顺请台安。

2 致杨岳斌

咸丰九年十月朔日

厚庵仁弟阁下：

钟山小聚，实慰素心。别后想动履康愉，军政顺谧，至以为念。仆至黄州小住七日，武昌小住九日。蜀中无事，此军会攻皖省，前奏业经咨达冰案，一俟希庵旋师，即当分路并进。若敝军沿江而下，与尊处水营联为一气，尤惬素愿。内湖水师，前派哨船护送至鄂，见各勇荡桨不甚得力，上水过矶头，下水出洄洑，皆极艰难，几与民船无异。战舟之妙，全赖桨多，若桨手之身不活，力不齐，则虽多亦益无盖。祈阁下告知各营官，不时操习桨支，务令如鸟之翼、如马之足，身活而力齐，则水师可保长盛矣。

则虽多亦益无善。

3 复杨岳斌

咸丰九年十月初十日

厚庵仁弟大人麾下：

顷奉惠缄，并寄到韦志浚三禀，具悉一切。韦昌辉被洪、石杀害，事在六年九月，何以致今始请投诚报仇？想因池州地小而瘠，人多无所掠食，东有芜湖之贼，西有建德杨党，北有安庆陈党，皆与韦为血仇，势极穷蹙；且惮水师东下之威，故投诚而冀得一线生路，其云报家仇则托词也。若能办成，或令先剿建德，或先攻芜湖、太平，克复一处，则皖南一面省许多兵力，皖北进军亦无顾虑，诚计之得者。鄙意第一须问明该逆兵数实有若干；第二须问明投诚后何处得食。若仿李世忠、张瀶之例，拥众数万，占踞一方，则后患甚大，断不可行；若只身归命、或仅带数百人如张殿臣之例，则操纵在我。立功后一面入奏，一面将其党资送回籍，专留其头目亲兵编入营伍，官给银米，毋仍盘踞地方，掳索百姓，方免无穷之患。至水师下剿之说，该逆本在陆路，不能害我水师，然亦须暗中防备。想麾下自有定见，统希相机详酌妥办，台旆倘赴下游，即嘱雪琴分带内湖船只往黄石矶接防，以备协剿，此间亦缄告雪琴矣。国藩现与润公筹商进兵大略，希庵因母病请假，故各路布置尚未定妥，目前实不能遽行东下。如果芜湖攻克，此间稍有头绪，鄙人即由水路一行，与阁下面商机要。

后患甚大，断不可行。

4 致杨岳斌

咸丰九年十月二十四日

厚庵仁弟大人阁下：

有机可乘。

接陈伯陵禀，道及枞阳贼目方学凯投诚之事，似尚有机可乘。枞阳为我军所必争，而方学凯究系胁从，不比韦志浚著名逆首，此事似可办也。国藩本日拔营由巴河进驻黄梅，距枞阳太远，敬恳阁下就近经理。伯陵寄来方学凯家信，一并封寄一阅。如阁下以为可办，即请以暗记赐方学凯，许以不死，俾得放心来投，为荷。顺候台安。

5 加杨岳斌片

咸丰十年闰三月十四日

再，顷接希庵信。渠于初七日至多公营，畅谈两昼夜，针芥投契，相得甚欢。两公意见相合，鄂、皖之福，三军之幸。本定于今日进扎集贤关一带，又为雨所阻。敝部朱云崖、李申夫二君统辖前帮各营，鄙人不甚放心，请希庵代为照料一切，已荷允许。将来进扎安庆，尚求阁下就近照料。枞阳不扎陆营，总难断绝接济。究竟须陆兵几千乃扎得稳，求查明详示。为要。

难断绝接济。

6 复杨岳斌

咸丰十年五月十四日

厚庵仁弟大人阁下：

惠函具悉一切。枞阳攻克，是安庆克复之先几，犹九江之克湖口也。国藩精力疲乏，忽膺艰巨，大局溃坏，补救无方，大惧陨越，以贻良友之羞。即日帅师南渡，先赴黄石矶尊营，一展良觌，面询远略。韦部出力异常，少迟应归敝处发给口粮，以示同仁之谊。目下棉力未逴，鄂饷亦绌，应如何支撑二、三月，俟会晤再行熟商。红单船之事，非礼义所能号令，似须劫之以威。前函已道其略，亦俟会晤再行详商。希庵来此旬日，畅叙一切。以为楚军水陆好处在血性多而官气少。此后宜常保而不失。国藩赴水营，请阁下诰诫各营，无迎接，无办席，无放大炮。除黄石矶三、五里外，上下游各营，均不必禀见。方今东南糜烂，时局多

大局溃坏，补救无方。

艰，吾辈当屏去虚文，力求实际。或者保全江西两湖，以为规复三吴之本。整躬率属，黜浮崇真，想阁下亦有同情也。诸维心鉴，顺问台安。

7 复杨岳斌

咸丰十年六月二十九日

厚庵仁弟大人阁下：

安庆共定合围之议。桐城、枞阳，俱有防军，青草塥又有游兵，安庆本属万无一失，经卓见裁定，自无疑义。惟对岸须扎千人，断乡官之接济。东流周游击一营，应请阁下札调，即赴下游，驻安庆之对岸。尚欠一营，目下无可调拨。且俟八、九月湘中新军到后再酌。如孤营不宜先往，或东流周军暂且缓调，听候鸿裁。吴、李二镇，业经起椗下驶否？银两、火药，想早经阁下交妥，至今未据报起程日期，殊不可解。请阁下与雪琴严密防范。民船与坐船太多，最易误事，请阁下与雪琴认真清厘一次。所有家眷各船，或送回长沙，或概送十八号汉口等处。民船坐船，愈少愈好，免致临小事而仓皇失措也。

免致临小事而仓皇失措。

8 复杨岳斌

咸丰十年七月二十七日

厚庵仁弟大人阁下：

专勇至，接惠函，各处防守之船，不便抽拨。又有三营修舱，自难筹换防之兵。惟楚军不到，吴、李必有所藉口，仍祈速拨为荷。上游概归楚军水师，将来陆军至青阳、铜陵，亦好联络也。禁食洋烟一节，前与阁下密商，恩威并用。昨奉达一咨，大约敝处则用威之时多，尊处则用恩之时多。同心努力，总求一律戒净而后已。该镇将弁勇等，不知自爱，严惩一、二人，始而生怨，终而生感。务使水师中大小上下，出仕者则为体面之人物，还家者亦不为淫佚子弟，乃为全美。否则日染日多，不可复禁。

始而生怨，终而生感。

阁下之声名，恐坏于麾下将弁之手也。

周万倬已扎安庆对岸否？闻武明良渡江亦添满五百人，从此当可合围，断绝接济文报矣。

9 复杨岳斌

咸丰十年九月十八日

厚庵仁弟大人阁下：

惠缄以徽郡不守，祁门戒严，远劳廑系，至以为感。自鲍回渔亭、张回黟县，与祁门相犄角，老营已稳。希庵千里来援，备尝难苦，归途风雨交加，山行尤难，不知过江时平安否？徽郡之贼分大半赴浙，闻淳安失守，严州失守，江西处处吃紧，防不胜防；而国藩又以夷氛不靖，凭陵郊甸，疏请带兵入援，一经派出。则抽拨北兵，南岸更形空虚，日夜焦思，殊乏良策。南陵陈镇军深得军民之心，坚守半年，深可佩服，闻其与民死守，不肯冲出。阁下若能解银一万两或五千，以济其危，敝处当即日解还；若万不能解银，则请设法寄信，令其自行拔出，先来祁一晤，另行统带一军进剿滨江各贼城。此等将材实属难得，不得不护惜之也。顺问台安，诸维心鉴。

10 复杨岳斌

咸丰十年十月二十一日未刻

厚庵仁弟大人阁下：

前闻解南陵之围，救出名将、劲卒、义民数万人，为之拍案称快；本年地拆天缺，无一可意之事，独此事令人轩眉。顷间接初八、初十两次惠书，陈镇军应驻之所与银两军火、锅、帐等件，已札饬江西总粮台迅速筹解，并咨明冰案。昨因贼破羊栈岭而入黟县，全局大震，又请陈镇军由香口而入，驻石埭之七都，冀与岭内诸军联络一气，亦经咨会在案。贼于二十日破黟县，凯章派队八百人速剿，午刻接仗，我军小挫。春霆派千六百人会剿，申刻获胜，贼已逐出。今日若能再胜，驱出岭外，则鲍、张无后顾之虞，得以全力进攻休、歙。然岭外不扎一枝大军，则岭防日日可虞，陈镇军一枝，务祈设法玉成此举，皖南之机局及活耳。复问台安。

无后顾之虞。

11 复杨岳斌

咸丰十年十一月初三日

厚庵仁弟大人阁下：

惠缄具悉。陈镇饥疲之军，须稳当行去，以固其气，良为至论；已批令暂扎东流，不必进扎香口。俟江西解到饷项子药，再行酌调。至全军尽移祁门，则可不必。祁门地势极窄，现在兵力尽足，不可再添。建德普军殊不足恃，必仗陈军在东流，庶建德得唇齿之依，无意外之虞。祈嘱陈镇军单骑来此一会，队伍概不必来。渠三月解围之案及秋月守城之劳，可开单由敝处具奏请奖。陈镇军营制不甚妥叶，请阁下就近指点，令其改依楚军营制。敝处瓣刻营制、营规，兹发去十本，烦转交陈公，令其照改。

12 加杨岳斌片

咸丰十一年正月二十九日

再，淮扬水师各营，船已造成，炮亦将到，自应令其招勇操练，而饱项十分支绌，无可设法。意欲于华阳镇厘金项下通融若干，专以协济淮扬水师，俾得赶紧招勇。请阁下与雪琴熟商。如荷允许，每月可济若干？一面见复，一面告知黄昌期饬各营招勇；倘协济之数无几，或每营令十哨先招，十哨缓招。请阁下与雪琴、昌期商定办理。将来操成后，驶赴下游，即在淮扬一带筹饷，不必再支华阳厘款矣。国藩已办银一万两，专备昌期等前赴淮扬途费之用。目下招勇，是否即需解往应用，抑或不遽扯动，亦请阁下与雪琴、昌期商定见示。再颂厚庵仁弟大人台安。

13 复杨岳斌

咸丰十一年四月初九日

厚庵仁弟大人阁下：

接惠书敬悉一切。舍季弟东路防务未臻完固，得阁下照料一切，赶修水垒，贼不敢争，深用感慰。成名标此次再出，本欲力为扶植，以酬其创始之劳。及睹其颓然衰老，难期远到，尤增悯惜。粤东购炮之行，其斤重与原开之单不相符合，又往返时日太久，鄙心深不以为然。挟带私盐亦必非无因而被诬，是以日久未与申理。顷接成与李、黎三人公禀，怜其羁系之苦，读其情词之迫，自不能恝置不问。今阁下又以为言，拟即日备咨粤东督抚，请其省释。惟粤督劳公前此不甚相能，而耆中丞由江西调粤，凝鄙人有密劾之举，怀嫌尤深。此次以修怨于敝处，而借成、李、黎三人以泄其私忿，敝处虽有咨往，恐非徒无益，而又甚之耳。水师购炮，大事也；睚眦嫌疑，小隙也；夹带私盐，亦小眚也。因小故而误大事，疆吏之居心如此，言之慨然。复问台安。

因小故而误大事。

14 致杨岳斌

咸丰十一年四月十三日申刻

厚庵仁弟大人阁下：

顷接橘堂信，得悉十一日水陆进剿情形。台旌驻狮子山等处，勤劳昼夜，至以为系。鲍军攻坚，受伤者过多。狗酋若由桐城再回集贤关，官军应如何设法防御？舍弟欲将菱湖中空之贼垒一并围之，似尚可行。鄙意欲请鲍、成二军同进扎高桥岭。扎定后一二日，成军进扎菱湖贼垒之后，西与九弟各营东与季弟各营，通为一气。即与高桥岭之鲍军，狮子山之水军，亦皆通为一气。狗酋自桐归来，若攻成军之营盘，鲍军可自后夹击之。且墙壕修成之后，即坚守不出，坐营中以枪炮轰之，亦无不可。不过一月，将长壕修成，武臣与沅甫尽可保守无虞。多、鲍两军尽可抽出一军击他处之贼。阁下如此此说为然，则请告之春霆、武臣，即日移营，并请告之舍弟沅甫。于十四日商妥，以便十五日兴办。顺请台安。

15 复杨岳斌

咸丰十一年四月十四日辰初

厚庵仁弟大人阁下：

惠书具悉。赤冈岭区区贼垒四座，官军欲急破之，以收克城之速效，此阁下报国之忠诚，非春霆之失。虽伤亡颇多，而士气尚壮，至以为慰。为今之计，惟有请春霆、武臣进扎高桥岭。请武臣进扎菱湖贼梁之后，西与九舍弟营合龙，东与舍季弟各营合龙。狗逆自桐城归来，若扑成军，可坐营轰击之；若扑高桥岭，鲍营亦可坚壁不出，待贼力极疲而后出击之。如此办法，似足制贼之死命，昨夕已专函奉商。阁下如以为然，即请商之鲍公迅速移营。此间三日之内，长水一尺六寸，狗逆自桐城回怀，或难遽渡。即请台安。

如此办法，似足制贼之死命。

16 复杨岳斌

咸丰十一年五月初六夜

厚庵仁弟大人阁下：

专丁至，接惠书。代奏之件，即日当由驲拜发。水师照料，义不容辞。惟战守机宜，素非所长，又与前敌相距过远，应如何而免于疏失，想阁下必筹臣周密也。刘玱林就擒，大快人意。水师营哨必应越级优保。四垒之破，润帅推敝处主稿具奏，国藩推秀、润主稿。其擒拿刘逆始末，请阁下分咨各处，营官、哨官之应随折超保者，亦请于咨末酌定。春霆一军竟不能不调援瑞州等处，以慰江西官民之望，拟日内飞牍调之。并商。即候台安。

惟战守机宜，素非所长。

17 复杨岳斌

咸丰十一年五月初九夜

厚庵仁弟大人阁下：

专丁至，接惠书。石埭、太平之贼近日分犯各岭，初三日窜陷黟县，初五日各军会攻，克复城池。池郡刘逆既由建德窜入鄱境，而石埭等贼又窜黟城，池郡之贼或果无多乎？周营官之札已发下，但未载明营制。敝处陆营之制，每哨百零六人，合什长，护勇、散勇、伙勇在内，凡五百人。一营者四哨之外，加营官、亲兵六棚，即足额矣。若四百人为营，或三百数十人为营，则止用三哨，再加亲兵数棚可也。周万晫添募六百数十人，来示已派刘祥胜为营官。鄙意即令刘祥胜招募三哨，外亲兵四棚，共三百六十六人为一小营。周万晫自添足九百三十三人为一大营。其薪水、口粮，令周具禀，敝处批定可也。发去营制、营规二本，祈阅后交周遵用。大通厘金，即当下札，恐只能二成耳。贵部口粮之欠项太多，刻刻悬系，目下实无力协拨，亮之。即候台安。

18 复杨岳斌

咸丰十一年六月初八日

厚庵仁弟大人阁下：

惠书具悉。台旌亲统各营攻破神塘河贼垒，直捣无为州城，兼攻青阳，声威大震，贼胆日寒。刘官方一股自鄱阳境内折回后，至建德、张家滩均未住足，想系回救池州、青阳之故。

贵部饷绌异常，鄙人深以为虑。尊意拟在荻港设立厘卡，并抽荻港旧县三山坐厘，事属可行。目下敝处无妥员可委，候即札饬王训导寿祺前往抽收，按月解至尊处，老营由吴贞阶兄转交王、李二镇。阁下如遵旨归省，兵事由王、李二镇经理。饷事由贞阶兄经理，鄙人粗持大纲，或可不致陨越。

洋船过境，劝其不必装米，婉言开导当可顺从。从前刘丽川作乱，占据上海县城，官军围攻不下，亦系洋船接济米粮。厥后以银四万赂洋商，洋商转为我用。上海贼粮尽断，遂于咸丰五年正月元旦克复。洋人最爱财利，最讲交情。凡有洋船在旧县等处经过，请嘱贵部各营好好款接。礼节宜谦恭，酒席宜丰厚，即有馈送水礼，亦不可过于菲薄。兹先由敝处付银五百两，请阁下转交荻港各营，专为款接洋船零用之公项。平日感之以厚情，歆之以小惠，并不提起安庆城贼之事。若探明洋船有米，恐其接济，然后以好言劝之，以正言阻之。如再不听，然后以重利啖之。彼买米与安庆城贼，每米一石，发贼可出价五两者，吾亦出五两买之；发贼可出价十两者，吾亦出十两买之。彼平日感我厚情，临时贪我厚利，自无不允之理。目下安庆未克，断不可与洋船构衅。一经构衅，后患方长，阁下亦不能回籍矣。九江万护镇泰办理防务极为周妥，浔城赖以保障。现在南而瑞州、奉新，北而黄梅、宿松，处处皆贼，万泰办理妥善，正资熟手，自不可遽议更换。肃复，即请台安。

礼节宜谦恭。

一经构衅，后患方长。

19 复杨岳斌

同治元年八月初七日

厚庵仁弟大人阁下：

闻阁下已于前月赴扬州，镇江察看下游形势，惜敝处函咨稍迟，恐台旆不能远赴如靖、通、海等处。然南岸常熟，江阴之贼若渡江北窜，必在如皋、靖江、通州、海门等处，必不在泰、兴以上，可想而知。如阁下业已自扬、镇返旆回至老营，敬求不惮劳苦，再至通州、海门厅境一行，或乘兴一至上海，更妙。盖水师欲成大功，必由洞庭直至海门，乃为圆满，他人看十遍，尚不如阁下看一遍之了然出。

敬求不惮劳苦。

20 复杨岳斌

同治元年九月十八日

厚庵仁弟大人阁下：

郭柱臣殉节，深堪痛悼！良将难得，忠勋久著，即日当会列台衔，奏请照提督例议恤。以后望谆饬水军，断不准登陆打仗。闻阁下曾坐舢板、竖五色旗遍历金柱关小河之内，四面炮子如雨，不知确否？以后务乞慎重，切不可有意冒险。内河陆贼太多，贵部水军以专保大江为要，阁下尤不可轻入小河陆贼丛中，至嘱至嘱！李朝斌于九月初一日自上海返棹归来，待渠三营回至大胜关以上，再请酌派赖、陈回扎浦口。炭船即日设法遣赴下游。顺问近安。

以后务乞慎重，切不可有意冒险。

21 致杨岳斌

同治元年十二月初一日

厚庵仁弟大人阁下：

春霆在高祖山、清弋江一带，日内危急如故。小淮窑对岸，又被该逆占踞。水运不通，陆运可危，非竭力一战，将湾沚打开，大局将不可问。九舍弟派刘南云三营来无为州，似可调至南岸，会合周、吴、罗、朱、武、朱六营共八千人，专剿湾沚。求阁下传齐诸将，详细指示，共分三路。临阵之调度，以南云为主。事前之布置，进兵之路径，概请阁下为主。水师应否同进，亦请酌度。阁下未统陆兵，本不敢以此事奉托，缘春霆十分危急，舍此别无援救之法耳。诸希心鉴。

水运不通，陆运可危。

22 致杨岳斌

同治二年五月十一日

楚军向来颇讲纪律，近日霆军到处骚扰，各处来咨及绅民控告者甚多，皆归咎于鄙人。愧而且憾，情愿不打贼了，不愿部下有此风气。春霆心地却好，颇有忠君爱国之意，志在灭贼，鄙人故取其长而略其短。然霆营弁勇扰民如此，为患甚大，应如何设法严禁，请阁下一面申戒，一面密速复示。

故取其长，而略其短。

书札

张芾

张芾（？～1862）字小浦。陕西泾阳人。道光十五年进士。历官少詹事、内阁学士，入直南书房，江苏、江西学政。咸丰二年授江西巡抚。九江陷，革职留任。退守南昌，疏调湖北按察使江忠源来援，亦被围凡三月。以城守劳复原官。又因事革职。经王茂荫荐，于皖南办团。因功累迁到左副都御史，诏命督办皖南四府一州军事。嗣后兵败，由曾氏接管皖南军事。十一年回陕办团。同治元年五月十三日被回民起义者支解。《清史稿》有传。

1 与张芾

咸丰九年正月十六日

再，景德镇之贼与婺源贼党，相为犄角。一处得手，则处处可期并下。惟匪党尚多，负隅已久，恐难遽克。若能将两处之贼逐出江滨，敝军得与雄麾合势，事机当少顺手。

2 致张芾

咸丰九年正月二十六日

筱翁老前辈大人阁下：

闻婺源大胜。

闻婺源大获胜仗，远道传闻，不知确否。景德镇之师，张凯章十一日分派一旗于牛角岭，救应不及，被贼攻扑。旋派两旗扼扎原处，添调广丰之平江两营往济。业已到防，尚属平稳。养素因兵单贼狡，欲侍老营移赴饶州。前因建昌官绅挽留，业经面允，此际自难遽动。张观察军既稍振，贼亦不敢以全力西犯养素也。婺源若果速下，李、江诸军作何调度？敬祈先行示悉。闻平江两营之赴景镇者，自嫌单薄。又经禀请幼丹，续调玉山之平江营，不知果否？玉山关系三省防务，亦系要区，未可过薄也。

3 加张芾片

咸丰九年二月十八日第三号

无勍不催。

顷闻婺源克复，具仰硕画鸿谟，无勍不催。此间景镇之师，迄未得手。养素于初五、六日两获胜仗，士气为之一振，若得仰仗声威，婺贼远遁，镇军亦渐得手，则可逐出江滨，通力合作，局势较顺。萧浚川于初三日克复南安府城，为之一慰。惟南路贼数殊多，或窜楚、粤，或留江西，均非易了之局，深用焦灼。闻尊处饷项近颇支绌，尚足支持否？便中祈示及一二。

婺贼远遁。

4 复张芾

咸丰九年二月二十八日第四号

筱浦老前辈大人阁下：

午桥为胜帅所劾，得释重负。京秩在外者，惟余侍与阁下及信臣先生三人，落落相望，风则怜目，目亦怜心。文参将尚未抵景德镇。该镇兵力本不为薄，奈养素屡挫之余，骤难自振。而凯章一军，弁勇死绥者至五百余人，皆百战之精锐。强者伤亡过多，则弱者疑信参半，是以令其按兵休息，少待士气之复。萧浚川观察十日之内克南安府城，解信丰县围，可谓得手，而阵亡亦在四百以外。顷因逆党窜入湖南，连陷四县一州，已檄萧军由吉安回援湘中。湖南兵将四出，本省空虚，此贼乘隙往犯，殊属可虑。敝处饷项，本可勉强敷衍，今湖南有事，月减协饷三万，恐将不支矣。

落落相望，风则怜目，目亦怜心。

强者伤亡过多，则弱者疑信参半。

5 复张芾

咸丰九年六月二十一日

筱浦老前辈大人阁下：

侍奉防蜀之命，时景镇未复，难遽撤动，已据实复奏。旋闻景镇克复之信，局势又自不同；第念防蜀者，防湖南之贼也，若能在湖南剿灭，一大创之，岂不更妙？目下贼围宝庆，城内之军民、城外之二十余营盘，概被大围包裹，文报不通，极为危急，因令张道运兰率四千人回援，乘景镇得胜之气，用弁勇自卫桑梓之心，或可得力。侍携舍弟所率之六千人溯江而上，驻荆、宜等处，防湘贼渡江扰湖北之西路。兵单卒弱，仅可自守，不足言

兵单卒弱，不足言战。

战。若朝廷必命为蜀中之行，则当调回萧、张二军，稍厚兵力耳。

6 复张芾

咸丰九年八月初七日

筱浦老前辈大人阁下：

雄师外攘内守。

前闻陈逆玉成，有窜犯皖南之说，恐适与景镇逆徒合并，虞我公应接不遑，方以为虑。顷得两次缄牍，知雄师外攘内守，恢恢有余，可胜佩慰。国藩在湖口小住十日，至九江守风四日，抵鄂当在中秋前后。湘事近无确耗，然宝庆之围已解，贼不能西向辰、常，自无缘更入巴蜀，倘敝军折而东行，则与雄麾合并，会有日耳。复请台安，不尽百一。

7 复张芾

咸丰九年十二月腊八日

筱浦老前辈大人阁下：

阅邸抄，得悉荣迁宪副，酬庸褒德，倚畀日隆，至以为慰。国藩自奉会剿皖贼之命，九月回驻巴河，十月之杪，进扎黄梅，冬月师次宿松，与鄂中围攻太湖之师相为掎角。胡中丞前扎陈德园，至太湖仅百二十里，比移军英山，距翁帅寿州稍近。逆酋陈玉成率众自江浦上援，计年内外必抵安庆。潜、太、英、霍之间，战事方殷，未知能并力一挫凶锋否？韦志浚投诚以后，被建德杨贼吞并，弃去池城，投奔麾下，穷蹙之至，非不可纳，能散其党羽，无令拥众为佳。吴竹庄观察率师援皖，幸隶仁宇，曾随国藩五年，患难与共，尚祈推爱拂拭，曲加护持，衔感者不独身受也。顺请台安。诸希心照。

穷蹙之至，非不可纳。

8 加张芾片

咸丰十年三月二十八日

再，韦部赴浙之说，系罗淡村中丞飞书乞援于彭雪琴观察，指调萧守翰庆。萧隶雪琴麾下，淡翁素识也。雪琴以水营别无陆兵可调，不得已令萧守统韦部以应淡翁之求，一面函商胡润帅及敝处。维时鄙人献议募训营新撤之勇二千援浙。胡润帅则兼取二说，令训营与韦部合成五千人。官秀帅则添募训营为三千合成六千人，唐观察新履粮道之任，训勇别无统将，权令萧守兼统之，此鄂议援浙之原委。今浙省克服，全境肃清，此军更无赴浙之理。议撤议调，尚无定局。阁下欲以韦部留江滨，而令萧守带训营入岭内，是未知萧所统者韦部，非训营也。闻河南乞师于鄂，官、胡二帅将以训营应之，俟定议后，再行奉闻。

议撤议调，尚无定局。

9 加张芾片

咸丰十年闰三月初六日

再，顷闻捻匪有西犯之意。去岁孙葵心大股西窜，如周家口、汝宁、确山、遂平一带，掳掠一空。此次又似将就熟路，以恣饱掠。官、胡两帅意欲派训勇三千人，驰赴河南堵剿，一以应豫帅之求，一以防楚省之边。豫之西即鄂之北也。公牍到时，计萧君所部训韦各营，已折回江滨矣。自蜀事日坏，川盐不下，鄂饷太绌，竟不知何以为继。兵多至六万人，亦楚中向所未有也。

将就熟路，以恣饱掠。

10 加张芾片

咸丰十年闰三月十四日

再，浙江新克，元气未复。尊处月饷，尚能协解少许否？杭城绅民殉难者，尚不甚多否？街市未甚残毁否？邵位西及戴淳士先生无恙否？并乞示及一二。此间进兵，实太迟滞。然前后皆有若有天焉，非人谋所能自决者。

致迟之故，若有天焉，非人谋所能自决者。

国藩目光眵涩如故，精力迥异三年以前。所幸皖北诸军，强半昔时同事之人，足以藏拙。萧守肫诚，幸蒙青垂，特材识未优，尚望随时训示，俾免陨越，是所感祷。

11 加张芾片

咸丰十年闰三月二十三日

再，罗淡翁灵榇于二十一日到宿松境，其世兄赴江干迎接，途次相左，俟其归来，乃可扶归乡间。萧守带韦、训两部，能在尊处少立功绩，以为至幸，鄙意犹虑萧之才力，不能统六千人之多；又恐韦、训两部，难以水乳交融，不无过忧。敬求台端留心察看，于二者之中；如有一弊，则不特难以图功，且恐另生事端，则不如饬令西旋，请鄂帅分别调度；若二弊皆可无虞，则仍留麾下，多一兵自多一兵之用也。

多一兵自多一兵之用也。

12 加张芾片

咸丰十年四月十五日

再，敝军自萧浚川、张凯章二人分去后，实已不能成军，勉强添募，得万数百人，令一副将统之。而舍弟照料一切，不足以当大敌。今围攻安庆，赖江中有杨、彭之接济，左路有李希庵之援应，万人而亦可作万五千人之用，故稍足以自立。若舍此而谋他处，则无将之师，万人而仅收六七千人之用矣。侍目疾未痊，重以肝气时发，常恐陨越、诒戾浙江。罗、王两中丞先后奏请敝部赴援，盖不知萧、张散去，无能为役也。顷奏陈梗概，附告台端，庶蒙朗鉴。再颂台安。

13 加张芾片

咸丰十年五月初四日

以关系全局，不敢撤动。

再，侍处仅有安庆一军，以关系淮南全局，不敢撤动。业经钞奏，咨达冰案。此外向湖北调鲍镇超一军，向湖南调张道运兰一军，带赴皖南。鲍现告假旋蜀，张现驻防郴、桂。大约侍于五月中旬南渡徽、池，鲍张须六、七月乃能赶到。此外派员回湘新招之勇，亦须七月乃能取齐。若仰托福威，六、七两月之内，贼氛不急犯徽、浙，不扰江西，俾敝处新军稍集，部署稍定，得与雄麾合为一气，或可并力以御狂寇。目下初带散营南渡，鲍公未到之先，侍应暂扎何处；将来鲍、张陆续到后，应移何处；侍欲办苏事，应从徽宁何处入手，此外尚有从入之途否？敬求一一指示。精力疲极，忽膺艰巨，中夜以思，但增悚惧。

14 复张芾

咸丰十年五月初九日

筱浦老前辈大人阁下：

——安庆撤围，则桐城亦须撤退，英、霍亦须酌退，即袁、翁二军，亦孤立无援。淮南全局皆变，关系匪浅，是以熟商，仍令舍弟驻安庆不动。

——侍向湖北调霆字营鲍军六千人、礼字营千人，又抽安庆二千五百人，合之宿松护卫之营，共万人，定于十五日起行，由水路赴安庆，自东流登陆，拟扎祁门。与雄师相联络，先固徽境，并保江西之饶防。

——飞调湖南张凯章一军，并另募楚勇万人，约须夏末秋初，乃可陆续到江西，皖南。

——檄李次青新募平江勇三千人，与在景镇、淳安之平江勇合为一军，奏起沈幼丹，仍守广信，与次青、枚臣三人合办一路，兼顾衢严，以保浙江之上游，以防江西之东界。事机若顺，则由安吉、孝丰以趋广德州。

——鲍镇告假回四川，现尚未来。侍现带霆营渡江，尚无领将，须在安庆略为等候。俟鲍公到后，又须等候凯章。鲍、张俱到，乃可分兵进剿，分兵援浙。目下浙江阽危，棉力不能速救，忧心如焚，实深愧悚。

忧心如焚，实深愧悚。

——皖南饷绌，素所深知。侍为地方官，谊当分润协济。目下添勇甚多，并无可指之饷。奏请以江西地丁漕折，归中丞经收。厘卡牙帖，归侍经收。冀经理得人，所获较多，以饷所集之卒，兼协麾下之军。未知能上邀俞允否？办理果得旺盛否？

——职内应办之事，以海运及盐课为最重。海运之能办与否，须视浙江之能否保全以为断。至盐场大利，须亲赴淮安，办水师战船二、三百号，遍布盐场各河，改为就场征课，庶存此大利，兼可南剿扬镇，西防长淮。不知淮安果可兴造战船否？已函问袁午帅矣。

以上各条，筹画梗概。是否有当，伏候惠示。萧辅臣遽尔殉难，深可悯惜。敬求设法觅其忠骸，归葬故土，为幸。韦营系其所统之部，训营非其所招，曩所以两次剖晰于左右者，深知训营不顾萧守也。复请台安。

15 复张芾

咸丰十年六月初一日酉刻

筱翁老前辈大人阁下：

侍于二十一日至黄石矶，与杨、彭两君晤叙，南风大发，二十七、八始由陆路转回东流、建德，而所调鲍镇之霆字营，自湖口南渡者一半，余二千人竟阻风不能渡江。鲍镇亦无回鄂消息。侍前本饬霆军先赴祁门，今既不尽南渡，则侍当先行，而安庆调来之朱镇品隆，又因病不克随从，仅挈诸偏裨以行，殊深焦灼。幸徽境现尚静谧，雄麾足资堵剿，不至遽须重兵，兹足慰耳。祁门难扎多营，此间亦当筹及，第山谷用兵，较之水滨行师，其难数倍。侍欲率诸将经历山险之中，以重中路之势，且讲求转运事宜，使楚人谙悉途径，庶此后调遣较易，尊意以为然否？肃复。

16 复张芾

咸丰十年六月二十五夜

筱浦老前辈大人阁下：

余杭复失，浙江危急，宁国日棘，不特大局愈坏，即国藩之私计，亦更无从下手，曷胜忧愤。来示嘱侍军由黟、而石、而太，步步为营，鄙见如此办法，实与宁国无干，断不足解宁郡之围，必不得已，则不如仍遵阁下前函之计。前此三奉惠函，饬敝军代守徽郡，台驾亲往援宁等语，请即调尊麾全部迅援宁国，大纛今日启行，敝部次日即入徽城，不敢爽约。闻养素言，徽郡城楼橹不完，守具不备，应须若干人始敷守御，求指示。

国藩戊午再出，谕旨饬统萧、张二军，去秋概调赴他省，阁下所知也。去冬勉凑万人，依傍鄂省各军，今又留攻安庆，亦阁下所知也。目下所带霆营六千人内，三千四百系多年老勇，其二千六百则系今夏新招，未曾见仗。其朱镇等之四千人，老勇一千三百，新招二千七百。故鲍镇未来，朱镇未痊，万不可以言战，实属自知甚明，自度甚审。若自揣兵力可恃，岂有不愿出仗之理？岂有不肯赴援之理？故自五月初三以后，四次具奏，皆言驻扎祁门，以待新军之至。此中空虚之苦情，虽未尽形诸奏牍，已托养素告诸左右矣。倘不自量其虚弱，或蹈萧翰庆、彭斯举之覆辙，则新军虽至，无所附丽，亦有心人所不愿出此也。

自知甚明，自度甚审。

17 复张芾

咸丰十年七月二十日

筱浦老前辈大人阁下：

惠缄敬悉。此间拟分三路援宁，另备公牍咨达。鲍军人数最多，势不能不先趋石埭。诚恐石埭纵能得手，而为池州、青阳所牵制，不能遽行前进，仍无补于宁国之危。张军趋泾县，李军趋旌德，二路去宁国较近，又恐人数略少，难期得力，再四思维，未得完策，姑且如此布置，仍祈卓裁酌示。三路米粮，应如何筹办，亦祈分别示知。江西六月饷银，归敝处新粮台办。现据报三万，尚不如向来协饷五万之多。来示奖饰之语，层见迭出，而不知饷项一节，十分竭蹶。设前奏允准，则新旧交替之际，竟无银两可以点缀而弥缝之。每念及此，尤深焦灼。庞阁部、季太史两

未得完策。

函接到。江苏郡县，日在水深火热之中，大旱之望，不虞之誉，皆萃于鄙人之身。将来望极而怨生，誉过而毁来，惴惴之衷，良不知所以善其后。素蒙关垂，尚乞时赐南针，无令途辙大迷，是为至愿。即请台安。

望极而怨生，誉过而毁来。

18 复张芾

咸丰十年七月二十二日

筱浦老前辈大人阁下：

惠函猥承奖借溢量，侍以菲材，谬绾双符，古人所谓“德薄位尊，非祚惟殃”，实深惴惴。芜湖、池州、东坝三处，皆为贼有，关税似难遽办。前事奉到两次谕旨，显示变更局势之意。复奏时，亦尝再四斟酌，措辞过轻，则恐改为帮办，贤者不得息肩，各部亦无所适从；措辞过重，则老成宿望，佩仰有素，又岂肯厚诬君子，直抒鄙见，仰候圣裁。台端之去住，虽尚难预卜，而进退要皆有余裕，请释疑虑。不佞久为同病相怜之人，何至为此不情之举。粮台捐局文案，孰冗孰要，孰优孰劣，刻下尚不敢问禁问俗。如果换羽移宫，届时再当晤商一切。此间饷项大绌，尚不及尊处粮台远甚。八、九月间，不知何法可免决裂也。

19 复张芾

咸丰十年八月十八日

筱浦老前辈大人阁下：

侍在祁门，扼景镇、建德两处之来路，顾池、石、泾、太之防务，不可轻动。次青在徽弹压防守，亦不可轻动。绩溪之防，另派礼字营等二千余人往，侍缺饷与尊处略同。本年并未具折请饷，非廉也，知邻省之艰难，奏亦不应耳。徽防七月以前欠饷，不能代给，亦不能再行出示。伏希鉴亮。浙帅奏请台旆赴杭，若尊意不愿再从事于干戈，尚可婉委陈奏，圣心本无固必儒臣，雍容之度，久为九列所共亮。惟目下急于成行，似多未便，不如委

雍容之度。

蛇数日，待索饷诸弁风波稍定，然后起程，或未晚也。江长贵刻下景况极苦，昨有信来，求调回徽防，拟即复函允之。

20 复张芾

咸丰十一年四月二十九日

小浦老前辈大人阁下：

顷奉二月二十日惠书，敬悉安抵珂里。庐墓展思，仁孝动于神明，义问宣于遐尔，企仰曷既！敝处军事，自去冬以来日形竭蹶。逆党救援安庆，其取势乃在千里以外。北岸则攻陷鄂之黄、德二府五县，狗逆自率悍党回窜集贤关，扑我围师之背。南岸则饶州、景德镇等处常有十余万众，断祁、黟之饷道。而忠逆别出一枝，由广信、抚、建穿入江西腹地，连陷吉安、瑞州等城。今虽勉强支撑，未弛安庆之围，而内地糜烂，饷源大绌，积欠至五六个月。计半载以来，除余际昌霍山失利外，各军并未挫损，而局势几不可收拾。闻僧邸在济宁，袁帅在临、淮，均不得手。天意茫茫，未知何日厌乱。附告一二，以答苢系。顺问台安。

内地糜烂，饷源大绌。

书札

鲍超

鲍超（1828～1886）字春霆。四川奉节人。出身行伍。咸丰三年入湘军水师，充哨长。克武昌后，擢参将，改领陆军。曾解曾氏祁门之危。入江西与李秀成战。在围攻安庆之役中，时在江北太湖地区，时在江南皖南地区，机动作战。同治二年升提督，母亲逝世亦未回家奔丧。克金陵后，授轻车都尉世职。攻灭江西、广东太平军残部。后参与攻捻，因与淮军刘铭传不协，托病归里。光绪六年中俄发生边境争端，应诏再领军，授湖南提督。旋病归。十年中法因越南问题发生战争，奉命募勇驻云南边境的白马关。次年卒于故里。《清史稿》有传。

1 加鲍超片

咸丰八年九月二十日

务宜敬以持躬，恕以待人。

再，足下数年以来，水陆数百战，开府作镇，国家酬奖之典，亦可谓至优极渥。指日荣晋提军，勋位并隆，务宜敬以持躬，恕以待人。敬则小心翼翼，事无巨细皆不敢忽；恕则凡事留余地以处人，功不独居，过不推诿。常常记此二字，则长履大任，福祚无量矣。

2 致鲍超

咸丰十一年二月初九日

春霆仁弟大人阁下：

不稍涉骄矜之气。

顷戈什哈王廷贵自京中回，言京城及沿途道阁下威名甚好，至为欣慰。惟望阁下常守“花未全开，月未圆满”之戒，不稍涉骄矜之气，则名位日隆矣。胡宫保闻抚、建有警，函止阁下不必往援北岸，甚好，甚好。请阁下即防守江边东流、建德一路。婺源来大股贼十余万，左军全行进剿。现调陈余庵带四千人速来景镇，余二千人在东、建，请阁下代为照料。顺问台安。

3 复鲍超

咸丰十一年二月十五夜

春霆仁弟阁下：

来信具悉。敝处发一公文，调老湘营赴婺源协助左军。又发一公文，请贵营赴景镇、乐平协助左军，盖闻左部下八营在甲路挫败也。今日接探报，甲路八营因子药缺乏而退，尚不甚败。若归并左公自带之四营，或尚站得住。而阁下已于十五日移扎张家滩，势亦不可遽动。如左公在景镇站得住，则陈余庵四千人可往助之；娄副将四营亦可发往助之。台旌可不必前往景镇、乐平矣。贵军为贼所惮，目下望援者三处：一太湖胡宫保处有急须援；一景镇左帅处有急须援；一安庆舍弟处有急须援。而鄙意总不欲贵军轻动，专留待援九江、瑞、临之用。三日内再有确音，请暂勿拔动。即问台安。

而鄙意总不欲贵军轻动。

4 复鲍超

咸丰十一年三月初五日辰刻

春霆仁弟大人阁下：

连接惠缄，知贵军尚扎下隅阪。顷据左京堂信，知陈余庵军于三十日败挫，景德镇失守，左军退驻乐平矣。景镇系伪侍王股匪，闻贼数比黄文金更多。贵军进剿鄱阳，不知已启行否？扎营之地，总须算明米粮接济之路，距水师不可太远。至嘱！至嘱！国藩日内自至休宁，饬各军进攻徽州。若能克复徽州，则令各营坚守徽、休、祁等城，而仆以轻骑自赴江滨；若不能克徽，则各军皆当分途回剿，仆亦当赴江滨耳。即请台安。

5 复鲍超

咸丰十一年三月初八日巳初

春霆仁弟大人阁下：

昨日两缄请阁下回剿鄱阳，进攻景镇，不知已接到否？此股若不击退，不特鄙人与三万军士同在围困之中，且恐其由都昌渡湖以至吴城，则省城、九江、瑞、临等处糜烂，为祸尤烈。贵军一至鄱阳，则下可以保都昌，上可以攻景镇，外可以解祁门三县兹特具公牍，达之左右。

之围，内可以纾江西北路之患。兹特具公牍达之左右。祁门三万余人，二月全无饷来。闻有银四万在转运粮台张守秉钧处，请阁下酌留一万余三万设法解至桃树店等处，祁门派队迎接可也。顺问台安。

6 复鲍超

咸丰十一年三月二十八日

春霆仁弟大人阁下：

阁下督率全军今夜可宿羊子港，可谓神速之至。极慰！极欣！敝处接舍弟信，知安庆极为稳妥。杨军门抬船入菱湖，夺贼船十四号。多都护在练潭获大胜仗，杀贼近万。北岸之事，大有起色。而伪忠王股匪连陷吉安、临江、瑞州三府，有窜九江之信，南岸又十分紧急，且恐其由兴国以犯武汉。应请贵军暂不渡江，且在下隅阪歇息二三日，与国藩面商一切。如北岸果松，即请阁下先援九江也。贵部五正营，三副一新，合之河溪仁字马队，约七千余人。其三新营截留黄州，须赶紧调回。待会晤后即咨官帅调之。复候台安。

7 致鲍超

咸丰十一年四月初五日辰刻

春霆仁弟大人阁下：

闻步队马队渡江已毕，至以为慰。今日天气晴霁，请阁下即督队迅速前进。闻胡宫保派胡达轩三营守石牌，成武臣七营随阁下进集贤关。兵力已厚，尤为欣慰。一切调度布置，仍请多都护作主。阁下谦以受益，同心同德，勋福更隆。即问台安。

兵力已厚，尤为欣慰。

8 致鲍超

咸丰十一年四月十八日卯刻

春霆仁弟大人阁下：

日内江水盛涨，增至七尺有余，狗酋已由练潭过河回援安庆否？贵部本极精悍，屡立奇功。近来副五营中、后两营留黟，左右两营不甚得力、新三营在黄州小挫，老五营中弁勇伤亡甚多，此数事者均暗暗吃亏，请阁下加意检点。虽人数多于八、九等年，而其小心谨慎，应比往年更加严整。营盘须距水师甚近，庶粮路可保无虞。至嘱，至嘱。顺问台安。

小心谨慎。

9 复鲍超

咸丰十一年五月初八日

春霆仁弟大人阁下：

惠书具悉。贵部百胜之师，近因逼左、右营不甚得力，新三营有黄州之挫，深以为虑，幸四垒攻破，数千悍贼骈首就戮，刘逆亦生擒支解，军威大振，士气全伸。再加休养兼旬，元气自可全复。前月之所虑者，当无虞矣。江西官绅士民望贵军有如望岁，祈即日料理南渡，以慰豫章万众之心。副中、副后两营闻黟县失守，恐难遽来，到九江时必可会合耳。手复，顺问捷安，诸惟心鉴。

军威大振，士气全伸。

10 致鲍超

咸丰十一年六月十二日

春霆仁弟大人阁下：

昨接润帅初五日信，鄂中派成武臣六千人由金牛进剿兴、冶一带，派何绍彩三千人由咸宁进剿崇、蒲一带。阁下驰赴上游，不必再走兰溪等处，应在九江登陆，由瑞昌、武宁打至瑞善。瑞昌、武宁二县均与兴国接壤，贵军与成武臣军自可互为声援。贼之悍党在鄂境，其老剿在瑞州，中间必以武宁、义宁为枢纽；兴、冶一路之贼，其枢纽在武宁；崇、蒲一路之贼，其枢纽在义宁。成武臣打兴、冶，贵军打武宁，则枢纽断而瑞州之老巢可破矣。不可从九江直进瑞州，恐先遏归路，鄂贼不得回瑞州，反为鄂、湘之累，且贻袁、临之害也。贵军饷项极绌，一至九江，即由江西藩库解银济之。毓中丞亦久有此意，但患贵军入州，乃为妥江境太迟耳。贵部此次掳船太多，声名大损。一至九江登陆之后，务须约束严肃，禁止骚扰。至要！至嘱！

约束严肃，禁止骚扰。

11 复鲍超

咸丰十一年八月初八日

春霆仁弟大人阁下：

雄师渡河追剿忠贼，刻下想已追过抚州矣。国藩于初五日赴安庆，一切平顺。初三日申刻，多军克复桐城，初四日，水军克复池州府城。阁下在内地办事尽可放心，不必挂念江边之事。俟贵军追至河口，将忠逆及湖、坊两股尽行驱逐后，必须大为歇息，乃可另剿他处，以阁下盛暑行兵过于劳苦也。顺问台安。

12 致鲍超

同治元年四月二十一日

春霆仁弟大人阁下：

顷奉谕旨，知青阳之捷，阁下又蒙天恩赏赐御用各物，阁下当威望极隆之际，沐朝廷稠叠之恩，务当小心谨慎，谦而又谦，方是载福之道。前此曾以“花未全开月未圆”七字相劝，务望牢记勿忘。至麾下营头太多，营官、哨官多系镇将大员，管辖实属不易。一人之精神照管不到，莫如择一二人分统之而分管之。如宋国永、娄云庆二员，其资格、才识，皆可胜统领之任。霆字十五营中，尽可分五营与宋国永统带，分五营与娄云庆统带，阁下仅亲统五营。此外如仁字、礼字、峰字、春字及马队各营，或全归阁下亲统，或酌交宋、娄分统，亦须早早派定。譬如大树高干，无枝则无叶无荫，必有大枝长条，乃有密叶浓荫，此一定之理也。李希庵部下现分成大吉为一枝，萧庆衍为一枝，金逸亭为一枝，梁作楫、蒋凝学、毛有铭、欧阳崇如各为一枝。多礼堂部

务当小心谨慎，谦而又谦，方是载福之道。

下现分雷正绾为一枝，石清吉为一枝，杨朝林为一枝。阁下亦宜赶紧分枝，庶几担子渐轻，照料易周。即手下之有才者，亦宜使之独当一面，俾得各显手段，各建功业，庶无久居人下之怨。如近日陈由立，余大胜舍此而逃往别处，亦因久居人下，思另寻出头之日也。又如近日梅仁富、张遇春之在泾县同伴开仗，亦因该处并无统领，照管不到也。阁下若再不派分统之人，则将来之逃往别处者，恐不止于陈、余；同伴开仗者，恐不止于梅、张。可虑之至！望吾弟早计之。凡利之所在，当与人共分之；名之所在，当与人共享之。贵军营务处用费浩繁，阁下不能与之同甘共苦。嗣后若派分统之人，须将银钱公平派出，使分统者宽绰有余，则人心皆服矣。顺驾大喜。

各建功业，庶无久居人下之急。

凡利之所在，当与人共分之，名之所在，当与人共享之。

13 致鲍超

同治元年五月初六日

春霆仁弟大人阁下：

日来未接惠缄，不知台旆已抵宁郡城外否？闻杨七麻在城内，又闻青、石、芜、太等处败贼，浙江援贼萃于该府，数必不少，务望阁下稳慎图之，不可因屡胜而轻敌，或至疏失。湖州危急日甚。赵竹生于四月二十一日有信出来，言城内草根树皮皆已食尽，望援如望救焚。阁下如在宁国扎定，即祈分兵援湖，至要至恳。前任皖南道福咸，系工部尚书倭艮峰先生之少君。福观察于十年七月在宁国殉节，艮峰先生派家丁二名来南寻收遗骸，在敝处已住五个月。兹特赴宁国，以便破城时收觅忠骨，求阁下加意照拂为荷。顺候台安。

稳慎图之。

14 复鲍超

同治元年九月三十日

春霆仁弟大人阁下：

顷接来信，知二十一日之战未甚得手，业已围攻汤溪，弟即不复言调芗军矣。目下金柱关、芜湖及水师各营，业已九分稳固，金际一军亦有七分可靠。春霆军出队，小有损折。凯章之病据称十分沉重，殆有忍言者！杨黄各逆相持已久，霆军纵可强支，若忠、侍等从金陵折回归并宁国，恐终不能不烦芗军一为援助。汤溪之克，如有端倪，自不可弃垂成之功。若毫无把握，或宜相机撤退，俾芗军作一支活兵，于浙、皖俱有裨益。舍弟屯驻金陵，鄙人亦患其太呆！嘱其于忠酋解围后，趁势改图，另由东坝进兵，不必株守金陵。兹特交家信钞呈台鉴，是否有当？务求谆切指示：至恳！顺问近好。

如有端倪，自不可弃垂成之功。

15 复鲍超

同治元年十一月二十五日

春霆仁弟大人阁下：

顷接来缄，惊悉尊堂太夫人锦堂弃养，宝婺沉辉。阁下至孝性成，骤婴大故，哀恸迥逾寻常，急思奔丧回籍，乃人子之至情；惟统领雄师，独当一路，正值万分吃紧之际，即日当专折奏明，仿咸丰六年福将军在江宁丁忧之例，奉旨后在营旁民房穿孝二十七日，目下请节哀顺变，公而忘私，仍以军事为重，力支危局。宁国之艰难已历四个月，全赖阁下与各营官勉力撑持。再支一个月，则米粮已运足，朱军必已到青阳，熊镇、冯镇之新勇必已陆续到齐。一交新年，贵军补足劲旅，又可复从前之旧。扫清宁郡之贼，克复金陵，再行奏请回籍，则哀荣备至矣。肃此，奉唁孝履。

以军事为重，力支危局。

16 致鲍超

同治二年八月初三日

春霆仁弟大人阁下：

贵恙近已全愈，各营士卒病者日见轻减，至以为慰。闻金陵米盐菜蔬比前稍贱，军士日用之需少得便益，则苦况亦减矣。贵营扎城北，离孝陵卫太远，难于施功，必须改从城南进兵，庶几粮路易通。闻黄、李、古、赖等股，皆将回援金陵，贵军至大胜关后，先扎一不甚要冲之地，俾各营略得安闲。待击退援贼后，再进孝陵卫可也。手此，即候捷安。

难于施功。

17 致鲍超

同治三年三月初四日

春霆仁弟大人阁下：

前檄请阁下统师进攻丹、句，不知近已拔营否？闻伪忠王以血书求援于湖州贼目侍、堵等逆，侍、堵许以三月间来援金陵。舍弟所部分扎百余里，汛地太广，围城贼则有余，打援贼则不足。如侍、堵果来，务望阁下妥慎御之。如句容已克，即请阁下亲驻句容，一以防侍、堵来援之贼，一以防克城后大股冲出之贼。句容最为扼要之区，侍、堵来时，无句、溧两处驻足，断无能久之理。阁下虽不打援贼，而舍弟军已受福矣。若句容未克，则贵军仍须回驻东坝，侍、堵来时，应请阁下带行队至溧水，等候贼扑舍弟之后，阁下即抄贼之后，亦如在高祖山时出行队打泾县也。敝处札万方伯为贵军办米万石，阁下可派员至泰州守催，以期迅速。顺候台安。

断无能久之理。

书札

刘蓉

刘蓉（1816～1873）字孟容，号霞仙。湖南湘乡人。诸生。曾氏挚友，结交始于道光十三年。二十二年十月，曾氏有五古《寄怀刘孟容》，又作五律《怀刘蓉》，有“卧龙”之誉。咸丰四年入曾幕。曾氏困南昌，郭嵩焘至，曾氏作《会合诗》，庆三友重逢。旋因武昌陷，从罗泽南率左军赴援。弟刘蕃阵亡于蒲圻。咸丰八年，曾氏作《刘君季霞墓志铭》记其事。弟既亡，悲甚，遂归，无意复出。骆秉章总督四川时，召入幕，举荐为知府，施升为四川布政使，助骆平石达开数十万众。石达开被捕，刘蓉亲往受俘。同治二年七月授陕西巡抚。同治四年兵败于捻军，被罢职。归里，以诗书自娱。《清史稿》有传。咸丰三年四五间，曾氏为其母刘氏作墓志铭。

1 致刘蓉

道光二十三年

去岁辱惠书，所以讲明学术者，甚正且详，而于仆多宽假之词，意欲诱而进之，且使具述为学大指，良厚良厚！盖仆早不自立，自庚子以来，稍事学问，涉猎于前明、本朝诸大儒之书，而不克辨其得失，闻此间有工为古文诗者，就而审之，乃桐城姚郎中鼐之绪论，其言诚有可取。于是取司马迁、班固、杜甫、韩愈、欧阳修、曾巩、王安石及方苞之作，悉心而读之，其他六代之能诗者，及李白、苏轼、黄庭坚之徒，亦皆泛其流而究其归，然后知古之知道者，未有不明于文字者也。能文而不能知道者，或有矣，乌有知道而不明文字者乎？

其言诚有可取。

古圣观天地之文，兽迒鸟迹而用书契，于是乎有文，文与文相生而为字，字与字相续而成句，句与句相续而成篇，口所不能达者，文字能曲传之。故文字者，所以代口而传之千百世者也。伏羲既深知经纬三才之道而画卦以著之，文王、周公恐人之不能明也，于是立文字以彰之，孔子又作《十翼》，定诸经以阐显之，而道之散列于万事万物者，亦略尽于文字中矣。所贵乎圣人者，谓其立行与万事万物相交错而曲当乎道，其文字可以教后世也。吾儒所赖以学圣贤者，亦藉此文字以考古圣之行，以究其用心之所在。然则此句与句续，字与字续者，古圣之精神语笑胥寓于此。差若毫厘，谬以千里。词气之缓急，韵味之厚薄，属文者一

差若毫厘，谬以千里。

不慎，则规模立变；读书者一不慎，则卤莽无知。故国藩窃谓今日欲明先王之道，不得不以精研文字为要务。三古盛时，圣君贤相承继熙洽，道德之精，沦于骨髓，而问学之意，达于闾巷。是以其时虽罝兔之野人，汉阳之游女，皆含性贞娴吟咏，若伊莘、周召、凡伯、仲山甫之伦，其道足文工，又不待言。降及春秋，王泽衰竭，道固将废，又亦殆殊。已故孔子睹获麟曰："吾道穷矣！"畏匡，曰："斯文将丧！"于是慨然发愤，修订六籍，昭百王之法戒，垂千世而不刊，心至苦，事至盛也。仲尼即没，徒人分布，转相流衍。厥后聪明魁桀之士，或有识解撰著，大抵孔氏之苗裔，其文之醇驳，一视乎见道之多寡以为差，见道尤多者，文尤醇焉，孟轲是也；次多者，醇次焉；见少者，文驳焉；尤少者，尤驳焉。自荀、扬、庄、列、屈、贾而下，次第等差，略可指数。

欲明先王之道，应精研文字为要务。

次第等差，略可指数。

夫所谓见道多寡之分数何也？曰：深也，博也。昔者，孔子赞《易》以明天道，作《春秋》以衷人事之至当，可谓深矣。孔子之门有四科，子路知兵，冉求富国，问礼于柱史，论乐于鲁伶，九流之说，皆悉其原，可谓博矣。深则能研万事微芒之几，博则能究万物之情状而不穷于用。后之见道不及孔氏者，其深有差焉，其博有差焉。能深且博，而属文复不失古圣之谊者，孟氏而下，惟周子之《通书》、张子之《正蒙》，醇厚正大，邈焉寡俦。许、郑亦能深博，而训诂之文，或失则碎。程、朱亦且深博，而指示之语，或失则隘。其他若杜佑、郑樵、马贵与、王应麟之徒，能博而不能深，则文流于蔓矣；游、杨、金、薛、胡之俦，能深而不能博，则文伤于易矣。由是有汉学、宋学之分，断断相角，非一朝矣。仆窃不自揆，谬欲兼取二者之长，见道既深且博，而为文复臻于无累，区区之心，不胜奢愿，譬若以蚊而负山，盲人而行万里也，亦可哂已。盖上者仰企于《通书》、《正蒙》，其次则笃嗜司马迁、韩愈之书，谓二子诚亦深博而颇窥古人属文之法。今论者不究二子之识解，辄谓迁之书，愤懑不平；愈之书，傲兀自喜。而足下或不深察，亦偶同于世人之说，是犹睹《盘》、《诰》之聱牙而谓《尚书》不可读；观郑、卫之淫乱，而谓全《诗》可删，其毋乃漫于一概而未之细推也乎？孟子曰："君子所性，虽大行不加焉，虽穷居不损焉。"仆则谓君子所性，虽破万卷不加焉，虽一字不识无损焉，离书籍而言道，则仁义忠信反躬皆备，尧舜孔孟非有余，愚夫愚妇非不足，初不关乎文字也。即书籍而言道，则道犹人心所载之理也，文字犹人身之血气也，血气诚不可以名理矣，然舍血气则性理亦胡以附丽乎？今世雕虫小夫，既溺于声律绘藻之末，而稍知道者，又谓读圣贤书，当明其道，不当究其文字，是犹论观人者，当观其心所载之理，不当观其耳目言动血气之末也，不亦诬乎！知舍血气无以见心理，则知舍文字无以窥圣人之道矣。

血气诚不可以名理矣。

周濂溪氏称文以载道而以"虚车"讥俗儒。夫"虚车"诚不可，无车又可以行远乎？孔孟没而道至今存者，赖有此行远之车也。吾辈今日苟有所见，而欲为行远之计，又可不早具坚车乎哉？故凡仆之鄙愿，苟于道有所见，不特见之，必实体行之，不特身行之，必求以文字传之后世。虽曰不逮，志则如斯。其于百家之著述，皆就其文字以校其见道之多寡，剖其铢两而殿最焉。于汉、宋二家构讼之端，皆不能左袒，以附一哄；于诸儒崇道贬文之说，尤不敢雷同而苟随。极知狂谬，为有道君子所深屏，然默而不宣，其文过弥甚。聊因足下之引诱而一陈涯略，伏惟悯其愚而绳其愆，幸甚幸甚。

必求以文字传之后世。

2 与刘蓉

咸丰三年十月十五日

孟容仁弟左右：

十三日接奉初十惠书，具悉一切。

伯母已得安葬，甚善！四方多故，早为封树，即亦无复它虑。岷、筠两君，国藩日日系念。今辰得筠书，知已自黄陂与岷君分手，遂得南旋，想已安抵梓木洞矣。兹将筠书抄一通呈览。惟岷老之师，尚在汉阳、德安一带，未得渡江，退保武昌，兹以为系耳。璞山在衡与国藩约，共招勇六营，往江南杀贼，将报湘人七月之仇，兼助岷樵一臂之力。其饷银军装，皆将劝捐自筹，不欲取之省局。所以别于官军，自成一枝义旅也。厥后璞山归湘，即往省城取饷，盖与初议异矣。适会下游警急，中丞嘱璞山带勇晋省防堵，此则局势与在衡之议大变，自有格例，未可意为伸缩。而璞山请饷请器物，多不中程，以是省局上下，大滋物议；而璞山语言意气，又多不检，以是訾议其短者，评讥日入于吾之耳，书函日入于吾之目。国藩昨为一书，规箴璞山，未知老璞能细味而曲从否？仆盖爱之深而思毖成之，非以文吏常谭，挫其锐气也。兹将原稿录呈一览。鄂省事棘，万不可不发兵往援。自璞山外，殆罕有请缨自行者，而此老虽锐以自任，左右无能夹辅之人。以助其义气而弥其缺失，是用隐忧。老弟当亦同此悬悬也。树堂九月已归去，吾弟能来此一存视否？吾不愿闻弟谭宿腐之义理，不愿听弟论肤泛之军政，但愿朝挹容晖，暮亲臭味，吾心自适，吾魂自安。筠老虽深藏洞中，亦当强之一行。天下纷纷，鸟乱于上，鱼乱于下，而容、筠独得晏然乎？阅吾弟与岷樵书稿，抑所谓肤泛者也。岷在江西与邓厚甫大不协，张中丞常以此等议论劝岷老。尊书之旨，盖相去不远，独文词深美，遂跻古人。国藩入世已深，厌阅一种宽厚论说，横棱气象，养成不白不黑，不痛不痒之世界，误人家国，已非一日。偶有所触，则轮囷肝胆，又与掀振一番，非吾弟亦无以发吾之狂言。

非以文吏常谭，挫其锐气。

吾心自适，吾魂自安。

3 复刘蓉

咸丰三年十一月初一日

霞仙仁弟左右：

初一日未刻人至，奉惠书，伏承动止康胜，至慰至慰！

璞山募勇之事，国藩盖时时系念。前此为赴鄂救援之行，不妨仓卒成军，近日为东下讨贼之计，必须简练慎出。若不教之卒，窳败之械，则何地无之，而必远求之湖南，等于辽东自诩之豕，仍同灞上儿戏之军哉！故此行不可不精选，不可不久练，无愚智皆知之，岂以足下与璞山之贤而反不知乎？选贵精，则璞山

不可不精选，不可不久练。

新招之卒，其可汰者必多；练贵久，则未出之前，与成行之后，其口粮须早为计划。现在江达川新招之千人，仆拟先发安徽，助岷樵之急需矣。其余五千，今冬须备两月坐粮，明春须两月行粮，计其所费，良复不赀，止得选备十营，合长夫为五千人，或可勉强支持。是以昨复中丞一书，将各勇通盘核算。璞山新旧之勇，多不过留四营。兹将原书抄呈足下与璞山，览之可得其详也。

湘勇佳处有二：一则性质尚驯，可以理喻情感；一则齐心相顾，不肯轻弃伴侣。其不佳处亦有二：一则乡思极切，无长征久战之志；一则体质薄脆，不耐劳苦，动多疾病。以此四者参观，大抵征本省之土匪则利，御江南之粤寇则怯。朱石樵归来，必有一番阅历笃论也。

至于练勇之道，必须营官昼夜从事，乃可渐几于熟，如鸡伏卵，如炉练丹，未宜须臾稍离。前与璞山面议，每营须有文武兼备之营官，始克照料一切，不知璞山已觅有贤者几人，果能当此一席否。仆极不放心。今年援江之举，以营官未暇详择，至今懊悔。望足下与璞山将四营之众营官伊谁，帮办伊谁，即日飞示，至要，至要！办船尚无头绪，篙工舵卒，已托尧阶为召置矣。

4 与刘蓉

咸丰三年十一月初六日

霞仙仁弟足下：

屡次致书，其精要处，皆未敢畅言，以省城易于传播，事未一集而已哗然矣，故稍秘之也。兹恐吾弟及璞山终不达鄙意，故作一密书与璞山，求吾弟亲携示璞山，字字皆心血结成，璞山能如吾之约，则一一照办，破釜沉舟，以图一举；若璞山必不肯从吾之约，则璞山当自成一军，而吾当补招三四营，别为一军。务乞霞、璞熟商，示我复音。至要，至要！

字字皆心血结成。

5 与刘蓉

咸丰四年二月初七日未刻

霞仙仁弟足下：

前接惠书，中心多不白，故不即复，顷又接初五夜手书。仆本拟今日赴省，以各营抬炮配船，忙冗万状。役夫数千而不能毕期，以今夕二更赶毕，明日开行，半日可到也。近日友朋致书规我，多疑我近于妒功嫉能，忮薄险很者之所为，遂使我愤恨无已。虹贯荆卿之心，而见者以为淫氛而薄之；碧化苌弘之血，而览者以为顽石而弃之。古今同慨，我岂伊殊？屈累之所以一沉，而万世不复返顾者，良有以也。仆之不能推诚与人，盖有岁年，今欲矫揉而姁姁向人，是再伪也。相见匪遥，行与痛宣。顺候即绥。

相见匪遥，行与痛宣。

6 与刘蓉

咸丰六年二月

霞仙仁兄左右：

自闻季霞弟殉难之耗，寸心伤悼，惘惘如有所失，非以国藩之故，吾弟断中不能羁滞军中至二年之久；非以吾弟之故，季霞断不能行役鄂中至千里之远。是季霞之逝，吾弟累之也，实国藩累之也。使吾弟上无以慰老亲，下无以全友爱，国藩负疚神明，夫复何辞？乃者凡在敝军人员，一技半职，皆得月分禄养，薄沾微润。惟吾弟与云仙不议月俸，出比龙见，而蜕若蝉清。盖国藩不欲以职事累两君，亦不以荣禄相酬。使两君得遂其来往自由之身，此鄙人之微意。而吾弟与云仙所默喻，而便安之者也。不谓季霞冒犯矢石，遂以身殉。念阁下艰难相从，寒暑跼蹐于拖罟暗舱之中，又以力战陨丧爱弟。是未受职事，而劳苦过于职事重大之人；未沾荣禄，而得报异于荣禄优厚之人。固天道之不可推测，而国藩之负疚怀惭，乃展转而弥深。谨具赙仪二百金，为季

固天道之不可推测。

霞营斋营葬之费。道途梗塞，无术速达，俟贼氛稍息，即专差送交迪庵观察，请其妥寄。

近闻谕旨饬南抚传谕老伯，命吾弟出办军务。朝廷甄采正士与谋军国，此古来所罕见。正气得伸，朋来无咎。吾弟应诏而出，万不可以少缓，不知新岁已启行赴鄂否？睠望台旆，悠悠我思。贼躯粗适，癣疾自服云亭方药，比十愈三四。次青在苏官渡扼守如常。黄虎臣尚称营官之佳者。水师终乏起色。筠仙与弢甫同赴浙江筹饷，正初当可抵杭。弢所荐士，有龚李拱、赵惠甫，顷已到营，皆英迈有识，诸关绮注，有敢布闻。余详罗山书中，抄录呈览。惟希心照，顺问近安，不一。

正气得伸，朋来无咎。

7 复刘蓉

咸丰九年正月十三日

霞仙仁弟左右：

粤匪去冬未平，且复加厉。所睹《四书》，当以奉诒。阁下向多愁郁，想书到君家，亦百年中可为开口而笑之一日也。三河之败，歼我湘人殆近六千，不特大局顿坏，而吾邑士气亦为不扬。未知此后尚能少振否？国藩此次在外，无不答之信，无不批之禀。官场庆吊，酌量送礼；家乡庆吊，亲族本家，亦少为点缀；余皆率往常规模不变。“巧言、令色、足恭”三者。有志学步，质既鲁钝，学又作辍，数月以来，毫无效验。或劝先难后获宜再卑抑，以俟大效；仆则抱“七必不堪”，仍将修吾初服，免使陈咸头触屏风耳。筠仙在京，亦所如不合，顷附片奏请来营。大约三、四月可以到营。阁下能来再赋会合否？

8 致刘蓉

咸丰九年三月二十三日

霞仙仁弟亲家阁下：

金陵消息颇好，北岸浦口、江浦皆复，六合亦经合围，南京之贼，援尽粮少，即日或可得手。老剿既倾，则各路皆成流寇，止望捻匪不更炽腾，军事必有转机。

国藩住建昌五月，花朝移屯抚州，军中多暇，间有朋游文酒之乐。何廉昉作《除夕感怀诗》十六首，仆偶次韵和之，一时叠唱至三十余人。吴子序亦相从甚欢，每季诒以五十金，以作乱后补缀之资。刘盛槐、李子成处，专人各送二百金至其家。此外死事者，俱有以存恤其孤。

邓弥之捐指浙江道，子序保同知，皆奏奉俞允，往年疚心之端，渐已弥去十之七八。江西官僚相处亦觉和融，无复猜贰，堪以告慰知己。惟胆气弥弱，闻抬枪之声亦觉吃惊，夜不成寐，寐辄怔悸，医者以为心血积亏所致。

前小儿纪泽请来营省视，已谕令五月完姻，顷得舍弟澄侯信言，尊处欲将御轮之期改至八月，想因奁具繁杂，刻难办齐。道义之交，不必多拘，仪文以简为妙。俾小儿得早来军中定省，至感，感恳。

道义之交，不必多拘。

9 复刘蓉

咸丰九年八月二十一日

霞仙仁弟亲家阁下：

国藩于六月初，奉防蜀之命，以景镇未复，难遽撤动，而所部将才太少，难期高飞，作疏直陈，后以江西肃清，不得不移师西上。行至武穴，接官帅咨，已奏请会剿皖贼。顷奉谕旨，以川境可保无虞，即行进剿皖省，如尚未免有入蜀之虞，只可从缓酌量云云。是圣心并无成见，仍听外间裁酌。蜀中本大可有为之邦，惟国藩倦游已久，深惮作客之难；作客于无贼之区、周旋于素不相知之主人则尤难，以是徘徊中立，未敢望剑南而西笑也。自黄州至武昌仅百余里，而阻风已逾四日，俟与官帅商，恐仍当从胡、李、多、鲍诸公之后，共图皖中。更事日多，斯不敢为天下先耳。趋时之效，茫如捕风，亦稍稍倦矣。历年疚心之端，逐一补救，十已得其七、八，如赒恤林秀三之家，而纂文刊碑于抚老境日增，所学无成，不无感喟。

州殉节之处，亦近日一称心事。目光眵昏，老境日增，所学无成，不无感喟。顺问著安。

10 复刘蓉

咸丰九年十月二十日

霞仙仁弟亲家阁下：

鄢守愚来营，接奉惠书，企慰无量。国藩驻军巴河，倏逾匝月。张军请假三月，尚留郴防。萧军为粤西奏留，势难北来。老营虽有万人，而材皆中驷，军无统将，惧不足效一割之用。鄢君气象规模似杨石泐，舍营官别无可以位置之地；而此间饷项日绌，专取给于湖北江西两省，外省更无涓滴之益，江西又不时至，竟不能添立新营，已薄贻二十金资鄢君归矣。子春一军亦以无饷，不敢调来共事。浚川军屡经奏调咨调，果其速来，尚须筹饷哺之。此旧辖之营，已有不能相收之势。国藩体气如常，惟目光日钝，兴会尤浅。自闻雨三、漱六先后沦谢，中年感悼，怆然不知所以为怀，瞻望旧雨，尤用轸结。顺请著安。

已有不能相收之势。

11 致刘蓉

咸丰十年六月十三日

霞仙仁弟亲家大人阁下：

国藩于四月杪，奉承乏两江之命，精力极疲，翻膺艰巨，前乎此者，骏马轻车，覆辙相寻。况以驽骀，而历峻坂，又值泥潦纵横，大惧颠蹶，诒知好羞。先是未闻新命之日，因苏、常沦陷，曾咨明江西、两湖为三省合防之议。厥后简书继至，亦遂守此议而不改。请湖南募新军二万，齐集广、饶等处，以是为助防江右，东北之师，即以是为进剿皖南、宁池之师。其时左季翁适奉襄办军务之命，因咨请募勇五千，而商及阁下，共图斯举，盖知阁下有意则当翻然自任，无意则且逾垣相避，故未敢数数也。闻阁下深闭固拒，果无意于横目之民。国藩以五月望日，自宿松

有意则当翻然自任，无意则且逾垣相避。

起行，六月十一日抵祁门县。俟诸军到齐，再行分路进剿。筠仙计已抵里。其赴山东查办事件，毅然自任，难免卤莽灭裂者，与鄙人昔年气概相同。其遭群疑众谤，是非难剖、心迹难白者亦略同。其为圣主所眷待、而去就自涉草草者，又复略同。将来还家后，必有郁郁不自得之隐，似宜邀至尊府，慰劳而疏豁之。国藩昨复渠一书，颇以一、二事相诘责，望溪所谓“子云之《反骚》，责屈爱屈之至也”。秋冬间，请阁下携云仙来营一叙，或久或暂，听两君之自为谋，决不相强。润帅请云入幕，亦届时商谋可耳。

决不相强。

12 致刘蓉

同治四年正月初三日

霞仙仁弟亲家大人阁下：

癸、甲二年均于正月奉致一缄，未得复书。第闻屡乞病假，不知玉体果否康豫，公私是否顺适，至为廑念！金陵克复，贱兄弟忝窃异数，至优极渥。江、浙旋即一律肃清，洋人气焰亦稍敛戢，似皆可用庆慰之象。然余匪窜闽之后，凶焰复炽。张廉访运兰、林总戎文察皆已殉难，刘克庵近亦大挫。闽中贫民从乱如归。死灰再燃，势将仍为江西、两湖之患。鄂、皖发捻投诚虽多，而回窜豫中者亦复不少。群言杂进，任事者多不自安。贱兄弟亦忧谗畏讥，筠仙尤增兹多口。环顾后起之英，真能返朴还醇、捍御外侮，讲求吏治者，似亦不可多得。日夕惴惴，念此阴阳交争之会，未识消长之机竟复何如。贱躯粗适而精力远不如昔。去岁盛暑困人，自五月至八月，竟日汗下如洗，两目昏花，不复能辨细字。齿牙虽仅脱其一，而动摇几遍，说话至二十句后，舌便蹇涩，气亦不属，自度万难任此艰巨。而舍弟甫经谢去，不能不稍与徘徊。但求闽寇不犯江、浙，豫匪不窥鄂、皖，波恬浪静，从容蝉蜕，养拙息机，则幸甚也。舍弟之病，殊非旦夕可愈。闻伯固世兄之长子已殇，而次者诞生伊迩，昔年于儿孙不甚厝意，近则老态日增，颇以抱孙为望。阁下想有同情也。

群言杂进，任事者多不自安。

波恬浪静，从容蝉蜕，养拙息机。

13 致刘蓉

同治五年正月初三日

霞仙仁弟亲家大人阁下：

岁序如流，又值正月初三之期。伏想动履康愉，政声益懋。去岁惊波迭起，洞心骇耳，卒能从容出险，不陨厥问，良以为慰。文辅卿出京过此，具言君子之厄于陈蔡，由朱石樵怂恿而成，怨毒于人，一至于此。国藩自上年五月奉剿捻之命，即奏定于临淮、徐州、济宁、周家口四处驻防重兵，以静制动，另筹两支游击之师，与贼追逐。建议之时，人亦鲜所非议。秋冬之间，四镇甫有端绪，两游尚未成军，而群贼蹂躏河南，未克驰援，由是中外交讥，疑谤丛集。目下游兵粗就，意欲悉数赴豫，谓可与此贼纵横角逐，或一间执悠悠之口。乃全军尚未西迈，而捻众已窜汉、黄，距此间又二千里矣。不得已，檄刘军门铭传跟踪援鄂，政恐我方南行，而贼又北旋。破寇之方漫无把握。昔年所部十余万人多系湘军，近日裁撤殆尽，存者不及二万。现在黄州叛变之成大吉一军，即系希庵最亲之部，而敝处徽、休二军，去夏亦几酿巨祸。世变日新，而人情益幻。下走精力久颓，齿落其二，而余悉动摇；目视昏花，阅文牍至三四纸即须少闭，以节其力；说话至二十句许，舌即蹇涩不灵，久膺艰巨，断无不偾事之理。眷属尚在江宁，今春拟遣之回湘。云仙在粤，亦无好怀。强寇久踞嘉应，兵将无一可恃，又与瑞、左二公大有乖忤，郁郁思去，又有不能脱然之势。阁下虽处艰窘之境，闻与厚庵水乳交融，此外尚有拂意之事否？僚属中果有相视莫逆，利可断金者否？便中惠告一二。顺问台安。不具。

以静制动。

世变日新，而人情益幻。

14 复刘蓉

同治五年四月二十八日

霞仙仁弟亲家大人阁下：

魏畴兄来营，接惠书，并荷开成石经之赐，感愧无涯。自台旆重留关辅，西事日棘。顷闻兰州兵变，残杀湘人颇多，并云督署受害尤惨。不知贞阶果与于难否，厚庵自庆阳回省，尽法惩治否。筠老不为粤人所悦，又与同事相构，久虑难安其位，亦卒无恙。今之忽然以去，闻系左帅两疏保荐蒋、刘宜抚羊城，不有废者，彼何以兴？筠公缠绵悱恻，而心怀颇嫌弦紧，自入粤后，无一适意之事。今戈矛起自同里，不知能自遣否。国藩接办捻匪已阅一年，贼骑逾万，裹胁日多，专好避兵而行，不轻与官兵接仗，而偶尔接仗，亦复凶悍异常。三月初间，淮军即两次小挫，自后虽屡获胜仗，洎未能损其精锐，殆与北魏之末，暨元末、明末各流寇相近，破敌之方，毫无把握。鄙人精力日颓，目昏齿疼，不耐烦剧，自度不足了此一股，曾有一函请少帅来此接办。渠深以不兼地方，饷项无着为虑。闻洋人在京要挟百端，势将弃好称兵。计洋、捻、甘回共三大患，殊不知所届也。陈蔡之厄，来书所指，敝处亦略有所闻，大约讲义理之学，而居崇高之位，则读书、知人、晓事三者缺一不可。某公读书本俭，而又不知人、不晓事、流弊一至于此。吾辈亦颇负清望，尤不能不于此三者猛省而精求之。顺问台安。

破敌之方，毫无把握。

居崇高之位，则读书、知人、晓事三者缺一不可。

15 复刘蓉

同治五年十一月初一日

霞仙仁弟亲家大人阁下：

接到惠书，以捻匪入秦，嘱派霆军西援。公义私情，均不容辞。惟闻秦中米粮奇贵，有钱无市，将士视为畏途，而鄙人亦以霆军素乏纪律，入闽者有上杭阙米之哗，赴甘省有金口弃舟之变，恐其偶缺粮食，遽生事端，不欲奏令入秦，反为阁下之累。亦因旬馀探报均称贼即回窜，自后五日未接回窜之信，乃檄霆军由荆紫关入秦，业经咨达冰案。春霆之不愿赴秦，盖有数端：一则患米粮无出，二则畏剿回匪，牵连入甘，三则惧归左帅调度。凡人各有隐衷，不能不曲为体贴。而缺粮尤为切肤之痛。故于公

公义私情，均不容辞。

牍中酌参活笔，到万分为难之外，听其中途折回，盖亦不得已而出于此。乔帅虽到，阁下似尚不能脱然回藉。此却如《易》爻三四之位，动多悔吝，不知阁下何以处之？鄙人所处，与台端不同。前请开缺一疏，奉旨调理一月，进京陛见。拟于腊杪春初北上展觐，一以谢累年高厚之恩，一以请办捻不善之罪。少泉以湘、淮军饷无着，不能离开江南，仍吁恳于少帅之外，另简使臣来豫接办。国藩亦始终留营，以散员周旋其间，维湘、淮之军心，通吴、楚之血脉，绝不作置身局外之想，再三面求，不知能邀俞允否。盖握兵太久，于军心大有关系，不得不委蛇求全，卓裁以谓何如？承示诗歌诸篇，《苍鹰词》曾由舍弟寄到。读过各篇，风骨遒逸，绝无衰老艰涩之态。东坡谓陈氏精悍见于眉间，岂山中之人哉！政恐岣嵝山神，仍有勒移之日耳。复请台安。

不得不委蛇求全。

16 复刘蓉

同治六年正月二十六日

霞仙仁弟亲家大人阁下：

敝处于十月初十接贼窜陕西之报，决计调霆军援秦。未调之前，迟延半月而始能定策；既调之后，迁延月余而迄未成行，仆与春霆皆不能无咎，而秦中米粮极艰，兵勇视为畏途，亦势有不敢遽前者，想亮之也。逮腊月初改调老湘诸军入关，刘寿卿闻命即行，差强人意。乃未入潼关，而秦军有十八日灞桥之败；既抵西安，而张敬堂有正月六日殉难之变，此则事机不顺，天实为之。敬堂学识宏远，志行坚卓，习劳耐苦，十倍时流。其倾服阁下，结诸梦寐，方冀练习兵事，培成国器，不谓裹尸关辅，百无一成。仆实负渠，夫复何言！计阁下恸哭敬堂，亦即浩然归矣。

事机不顺，天实为之。

书札

吴文镕

1 与吴文镕

咸丰三年九月初六日

受业制曾国藩顿首，谨启甄甫夫子大人钧座：

顷接同门仓少平来函，知吾师于十八日自沅江解缆，重九前后可到长沙。并由朱亮甫同年寄声，令国藩晋省迎候，面聆训诲。国藩久违师范，迫欲驱谒，一展依恋之忱。且乡团各务，亦思亲奉提命，冀有秉承。只以茶陵土匪窜据城垣，近闻裹胁颇多，此间安仁、衡山、酃攸等县，风鹤相惊，文报沓至，衡郡不无讹言，一有动摇，恐居民相率迁徙。且王县丞鑫，约日内来衡，与国藩面商一切。近剿茶陵之匪，远谋兴义之师，亦须留此与之熟商。函丈在望，不获亲炙，怅歉奚如。

茶陵之事，中丞已调塔将带兵勇八百余，王丞带道标勇三百余前往。其上游张太守荣组所带之兵五百，王县丞鑫所带之湘勇四百，国藩在此，当催其即日同往兜剿。共计兵勇二千有奇，攻数百残败复然之匪，亮可一鼓歼灭。至粤匪窜据九江，鄂省有张石翁在彼，重以我师之威望，应可无虞。南省城守之具，自六月以来，差为完备。在外之师，则调往茶陵者二千，岷樵所统湘楚各勇四千，亦皆首尾相应。

饷项并皆支绌。

惟两省饷项并皆支绌，几有朝不谋夕之虑，而鄂中更甚。南省本有催提广东之饷八万，索偿江西垫款二万八千，计已解送在途，而未知何日可到，良深焦灼。

乡里讹传，草木皆怖。

国藩以去秋差次闻讣旋里，其时长沙之围未解，乡里讹传，草木皆怖，仓皇葬母于居室后山。风水之说，慎终之礼，诸多未讲，只积罪疚。腊月十三，奉到帮办团练之命，本思陈情不出，为辞折将发矣，十五日，忽闻鄂中沦陷之耗，义不敢深居不问，以自邻于畏死趋避之徒。遂驰抵省门，厕身于不官不绅之间。

春间与乡人细究团练一事，咸以为“团练”二字当分为两层。“团”即保甲之法，清查户口，不许容留匪人，一言尽之矣。

“练”则养丁请师，制旗造械，为费较多，乡人往往疑畏不行。今练或择人而举，团则宜遍地兴办。总以清查本境土匪，以绝勾引为先务。遂设一审案局，与乡人约：凡捆送会匪、教匪、抢犯来者，立予正法。前后杀戮二百余人，强半皆绅耆擒拿。国藩因博武健之名，而地方颇收安静之效。初到之时，即奏请练勇以为剿办土匪之用，亦欲求三年之艾，阴养劲旅以为讨贼之储。

会张石翁招湘勇千人到省，遂日日训练，分为三营；中营为罗教谕管带，昨援江西，剿安福贼者是也；左营为王县丞管带，衡山、桂东、兴宁屡著战功者是也；右营为监生邹寿璋管带，目今浏阳守卡者是也。此三营者皆久经操练，缓急可恃。因练勇之便，时与塔将言及城中各兵亦可抽演试操，四五月间兵勇会操，居然严明，时予薄赏，以示鼓励，亦欲作其亲上死长之气，以惩窳惰骄蹇之习。塔将独能勤劳奋发，以是器之，而清副将为湘中万口所不许，又宴逸不事事，亦遂恶之。由是清大不满于塔，忮恨次骨。六月初，提军来省，乃媒孽其短，百端构煽。于是文武不和，兵勇不睦之象，渐次成矣。国藩以黑白颠倒，薰莸同器，大拂舆情，为保塔而劾清。适会张石翁保塔劾清之折同时并发，不谋而合。石翁又有札，严责塔将何以不操练。提军遂疑石翁与国藩并力以排之，而不留余地也。疑尽涉私见，而非公忠之道也，吾师试察究焉。石翁之公荩固无论，即国藩亦岂若是之浅小哉？平日之忠信光明，不足见孚于人人，内愧而已。

居然严明。

文武不和，兵勇不睦之象，渐次成矣。

七月十三，湘勇试枪，误伤一提标长夫。标下弁兵，执旗吹号，操军火器械于城外校场，寻湘勇而开仗。国藩以勇系湘乡，夫系常德，事涉嫌疑，但将此勇送城上，面责二百棍，而彼兵则置之不论，冀克己以和众也。八月初四，永顺兵和辰勇以赌博细故，又执旗吹号，下城开仗。国藩以屡次称兵内斗，将来何以御贼，思按军法治之。咨文甫出，而有初六夜之变，毁坏馆室，杀伤门丁。国藩思据实入告，为臣子者不能为国家弭大乱，反以琐事上渎君父之听，方寸窃所不安；欲隐忍濡迹长沙，则平日本以虚声弹压匪徒，一旦挫损，鼠辈行将跳踯自恣，初终恐难一律。是以抽掣转移，急为衡州之行，盖二月曾经奏明、衡、永、郴桂匪类极多，将来驻衡数月也。

胜则相忌，败不相救，万无成功之一日。

至于粤匪猖獗，神人共愤。国藩虽愚昧闲散，亦未尝须臾忘灭贼之事。痛夫今日之兵，东调五十，西调一百，卒与卒不习，将与将不和，胜则相忌，败不相救，万无成功之一日。意欲练成一万，以资廓清扫荡之具。顷有与江岷樵、王璞山各一书。璞山亦有书来，若合符契。兹并录呈清览，吾师视之，亦足以察微志之所在。惟损项极难，事不遽就，尚求秘而不宣，至幸至幸！

本拟遣厉伯符大令至省迎谒，道达一切，因恐大旆东指，是以缕书奉闻，言虽繁冗，尚不百一。

2 与吴文镕

咸丰三年九月十七日

受业制曾国藩顿首谨启老夫子大人钧座：

委用择人，听言察理。

奉到手示，敬悉种种。动思补救之谕，谨当书绅；委用择人，听言察理二语。国藩阅历尚浅，不无迷失。然今岁在省，于武员中赏识塔将，实以今日武营习气，退缩浮滑，恬不事事，骄蹇散漫，如抟沙者之不能成饭，太息痛恨，求如塔将之血性奋发，有志杀贼者，实为仅见，以是屡加器许。此外亦乏亲信之人。至国藩所不许者，则有口同斥，千夫共指。论者或欲混黑白而颠倒之，齐巨屦小屦而一视之，则褊浅之衷，实不能平。今日天下之变，只为混淆是非，麻木不仁，遂使志士贤人抚膺短气，奸猾机巧逍遥自得，安得侍坐函丈，痛哭而一倾吐也！泰和股匪，初五日窜据安仁城中，初七日巳刻退出，初八日至江洲口。是夜二更，塔将督勇剿捕，一鼓荡平，想禀报已到矣。王璞山县丞鑫于初八带勇往剿，至彼已见扑灭，即行返衡。十六日，由衡起行归湘乡矣。彼自兴宁定计，续行募勇，为报仇起义之举，遂陆续遣其麾下之卒还湘，若者招引健士，若者制军器，若者备糗粮，若者归休料理行装，以为长征之计，业已分散四布。来谕谓贼由富池口围攻兴国，恐由通城径窜平江，嘱调王璞山带勇赴平江，为迎头截击之师。籥翁亦飞札饬调。国藩以璞山之勇业经四

则褊浅之衷，实不能平。

散，若仓皇唤集，非十日不能齐；调赴平江，非八日不能到。既到之后，此三百余人者，亦无济于事。不如听其在湘中耽搁二十日，号召义旅，兴办一切，齐来衡城操练月余，然后成军以出，或者犹有小补。此王县丞之不能遽赴平江也。来谕令张守荣组率师至平江。润农太宗所带之兵勇本七百二十人，七月间省城防堵极紧，龥翁调回道标勇二百名。昨九月十三，其麾下守备田宗全不服润农约束，又调回其所带之绥靖兵二百名往省矣。现在张守仅带勇三百名，而粤西群盗如毛，永州西南一带不能不留兵防守，是以辗转思维，仍令其驻防江永一路，此张守之不能遽赴平江也。

粤逆由阳辛河窜入兴国，由兴国至通山、通城，即无水路可通。该匪未必肯尽舍船只，抛弃辎重。大队踵至之事，目下尚可无虞。惟分股四窜，勾结崇阳、通城一带乱民，攻扰南北交界各县，是意中事。现在塔将、王同知由茶陵回省之兵勇千三百余人，又有邹寿璋、陈文耀在浏阳守卡之勇四百余，皆可调赴平江。自浏自省，皆不三日而抵平也。惟自崖而返，画疆而守，兵勇习气皆然。来谕谓如贼未至平江，仍可往前进取，恐渠辈自嫌卑薄，不敢远征也。国藩回省之说，非不三思及之。惟目前与王璞山谋募练勇，兴举浩大，费用繁多。若在省城，耳目之间，动多触碍，不如避迹偏郡，捐赀多则多募，捐赀少则少募，张弛广狭，惟吾之所自为。且奉命办团查匪，而必在省干预兵政，本属越俎之谋，宜人之从而议其后，时位进退之际，亦当有其自审也。募勇一万，每月须费六万金。目下岷樵统带之楚勇、湘勇已四千矣。此间旧招新募，拟再添六千，如经费不敷，则先送四千，大抵十一月中旬乃可成行。不然，驱市人而使之战，鲜不败矣。张润农有用之才，然尚不如王璞山之结实可靠。璞山忠勇寇群，驭众严明，然局量较隘，只堪裨将。以视岷樵之智勇兼全，器局闳远，则非其伦矣。因垂询附及一二。

张弛广狭，惟吾之所自为。

驭众严明。

桂阳营参将玉山，张石翁将参劾，国藩为之缓颊。近闻其陋劣万状，求吾师速参之。又，守备田宗全，近因桂东案保举之，然见其暴横之状，吸烟之形，亦败类也，亦求急去无留。渠有永顺县知县陈秉钧揭参一案，督署必有全卷，或严饬查办，伏候鸿裁。玉参将为桂东、桂阳百姓所痛恨，又有桂阳知县黄曾郁揭参一案，断不可姑息也。余俟续具，诸惟心照，顺请钧安。

断不可姑息。

3 与吴文镕

咸丰三年九月二十三日

受业制曾国藩顿首谨启甄甫老夫子大人钧座：

十七日奉呈一书，谅蒙垂鉴。比想兴居康胜，政祺多绥，日以为祷。

此间接得探报，田家镇于初十日又获胜仗。左季高书来，亦言江防尚属可恃。重以吾师之威望，或者全楚得以巩固，逆贼知难而退，扫数东下，亦未可知。惟兴国股匪，不免窥伺二通，震我巴、平，终属可虞。日内塔副将、王同知及邹寿璋、陈文耀之勇，计已先后行抵平江。平江令林秀三源恩忠勇奋发，胆识俱优。去年长沙，今岁南昌被围，该县均在四百里内外，加以征义堂之役，通城之变，两年之内，四次防堵，均能绸缪展布，有备无患。所募之勇，亦俱训练精强，缓急可用。夏间两番具禀，自请捐赀募勇，出省杀贼。就南省牧令论之，林君盖有用之才，可与图功业者也。以塔、王、邹、陈之勇，济以林令之布置，贼若竟狂窜平江，千山万险之中，守御当可得力。惟崇阳、蒲圻亦属密迩，南勇未必越境，北省尚有兵力分守此路否？深以为念！国藩在衡，近尚安静。安仁余匪，剿捕将毕，不至再有滋蔓之虞。惟粤西群盗如毛，迄无静宇。顷龙翰臣学士修一密折，专丁送至长沙，求骆中丞转递入告，自是备陈贼情，与地方大吏意见不合，而为之。龙君非不晓事者，亦足以见岭南之兵难，方兴未艾也。而吾永、郴南路之防，乃一日不可以少驰。国藩在此，拟一意练勇，大之则分送岷樵营中，助渠爪牙之选；小之则备潇湘上游不时剿捕之用，无效粤中旧辙，大股虽去，而余波未息亦足少分大吏之忧。第经费浩穰，鄙意不欲取之藩库，以是弥觉其难。王璞山县丞回湘招勇，已去八日耳，须再耽搁半月，乃可前来。

忠勇奋发，胆识俱优。

渠以报仇兴师，与国藩意指本别，然正可借其义愤之情，以作吾士卒之气。第事不遽集，若贼于十月逼我楚疆，则此项人尚未可恃。十一月中旬以后，方有头绪耳。今岁援江之湘勇，管带者如郭筠仙太史、朱石樵刺史、夏憩亭观察、罗罗山教谕皆难得之才，比想皆至田镇、兴国等处。若至鄂中，吾师幸青眼视之。夏、朱本系属吏；郭、罗则部下绅士，虽一介书生，实学识过人，可与谋军事者也。视张润农，王璞山皆迥出其上。昨读左季高书，似有决计还山之意，不审尚可絷维少留否。若其决然舍去，则幕中恐无名手，钜细皆莅筹躬亲，尤以劳扰。田宗全烦鸿裁办理，万不可少缓。玉山郡求撤任严参。岭东营守备周云耀，桂阳千总杨名声二人，皆湖南武弁第一流人也。

皆难得之才。

4 与吴文镕

咸丰三年十月初四日

受业曾国藩顿首谨启甄甫老夫子大人钧座：

日内缺疏笺敬，因前两函未蒙复示，恐驿递遂有差误。又此间纷传北省于十八日围城，文报不通，已喧传十日矣。顷始闻其谬妄，知贼船停泊汉口、塘角等处，而省会尚未被围。吾师莅任未二日，遽闻田家镇之失。鄂省以全力扼防，彼处精锐之卒，贤干之员，皆萃于兹，一旦失其所恃，吾师又新到。南省截留五万之饷，未知日内已到否？即到亦不敷一月之用。江廉访不知已抵省否？每念国家大局，师友情谊，良不知所以为计，不知所以置怀也。南省亦甚惊惶，省城兵勇已足坚守。近又调兵三千，募勇数千，城外扎营，亦未嫌其单薄。惟水路绝无御备，国藩拟在衡制造木排，兼改船只，每船安炮二三位，以防江路。恰好广西解炮二百尊，即在衡截留。但排即造成，亦止可为湘水上下之用，若放入江湖，则排身太小，不能大用。即用小船改造，亦不可为洞庭以下之用。而以长沙之兵勇，度长沙之人心，亦且自治不给，竟不能谋兴鄂省救援之师，遥望师门，但增悚仄。北省日内景况何似？兵勇共有几千？望饬抄示文报一二。此间传言、顺

精锐之卒，贤干之员，皆萃于兹。

德、大名失守，山西平时、泽、潞并皆失陷，不知信否？亦求示知。侧身北望，可胜长叹。

5 与吴文镕

咸丰三年十月初十日

受业制曾国藩顿首谨启甄甫老夫子大人钧座：

初四日奉呈一书，言南省恐不能发兵援鄂。初五日接到二十八日大咨，令派张润农太守、王璞山县丞带勇往援。细思此贼若窃据鄂中，则上攻荆襄，远窥秦蜀，皆意在所有之事。诚使如此，则长江万里，专为贼有，北兵不能渡江而南；两广、两湖、三江、浙闽遂若隔置化外，而湖南唇齿之邦，尤不能须臾以安。鄂省之安危，于天下之关键既大，于湘省之祸福尤切。自奉来咨，即日发书与中函熟商，并有书与徐方伯、夏观察矣。惟张润农业由衡回新田招勇，新集之卒，兴办一切，仓卒不可遽就；即就矣，而自新田至长沙已近半月行程。润农之为人，行过其言，亦恐迁延不克星驰前赴。是以专为书与王璞山，令其率湘勇三千，即日往鄂。顷尚未接中丞、司道及璞山回信，未审定议援鄂否也？璞山前欲招勇二千，为湘人报七月之仇。国藩亦欲招勇数千，为岷樵添一臂之助，已有成议，将兴举矣。适田家镇之变，下游警急，长沙戒严，中丞命璞山招勇防守省垣。顷闻业招三千，即日可到省城。故国藩嘱其率以往鄂，若其定议，大约十五前可以启行，十日可抵武昌也。璞山驭士有方，血性耿耿，曾邀吾师赏鉴。惟近日气邻盈溢，语涉夸大，恐其持心不固，视事太易，曾为书规之。兹录呈一览。吾师用其长而并察其不逮，俾得归于深稳之途，幸甚！敬请台安，诸惟垂鉴。

语涉夸大，恐其持心不固，吾师用其长。

6 复吴文镕

咸丰三年十一月初十日三更

受业制曾国藩顿首谨启甄甫老夫子大人钧座：

初七日辰刻奉到二十八日手谕，敬悉一切。初十日又接中丞书，言逆船近复上窜，黄州再陷，伍太守殉难。并闻前队已上至阳逻等语。贼情飘忽如此，时时戒严，饷项何以克支！国藩前复奏一折，言贼若仍回窜，即当随时斟酌，或专由陆路星驰往救。其折已咨达函丈矣。此次贼艘回窜，多寡若何，究须南省往援否？或须国藩自行救援，或酌派兵勇数千往援，或北省留兵足敷防守，南省无庸派往，极求吾师飞速示知。

贼情飘忽。

国藩愚见，现在御贼不难于陆，而难于水；不难于兵，而难于饷。鄂省之饷项空虚，倍甚于湘省；如使城内守垛游击之兵，能满五千之数，城外扎一二营盘能满三千之数，尚可以严防坚守。若调兵勇太多，一日无饷，势必内溃，尤为可虑。至于江面堵剿，必须船多炮富，如来谕所云，六七百只始可上阵；否则，大海簸豆，黑了著面，止儿戏耳。

国藩前在衡城造排之说，只为湘水架炮权宜仓卒之计，若放之江湖，则难御风涛；用之鏖战，亦苦其其笨滞。来谕所指，极为切当。近日以来，敝处专办船只，已屡造样牌。湿木新制，恐难坚实，决意买钓钩小艇改造，但于两旁帮以大木，上铺厚板，前出长唇，旁施阔桥，即可施放巨炮，不至震撼。惟所截之饷四万，至今省城未解来衡，买船之事，无从措手。又此间木料缺少，匠工笨拙，天雨不息，日夜焦灼。所幸有水师守备成名标新来衡城，人尚明白，足资差遣。又闻广西右江道张敬修前经岷樵保奏，专办炮船，已由广东带来炮千尊，舱匠二百，水勇二千，不日当自耒河下出湘中。国藩拟即留在衡合办此事，大约改成可在江中鏖战之船，须二百号。其余雇备民船，随助声势者，须八百号。战船之中，每号配水勇二十人；民船之中，凡煤、米、油、盐百货之需，无不装载，技艺工匠杂流之人，无不备具。船行中流，两岸陆兵夹江而下。兵勇所得之银，即换舟中之钱；所用之钱，即买舟中之货。庶兵勇所至，无米盐缺乏之患，无昂贵数倍之苦。而展转灌输，其银钱仍不出乎水陆两营之内。统计陆勇六千，水勇四千，声威即以大壮。特民船八百，装载百货者，不在此内耳。然民船间亦可予以小炮、抬枪之类，不时施放，以

雇民船以助声势。

助声势。编联字号，普造旌旗，以耀军容。国藩私心所拟，大概规模如此，不识吾师以为然否。若吾师不以为大谬，则此间一面改造战船，一面雇定民船。

尚有数事求吾师者，一则飞速札知右江道张德圃敬修，即将所带炮位、匠勇暂留衡城，帮办一切，无庸前赴长沙、武昌；一则广东应解鄂省之二十万，尚水解到，宜飞速资催；一则鄂省目下改造船只，竟可不必多费，恐无偏僻之地，水次修造未毕，又被贼来掳掠。三者均祈吾师留意焉。国藩虽如此谋议，尚未卜能行得一二分否。然国藩现为局外之人，又处偏隅之地，若能认真兴办，较为清净耳。惟不遽离衡城，则渐有头绪，不特办船一事，即劝捐之件、常宁之案，亦须留此。昨夕与中丞书，言有三不放心，兹附呈一览。鄂城之应否赴援，专候复示。恭请钧安。

7 复吴文镕

咸丰三年十一月十七日三更

受业制曾国藩顿首谨启甄甫老夫子大人钧座：

十二日亥刻接奉初四日手谕，敬悉一切。

示及大船须能架二三千斤大炮，纵少亦须办五六十号。自是谛当不易之论。此间拟办大者亦以此数为率，即买湘乡钓钩，衡州小舨两种改造，大约能装米七八百石者，即可架千余斤之炮，能装米千余石者，即可架二三千斤之炮，不过前加长唇，上铺厚板，旁添长桥，即可无虞震撼。若另造拖罟等船，须张观察到，带有粤东舱匠，或优为之。此间匠拙不办也。顷已专差至宜、郴一带，迎接张君矣。自大船而外，又须有二等、三等船二百号。自战船而外，又须有载货民船七八百号。旌旗金鼓，都与战船无少殊异。前书业已奉闻。炮位一节，闻张观察带千尊，二三千斤者亦多。此间前恐无炮，将粤西解到之二百尊，仅分五十尊运鄂，不知更须补解否？然船未办成，亦自不须多炮也。鄂中熟铜斤尚多，尽可为造炮之用。太大亦嫌笨滞，如能打千斤熟铜之炮，千锤万炼，膛光身匀，与三四千斤之炮比较，其远近盖亦相等，但不知鄂中有好匠工否？

水勇佳者难得，然不难于放炮，而难于荡桨使舵。国藩之意，拟即专雇水手。盖水师不可遽学为水手，水手却能即学为水师。张观察带来之水勇二千，想是熟习，但恐剽悍难以驯服。水路有战船，必须两岸劲兵夹江护行。来谕到一处，即用彼处现有之兵勇，恐难得力。办船费资，粤东本有应解鄂省之二十万，不知张观察来，能带数万金否。此间截留四万，实属不敷。敬求吾师飞咨粤东，将前项星速解到，或饬南司再委一员往粤守提，伏候鸿裁。诸惟心照，敬请钧安。

水勇佳者难得。

8 复吴文镕

咸丰三年十二月初四日巳刻

受业制曾国藩顿首谨启甄甫老夫子钧座：

接奉钧谕，敬悉一切。事件繁多，谨一一为吾师复陈之：

事件繁多。

——拖罟船决计不造，以纯用风帆，不利江行也。此间现造快蟹船，已有十只，每船可载八十人，可安二千斤大炮。拟再在衡造快蟹二十只，又分局在湘潭造十只，合为四十只。即我师来示所谓较大较坚者也。将来分前、后、左、右、中五营，每营八只。又别造长龙船四十只，其船坚而小，以便驶入港汊，以辅快蟹之不足，亦每营八只。每行走时，一大一小，寸步不离。其钓钩船，拟改百二十号，亦分五营。

——舱匠二百人，水勇二千人。张道自广东带来之说，国藩系闻之劳辛翁之世兄，并未见诸公文。前函奉告吾师，后细究之，恐劳世兄之言不可信。现在衡州、湘潭二局，皆用本地匠工，如广东遣工匠多人来楚，即照来示酌遣回去。至水勇二千，吾师及钀翁皆有咨至广督处，止其前来敝处，即不必再咨；若业已前来，俟到衡时，国藩留心察看，无论或二千，或数百，皆照来示分别酌留，遣回，然终以全数遣回为妥。

——叶钀翁奏咨，派提标兵丁四十名、碣石阳江兵丁二百名来楚。顷提标兵四十名已到衡矣。国藩即截留在此教习。吾师又咨广督续派兵四五百名前来，广兵与广勇较易驯伏，然其与楚勇不能水乳则一耳。国藩数年以来，痛恨军营习气，武弁自守备以上，无一人不丧尽天良，故决计不用营兵不用镇将。吾师欲将省城现有之兵移之于船，却与国藩初志不甚符合。此间拟尽招水手，令其学放炮而已。不特兵不可用，即陆勇亦不可移用，不知吾师以为然否？又不知续派广兵四五百，宜止调否？敬求训示！

皆颇经训练。

——陆勇已备有六千，皆颇经训练，尚有几分可靠。昨廿四日蓝山一仗，以三百余勇打灭会匪六七百人，夺马至二十余匹，旗至四十余面，差为痛快。将来各勇全行带出，上四府亦可放心。陆路若无可靠之勇，船亦难得力，水粮台，亦恐难守也。

——此间买船皆七八长之钓钩，价在二百千外，惟改造实不容易，总须正月底乃能全，奈何奈何！

——此间委员有岳州水师守备成名标，办船甚为得力；又有广西奏明来楚之委员褚太守汝航，亦尚明白，昨已札饬至湘潭分局办船。此外水师员弁太少，张道所带之十三人，到衡想不能早，大约与国藩同来，如不堪用者，即在衡遣去。

——此时局势，南北两省皆以坚守省会为主，不必轻言剿之一字，须俟各船已齐，粤炮已到，正月之季，水陆并进，顺风顺水，乃可以言进剿。此意惟国藩与吾师最相吻合，南省僚友多责国藩何不急急进剿，闻北省亦有此等议论，实难与之分辨，想吾师间有奏牍，必与敝处所奏不谋而合，因来示有“三则私意起而反惑矣”之谕，故附及之。

——敝处拟造长龙船，两边宜置小炮，求鄂局铸四十斤至八十斤不等之小铜炮五六十位，最为得力。

以上各条，伏乞一一查照，如有不妥叶之处，恭求训示，即请钧安。

9 复吴文镕

咸丰三年十二月十二日

受业制曾国藩顿首谨启甄甫老夫子大人钧座：

初九日接奉手谕，敬悉一切。

船上安炮，询之广东弁兵，咸以为大者不过千余斤，至二千斤而止，虽广艇亦难用三千斤之炮。此次张道所带各炮来楚者，云仅至九百斤而止，不知此信究竟确否。张道招广东水勇二千之说，本闻自劳世兄。顷广中带舱匠八人来衡，亦称该道在粤雇募水勇，且云自十一月十五起始行招募。果尔，则其来楚尚早，不知今冬及正初可到楚否。此间专候该道解炮来到，乃可成行。前差人至郴州迎候，顷又以人至粤东催迎；如该道不到，而所解之炮分为十起者，果迅速来到，国藩犹可起行；若待至正月初间，炮位尚未到一半，则恐正月尚不能起行。真焦灼难状也。

炮未到一半。

大约战船每号载三炮，辎重船每船须一炮，此万不可少者。国藩现在筹划一切，决定于正月之末成军以出，张道之能到与否，尚不甚要紧，但须炮位满八百之数耳。

来谕命解炮三百尊。此间所留粤西炮位二百尊，前已解五十尊到长沙，属其委员转解至鄂。此外广东解到之炮，仅八十尊。国藩恐全数解鄂，明春南省舟师，不敷分配，又恐舟载三百之炮，过洞庭而北，或为贼舟所伺，又致偶有疏失，故不敢尽遵来示办理。已函到长沙，请解炮百尊至鄂，即前粤西分去之五十位，而添以省局新铸之炮五十位。计其抵鄂，与国藩之抵北，先后相去月余耳。

载货之船，甚难雇妥，将来多不过雇二百号，实无钱可发也。然敝处有战船二百号，辎重二百号，尊处有船四百号，亦自足以成队伍。惟口粮一事，万难为继。目下专望广东之九万金来，为起行之资，未审吾师飞咨屡催否？即使九万金解到，亦仅支一月有余。若国藩之师能至武昌，与吾师会合，则鄂、湘两省防堵，俱可撤去大半，一月可节省各二万有奇，或者稍资接济。然焦烂之余，虽节省亦无所见耳。静思天下大局，不知何法可就澄清，但有浩叹。书不尽宣，诸惟心照，恭请钧安。

10 复吴文镕

咸丰三年十二月十五日

受业制曾国藩顿首谨启甄甫老夫子大人钧座：

十五日奉到手谕，并出省至黄州剿贼大咨折稿，敬悉一切。

国藩屡次上书函丈，皆言鄂省目前但当坚守会垣，不必轻言进剿，待明春二月，国藩率南省之勇水陆并下，然后与鄂省之师会合进剿云云。屡接来谕，极为符合。不谓以此获戾，反被参劾。窃念吾师之进退，系南北两湖之安危，即系天下之利害。此时以极小之船，易炸之炮，不练之勇，轻于进剿，不特“剿”之一字毫无把握，即鄂垣城守，亦觉单薄可虑。虽有严旨切责，吾师尚当剀切痛陈，备言进剿之不能得力，徒挫声威；省会防守之不可忽，船炮凑办之不易集，湘省之办船，粤东之购炮，皆系奉肃清江面之旨而来，只可并为一气，协力进攻，不可七零八落，彼此无成。逐层奏明，宜蒙俞允。即以此获咎，而于吾师忠直之素，谋事之臧，固亦可坦然共白于天下。刻下旌从已成行否？如尚未起行，伏望审慎三思，仍驻鄂垣，专重防守。

正月末出师。

此间料理诸务，总须正月之末乃能出师。张道之粤炮，尚不知正月能到齐否。如其不到，亦不复停候矣。先此敬止师驾，余俟续布。敬请钧安，诸惟心鉴。

11 与吴文镕

咸丰四年正月十六日

受业制曾国藩顿首谨启甄甫老夫子大人钧座：

新岁尚未恭讯起居，不审吾师在外，道体安否，士气振否？庐州失陷，岷樵遂尔捐躯。吾党失此男子，知与不知，同声泣悼。

欲多备船只、炮械。

国藩之初意，欲多备船只、炮械，募练劲旅，奉吾师为主帅，而国藩与岷樵二人为左右之辅。盖以近年以来，老成凋谢，吾师为中原群士所归仰，而国藩与岷樵二人又适皆出门下，或者共相激励，维持南服数省之大局。今岷樵成名以去，吾师又被参劾，国藩区区，将何所依倚以图宏济乎？但祈吾师善卫玉躬，临戎持重。此间定于二十八日起行，水陆近二万人，仍先遣陆勇早行。国藩在省须耽搁十日。子药米盐等件，皆在省河装载。战船分衡州、湘潭二厂，皆于二十日外乃可毕工。广东炮位已到者二百尊，现至郴州者百二十尊，合省垣之炮可得五百余尊。本尚不敷分配，然再待一半月，设再不来，又将如何？只待各船粗就，即全数北行。惟水勇未经操练，毫无把握，拟于沿途合操几次。广东兵四十名，前函即令赴鄂，后渠等愿待碣石兵百名来此同行，国藩允之。初七日，碣石兵来到，又以此间行期在二十日内，而水勇太不中用，遂将此兵配入此间水勇队内。虽于吾师去冬速令广东赴鄂之谕有违，然此百余兵者专令赴鄂，则无船无炮，仍归罔济。留此间同行，较有益耳。先后之相去无几，想吾师必能亮之也。胡咏芝前辈正月杪当可即至黄州，大能为吾师激励众心，出奇制胜，此盖可喜之事。衡永四属土匪，此已叠次歼除，然余孽未靖。伺国藩东下，又恐窃发，现留千人驻此。余俟续布，诸惟心照，恭请钧安。

12 上吴文镕

受业制曾国藩谨启甄甫老夫子大人钧座：

久未得黄州确耗，昨日青墨卿学使来咨言，贼匪踹破官兵营盘，令人骇栗！不知果有是否？此间船只于二十六日可悉下河。国藩即于二十八日起行。湘潭分厂船只，闻尚未毕工，水勇亦未招齐。缘水师一事，湖南之人素为耳所未耳，目所未见。一旦开辟草莱，人人疑惧！故贫民愿当陆勇者，投效日以数百计；士绅愿带陆勇者，干进日以数十计。一闻充当水师，则皆掉臂不愿。是以迟延若此，日夜焦灼。乌合之卒，未经训练，如何可恃？国藩到潭，尚须自住河干，招练十日。置办船中各物，视陆路亦艰难数倍。每念吾师孤军在外，恨不得奋飞至前也！到省亦须耽搁数日，大约花朝前后，乃克长征。抵黄则在月杪矣。

水勇未招齐。

吾师初三赐示，十七奉到。距黄城二十里扎营，似嫌太远。攻城之道，要须引兵直薄城下，闻城外房屋该匪已概行拆焚，毫无遮蔽，炮子如雨，自未能扎住营盘。然筑修木城，稍资捍蔽，即可于木城之内掘开地道，即用该逆之法，以破该逆之守。不知环城四围，何面好立木城？求遣人看明，迅赐示知！至要！至要！鄂省现尚有木排，可购用否？黄城西面山脉入城处，其地势较高，该逆在城外此处扎营否？该逆向称善守，其守城之法，常以精壮者安营城外，老惫者登陴防范。此次城外共有贼营几座？河下尚有贼船若干？其船只向皆掳掠民船，但安炮位，近闻亦另造战船，果否？国藩到黄以后，约有三策，应以何策为最妥善？水陆两军齐逼城下，修造木城，扎营自固，即于营盘之内，掘道轰城；一面预制沙袋云梯，以备轰破之时，四面缘登。此一策也！以水军五千，陆军一二千，与吾师之军围攻黄州，而分陆军数千，往剿英山、霍山、桐潜等处土匪，以振军威，而作士气。此二策也。水际两军，弃黄州而不顾，由南岸直下径攻巴河之贼。若黄州之贼出蹑吾尾，则吾师之军，亦可出而蹑贼之尾，敝军回师反攻，必可得手。此三策也。三者果孰为优？乞吾师斟酌详示！若吾师无暇详答，即乞密告胡咏芝前辈，将此三端详细考究，飞速示复。至切！至要！安徽各郡县，近想又有沦陷。如有所闻，万望随时饬抄示知，至感！敬请钧安，诸惟心鉴。

书札

罗萱

1 与罗萱

咸丰四年九月初八日

伯宜世讲足下：

望即日戒途。

前者言别，许以中元以后投笔从戎，今阅一月矣。专足走省，敬迓文旆，望即日戒途，惠然遄臻，无为曲礼臆说所误。蟾蜍触沙而不行，于菟腾风而万里。士各有志，不相及也。千万千万，伫切，祷切！

2 与罗萱

咸丰六年五月十九日午刻

伯宜世讲左右：

十八日午刻接十三夜手函，具悉一切。

用兵者必先自治。

用兵者必先自治，而后制敌。《得胜歌》中言自治者十之九。足下与都司彭君率此军以出，纵使攻不遽克，名不遽立，亦自无妨，要当尽心力以求合于歌中之所云者。不然，日日但求胜敌，我之可以取胜者，果安在乎？孙子以攻城为下策。攻城不破，非战之罪也。吾之所望者，但望贼匪来扑。野战交锋之时，我军进退严明，确有不可摇撼之象，则此枝渐成劲旅。此吾之所期望而慰幸者也。望与六琴兄切实讲求，时时以浪战为戒。九峰暂不必回省，须令六琴太守与六营将弁一一亲熟，然后可交替回省。大约至速亦须一月。军营以办米、办小菜为先务，宜请六琴兄预为广筹。此时第一要著，环城多设逻兵，昼夜巡逻。凡为贼送文报者，做小买卖者，概行屠戮。使贼寻我开仗，而我不必蠢攻变打，则不至伤损士卒。闽兵入境，此间不札，归六琴兄调度，亦可省一番精神耳。余不一一，即候捷绥。

3 与罗萱

咸丰六年五月二十四日

伯宜世讲足下：

攻城最忌蛮攻。兵法曰：将不胜其忿而蚁附之，杀士卒三分之一而城不拔者，此攻之罪也。故仆屡次寄书，以蛮攻为戒。凡狡悍老贼与外强中怯之新贼，无难辨别。足下从征有年，于该逆伎俩，当亦能测其浅深耳。地道若成，轰陷时宜以千人集缺口抢登，其余各营伺各堞守陴疏懈之处先登。借缺口以惊乱贼心，而非专恃缺口以成功也。

攻城最忌蛮攻。

4 与罗萱

咸丰六年六月初四日

伯宜世讲足下：

数日不接来书，心甚悬系。虎营人来，言攻城仍未得手。穿地道之法，贵在火药饱足，紧封闭固，使其力猛而气无所泄，故能轰陷十丈八丈之远。若气泄，则仍轰出隧外，于城墙无涉；气固而力不甚猛，则仅能掣裂，不能崩陷，二者皆定理也。此间水陆两次仅解去药二千斤，且硝多磺少，决不敷用。日内赶配磺多之药，计解到在十天以外。此军抵建弥月，恐士气垂垂老矣。闽兵三千，究竟可用否，张从龙胆识如何？

现奉谕旨，饬赴金陵向营，想廉学使已有文到建。顷闻金陵局势已有转机，吉中丞所失之九华山营盘，业被张国梁夺回。如闽省兵将果甚得力，仆尚欲奏明留于江省调遣也。六营兵勇果有纪律否？《得胜歌》中之语，能行得十分之一二否？口粮仅发百文，群有觖望否？闻建郡各属尚可劝捐。若捐至数千金，加发各勇夫口粮，以补省发之不足，能每日再加一百，则每月仅欠二千四百文，将来之弥补较少，目下之呼应较灵。果有可加，则请作为六琴太守之私惠。初政能施恩惠，后日用法而人不怨，办理自易得手耳。

5 与罗萱

咸丰六年六月十六日

伯宜世讲足下：

饶州既失，江省大局益坏。为今之计，西则贵有大军驻扎瑞州等处，迎接两湖之援师；东则贵有大军驻扎安仁等处，保全广信之要郡。江西一线生机，惟在广信。河口茶饷、盐饷、捐务、厘务，月可得二三万金。现饬毕、林两营二千人进剿，冀复饶郡而保信州。如饶不能克，则须于安仁屯一大军，屏蔽抚、饶通信之路，而接水师通省之路。其西剿一军，亦必不可少。贼之精锐悉萃西路，不以一军迎之，则袁万援师终无来会之期。此大局之宜审者也。足下率六营者在抚，专以断援贼接济为主，不必乘梯登城。深沟高垒，自治严明，以待援贼之至而痛歼焉。毕都司整辑新军，尚属可观。得胜军仅亡四十人，余俱无恙。顺候捷佳。九峰都戎均此。

以断贼接济为主。

6 与罗萱

咸丰六年八月初八日

九峰都戎、伯宜世讲足下：

接初六来函，具悉一切。

初四大仗之后，初五、初六，峙衡连日出队，不甚相宜。盖瑞州一军，所恃者在湘、宝两营。到瑞数大战以来，受伤者亦颇不少。似此精锐百战之卒，当加意爱惜之。宜使贼来寻我，我不去寻贼。仆于用兵，深以“主客”二字为重。扑营则以营盘为主，扑者为客。野战则以先至战地者为主，后至战地者为客。临阵则以先呐喊放枪者为客，后呐喊放枪者为主。前二十五日有信与峙衡，嘱其移营，畅言主客之义。今两次大胜之后，正可趁此时移营。久顿城下，贼常主而我常客，不过两月，锐气暗损，懈

敌主而我客。

心暗生，强兵将变为疲兵。望与峙衡切商，即日移营。至要至要。贼虽屡败，而城中精锐老贼，并未多损，切不可稍存轻敌之见，千万千万。即候日佳。峙衡仁弟并候。

7 与罗萱

咸丰六年八月十七日

伯宜世讲足下：

十六夜接手函，具悉一切。

峙衡招勇，仆嘱其缓三月再办。仆于峙衡，欲其先精而后大，先郁而后畅。往年余爱敬塔、罗二公，逢人辄称倾其智勇，虽声名布满天下，而究惜大功未竟，至今颇用悔嗛。足下爱敬峙衡，当代为蕴之蓄之，不必逢人颂扬，使其实常浮于名，是所以爱之者更大也。即候刻安。

8 与罗萱

咸丰六年八月十九日申正

伯宜世讲足下：

十九日接来函并季高一函，具悉一切。

此时已闻石逆之警，营盘不宜移扎。就现在之营，日夜浚壕，以宽深二丈为度。日内专以蓄养锐气为主，城中之贼出而搦战，我军善刀而藏，坚壁不战。石逆初来，我军亦宜用此法。该逆前六月过兴国时，所带尽裹胁之人，军械亦不齐备，陈方家信决其必败，果为迪庵所摧。盖此贼亦夸大而不精矣，我军以精整胜之可也。余不一一。九峰均此。

营盘不移扎。

9 与罗萱

咸丰六年八月二十三日

伯宜世讲足下：

省中各营官多有用之材，颉颃作气势，不肯下人，亦将领之常态，足上当剀切劝导。峙衡之短处，在所见间偏；其长处，在虽偏而不私。峙衡之令人怨处，在好当面骂人；其令人感处，在好救人之危急。此仆询之中后营各勇而知，非仅闻之舍弟与足下也。足下将此数端，一一婉告省中诸将，略其短而服其长，自然互相敬爱矣。

略短而服长。

10 与罗萱

咸丰六年九月初二日酉刻

伯宜世讲足下：

初一日接惠书，具悉种种。日中则昃，月盈则亏，故古诗“花未全开月未圆”之句，君子以为知道。自仆行军以来，每介疑胜疑败之际，战兢恐惧，上下怵惕者，其后常得大胜。或当志得意满之候，各路云集，狃于屡胜，将卒矜慢，其后常有意外之失。瑞州一军，自初一、初四大捷，各营渐有轻敌之态。顷闻黄泽远添营已至，王吉昌虎勇亦来，周梧冈及舍九弟亦将毕集于此，鄙怀惴惴辄有鉴于九江小池口往辙，或致意外之失。闻峙衡思深虑远，乞足下与之精心默究。在己有少满足之怀，则针砭之；将士有矜慢之渐，则戒饬之。关系至大，千万千万。顺候勋绥。

各营渐有轻敌之态。

书札

多隆阿

多隆阿（1817～1864）字礼堂。蒙古正白旗人。世袭都尉。咸丰元年应募入伍，属僧格林沁。五年调援湖北，属江宁将军都兴阿。进军皖北后，战太湖地区。八年冬，都兴阿疏举多隆阿自代。在围攻安庆之役中，肩负打援重任，挂车河一战，重挫陈玉成部。安庆陷，迁至正红旗蒙古都统，旋擢荆州将军。同治元年二月，复大败陈玉成，夺得庐州。玉成走奔寿州苗沛霖，被苗出卖。因与湘军不相能，五月改辙而西，与捻悍战于河南。十一月至陕，镇压回民起义。三年四月在盩厔之战中负伤死。《清史稿》有传。

1 致多隆阿

咸丰十一年四月初四夜

礼堂尊兄大人阁下：

外疏音敬，伏审勋福并茂，荩劳日笃。实为朝廷得人之庆，欣慰无已。狗逆逼扑集贤关，舍弟一军前后受敌，危险万状。幸雄师屡捷，贼焰稍衰，俾舍弟得以坚守无虞。大局之幸，不特鄙人私感也。闻阁下急思进援集贤关，因为黄老虎及璋、玕各股所牵制，不能遽来。待天气开霁，想必先谋暴虎，再谋屠狗。弟拨春霆一军来北岸助剿，已至华阳镇。应由何路进兵，何处会合？请阁下酌核，知会春霆为荷。困兽犹斗，狗逆必挟全力决一死战。应请阁下统筹全局，调度一切，庶收同心同德之效。专此奉恳。即请台安。

想必先谋暴虎，再谋屠狗。

2 复多隆阿

咸丰十一年九月十三日

礼堂尊兄大人阁下：

惠书敬悉。贵部追剿窜贼，奔驰千余里，酷暑骤雨，辛苦迥异寻常。阁下荩劳过久，又加润帅仙逝，伤悼之余，玉体违和，尤深廑系。应请加意调摄，珍重柱石之身，以肩艰大之任。贵部士卒亦应大为休息，伤者病者次第换补，庶几锐气常新。桐城、舒城是楚省最近之门户，亦是皖北必争之要区。四营、六营附守之兵，已嫌其薄，此外进剿之兵尤觉太单。应请暂不进兵，以数营驻防舒城，其余全军皆驻桐城。如或舒城有急，可以策应。即舍弟庐江有急，亦求阁下就近策应。上游如成武臣上巴河一军，蒋之纯黄州一军，应以一军防守英、霍一路，以一军进驻桐城、舒城，腾出阁下兵力进攻庐郡。若桐城别无替防兵到，贵部不宜遽动。鄙见如此，阁下亦以为然，则即日函官、李两帅，请于成、蒋中抽一军来桐、舒也。

来示以润帅长逝，贵军俱形掣肘，似不必虑。阁下劳苦功大，倍于他将，远近所共知，不特官、李二公钦佩有素，必不忍阁下掣肘。即国藩目睹时事之艰，思与台端同舟共济，亦不敢竭力护持也。复问台安，不一。

时事之艰，端同舟共济。

3 复多隆阿

咸丰十一年九月十五日

礼堂尊兄大人阁下：

惠书敬承一切。贵军进规庐郡，则守桐、舒者自易为力。至北路进剿一枝，则实不易易。北路者，即英、霍、六安州一路也。该处崇山峻岭，并无田禾，且无人烟。转运米粮，险而且远、殊不易办。鄙意请希帅驻扎英山，派劲旅万人驻防霍山，专防该逆由此路犯鄂，寻今春之故辙。以希帅之智勇，前顾霍山，后顾黄州、德安，自必绰有余裕。鄂疆既固，阁下专攻庐州，无复后顾之忧，亦必游刃有余。敝处设法将水师驶入巢湖，为贵部水陆声援，春水盛涨之时，或尚可办得到。若必令北路一枝由霍山、六安直攻庐郡，则山路太远，米粮太艰。恐鄂省力不能给。特此再商，敬求详示。复请台安。

无复后顾之忧，亦必游刃有余。

4 复多隆阿

咸丰十一年九月二十日

礼堂尊兄大人阁下：

接惠书敬悉一切。庐郡地势平旷，无险可扼，而又须防援、防捻、防苗练、防粮路之中隔、防水师之远隔。孤军深入，实虞单薄。阁下所筹，层层皆至当不易之论。即令官揆帅照添五营，而一军独进，尚嫌孤立无助。应即请李希帅选二、三良将，拨兵万余，以五千人分守桐、舒二城，以六、七千人随同贵军进剿庐州，庶几力壮势厚。其六安、霍山一路，既因道路险远，难于运粮，则不特不必进六安，亦并不必进霍山，但扎一支于英山，专保鄂疆可也。至水师炮船不能逼近庐郡，而可逼近三河。昨舍弟与水师攻破泥汊贼垒后，闻水军已驶入白湖、黄皮湖。若能驶入巢湖之内，则炮船可直达三河。请阁下与舍弟常常通信，如炮船果至三河，则求雄师进剿三河，水陆夹攻。倘三河得手，以水陆劲兵守之，则巢湖为我所有，异日进攻庐州，不患无粮运矣。若炮船不能抵三河，则贵部须候李军续到，再行进兵也。肃复，即请台安。不一。

一军独进，孤立无助。

不患无粮运矣。

5 复多隆阿

咸丰十一年九月二十六夜

礼堂尊兄大人阁下：

顷接复示，知玉体违和，深以为念。阁下积劳太久，虽烈日骤雨之中，每天常行百里，六七十里不等。事事躬亲，苦心经营，以致贵恙稍重。务望抛弃万事，静心调养，以保柱石之身。祷切！祷切！舍弟与水师克复无为州后，又克复运漕镇。该处为金陵与庐州咽喉之地，又为江北聚粮之区。深入贼之腹里，贼必以全力来争，得之不易，守之尤难。舍弟所部，仅带八千余人，兵力实太单薄。意欲借拨麾下劲旅二千代守庐江，不过一两月，仍可拨还归队。尊意以为可否？即请台安。

事事躬亲。

得之不易，守之尤难。

6 复多隆阿

咸丰十一年九月三十日

礼堂尊兄大人阁下：

接复缄敬悉一切。贵部以四营守桐，四营守舒，余十数营作援应之师，战守兼资，布置最妥。若分守庐江，以活兵改作呆兵，自不相宜，请即无庸抽动。闻舍弟即日回省一行，再商调也。至寿州不可不救援，苗练不可不剿办，自是江、淮间最要之务。阁下寄希庵书，立论精当，楚师一至六安，不特可解寿州苗逆之围，亦并可寒庐郡群贼之胆。弟与希庵昨有往返二信，抄呈台览。复问刻安。

战守兼资，布置最妥。

7 致多隆阿

咸丰十一年十月十八夜

礼堂尊兄大人阁下：

初六日接到尊函，即飞咨官、李二帅，言寿州已失，宜急守六安州以清鄂省之边患，而助桐、舒之声援。兹于希庵中丞复咨："已派成镇、蒋道迅赴六安，督同守城，俟城守布置定妥，即令成镇折回霍山，蒋道专守六安"等因。若兵到果速，六安不为苗练所占，于阁下规取庐州之师亦有裨益。前闻无为州降人马玉堂说官军进扎中滩河等处，则三河之贼不战自退，不知其言可信否。雄师若进滩河一带，果能截三河之后路否？能联六安之声援否？阁下熟于形势，乞即查示。顺问台安。

8 复多隆阿

咸丰十一年十一月十一日

礼堂尊兄大人阁下：

前接收复三河之信，即批令现驻庐江之振字、开字两营，往守三河，而分调吴道团防两营替守庐江。顷接惠书，称三河贼弃垒遁窜，势必聚集大股另有诡谋。阁下向来料敌如神，自当确有所见。闻贼尚踞聚中派河一带，不知两日内复来三河否？特此飞函奉恳阁下就近作主。如贼复来三河，或窜扑庐江，务求雄师迅速援救。吴道团防二营自安庆开差，前往庐江，过桐城时，已嘱

料敌如神，自当确有所见。

其禀谒台端，请示一切。以后三河、庐江两处防守事宜，即求阁下就近调度，另具公牍咨达冰案。至无为州、运漕、东关三处，不知阁下能兼顾否？如能兼顾，亦即备咨请阁下调度。有劳荩虑，尚祈先赐复示。顺问台安。

书札

江忠源

江忠源（1812～1854）字常孺，号岷樵。湖南新宁人。道光十七年举人，二十四年大挑得教谕。二十五年五月三十日，曾氏作《酬岷樵》。二十七年办团练，因平定雷再诰起义，得署浙江秀水知县，授丽水知县。咸丰元年诏荐举人材，曾氏荐忠源。创建“楚勇”，战于广西蓑衣渡，为第一支出省作战的湘军。后尾随太平军，围郴州，守长沙。三年春，署湖北按察使。往江西，助巡抚张芾守南昌。旋授安徽巡抚，防守庐州，城破，溺水自尽。有《江忠烈公遗集》传世。同治三年八月十三日，曾氏上密折，追论其功；同治四年二月，作《江忠烈公神道碑》。《清史稿》有传。道光二十五年正月及稍后，曾氏为作《江岷樵之父母寿序》及《新宁县增修城垣记》。忠源死后，弟忠淑募勇继其兄志。

1 复江忠源

咸丰元年

岷樵仁弟礼次：

然天不祸善，终当无害。

盖君子之孝，尤重于立身。

两省来书，知以太公大故，几至哀毁伤生。大孝深痛，固应有是，然天不祸善，终当无害。自去春以来，屡思奉书，以为从者行将北上，相见伊迩，无烦尺一；而他人以书寓余转达者，往往而有，亦不以致，展转迁延，积疚实多。既得赴告之书，又寄来七百七十余金，即思裁复，而书中称腊初决当奔丧起行，计还书到浙，固无及矣，遂复迟迟。思念吾弟，悬悒不已。盖君子之孝，尤重于立身，内之刑家式乡，外之报国惠民。凡吾行事，足令人钦仰者，皆吾所以敬吾亲也；凡吾德意，足生人感恋者，皆吾所以爱吾亲也。推此以求，则尊显之道，事业无穷，未可酷于一哀，陨生灭性，不达继述之义，翻蹈细人之行。粤西盗贼方炽，足下所居，逼迫烽火，团练防守，未可以已。或有企慕谋勇，招之从军，则苫块之余，不宜轻往，斯关大节，计之宜豫。国藩比岁以来，益复惫弱，心气积亏，不堪虑事，尚有一二奏疏，从容入告。计期岁内外，亦且移疾归去，闭关养疴，娱奉双亲。自审精神魄力，诚不足任天下之重，无为久虱此间，赧然人上也。寓舍小大佳善，南中自家严以下，俱托安康。四舍弟以去岁三月来京，今遣之归，附呈挽联一事，白金二十两，为我具酒肴，敬奠长者灵几之前。其去岁他人托转达之书，一并将去。所寄各家银两，诸已清厘交付，无以为系。书不十一，惟读礼保身，奉母承欢无怱。

2 致江忠源

咸丰元年

岷樵仁弟大人左右：

二月中，舍弟南旋，寄尘一书，并奠金、挽联。吾弟所在耽搁，五月初始抵里，不知何时达尊览也。前书劝吾子无以墨绖从戎，其时不过以新宁逼近粤西，恐有相迫而出者，故预为尼之，不意后乃有赛相奏请之事。赛之知君，盖自左景桥上书言兵事数条中有一条及君，迨仆知之，欲行阻止，而赛公已祃牙成行矣。吾子在忧戚之中，宜托疾以辞，庶上不违君命，下不废丧礼。顷闻吾弟被命即行，虽军旅墨衰，自古所有；然国朝惟以施之武弁，而文员则皆听其尽制，无夺情之召。闻仙舫翁亦有书为之劝驾，盖亦急于勤民而不及深思，而吾弟亦不免轻于一出。君子大节，当为世所取法，未可苟焉已也。所可幸者，闻尚在乌公幕府，未尝署一官，领一职，犹为无害于义，将来功成之后，凡有保奏议叙，一概辞去，且豫将此意禀明乌公转达赛公，再三恳告。如不保叙，则仍效力行间，终始其事；如不允从，则托疾归去。如此则从戎以全忠，辞荣以全孝，乃为以安理得。若略得奖叙，则似为利而出，大节一亏，终身不得为完人矣。闻乌公为当代伟人，仆于邸钞读其折奏，倾心钦服，吾弟入其幕府，足以增长阅历，洞习韬略，他日事业愈不可量，仆亦乐弟之因此而弥增智勇，将来备国家艰大之任也。若弟不在乌公处，则他人罕足与共事，即可抽身归去。既不愿得保叙，又不能成功，又不获与贤者同事，增长智勇，则何必久系彼中，使方寸长此悬县乎？有汪君少逸元慎者，居邹中丞幕府，长于地理之学，与仆相好。顷渠以书来道足下绘《浔州图》，极为乌公所赏叹，果尔则亦善矣。汪君熟于开方计里之法，可从之讲求也。仆守官如常，靡足称

上不违君命，下不废丧礼。

述。三月间陈《汰兵》一疏，以粤事方棘未报；四月又条陈一疏，以圣德盛美而预防其弊，大致似孙文定《三习一弊》疏。第孙托空言，而仆则指实，太伤激切，盖嫉时太甚，忘其语之戆直。圣量如天，曲赐包容，不唯不罹罪谴，亦且不挂吏议。凡为臣子，同声颂盛朝不讳，感激思报，况仆之身受者乎？比兼摄秋曹，冗忙异常，幸癣疾大愈，十去其九。南中自家君以下，及寓中大小并托安善，堪慰廑注。粤中兵事，凡吾弟所亲见者，望日日记出，间中缕晰示我。

以圣德盛美而预防其弊。

3 复江忠源

咸丰三年三月十三日

岷樵仁弟大人左右：

十三辰刻接到手书，欣悉通城之事，已于初八接仗获胜，首犯就擒。极慰极慰！

令弟之去，国藩令其由东路至平江。不知其乃西径湘阴，为道稍迂，想初十乃可到也。

台旆能留湖北，乃梓乡之幸。顷复观察之意，欲令国藩与督抚会奏，举左右提师河北，以防贼匪渡淮北窜之路。鄙意乃不谓然。足下之信义为吾党所俯首，而资地尚浅，威望未为大著，挈不愿远去之楚勇，附之以孱怯思溃不知谁何之兵，入素未经历之地，日周旋乎水火斗争之诸将，以当虎狼百万之贼，虽殚竭心力，固亦不能自神；若留湖北，养威期年，训练强兵，申理冤滞，民望既归，万一贼匪溯江回扑，殆可与之一战。贼即不反而西，以足下之勇智，但使练兵数月，亦可出而破寇。故鄙人愿左右之稍得休息，以暗图汾阳西平之烈也。

养威期年，训练强兵，申理冤滞。

国藩在此，亦日以练兵为要。塔都司差可与谋事；此外，殆罕宏济之侣。罗、郭、二刘数书生，忠勇有略，兹壮吾魄耳。令弟既北，印渠与相堂必宜留南。印渠大可倚，淳实而有深谋，时辈哪得见此！寓中鞫案日多，得奸宄即磔之，虽无大补，亦少快人心也。

衡山、安仁二案，以两战取胜，事毕而陶廉访兵前往通城，既得足下胜耗，而朱协带兵前往，鄙意差不适。顷又闻道州、东安各有土匪、经永镇各调兵二百，又益以陶公与润农之兵，或足了之。官民胆落已久，恇怯无似，此最可虑。

润农究是健者，外间乃谤其与印渠不和，实无是说。潘抚军于初三日发告病折，张桐老、乔心翁皆将乞病，周方伯又为张小浦中丞奏调，将去江西，南省官场，气势不振，亦非佳象。手复，即问勋安，不一。

4 与江忠源

咸丰三年三月

岷樵仁弟左右：

崇、通两股匪徒，已于十六、十七二日两战获胜，剿灭殆尽。世间快事，哪得有此！连日方焦灼以为崇、通、嘉鱼三处土匪，且将困吾岷老于山邑峭岭之中，不谓出奇制胜，以八百人而剿洗六千之贼，南省官绅，无不额手称庆。印渠救援之速，世所罕闻。此老胸中甲兵，吾不复能窥测。在衡山剿贼时，每帐中作书与我，皆以小楷书，虽逆犯口供，亦亲自鞫问而亲书细字，何其多能而好暇也。此次赴通城之援，便如神鹰度漠，一击千里，令人爱敬不已。惟初约只在通城，战罢仍回长沙，以资南省搏击之用。今乃并为左右，挈之东去，湘中遂少可倚之人，使我气馁而生妒怨。足下得不深念乎？

使我气馁而生妒怨。

逆贼在金陵，恐不遽去。扼天下之喉，盐漕两事，不复可问，而京师饷项支绌，实有日不能支之势。为人臣子，一筹莫展，清夜自维，能无愧死！为今之计，急须严防清江，无使洪泽一湖，被贼占据，则淮北盐运，犹可西上，河南、安徽之粮犹可北去，或者不无小补。然高邮、淮安一带，无险可扼，恐亦难操胜算。苏、浙两省，风气柔脆，孱当馁将，尤不可恃，念之痛心！足下大义炳然，不审规划全局，当从何处下手？若犹枝枝节节，头痛顾头，足痛顾足，归屡失屡误，将来伊于胡底？楚勇不知皆愿东去否？若剧思归，亦宜稍予简择。湘通近日操练如常，惟患太少。此后南省有警，即不能不倚恃湘勇矣。到江南后，望无惜时时寄书示我！

通晓兵事，到彼中幸礼致之。

淮安有鲁通父者，名一同，宿迁有庄牧庵者，名纾青，皆当世异才。读书甚多，通晓兵事。到彼中幸礼致之，至要，至要。无以泛常相遇。即送行旌，不尽祷祝，伏冀为国自玉。

5 与江忠源

咸丰三年八月三十日

岷樵仁弟足下：

二十八、初一日两次探差回，接手书，具审一切。又得罗山兄书，知安福于十三日收复，泰和于十八日收复，省围未解之候，已有余力分办各属土匪，足以见阁下之整暇而夺逆匪之残魄。木筏直下冲撞，诚为此时攻贼舟之善策，惟闻贼营有大火药包，一抛掷，则所烧之地甚宽，而其为时颇久。木筏不甚宽长，不审有法能御之否？又彼所谓大药包者，其形制若何，吾能为之以焚贼舟否。

国藩每念今日之兵，极可伤恨者，在“败不相救”四字。彼营出队，此营张目而旁观，哆口而微笑。见其胜，则深妒之，恐其得赏银，恐其获保奏；见其败，则袖手不顾，虽全军覆没，亦无一人出而援手拯救于生死呼吸之顷者。以仆所闻，在在皆然。盖缘调兵之初，此营一百，彼营五十。征兵一千而已，抽选数营或十数营之多，其卒与卒已不相习矣。而统领之将，又非平日本营之官。一省所调若此，他省亦如之。即同一营也，或今年一次调百人赴粤，明年一次调五十赴楚，出征有先后，赴防有远近，劳逸亦遂乖然不能以相入“败不相救”之故，半由于此。又有主将远隔，不奉令箭不敢出救者；又有平日构隙，虽奉令箭故迟回不往救者。至于兵与勇遇，尤嫉恨次骨，或且佯为相救，而倒戈以害勇，翼蔽以纵贼。种种情态，国藩尚得之闻问，阁下则身经百战，目所亲见者也。今欲扫除而更张之，非营营互相救应不可，欲营营互相救应，非万众一心不可。

欲营营互相救应。

阁下前在九江奏片有云“调云贵湖广兵六千，募勇三千，合为一万，自成一军，誓灭此贼”等语，今募勇三千，仆已于六月办齐发往矣。至于添兵六千，则鄙意以为不如概行添勇。盖兵勇嫉妒不和之说，已尽于上云云矣。而六千之多，必有二三镇将统之，其势不能相下。而将弁中又多卑庸无足与语，终恐不能为阁下一出死力。鄙意欲再募勇六千，合成万人，概交阁下为扫荡澄清之具。

敝友王璞山，忠勇男子，盖刘崑、祖逖之徒。昨二十日仆以一书抵璞山，璞山亦恰以十九日为书抵我，誓率湘中子弟慷慨兴师，即入江西，一以愤二十四之役，为诸人报仇雪耻；一以为国家扫此逆氛，克复三城，尽歼群丑，以纾宵旰之忧。其书热血激风云，忠肝贯金石。今录一通往，阁下试观之，洵足为君添手足之助矣。国藩拟即日添募义勇，以湘乡、宝庆人为主，而他县人亦时思之。一面训练技艺，一面劝捐助饷，大约璞山以十月率勇二千前往。又别求忠勇之士，十一月率二千前往，十二月再率二千前往，合现在江省之楚勇、湘勇，足成一万之数。士皆忠愤，将尽同心，阁下可以驰驱中原，所向披靡矣。当于九月中旬入奏拜折后，即令璞山遄行。其折尾，或书会同阁下入奏，盖计虽出自鄙人，统此军者则阁下也。是否有当，务祈即日示复。璞山之行，或仍从樟镇顺流而下，或由义宁出修水下流，兜截而上，概求详细复答。国藩已于二十七日到衡，诸事顺平，足慰存注。

士皆忠愤，将尽同心。

6 与江忠源

咸丰三年十月二十四日

岷樵仁弟大人阁下：

久未接惠书，方寸县系，如有所失。闻筠仙已归，无复有意于世事。顷已专函招之出山，不知肯来否也。

保全江西，是南服一大功。闻京师官民有“南江北胜”之谣，黎越乔来书述之。超擢皖抚，酬庸之典，极隆至渥。阁下此时不患兵柄之不全属，特患楚勇半溃之后，可用之兵太少；安徽积苦之余，所发之饷悉空，虽有智勇亦无所施，以是时时代阁下焦虑耳。国藩自九月以来，每思练勇六千，概交阁下统带，为澄清中原之用。屡函与阁下言及，相均未接到。自到衡后，捐项无几，不敢多练。顷因九月之末，武昌十分戒严，两奉寄谕，令国藩带勇赴鄂会剿，虽因鄂省贼退，具折复奏，目下无庸前往，而将来倘再有谕旨，饬令出征，恐终不免于一行。去年初到省垣，奏明丁忧人员不敢无故邀赏，不敢出省办事云云。今大局糜烂至此，不欲复执守制不出之初心，能尽一分力，必须拚命效此一分，成败利钝，付之不问，大约不能安处梓里。其下游消息，务祈阁下设法常通。专使至皖省一探贼踪，其人名赵子麟，应募愿入贼中者，先遣至尊处，以观其果可用否。吕鹤田少司空，与国藩契好，想与阁下相得益彰。李少泉编修，大有用之才，阁下若有征伐之事，可携之同往，二处皆不暇致书，乞为我道拳拳也。书不十一，诸惟心照，顺请台安。

成败利钝，付之不问。

7 复江忠源

咸丰三年十一月十八日

岷樵仁弟大人阁下：

初二日接到十月十六日惠书，敬悉一切。

来示论兵勇短长，最为切当。仆于二月间，复魁太守书有云：岳王复生，或可换孱兵之筋骨；孔子复生，难遽变营伍之习气。虽语涉谐谑，实痛切之言也。今欲图谋大局，万众一心，自须别开生面，崭新日月，专用新招之勇，求忠义之士将之，不杂入营稍久之兵，不用守备以上之将。国藩之意，盖与阁下若符契耳。

崭新日月，专用新勇。

添勇六千之说，昨因令弟达川带勇一千进省，即令其先将此勇赶紧赴皖，以备阁下爪牙之需。其余五千须俟船炮办齐，水陆并进，乃可有济。省中诸友及璞山之意，皆欲急急成军以出。国藩思此次由楚省招勇东下，一以为四省合防之计，一以助阁下澄清之用，必须选百练之卒，备精坚之械。舟师则船炮并富，陆路则将卒并愤，作三年不归之想，为百战艰难之行，岂可儿戏成军，仓卒一出！人尽乌合，器金苦窳，船不满二百，炮不满五百，如大海簸豆，黑子著面，纵能迅达皖省，究竟于事何补？是以鄙人愚见，总须备战舰二百号，又辅以民船载货者七八百，大小炮千余位，水勇四千，陆勇六千，夹江而下，明春成行，与麾下相遇于九江小孤之间，方始略成气候。否则名为大兴义旅，实等矮人观场，不值方家一哂耳。明知阁下盼望此勇甚切，然速而无益，不如迟而有备。且阁下初到庐江，亦宜将吏治、民事略为整顿。即陆路堵御，本境剿匪，有随身带往之勇，有达川续往之勇，有李少荃旧练之勇，亦尚足资捍卫，想卓裁定以为然也。

然速而无益，不如迟而有备。

阁下奏保办理舟师之张观察敬修，顷闻由郴州北来，日内可抵衡州。此间办法，有与制军书，与罗山书，抄稿呈览，可以得其大凡。罗山新自吉安归省，闻有不愿长征之意，未卜能强之一出否？璞山以汰勇之故，颇致怨于国藩，尚须徐徐开譬。叔绩学术浩博，天下共知；其宏识远略，可谋大事，则独国藩与阁下知之。今年并力援江，实与绩君定议也。

其宏识远略，可谋大事。

安徽绅士，国藩所知之，自吕鹤田、吴竹如、李少荃外，又有何慎修子永、涂宗瀛阆仙。其去安徽最近者，又有宿迁之庄牧庵、淮安之鲁通甫，皆硕学鸿才。桐城戴存庄，虽文学之士而有血性。官场自岱云外，袁午桥最为结实，才气亦足以包举大事。国藩去年经过州县，见宿州郭刺史尚淳实，有贤声。此外闻吕鹤翁、李少荃当不差谬。季高、筠仙仆寄书山中，属其来衡练兵，远付皖中，助阁下一臂之力，现皆未来。霞仙诸君，不知可出佐阁下否？伯韩必宜送往幕府，但须船成之后，与大队偕行耳。承示致周敬修先生书，不特规画大局，有陈同父一流气象，即文义之美，亦殊非近时所有。此老与国藩会晤虽浅，结契颇深，实能脱去世俗仕宦町畦。近闻其遂作古人，不知果否？其世兄亦自可用。

安徽利源，惟淮北盐务当有可图，洪湖以西，尚无阻滞，北可以侵河东之引地，西可以侵淮南之引地，署运使者为舍亲郭雨涸辙之势，即在目前。

三。阁下能与鹤翁谋在此间图生活否？否则专恃捐输，断不可恃。此间设局开捐，足音跫然，涸辙之势，即在目前。奈何奈何！书不十一，诸惟心照，顺问台安。

书札

朱䓞

1 复朱蓂

咸丰三年十二月初四日

尧阶尊兄左右：

勤劳公事。

胡君维峰到衡，具道阁下勤劳公事，良深感仰。兹有数事，既与胡君面商，又以书为阁下，一一陈之：

——买船一事，蒙阁下已买四只，胡家及左家已买三十四只，更须添买六十二只，合成百只之数。其大自三百石以至七八百石不等，总以能行大江为度，如价钱不贵，买至百二十只更妙。但大船不宜过二百四十千，小者则听随时讲定。

——雇水手一事，昨弟有信托左家雇一千来衡，未说价。细思水手操水战，每日总须二百文，乃能踊跃。望阁下与胡君及左家商定，为我雇水手二千，统于年内到衡操演。至要至要！

——捐输一事，闻湘潭愿捐从九者多；然此地实收发至湘潭，终为不妥。各县在此请实收劝捐者甚多，皆未尝发往也。请阁下即在湘潭劝捐，收到钱文者，写一信，专人来衡请发实收。每次专人来往不过千余文钱而已。即每日专人一次，所费亦属无几，又可通书信，又可领实收，岂不大好？兹发去护牌三十张。贵处专人来衡，又有护牌，又有信函，即刻发实收矣。

——雇船一事，须雇百余号湘帮船，多至二百号为止。装载煤、米等项，雇至汉口交卸。大船每日给钱一千文，小船听阁下议价，均于今年雇定，先给定钱，明年从装货之日起，每日给钱一千。

——另有一密事，胡君面告阁下，务恳今冬办妥。明年正月初二日，即先坐船下去。今冬须先来见我一次。

以上各条，求阁下一一照办，不胜感荷。

2 复朱蓂

咸丰三年十二月十四日巳刻

尧阶仁兄亲家大人阁下：

十二日接到手示，敬悉一切。兹有数事，一一奉商，敬祈留心妥办。此数事弟亦有信托左家及胡维峰兄。如办得，可知会胡维峰，令其彼此相照顾。凡有要信，皆专丁往返，慎无惜小费也。

凡有要信，皆专丁往返。

——辎重船现在难雇，候至新年再雇。弟拟回家过年，请阁下正月初二日来舍议雇船事。

——辎重船须用熟于买卖行中之人经理，又须诚实可靠者。米须三人经管。盐须二人经管。煤须一人经管。油须一人经管。又须有开钱店者二人，开药店者二三人。其货物皆须敝处办的，特以重价，请人管之，请胡维峰与左菊农总其成，即请渠二人物色各买卖人，分理诸务。

——水手须招至四千人，皆须湘乡人，不参用外县的。盖同县之人，易于合心故也。

——改旧船，有要法三端：一则船头上宜抬平，以架头炮。二则前半宜用厚板铺平，以架中炮。三则大船安六橹，中号安四橹，以利速行。战船无他谬巧，愈快愈妙耳。又。

——买钓钩船，前订买一百号，兹又须添买二十号，足成一百二十之数，如甚便宜，买一百四五十号亦可；贵则不要。其船不可太大，不可太小。太大则笨重不行，大小则难受风浪也。买定之后，望合前数共解七十号来衡，以便操习。即用新招之水手解来，最为方便，其余五十号，即在湘潭改造。改成之后，湘潭改者送二只来衡州一看，衡州改造者送二只往湘潭一看，彼此互相考证，以便明春改全也。余不一一，即候日安。

3 与朱蓂

咸丰四年正月

——在县城招水手约四千人。内舵工须另行造册，头工亦另行造册。

——舵工须四百人。内正舵工一百三十人，副舵工二百七十人。头工须三百人。余皆善于荡桨者。其口粮银两，荡桨者每日一钱，头工一钱一分，副舵工一钱二分，正舵工一钱三分。此外皆一钱。

——水师分十营：前营二，左营二，右营二，后营二，中营二。每营共管五百人。

——每营分快蟹船四只，钓钩船十二史，共五百人分派各船之法，营制中已详之矣。

——招定水手，遣二千人至衡州，每人给途费钱三百文。遣二千人至湘潭，内分一千交褚太守、夏明府二人，分一千交胡维峰、胡楚峰二人。褚、夏善教水战，而恐不能驯服湘乡之水手；二胡熟习湘乡之水手，而恐于水战事太生。彼此互相为用，皆仗尧翁从中调停。

——水手第一教坐而荡桨，第二教放炮。

——教成大概规模，于二十二、二十三将褚、夏、二胡之水师船撑至衡州，途次即用操演之法。

4 复朱蓂

咸丰九年三月十一日

尧阶仁兄亲家大人阁下：

三河之变，迥出意表。舍弟温甫捐躯报国，得附忠义之林，原可无憾，惟先轸归骨，尚留遗憾，深为恸惜。而鄙人以往岁违言，深思致戾之由，悔歉无穷。幸赖圣慈高厚，恩伦稠叠，舍侄纪寿及岁时交吏部带领引见，家叔亦荷特旨给予封典，在温弟可瞑目于九原；在家叔可少怡乎暮景；即在鄙人伤惋悔艾之端，亦可稍自排遣。

弟重莅戎行，军务仍无起色，惟接对僚友，综治细事，不敢疏慢，从前死事之家，多为振恤，稍纾未了心绪。阁下深交至戚，如闻敝处或有愆失，尚恳飞函示知，以便随时补救。

小儿近讲训诂，略有进步，其于族戚长者，亦望老兄随时训诫，俾免矜高为荷。复请台安。

5 复朱蓂

咸丰九年八月初六日

尧阶仁兄亲家大人阁下：

得永丰惠书，敬悉一切。景镇克复，一隅数子之利耳，不足言功。宝庆贼退，吾乡渐得安枕，官军自西而东，贼亦不敢复窥巴蜀，大局当有转机。朱芳圃血性过人，弟所深知，其诸季亦多朴实，能来共事，弟之至愿。杨、王、罗、胡诸人经阁下品题，必非浮靡者比，容思所以致之。弟此次在外专了宿事，而补前失，再历年载，寸心当少安帖。即问近祉。

大局当有转机。

6 致朱蓂

同治二年七月十二日

尧阶仁兄亲家大人阁下：

弟忝窃高位，兼窃重名，加以兄弟同时开府，并握重兵，揽镜扪心，实无德以堪此。惟是夙夜惴惴，不敢因虚誉之横集而自忘其丑，不敢因军事之偶利而自诩其能，以是冀免大戾，即是以常保本来之面目，以报微时之交知。数年以来，忧喜情怀，错出互见，家庭骨肉之间，叔父暨一姊、两弟先后沦逝。疆场干戈之地，虽沿江城邑次第克复，而贼数仍不少减，重以西人深入内地，实逼处此。逆狪炽于秦中，有苗叛于淮上，观其气象，均非仓卒所能戡定。即发逆老巢，或能幸克，亦将变为流寇，诒祸南

弟忝窃高位，兼窃重名，实无德以堪此。

服，故可喜之端无几，而可忧虞者千绪环生，不知所届。所幸贱躯粗适，齿牙初脱，两目眵昏，此外别无所苦。筠仙新拜广东巡抚之命，屈指少年深交，次第登用，俱负时望。独兄与啸山高卧不起，藜床欲破而蜡屐方忙，致足慕也。顺问近祉。不具。

7 致朱蓂

同治六年八月十二日

再，弟忝窃非分，位极人臣，不特少时念不到此，即咸丰七、八年与阁下相聚，亦不料晚节侥幸若是。惟东南民困，捻患方炽，军务一日未平，则一日常在殃咎之中；此身一日未死，则一日难弛战兢之怀。阁下若闻鄙人有失德堕行，尚望惠书规戒，无少讳贷。即寒门子弟，或有愆尤，亦望随时启迪。

严禁株累诬扳之风，以靖民气。

哥老会一案，弟有告示，但问其有罪无罪，不问其是会非会，严禁株累诬扳之风，以靖民气。而舍弟澄侯不以为然，必欲搜剔根株。窃恐愈剔愈多，愈搜愈乱，祸无了日。求阁下劝诫澄弟，不再搜寻，静以俟之。何如？尧阶仁兄大人阁下。

书札

刘长佑

1 与刘长佑

咸丰九年二月初五日

再，凯章在景德镇屡次小挫，腊月虽获胜仗，亦伤百余人。弟本欲调阁下来助凯章，特以南路吃紧，萧军不克独了，故思阁下与萧军夹击，而调王枚村来助凯章。若湖南另有人往南路，则阁下来北路更妙也。再请台安。

2 复刘长佑

咸丰十一年二月初八日

昼夜环攻，危如累卵。

来示称谓过谦，万不敢当。以后望弗再施，至感！至嘱！芗泉究可来皖否？国藩与左季翁在此，兵力亦不甚单，奈贼多地广，不敷调派。近日江西建昌府城被围，昼夜环攻，危如累卵。该郡二十余万百姓皆入城助守，若有疏失，则劫数极大。江西固全局震动，湖南亦处处宜防。敝处竟无一兵可以往援，愧恨之至！芗泉若可移师江、皖，请阁下斟酌情形，奏明办理。敝处不再具奏，恐粤西暂不能少此军也。希庵新拜安徽巡抚之命，皖事当有转机。然糜烂太久，股数太多，下手实不易易。再颂印渠仁弟大人台安。

3 复刘长佑

咸丰十一年六月二十九日

印渠仁弟大人阁下：

如有善政，互相师友；如有过失，互相规诫。

来函称谓更降，虽不敢议君子之不诚，而颇疑贤者之不恕。自处于谦而长人之傲，其谁服之？以后如有善政，彼此互相师友；如有过失，互相规诫。去称谓之浮文，求切磋之实益，何如？何如？军事近日无大变动。六月十八日一折一片，抄呈台览，便可得其梗概。鄂南八属一律肃清，湖北兵力已少纾矣。江西境内现有贼两大股：赣水以西为伪忠王股匪，蔓延瑞州、奉、靖、武、宁等处；鲍军往剿，七月初当可接仗。赣水以东为朱衣点股匪，游奕金溪、弋、贵、铅山等处，无专支官兵往剿。芗泉若来，只须带勇三千，先与左帅合军。如办理得手，再令添兵独当一面可也。今岁欠饷极巨，水陆各军皆欠至六个月奇。幸一律同缺，尚无苦乐不均之患耳。顺问台安，诸惟心鉴。

4 致刘长佑

咸丰十一年十二月二十七日

浙江全省沦没，计左帅必拜抚浙之命。渠所部不满万人，既须图浙，又须保江，又须顾皖，左右前后，无一支劲旅助之，可危之至！惟求阁下商之芗泉，迅速东来，能救左帅，乃能救江西而保湖南。浙之可复与否，犹其次也。芗泉之饷，在湘则取之东征局，至江西则取之牙厘局，皆国藩任之，断不推诿。大局阽危，别无可为将伯之呼者，伏希垂亮。即请印渠仁弟大人台安。

5 复刘长佑

同治元年二月二十六日

印渠仁弟大人阁下：

芗部能于二月中分起东来，至慰至感！左军以正月二十日大捷于马金街，二月九日大捷于杨村，克复遂安县城，甚为得手。刻下进援衢州、江山，以五千余人与侍逆十余万巨股相角，殊以为虑。惟盼芗部早到一日，则左帅早得一日之助，而江西亦早舒一日之忧，至以为恳！谕旨荐达之说，实无其事，胡帅荐阁下为蜀督，鄙人曾经与闻。其疏中是否附列贱名，则不得知。然在胡帅，系为留骆保湘起见，尚非为荐刘平蜀起见；在鄙人，仅有与议之实，岂得冒居荐贤之名？且荐达以微时识拔为贵，若勋名已显，位列开府，岂复更烦推毂？所谓吾小人，不可以厚诬君子

小人，不可以厚诬君子也。

也。浔、梧一带近日军情何如？便中再乞示及一二。诸惟心鉴，顺问台安。不具。

6 致刘长佑

同治二年六月十八日

再，近来精神日减，畏热异常，竟日坐卧竹床，令人摇扇，偶有动作，汗下如雨。公私事件，每多废阁，身膺重任，时惧陨越。前后三次疏请简派大臣来南会办，未蒙俞允。希庵请假，在籍养病，渠所部皆归鄙处调度，苗练巨患，亦属责无旁贷。如力仅可负五十斤之重者，今已负之千斤，而又累加不已，势不颠蹶不止。

军营及地方，二者均乏继起之贤，不似往岁之人材辈出，深用忧灼。尊近近又得好帮手否？郭、邓二贤为毛、江两公所留，幕府似此者实难再得。直隶府厅州县中，已物色得循吏几人？敬求开单见示。广东虽在位未久，属吏史贤哲若干，敬求评示一二，以广孤陋。再问印渠仁弟大人台安。

7 复刘长佑

同治三年正月初七日

印渠仁弟大人阁下：

接惠书敬悉一切，幸托顺平。自苏垣克复，苗逆伏诛，议者辄谓金陵指日可以蒇事。实则洪逆老奸巨猾，牢固不摇。伪城米粮少者久已食粥，多者尚足支年余。鄙人之愚，深虑洪逆坚持不下，而忠、侍、辅、堵诸酋冒死上窜江、皖，又成不了之局。比闻少荃常州围师屡获大捷，不日可期克复，而嘉兴逆首穷蹙，有愿献杭、嘉、湖五城之说。左帅攻杭之师，亦叠次克垒歼渠。如彼四府并下，金陵亦必无久抗之理。只望江、皖各军力扼回窜之贼，当不致别生波折。两广及畿辅各员，来示所开亦已环宝溢目，不宜更有乏材之叹。豫省责成河北镇道，直省责成大名镇道，东省责成曹济镇道，自是直截了当。惟此六人之中，是否胜此重任？是否各有素练之兵、久战之将？如托之非人，则缓急仍不可恃。练兵大疏较之薛公原奏，实为识高而当于事理。惟将领实不易得，饷需亦无把握。尊疏奏拨之十一省，必难如期如数。直隶虽无大河要津，然如卫河、直沽及陆路繁盛市镇是否可抽办厘金？大抵军政吏治非财用充足，竟无下手之处。自王介甫以言利为正人所诟病，后之君子例避理财之名，以不言有无，不言多寡为高。实则补救时艰，断非贫穷坐困所能为力。叶水心尝谓“仁人君子，不应置理财于不讲”，良为通论。国藩素无理财之能，故抚有三省，不克游刃有余。阁下精细和厚，即理财一节，想亦能批郤导窾，本末兼该。第处多惧之地，值多口之际，未审因兴利而更增讥议否耳。至于讲求吏治即可裕饷息兵，虽属正论，究不切于事理。只可姑存其说，以备参核。味根沧逝，深堪惋悼！现调江苠臣接统其众，而以邓、陈二君综理营务。达川调任蜀藩，景况稍裕，责任亦巨。得伯昭朝夕赞助，应可攸往咸宜。诸关廑注，顺布一二。统希心鉴，即请台安。

实则补救时艰。

本末兼该。

书札

金国琛

1 致金国琛

咸丰十年正月十一日巳刻

逸亭尊兄大人阁下：

以稳字为主。

前敌鲍军，虽望阁下之救甚切，然粮路尚通，士气尚固，阁下行军，总望以稳字为主。选通罗溪河一军及太湖各军之气，然后向小池驿一路进扎，步步逼近，待贼来扑我，我乃起而应之，最有把握。若我去扑贼，主客异势，恐难得手。至蒋函欲分一军扎水吼岭，弟意以为不可分。又欲阁下军出罗溪河等处，弟意以为不如扎高横岭去鲍军较近也。

再，卷塘进扎之法：如第一日将二十营同扎一处，必有数营在前者，数营在后者。第二日进扎，即以昨日之后五营，进移于前四、五里，其余十五营不动。第三日，又以昨日之后五营进移于前四、五里，其余十五营不动。以次倒换而进，则无移营之迹，无一面恐垒、一面开仗之劳，以次逼近王家牌楼、银硃培等处。小池驿之贼必来扑营。贼为客而我为主，乃易得手。是否有当，乞酌择施行。

2 复金国琛

咸丰十年正月十五日午刻

逸亭尊兄大人阁下：

接来缄，知雄师将进扎红土山迤西一带，甚喜，甚慰。贵军步步进逼，与小池驿鲍军仅隔十里，则该逆夹在中间，如汤沸鼎，如芒在背，必难站脚。贵军距天堂暂远，必宜与罗溪河、太湖常通声息。万一子药缺乏，尚可由太湖借拨。罗溪河之阿达春、李续焘，太湖之赵克彰、朱品隆、李申甫及舍弟等，皆与阁下至好。愈通信多，则愈好办事也。顺问捷佳。

3 复金国琛

咸丰十年正月十七夜亥刻

逸亭尊兄大人阁下：

胡宫保之意，欲贵营不必再进，取白洋岭居高临下之势。鄙意仍宜进红长山等处，恐出队太远，贼逸我劳，难于得手也。至进红长山后，粮运之路，不至被贼隔断否？子药尚充足否？使中乞示及。即候勋安。

贼逸我劳，难于得手。

4 复金国琛

咸丰十年正月二十一夜

逸亭尊兄大人阁下：

润之宫保抄示阁下十八夜传单，具仰进止有法，疾徐合度，至以为佩。惟闻广福寨在东，罗山冲在西，阁下若打开东路，先清广福寨一带，则西头之贼已无归路，将群贼兜入大圈之内，彼不拼命死战，则必四出乱窜，办理反难得手。弟前函知山外诸军，自上打下，从罗山冲入手，盖欲留东头为贼之归路也。山内贵军及余军，是否可从上打下，先打罗山冲，后打广福寨之处，伏祈查示。至罗山冲果否在上，在西，广福寨果否在下，在东，贼之败路果否应在东头？均祈查明，详示。春天晴雨无定，必待日高四五丈，乃看得准号炮。洗三排枪，似不宜太早也。即问捷问。

5 复金国琛

咸丰十年正月二十二日辰初

逸亭尊兄大人阁下：

接惠缄，得悉昌、礼各营小挫情形。以地图观之，高横岭在上在西，昌军应在贵军之右。而来缄称昌军为左路，何也？目下贼之大队，聚于罗山冲一带。弟昨夜一缄，劝阁下从西间下手，莫从东头下手者，盖东头若胜，贼之归路一断，拼命冲突，我军受伤必多；若东路不胜，则西头愈形吃重。可否请阁下湘军，合昌、礼、桂等军，并趋西头，先击罗山冲之处，候卓裁商定，示复。山外新仓多、唐、朱三军去罗山冲二十五六里，去小池驿二十里，与山内约期极难。可否俟三军接仗以后，贵军再行出队之处，亦候卓裁商定。盖贵军所易于望见者，霆营也。霆营逼近悍贼，不能远赴西路罗山冲一带；其能赴西路罗山冲与阁下夹击者，多、蒋、唐、朱军也。四公相隔太远，约期恐致参差，故鄙意不愿问下分攻东头，而愿湘军与昌军并力西头；不愿阁下闻洗枪三排而遽出，而愿俟多、将各军至罗山冲口处，贵军乃出而应之也。并候卓裁。

约期恐参差。

6 复金国琛

咸丰十年正月二十四夜

逸亭尊兄大人阁下：

惠缄知敝处之信业经接到，两地不谋而合，殊为快意。山外多、鲍诸公，因贼营日日上扎，恐其内窜楚疆，已定派蒋军四营扎于贼之上面，想今日必开大仗。不知昨夕约订贵军否？多公十九日曾率马队，亲赴尊处，是下面尚有路径可通，日内尊处与山外通信，或不须更由太湖乎？约期打仗，最难到恰好地位，且有因而误事者。阁下若与山外订约，仍须做到各打各的，可进则进，应收则收，免致彼此牵制，或有疏失也。顺候捷安。

可进则进，应收则收。

7 复金国琛

咸丰十年正月二十五日辰刻

逸亭尊兄大人阁下：

山外各军，俟贵处移西扎定后，再行开仗，本为稳著。惟多公定计拦头截扎，想昨日已开大仗矣。山外四军加以云崖七营，兵力实已不薄，国藩未便嘱其缓战。进止、迟速，听多公主之可也。山外开仗时，尊处登高瞭望，或探马四出，必可得其大概。当山外酣战之际，尊处出队夹击，虽未刻尚可出队，进退伸缩，由阁下自己作主，远胜于约期会剿也。复候台安。

进退伸缩，由自作主。

书札

黄晃

1 与黄冕

咸丰三年十二月初五日

南坡尊兄大人阁下：

久疏笺敬，伏想兴居康吉，潭祉增绥，至以为慰！

田家镇破。

田家镇之破，两湖即失藩篱，日日皆在忧危之中。譬若幕巢漏船，无可少安。比闻黄州业被窜踞，巴河新筑坚垒，此下如九江、安庆、芜湖、太平、傍水名城，并为贼巢。长江之险，非复我有。吕鹤田业经殉难，江岷樵抱病六安，不能前赴新任。东南局势，真堪痛哭！

弟奉命带勇赴皖会剿，在衡兴办战舰，已近一月，毫无头绪。顷又分局在湘潭修造，董其事者，为广西委员褚太守汝航。大约分为三宗：一造快蟹船，一造长龙船，一改钓钩船。鄙人才智短浅，又乏阅历，即委员任事者，亦未知果否适用？阁下于水师事宜，讲求有素。现虽赋闲家居，而国家大事未尝须臾去怀。敢乞阁下即日翩然命驾，至湘潭船厂，就褚太守一商办船始末曲折。如能乘兴一过衡州，使弟得咨诹一切，尤所企望。祷切盼切！

2 复黄冕

咸丰十年七月初三日

南坡仁兄大人阁下：

接奉惠缄，仰蒙顾全大局，廑注鄙人，无微不至。国藩才力绵薄，谬膺艰巨，大惧陨越，诒良友羞。阁下轸念时艰，许于桑梓之邦，代筹两江之饷，已照意城所拟札稿，办牍寄南。时翁系湖南之官，阁下系两江之员，共筹此举，名实亦尚相副。俟会议就绪，两君子公牍到日，再行奏明办理。

皖南群盗如毛，实为规取金陵、苏、常者所必争之地。张周部兵三万余人，锢习已深，不可爬梳。若能将此间经理妥贴，明年当为淮扬之行。阁下久宦苏省，犀鉴澄澈，如地利之要害，官绅之贤否、盐务之积弊，务祈逐时记忆，开录寄示。千万勿吝。诸惟心照。

锢习已深，不可爬梳。

3 复黄冕

咸丰十一年七月二十三日

南坡仁兄大人阁下：

接奉惠书并解二万八千之款。与前次七万一批，正如大旱之雨，严雪之炭。过此极艰危困窘之时，以后江西或稍肃清，又可渐入亨途矣。感赖何极！援贼之至怀、桐者，以少半与多公军相牵缀，以强半拊安庆官军之背。幸壕堑宽深，现已相拒六日，尚能坚守不摇。若再相持十日半月，城贼必难久支，或可竟奏克复之功，则大幸也。提饷炮船自五月十三以后，每月十三皆有船携文回湘守提。文皆载定三万之数。以月有衰旺，收有丰歉，酌以三万，则虽衰月亦尚易凑足，赊望则不止此。阁下酌剂盈虚，随时添解可也。目下左军有婺源、景镇两卡，凯章有街口一卡，舍弟有大通一卡，纵无银钱，米粮必不至缺乏。惟鲍军较苦，而声名最盛。来示询及，军心尚有稳固不摇之象。惟徽防各营习气已深，缓急断难得力。但求安庆早克，尚当另谋一军，将徽营以次沙汰。顺请台安。

壕堑宽深，坚守不摇。

4 复黄冕

同治元年四月二十四日

南坡仁兄大人阁下：

惠书敬悉。民运米谷，胜于鄂省陈谷远甚。委员及商人在此，曾饬局善待之，以后或不致裹足。商贩自行办米来售，价存皖台而咨回东局作抵解款，尤为两便，望即广为招徕。如法行之，惠利无穷。霆、凯暨舍弟各营连克十城五隘，多帅克复庐

如法行之，惠利无穷。

州，皖北已一律肃清。惟四眼狗尚挟万人北窜，恐为河南之患。饷项积欠日多，实难支持。前函托寄翁中丞与阁下诸君定湖南使粤办厘之员，至今未蒙单示，劳帅与敝处不甚水乳，若得湘绅贤者一人前往联络，尤为妥叶。借运粤盐一节，本属有益于湘，无损于粤，然改多年经制盐法，易干驳诘。且适值敝处奏夺粤中通省厘金，而湘省又奏夺其盐利，二者恐有难以并举之势。阁下料之，以为如何？复请台安。

5 复黄冕

同治元年九月二十九日

南坡尊兄大人阁下：

接九月惠书，荷蒙垂注。舍九弟一军忧谋迫切，无微不至，至以为感！金陵危险之症，在闰月二十一、二、三日伪忠王初到之时，昼夜围扑，粮路几绝。其次则九月初三、四日伪侍王初到之时，贼之攻扑太猛。官军劳伤过甚，岌岌有不可支之势。逮初五日出壕破贼十三垒，十二日地道轰裂，毙贼数千，自是贼势渐衰，军心日壮。现尚有三处地道未穿，然已另开内壕、内墙。敝处派去之王可陞千五百人，都将军拨来之杨心纯等千八百人，皆作游兵，未分汛地，计坚守已月有五日，大致可期平稳。

大致可期平稳。

舍弟所受洋枪子伤，子出处虽未全愈，入处业已结痂，请释廑系。

米粮已承买运八千余石，此后不必续办。此间亦饬怀宁、宿松、无为等属征收米石，以抵正贼。如冬间所收无几，腊月再当奉商于湖南设法也。

票盐亦系完厘，但不逢卡抽收。行楚岸者，皖抽十文半，楚抽九文半。行两岸者，皖抽十二文，西抽八文。均不准在皖境售卖。盖因小贩零厘为数虽多，而但能运皖，不能行远。欲借票贩之力，稍收回西、楚之引地也。是否有当，尚希裁示。

玉班之千人，刘副将之千人，贵局咨募之千二百人，刻想均已成行。但愿逆风稍息，早抵金陵。舍弟可率本军出壕猛击，则大幸也。顺问台安。

6 致黄冕

同治三年七月初九日

南坡仁兄大人阁下：

金陵克复，多蒙阁下竭力经营，梓乡诸君子垂情扶助，每于艰难绝续之交，得东征局饷弥缝补救，俾免决裂，感赖实深。弟东来江宁，浩劫余灰，目不忍睹。贱兄弟猥膺懋赏，而同事诸公尚多向隅，寸心深抱不安。儿子纪鸿学术浅陋，而舍弟欲令其回省乡试，特令寓居尊处，务恳随时指示。第一不宜与州县来往，以息物议，减省应酬，谦谨自持。均望事事启迪，不胜铭感。即请台安。

减省应酬，谦谨自持。

书札

耆龄

1 与耆龄

咸丰八年十一月初二日

再，阁下嘱弟移驻九江，较之秀帅邀弟赴鄂及拨兵助鄂两节，更为妥善。将来恐终不能出此策之范围。惟闽中瘠苦异常，弟久驻建昌，迟迟不入关，迹颇涉于畏难而就易，辞苦而恋甘。纵圣主不以见责，闽中官民固已交疑之矣。若非闽贼渐就肃清，弟自不宜遽奏移浔。夷人火轮船四号，二十三日过浔，二十四五可以抵鄂。鄂中一波未平，一波突起，全局顿坏，诚出意外耳。

2 与耆龄

咸丰八年十二月二十八日

再，饶梅臣廷选，以告病请假。经王春崖制军奏参，郁郁不自得。病势亦颇不轻，半由肝气抑郁所致。渠曾奉旨发敝处调遣。目下需才甚急，饶镇置之闲散可惜，弟意欲奏调来江西，或令到赣州本任，或于宁都、建昌各属择要驻扎，以防闽贼大股。拟会列尊衔入告，可否？祈示。萧军至赣州后，恐闽贼仍入瑞金、石城等处，则浚川与弟处老营中间梗绝，不能来建昌请饷。若果阻隔，尚求尊处暂为照应接济。抚、建两府，恐明岁月不能无警。似须由老兄早为谆饬，令地方官预讲城守事宜，贮备米盐子药，各筹兵勇三千，内外预为坚守之计，有备无患。能令广抚建三府深固不摇，则全局皆振。是否有当，敬求复示。九峰仁兄大人阁下。

3 与耆龄

咸丰九年正月二十四日

再，此次敝处招兵勇三千余人，敢援两湖之例，更向台端增索万余金，合成三万之数。如蒙惠允，即求尊处便中附片一奏，曷胜衔感。弟往年在军，不通庆吊应酬，而私分之穷窘如故；不肯添募兵勇数千，而公分之欠饷如故。此次拟略改局面，放手一办。如其得手，此时多添数千，将来速了数月；此时多添一军，将来速了半年，亦未可知。细观贼势，皖南丑类尚多，不窥江西，即伺浙江。若内窜江西，固须预筹重兵，并力剿洗；即东窜浙境，亦须阁下筹兵往援。敝处添兵与尊处添兵，名目少异，而所剿则同一贼也。是否有当？只候玉示。至抚、建两府膏腴之地，东而连城之贼，北而婺源、景镇之贼，难保不萌意窜扰。现与建昌王太守讲求城守之法，城池颇坚，炮位亦好。惟子药缺少，敬求饬局多解为荷。

缺少子药。

4 与耆龄

咸丰九年二月二十二日

再，建昌有兵五百，又有王守新招之勇六百，若益以元守之勇二千，则兵力已厚，但欠子药；顷蒙惠解敝处火药二批，业已到抚，即分拨万斤往建，则两府皆有备矣。普总兵之勇，弟前分拨二、三营赴景镇助剿，尚属可行。胡润帅咨调全军赴镇，则湖彭未免空虚。弟顷缄达润帅及雪琴，嘱其力保湖口也。尊意如以为然，即求便中咨行普、刘各营为荷。大约皖南之贼四面受逼，则仍不免窥伺江西，若江西于广、抚、建三府，湖口一县，皆以重兵扼守，使贼屡伺而不得逞，然后以江西之完力规复皖南，则贼势自尔穷蹙。是否有当，伏祈伟画惠示。

5 与耆龄

咸丰九年二月二十六日

再，此次贼犯湖南，人心惶恐，全局震动，几与二年相类。贼在闽、浙时，奄奄若无能为，入楚乃大肆猖獗，似南、赣、郴、桂四属新添土匪不少。浚川虽回援茶、安一带，弟令其顾全吉安，以保饷源，亦缄告湘中矣。前本欲借江西物力以图皖南，今则欲仗大力以援湖南。时局变迁，殊增悒悒，幸闻金陵将克，为之一快耳。

再，营中抬枪、鸟枪，劈山炮等项，弁勇多言江局不如湖南之精。老兄向来讲求火器，姚石樵之精思，亦远胜于侪辈，求饬石樵加工另行精造纽丝、枪炮，不过多锤炼，多钻洗，自然迥异寻常。若由阁下面授石樵为之，必可宝也。目下湖南多事，更无火器可以协拨，特此奉恳尊处，广为造办，以便咨请拨用。

6 与耆龄

咸丰九年三月十九日

再，湘后营刘杰人殉节后，军无统属，极为涣散。其营官刘连捷、李宝贤皆已告假回籍，此军决不足以御贼，惟其勇丁向极精壮，甲于各军，散之可惜。弟意欲令雪琴暂统此军，水陆依护，固守湖口。如相安，极妙；如不相安，则令其来抚州老营，弟当细心简留三营，然后与阁下商派一人统之，令其守一府城，必可靠也。

书札

袁甲三

1 致袁甲三

咸丰九年十一月十五日

尊处之事，弟与润帅二人刻刻不忘，思少效辅车之助；但湘勇不惯面食，不耐劳苦，又思恋家乡，常常告假，若调赴淮北，水土不服，士心不愿，实属迂地弗良。外间但知湘勇之长，弟与润帅则并深知湘勇之短。廷旨令筹出一军绕赴淮北，目下竟无以仰答明诏，即无以护助左右，愧悚之至。胜帅所部究有良将几人？便中求开示一二，为祷！

实属迂地弗良。

2 与袁甲三

咸丰十年三月二十八日

再，雄师近日所克、皆南北要害关键。皖省糜烂八年，民不聊生。今得阁下总持全局，而胡翁、张诸公皆大君子才略，又足以济之。揆之天理人事，皖省当大有转机。惟冀长淮不再梗塞，淮北盐课日旺，厘税日增，俾雄师不忧缺饷，则大幸也。

盐课日旺，厘税日增。

弟目疾久未痊愈，写字至三行后，辄须停笔少息。幸所部人数无多，照料尚易。又得润帅就近提挈一切，庶免陨越。知注附陈。

3 致袁甲三

咸丰十年五月初七日

再，苏、常既失，海运无可漕之米。京仓空虚，根本之地，此为最重。弟职应办之事，此为最难。如天之福，能保守浙江嘉兴，松江、上海，犹留得海漕基址，是为至幸。如其不然，亦当力保淮扬里下河，犹不失产米之区，财利之薮。欲保里下河，非水师战舟二、三百号，不足以遏寇氛，而保盐场。淮安附近，不知木料尚多可资舟楫之用否？炮械尚易措办否？敬求详悉赐示。弟之棉力，今岁明春，仅能力求所以保江西、皖南之法。东望悚歉，惟增焦灼。

4 复袁甲三

同治元年二月十四日

午桥仁兄同年大人阁下：

接奉惠书，猥以忝窃参政，吉词奖饰，且感且惭。弟以菲材，频叨非分，服之不称，不特鄙人夙夜忧皇，即知交亦代为危惧。盖久窃虚名而又骤膺非常之眷遇，殆难久假而免大戾。忝附谱末，何不蒙提斯悚切，而更褒揄以重咎责耶？尊处为饷所窘，不获展布伟抱。弟久所深知，每以无力佽助为愧。江西漕折，敝处奏提每月五万，虽不能如期解，而合之通省厘局，本有十余万可指之款，无奈敝台供支至七万余人之多。左公虽擢浙抚，仍取给于敝处。鲍军现仅发至六月二十一日止，舍弟军仅发至六月初旬。积欠多者八月有奇，少亦五个月。愈累愈多。来示上海月饷二十四万，丝毫无欠，谓尊处独有向隅之叹，不知敝处之愧对阁下者，在江西之漕项谊应分润，不在上海之巨款也。至道路不通，系属实在情形。目下多军进攻庐州，指日与贵部会合，道路必可疏通。即当薄助涓滴，以表歉忱。进捣金陵老巢，敝处复奏一折，言须俟克复庐州以后，不知朝廷以为然否。计庐、巢两城能克一处，则敝处与雄师息息相通，自可熟商一切矣。南陔归养之说，是艰辛饱尝，缺饷太久，为此少息之念。惟天、六二浦新复、庐、巢亦似有机可乘，尚祈忍辱负重，以待事机之转。前劾翁君一疏，因渠两次覆军逃遁，又有去春剿苗之奏，辞义过于刚正，前后矛盾。与尊处情事迥殊，不图波及左右。金君之事，核算已就绪否？其中曲折，弟不深知，便中尚望示及。

5 致袁甲三

同治元年四月二十六日

再，接奉四月十八日密件，敬聆一切。弟亦早知夫已氏处处与阁下为难，不谓其险狠一至于此。令人眦裂。弟前致书时，因阁下为彼中伤甚深，念曾参既见疑于母，恐信陵将再废魏，是以奉商见几而作，遂公归养之本志。来示以旧恙增剧，乌私弥切，决计假满即行陈情，自是权衡至当。惟日内局势与半月前又迥不相同：庐州克复，皖北已粗就肃清；雪琴与舍弟等连克金柱关、东梁山两隘，太平府、芜湖县两城，机势甚为顺利。弟顷缄商多公，请其留五千人守庐州，而亲率万人进攻九洑洲。如克复该洲，即可会剿金陵老巢。仰托圣朝威福，或易于得手亦未可知。阁下数年冰蘖，前此与胡文忠联络并进之约，或此际适偿素愿。特再专函奉商，应请于续假满日，暂缓陈告。待金陵果有佳音，然后陈情养志，拂衣高蹈，亦不失人臣善始善终之义。且希帅身体未痊，临淮尚无替人，亦宜少缓须臾。设金陵难遽会攻，来复尚遥遥无期，则请待阁下与希帅会面以后，再定行止。何如？

陈情养志，拂衣高蹈。

6 复袁甲三

同治元年五月二十九日

再，来示意在引退，而拳拳于我梁我笱，嘱弟预为擘画，弟于五月三日覆奏一疏，具陈希庵之才足以绥定皖疆，其力足以制服苗党，请以希庵专办皖事，其剿抚苗练，亦听希庵张弛权衡。顷奉密寄谕允，计不久当有明发谕旨。至阁下告养之意，敝疏亦经覆陈及之。前闻临淮一席决将撤去，曾专足缄商台端见几而作。旋见金陵似有可图，又专足缄请少缓须臾。今多公业已援陕，舍弟围逼雨花台，洪逆并不恇惧，金陵已成持久之局。阁下自宜见几引退，乃得善始善终之道。其临淮替人，仍以希庵为宜。阁下去年荐希抚皖，若今年举之自代，当可不辱尊命。虽不

乃得善始善终之道。

必定驻临淮，而遵守萧规，维持补救，自可熟商妥洽。至阁下累年并无偾事，固当世贤者所共知共亮也。再问台安。

书札

李桓

1 与李桓

咸丰十年七月初四日

髋髀之处，非斤则斧。

再，在军各员，近来积弊尤多，愚诈迭出，颇滋隐忧。古人有言："髋髀之处，非斤则斧"。将来恐不能不一施猛剂，容当与毓帅妥商会办，难端须自此间发之，不必自省发也。

毓帅署中，全无护卫之兵，如六年冬抚署拥闹，实属不成事体。似可于抚协三营中，挑选百余人，仿吴龠斋中丞在湖南之例，即令在抚署日日操练，外示练兵之名，暗资防患之实。其兵除本营关饷外，中丞每月增饷若干。此外又常赏酒食裁料之类，计每月多费二百余金。抚署无此闲款，可由厘局按月致送，将来总可融销。阁下与筱泉商定后，可密禀右帅酌夺。

2 复李桓

咸丰十年七月十七日

黼堂尊兄、筱泉年兄大人阁下：

前寄一缄，道及求人之法，须有操守而无官气，多条理而少大言。日来以此广告各处，求荐才以辅我不逮，尚无应者。两君物色得人否？求人之道，须如白圭之治生，如鹰隼之击物，不得不休。又如蚨之有母，雉之有媒，以类相求，以气相引，庶几得一而可及其余。大抵人才约有两种：一种官气较多，一种乡气较多。官气多者好讲资格，好问样子，办事无惊世骇俗之象，语言无此妨彼碍之弊。其失也奄奄无气，凡遇一事，但凭书办家人之口说出，凭文书写出，不能身到、心到、口到、眼到，尤不能苦下身段去事上体察一番。乡气多者好逞才能，好出新样，行事则知己不知人，语言则顾前不顾后，其失也一事未成，物议先腾。两者之失，厥咎维均。人非大贤，亦断难出此两失之外。吾欲以"劳苦忍辱"四字教人，故且戒官气而姑用乡气之人，必取遇事

劳苦忍辱。

体察，身到、心到、口到、眼到者。赵广汉好用新进少年，刘晏好用士人理财，窃愿师之。

3 复李桓

咸丰十一年九月初五日

黼堂尊兄大人阁下：

接八月二十五日密缄并二册三单，丁漕减收一案，敬悉。条理之精密，斤斧之宏豁，深合戡乱更始之道。鄙人去岁建议，初愿不到此，佩仰无既。札稿悉依原本，示稿略为删改，期于简明。惟此事利于民而不利于官。民有停捐之乐，又得减价之惠，或可踊跃输将；官不以停拟款为德，而但以减丁漕为怨，必且多方挠阻。请阁下于摊捐、节寿、漕规等项，严行禁止，俾大利归于州县。而敝处于抗违新章，征解不力者，参劾一、二员，则事不劳而自集矣。先此密复，容日再有公缄奉达左右也，津贴之项，自以防兵征兵各半为妥。日内闻国制与胡宫保之丧，意绪惨栗，或彻夜不能成寐。幕中又无一友相助，诸事停阁，寸心歉仄。知念并闻，顺请台安。

诸事停阁，寸心歉仄。

4 复李桓

咸丰十一年九月二十五日

黼堂尊兄大人阁下：

前奉惠书，论广信漕可略增，尚示裁复。顷又接来缄，知赣饷已截供鲍军。信州之漕向来征收价值较之各府几有霄壤之别。今即照上饶头折，以钱易银为五千九百之数，虽比较各府新章已不免有向隅之叹，而比较广信旧例，仍不失为旷荡之恩。尊议以此项添济左军，似若可行。惟弟与中丞会衔告示，以三千为通省定章，并无因地制宜之说，广信士民岂无闻见？若前示贴于各郡，而不贴于信属，既恐欲盖而弥彰；若甫贴前示，随又出一增价会示，又虞朝令而夕改；若督抚但出三千减价之示，而左帅另出二千九百增价之示，则恩归本省，而怨归客官，其势尤万不能行。再三筹计，殊无良法。已致函左公，询渠如何区画。相距太远，非两旬不能得其回信。即欲增价，二千九百兼嫌过多。或仿往年南昌之例，三千之外，酌增津贴八百，或倍之为一千六百，尚可冀其乐从。如并此而办不动，只好俟诸明年再行议增。盖今年信州受害最深，既不蠲缓，何忍多求？而示尾本有活笔，明年独增信属，亦自理直而气壮也。如左帅复尊处信以为难行，应请即作罢论。鲍军冒暑奔驰，宣劳最久，厥功最伟，截赣饷以济之自是允当。惟此间欠饷太多，前敌诸军新破新泥汊等贼垒，克复无为州城，日夜辛劳，务乞鼎力速凑五万金，以济眉急，不胜盼切，顺问台安。

5 复李桓

咸丰十一年十月十九日

黼堂尊兄大人阁下：

惠函具悉。前此五万之信，因来函有截饷三万先济鲍军之说，故求之甚迫。嗣闻赣饷并未截留，则宜以全力筹济左军也。平江老五营妥为遣散，甚好！甚好！此时江西劣营撤遣殆尽，应另筹佳营驻抚州，策应各路。绍兴失守，萧山亦陷。杭省实有坐困之势。杭倘不保，则湖州、上海恐难孤立。东南沿海一片逆氛，正不知如何收拾。李秀成今年在江、楚掳人近二十万，不过半年，拜官封爵，即不思归。枭桀者出其中，后患弥长，思之忧悸。复问台祉。

后患弥长，思之忧悸。

6 与李桓

同治元年三月初九日

再，上年十二月接奉十一月十二日寄谕一件。因有人奏江西被贼窜扰，饬查残破州县及水旱灾区，分别蠲缓，并查周成民、哈尔噶尚阿二员劣迹。比即行司饬核议具详，以凭覆奏。拟将道光年间奏定摊捐二案，附于查覆蠲缓折内，夹片陈请豁免。又虑奏定摊捐之部案，恐司中碍难具详请豁，求阁下代拟奏片稿。今为日稍久，应即复奏。祈尊处迅速具详，约分三段：一段言被扰被灾各属分别扰据之久暂日期、灾之轻重，以定蠲之成数，将去冬章程缕述；一段言九月所定减征丁漕新章系粗定梗概，稍宽民力，其永远定章，声明由抚署主稿，再行会衔晰奏；一段查周、哈二员劣迹。敝处即照来详，略加删润，出奏可也。

书札

姚体备

1 复姚体备

咸丰十一年四月十一日巳刻

秋浦尊兄年大人阁下：

惠缄接到，敬悉，陆运事料理妥善，绅董皆乐为用，至以为慰。将来如办陆运，则驾轻就熟，远胜临时周章也。现饬各营安设步拨，粮台派夫一节即可省矣。安庆各军皆已到齐，李希帅以金逸亭攻德安，刘靖臣攻随州，而自驻滠口调度。二月初七巨野之役，伊兴额、滕家胜两帅阵亡，僧邸在济宁收集溃卒。珂乡必甚危急。近有续报否？乞示。即问台安。

驾轻就熟。

2 复姚体备

咸丰十一年五月二十三日

秋浦尊兄年大人阁下：

接惠书，因渔亭空虚，暂留娄、熊两营在祁门斟酌缓急，极费苦心。弟亦深以渔亭无营为虑。故咨调江军门全军暂扎，又咨拨左军三千人久驻，想不久即到可防。云岩在祁守尚有余，纵使柏溪、洪、禾有警，亦尚无妨。请阁下即催江军门迅移渔亭，以保徽、休粮路。霆营久离统领，心在彼而身在此，其勇丁十分不愿。应请即令娄、熊两将迅由湖口、九江，归并鲍军，以安其心，而作其气。即请台安。

心在彼，身在此。

3 致姚体备

咸丰十一年五月二十九日

秋浦尊兄大人阁下：

闽贼窜陷婺源，渔亭防务吃重。大洪岭脚有贼，柏溪防务亦重。阁下欲峰、礼、豫三营改扎渔亭，均归朱镇军统领，而江军门驻柏溪不动，亦是补救之一法。峰、礼、豫三营各有隐情：峰营有禀来自请裁遣，极言其勇不可用；礼营杨镇魁亦有禀来告假省亲，情词痛切；豫营屡请归鲍军统领，不愿归别处统辖。若此三军移扎渔亭，人各一心，闽贼果来，必将不战自溃。豫营久驻历口，深沟高垒，几费经营，尤为安土重迁，不愿移动。凡此等军中隐情，不可不细心体察。一拂其情，虽劲旅亦不得力，况劣营乎！鄙意豫营万不可动，峰、礼在黟在渔无甚区别，介乎可动可不动之间。江军门若移渔亭，则须全军驻渔；若留柏溪，则须全军驻柏。断不可两头兼顾，反致误事。鄙人向不喜言分兵，亦不喜言兼顾，亦不喜屡调屡动。此三者，望阁下时时留意。肃复，即请台安。

细心体察，一拂其情。

4 复姚体备

咸丰十一年六月初十日酉刻

秋浦尊兄大人阁下：

左公信来，已分起进驻婺源，婺源有重庆则徽、休稳，景镇有重兵则祁门稳。岭内大致已安。阁下仁心深识，肫挚逾恒，将来必有造于皖邦。第下手之处宜专而不宜博。譬之食前方丈，下箸必先一肴；锦衣百箱，着体不过数袭，故以善弃之说奉献，已别具另纸矣。即问台安。

5 复姚体备

咸丰十一年七月初一日

秋浦仁兄大人阁下：

顷接惠书，历述渔、屯、休、歙等处凋残之状，目不忍睹，耳不忍闻。经此惨劫，此后徽民应无他患矣。今欲保此孑遗，亦别无普济之法，但求兵力可恃、坚守数城，不再为贼所有，即可渐冀休养生息。茶税一项，据禀：旧章每引九钱内，六钱名茶捐，给照给奖，三钱名茶厘，给予厘票；府县各收三分，余八钱四分充饷。已批令照旧章办理。如有不妥之处，请阁下察看，随时更改。即问台安。

6 复姚体备

同治元年五月二十三日

秋浦尊兄年大人阁下：

初则壮于頄，后则缄其口。

太平县洋商一案，只好如此将就了给。盖近日凡关涉夷务者，皆初则壮于頄，后则缄其口，牵一发而全神俱动，往往不克自伸。即如去岁十月禁止民船假张洋旗闯关一案，至今思之不快。又如江西二月拆毁教堂一案，京中责令赔修，沈帅虽自请严议，恐亦尚非了义。以此类推，凡小事苟无大悖，且以宽舒处之。宝顺洋行暨韩商前文，皆可置之不论。昨定茶厘、茶捐新章，亦因奸商挟借洋势，百计绕越偷漏，吾既不能痛惩奸宄，故姑就彼听乐从者而立之制。顷祁门史令具禀力辨，逐条剖示，阁下试取拙批阅之，即识鄙人微意矣。江军门来省面商，弟许以六月出奏，八月还蜀，拟于奏后咨令裁撤旧营，将来旋营另招新勇。顷敝幕友蒋莼卿述及良臣之意，假满后原赴鄂履任，不愿再带勇防剿。弟念蜀将死亡太多，江公幸苦太久，业经允许，令莼卿作函告之。但须于六七两月将各营陆续裁撤，料理清楚，乃可启行。如有应补之口粮，请阁下于茶捐项下筹补。如有应留之营头，则交桂生接统。仍请阁下会同江、唐将应撤应留各营先行开单见示。其祁门一路，即咨调周军门宽世驻防。周与朱、唐同出李部，多年至好，三人必可相与有成也。

书札

陈湜

1 复陈湜

咸丰十一年十二月初三日

舫仙尊兄阁下：

冬月水干，炮船不便施展，前此隔水之处半皆涸出。设该逆偷越来犯，水师不能为力，专望陆兵严防，尚乞留意。营中洋烟、赌博二事，最易贻误大局，尚望随时严禁，并约会各营一体禁革。至要！至嘱！此间一切如常，闻青阳贼已退遁，不知确否。严州之贼由徽州境内犯，闻已窜入屯溪，有窥伺婺源、景镇之意，殊深焦灼。并候孝履。

2 复陈湜

同治四年八月初十日

京师物议与枢密消息随时变迁。每有上下交推，众望所归者，转瞬为人所唾弃；亦有群疑众谤，浮议沸腾者，转瞬又风平浪静。惟卓然自立之士，历常变红黑而终不改其度。阁下此次进京，时日无几，而天眷物论似均优许，望阁下弗引之以自喜。将来设有訾议吹求，恩眷少替，望阁下弗因之以自沮。蚤夜孜孜，专求自立之道。私事则行己与读书二者并进，公事则吏治与防务二者兼营，以勤为本而以诚字辅之。勤则虽柔必强，虽愚必明；诚则金石可穿，鬼神可格。鄙陋之讥，若倾黄河以涤凝污，岂待辨哉？晋省情形，闻动用款项虽数百千金亦须具奏咨部，犹是承平时之轨撤。黄河自潼关以东至垣曲，皆北岸晋而南岸豫，再东则南北两岸皆属豫境，造船防河似须处处与河南商办，不知果能联络一气否？造船之木料尚易购求否？炮位须敝处协解否？至为系念，便中尚望详示。再问舫仙仁弟台祉。

以勤为本，而以诚字辅之。

3 复陈湜

同治四年九月初六日

再，调南方水师赴晋之说，苟可为力，鄙人必不惮烦。无如再三筹画，实办不到。目下节过霜降，不特水涸胶浅，且运河自清江北至张秋及黄河数千里，冬间例皆冰冻。若待明年夏间再令南船北驶，自不如在晋造船之便且速。舍沅弟辞抚晋之命，据沅弟信言病不能睡，不能吃，头晕目眩，小便极多等语，如果调理得宜，冬杪或可勉强出山。鄙人亦革头昏舌蹇，老态日笃。因新事则办理毫无头绪，旧事则皖南各军尚未遣撤。金、唐应办之首犯虽已正法七人，而营官等应解徐州者，尚未解到。不知果有它变否。舍弟未出，仆不得不强为支撑。来示认真治事者，例不能取说于人。面面皆圆。但虽与人龃龉，而此心出之以公，言辞又不过激，或于不圆之中结怨较少耳。再颂舫仙仁弟台安。

4 致陈湜

同治六年三月初一日

再，王方伯内召，李公亦去位，尊处当不甚掣肘。惟胡莲舫以京员而署晋藩，公事颇生，未必惬人意，于中丞处尤虑难期水乳，但于阁下防务诸事应手，即为至幸。阁下一函而二君去职，以后恐为众所嫉忌，务望倍加小心，以勤、廉、谦三字自矢。勤而不自言其劳，廉而不自觉其介，谦而出之以真朴之气，乃不犯人之忌，亦即保身之道。舍沅弟到鄂后，裁撤多营，易以湘勇，密劾唐君，旋及官相，实由自信太过，无敬畏之意。今郭子美伤败，彭杏南覆亡，而春霆亦与之龃龉，又有署中失火之变，万矢齐集，众谤交加，仆深恐其忧伤太过，或致心疾。望阁下作函寄鄂，多方宽慰。尤望阁下于勤廉自持之外，专在谦谨上用功，并矢卧薪尝胆之忧，求于军事中有所建树，一以免怨家之指摘，一以代舍沅弟稍雪耻愤，至嘱至嘱。再问舫仙仁弟台安。

以勤、廉、谦三字自矢。

5 致陈湜

同治七年三月二十九日

从容以求出险之方。

再，阁下此时所处，极人世艰苦之境，然古人所谓："素患难，行乎患难，亦君子居易中之一端。"《易需》二爻，处险之道曰"衍"。《晋》二爻，处险之道曰"裕"。"衍"与"裕"，皆训宽也。阁下宜以"宽"字自养，能勉宅其心于宽泰之域，身体不就孱弱，志气不至催颓，而后从容以求出险之方。

近来戍新疆者大约皆在甘肃。不知甘肃省停留尚有几员部中催令出关者，不知各案宽严何如。令弟续查之件，不知获戾否。系念殊深，便中示及。再问舫仙仁弟近祉。

6 与陈湜

同治七年六月二十二日

接物处事，诸臻妥善。

再，藩伊卿观察近年识量日进，接物处事诸臻妥善，金陵寅僚翕然称之。本年督修运河堤工，冒雨督役，昼夜辛勤。事竣之后员役绅民同声感颂，物望日隆。方冀重加委任，渐肩艰巨，成就正未可量。不料一病经月，误于庸医，竟致不起。在扬州病笃，以轮舟迎归，甫入金陵寓馆，即已气绝。不获与其老亲一言为别，尤为可伤。仆挽以联云："还家便永诀，痛高堂七十岁，倚门倚闾，知九原定呼憾事；治水甫成功，念下河百万户，已饥已溺，拚一死永奠生民"。知阁下与渠至交，特以奉告。吾邑极盛之余，近事颇多不顺，殊为危虑。再问舫仙仁弟台安。

书札

王鑫

1 与王鑫

咸丰三年八月二十日

璞山仁弟左右：

仆于十六日到家，身染小恙，比已全愈。

每念天下大局，极可伤痛。桂东之役，三厅兵寻杀湘勇于市，足下所亲见也。江西之行，镇筸兵杀湘勇于三江口，伤重者十余人。七月十三、八月初六省城两次兵噪，执旗吹号，出队开仗，皆以兵勇不和之故。七月廿四，临庄诸君遇难，亦以镇筸、云贵兵见贼逃溃，危败不救，遂致斯痛。盖近世之兵，孱怯极矣，而偏善妒功忌能，懦于御贼，而勇于扰民，仁心以媚杀己之逆贼，而很心以仇胜己之兵勇。其仇勇也，又更胜于仇兵。

近世之兵，孱怯极矣。

其仇勇也，又更胜于仇兵。

曩者己酉，新宁李沅发之变，乡勇一跃登城，将攻破矣！诸兵以鸟枪击勇坠死，遂不能入。近者兵丁杀害壮勇之案，尤屡见叠出，且无论其公相仇杀，即各勇与贼事殷之际，而各兵一不相救，此区区之勇，欲求成功，其可得耶？不特勇也，即兵与兵相遇，岂闻有此营已败，而彼营冒险往求者乎？岂闻有此军饿死，而彼军肯分一粒往哺者乎？仆之愚见，以为今日将欲灭贼，必先诸将一心，万众一气，而后可以言战。而以今日营伍之习气，与今日调遣之成法，虽圣者不能使之一心一气，自非别树一帜，改弦更张，断不能办此贼也。鄙意欲练乡勇万人，概求吾党质直而晓军事之君子，将之以忠义之气为主，而辅之以训练之勤，相激相劘，以庶几于所谓诸将一心，万众一气者，或可驰驱中原，渐望澄清。目今江西已有楚勇二千，湘勇一千，颇有和翕相卫之象，而自临庄诸君殉难以来，仆日夜忧虑，深恐吾岷、石、罗、筠诸兄无以取胜而立于万全之地，且以贼氛数万之众，而吾勇仅有四千，亦无以壮其魄而树厥威。拟请再练勇六千，合成一万之数，概归岷樵、石樵二君子统领，其经费一面劝捐，一面由藩库提取数万金应用，以此入奏，宜蒙俞允，不识足下以为然否？

前者石樵刺吏临发之时，曾为一书致足下，请提左营之师，同为援江之行。仆以郴、桂之民，方喁喁焉望湘勇驻彼，如婴儿之依倚慈母，是以留足下防郴，而沉石兄之书，不以达诸左右。今闻临庄、春池诸君之难，又甚悔仆之浅虑，不早致足下之师于江西也。然湘勇十九始抵江省，去廿四之役仅五日耳。假使足下果得石兄之信，亦不能飞越布遽达也。

储石友之为人，仆取其诚朴而有忠义之气，与足下宜相针芥。又有守备周凤山者，闻胆勇过人，亦知大义。昨令其由永州带勇三百余赴足下新宁之援，比想二处之勇皆已到矣。足下为我细细究察周守备，果可引为吾党之助否？储君纵才或稍不恢闳，然自是忠节之人，仆已深信之矣。惟周守备则未深知，如其可倚为心腹，则望足下与之深相结纳，或以渠所带三百之勇，令其添为三百六十，合仆所定之营制。储石友所带之二百六十，亦令再添湘人一百，合仆营制。而足下与储君阴为物色豪杰可共大义者，储以为各营之将。若尊处果成三营，合之塔参将守醴陵之二营，邹岳屏守浏阳之一营有奇，及舍弟衡州之营，则已将近三千矣。渐充渐广，足成六千，殆亦非难。斯议果行，则今冬训练可成。如江西贼尚未退，则全赴江西，与之血战；若其悉退，则径赴江南，驰逐河北，誓不与此贼俱食息于天地之间耳。鄙见如此，一以为岷、石、罗、筠诸君谋万全，一以为国家大局。反复思维，非此殆无一、二千人可联为一气者也。兹特专函与足下熟商，足下如不以为然，则求即赐复示；如以为可，则求一面专使至江西商办，一面阴筹一切，或军事稍暇，能来衡州与仆面议曲折，尤所企望。如不得隙，不宜轻动，惟酌之。

仆取其诚朴而有忠义之气。

如不得隙，不宜轻动。

2 与王鑫

咸丰三年十月初八日三更

璞山仁弟左右：

初二日接到二十八日惠书，初六日又接初三手函，具悉一切。

荆、襄扼长江之上游，控秦、豫之要害，诚为古来必争之地。然以目前论之，则武昌更为吃紧。盖贼首既巢金陵，近穴镇、扬二城，远处所宜急争者，莫要于武昌。昔人谓江自出蜀以后，有三大镇：荆州为上镇，武昌为中镇，九江次之；建业为下镇，京口次之。今粤逆已得下镇矣。其意固将由中镇，以渐及上镇。闻九江、安庆，近已设立伪官，据为四窟。若更陷鄂城，上及荆州，则大江四千里，遂为此贼专而有之。北兵不能渡江而南，两湖、两广、三江、闽浙之兵，不能渡江而北，章奏不克上达，朝命不能下宣。而湖南、江西逼近强寇，尤不能一朝安居。即使贼兵不遽渡湖南窜，而沅、湘固时时有垒卵之危。然则鄂省之存亡，关系天下之全局固大，关系吾省之祸福尤切。鄂省存，则贼虽南窜，长沙犹有幸存之理；鄂省亡，则贼虽不南窜，长沙断无独存之势。然则今日之计，万不可不以援鄂为先筹，此不待智者而决也。足下义气薄云霄，忠肝贯金石，望率湘勇三千，即日渡湖而北，与岷樵、石樵之师相合，力保鄂城，以固全局，则不特湖南受其利，天下实有赖焉。惟近日省局支绌，处处皆须节省慎重。即以三千勇援鄂，一切用费，不宜过二万金，乃为妥善。

鄂省之存亡，关系全局。

处处皆须节省慎重。

国藩六月招楚勇一千，湘勇二千，赴援江西，共用去二万二千有奇。在家初出之途费，起行月余之口粮，及兴办各件之杂费，与朱石樵、郭筠仙，另支之储款，皆在其内。此次湖北行程较近，天气较好。足下办理若能少此更妙，至多亦不宜过二万二千也。前者足下欲募勇二千，往报湘人七月之仇；国藩欲添勇数千往助岷樵一臂之力，两书往还，不谋而合。厥后足下来衡，面商大概规模，约定饷需不必支之藩库，器横不必取之省局，足下自许可劝损饷银壹万，可私办军装数项，盖以为此吾辈私兴之义举，非省垣应办之官事也。嗣足下二十二书来言，二十四走省请饷一万，仆已讶其与初议相刺谬矣。适会田家镇之败，鄂省大震，长沙戒严，中丞命足下带勇防守省城，仓卒兴举，一切皆取之于官，此则局势与前议大变，止可谓之官勇，不得复谓之义师也。既为官勇，则值此官项支绌之秋，不得不通盘筹划。目下兵勇万余，倾库中所藏，仅敷两月之需。而足下寄来禀稿，乃云须再发银二万，各勇须预支月半口粮，将来招足万人等语。是则足下未能统筹全局，不知措饷之艰难也。又云帐房三百架、硝磺等项，委员解县。招勇本以援省，而多此一番周折，是亦足下阅历太浅，不善省财、省力之咎也。仆素敬足下驭士有方，三次立功；近日忠勇奋发，尤见慷慨击楫之风，心中爱重，恨不即游扬其善，宣暴于众，冀为国家收澄清之用。见足下所行未善，不得不说明规劝。又察足下志气满溢，语气夸大，恐持之不固，发之不慎，将来或至偾事，天下反以激烈男子为戒，尤不敢不忠告痛陈。伏冀足下细察详玩，以改适于慎重深稳之途，斯则爱足下者所祷祀求之者也。

冀为国家收澄清之用。

以改适于慎重深稳之途。

刻下康、杨带回之勇千人，罗、李与邹将归之勇亦千余，合足下之三千，计会城共有湘勇五千余人。若足下能带三千毅然援鄂，则省城所存之二千余，宜酌量裁汰，止存千余为妥。若足下不往援鄂，尤宜大加裁汰，止存二千余为妥。然以足下之志之识，亮必慨然以援鄂为己任也。其存省之兵，望一概用坐粮之例，每日一钱，盖行粮本过优，亦宜与往鄂者示有区别耳。古来名将得士卒之心，盖有在于钱财之外者；后世将弁，专恃粮重赏优，为牢笼兵心之具，其本为已浅矣。是以金多则奋勇蚁附，利尽则冷落兽散。昔尝与岷樵细论此层，兹更为足下进一解焉。书不详尽，诸惟心照。

3 与王鑫

咸丰三年十月十九日三更

璞山仁弟左右：

十八夜接到手书，改过光于日星，真气塞于户牖，欣慰无极！前者足下过衡，意气盈溢，视天下事若无足为。仆窃忧其乏剔厉战兢之象，以其握别匆匆，将待再来衡城时，乃相与密语规箴，以求砥于古人敬慎自克之道。自足下去后，而毁言日至，或责贤而求全，或积疑而成谤，仆亦未甚深虑。逮吴竹庄书来，而

或责贤而求全，或积疑而成谤。

投梭之起，乃大不怿，于是有初八奉规一函。仆函既发以后，又接家严手谕，道及足下忠勇勃发，宜大蕴蓄，不宜暴露，然后知足下又不理于梓里之口。向非大智慧转圜神速，痛自惩艾，几何不流于矜善伐能之途！古人谓齐桓葵邱之会，微有振矜，而叛者九国。亢盈悔吝之际，不可以不慎也。比闻足下率勇三千赴援鄂渚，仆既幸吾党男子，有陆楫闻鸡之风，又惧旁无夹辅之人，譬如孤竹干霄，不畏严霜之摧，而畏烈风之摇，终虞足下无以荷此重任。顷朱石樵书来，渠自鄂省十一二即可起行，大约日内可到长沙。观其书词，则逆贼全数下窜，武昌业已解严。仆昨奉谕旨，令带勇即日援鄂，今不特仆不必去，即足下亦可免此一行。仆另有书致中丞，商湘勇停止援鄂之举，不知意见合否？祈足下面禀中丞，细决行止。至足下之初志，欲兴义旅，径赴下游杀贼，则须计出万全，不可仓皇一行。盖舟师必须兼备，操练必须两月，裹粮必储半年，三者缺一，皆有坐困之道，而无成功之理。朱石翁杀贼之志，甚锐且坚，此次归来，必且大有兴举。若中丞能从仆言，停止援鄂之行，则望足下与朱石兄同来衡城，就仆熟计，讲求水战之道，精析练勇之法。仆虽不才，亦当随诸君子杖剑东下，讨此凶逆；如足下鄂中之行势不能止，犹望示我一书。苦雨多愁，所怀千端，诸惟心照，不尽。

三者缺一，皆有坐困之道，而无成功之理。

4 与王錱

咸丰三年十一月初六日

璞山仁弟足下：

近日在敝处攻足下之短者甚多，来尊处言仆之轻信谗谤、弃君如遗者，亦必不少。要之两心炯炯，各有深信之处，为非毁所不能入，金石所不能穿者，别自有在。今欲多言，则反以晦真至之情，古人所谓窗棂愈多，则愈蔽明者也。特书与足下约，计必从鄙意而不可改者五条，不必从仆，听足下自为屈伸主张者三条，仆自密办，而不遽以书告足下者二条，并具于左。

短者甚多。

——必从鄙意，而不可改者五：

各勇宜操练两个月，体弱者、艺低者、油滑者、陆续严汰，明春始行远出。

每营必须择一营官，必画然分出营数，此时即将全数交付与他，不必由足下一手经理。任人则逸，独任则劳。此后必成流贼，股数其多，吾须分股与之相逐。若平日由足下一人统带，临阵始分股逐贼，则差之毫厘，谬以千里矣。帮办者，每营须四五人，必须博求贤俊，不尽取之湘乡。万一营官有病，则帮办即可统领，断不可草率。足下现物色得帮办者几人？祈开单见示。

器械必赶紧制办，局中窳脆之件，概不可用。伯韩所造抬枪甚好，不知鸟枪已成若干？石樵言帐房宜用夹的，是否属实，祈复示。如必须改的，此时尚可赶办。邹岳屏所捐锚杆亦不好，竟须另觅硬木圆身，未经锯破者，如有一械未精，不可轻出。

战船能多更妙，纵使不能，亦当雇民船百余号，与陆路之兵同宿同行，夹江而下。凡米、煤、油、盐、布匹、干肉、钱项、铁铅、竹木之类，百物皆备，匠工皆全。

凡兵勇扎营，即以船为市。所发之饷，即换吾船之钱。所换之钱，即买吾船之货。如此展转灌输，银钱总不外散，而兵勇无米盐断缺之患，无数倍昂贵之患。

——不必从仆，听足下自为屈伸主张者三：

鄙意定为十营，合长夫计之，得五千人。非不知其太少，实恐口粮无出也。已由公牍札饬足下仅留四营，如足下能设法劝捐，多留一营亦可。

鄙意欲足下来衡州合操，若惮于往返，即在省别操亦可。竹庄可带一营，可嘱其管带来衡。石樵归时，必来衡商议大局。足下倘不同来，必须开一单，与石樵粗定规模，再由敝处核定。

阵法原无一定。然以一队言之，则以鸳鸯、三才二阵为要。以一营言之，则一正两奇，一接应，一设伏，四者断不可缺一。此外听足下自为变化。将多人以御剧寇，断不可无阵法也。

——自为密办，而不遽以书奉告者二：

有人愿带五百人随同远征，已许之矣。船户已请多人去邀集，未知果有成否？足下亦有相契之船否？祈示。

以上各条，皆切要之语，务求迅速回示，盼切，盼切！

5 复王錱

咸丰三年十二月二十六日

璞山仁弟左右：

昨接复收，具审一切。石、筠两君子去后，又接霞仙日日畅谈，而足与所著之臆说也者，又得沈研细究。

方今友朋中，如足下之精心研求者，盖不几见。仆于此等处亦颇究心，兹将仆之营制，与所以位置诸贤人君子之助我者，逐条胪列，祈飞书复我，归于一是。且以逆贼杨秀清，不过闾里一偷儿，其羽党亦乌合啸聚；而其官职、营制，人数之多少，旗帜之分寸，号令之森严，尚刊定章程，坚不可改，况吾党奉朝廷之命，兴君子之师，而可参差错乱，彼立一帜，此更一制，不克整齐而划一之哉？所定条款，务望遵从，即小处或有不当，亦当委曲商酌，不可遽尔违异。

——旧制三百六十人为一营，兹添为五百人一营，每哨添火器二队，刻有新营制一纸。足下之二千人，即可分为四营。

营官须贤能。

——营官必须贤能之士，即帮办亦须博求时彦。与其一手经理，或有不逮，不如求贤以自辅也。现在贵处各营官、帮办中霞、筠诸君所深信者有朱铁桥，钟台州及桂东之某生。仆所倚信亦在此三君子。此外则阅历较浅，恐未足恃。仆意足下自将一营，以朱铁桥辅之；朱石樵将一营，以钟台州辅之；孙阆青将一营，以桂东某生辅之；邹伯韩将一营，以其本空元探等辅之。此三君者，皆足下平日深相契好，以之分带足下之勇，有相成之益，无相妒之嫌。此区区位置之苦心，想足下能鉴照也。

——陆路十二营，须有一总提调，拟以朱石樵为之。提调断不可无兵，故令其自带一营。又恐其不能斤斤于营中之琐务也，故以钟台州辅之。行军必有智勇兼全者为先锋，兹特立向导处，拟以足下为提调。又立侦探处，拟以邹伯韩为提调。此三提调者，皆极要事也。三君子皆自带一营，而又兼管此三事。分之，则各有专职；合之，则联为一气。

——阵法初无定式，然总以《握奇经》之天地风云，龙虎鸟蛇为极善。兹以五百人，定为四面相应阵；以为凡各阵法之根本，各营均须遵照，兹附去一纸。其每队之鸳鸯阵、三才阵、前已刻式，兹亦附去一纸。

——贵处所留之乡勇，闻有二千四百人。分为四营外，其余剩四百人，竟可汰去。

——罗山往永兴时，与我据别面订曰：既不肯放我还山，则或在幕府参谋，或带一营同行，或留守衡州，三者惟君之所位置。现在鄙意欲留罗山守衡，筠、霞之意，均欲扯罗山同赴下游，大约以守衡为更妙，盖他人难当此一面也。如罗山守衡，则尊处所剩之四百人，即交之剿办土匪。

——长沙丁氏兄弟，皆一时贤俊，比之新化之邹、湘阴之郭，殆将过之。闻丁秩臣之弟号巽卿者，艰苦忠信，智勇深沉。足下若能求此人带勇，则可师可友，望设法求之。足下忠锐绝伦，惜尚未能多求胜己者耳。以上各条，望一一复示，专勇于初五六送到为幸。

丁氏兄弟为一时贤俊。

书札

吴坤修

1 与吴坤修

咸丰九年三月初二日

再，尊示有“何莫学诗”之语，细读大篇，圣人“兴、观、群、怨”四可，于阁下固当重读末一句矣。往往壬寅、癸卯之间，鄙人好读《幽通》、《思元》、《显志》等赋，以谓人事之推移，世态之炎凉，天道之反复莫测，此三赋者，殆足尽之。既而读杜子美《可叹》一篇，则二百余言中已赅括三赋之妙，故此诗于杜集中最为拙笨，而鄙人爱之最不释也。湖南近事，五日未接来信，不知宜、永、桂、兴失陷后，贼氛得少息否？闻翼逆在此股内，而张遂谋、赖裕新、傅忠信、黄玉发等贼目均萃于一方，不审湘中尚足支拄否？良悬悬也。

2 与吴坤修

咸丰九年十二月初八日

用兵既久，民间厌苦。

再，阁下业已再出任事，则须抖擞精神，焕发志气，将从前屈抑郁积，一概置之度外。用兵既久，民间厌苦，吾辈宜格外体恤。凡兵勇与百姓交涉者，总宜伸民气而抑兵勇，所以感召天和者在此，即所以要获名誉者亦在此，望阁下实心行之，幸勿视为老生常谈也。至于战胜攻取，虽无把握，若守之必固，则可以人力操其权。下游各军，气息较重，阁下所带尚多楚人，望禁除洋烟、赌博二事，久之声实并茂，必可卓然自立。聊申迂谈，伏冀垂纳。

3 与吴坤修

咸丰十年闰三月初一日

再，张副宪和平纯厚，备历艰险，在诸帅中独为其难。阁下既隶其麾下，尚祈忠于所事，无存歧异之见。古人有言："行衢路者不至，事两君者不容。""锲而舍之，朽木不折；锲而不舍，金石可镂。""其仪一兮，心如结兮。"窃愿以《尸鸠》之诗奉勖也。此间自萧、张分去后，局势日隘。所兢兢自守者，惟约束常严，不敢扰民，堪仰告耳。

4 复吴坤修

咸丰十一年四月十二日酉刻

竹庄仁弟大人阁下：

连接三次惠书敬悉，录示之件，以阁下与丁某相提并论，宜台端之深引为耻，痛愤难堪。鄙人六年十月在江，某公以平江营之败归咎于仆，遍张告示，贴之城厢。仆亦曾忍辱包羞，置不与较。阁下慷慨激烈，仆不敢徒以空言相相解。惟自下贼氛正炽，九江吃紧，池州之贼窜至张家滩，建德仅有陈部三营，万不可恃。建德若失，湖口亦吃紧，浔、湖两城，皆鄙人所夙怀不平者。阁下前缄称曰"伤心之地"，诚解人之言也。务乞阁下勉为我支撑一两月。目下请驻九江。建德若有疏失，即请台旌回驻湖口，届时仆当专马飞报。至贵军饷需久缺，任呼罔应，请即来东流请领。此间虽极贫窘，尚能以银二三千两、米数百石佐公数日之需。即请台安。

伤心之地，解人之言。

5 复吴坤修

咸丰十一年四月十六日

竹庄仁弟大人阁下：

昨接来牍，果欲引疾。目下瑞贼窥伺九江，建德之贼又窥湖口。此两处皆必争之地，又鄙人隐憾之地，务求阁下毅然自任。即在湖口静养，如汲黯之卧治，亦无不可。如九江急，则请投袂赴浔；湖口急，则请力疾守湖。至嘱，至嘱。即问刻安。

书札

张裕钊

1 与张裕钊

咸丰九年三月十一日

笔力稍患其弱。

再，足下为古文，笔力稍患其弱。昔姚惜抱先生论古文之途，有得于阳与刚之美者，有得于阴与柔之美者，二端判分，画然不谋。余尝数阳刚者约得四家：曰庄子，曰扬雄，曰韩愈、柳宗元。阴柔者约得四家：曰司马迁，曰刘向，曰欧阳修、曾巩。然柔和渊懿之中必有坚劲之质、雄直之气运乎其中，乃有以自立。足下气体近柔，望熟读扬、韩各文而参以两汉古赋，以救其短，何如？再候廉卿年兄著安。

2 致张裕钊

咸丰九年九月十五日

廉卿仁弟左右：

别后惘惘，不胜系念。足下精进不怠，实鄙怀第一惬心事。两湖学人无多，其不为事物所牵，而专一于学者尤少，愿吾子之振之也。令祖经圃府君《墓表》撰成，专人送呈。此心久为物扰，不复能深入，可愧耳。顺问日佳。

3 复张裕钊

咸丰十年正月二十四日

廉卿仁弟阁下：

接到手缄，未即裁复。董坞先生笔记，余未见其书，其与鄙论相合者如何？急思一观，便中尚乞寄示。足下近所纂著纵不称意，亦望寄示一二。国藩近状粗遣。自十二月中旬，逆酋陈玉成率众上犯，奇险万状；日夕筹虑，不特书史莫亲，抑且寝食欲废。官军三万余人，不为不厚，不为不劲，而贼尚欲倍之。日内当有大战数次，未审能大挫凶锋否？

4 复张裕钊

咸丰十年三月二十七日

廉卿仁弟阁下：

前敌各军，久应进兵，前以浙警，继以雨阻，未得遽赴。顷始分逼安庆桐城两路，犹未能直薄城下。地大人众，都未能应弦赴节。读来示所称，先事熟筹，乘机迅发云云。为之愧赧！援鹑堂笔记粗阅一二卷，殊不惬意！凡读书笔记，贵于得间，戴东原谓阎百诗善看收，亦以其蹈瑕抵隙，能环攻古人之短也。近世如高邮王氏，凡读一书，于正文、注文、一一求其至是。其疑者。不敢苟同，以乱古人之真，而欺方寸之知。若专校异同，而某字某本作某，则谓之考异，谓之校对，不得与精核大义，参稽疑误者同日而语。今观援鹑堂所记幽通思元二赋，多云何云某字，后汉书作某，是义门校对之字，而姜坞钞誊之也。间观它卷，亦多誊义门语而已，无所质正于其间。当时批写书眉，本不以为著述之事，后人概以编入笔记之内，殆非姜坞及惜抱之意，若得有识君子，披沙简金，非无可采。然非大为淘汰，恐无益耳！尊作古文著句，俱有筋骨，日进无疆，至为欣慰！辄就鄙见评，骘一二，以资互证。仆近亦作得文数首，都不称意。年老目眵，但思多读古书，以补昔日之阙。人事纷扰，不得如意，兹可惧耳！

先事熟筹，乘机迅发。

5 复张裕钊

咸丰十年七月十三日

廉卿仁弟阁下：

三次惠书，阙尔不报。国藩自奉江督之命，日日惴恐，大惧陨越，诒知好羞。已于六月十一日移驻祁门，暂固江西门户，而联徽、宁声援。旬月以来，皖事日坏，宁国被围，广德失守，岌岌有不可终日之势。俟左季高、李次青、张凯章诸公到日，乃能分路援剿。来示从江西吏治人心著手，可谓探骊得珠，鄙人虽陋，亦日夜不忘此义。无如江河日下，人物邈然，求如湖北之吏治，尚非旦夕可冀。现惟亲附同官，饬励属僚，一一皆手书劳勉，庶期鉴此愚诚，渐就范围耳。

书札

许振祎

1 与许振祎

咸丰九年九月十一日

再，来示谓趋时者博无识之喜，损有道之真，谨当书绅铭佩。吾齿发已老，乃欲俯仰一效桔槔，所谓“未得国能，徒失故步”者也。自宜仍守吾拙，不妄悦人，以副同志期待之厚。年伯大人近日愁绪当已渐解，足下及时养志，正不必汲汲科名。高堂康胜复常，即求专缄示及。再问仙屏仁弟近祉。

2 复许振祎

咸丰十一年三月十一日

仙屏仁弟阁下：

去冬接奉惠书，久未裁复，又辱手简。伏审纂著日精，至以为慰。此间军事，自徽、宁失后，局势过促。地小无舞袖之方，梦中无伸足之处。十一月普军败挫，建、东、都、鄱、浮、彭六邑同失，祁门老营孤悬被困。幸左、鲍将黄逆一股击退，方庆更生，而伪侍王李世贤一股又陷乐平、景镇，断我后路，塞我粮源。现以左、鲍两军夹击景镇，而老营抽兵力攻徽州。若二者能一处得手，庶米粮可通，不使三万军士尽陷重险之中。抚、建股匪深入腹地，本拟檄鲍公由省城援剿，因景镇之变，不能不令先援老营。闻樟树已失，不知瑞、临得保无恙否。珂乡罹水火久矣，劫数犹未满耶？

来示询及古文之法，仆本无所解，近更荒浅，不复厝意。古文者，韩退之氏厌弃魏晋六朝骈俪之文，而反之于六经、两汉，从而名焉者也。名号虽殊，而其积字而为句，积句而为段，积段而为篇，则天下之凡名为文者一也。国藩以为欲着字之古，宜研究《尔雅》、《说文》小学、训诂之书，故尝好观近人王氏、段氏之说；欲造句之古，宜仿效《汉书》、《文选》，而后可砭俗而裁

积字为句，积句为段，积段为篇。

伪；欲分段之古，宜熟读班、马、韩、欧之作，审其行气之短长，自然之节奏；欲谋篇之古，则群经诸子以至近世名家，莫不各有匠心，以成章法。如人有之肢体，室之有结构，衣之有要领。大抵以力去陈言，戛戛独造为始事，以声调铿锵，包蕴不尽为终事。仆学无师承，冥行臆断，所辛苦而仅得之者，如是而已。自顷群贼逼处，无日不在危机骇浪之中，偶一展卷，都无意绪，不足仰报故人。勉惜分阴，以光绝业，瞻企不尽。诸希心鉴。

3 复许振祎

咸丰十一年五月十一日

仙屏仁弟左右：

顷辱惠缄，并赐书谱一册，谨拜嘉贶。此间军事，自四眼狗回扑集贤关，拊安庆官军之背，调集多、鲍、朱、成各劲旅与之力争，狗酉知难而退，留悍贼万人，以强半扎菱湖，专通城贼；以少半扎关外，专保来路。舍弟以大围包菱湖贼垒，而鲍、成攻关外四垒。八日未曾收队，遂得全数歼擒，无一名漏网者。有此一捷，安庆似有克复之望。现调鲍军由浔赴瑞，援剿奉、靖、义、武一带，冀清腹地以裕饷源。珂乡重罹水火，皆国藩调度无方，苦我父老，毒我生灵，拊衷内疚，但求它处更无牵缀。鲍军入援，计亦不久可到。贱躯平善，久处危地，徒友星散，一一须亲手料理。往往废阁。扁舟如织，倘肯乘风过访，一叙阔悰，企迟何已！

扁舟如织，乘风过访。

4 致许振祎

同治元年二月初五日

仙屏仁弟阁下：

此间军事，自克复无为、运漕、东关三河后，北岸各营仅敷分防，未能进剿；南岸惟徽州被围一月，除夕解严。余俱平顺如旧。浙事糜烂至此，贼焰大长。国藩以东南大局日就阽危，方自忧初救之无术，惭职任之多亏，乃累月以来，天语温纶有加靡已；殊恩异数，梦想不到。时事之艰危如彼，才力之短绌如此，殆无不颠踣之理。竟夕惴栗，震惧失措。相知如左右，当亦转喜而为危耳。

时事艰危，才力短绌。

5 致许振祎

同治七年七月二十二日

正封函间，闻李少帅已拜协揆之命，为之抃慰。自去秋以来，疑谤纷乘，少帅宠辱不惊，祸福不计，心静力坚，卒能艰难百折，蒇此奇功，不特雄才过人，其德量实已大进。次青在黔，屡著勋绩，告养回籍，不知仰邀俞允否？顷得渠函，寄所著《先正事略》索序，博雅公核，近数十年无此巨制。仆自甲子以来，尝悔昔年参劾次青为太过，又以剿捻无功，引为愧憾。今大功出于少帅，再次青光复旧物，箧有传书。曩日同袍，不至菀枯悬殊，似鄙人两端愧悔，渐可以少减矣。

宠辱不惊，心静力坚。

书札

严正基

1 答严正基

道光三十年

仙舫先生尊兄左右：

夏间音书下逮，尚稽笺复，比又奉赐函，益以悚感。霜寒，伏审道躬绥胜，政祉大和。今春圣主登阼，嘉与臣下各举所知，以噂昌运。国藩即以台端入告，匪敢云相知，盖借贤者以自重耳。江君岷樵，夙亦钦其忠敢，以为有海忠介之风。近闻服官浙中，责负已多，而又有亲丧，虽讣书未至，而音耗类真。审如是者，此人乃困阨方深矣。国藩近亦无佳，从公少暇，尚亲载籍，局守辇毂，咫闻无几。闻潘芸阁河帅辑，有《续行水金鉴》，若有羽便，幸购一帙以赐。其为笃惠，何可胜竟？倾仰私怀，匪书所罄。独恃心鉴，不一。

2 复严正基

咸丰元年

仙舫尊兄左右：

三月之末奉到赐书，辱惠《续行水金鉴》及他珍物，嘉贶盛怀，感喟不既。比想大旆遂已南征。粤西小丑，不谓猖獗如此，天子以供亿浩穰，倚仗贤明，故以属之台端，而姚公运筹，邹公建节，皆与阁下素号石交，如骖之靳，宜克有济，不似往者赵、辛乖分，意见歧出也。堂考乾隆西师之役，用兵五载，转输万里，而以肃州粮台为中外之枢纽，以大学士总督黄公廷桂任之。其时羽檄星驰，士马粮械，倥偬万端，黄公令藩臬、道府、州县承办军需者，皆同馆一所。公亦竟日危坐其中，每邮骑至，直入馆院，启视符牒，应付何司者，立予分派，目击其录稿，钤印毕，即以咨复。重门洞开，毫无隔阂。一切神速，了无留滞。夫是以鲜中饱之人，而少浮销之费也。阁下以他省官员，客寄粤中，地望未极优崇，僚属未甚惬洽，不审遂能远法黄公，得以惟所欲为否？如其上不见疑，下不见忌，则所益于国帑者为已多矣。邹公幕府有汪君者，与国藩友善，熟于舆地，亦能属文，盖军中有用之才，阁下试引与深谈，亦足助韬钤之万一。岷樵读礼山中，谊当为乡里御寇；然墨绖从戎，则非所宜。弟比有书，告其不必远出。君子爱人以德，似应如此，阁下以为然焉否也？书不十一，伏冀迅奏肤功，懋赏归朝，一握为欢，庆幸无量！南望云山，不胜驰系。

上不见疑，下不见忌。

3 与严正基

咸丰三年九月二十五日

仙舫先生尊兄阁下：

顷奉赐函，藉悉夏杪由间道旋桂，兴居康吉，调卫增绥，至以为颂！逆贼穴踞秣陵，兼巢镇、扬，负隅之势，不遽弃去，凡在有识，皆所共料。独怪其分股四出，西围章门，北窜豫晋，连樯三千艘，飙驰二千里，众不为不多，力不为不强。精锐既分，则江南三城，宜益寡弱。闻诸人言，见诸奏牍，皆云南京之贼，仅存数百；扬州之贼，食尽援绝。而向、琦二帅，卒不能设法收复，此诚不可解者也。欣老既负重名，许公亦夙娴韬略，而半年相守，一筹莫展。揆诸事理，尤所难明。江西本无先事之备，又乏军旅之材。岷樵先日入城，粤逆次日继至。安危之机，冥冥者若有预为安排。顷已于二十二日解围，岷老勋名日隆，物望攸归，帝简亦属，即特颁关防，全畀兵柄，盖亦意中之事。鄙意欲募勇万人，勤加训练，发交岷樵，以为扫荡澄清之具，而变孱兵劣弁之习。愚计粗定，方拟号召健卒，兴办军械，而连日下游消息，益无佳语。贼自南昌窜出，即据九江。金陵之贼，又分数千攻陷安庆，进舟裕溪窥，伺庐郡、新省，九江之贼，亦分千艘，由富池口入阳辛河，攻陷兴国，通山、通城，及吾省之临湘巴、平皆为震动矣。尤可伤者，鄂省自五月以来，即于广济之田家镇，严设江防，编木为排，横截中流，旁列油篓，垒石为墙，上

负隅之势，不遽弃去。

安危之机，冥冥者若有预为安排。

留炮眼，以施枪炮。两岸扎营以防，陆路屯兵勇五千人以为重镇。文武贤干，多萃于兹，以为御贼门外之道，冀固南北二省之防。自三十、初一、初十等日，屡次获胜，贼多损伤，至十三日卯刻，意被群贼攻毁，焚烧营盘，兵勇冲散，徐道、张道不知下落，岷樵及唐子方廉访已兼程回护鄂城。北省以全力防御田镇，此险一失，省城兵力极单，饷项支绌。居民及在官人役迁徙一空。张制军以十六日赴山东任，新督吴甄甫先生初七自长沙起行，十四始抵鄂城。人地极生，抚藩又不足与谋。鄂之为鄂，岂堪设想！不特鄂也，湘之去汉，一湖仅隔，北风若利，三日可到。国藩日内既虑北省，为甄翁及岷樵忧；又虑南省，恐吾乡复寻去秋之盟也。幸六月以来，守备粗具、饷银足支三月，煤米等项足支半年。城内各兵四千有奇，练勇分布各处者，尚有三千余人。省垣有警，弟即带勇入援。湘中尚可撑持，较北省差有把握耳。所虑水路无兵，逆艇实多，沿江上下，往来自由。或以一股扰我省会，牵我大兵，而以分股旁窜近水郡县，如江西、瑞州、饶州近事，掠其民而蹂其地，披其枝者伤其心，生民涂炭，力难兼顾，此其可为长虑者也。阁下伟略匡时，远轶侪辈，枌榆之急，谅所愤切。倘有深谋秘计，足纾目前之难，望无惜飞书详告，开我愚蒙，望切祷切！

生民涂炭，力难兼顾。

4 复严正基

同治二年八月二十二日

仙舫先生仁兄大人阁下：

接惠书敬悉此间军事，自伪忠王窜扰江北，迭攻石涧埠及庐、桐、舒、六，均以坚守幸完。该逆连不得逞，折而下窜，官军乘胜攻克巢、和、二浦并攻九洑洲，江北一律肃清。方意事机大顺，即金陵老巢，或亦可图，不料苗逆复叛，陷踞怀远、寿州，全淮震动。大江以南，则黄、李、古、赖诸伪王由江右下窜，围我青阳，援尽粮绝，万难保全。而宁国、泾、芜诸城，势必处处吃紧。皖南被兵最久，白骨如麻，屠人互市，或百里不见

援尽粮绝，万难保全。

炊烟，而群盗纵横，方兴未艾，不知皖人何辜，遭此奇劫！贱子不幸，膺此艰巨，譬操坏舟而行大海飓风之中，日引月长，靡届靡究，先生将何以拯我也？武赞臣新军效力桑梓，义不容辞，第不知新集之卒，少有纪律，不扰闾里否？贱躯粗适，舍弟金陵一军，沿属安稳，贱眷拟于今冬来皖，一图聚处。附告以慰垂注，顺问台安。

书札

夏廷棫

1 与夏廷樾

咸丰三年十月初九日

憩亭仁兄大公祖大人阁下：

顷奉万载惠书，敬悉台旌荣施。作王可乡之保障，张楚军之声威，勋望日隆，倚畀弥笃，至以为颂！弟驻衡月余，亦乏佳述。

制器之法，夙未讲求，骤与兴办。

日内因下游警报沓至，思欲制造木排，以防江路。制器之法，夙未讲求，骤与兴办，动多龃龉。逆匪窥伺荆、襄，远规秦、蜀，是意中事。惟闻分船溯汉之后，而塘角、大别之际，尚复大舸蔽江，游弋自如。武昌虽不被围，而已岌岌有坐困之势。鄙意今日之计，不能不发兵援鄂。鄂省存，则江西、湖南可犄角以相援；鄂省亡，则江西、湖南并如虎狼之据我门庭，而谓闺闼得须臾少安，无是理也。已屡书与中丞商及，不知日内已有援鄂成议否？甄甫先生来咨，命璞山率勇前往。璞山血性过人，忠勇奋发，料应气吞云梦，慷慨长征。惟其近来言行，未尽妥善，弟恐其稍涉满溢，或致偾事，昨已为书规之。更望阁下面与深论，奖其忠劳，而匡其未逮。在省官绅中，有能毅然请缨，偕璞山同往救鄂者，亦望殷勤劝驾，相与扶助大义，共赞忠勋。若阁下怜邯郸之危急，为充国之自行，甫脱援江之甲，又据救鄂之鞍，则义声一振，从者如云。此北省官民所祷求，岷、筠、石樵诸君所盼切，弟所急欲推毂，而不敢强焉者也。弟身虽羁衡，心系省会，所以不往省垣者，具详前复方伯公函中。近又悬系鄂省，顾天下之全局，念师友之私情，盖关系者极大，想阁下亦同此焦虑也。书不十一，诸惟心照，顺问台安。

顾天下之全局。

2 与夏廷樾

咸丰三年十月二十日

憩亭仁兄老公祖大人阁下：

石卿制军、岷樵中丞诚为当今人杰，嘱弟与骆、张、陈诸公会衔入告，请以兵柄归之张、江两君，似亦无难仰邀俞允。惟弟窃有虑者：向、琦在南，讷、恩在北，慧、雷、胜、托之俦，联翩四布，张、江再出，亦不过于十数人外添此二座。若别白而定一尊，抑此诸将，独以张帅经略南服，则朝廷大权，非臣下所得专请。且目前事理，不在大权之不属，而在兵勇之习气太坏。以石翁之布置，而不能保田镇之破；以岷老之勋名，而不能禁楚勇之溃，盖习气太坏，染之已深，无可用之兵勇故也。兵勇既无一队可用，而又无舟师以决水战，无饷项以练新卒，虽张帅为之，弟亦不敢必其有济。中夜以思，徒用浩叹！阁下不欲赴鄂，亦因事无把握，未肯轻出。鄙意此时急务，总宜先筹水师。自六月以来，五省皆议此事。屡奉寄谕，亦以为最切之图，而至今未有所成。弟欲于此稍尽寸心，乃兴办木排，则苦雨半月，无从下手，改造民船，则经费支绌，买船无资，兀坐气短。阁下将何以教我也？复请台安。

不在大权之不属，而在兵勇之习气太坏。

事无把握，未肯轻出。

3 复夏廷樾

咸丰三年十一月初三日

憩亭尊兄老公祖大人阁下：

初三辰刻接奉惠书，具悉一切。国藩前奉督勇援鄂之命，复有募勇六千之旨。今贼船下窜，鄂中之行业已奏请停止。募勇之举，自须钦遵赶办。然来示谓兵行贵速，则有不尽然者。金陵三城若能克复，则分股狂奔，水陆四窜，必成流贼之象。此次募勇，成军以出，要须卧薪尝胆，勤操苦练，养成艰难百战之卒，预为东征不归之计。若草率从事，驱不教之士，执盬脆之器，行三千里之远，以当虎狼百万之贼，未与交锋而军士之气固已馁矣。虽有一二主尽忠义奋发，亦无以作其众而贞于久也。故鄙意欲竭此两月之力，昼夜训练。凡局中窳苦之器，概与讲求而别为制造，庶几与此剧贼一决死战。断不敢招集乌合，仓卒成行，又蹈六月援江之故辙。虽蒙縻饷之讥，获逗留之咎，亦不敢辞。昨

卧薪尝胆，勤操苦练。

已将明春成行之说，咨达中丞，并关省局矣。惟期限虽宽以两月，而训练之事仍不易讲，大约练伍练胆练耳目，尚可以一月粗定规模，至于练技练阵，则一二月岂能奏效？而各项器件，如鸟枪、帐房、旗帜之类，皆浇脆不堪远征。国藩在此，日夜焦思，诸友皆远别，无人熟商，每用深叹。如口粮赏项之多寡，军器之应换应留，技艺行阵之繁简，皆思定一清单，使人易知易从。石樵、璞山诸君，皆难遽来；季高、筠仙弟有书招之，亦恐未必来；竹庄、阆青，亦屡期其至而不果至。徒终日绕室旁皇，转瞬之间，又已卒岁。当遂成行，不复可迟延矣。

目下在衡之勇，训练方有头绪，适有常宁之役，遣之出征，前功又以荒废。在省之勇，以汰留未定，亦不暇精练，尤用为虑。岷樵在皖，兵力单薄，诚如来示所云。顷已商遣江达川率勇一千先往。

至于璞山近以微瑕偶招谤议，外人不察，疑汰勇或职是之由。国藩立朝有年，更事孔多，曾不能以泛悠之毁誉，定伦类之优劣，岂有军务所关，不揆事理之当否，而徒贵耳贱目，逞我私臆乎！璞山之勇，号召太速，良楛杂进，则有宜汰之理。额数已满，起行尚早，口粮无出，则有不得不汰之势。想知者必能洞鉴也。求阁下告璞山，急急沙汰，择其尤精者简为四营，四营既定，酌分两营交竹庄带至衡城训练。国藩比招得猎户二十人，为火枪之教师，招得李氏之徒二十人，为刀矛之教师，恳璞山饬诸新勇，星驰前来学习。若璞山诸务摒挡已皆，或惠然前来更妙。或待石樵兄归日同来，弟亦不为遥定。所怀千百，纸墨岂罄？其不及详，阁下当能揣测得之。并恳与璞山、霞仙、竹庄共阅。石樵、季高、筠仙倘到会城，亦祈共一浏览，且促其速来燕左也。诚能合诸君子之忠谋至计，讲明练兵之道，使此勇一出，不复有灞上儿戏之诮，岂特为惠于国藩者至大，抑天下苍生实赖休德。不能一一函告，尚蒙宥谅。

号召太速，良楛杂进。

合诸君子之忠谋至计。

4 复夏廷樾

咸丰三年十二月十四日

憩亭尊兄大公祖大人阁下：

初八日奉到惠书，伏审一切。

选将之道，诚为至要。惟仆所用之人，如塔智亭带邵阳勇，林秀三带平江勇，周凤山带道州勇，杨名声带新化勇，即舍弟辈之带湘勇，皆有各树一帜之风，止可直隶鄙人麾下，未便又立总统之名，貌为相辖，实不相降。江汝舟回楚后，并未与弟通书问。罗山到此，有不愿长征之意。璞山之志，久不乐为弟用，且观其过自矜许，亦似宜于剿土匪，而不宜于当大寇。惟伯韩近日来衡，弟当与之熟商一切耳。

选将之道，诚为至要。

战舰一事，近已分局湘潭，均刻期灯节前后毕工。惟张观察购办之夷炮、广炮，到楚尚无确耗，若不俟之以行，则彼此皆不能成军。弟北望君门，东望皖、江，寸心焦灼，岂敢片刻安处？而筹办各件，俱非仓卒所能遽就；且即使成军以出，亦当于黄州、巴河、九江等处先谋收复，又不能遽赴吾岷老之急。大局所在，只论地形之要害，不得顾友朋之私谊，即君父谕旨所指示，亦有时而不敢尽泥也。

弟以菲材，谬与戎事，蚊虻负山，自知不胜。往在京师，颇好与胜己者往还，或有所图，则招以共事。此次膺斯重责，岂不知博求豪俊，救我不逮？惟念兵凶战危，以万众而托命于鄙人，苟非慨然相许，即亦不敢相强。阁下珊纲之训，谨当感佩。然几几诚求，又几几不为强求，此亦自有苦衷，阁下应能曲谅之也。手复，即请如安，诸惟心照。

书札

陈士杰

1 与陈士杰

咸丰四年正月初七日

俊臣年兄足下：

自别以后，日盼足下来音，而久不见达。足下深明武事，于御众之道，盖得古人之遗意。仆此次东行，博求吾乡血性男子有忠义而兼娴韬略者，与之俱出。足下于仆，有文字之缘，有知己之雅，岂可不联镳以偕？兹专人前往，乞足下禀告侍闱，即日来衡阳共筹诸务。正月之季，定期长征。书不详尽，伫盼麾从，诸维心照。

2 与陈士杰

咸丰九年六月十二日

此后防剿似更为难。

再，国藩近状粗适，惟目光眵昏，不能多看书作字，用以为苦。此间营官尚多得人，惟统领殊难其选。今贼皆百战之余，非得良将统五、六千人，断不足以当一路；非得贤统领四人，分辖四枝，亦断不足供调遣也。石逆一股与金陵逆首，久已分门别户，景德之杨辅清、杨雄清亦另立门户，不奉金陵号令。其人多不及石逆，而坚悍过之。此二股皆将成流寇矣，此后防剿似更为难。阁下桑梓之事少纾，能否命驾东来见访，作终月之谈，不胜企祷。即请升安。

3 与陈士杰

咸丰十年三月三十日

再，敝军自去年八月移于鄂境，与湖北各军共图皖事。官、胡二公，忠正博大，无一切猜忌气习，较之往年在江、在湘，疑谤交集，情形迥别，志得以少纾。所部各营，自老湘营留南，萧廉访入蜀外，此间近万余人，需饷无多，尚足自给。今年以来，金陵和帅克九洑洲、克浙江省垣；临淮袁帅克清江浦、克凤阳府县。此间气象亦好，意者天心厌乱，大局渐可旋转乎？

贱躯尚与昔年相似，惟目光日眵，不耐久视。从军多载，意兴已阑，尝思与二、三知己，倾叶微抱，披豁性真，而远道莫致，相望如何？唐义渠近履粮道之任，昔年相从以出者，惟此君名实兼隆，然亦积苦兵间，筋疲力竭矣。李筱泉办理报销，将次蒇事。因其相从过久，拟即咨令回湘。诸关绮注，附告一二。

倾叶微抱，披豁性真。

4 复陈士杰

咸丰十年八月十九日

俊臣仁弟大人阁下：

七月二十八日接惠书，惠书具悉。足下秉德孝恭，不忍暂离寝膳，仆亦何敢相强。惟天下滔滔，祸乱未已；吏治人心，毫无更改，军政战事，日祟虚伪。非得二、三君子，倡之以朴诚，导之以廉耻，则江河日下，不知所届。默察天意人事，大局殆无挽回之理。鄙人近岁在军，不问战事之利钝，但谋一己之勤惰。盖战虽数次得利、数十次得利，曾无小补，不若自习勤劳，犹可稍求一心之安。自到皖南，军无起色。宁国顷又失守。左、鲍均尚未到，良深焦灼。江西一省，鄙意欲力求保全，以冀外图吴越，内固桑梓。敬求阁下仍招桂勇三千，专防南赣一路，每年可归省一次，以慰门闾之望。郴桂有警，亦可率师回援，实属公私两便。筱泉新援赣道，必不掣阁下之肘，特此飞商，务望相助为理。顺问台安。

书札

彭鹏

1 与彭鹏

咸丰六年七月十三日辰刻

九峰都戎、伯宜世讲足下：

十三日接一函，知昨夜驻范家山平安为慰。

西路久没于贼，谣言宏大，裹胁众多。其实江西本地被贼掳掠者及甘心前驱者皆不能战。万载官兵百战百胜，非尽官兵之强也，实江西从逆之民之不能打仗耳。即广东新附之匪自茶陵州而来者，其打仗亦有头阵而无后劲。盖无人不吸食鸦片，与之鏖战稍久，则烟瘾发而不能打矣。若能用罗山之法，我军人人箕距如登厕者之状，与之相持一时之久，则万无不胜之理。我官军须明白此两层：一层，江西百姓全不能战，见人抄尾则立败；一层，广东新匪不能久战，与之久持则必败。日日与各营哨说此两层，庶谣言不足动其心，而一二仗后必深信吾言之不谬也。

万无不胜之理。

如毕金科、林葆及此次足下等所领六将，皆能战之将，亦识回合之法，特初交仗时不能按耐，以致先者冲锋，后者队伍不齐，此后须严戒之。

此次省军之进，本以打奉新为正办，吾恐军心不甚稳固，故令先与援军会合至先，由奉新一路行走。兵事喜诈而恶直也。将官中或有议其不应迂道二十里者，应严饬而婉谕之。瑞州太守王嘉麟解银六千至瑞，以犒援军。将追及与贵军同行，好为照应可也。

2 与彭鹏

咸丰六年七月十四日卯正

接十三小路口所发一信，具悉军行平安为慰。

瑞军尚无移大丘之信，贵军想不能不赴瑞会合矣。大丘不知果好驻营否？如不可驻，须另择一处，但求横梗于中，使瑞、奉两处之贼不通耳。我能立一老营，如该逆梅家洲、小池口之例，深沟高垒，为坚不可拔之计。合贵军与瑞军万人者，分而为二。以半驻老营，凭垒而守之，以半出征，伺瑕而击之。此半出则彼半休，彼半出则此半休。我常为主，贼常为客，或尚有困贼之一日。若不早定大计，以万人而顿于坚城之下，设石逆复自鄂省来援，则士气恐渐就衰竭，益不可用也。足下与瑞军会合后，即力持此议，择要移驻。老营一定，仆即日前往与舍弟及吴、普、刘君子相见，并劳诸军士，幸无游移不决。官军向不讲守垒之法，足下须日日与众将讲求，至要！至要！即候九峰都戎、伯宜世讲日佳。

3 与彭鹏

咸丰六年七月二十四日辰刻

九峰都戎、伯宜世讲足下：

接二十一夜惠书，具悉一切。

仆札饬移营，盖有鄙意三端：一则顿兵坚城，贼常主而我常客，是仆所深恶者也；一则自省至瑞，恐中间屯贼梗塞，使我文报饷道不通也；一则仆亲至营盘犒劳，与各营绸缪数日，而后可分为两支调遣也。今峙衡之意，欲于北路离城十余里驻扎，甚好！甚稳！请即日与各营定计行之。惟于仆之意第一层已相合矣。第二层、三层，尚未能悉合，将来仍须熟筹。目下城北扎营，不可用四面受敌之地，至要至嘱！即候捷绥。

仆札饬移营。

4 与彭鹏

咸丰六年七月二十五日

九峰都戎、伯宜世讲足下：

接峙衡信，谓“日内将开大仗，少迟数日，再行移营”等语。军情难以遥断，应迟称，应速移，听峙衡与足下相机行之可也。但究须移开，不宜久顿坚城之下，贼常主而我常客耳。

军情难以遥断，应迟称，应速移。

吴竹庄带彪勇并义武营驰剿新昌，甚好！甚好！有重兵以镇守，有轻兵以雕剿，正合古人奇正互用之法。但竹庄一军未归之前，瑞州大营暂只宜移于北路十余里，以便与竹军通消息。此又随时之变，在军中者所当斟酌也。顺候捷绥。

书札

邵懿辰

致邵懿辰

1

咸丰九年四月十二日

位西仁兄大人阁下：

敝乡孙芝房兄近年家运艰厄，非人所处，十载之内，其弟主事君鳌洲、孝廉君叔孚相继下世，又丧其妻，又丧其子，又丧其妾，又丧其母，又穷窘无以自赡。忧能伤人，固虑其难以永年。去岁在长沙一见，嘱下走作其太公墓表，殷殷以所著诗文惧不克终为念。后接其两缄，寄所著古文一册，隐隐以作序为托，弟因循未及即为。顷接渠手书，乃属纩告别之辞，仍督催前嘱表墓之文；又一书告别阁下，求作墓志，皆不忍卒读。兹专丁送上，乞阁下哀其志，襮其行，而予以不朽，不独逝者衔感，将使天下笃学志士，亦引以自证自慰。芝房少为圣童，长为学者，比岁遭家多难，益发愤孤往，汲汲焉惧无闻于后，其书粗就，其志未竟而遽沦。谢介甫有言："天之生夫人也，而命之如此，盖非余之所知也。"凡内伤病，神明不乱，若慧识文人，尤为闲定。往时刘菽云将死，以书告别京师，处分后事，曲当情理；今芝房亦然，临绝之音，一何琅琅，兹益足悲也！

忧能伤人。

此间军事平平，景德镇相持未下。南赣巨股尽窜湖南，又新裹衡、永、郴、桂土匪，益以广东乐昌之贼、广西贺县之贼，殆不下三十万，幸湘中兵将尚多，目前未致决裂，此间亦派五千人回湘助剿。将来此股果窜何处，较之去年在浙、闽时，凶焰更炽。皖北尤鼎沸，致数百里无人烟，民生日困，乱靡有定，滔滔者将何极也。金陵大营屡闻吉语，近拟将江北及九洑洲等处，一律长堑困贼，或者老巢老破，各处以次荡平乎？国藩顽躯粗适，惟兴趣日减，老态渐增，惓念良友，终宵心痗。不胜区区，统惟鉴照。

兴趣日减，惓念良友。

2 复邵懿辰

咸丰九年六月二十六日

位西仁兄大人阁下：

奉惠书并蒙嘉赐好书数十册，军中书籍绝少，得比如环宝溢目，遂欲废百事而日与编摩。中如合刻程朱《易传》、世德堂《庄子》、莫板《韩文》等种，日内正尔购觅迫切；《古今逸史》、元刻《龙川集》，向所未见，亦佳本也。羁怀郁郁，得此豁然大适，谨遵来教，即不复备价奉还。“明珠青玉不足报，赠子相好无时衰”，敬为左右诵之。

芝房《墓铭》，深切不浮，韵语亦沉痛，逝者得此可以不憾。弟亦不其太公、太夫人作《墓表》一首、《刍论序》一首，以践宿诺，录稿附呈，敬求裁正。其《刍论》原稿，尚存敝处，觅便当寄左右鉴定。孙氏后事，概托郭意城、李仲云两君，郭即筠仙之胞弟，李即石梧制军之次子。遗书当可悉刻，此间亦寄百金聊助刻资。其家资产微薄，行当鸠集同人谋有以善其后。诸关廑注，琐琐布闻。

3 致邵懿辰

咸丰十年六月十八日

位西仁兄大人阁下

顷孙省斋观察来敝处，略询近状，惊悉伯母大人锦堂弃养，哀愕曷胜。阁下至性纯笃，又值乱离之际，举目怆怀，膺兹大故，尤虞哀毁过情，或損生理，驰系无量。国藩于四月杪棒承乏两江之命，菲材疏浅，大惧陨越，诒知已羞。敝部万人围攻安庆，关系淮南之全局，即规复金陵之张本，未敢轻率撤退，留舍弟在彼统之。而另调鄂兵万人，率以南渡，已于十一日驰抵祁门县，暂联徽、宁二郡之声援，而保江右东北之门户。仍派人回湘调募二万人，悉赴皖南，俟秋间取齐。拟分三路进兵，北路由池

菲材疏浅，大惧陨越，诒知已羞。

州以规芜湖，中路由宁国以规东坝，南路先赴广德，或由湖州以趋太湖之东，或出宜兴，并趋湖西，届时再行商酌办理。

惟幕府一二贤者，均已散布他处，分治一方，欲得高手代为草奏，殊难其选。不揣鄙薄，欲屈老兄枉过，其大者匡拂咎愆，余枝则代作章奏。内外交益，冀幸何极。

4 致邵懿辰

咸丰十年七月初四日

位西仁兄大人阁下：

前寄呈一函，恭唁孝履，不知何日可达？国藩自抵祁门，已逾廿日，所部万人中，惟四千七百人系久战之士，余皆新募之卒，未曾见仗。江水盛涨封峡，舟不得行。鲍镇军登舟逾月，至今无抵鄂消息。张凯章观察一军，又为江抚咨留袁州。此间宁国望援极切，不克分拨一旅，就近拯救，实深歉仄。时事弥艰，责望弥重，精力弥惫，友助弥寡。幕中诸友分散各处，各羁职守，不能还骤，特专弁二人奉迓，敬求不我遐弃，翩然西来，为我经理奏疏事件，俾弟得以全力综核营务，兼筹饷项，不至陨越诒讥，亦故人夙所期于不肖者也。

书札

吴廷栋

1 致吴廷栋

咸丰九年十月二十一日

竹如仁兄大人阁下：

九月初接奉惠书，得悉夏秋两缄，均尘台览。敬谂德业宏富，学道不厌，钦企曷既。阅邸钞知复陈畿辅，未审左迁果缘何案？圆凿方枘，龃龉乃分所应尔，幸圣明在上，犹觉直道得行耳。桐城方君援儒入释，阁下辩绌田巴，角摧五鹿，竟能引导为同，范围不过，此黄鲁直所谓“能就心地收汗为之功”者也。近年军中阅历有年，益知天下事当于大处著眼、小处下手，陆氏但称先立乎其大者。若不辅以朱子铢积寸累工夫，则下梢全无把握，故国藩治军，摒去一切高深神奇之说，专就粗浅纤悉处致力，虽坐是不克大有功效，然为钝拙计，则犹守约之方也。所最难者，近日调兵拨饷、察吏选将，皆以应酬人情之道行之，不问事势之缓急、谕旨之宽严，苟无人情，百求罔应，即举劾赏罚，无人情则虽大贤莫荐，有人情则虽巨憝亦释，故贼焰虽已渐衰，而人心殊未厌乱。每独居深念，憾不得与阁下促膝密语，一摅积愫。国藩自景镇克复，即率师西上，会湖南巨股尽窜广西，蜀可无虞，谕旨饬令会剿皖贼，现拟四路进兵，沿江两路：一由石牌以规安庆，一由潜、太以取桐城。傍山两路：一由英、霍以捣舒城，一由商固以规庐州。弟与胡中丞分任其事，声势颇盛，惟群盗如毛，我军尚单，未知能否得手？珂乡数百里内，友朋死于此者至多，如江岷樵、陈岱云、邹叔绩在庐州，吕鹤田、朱卧云在舒州，何丹畦在英山，郭雨三在定远，戴存庄在桐城，舍弟及迪庵等在三河，思之至痛。若能廓清一方，为亲反少雪此积愤，亦一快也。

大处著眼，小处下手。

2 复吴廷栋

咸丰九年十二月二十日

竹如仁兄大人阁下：

接惠书，敬承所示。前缄所称大处著眼，小处下手，阁下推广其义，引朱子所谓真正大英雄须从临深履薄做出，暨浩然之气，盖敛然于规矩准绳，不敢走作之中。鄙人浅陋，何足语此，惟阅历日久，险艰备尝，觉心目中所规画以为高远者，毕竟手之所持、足之所践，何尝做得到三、四分。即如本年正月十一奏请操练土马队，募南勇骑北马，期佐黑龙江兵力之所不及，今满一载，而尚未成军，奏操一千，而今仅三百，即此可见心志所规，实不克践。推之齐家，治身读书之道，何一不然？故弟近不课功效之多寡，但课每日之勤惰。来示企望鄙人于将来者，即以此语卜之，自揣此后更无可望，但当守一“勤”字，以终吾身而已。至于千羊之裘，非一腋可成；大厦之倾，非一本可支。今人心日非，吏治日坏，军兴十年，而内外臣工惕厉悔祸者，殆不多见，纵有大力匡持，尚恐澜狂莫挽，况如弟之碌碌乎？敝军进驻宿松已逾一月，拨六千人会合鄂军围攻太湖，逆酋四眼狗纠合粤捻，悉力来援，未知能遏此凶锋、力擒渠魁否？若能攻克潜、太、并破桐城，自当谨遵硕画，先捣庐江，嗣后关系珂乡军政民事，尚祈常惠指南。感甚！复请台安。

当守一“勤”字，以终吾身而已。

3 致吴廷栋

咸丰十一年八月二十七日

竹如仁兄大人阁下：

弟自移驻祁门，无日不在惊涛骇浪之中。徽、宁失后，环祁之四面常有十余万贼围绕，更番互进，扼我粮道，几于无日不战，无路不梗。又别有数支窜扰江西，连陷二府十余县；窜扰湖北省，连陷二府十余县，三省震惊，饷源尽绝，自问大局决裂，无复幸全之望。惟坚持初议，不肯弛安庆之围，以与该逆力争此关。仰托圣主威福，五月间贼调悍党救援北岸，乘势克复徽州，而事机遂转。七、八两月连克安庆、池州、桐、舒、庐江、铜陵等城，湖北仅剩一城未复，江西亦将全数肃清。于极危之后，得此极顺之机，方深庆幸，不意鼎湖弓堕，地坼天崩，不知中外臣民何以无福若此？东南惨劫，恐无了日。本拟北进庐州，南规宁国，因大丧之变，又值饷项太绌，胡帅病重，难遽进兵。只求根本重地匕鬯无惊，江介诸军自不敢不努力以图之耳。顺问台安。

4 复吴廷栋

同治二年十一月初九日

略有参差。

再，承示江西沈中丞相处之事，箴规恳挚，纫感实深。弟与幼丹中丞本无嫌隙，惟漕折、洋税之事曾经入奏，略有参差。弟于十一年、元年，奏拨江西漕折每月五万，系毓中丞经手之事。二年，又奏拨每月四万，奉旨俞允。厥后，沈帅奏请以此项漕折全归江西，未经函商敝处，未免稍存意见。弟恐由此生隙，因致函婉商，请其酌分一二万与敝处，又咨商一次，幼丹皆未允许，弟亦即不再索，不复奏矣。至九江关之洋税，弟于六月奏请月拨三万两，奉旨俞允。幼丹旋奏请以此项先尽江忠义席宝田两军，奉旨江、席与敝处酌拨分解。八月间，九江道蔡芥舟以三万解江、席，以一万五千解敝处，幼丹咎蔡道不应擅专，严批斥责蔡道，一面咨询敝处，一面告病开缺。弟恐复咨着语稍劲，或致决裂，因不以公牍复之，而手作密缄复之，一面明弟与蔡道并无私托，一面谆致挽留之忱。九月间又致函留之。幼丹接弟两次留函，适奉准假四月之温旨，遂不俟假满，于十月初三日销假视事。国藩德薄能鲜，兄弟绵忝窃高位，谬司兵柄，自问无一善一长堪称斯任，故兢兢业业，不敢稍涉于亢。兹将去年十月致幼丹商拨漕折一函及本年八月慰留沈帅密函，抄呈台览，非欲汲汲剖辩，特使故人笑我辞气之间不敢忘逊慎之风耳。其他与沈帅来往函牍暨与各省交际文书，大率与此相类。是否有当？尚祈常赐箴言，匡我不逮，至祷，至祷。再颂竹如仁兄大人德安。

故兢兢业业，不敢稍涉于亢。

书札

周辑瑞

1 与周辑瑞

咸丰十年五月初六日

心急如焚，不能奋飞。

再，现在令舍弟一军仍围安庆，与杨、彭水师同驻一处，与胡润帅亦相距不远，联络一气。国藩南渡后，与张筱翁徽州之师咫尺，与舍弟及胡、杨、彭水陆各军，仍可呼吸相通，互相援应，或不至大有蹉跌。惟鲍镇回蜀，须六月底乃能旋营。新招湖南各勇，须七月乃能到齐。数月之内，尚不能履江苏之境，且后路不清，饷械不继，即履其境，亦毫无裨益。心急如焚，不能奋飞，阁下将何以教我也。国藩才知本绌，今精力惫甚，忽而膺此重任，大惧陨越，为天下笑，为乡里羞。请阁下侧听清议，如有显然过失、大拂舆情者，即祈立刻飞函详示。如其力不能改，则徐图之。若此心则决不文过而惮改也。再问子佩仁弟大人台安。

2 复周辑瑞

咸丰十一年四月二十二日

子佩仁兄大人阁下：

大局日觉难支。

惠书敬悉。此间军事，自去岁十一月初以来，黄文金、李世贤、刘官方三大股各十余万众，环绕于祁门之左右前后，几无一日不战，无一路不梗。幸左、鲍及张凯章诸军竭力支持，得以化险为夷，转危为安。后路一律肃清，皖南渐有起色。而皖北四眼狗率众上犯，连陷黄、德等二府五县。狗逆派其党据守，而自率悍贼回援安庆，拊官军之背。不得已调鲍军北渡救援安庆，弟亦移驻东流，就近调度。仰托圣主威福，安庆能迅速克复，则湖北之黄、德，江西之瑞州三府暨各县城皆可次第扫荡，而金陵亦可徐图。安庆不复，则大局日觉难支。中夜以思，实深愧愤！贱体托庇平安。惟幕友太少，事事躬亲，日形衰惫。顺候台安。

3 复周辑瑞

咸丰十一年十月二十五日

子佩仁弟大人阁下：

接复书敬悉。此间军事，自八月月来大有转机。安徽省城之外，连克府县城七处，湖北、江西一律肃清。九月克运漕镇后，距金陵不满二百里，本可乘胜直下，因各兵分守之城太多，更无余力进剿。又饷项太绌，不能成行，以是迟迟。且此间虽稍顺手，而各处犹多可虞之端：鼎湖既抱弓剑之悲，胡帅又增人琴之感；浙江四面皆贼，绍兴失后，杭城亦岌岌可危；苗沛霖围寿州八个月，城陷后，当事者既不能殉难，又后奏苗党之罪，团练之可诛。此数者关系甚大，杞忧弥深。弟忝窃高位，又窃虚名，自治不遑，分外之事更不敢置议也。即问台安。

4 致周辑瑞

同治二年四月二十二日

子佩仁弟大人阁下：

久未得惠书，伏想兴居多祉。阅邸报知台旆由豫旋京，凡百绥愉为慰。自二月初宁国肃清，方幸惊波大定，出险就夷，不料李营失利，二浦继陷。伪忠王率巨股上犯，连围四城一隘，幸获保全。而自鄂来皖为捻，寿州再叛之苗，同时并扰，至今尚在危机骇浪之中。舍弟忝拜抚浙之命，德薄位高，功微赏重。一门宠贵，渐悚无涯。兹专差进京，具疏辞谢。饷项奇绌，兵事反复，实深惴栗。舍弟温甫前蒙赐谥忠盬，旋又改谥盬烈，不知何故？曾经咨查礼部，未得覆咨，请阁下代为细查，唐竟海先生之谥，系弟十一年五月奏准；舍季弟贞干之谥，系李中丞去年冬月奏准。果得何谥，亦请查示。顺问台安。

出险就夷。

书札

阎敬铭

1 复阎敬铭

咸丰十一年九月十五日

丹初尊兄同年大人阁下：

时局弥艰，天心难测，可胜怅惘。

自安庆克复之后，南北两岸连克数城。又兼江西、鄂省先后肃清，事机可谓极顺。乃鼎湖弓堕，方切敷天之痛，而胡宫保复攀髯从去，追随先帝在天之灵。可欣可慰之端，变而为无穷之感怆。时局弥艰，天心难测，可胜怅惘？

舍弟一军进驻庐江后，四眼狗已于初七日至三河与庐仅隔六十里。其巢县、无为并有大股踞守，前途无米可买，须由安庆运去。弟嘱此军且缓进无为，虞三河等贼之抄我后也。多公一军分守桐、舒两城，则进剿之师太单，顷亦嘱其缓进，俟成、蒋两军有续到者，再议规取庐郡。铜碾一件，即依尊议停办。此间饷项极绌，不知鄂中稍裕否？即问台安。

2 复阎敬铭

咸丰十一年十月十一日

丹初仁兄大人阁下：

注重江汉，以制下游。

顷奉惠书知前所陈拙议，不中肯綮。仰蒙指示详晰，又得陈作梅兄剀切辨诘。从古有事，金陵必注重江汉，以制下游之命，近岁发捻交炽，尤以湖北为数省之枢纽，鄙人军势亦以湖北为根本。鄂中稍有疏虞，则敝处之饷道易断兵心亦摇。倘使希帅移节而无益于皖，徒有损于鄂省，有损于湘军，亦鄙人之大不利也。谨即如指，速罢前议，不复陈奏！袁严诸帅迭次奏催雪帅驰赴颍寿一带，而雪琴万难舍水就陆。渠已两次疏辞，国藩亦当代为入告，明所以不能遽离水师之故。请朝廷另简皖抚，迅履新任。封疆重臣，自以中旨特擢为宜。此缺春间，袁帅荐希，秋间官帅荐雪，卒不能澹皖民之灾，今亦不欲更循斯辙也。浙江危殆日甚，正催左帅出徽州进援严州，而徽郡乃被杨逆围攻，安危莫卜。左军救徽不遑，不能不置浙于缓图。东望武林，只增忧愧。润帅遗集稿本，已就绪否？即请台安。

3 致阎敬铭

同治四年九月初五日

再，贼若果已渡运河而东，或趋济南，或入东三府，应令琴轩督率全军跟踪追剿。此次带三千人至巨野，留二千五百于济宁，颇嫌兵分力单。若跟追则须全军同行，不宜更分。官军纵不如贼骑之速，而有一军尾桩以行，贼究有所顾忌，不敢肆行掳掠，又不敢留东三府为久踞之计。弟当续调归德周军进扼曹州，海州一军进扼沂州，而徐州已去之马步八千人，则听阁下相机调遣，总期与潘军为犄角这势。若使贼在东境大受惩创，则此后稍易为力耳。

则须全军同行，不宜更分。

4 复阎敬铭

同治四年九月二十日午刻

丹翁尊兄同年大人阁下：

接惠书，知防贼窜沂、赣，已派杨营至滕县防御，大慰大慰！弟始则恐贼分二支由长沟、韩庄两路渡运而东，业经写入正折。旋闻贼实未犯长沟，又加一片补行声叙。而恐其由韩庄一带渡窜沂、海，则未尝一刻稍释。今得阁下虑及此层，私怀为之稍开。贼既东窜，非北窥济、泰、东三府，即南窥沂、海、里下河，未必肯不大掠而遽归。求阁下更于此加意，或令一军在滕、峄防遏于微山湖之东，令一军在鱼沛跟追于微山湖之西，尤为周密。琴轩可出境追剿否？昨有一牍商办，想入荃鉴。自十五夜破铜山境之辛家集后，群捻游绎于铜、沛二邑已阅四五日，似非遽回皖、豫者。长沟幸未抢渡，若南路亦不得渡，运则东省稍纾而大局亦归于一条鞭耳。即请勋安。

书札

丁日昌

1 致丁日昌

同治七年二月初五日

雨生仁弟大人阁下：

金陵小聚，畅所欲言，深以为慰。别后阴雨如故。本日西风放晴，或可暄暖兼旬，保此麦稼。马榖山咨称浙漕缺少沙船，辞意甚为激切。敝处咨请阁下亲临沪上，经理此事，盖恐他人不能深知洋船之关键，或致迟误。又闻台旌本有赴沪之意，故尔冒昧奉商。晓莲接敏斋信，言江苏沙船已足敷用，此后再有沙船，先尽江北装漕之有。鄙意江北之米尚未到沪，浙江之米抵沪已久，即舍己而先人，亦顾全大局之道。请阁下察看卓夺，或将续到沙船先尽浙江，抑或浙江与江北均令增用沙船半用夹板，统候鸿裁。敝处去年复总署信，以为沙船运漕当可不致缺乏。如果迟误，殊愧虑事之疏，望阁下弥缝而挽救之。江宁七属亩捐，拟于闰四月初一开征。仆恐亩数隐匿，暂缓查造册串。阁下精于治事，善于用人，请多派廉明委员来此认真查亩，并须谆嘱各员，预定赏罚。不可虑与印官龃龉，稍存客气，以致办无实际。至江苏水师，重在外海，昨已与阁下详晰言之，请阁下就近察看询访，详议章程，以凭会奏。诸维心鉴。顺问台安。

精于治事，善于用人。

2 复丁日昌

同治七年五月初七日

折稿已酌定一二，祈核正缮发。解洋炮亦系寻常事件，仍以专差为是，不必由驿。国初凡奏牍无不由驿者。雍正间始有折匣，专差奏事与由驿并行不悖。乾、嘉以来，亦不以专差为是发驿马为非也。道光末始有常件不应发报之说，其实并非掌故。今则习为常例，吾辈亦宜循而行之，不必立异。洋炮等件复奏时，不必会列敝衔。总署系以私情相商，阁下不必以官话应之。卓见以为何如？顺候雨生仁弟大人台安。

3 复丁日昌

同治七年七月初八日

雨生仁弟大人阁下：

顷奉大咨，以沙洲查办一案，前次告示有未妥者，另出第二次告示会印饬发。鄙人筹思数日，督抚会衔告示，本不宜朝令暮更，而前示既多窒碍，又恐第二示仍行不动，不得不斟酌详慎。询之此间官绅，于沙务均不甚了了。因就各属印委各员会禀沙洲情形，并其册折，粗加审度。大约老额项下宜分三层：有应升科转则者，即有应豁除减则者，有不增不减，照旧则完纳者。新承买项下亦宜分三层：有可令缴四钱者，亦有宜少缴者，有全不可缴者。必此六层分得清楚，庶几条理精密，大服民心。然此六层均于告示中说出，则入款极少，为时颇久，恐所收者不敷局费之用。窃观阁下近日居心行事专从爱民上著笔，此次沙洲要务，若不取民之财，而能息民之争、安民之业，则造福无穷。其阴德之钜，当可与清理积讼千余并论也。至前示未说出此六层，第二次忽然补说，应如何立言而后不触不背，尚希卓裁。抑或于六层中少说一二层，又或了然说出，毫无遮饰，使人知前示，则兼息讼、筹饷二义，后示则专重息讼、不重筹饷，亦不失为光明磊落之所为。数者均听鸿裁酌定。各属委员禀复者，江阴县最有条理，武进县最为颟顸，尊意以为何如？诸维心照，顺问台安。

安民之业，造福无穷。

4 复丁日昌

同治七年十一月初四日

雨生仁弟大人阁下：

江苏水师事宜折，后与李爵相、马谷山帅熟商，亦与阁下所见略同，因改为请旨敕下。李、马暨尊处各抒所见，得三公者先后驰奏，此事必可愈推愈广，愈讲愈精。鄙意欲令三江两湖之渐有可用之器，渐有可用之兵。

人，狎于水性，可江可海，多立船厂，自轮舟至各式船只，中国工匠，省省皆能成造，庶几渐有可用之器，渐有可用之兵。一旦有良将出焉，则不至毫无凭借。与阁下捍御外洋之志，似亦小异而大同也。复问台安，诸惟心鉴。

书札

陈鼐

陈鼒字作梅。江苏溧阳人。进士。咸丰九年入曾幕。后入胡林翼、李续宜、李鸿章幕。直至曾氏逝世前一年，过从甚密。官至直隶清何道。

1 与陈鼒

道光三十年

作梅仁弟左右：

内度方寸，宽然不怍。

执别遂已半岁，相望殷殷，极不忘也。盖君子之立身，在审其所处。诚内度方寸，靡所于疚，则仰对昭昭，俯视伦物，宽然不怍，故冶长无愧于其师，孟博不惭于其母，彼诚有以自伸于内耳。足下朴诚惇信，守己无求，无妄之灾，翩其相戾，顾衾对影，何悔何嫌。正宜益懋醇修，未可因是而增疑虑，稍渝素衷也。国藩滥竽此间，卒亦非善。骯脏之习，本不达于时趋；而逡循之修，亦难跻于先进。独是蜎守介介，期不深负知己之望，所矢惟此之兢兢耳。倘有来音，亦思有以教我。天塞保重，毋忽毋忽。

2 复陈鼒

咸丰十年四月二十三辰刻

作梅仁弟大人阁下：

安之若素。

噩耗迭至，寸心焦灼。

前接复缄，敬审功履康愉。敝乡山水，寒门微薄，不以为陋，安之若素，至以为慰。浙江克复，私心庆幸。以为东南非常之福，妄冀金陵指日可克。不料东坝失守，溧阳、溧水，相继沦陷。其时即拟专缄奉布，与少荃熟商。以阁下春晖恋切，而三千里外，断不能遽返珂乡，不如姑隐此恶耗，待二溧克复，一并缄告。乃未几，而闻金陵大营于闰月十六日全数溃退，和、张二帅走保镇江，旋复退保丹阳。又未几，而闻丹阳于二十九日失陷，张帅不知下落，和帅退至常州。又闻何制军于初五日退至苏州，无锡于初十日失守。噩耗迭至，寸心焦灼。既叹大局瓦解之速，又念阁下将母之情。正思飞函奉告，本日又接张筱帅信，苏州于十三日失守，东南局劳一变至此，虽曰天意，亦岂非人谋之不尽臧哉！浙江新复之余，百物荡尽，贼若再去，恐亦难保。计自淮扬以南至钱塘，东薄海，西至安庆，皆已沦为异域，此后从何处下手？阁下闻此信，定知寸心如焚，下走恐亦不免有吴越之行，请回敝营，共商公私至计。书不百一，诸维心鉴。

3 复陈鼐

咸丰十年七月初二日

作梅仁弟大人阁下：

得惠书敬悉一切。此间有要事，欲请阁下南渡筹商大计。少荃八月当还江西，九月即为淮扬之行，敝处无人可与深语。阁下能不再赴湖南，即来徽宁为妙，否则必为益阳之行。请以四十日为期，中秋前决望枉驾。

皖南各军，募本地人颇多，安定民心，抚慰军心，非阁下不能细意熨贴，千万速来相助，若非绝大关系，亦不以相强耳。

见示各条，鄙见亦差幸相同。前五月十七日折中，兴办宁国水师，即是注重芜湖、东坝，不知阁下曾见奏稿否？至于宗法盛行，可办族团。国藩在湖南时，曾刻有族团章程，实远胜于乡团，然亦须朴实明断如阁下者数人，董率而纲纪之，乃克有济，幸佑助焉。即请台安。

4 复陈鼐

同治元年五月十九日

作梅仁弟大人阁下：

惠书敬悉。芜、太克复，舍弟进兵太快，多公又不能南渡会剿，仆方深以为虑，幸闻厚庵将到，希帅全愈，复用欣慰！一至八月，决计请希帅渡江会攻金陵，不知届时淮甸诸务料理粗毕否。金陵不宜围攻，宜断粮道，来示所筹乃不易之理。然非先得九洑洲，无从下手也。

不宜围攻，宜断粮道。

台旌目下尚难归省，似宜先派人回家一问消息，已遣卒去否？

即问台安。

书札

邓汪琮

1 复邓汪琼

咸丰八年十一月初二日

寅阶仁兄大人阁下：

接得惠书，如亲教言。即惟兴居辑祜，为道日益，至以为慰。弟于役江浙，倏阅五月，贼势日衰。方冀逐渐荡平，不意迪庵三河失利，全军溃散。近并有都、鲍军败之信，英夷逆船驶入长江，直达汉口。大局破坏，迥出意表。弟夙夜兢业，罔敢疏虞。惟目光昏花，近更增甚，常恐陨越，诒知己羞。小儿纪泽作四书文，阁下专教之学陈勾山、管韫山文，最得要领。鄙意勾山尚有非浅学所能领悟者，若专学韫山，或更能主一无适，用志不纷。泽儿前禀请学作他艺，弟告之以学作赋。盖以赋之为艺，可以道古，可以适今也。嗣后每月六课，令其逢三作四书文，逢八作赋可耳。“敬”“恕”二字，细加体认，实觉刻不可离。“敬”则心存而不放，“恕”则不蔽于私。孟子之所谓“推”，所谓“达”，所谓“扩充”，指示至为切近。《中庸》之十三章，《论语》之告子贡、告仲弓，皆以“恕”字为开宗要义。大抵接人处事，于见得他人不是极怒之际，能设身易地以处，则意气顿平。故“恕”字为求仁极捷之径。来示以“致知”为大头脑工夫，鄙意“敬”是平日涵养之道，“恕”是临时应事之道；“致知”则所以讲求此“敬”、讲求此“恕”者也。质之高明，以为何如？来示以意气、意见为累，而以局中人作局外想。鄙意作局外想，犹讼者设身而处词证之地。若圣门所谓恕者，能近取譬，是原告设身而处被告之地也。窃谓意见、意气，亦惟强恕者足以平之。“忍”字“因”字，谨当奉以从事！

2 复邓汪琼

咸丰九年四月十三日

寅阶仁兄大人阁下：

舍弟温甫得附忠义之林，上邀封典，下荫遗孤，差可无憾。惟弟友于之谊，多所未尽，反躬内疚，寝馈难安，辱蒙慰唁，感纫曷既。

儿侄辈承善诱之训，寒门多幸。泽儿今年躯搁太多，虽看书不辍，而制艺久未能作，必更生疏，此后求督之按课作文。鸿儿作五言诗亦颇成句，足征名师启迪之效。《通鉴》已讲毕，何其速也。阁下作事有恒，无一日间断，故尔日计不足，月计有余。此后仍求每日讲书，或讲《周易折中》，或讲《通鉴》，听候鸿裁。《折中》之书，该括万理，《程传》尤极明显。《通鉴》虽太多，难于看完，然讲一卷算一卷，讲一函算一函，若得数年工夫，讲完亦未可知，不完亦无碍也。

3 复邓汪琼

咸丰九年六月二十四日

寅阶仁兄大人阁下：

小儿纪泽颇事看书，不好制艺。吾意学者于看、读、写、作四者，缺一不可。看者涉猎宜多、宜速；读者讽咏宜熟、宜专。看者“日知其所亡”，读者“月无忘其所能”。看者如商贾趋利，闻风即往，但求其多；读者如富人积钱，日夜摩挲，但求其久。看者如攻城拓地，读者如守土防隘。二者截然两事，不可缺，亦不可混。至写字不多则不熟，不熟则不速。无论何事，均不能敏以图功。至作文，则所以瀹此心之灵机也。心常用则活，不用则窒，如泉在地，不凿汲则不得甘醴；如玉在璞，不切磋则不成令器。今古名人虽韩、欧之文章，范、韩之事业，程、朱之道术，断无信不作文之理。张子云：“心有所开，即便札记，不思则还塞之矣。”小儿于每三、八课期，敬求先生督令作文，约以五百字为率，或作制艺、或作赋、或作论、或作经解札记，断不可一字不作，或逢三作制艺，逢八作赋、论、经解，亦尚妥善。未有无一字之常课，而可以几于成者也。

不多则不熟，不熟则不速。

嘱为族谱《弁言》谊不容辞，惟此时尚未暇也。二姓合修，在阁下本仁至义尽之心，体先世权宜合好之意，称情起例，未为不可，惟欲永远联称如诸葛、欧阳之例，则微有不侔；如近世嘉兴之陆、费，湘潭之郭、汪，差近之耳。

弟移屯抚州，倏逾数月。昨派老营六千人会攻景镇，鏖战数次，幸获全胜，于十四日克复景镇，十五日进克浮梁，沿途擒斩逼溺，难以数计。余党由祁门夺路奔逃，即派张凯章率四千人回湘援剿，会攻宝庆，七月当可抵湘。知关廑念，特用布闻。

4 复邓汪琼

咸丰十年六月十四日

寅阶仁兄大人阁下：

顷奉惠书，猥以弟承乏两江，辱蒙奖借，感惭交并。弟菲材薄植，本无远图，加以数年在外，精力极疲。今全局败坏，艰巨忽膺，大惧陨越，诒知己羞。此座前车屡踬，覆辙相寻。盖位愈高，则誉言日增，箴言日寡；望愈重，则责之者多，恕之者少。阁下爱我，迥越恒俗，望常以药石之言相绳。弟每日行事，有日记一册，附家报中，阁下如有不谓为然之处，即恳逐条指示，不胜铭感。

书札

马新贻

1 复马新贻

同治三年七月十二日

谷山尊兄大人阁下：

贼由罗田东窜，自是英、霍之患。蒋之纯请带兵出剿，中丞业将颍州四营拨还六安，应足以当一路。申夫一军若抵桐城，又可进扎六安，俾蒋军得以全数西行。惟盛暑开差，口粮太少，阁下告之少岩，该二军六、七两月除食米全给外，尚须发足七成现银。此外如朱、刘、易、吴等军，除米外，亦须发足五成为妥。复问台安。

2 复马新贻

同治三年七月二十二日

小宋、谷山、心泉尊兄大人阁下：

寒门兄弟，同膺非分。

得惠书敬悉。国朝酬庸之典，此次最为优渥。而寒门兄弟，同膺非分，尤为梦想所不到。感涕旁皇，何以克称？

金陵善后事宜，百绪繁兴，粗举大纲，令吾弟暂为经理。弟即买舟旋皖，途次将江西讼案折稿核改拜发，月杪或可抵省。江宁巡道一缺，弟意中尚无堪保实缺之人，只可派员署理。邢道暂缓开缺，即如来示办理。诸希心鉴。

3 致马新贻

同治四年正月二十五日

接惠书，索取安徽请豁丁漕奏稿，业经咨达冰案矣，浙中减漕章程已办定几府？闻立法至为详妥。较安徽新章程异同如何？敬求抄示为荷。石泉本与希帅同学，其志事操履相等，惟将略稍逊，而其不好用权术似又过之。弟虽同县而不多相见，得诸邑人

其志事操履相等。

之论如此。芗泉才气迈伦，昔所深知，近亦十年未与共事。许、薛二太守亦闻人称其贤，究竟才识孰优？此外守令中出色之员，当不乏人。便中乞示及一二，以广孤陋。

4 复马新贻

同治七年十一月初八日

谷山尊兄大人阁下：

聚处月余，遽尔执别，愿言之怀，良不可任。国藩于初六日抵扬州，初八日解缆北行。闽中送来艇船在瓜洲错过，未得一为验阅。已嘱李质堂军门带同闽员即赴金陵，请阁下亲为检验。三江两湖坚木甚少，不知可依照试造否？如不能试造，或买闽粤及外洋坚木，载至江楚成造，或派员至闽、粤，请其代造。二者孰为结实，孰为合用？均请鸿裁酌核。长江水师，五省各出经费十六万金。虽尚未出奏，业经会咨定案。顷接湖南，咨以援黔需款甚巨，欠饷甚多，请俟援黔事竣，再出此款。窃以分拨已定，归标在即，一省不出，即全局皆散。而湖南欠饷极多，众所共知，不便十分相强。拟即日函商刘韫帅，请其暂认出十万、八万，或十二万之数。其不足者请尊处于湘盐督销局酌拨若干，凑足十六万之数，弥缝大局。俟援黔事竣，仍全归湖南厘局拨出，以符初议。观湖南来咨，似欲请湖北代出，不知何指。闻湖北欠饷尚多，李揆帅履任后可将京饷略为减少，未必遽有余力。目下长江规制初定，惟求两公弥缝补救，无令鄙人大蒙讥议。至于将来损益，昨拙疏中，又请沿州督抚续议，三年内尚可酌改也。顺问台安。

书札

欧阳兆熊

1 答欧阳兆熊

咸丰元年

小岑尊兄足下：

屡省赐书，恧然未报。言念往昔箴规深至之论，疾痛拯护之德，极不忘也。大君幽铭，六年之诺，吝不以偿，虽至不肖，不宜竟尔。盖自乙巳以来，躬抱奇疴，心血积损，不复载事，颜面支体，斑然无状，官牵私系，遂成废物。夙诺如山，一不得遂。至于祖父母神道之碑，尊府及郭氏两家幽室之铭，皆不以时将事，则其他负疚之多，概可知矣。本欲移疾归去，不复尸素此间，重乖高堂之望，又逋责稍多，贾竖未能贳我，以是濡滞。计期岁以内，终当蝉蜕，不顾，从子于万山中耳。比岁以来，读书之志愈笃，而力愈不副，人事愈杂，如喑思语，外若石顽，中极了了也。王船山先生崇祀之说，忝厕礼官，岂伊不思？惟近例由地方大吏奏请，礼臣特核准焉，不于部中发端也，而其事又未可遽尔。盖前岁入谢上蔡，今年崇李忠定，若复继之，则恐以数而见轻。且国史儒林之传：昆山顾氏居首，王先生尚作第二人，它日有请顾氏从祀者，则王先生随之矣。大儒有灵，此等迟速，盖有数存，未可率尔也。

读书之志愈笃，而力愈不副。

2 复欧阳兆熊

咸丰三年二月

晓岑尊兄左右：

顷奉赐书，不特识解度越吾辈，即文气之深厚，亦似夫张子厚之《理窟》，张太岳之《书牍》。尊兄宏量精思，近日遂尔臻此。庄生所谓闻任氏之风俗，殆未可与铨才讽说之徒，简发而道一一也。所论数事，国藩盖亦粗识指归，谨以复于左右。

书院之说，诚为进退失据，接来教之次日，即将关聘却去。

今仍以属陈水部。耒阳、常宁一带，顷有土匪窃发，已调楚勇五百、湘勇三百前往进剿。若扑灭稍迟，则国藩当移驻衡州。藉令无事，而东南如衡、永各郡，西南如宝庆各属，实为匪徒渊薮，亦宜径驻彼处，搜求洞穴与草薙而擒狝之。未可讲学会垣，转荒职事。

保甲之法，诚为善政。然刊定科条，散布乡愚，求能行法之人，不苛敛于民间，盖或百里而不得一贤焉。世教既衰，人人各逞其亡等之欲，鱼肉孱民而刀匕之，官司布一令甲，徒以供若辈横索暴敛之名目。故团练保甲，皆今日之要务。而鄙人妄谓皆不可卤莽以行，灭裂以举，人心陷溺，固已抵此。独严缚匪党，动与磔死，差令乡里善良得以伸彼以气，而应吾之令耳。

故团练保甲，皆今日之要务。

梅里之兄子，顷携尊兄书来，欲教湘勇之技艺，已收畜在此。武弁中有塔齐布，颇晓军事，仆亟欲与之诱掖。又周金城在府署，教技亦有师法。将一来操练，即倚此三人。

文案不立不足兴事，诚如尊谕。顷已在公馆立审案局，派知州一人照磨、一人承审。匪类解到，重则立决，轻则毙之杖下，又轻则鞭之千百。敝处所为止此三科。巨案则自行汇奏，小者则惟吾专之。期于立办，无所挂碍牵掣于其间。案至即时讯供，即时正法，亦无所期待迁延。昨城内捆献土匪，本交善化县。敝处闻信即提来，已立枭二人矣。

至于集思广益，本非易事，而施之于会城之内，尤易为人欺蔽。日之抵吾门者，或上书献策，或面陈机宜，大抵不出尊书三端之外，抑所谓阳鲚者也。然因此而尽废吐握之风，则又不可。要当内持定见，而六辔在手；外广延纳，而万流赴壑，乃为尽善。我思古人，殆应如此，而区区则未逮矣。

集思广益，本非易事。

潮勇淫掠，极为毒害。近有他处溃兵逃勇，假托于潮，以张其莫敢谁何之威，亦有并非兵勇，游匪四出，而国人相惊呼以为潮勇者。抗之则力有不能，遣之则资有不继，招之则患且无休。今方谋择其桀悍者，日磔几人，然后再谋递解之法。若云拒孤城以壑邻国，则初意原不如是也。

捐输之例，百元一良。若以属之鄙人，惟当敬谢不敏。署中丞君明白晓事，近与仆谋事，意见多合，第相吁相濡，尚未能忘足忘要，或稍久更当融叶。

此八事者，尊兄之所虑，亦仆所日夜筹维者也。谨一一铨复，即有不当，幸无惜更迭辩论，以示榜檠，企望！企望！或乘兴扁舟，又复翩然来过，弥慰私怀，祷祀求之，不敢必也。

3 与欧阳兆熊

咸丰三年九月二十日

晓岑仁兄大人阁下：

初七日奉手书，以繁冗久不报，幸不咎也。江西解围，岷老得生，是一快事，然勋名日重，兵柄将归，弟所以有募勇数千往助之议也。劝捐一事，顷已有手书，责成馨君，加之以催札，重之以委员，或者有济。实收寄存尊处及左宅，事不可行。此间亦自有藩篱，过尔浅易，则小民有以窥朝廷之陋，而视名器为无足轻重。捐输本非民所乐从，即奏请别树一帜，遍札州县，委员守催，官样愈多，去题愈远；不若择好友较多、地方较富之县，以鄙人肫肫之意，宣布于人。精卫填海，杜鹃泣山，或者谅我寸诚，犹有一二起而应者，亦未可知。绅以通其情，官以助其势。其并无交好，官亦隔阂之县，则不复过而相问，非爱惜道学门面，亦实见官样文章之不足集事。刍狗已陈，斯民之厌弃也久矣。李九之徒招集二十余人，望即命之来衡，弟将以为亲兵。猎户不宜多招，但择其精者，招一二十人来衡，以为鸟枪教师。日直二百太少，即渐次加至三百亦可。均望代借钱数十千，资遣到衡，不必先动捐款。刘石渠大令既不能来，即亦无庸相强。“文案不宜多理”，伟论极精，即当遵办。贼自江省退出后，由富池口窜至兴国洲，过通山、通城，即吾平江界矣。而岷樵之勇又闻有哗噪四散之说。茫茫世事，未知何日始有安居！专望台从不弃，惠然过我，畅所欲言，翘企翘企！

视名器为无足轻重。

绅以通其情，官以助其势。

书札

罗泽南

1 复罗泽南

咸丰元年

罗山尊兄左右：

辱逮书辞，宠惠无量。以阁下之贤，而国藩幸同里闬。国有颜子，而行谊不达于岩廊，仆之耻也。来书反复陈譬，所以砭警愚顽良厚！中如“有所畏而不放言者，人臣贪位之私心也。不务其本而徒言其末者，后世苟且之学也”四语，国藩读之，尤复悚感。盖古之君子，不鄙其君为不可与语尧舜之道，不薄其友为不足与言孔孟之学，不自菲其身不可为圣贤，而姑悠悠浮沈于庸众之中，岂好为高论哉？非此，则不完其本然之量，是不敬其君，不敬其友，而自蹈其身于僇辱之途者也。国藩谬与当世长者游处，窃尝粗闻斯义，不自病其夫似，辄欲以唐虞吁咈儆戒之风，致之乎吾君之前。于昨四月廿六日，敬陈《圣德三端预防流弊》一疏，学道未深，过伤激直。阅七日而春介轩廉访来京，递到阁下一书，乃适拙疏若合苻节，万里神交，其真有不可解者耶？今录往一通，阁下详览而辱教之。山中故人，如刘孟容、郭筠仙昆季、江岷樵、彭筱房、朱尧阶、欧晓岑诸君，不妨一一寄示。道国藩忝窃高位，不敢脂韦取容，以重负故人之期望者，此疏其发端也。又三月间有《理财汰兵》一疏，亦附尘观览，中有不当，无惜辨驳纠正。国藩学本疏陋，重以多病连年，心血积亏，昼不耐思，宵无佳寐。计稍迟岁时，即当解组归养，从吾子与孟容于万山恬寂中耳。贺耦庚先生夙所钦向，崇祀乡贤，允光俎豆，然吏拘成法，未敢率尔。国藩当一一检究，察已往例案，果有似此者否，六七月间交贺礼庚寄闻。此间以为无窒碍，然后关白大吏，再行呈请，自无所妨。书不能悉，诸惟心鉴！

不薄其友。

学道未深，过伤激直。

昼不耐思，宵无佳寐。

2 与罗泽南

咸丰三年十一月十六日

罗山尊兄左右：

顷闻大旆还湘，至幸至慰！六月霖雨行役之苦，七月廿四战阵之险，至今言之伤心。自移旌吉安，屡捷之音，至仁之声，日盈吾耳。弟在此间，百无一谐，所欲与阁下言者，非万言莫能罄。兹分条布录于后，阁下览之，可以得其大凡。若心之精微，则有不尽于此者。

——此次援江，仰赖阁下及憩、筠诸君，尚觉始终完善。惟阵亡各勇，恤银有每人六十两之说，不知已带归否？各勇家属多来敝处呈请，如已带归，乞阁下领回湘乡县城，逐一查明。请县主告示张贴一榜，载明勇名，何都、何区、营官何人，哨长何人，一一注明，令其家属当堂具领。否则，未亡之家，有冒领之弊，已亡之家，有向隅之苦，而阁下及石樵、云浦诸君，虽数月一年以后，犹有以此项来相渎扰者，不可不大张示谕，趁今岁年内办毕也。

——募勇六千，约同志君子大兴义旅之举，始于国藩与璞山往来一函。而岷樵、石樵极赞其善，怂勇以成斯举。岷樵书来，嘱国藩与之会衔具奏。又书中极佩阁下与璞山，求其出而相助。弟思阁下抱道自笃，又亲闱已老，不知肯出而共此艰难否？今年援江之行，系弟再三劝浼。此次破釜东征，未知肯惠然一出否？岷樵另有书至尊处奉约否？阁下之行止，于此事极有关系，乞早为定计，以书见告，以便弟入奏，并复告岷樵也。阁下纵不去，亦乞为我料理一切，断不可置身局外。石樵、筠仙想近日可到省，乞阁下与熟商大局。 不置身局外。

——此次成军以出，宜作三年东征之计，断不可苟且成行。鄙意买船二百号，其大自五百石以至千余石不等，所装炮自二百斤至三千斤不等，多买钓钩改造。每船约住二十名水勇，通过水师四千人。战船之后，又须多雇民船随行，银钱、米、盐、油、炭百物之需无不备，医卜、杂流、匠工诸色之人无不载，须雇七八百号之多。虽非可战之船，而金鼓旌旗，一律编号束队，与战船之二百号，初无少异。两岸陆路之勇，夹江而下。兵勇所得之口粮、银两，即换舟中之钱。所用之钱，即买舟中之货。庶无米盐缺乏之患，无昂贵数倍之苦，而银钱展转灌输，仍不出水路两营之外；否则陆勇数千，贸然一行，九江以下，千里萧条，无食可买，无钱可换，虽有忠愤凌霄，亦只得向江水而痛哭耳。是以国藩私计，总须舟载食物，水陆并进。虽所拟之条，不能一一办到，然大概规模，竟不能不如此。求阁下与憩、石、霞、璞诸君熟商之。

——璞山与弟谈此事，本有同志。后因中丞调之防省，制军调之援鄂，或多或少，忽添忽减，遂使璞山一腔热血，频受磨折。璞昨与弟书中，有不平之意。其实弟与璞山见解不符，只有数端：璞欲率师急行，专由陆路；弟欲明春始发，水陆并备，一也；璞欲统带三千，一手经理；弟欲划开数营，各立营官，二也；弟疑新招之卒，多有可汰，璞意业经亲选，无可再拣，三也；璞欲因援鄂之行，乘势东下，一气呵成；弟则以援鄂之暂局与此后之长征，截分两事，四也。求阁下细察四者不合之故，而必求此后诸事合一之道，幸与霞、筠、璞老细商，匡我不逮。

见解不符处。

——阁下带中营湘勇已逾一年，曾经战阵，自可率之远征。李迪庵所带一营，如有材艺出众者，望为挑选，以换中营羸弱之缺，阁下纵不偕出，亦祈极力简练。若阁下能慷慨长征，则不特慰岷樵饥渴之望，亦天下之公幸也。

——宝勇两营，弟向见其强悍，故昨与璞山及塔智亭札，均言以宝勇并为一营。而中丞书来，言宝勇难期得力。求阁下与智、璞、霞将宝勇认真校阅一次，究竟胜于新招之湘勇乎？抑尚不及乎？恳飞函告我。

——谢、易诸君到江以后，喘息未定，遽殉大难，良可惨伤。现定于南门建忠义祠，请示尧阶经手，弟当作一碑，请阁下作合传一首。

以上诸条，祈逐一见复，不胜企伫。即候德安。

3 致罗泽南

咸丰六年正月十三日

罗山仁兄大人阁下：

新正九日，按腊月十七惠书并公牍，具悉一切。水陆屡次大捷，似武汉不难克复。献岁新祉峥嵘，想已踏破黄鹤，驰奏露布，勋福无量，至以为颂。江右军事，洎无善状。周凤山腊月初四樟镇大捷之后，本应留贼之浮桥，星夜修补，济师西岸，速剿临江，正可一鼓而下。乃不知出此，而循河之东岸而上，以剿离樟镇六十里之新淦。初十日收复县城，于是疑议纷起。司道移文，请周军就近南援，以解吉安之围。而吉安城中周廉访、陈太守等，亦飞书请援于周副将，而新淦县李令则禀请周军留淦，以防贼窜抚、建之路，往返商榷，遂耽搁十余日。新抚文中丞批令由樟镇仍剿临江，而亦未坚主其议。国藩恐周将地形不熟，方略不明，遂饬雪琴观察由南康驰赴临江，与周将商办一切。

水陆屡次大捷。

逮新正四日，始抵樟树，而陆军已有初一夜之挫。盖周将自驻新淦，分辰勇、常勇八百人回驻樟镇，护卫水师。贼匪觇知兵单，遂渡三四千人于樟镇，乘之攻陷营盘，伤亡二百余勇。幸初三日，周将自新淦回援，中途大战获胜，毙贼数百，夺器械马匹甚多。初二日江军水师战胜，夺获船只炮位。初七日雪琴水师战胜，抢夺浮桥、木排，军威稍振。周将亦于初五回扎樟镇，日内可同雪琴进剿，差慰廑念。惟自彭、周而外，江西无一军可恃；吉安之围，五旬未解；西路州县，陷至二十余处，无人过问。饷项业已罄竭，腊月即发钞票一半，办理诸多棘手。国藩为江省计之，深望阁下之来援；为大局计之，又甚不愿阁下之回援。何也？凡善弈者，每天棋危劫急之时，一面自救，一面破敌，往往因病成妍，转败为功；善用兵者亦然。今江西之势，亦可谓棋危劫急矣。当此之时，若雄师能从北岸长驱，与水军鼓行东下，直至小池口、八里江等处，则敝处青山、湖口之师，忽如枯鱼之得水；江西、瑞州临江之贼，忽如釜底之去薪。以不援为援，乃转败为功之要著也。若阁下仍从通城、义宁回援江西，则武汉纵能克复，恐败贼从而回窜。北岸既无重兵，外江之水师万无东下之理，内湖之水师终无出江之望。是回援而满盘皆滞，不援而全局皆生，国藩所反复思维而确见其然者也。顷接黄南坡兄来信，湖南拟以六千兵勇救援江西，系黄与夏憩亭方伯朱石樵太守三人董其事。此举果成，则由袁州建瓴而下，较之阁下从外兜剿而入，尤为得势。望探确湘中实情，如援师已成，阁下即无庸回江。国藩细察目下局势，阁下克复武汉后，由北岸迅速东下，湖南援师由袁州横出，上策也。湖南援师不成，阁下克复武汉后回剿瑞、临，中策也。援师既不成，武汉不复，阁下屯兵鄂渚，国藩亲率青山、湖口陆兵驰援腹地，与周凤山一军夹剿，此则近于下策而亦不能不出此者也。敢布区区，尚祈卓裁示复。水师近未开仗青山，苏官渡尚属平顺。霞仙比已至尊营否？筠仙已赴浙中，军事多虞，离索增感。诸惟心照，顺问台安。

水师近未开仗。

书札

郭霈霖

1 复郭霈霖

咸丰元年

雨三仁兄亲家同年左右：

两奉手示，阙尔不报，非至笃好，能无督责？寸心之私，固无日不依密侍从之旁，想亦荷曲原也。幼章方伯来，备述光仪謦欬，且言从事河间，讲求宣房，上考民案，近核全局，实能不囿于一时一隅之计。前赐函中，已略见一斑矣。顷者兵三堡之灾，猝不及防，遘此闵凶。河帅原折，以为河水经微湖一过，出而渐清，运道仍尔，遄行无滞。弟思黄河初决，经微湖之涣涤，自当稍清，若灌湖既久，则湖波不足以资刷涤，恐全黄入运，运道不免终受其淤。且原折称黄水出微湖而后，挟运道而下，东趋骆马湖，由六塘河入海，而于骆马湖以下之运道若何，则未尝分晰言之，但云必不误回漕而已。弟思水不两行，溜不两盛，假使全黄大溜，尽注骆马湖，则运河之小溜，亦恐将掣动而从其大者，自迦口以下，中河口以上，恐运道不免有断流之患。盖自微湖以至清口，运道五六百里，上游为黄溜所经，则虞其淤塞；下游为黄溜所不经，则虞其断流。二者弟之私忧过计，望兄将目下形势，详悉示我。粤匪未靖，而河事复棘。天子嵩目焦虑，而书生束手无策，虚縻厚禄，以是悚愧，不可名状。前者老兄来书，以谓全河关键，在先修山盱之六坝，次浚清口之引河，此与弟夙昔鄙见若合符契。自嘉庆年间，有减黄抬清之说，往往启上游峰山、祥符、五端等闸，灌入洪湖，于是乎全湖之底，北常高而南常洼。至前年启放吴堡，而湖底之北边愈，高惟北底苦高，故水少则运道有淤塞之患；惟南底苦洼，故风大则石堤有掣损之患。有识之士多谓修六坝以泄全湖之异涨，挑引河，并挖浚湖之北底，以疏引湖入运之路，复王营减坝，以掣低黄河之面，此三者皆不可缓之工也。要使洪泽巨浸，仍复七分入黄，三分济运之旧，然后可以稍安；不然以全淮而迁道下江，以漕艘而灌塘出黄，此皆逆天

天子嵩目焦虑，而书生束手无策。

而任巧，所恶于智者为其凿也。浅见悬空，老兄躬历周勘，无惜随时一一示我，至感至要！弟身体如常，癣疾虽不盛发，亦不全愈。公私忙冗，无暇读书，日就颓废，颇用为恨。然来示有云：用心太过，不惟生疾，寖至废事。仁人药石之言，敢不敬佩。夏间一疏，以未发不敢寄呈，狂愚之性，学道未深，曾蒙于田敬堂书中示我弦韦，然举世默默，而时事多艰，又似未宜苟随，老兄其更为詹尹之卜乎？

狂愚之性，学道未深。

2 致郭霈霖

咸丰八年九月二十二日

再，近闻贼目陈玉成由庐州窜至浦口，德帅大营被陷，天长、仪征相继不守，六合、扬州岌岌可危；未知我亲家在郡，亦有劲旅若干足资捍御否？瀛眷仓卒出避何处？张军门统兵六千渡北援杨，能迅速扫除此股否？不胜县念。先此飞函奉布，少迟更当专人往候起居。金陵克复，本系克日可待。添此一波，恐又不免迁延矣。岂天心尚未厌乱耶？抑此贼将灭，如灯之将熄，回光乍明耶？四海厌苦兵革久矣。弟亦以目昏精疲，不复耐事，日夕盼大功之速蒇。江北军事、饷事，尚望亲家时时惠书，示我梗概，不胜企幸。再颂勋安，诸惟心照。

3 复郭霈霖

咸丰九年五月二十一日

雨三仁兄亲家同年大人阁下：

四月之杪，由沈幼丹观察处递到三月二十五日惠缄，凡二十一纸。缕缕深至，如亲謦咳。所荐四君子，本末咸备，有味哉其言之也。

所荐四君子，本末咸备。

刘星房前辈顷来敝营，益道昔年与左右过从欢洽之详。星翁自去秋以来，两目失明，动止需人，南丰庐舍被焚，田荒不耕，百物荡尽，侨居南昌，恃其子慈民孝廉，觅馆谋食。丧乱以来，衣冠播荡，良或悯念。幸星翁冲襟淡远，萧然寡营；慈民读书具有师法，涉世亦臻稳练，克家继起，足用怡悦。子序同年亦时过敝处，年来饱尝艰险，穷途白眼，所在多有。渠自赋诗有云："沉舟转侧波涛裹，败絮周旋荆棘中。"盖实录也。此外文人游从往往不乏，惟将材殊难其选。昔日闾里亲知，英流辈起，数年之间凋谢半尽，陈安"陇上之歌"，廉颇"赵人之感"，能不怆怀？

逆贼之自南赣犯湘省者，二月间连陷郴、桂五、六县。厥后在籍诸将，投袂竞起，始围永州，继围祁阳，又分攻武冈，攻新宁，均以力战得解。刻下大股屯集宝庆，又有广东乐昌股匪、广西贺县股匪与相应和。若宝庆再得数胜仗，湘事或可少纾。弟自建昌移驻抚州又逾三月，以桑梓方急，故徘徊中立，不敢一意北向，所部诸军，除萧观察挈五千人回援楚南外，余万余人悉赴景德镇会剿，舍弟沅甫亦在该镇。

弟以羸卒留镇抚州，聊壮虚声，以杜贼内犯之萌而已。江南大营时闻吉语，如果九洑洲及江北一律掘壕合围，诚堪庆幸。皖北近状何如？饷项尚能接济否？将领之可恃者几人？便中祈示及一二。敝处练马队之说，鄂中备资赴口北采买，到时许以五百匹分隶此军，今尚未操习也。

书札

陈源宪

1 复陈源兖

咸丰四年十六日

岱云仁弟亲家同年左右：

屡奉手书，阙然不报。前在乡间万山之中，未尝与省城一通音问。自入省以来，又实无皖省便足，又不知左右官职躯命，竟复何若？日夕东望，浩然长叹而已！四月初阅夏阶平家信，有周敬修奏池州失守，知府不知下落之语。初九接阁下与萧仆带回之信，始知尊体康泰，眷属无恙，至幸！至慰！乱离之世，独生死为相关不能忘耳，此外似都不足惜。念我亲家虽幸得存活，亦恐无复生涯。天之位置善人，固将有意困之不穷，至无所复之而不止耶？

乱离之世，独生死为相关不能忘。

国藩自去年八月廿三日抵家，即奉严亲命，以速葬先母为急务。以九月十三权厝于居室后山。方思别寻善地，稍补弥天之罪，而展不匮之诚，十二月十三，忽奉帮办团练之命，兼闻武昌沦陷之信，即以十七仓皇一出，聊贡此不敢爱死之身，以与桑梓父老，同守此瓦砾烬余之省城。幸到省未及廿日，而贼已出鄂而东，此间得少安息。因力与整顿，日以查拿匪人为事。公馆设审案局，讯得不法重情，立予磔死或加枭示，邦人士遂谓为尽心，颇立声威。宵小敛戢。实则三月以来，仅戮五十人，于古之猛烈者，曾不足比数，世相承以因循，遂谓此为武健严酷耳。

招募勇士七百余人，日日训练，粗有成效。二月常宁滋事，派勇八百往剿，未至而贼溃，事已就平。旋以衡山土匪聚众千余人为乱，即调此勇征讨，一战而擒斩四百余人，怙然无事。此外，又有安仁劫狱、烧署之匪，通城戕眷烧署之匪，皆兵勇一到迅就扑灭。此皆我省大劫之后，民人不应重罹锋镝之惨，气运将平，而鄙人会逢其适，得以幸告无罪。

未至而贼溃，事已就平。

贱眷以二月廿四出京，四月初十已到湖北，大约本月可到省。家严以下，并托平安，足慰廑注！书辞烦杂，犹不能十分之一。伏惟心照，顺问日安。

2 复陈源兖

咸丰三年六月二十八日

岱云仁弟亲家同年大人左右：

四月间为一书，甚详备，由新化邹秀才召旬递去，其时邹往江南赴岷樵大营，以为断无不达之理。厥后，邹在九江即晤岷樵，不知此书曾否寄尘左右。乱离音书，虽十分慎重，犹多浮沉，兹可叹也。

岷樵在九江住十日，即提师先入江西城中，到甫二日，而贼船已蚁附章门。闻其昼夜荩劳，战守兼筹，忠勇恳至，阖省官民，同心感戴，辈流中遂当推此君为伟人矣。初四日轰坍城池十二丈，力战却之。去年我省轰陷而得保全，江省一次如此，以后宜无他虑。

战守兼筹，忠勇恳至。

现在湖北有兵二千往援金陵，分兵一千二百往援九江，赣州兵亦至。国藩在此，亦募勇三千，调兵六百前往救援，虽未必俱称劲旅，然大队恤邻，犹是有余之象，异乎龌龊株守，奄奄无气者之所为。壮江省之声势，即以固吾楚之藩篱；既有赴援之师，则浏、醴界上防隘之举，即可不办。现在长沙城中有兵四千余，勇二千余。兵守垛口，勇扎城外，一切守御之具，粗已完备。惟城中居民迁徙者，十居其七，实为可虑。

闻江西城中候补官员逃徙一空，城外百姓，纷纷进贡接济贼粮，此等消息，尤足愤恨！国家养士恤民，不为不厚，不知化日光天之下，何以卵育此种败类，恬不为怪。贼若侵犯楚疆，敢有乱民效彼之为，吾纵不能剿贼，必先剿洗此辈。以理度之，贼众唯利是图，子女玉帛，盐粮百货，皆萃船上，未必肯舍舟而陆，度重岭而远伺吾楚，但御防之策，不可一日稍驰，一切制械缮城、养兵蓄勇之资，固已不胜其费矣。若久不解严，则后实难继。幸江广各匪窜入楚境者，先后歼除已尽，差得偷安。

贼众唯利是图。

若久不解严，则后实难继。

贱躯癣疾全愈，舍间自家严以下俱托平安。内子及诸儿女，已于五月三日到省，初十抵家，足慰绮廑。

冯树堂大桃二等，于六月十九到省，挟谭、宋两孝廉之灵柩出都，真为人所难能。郭筠仙带勇往江西，盖为援岷樵而去；夏憩亭、朱石樵同往，尚不寂寞。

3 与陈源兖

咸丰三年十一月十八日

岱云仁弟亲家同年阁下：

贼氛蹂躏数千里。

倾从易清涟处，见亲家所寄竹报，不忍卒读。贼氛蹂躏数千里，残破郡县以百计，而吾亲家屡膺斯厄。计自癸卯至今十年，吾亲家未尝得一日之欢娱，中间仅广信养志半年，差为顺境。而国藩谬托遗荫，常享庸人之福。即今岁在忧戚之中，而梓里犹称安乐之域。以此间之苟安，愈念尊处之艰迫，非人世所能堪，极悯伤也。岷樵遂得开府，盖吾堂一庆幸事。吾亲家想可渡江与之相见，痛陈身世之遭、生民之苦。惟岷樵有帮办军务之责，恐不得久住庐江，尽心吏事，行当出入锋镝，席无刻暖，盖勋望日彰，贤劳亦弥剧耳。

自金陵三城沦为异域，如人之喉舌横被哽塞，不特北南不相兼顾，即南中数省，如两湖、江、皖，两星使亦已置之度外。目今局势自须为四省合防之谋，且须筹以剿为堵之计。粤逆以舟楫为巢穴，千舸百艘，游弋往来，支湖小汊，横行无忌。自六月以来，谕旨屡命各省办船，而洎今尚未办有头绪。鄂省略有布置，而田镇一破，荡然无存。国藩昨奉命带勇援鄂，因复奏鄂中贼退，无庸往援，而办船一节，万不可以刻缓。自请截留粤饷四万，即在衡州试行赶办，价买民船，重与改造，添置炮位，招练水勇。若稍能修船一二百号，则配以陆勇六千，遣之东下，亦或有补万分之一。特恐截饷太少，捐输不继，匠工稽延，下游警急，则终不能助岷樵一臂之力耳！

国藩在省半年，与地方官吏尚属相得。惟见仁见智，识解攸殊，龃龉之端，间亦不免。自八月移驻衡州，日以劝捐为务。近乃兼营船事，阅历太少，动多不合。所幸家严强健，舍间大小平安，足慰绮廑。四舍弟及季弟，俱随在衡。树堂前亦来衡，嗣以鄂省警报，仓皇归去。筠仙自在黄陂与岷樵分手归来，国藩屡书招之，不肯出矣。并以奉闻。顺请台安，千万保重，诸惟心照。

书札

林源恩

1 复林源恩

咸丰三年十一月初一日

秀三仁弟老父台左右：

二十三日接到惠函，并地图练勇说。二十九日又接手书，藉悉一切。

地图莫精于康熙内府图，其准望勾弦，皆命星官亲至各处，按诸天度测量里差。乾隆内府图，又拓而大之，亦甚精当。盖出齐次风宗伯之手。近时阳湖董孝廉方正，依此二图，定为一本，李申耆先生付诸剞劂，外间传本莫善于此。洪稚存太史图，纸幅太隘，考究亦粗，即东西易位，在所不免，未可据以为行军之指南也。

团练须合数州县通力合办，尊论诚不为见。然乡里孱民，无事则欢聚技击；有事则惊顾兽散，微特不能当粤寇，即土匪猝起，亦当难于驱除。必得明干之州县，公正之绅耆，择富饶之地，苦心举行，或可有济。然安得许多贤有司，都都相望，邑邑相属，岂足以辨此者哉？法岂可恃？亦视乎人耳。

古法可用者多。

三叠枪阵法、撒星阵法，皆本之李穆堂侍郎。自为破贼妙法，特操演不熟，则临事仍旧散乱。古法可用者多，总在平日习惯，临阵不尽弃去，斯为有补也。

前者鄂垣警急，谕旨命鄙人督勇往援，以贼船下窜，武昌解严，无庸赴援，业经具折覆奏。惟念天下纷纷，群盗如毛，江南之三城不收，固为心腹之疾。即使北省澄清，三城克复，而群盗四散，亦成流贼之象。现在大营所调之兵，东抽一百，西拨五十；卒与卒不习，将与将不和；彼营败走，此营不救；此营欲行，彼营愿止。离心离德，断不足以灭剧贼而成大功。鄙意欲募勇六千人，苦心精练，合成一支劲旅，破釜沉舟，出而图事。其带勇之人，概求吾党血性男子，有忠义之气，而兼娴韬钤之秘者，与之共谋。拟专函密告足下，而足下专使适至，乃与鄙意不谋而合。针芥之契，若有神助。此中之契机，殆未可以言语罄也。第剑戟不利，不可以断割；毛羽不丰，不可以高飞。若仓皇一出，比于辽东自诩之豕，又同灞上儿戏之师，则徒见笑大方耳。必须练百金精强之卒，制十分坚致之械，转战数年，曾无馁志，乃可出而一试。祈足下于此二月内，昼夜磨练，讲求操兵、造械之法，至腊底奏闻札调来省，春初即可整军东下。所有应力事宜，另单开列，祈斟酌遵行。如有不当，再以书告。诸惟心照。

练百金精强之卒。

2 与林源恩

咸丰六年七月十五日辰刻

秀三仁弟老公祖、次青仁弟足下：

前接次青来函，具悉不愿移营之意。顷弥之回省，具述营中情事。仆之欲移营河外七里冈者，恐师老力疲，不宜逼近城根，朝夕防维，或有疏懈。移扎十里以外，如去年苏官渡故事，我军得以少资休息，不过牵制贼党不得窜逸，东进安、余等具而已。若是则虽分拨出凤、岳、宝、志四营，而尚存六千，犹嫌其多也。次青之意，仍欲照前围攻，力谋克复，则纵不拨出四营，犹嫌其少也。大计既划然两途，小处亦决难相合。徒为牵制之谋，则七里冈尽足自立；若为攻克之策，则岂特四营者不宜撤？弥之亦不宜归。弥之既归，而犹不急并江楚之军，不将各营移聚一处，鄙人窃为悬悬不置也。四营者，既断不肯分拨他往，即当如所请，姑准暂留。惟久顿坚城之下，士气日损，宜思所以抽掣之法，善退之道。军事以气为主，瀹去旧气，乃能重生新气。若不改头换面，长守此坚壁，以日夜严防而不得少息，则积而为陈腐之气，如败血之不足以养身也。望两君子精心维持，于十里之外求一善地，相机而退扎一步，养息此气。今日之善退，正以为他日善进之地。君子之道，一龙一蛇，岂拘于一格哉？诸惟心照，顺问捷绥。不尽不尽。

3 与林源恩

咸丰六年七月十五日酉刻

与悍贼相持，昼夜严防，实非易易。贵军自至抚以来，大小数十战，屡挫凶锋，保全东路半壁，为功不小。已有函准令保举出力各弁。此次虽小有挫衄，想大军尚足自立也。尚望激厉将士，始终不懈。闻耿、李二君足为群英领袖，应如何破格优奖，由足下酌量禀商。唐得升、陈大力、戴荣桂、郭毓龙、郭式源等，即日催赴抚营。六月饷项，亦即日起解。望阁下坚持定力，不动不摇。疾风暴雨，终朝即止；危棋急劫，须臾乃定。四十里街之贼，本日闻已退去。郭守谦等之广义军，或可调至抚郡。阁下亦宜营孟尝薛中之窟，筑孙氏濡须之坞，早规善计，以立不拔之基。至嘱，至幸！载颂勋安，惟希心照。

书札

褚汝航

1 复褚汝航

咸丰三年十二月二十六日

一帆尊兄太守阁下：

所造各船，闻甚坚实精致，工价亦极相安，足见实心任事，迥异寻常。军局兴办，动多浮费，感倚益不可胜。至商酌各事宜，有即当照行者，有现难遽定者，兹逐条复呈于左：

——三板艇业造十只，拟再添造七十只，自是正办；惟时日无几，总须灯节前一律完毕，又经费亦极支绌。阁下自度添造七十艇，日在十五以内，钱在千串以内，则如数造办，否则少造亦自无妨。

——前所面订水师分为五军。兹因船只较多，分为十军，五正、五副，四哨为一军，八哨为一正一副两军，与阁下来书八哨为一队，每队有将官一员，大同而小异也。

——此时经费支绌，招勇多至五千为止，除钓钩船一百三十只，须用二千四百人驾驶外，仅剩二千六百人为战船之卒。大约快蟹船止可配四十人，长龙船只可配二十四人，三板艇则不配人，临时由蟹龙船上分遣几人可也。

——钓钩船，装载辎重、分坐各项委员，五十只实嫌太少，即百二十只，尚恐不敷。每船亦须用水手二十人，乃能驶驾迅速。平时一同行走，至打仗之日，由钓钩船上拨人至蟹龙等船，以便枪战，由营官自行调遣。

——此间现造旗帜，每船有五色尾旗，五道桅尖，分色旗一道。此外将官各旗，正月即行赶造，湘潭不必造旗矣。

——湘潭各船造成后，正月十六，即将新船全数开赴衡州，在衡整齐队伍，一同出征。

恐广勇不易驯服。

——劳中丞奏带广东炮勇数百来楚，吴制军、骆中丞恐广勇不易驯服，各以咨文止之。敝处恐其与楚勇不能水乳交融，亦以咨文止之。阁下熟悉水师，恐亦惯用两粤之人，如觉楚勇尚可教练，则请以阁下为正营官，以夏明府为副营官。明年新正，当派勇交阁下与夏君管带。其坐舱船长等，即由两君选定。如阁下嫌楚勇生疏难带，乞即日以书示复。

——专人送银二千两，交阁下为我补前船及添造三板之用。其工匠、壮丁等应领之项，即由尊处照发。阁下及夏君薪水，亦即在此支取。

以上各条，均祈查照，仍候赐复，顺颂岁祺。

2 复褚汝航

咸丰四年正月十八日

一帆尊兄太守阁下：

十七日接到惠书，敬悉一切。条理精密，启牖良多。中有数条，业经商定，不复置答。尚有应复之件，胪陈如左：

应复之件。

——三板艇业经攒底赶造，应即照办。惟称锚、篷一概在内，三板艇讵亦有锚与篷乎？此间所造者极小而价仍极昂，远不如潭厂也。

——前函发后，细看此间所造之快蟹，实不过容四十人，长龙不过容十六人，且极窳脆，大不称意。是以刊定营制时，即以四十人，十六人为例。又恐潭船太大，不敷分配也。故于给札尊处时，令自行酌添，总以适用为主。

——先拨快蟹六号至潭之说，如无人驾驶，即于月底大队同行，到潭时再行拨配。

——锅碗零用等件，由各营自备，昨已另有札行矣。唯肉香湖南所无，刻已办有骨之香，未知可用否。

——钓钩船只每营分配八号，其可改为战船者，去冬潭厂改来之样船较可用，衡厂改去之样船不如也。其分配正中、副中二营者，仍祈阁下自行修改，以归适用。

——广东水师兵前来提标四十名，后来碣石标百名，已遣二十名解炮至潭交尊处差委矣。惟以广兵教楚勇，言事不通，全恃带兵者之善于联合。此间仅成守备是广东人，而其才不足以联络楚粤之兵勇，终觉扞格不入。弟欲广兵换湘勇之号褂，添湘勇之口粮，以渠之每日七分加作一钱二分，以为可期水乳。而彼亦不愿服吾之服而言吾之言也。刻拟将各兵概遣赴鄂，明知此间新勇无人教练，亦无可如何耳。明日当令罗管全带十人赴潭，以资差遣。其前遣往解炮之陈弁带兵二十名，阁下若能驾驭之，融合之，即行留用。否则龂龂不安，亦可酌给口食，令其一并赴鄂，免致兵勇蛮触耳。此间另有札，令阁下饬陈弁北去听调也。

操练实已无期。

——操练实已无期。拟于自潭开船后，每日黎明操演。二营演毕即开行，每日尚可行百余里。以阁下之熟悉，而弟亲督同乡之人，日日训练，得一月之久，或亦小有可观。

——权重信专，乃可责以成功。此古来不易之理。顷已派阁下总统水师十营，赍至关防以后，水军之事一以付托。即祈毅然自任，无避兼怨。

——亲兵多广人，恐生芥蒂，诚有是理。弟处戈什哈皆长沙人，湘乡人仅二三名耳。以阁下视之，则广人与楚人风马牛也，以水手视之，则长沙人与湘乡人仍风马牛也。昨令金从九祖谟往尊处，即可为弹压传话之用。如有棍责等事，即用新招之水手打新招之水手，更为磊磊明明。

——夷炮甚好，而炮架无磨盘，似不活便。尊处若送磨盘，炮架仍可多送数十件。

以上诸条，逐一商复。统祈心照，顺问台祉。

3 复褚汝航

咸丰四年正月二十二日

一帆尊兄太守阁下：

二十二日奉惠书，具悉壹是。

湖南向无水师，此次开天辟地，披荆刺之世界，实属万难。陆路之勇，一入船上则站立不稳，头晕呕吐者往往有之。故鄙意欲招驾船水手，以免站立摇晃也。须俟吃口粮稍久，徐徐教导，徐徐简汰，徐徐新添，乃可成事。衡郡六营副右营杨将官于初点名时，即将如何往江南杀贼，如何号令严明，退怯者如何正法，一一问明，各勇纷纷告退，无一顾者。正前营诸将官，正左营龙将官，起初并不与诸勇问明，但每日给之口粮，教之放炮荡桨等事，不过二十日，诸勇欣然，今则跃跃欲战。愚民无知，于素所未见未闻之事，辄疑其难于上天。一人告退，百人附和。其实该勇心中亦并无真知灼见。假令有百人称好，即千人同声称好矣。戚南塘论招勇之法，亦尝详及此层，其说极精。胡维峰昨来禀函，道及阁下与渠言招陆勇之说，弟甚善之。祈阁下飞告维峰，杂招陆勇，但须肯上船者耳。弟为勇未招齐，极为悬系，准于二十八日起行，抵潭时再与阁下面商，免致两处牵系。目前数日广为招之，将来严为汰之，不过多费口粮耳。即有应行更改，亦可更改。阁下与厉伯符一商，无容尽行禀陈也。